SERGEJ O. PROKOFIEFF
Der Jahreskreislauf als Einweihungsweg

Anregungen zur anthroposophischen Arbeit   16

SERGEJ O. PROKOFIEFF

Der Jahreskreislauf als Einweihungsweg zum Erleben der Christus-Wesenheit

Eine esoterische Betrachtung der Jahresfeste

VERLAG FREIES GEISTESLEBEN

CIP-Kurztitelaufnahme der Deutschen Bibliothek

Prokof'ev, Sergej O.:
Der Jahreskreislauf als Einweihungsweg zum Erleben d. Christus-Wesenheit : e. esoter. Betrachtung d. Jahresfeste / Sergej O. Prokofieff. [Übers. aus d. Russ. von Ursula Preuss]. – Stuttgart : Verlag Freies Geistesleben, 1986.
(Anregungen zur anthroposophischen Arbeit ; 16)
ISBN 3-7725-0857-X

NE: GT

Übersetzung aus dem Russischen von Ursula Preuß

Alle Rechte an den Texten von Rudolf Steiner liegen bei der Rudolf Steiner-Nachlaßverwaltung Dornach/Schweiz.

© 1986 Verlag Freies Geistesleben GmbH, Stuttgart
Satz: Utesch Satztechnik GmbH, Hamburg
Druck: Offizin Chr. Scheufele, Stuttgart

Inhalt

Vorwort 7

Einleitung: Das lebendige Wesen des Jahres und seine Hauptfeste 11

I. Das Michael-Fest – ein Tor der modernen Einweihung 15
   1. Die Vorbereitungszeit 17 / 2. Michaeli – das Fest der Erleuchtung 23 / 3. Von Michaeli bis Weihnachten. Michael und die nathanische Seele 35

II. Das Adventsmysterium als Mysterium der nathanischen Seele 45
   1. Die drei übersinnlichen Taten der nathanischen Seele 47 / 2. Von der Mitwirkung Michaels an den übersinnlichen Taten der nathanischen Seele 52 / 3. Die vierte Tat der nathanischen Seele. Die Verwandlung der Mission Michaels zur Zeit des Mysteriums von Golgatha 55 / 4. Die vierte Tat der nathanischen Seele und die Erinnerungsfähigkeit des Menschen 61 / 5. Die Adventszeit und die vier Mysterientugenden des Altertums 64 / 6. Die Prüfung durch Einsamkeit 76 / 7. Die drei ersten Adventswochen – drei Stufen «okkulter Proben» 79 / 8. Die «okkulten Proben» und die dreimalige Versuchung des Christus in der Wüste 83 / 9. Die letzte Adventswoche. Der Tempel der höheren Erkenntnisse 90

III. Das Weihnachtsmysterium 93
   1. Die Weihnachtsimagination der Anthropos-Sophia 95 / 2. Von Weihnachten bis Epiphanias 98 / 3. Die dreizehn heiligen Nächte als die Enthüllung des Mysteriums der Erinnerung 103 / 4. Die Vereinigung der Weltimpulse der Weisheit und der Liebe im Erleben des Christus 111 / 5. Die dreizehn heiligen Nächte und ihr Zusammenhang mit dem Makrokosmos 115

IV. Von Epiphanias bis Ostern 121
   1. Der Weg des Christus-Impulses durch die Hüllen und seine Widerspiegelung in den Evangelien 123 / 2. Die dreifache Christus-Offenbarung und die drei neuen Mysterientugenden 128 / 3. Die Tugend des Glaubens und die fünfte nachatlantische Kulturepoche 131 / 4. Die Tugend der Liebe und die sechste nachatlantische Kulturepoche 149 / 5. Die Tugend der Hoffnung und die siebente nachatlantische Kulturepoche 154 / 6. Die Idee der Gottmenschheit in der Geisteswissenschaft, der Apokalypse und dem Johannes-Evangelium 161 / 7. Von Epiphanias bis Ostern. Das Erleben der Trinität 172

V. Der Weg vom Advent bis Ostern durch die sieben Mysterientugenden 177
   1. Die alten und die neuen Mysterien 179 / 2. Das Wirken der nathanischen Seele in den alten und neuen Mysterien. Christus-Träger und Christus-Empfänger 184

VI. Das Ostermysterium 191
   1. Die vierzigtägigen Gespräche des Auferstandenen und ihre Wiedergeburt in der modernen Geisteswissenschaft 193 / 2. Die Mission des Meisters Jesus im Jahreslauf 201 / 3. Die Bedeutung des Mysteriums von Golgatha für die Welt der Götter 209 / 4. Die Bedeutung des Mysteriums von Golgatha für die Welt der Menschen 216

VII. Das Himmelfahrtsmysterium 221
   1. Die Himmelfahrt – ein Hinweis auf das Christus-Wirken im nachtodlichen Sein der Menschenseele 223

VIII. Das Pfingstmysterium 231
   1. Der Übergang von der alten zur neuen Einweihung 233 / 2. Das Erleben des Heiligen Geistes in der Gegenwart 242

IX. Ostern – Himmelfahrt – Pfingsten 247
   1. Die drei Stufen der Vereinigung der Christus-Wesenheit mit der Erdensphäre und ihre Widerspiegelung in den Festen von Ostern, Himmelfahrt und Pfingsten 249 / 2. Das exoterische und das esoterische Wirken der Ätherleiber der großen Eingeweihten im zwanzigsten Jahrhundert 256 / 3. Ostern, Himmelfahrt, Pfingsten und das Wesen des Grundsteins der Weihnachtstagung 260

X. Johanni 271
   1. Johanni – ein Fest der Zukunft 273 / 2. Der moderne Einweihungsweg und seine Widerspiegelung in den sieben großen christlichen Festen 276

XI. Der Weg des Christus und der Weg Michaels durch den Jahreskreis 289
   1. Der neue Weg der Hirten und der neue Weg der Könige 291 / 2. Das Wirken der luziferischen und ahrimanischen Mächte im Jahreslauf 296 / 3. Die Suche nach der Isis-Sophia und die Suche nach dem Christus 299 / 4. Der Jahreskreislauf als ein Weg zum neuen Erleben der Christus-Wesenheit 303 / 5. Der Jahreskreislauf als menschenverbindende soziale Realität. Das soziale Wirken der Christus-Wesenheit 312

XII. Die Mysterien des ätherischen Christus in der Gegenwart . . 319
   1. Das Widar-Mysterium 321 / 2. Das neue Erscheinen des Christus im Ätherischen 346 / 3. Die Imagination des ätherischen Christus 377

Schlußbetrachtung: 385
   Das geistige Miterleben des Jahreslaufes als «Beginn eines der Menschheit der Gegenwart gemäßen kosmischen Kultus»

Anhang 391
   1. Weihnachten und Epiphanias 393 / 2. Über das Widar-Bild 398

Anmerkungen und Ergänzungen 407

Literaturverzeichnis 483

Vorwort

In alten Zeiten besaßen alle Menschen durch das Leben mit dem Jahreskreislauf von Natur aus ein Wissen vom geistigen Urgrund der Welt. Dieses Wissen sollte jedoch um der individuellen Freiheit willen verlorengehen. Heute aber muß es neu errungen werden, und zwar aus einem bewußten, klaren, der freien, voll entwickelten menschlichen Persönlichkeit entsprechenden Seelenzustand heraus.

Nur eine solche Vereinigung mit dem geistigen Wesen des Jahreskreislaufs kann uns der zentralen Wesenheit unseres Kosmos näherbringen, die seit dem Mysterium von Golgatha die ganze Fülle der Kräfte des geistigen Urgrundes der Welt auf der Erde repräsentiert und die sich heute im Bereich des Ätherischen offenbart.

In diesem Zusammenhang wurde Rudolf Steiner einmal gefragt, wodurch sich die Seelen am wirksamsten auf das Erleben des ätherischen Christus vorbereiten können. Er antwortete: Durch das meditative Miterleben des Jahreslaufes, durch das meditative Mitmachen seiner Rhythmen. Denn die Mysterien der Jahreszeiten sind die Gabe der Natur für den meditierenden Menschen, der die Christussphäre sucht.[1]

Auf eine solche Vereinigung mit der Christus- oder Sohnessphäre im Jahresrhythmus weist Rudolf Steiner auch mit folgenden Worten in einem seiner Vorträge hin: «...so daß der Mensch im Laufe eines Jahres wirklich durchmacht einen Rhythmus, der nachgebildet ist dem Jahresrhythmus selber und in dem er eine Vereinigung hat mit der Welt des Sohnes.» Und etwas später in demselben Vortrag: «Und so werden wir finden, daß in innigem Zusammenhang mit dem, was in dem Jahreslauf so lebt wie in einem Menschen die Atemzüge, etwas Geistiges lebt, das der Menschenseele angehört, das die Menschenseele selber ist: daß dem Jahreslaufe in seinen Geheimnissen das Christus-Wesen, das durch das Mysterium von Golgatha gegangen ist, angehört.»[2]

Aus den angeführten Worten wird deutlich, welche entscheidende Bedeutung dem meditativen Miterleben des Jahreslaufes zukommt. Diesem Thema sowie der Betrachtung des inneren Wesens der großen Jahresfeste wandte sich Rudolf Steiner wieder und wieder im Laufe seines anthroposophischen Wirkens zu. Man kann auch sagen, daß dieses Thema eines der wichtigsten Bestandteile der anthroposophischen Christologie ist, die ihrerseits alle übrigen Bereiche der anthroposophischen Forschung durchdringt – die Kosmologie, den geistigen Aufbau der Welt und des Menschen, die geisteswissenschaftliche Geschichtsbetrachtung, den modernen Einweihungsweg –, sie zu einem einheitlichen Ganzen vereinigend.

Innerhalb der Anthroposophie ist jedoch das Thema des Jahreslaufs am wenigsten Gegenstand «theoretischer» Darstellungen bestimmter geisteswissenschaftlicher Tatsachen, sondern es wird infolge seines Charakters eher zu einem *praktischen* Weg, der uns in das Zentrum der geisteswissenschaftlichen Mitteilungen führt, in das Allerheiligste jenes für physische Augen unsichtbaren Tempels des neuen Geisteslebens, in dem für Rudolf Steiner seine übersinnlichen Forschungen zu Weihehandlungen wurden. Denn als moderner Eingeweihter vollzog Rudolf Steiner alles, was er auf geisteswissenschaftlichem Gebiete sprach, vollbrachte und erforschte, im Lichte und im Bewußtsein der Gegenwart der Christus-Wesenheit.[3]

In diesem Sinne kann das innere Mitleben mit dem Jahreslauf für uns ein lebendiger Schlüssel zur Christologie Rudolf Steiners und zur Anthroposophie im ganzen werden, und es kann uns befähigen, die Anthroposophie zu dem zu machen, was sie auf ihrem tiefsten Grunde ist: zu einer wahren *geistigen* Tat.

Das zu zeigen und zugleich die ersten Schritte zu ermöglichen in Richtung auf ein bewußtes Sichvereinigen mit dem geistigen Wesen des Jahreskreislaufs als einem modernen Einweihungsweg, der zum Erleben der Christus-Wesenheit führt – darin sieht der Verfasser Aufgabe und Ziel der folgenden Betrachtungen.

Das vorliegende Buch setzt Grundkenntnisse der verschiedenen Bereiche von Rudolf Steiners Geisteswissenschaft voraus. Es ist seinem inneren Wesen nach eine Fortsetzung und Weiterentwicklung der 1982 erschienenen Arbeit des Verfassers «Rudolf Steiner und die Grundlegung der neuen Mysterien». Ihre Kenntnis mag eine Hilfe für das rechte Verständnis dessen sein, was in diesem Buch dargelegt wird, obgleich es so verfaßt wurde, daß es für den Kenner der Anthroposophie unabhängig davon gelesen werden kann.

Die Komposition des Buches wurde so gestaltet, daß es neben seiner Hauptaufgabe, eine Hilfe für das Verständnis des esoterischen Wesens des Jahreslaufs zu sein, auch als eine Art Führer durch seine wichtigsten Feste dienen kann. In diesem Falle mag es den Jahresfesten entsprechend kapitelweise gelesen werden und als Grundlage zur Vertiefung ihres Verständnisses dienen.

Eine Ausnahme innerhalb der Komposition bildet bis zu einem gewissen Grad das Kapitel über Widar («Das Widar-Mysterium»), das jedoch für das Verständnis der wahren Natur der Wiederkunft nicht umgangen werden kann. Denn dieses Thema der Wiederkunft ist die wichtigste Frucht und das eigentliche Ziel des geistigen Lebens mit dem Jahreslauf.

Daraus ergibt sich auch eine Antwort auf die Frage nach dem Verhältnis der folgenden Betrachtungen zu dem «Seelenkalender» Rudolf Steiners, von dem in diesem Buch nirgends direkt gesprochen wird. Es liegen hier und im Seelenkalender in bezug auf den Jahreskreislauf zwei verschiedene Standpunkte vor, die sich jedoch bei einem wirklichen Leben mit dem Jahreslauf gegenseitig ergänzen und die als geistig-seelischer und seelisch-geistiger Standpunkt bezeichnet werden können.

Abschließend möchte der Verfasser der Übersetzerin, Frau Dr. Ursula Preuß, seinen allerherzlichsten Dank aussprechen für ihre selbstlose Arbeit, die den Inhalt dieses Buches dem mitteleuropäischen Leser zugänglich gemacht hat.

Stuttgart, Michaeli 1985   *Sergej O. Prokofieff*

Einleitung:
Das lebendige Wesen des Jahres und seine Hauptfeste

So wie der Lebenszyklus des menschlichen Organismus mit dem Einatmen beginnt, auf welches das Ausatmen folgt, so beginnt auch der Lebenszyklus der Erde als eines lebendigen Wesens von der Höhe des Sommers bis zur Wintersonnenwende hin mit dem großen makrokosmischen Einatmen, auf das während der zweiten Jahreshälfte bis zur neuen Sommersonnenwende das Ausatmen folgt.[1] Dieser Parallelismus von Mikrokosmos und Makrokosmos, von Mensch und Erde, wirkt nicht nur im Bereich des Lebens, er erstreckt sich auch in den mehr innerlichen Bereich des Bewußtseins.

Das wache Tagesbewußtsein, bei dem Ich und astralischer Leib sich im ätherischen und physischen Leib befinden, und das Schlafbewußtsein, während dem Ich und astralischer Leib von außen, aus dem Makrokosmos, auf den physischen und ätherischen Leib einwirken, sind die beiden Pole des menschlichen Daseins. Schläft der Mensch, so bleiben nur der physische und der Ätherleib im eigentlichen Sinne als Mikrokosmos auf der Erde und sind, wie Rudolf Steiner sagt, für den hellseherischen Blick einer blühenden Sommerwiese vergleichbar. – Ähnlich verhält es sich mit dem Makrokosmos. Auch die Erde macht im Kreislauf des Jahres die zwei genannten Bewußtseinszustände durch, im Winter die Zeit der größten Wachheit, des stärksten Erwachens, im Sommer dagegen den Erdenschlaf, ihre Hingabe «in Seligkeit» an die Weltenweiten. Seele und Geist der Erde ziehen dann aus ihrem physischen und ätherischen Leibe hinaus in den Makrokosmos, in die Weltensternensphären. In dichterischer Weise beschreiben die folgenden Worte Rudolf Steiners[2] diesen Prozeß:

> Es schläft der Erde Seele
> In Sommers heißer Zeit:
> Da strahlet helle
> Der Sonne Spiegel
> Im äußern Raum.

Es wacht der Erde Seele
In Winters kalter Zeit:
Da leuchtet geistig
Die wahre Sonne
Im innern Sein.

Sommers-Freude-Tag
Ist Erdenschlaf;
Winters-Weihe-Nacht
Ist Erden-Tag.

Grundlegende Voraussetzung für das wache Tagesbewußtsein ist das Denken, in dem allein, wie Rudolf Steiner wiederholt ausgesprochen hat, sich der Mensch als völlig waches Wesen erlebt. Im Fühlen lebt er bereits in der Welt der Traumbilder, und im Wollen schläft er tief auch während des Tageslebens. So haben wir im Denken jenen «Mittler», mit dessen Hilfe das Ich das Bewußtsein seiner selbst erlangt, durch das der Mensch im vollen Sinne des Wortes erst zum Menschen wird. «Ich bin» – dieses Erleben ist allein durch das Denken möglich. Ohne es existiert das Ich nur als geistige Substanz; erst durch die Vereinigung mit dem Denken aber wird es zum *Ich-Bewußtsein*. Allein das Denken vermittelt dem Menschen das Erlebnis seiner selbst als eines individuellen, in sich beschlossenen Wesens.

Wie der Mensch, der Mikrokosmos, so hat auch unsere Erde als ein großer makrokosmischer Organismus übersinnliche Glieder; sie hat nicht nur einen ätherischen, sondern auch einen astralischen Leib und ein Ich. Und wie sich das Bewußtseinsfeld des Menschen am Tage mit seinen Gedanken erfüllt, durch die er sich als Ich-Wesen erfährt, so erfüllt sich auch die Erde als Ganzes im Herbst und Winter mit ihren Gedanken, mit den großen Weltgedanken, die ihr aus dem Makrokosmos, den Sternenweiten, zuströmen. Es übt die Erde im Winter das Besinnen ihres sommerlichen Erlebens in den Weiten des All, und sie erlangt durch dieses Besinnen, durch dieses Wachen ihr planetarisches Ich-Bewußtsein.

So erlebt die Erde als makrokosmisches Wesen im Rhythmus des Jahres im zwölfmonatigen Durchgang der Sonne durch die zwölf Bereiche der Sternenwelt, was der Mensch mikrokosmisch im Rhythmus der vierundzwanzig Tagesstunden vollzieht. In beiden Fällen aber hat die sichtbare Sonnenbewegung eine entscheidende Bedeutung, denn sie stellt zwischen den beiden Rhythmen die Verbindung her. Als Mikrokosmos lebt der Mensch durch sein Ich-Bewußtsein vor allem mit dem mikrokosmischen Tagesrhythmus. Mit dem makrokosmischen Jahresrhythmus der Erde ist er nicht weniger tief, jedoch weit weniger bewußt verbunden.

Zum *bewußten* Hineinwachsen in den Makrokosmos will die Anthroposophie heute die Menschheit führen. Denn sie ist «...ein Erkenntnisweg, der das Geistige im Menschenwesen zum Geistigen im Weltenall führen will».[3] Und das Miterleben des makrokosmischen Rhythmus der Erde, der seinen Ausdruck im Jahreskreislauf findet, kann auf eine besonders harmonische und natürliche Weise zum Beginn dieses neuen Erkenntnisweges werden.

Im Altertum war das Miterleben des Jahresrhythmus als Bindeglied zwischen Mensch und Kosmos eine Lebensnotwendigkeit für die Menschen, obwohl es sich in jener Zeit noch in einer gewissen Unbewußtheit vollzog und infolgedessen von den Mysterienstätten aus geleitet werden mußte. Die vier Jahresfeste bildeten die geistigen Höhepunkte des Lebens der Erde, das im Jahreszeitenwechsel seinen irdischen Ausdruck findet. Von Mysterienweisheit geleitet, verband sich der Mensch durch die heiligen Festesriten mit der Sonnensphäre und durch sie mit der Sternenwelt, dem Makrokosmos. Als jedoch zur Zeitenwende der Geist der Sonne, der Christus, zur Erde herabstieg, sich durch das Mysterium von Golgatha mit ihr verband und zum neuen Geist der Erde wurde, da verlieh er den vier Hauptfesten des Jahres, dem großen Jahreskreuz von Herbst und Frühling, Sommer- und Wintersonnenwende, einen neuen Sinn. Denn was diesen Festen bis zum Mysterium von Golgatha Sinn und Bedeutung gab, es hatte sich außerhalb der Erde auf der Sonne befunden und ihnen daher mehr den Charakter der Vorahnung dessen gegeben, was erst in Zukunft Wirklichkeit werden sollte. «Der Erdensinn war vor dem Mysterium von Golgatha auf der Sonne. Seit dem Mysterium von Golgatha ist der Erdensinn mit der Erde selbst vereinigt. Das möchte... die Anthroposophie an die Menschheit heranbringen.»[4] Diese Worte können auch auf den Sinn der Jahresfeste bezogen werden, die seit dem Mysterium von Golgatha Ausdruck des großen kosmischirdischen Mysteriums des Christus-Jesus und der mit ihm verbundenen geistigen Wesenheiten sind.

Aus der Sonnensphäre, aus dem großen Reich der Zeit, kam der Christus auf die Erde, indem er an der Zeitenwende in ihr Raumessein eintrat.[5] Damit trug er den Impuls der Zeit in die Raumeswelt: das Prinzip der Siebenheit in das Prinzip der Zwölfheit. Und er wandelte nicht nur die vier alten Jahresfeste um, die im Lichte des Christus-Impulses ihre endgültige Erfüllung erlangten und zu dem Weihnachts-, Oster-, Johanni- und Michael-Fest wurden, sondern er fügte noch die drei Feste von Epiphanias, Himmelfahrt und Pfingsten hinzu, auf daß diese heilige Siebenheit, ähnlich den sieben Sternen in der rechten Hand Gottes[6], in die Finsternis des Erdenseins scheinen und den zwölfgliedrigen Raum des Jahreskreises mit ihrem Licht erleuchten möge.[7]

Durch das rechte Verständnis der Sonnenoffenbarung der Siebenheit in der Zwölfheit können diese Feste zu Weisern auf dem Wege werden, der den Menschen im Jahreslauf zu einer bewußten und freien Vereinigung mit dem Makrokosmos führt; sie können zu Stufen einer echten christlichen Einweihung werden, welche dem Menschen das zentrale Mysterium der Erde erschließt und ihn zum unmittelbaren Erleben der Christus-Wesenheit führt.

I.
Das Michael-Fest – ein Tor der modernen Einweihung

1.
Die Vorbereitungszeit

In den heutigen Lebensverhältnissen wird die geistige Seite des Jahreskreislaufs nur vage vom Menschen wahrgenommen. Frühling, Sommer, Herbst und Winter – diese vier Hauptjahreszeiten erschließen sich ihm unmittelbar meist nur in ihrem äußeren Aspekt. Die mehr innerlichen Prozesse, welche das geistige Leben der Erde betreffen, entziehen sich zunächst der Beobachtung und können nur mittelbar durch ihren Einfluß auf das innere Wesen des Menschen erfaßt werden. Aufmerksamer und feiner Selbstbeobachtung ist es jedoch möglich, den Einfluß wahrzunehmen, den die geistige Seite des Jahreskreislaufs, des Lebensrhythmus der Erde, auf den Mittelpunkt dieses Innenlebens des Menschen, das durch die Denktätigkeit erworbene Bewußtsein vom eigenen Selbst, ausübt. Ein wacher Blick wird ohne große Schwierigkeiten bemerken, wie unsere rein gedanklichen Fähigkeiten vom Frühling an und weiter zum Sommer hin nachlassen und wie auch unser Selbstbewußtsein in gewissem Sinne schwächer, dumpfer wird. Je näher der Sommer herankommt, desto weniger schließen wir uns in uns ab, wir stehen nicht mehr im Gegensatz zur Welt, sondern gehen bis zu einem gewissen Grade über die Grenzen unseres eigenen Wesens hinaus, verbinden uns mit der Natur um uns herum. In unserem Selbstbewußtsein erwacht der Trieb, sich in ein naturhaftes Bewußtsein zu verwandeln. Dieser Prozeß ist dem des Einschlafens ähnlich; zwar schwindet in diesem Falle das Bewußtsein nicht vollständig, es verändert jedoch sein Tätigkeitsfeld. Dieses verschiebt sich vom Bereich des Denkens hin zu dem des Willens, indem mit dem Nachlassen der Denktätigkeit und dem Schwächerwerden des Selbstbewußtseins die Tätigkeit der Sinne auflebt und die Neigung zu aktivem, tätigem Leben stärker und kräftiger wird. So lebt der Mensch im Sommer mit seinem ganzen Wesen mehr im Wahrnehmen, das formend auf seinen Willen wirkt. Die Aktivität des Denkens dagegen sowie des auf ihm beruhenden Selbstbewußtseins läßt in dieser Jahreszeit nach, sie tritt zurück.

Das entgegengesetzte Bild bietet sich uns während der zweiten Jahreshälfte von der Sommersonnenwende über den Herbst bis zum Winter. Da beginnt die Kraft des Wahrnehmens abzunehmen und zugleich mit ihr die auf dem naturhaften Bewußtsein beruhende Kraft des Willens, während das Denken in zunehmendem Maße erstarkt, die Gedanken wieder leicht herbeiströmen und sich fast von selbst zu logischen Bezügen verbinden. Mit dem Abgeschlossensein, dem Losgelöstsein von der umgebenden Welt erkraftet auch das Selbstbewußtsein, und das Innenleben wird reicher und aktiver auf Kosten des Interesses für die äußeren Vorgänge, wobei die Neigung zu Beschaulichkeit sowie äußerer Passivität zunimmt. So bewegt sich der Schwerpunkt des Menschenwesens zur Herbstzeit deutlich von außen nach innen, und wir haben im Jahreslauf ein harmonisches Wechselspiel dessen, was im Mittelalter «vita activa» und «vita contemplativa» genannt wurde.

Alle diese inneren Prozesse, deren Spuren jeder Mensch in sich entdekken kann, sind das mikrokosmische Abbild der großen makrokosmischen Prozesse, welche im Jahresrhythmus unserer Erde ihren Ausdruck finden. Wir sahen, wie in diesem Rhythmus die Seele und der Geist der Erde, ihr Astralleib und ihr Ich, im Frühling allmählich ihren physischen und ätherischen Leib verlassen und sich mit den Weltenweiten vereinen. Dabei führt die Erde zahllose Scharen von Elementargeistern mit sich, welche für sie dasselbe sind wir für den Menschen die Gedankenwesen, die auf dem Grunde seines Denkens wirken. Diese elementarischen Wesenheiten, diese Gedanken der Erde, nehmen, während sie im Frühling ihren planetarischen Leib verlassen, bis zu einem gewissen Grade die Gedanken des Menschen mit sich fort, so daß sie sich zu dieser Jahreszeit seiner unmittelbaren Macht entziehen. Sie führen dann ein Leben, das den Naturprozessen der elementarischen Umwelt verwandt ist.

Nach der Sommermitte und in zunehmendem Maße mit dem Herankommen des Herbstes beginnt wiederum der Prozeß der allmählichen Vereinigung von Seele und Geist der Erde mit ihrem planetarischen Leib. Die lebendigen Gedanken der Erde, die Scharen von Elementargeistern, kehren wiederum in ihren Schoß zurück, nun jedoch befruchtet durch die Weisheit des Kosmos, durch die Weltgedanken der Hierarchien. Dieser allgemeinen kosmisch-irdischen Tendenz, welche zur Herbstzeit in der Umgebung der Erde auftritt, folgen auf ihre Weise auch die Gedanken der Menschen. Die menschlichen Gedankenwesen, welche von den Naturgeistern bei ihrem Aufsteigen von der Erde mitgeführt wurden, kehren zum Menschen zurück, nun aber befruchtet durch die Weltgedanken, belebt durch den Geist des Weltalls, so klar und frisch wie die Gedanken eines Menschen, der gerade vom Schlaf erwacht ist. Man könnte auch sagen, daß die Gedanken des Menschen, die gegen Winterende wie ersterben, unbeweglich und geistentblößt werden, sich im Laufe des Frühlings allmählich von ihm lösen, um, nachdem sie in den Weltenfernen durch eine Läuterung und Belebung hindurchgegangen sind, wiederum zu ihm zurückzukehren, innerlich erfüllt mit der Weisheit und dem Leben des Kosmos. Es sind daher gerade beim Übergang vom Sommer zum Winter die Bedingungen für das Aufnehmen solcher vom Weltengeist befruchteter und erfüllter Gedanken besonders günstig.

Seit Urzeiten ist der Verwalter göttlicher Weltgedanken, der kosmischen Intelligenz, jene Wesenheit, welcher wir heute gemäß der jüdisch-christlichen Terminologie den Namen *Michael,* «der vor dem Antlitz Gottes Stehende», geben. Es ist Michael der Geist, der in der genannten Jahreszeit den menschlichen Gedanken die Kraft gibt, mit deren Hilfe sie sich den Weltgedanken des Kosmos nähern können. Denn so wie im August der Meteoritenstrom zur Erde fällt, so sendet Michael zu dieser Zeit die göttlichen Weltgedanken hinab in die irdischen Gedanken der Menschen. Sind doch diese Sommer-Herbstes-Meteoriten im Grunde nichts anderes als ein kosmisches Bild dessen, wie in dieser Zeit die Gedanken, befruchtet durch die Weltgedanken, zu den Menschen zurückkehren.

Als Organ zum Aufnehmen dieser lebendigen Gedanken des Kosmos dient dem Menschen jedoch sein Herz und nicht sein Gehirn, mit dem er nur irdische Gedanken wahrnehmen kann. Michael aber ist der Geist, welcher in seiner gegenwärtigen Herrschaftsepoche «...die Gedanken aus dem Bereich des Kopfes befreit... und ihnen den Weg zum Herzen freimacht.» Denn heute «ist das Michael-Zeitalter angebrochen. Die Herzen beginnen Gedanken zu haben... Gedanken, die... nach dem Erfassen des Geistigen trachten, müssen Herzen entstammen, die für Michael als den feurigen Gedankenfürsten des Weltalls schlagen.»[1] So sollen die feurigen Lichtgarben der Sternschnuppenströme das Haupt des Menschen, seine Gedankenwelt, mit der Weisheit des Kosmos erleuchten, damit diese Gedanken auf dem von Michael gewiesenen Pfad den Weg vom Haupt zum Herzen finden, um in seinem Herzen, innerlich belebt, zu jenem Lichtschwert des Geistes, dem Michael-Schwert zu werden, welches den ahrimanischen Drachen, der die Gedanken unaufhörlich ertötet, besiegen kann.

So können wir, gemäß den Absichten unseres Zeitgeistes, zwischen Sommersonnenwende und herbstlichem Michael-Fest den Weg finden von den Menschengedanken zu den kosmischen Gedanken, vom Kopfdenken zum «Herzdenken». Was aber kann uns am besten helfen, diese

Absichten zu verwirklichen? Wo finden wir den Weg von den Menschengedanken zu den Weltgedanken? Die Antwort auf diese Frage wurde der Menschheit schon vor mehr als einem halben Jahrhundert mit der anthroposophisch orientierten Geisteswissenschaft gegeben. In ihr haben wir in der Form menschlicher Gedanken die göttlichen Weltgedanken, jene Gedanken, welche die Seele und der Geist der Erde jedes Jahr aus dem Kosmos hereintragen: die großen Stufen der Weltentwicklung, das Wesen der Schöpfung von Welt und Mensch, die Geheimnisse des hierarchischen Kosmos.

Unsere moderne Zivilisation ist ganz und gar auf den toten, vom Drachen ertöteten menschlichen Gedanken, ausschließlich auf der Tätigkeit des menschlichen Kopfes begründet. Mit der Geisteswissenschaft dagegen kommen die Weltgedanken an uns heran, in Ideen- oder Begriffs-Formen gekleidet, die jeder Mensch verstehen kann. Diese Begriffe müssen zunächst von unserem Haupte aufgenommen werden, die sich *hinter* ihnen verbergenden Weltgedanken jedoch wollen den Weg zu unserem Herzen «als neuem Erkenntnisorgan» finden, wo sie durch unser Fühlen belebt und durchgeistigt und von unserem Willen durchdrungen werden können. Das ist der Beginn der neuen *Michael-Epoche*: «Die Gedankenbildung verlor sich eine Weile an die Materie des Kosmos; sie muß sich in dem kosmischen Geiste wiederfinden. In die kalte, abstrakte Gedankenwelt kann Wärme, kann wesenserfüllte Geist-Wirklichkeit eintreten. Das stellt den Anbruch des Michael-Zeitalters dar.»[2] Deshalb wendet sich die moderne Geisteswissenschaft heute nicht nur an den Kopf, sondern vor allem an das Herz – nicht in einem sentimentalen, sondern in einem tief okkulten Sinne. Häufig weist Rudolf Steiner auf diese Tatsache hin, so beispielsweise mit folgenden Worten: «Heute hat der Mensch durch sein volles, klares, waches Bewußtsein aufzunehmen solche *Weltengedanken*, wie sie stammelnd mitzuteilen versucht werden durch die anthroposophisch orientierte Geisteswissenschaft, zu der wir uns bekennen.» Und weiter beschreibt er eingehend, *wie* diese «*Weltengedanken*» der Anthroposophie heute vom Menschen aufgenommen werden müssen, damit sie bis in den moralischen Bereich der Seele, der mit dem menschlichen Herzen verbunden ist, hineinwirken können. «Versuchen Sie es, so wie es hier gemeint ist, recht lebendig im heutigen zeitgemäßen Sinne, die Geistgedanken der Weltenlenkung in sich aufzunehmen; versuchen Sie sie aufzunehmen nicht bloß wie eine Lehre, nicht bloß wie eine Theorie, versuchen Sie sie aufzunehmen so, daß sie diese Ihre Seele im tiefsten Innern bewegen, erwärmen, durchleuchten und durchströmen, daß Sie sie lebendig tragen. Versuchen Sie, diese Gedanken in solcher Stärke zu empfinden, daß sie Ihnen sind wie etwas, was wie durch den Leib in Ihre Seele eintritt und den Leib verändert. Versuchen Sie, alle Abstraktionen, alles Theoretische von diesen Gedanken abzustreifen. Versuchen Sie, darauf zu kommen, daß diese Gedanken solche sind, welche eine wirkliche Speise der Seele sind, versuchen Sie, darauf zu kommen, daß durch diese Gedanken nicht bloß Gedanken in Ihre Seele einziehen, sondern daß geistiges Leben, das herauskommt aus der geistigen Welt, durch diese Gedanken in unsere Seele einzieht.»[3]

Nur durch ein solches *lebendiges* Studium der Geisteswissenschaft, wo nicht nur Gedanken, sondern durch sie «geistiges Leben, das von der geistigen Welt ausgeht», in die Seele eindringt, wird sie zu dem, was sie in ihrem tiefsten Wesen ist: zur *neuen Offenbarung des Christus* im 20. Jahrhundert, welcher heute in der Epoche der Herrschaft des Sonnenerzengels Michael in die Menschheit eintritt.

Darin ist auch die Antwort enthalten auf die Frage, warum bereits das *Studium* dieser Geisteswissenschaft die erste Stufe auf dem Wege der modernen Geistesschülerschaft bildet. Denn wenn ihre Mitteilungen nicht nur mit dem Kopf, sondern auch mit dem Herzen aufgenommen werden, wenn der Mensch hinter den Schleier ihrer begrifflichen Formen dringt, dann kann er mit den in ihnen enthaltenen Weltgedanken des Kosmos Kommunion pflegen, seine menschlichen Gedanken mit den Weltgedanken erfüllen, dann tritt Michael in das Erdensein ein und wirkt in ihm: «Und dieser Michael, dieser St. Georg, der von außen kommt, der imstande ist, den Drachen zu besiegen, ist nichts anderes als eine wirkliche geistige Erkenntnis... Der Mensch kann, wenn er will, Geisteswissenschaft haben, das heißt, der Michael dringt wirklich aus den geistigen Reichen in unser Erdenreich auch ein...»[4] Wenn wir uns nun noch bewußt machen, daß der menschliche Kopf das mikrokosmische Abbild des Sternenhimmels ist, d.h. der höheren geistigen Reiche, das Herz dagegen das einzige Organ, das vollständig *auf der Erde*[5] lebt, dann können wir sagen: dieses Herabsteigen Michaels aus dem Kosmos auf die Erde[6] hängt unmittelbar damit zusammen, daß die menschliche Intelligenz aus dem Kopfbereich in den Bereich des Herzens vordringt. Als erster Schritt aber auf dem Weg zu diesem Ziel erweist sich der rechte Durchgang durch die erste Stufe der Geistesschülerschaft, welche Rudolf Steiner im 5. Kapitel der «Geheimwissenschaft im Umriß» folgendermaßen beschreibt: «Das Studium der Geisteswissenschaft, wobei man sich zunächst der Urteilskraft bedient, welche man in der physisch-sinnlichen Welt gewonnen hat.»[7] Diese Stufe bildet die unabdingbare Voraussetzung für das Betreten des modernen christlich-rosenkreuzerischen Einweihungsweges, und sie ist gleichzeitig die rechte *Vorbereitung* für ihn. Denn Michael tritt nach dem Ende der dunklen Epoche des Kali-Yuga im Jahre 1899 und dem Beginn seiner neuen Herrschaftsepoche im Jahre 1879 selbst als Inspirator des modernen Einweihungsweges hervor. Er ist der Führer der Menschenseelen geworden, welche seinen «Morgenruf» hören wollen, durch den er jedes Jahr im herbstlichen Sternenregen zum Ausdruck bringt, wie sehr im Jahresrhythmus die Herbsteskräfte denen des Morgens entsprechen:

> «Wir Menschen der Gegenwart
> Brauchen das rechte Gehör
> Für des Geistes Morgenruf,
> Den Morgenruf des Michael.
> Geist-Erkenntnis will
> Der Seele erschließen
> Dies wahre Morgenruf-Hören.»[8]

Und dieser Morgenruf ist nichts anderes als der Ruf Michaels für die menschlichen Seelen, den neuen, uns heute erschlossenen Einweihungsweg zu betreten, an dessen weit geöffnetem Tore Michael selbst wie der «Cherub mit dem Flammenschwert» erscheint, mahnend und weisend.

So steht in unserer Zeit jede echte moderne christliche Einweihung unter dem Zeichen Michaels, der *Beginn* aber dieses Weges im Jahresrhythmus fällt auf den Herbst, den geistigen Morgen im Leben der Erde, und wird durch das herbstliche Michael-Fest gefeiert, das Fest der Morgenröte des Geistes. Denn zu der Zeit, da die Kräfte der äußeren Sonne allmählich nachlassen, bedeutet der Michaelstag den Beginn des Aufgehens der geistigen Sonne im Innern des Menschen, den Beginn der *Erleuchtung* der menschlichen Seele.

2.
Michaeli – das Fest der Erleuchtung

Aus dem Charakter unseres Zeitgeistes folgt mit Notwendigkeit, daß das Kennenlernen und Sich-Vertiefen in die Mitteilungen der Geisteswissenschaft zu der ersten Stufe der modernen Einweihung gehört. Denn dieses Sich-Vertiefen erweist sich im gegenwärtigen Entwicklungszyklus als der einzige Weg, auf dem die Weltgedanken, die sich hinter dem Schleier der irdisch-begrifflichen Formen verbergen, in denen heute die Geisteswissenschaft auftritt, den Weg vom Kopf zum Herzen des Menschen finden und es so Michael ermöglichen können, in das irdische Geschehen einzutreten. «Michael», sagt Rudolf Steiner, «ist nicht etwa derjenige Geist, welcher die Intellektualität pflegt; aber alles, was er gibt als Spiritualität, das will in Form von Ideen, in Form von Gedanken – aber in Form von Ideen und Gedanken, die das Geistige ergreifen – der Menschheit einleuchten. Michael will, daß der Mensch ein freies Wesen ist, das in seinen Begriffen und Ideen auch einsieht, was ihm als Offenbarung von den geistigen Welten aus wird... Michael begeistert die Menschen mit Michael selber, damit auf der Erde eine Spiritualität erscheine, die der Eigenintelligenz der Menschen gewachsen ist, damit man denken kann und zugleich spiritueller Mensch sein; *denn das bedeutet erst die Michael-Herrschaft*».[9] Und diese Möglichkeit, «zu denken und zugleich spiritueller Mensch zu sein», ist dank der anthroposophisch orientierten Geisteswissenschaft in unsere Welt gekommen, denn sie brachte den Menschen erstmals eine «Spiritualität, die der Eigenintelligenz der Menschen gewachsen ist». Und sie erwies sich, indem sie von Menschenseelen aufgenommen wurde, als der Beginn der Michael-Herrschaft auf der Erde. So bildet das *Studium* der modernen Geisteswissenschaft die erste Stufe der Vergeistigung der einstmals in die Köpfe der Menschen herabgekommenen himmlischen Intelligenz Michaels, der Intelligenz, welche seit Urzeiten seiner kosmischen Sphäre angehörte und welche heute, von unserer Zeit an, durch die innere Tätigkeit der Menschen wiederum den Weg zurück finden soll. «Das ist es, was gewissermaßen als eine Anforderung des Michael vor uns steht», so spricht Rudolf Steiner, «daß wir bis in unsere Gedanken hinein aktiv werden, so daß wir uns unsere Weltanschauung durch innerliche Aktivität als Menschen erarbeiten.»[10]

Damit haben wir in unserer Zeit eine zweifache Bewegung: von oben nach unten und von unten nach oben. Von oben nach unten kommt Michael herab, welcher... «im letzten Drittel des 19. Jahrhunderts, ... von der Sonne auf die Erde heruntersteigend, die Erdenintelligenz der Menschen ergreifen will...»[11]. Von der anderen Seite jedoch, von der Seite der Menschen, vollzieht sich die allmähliche Spiritualisierung dieser menschlichen Intelligenz, die Verlebendigung des menschlichen Denkens. Das geschieht in dem Maße, wie sich die einzelnen Menschen die moderne Geisteswissenschaft aneignen, jedoch nicht nur theoretisch, sondern dergestalt, daß sie zur Leben spendenden Nahrung, zur Luft, zu einer solchen Atmosphäre wird, in welcher allein die Seele zu leben und zu atmen vermag. Ein Hinweis auf diese Doppelbewegung, welche den gesamten Charakter der gegenwärtigen Epoche bestimmt, ist auch mit aller Deutlichkeit im dritten, «michaelischen» Teil der Grundstein-Meditation enthalten.[12] Hier haben wir einerseits das Bild der seit dem letzten Drittel des 19. Jahrhunderts «von oben nach unten» in die Menschheit strahlenden neuen Michael-Offenbarung:

«Wo die ew'gen Götterziele
Welten-Wesens-Licht
Dem eignen Ich
Zu freiem Wollen
Schenken.»

Und wir haben andererseits den aus dieser Offenbarung hervorgehenden drängenden Anruf an die gegenwärtige Menschheit, die Arbeit an der Vergeistigung der irdisch gewordenen Intelligenz zu beginnen, welche, in die Finsternis des Menschenseins versunken, «Licht erfleht», um die neuerliche Vereinigung mit der kosmischen Sphäre Michaels fleht:

«Denn es walten des Geistes Weltgedanken
Im Weltenwesen Licht erflehend...[12]

So soll in der neuen Epoche der Michael-Herrschaft die Brücke zwischen der Welt der Götter und der Menschheit durch die gemeinsamen Bemühungen der Götter und Menschen geschaffen werden. Das stellt Rudolf Steiner mit folgenden Worten dar: «Die Wissenschaft, die als anthroposophische Geisteswissenschaft das Raumesurteil wiederum vergeistigt, wiederum übersinnlich macht, die arbeitet von unten nach oben, streckt gewissermaßen die Hände von unten nach oben aus, um die von oben nach unten ausgestreckten Hände des Michael zu erfassen. Denn da kann die Brücke geschaffen werden zwischen den Menschen und den Göttern.»[13]

In der modernen Geisteslehre entspricht das voll bewußte Betreten des Weges, der dem von der Sonne «herabsteigenden» Michael von unten nach oben entgegenführt, vollkommen dem, was Rudolf Steiner in seinem Buch «Wie erlangt man Erkenntnisse der höheren Welten?» die «Vorbereitung» nennt. Die *Vorbereitung* – das ist der Beginn des Bauens an jener Brücke, welche die menschliche Seele allmählich wiederum mit der Welt der Götter verbinden soll. Worin aber besteht dieser Prozeß des Bauens? Darauf können wir zunächst wie im vorigen Kapitel antworten: Es ist das Geisteswissen so intensiv von der menschlichen Seele zu erleben, daß die in ihm enthaltenen Weltgedanken, welche zunächst vom menschlichen Kopf aufgenommen wurden, den Weg zum Herzen finden, so daß sie zu *lebendigen* Gedanken werden können. Und diese lebendigen Gedanken werden sich als diejenige geistige Substanz erweisen, welche Michael, nachdem er sie aufgenommen hat, die Möglichkeit gibt, den hohen Göttern zu verkünden: «Die Menschen haben während meines Zeitalters das, was sie abseits von der göttlich-geistigen Welt an reinen Raumesurteilen ausgebildet haben, heraufgehoben in ein Übersinnliches, und wir können die Menschen wiederum annehmen, denn sie haben ihr Denken, ihr Vorstellen mit unserem Denken, unserem Vorstellen verbunden.»[14] So sehen wir: die erste Bedingung für die «Vereinigung» der Menschengedanken mit den Göttergedanken ist ihr Vordringen bis zu den Herzen der Menschen, damit die «Herzen beginnen, Gedanken zu haben», und das «ist der Beginn der Michael-Epoche» (s. Seite 19).

Das «Herzdenken», im Unterschied zum gewöhnlichen Kopfdenken, erweist sich als dasjenige Erkenntnismittel, mit dessen Hilfe auch die Mitteilungen der Geisteswissenschaft in die Welt gekommen sind. «Die wahren Darstellungen von den höheren Welten gehen aus solchem *Herzdenken* hervor, auch wenn es äußerlich oft so aussieht, als ob sie logische Erörterungen wären. Nichts ist in den Darstellungen, die wirklich aus den höheren Welten heruntergetragen werden, darin, was nicht mit dem *Herzen gedacht* wäre. Was da geschildert wird vom Gesichtspunkt der Geisteswissenschaft, ist ein mit dem Herzen Erlebtes. Derjenige, der schildern muß, was er mit dem Herzen erlebt, der muß es allerdings umgießen in solche Gedankenformen, daß es für die anderen Menschen verständlich ist»,[15] sagt Rudolf Steiner, und in dem folgenden Vortrag führt er diesen Gedanken weiter: «Wenn der Geistesschüler forschen will in den höheren Welten, dann geht seine Logik des Kopfes in die Logik des Herzens über...»[16] So sehen wir: Der Einweihungsweg, den wir hier betreten und als dessen Führer Michael erscheint, das ist zugleich jener Weg, auf welchem Rudolf Steiner selbst die Erkenntnisse der höheren Welten erlangte, welche er später in der Form der anthroposophisch orientierten Geisteswissenschaft der Welt vermittelte. Der Weg wurde von ihm in der Form, wie ihn auch andere Menschen gehen können, in dem Buch «Wie erlangt man Erkenntnisse der höheren Welten?» und im 5. Kapitel der «Geheimwissenschaft im Umriß» dargelegt.

Nun wollen wir uns der weiteren Betrachtung dieses Weges zuwenden. Wenn sich der Schüler, der ihn betreten will, im Jahresrhythmus während der genannten Epoche der Vorbereitung (Sonnenwende bis Herbstbeginn) so intim mit den von ihm aufgenommenen Gedanken der modernen Geisteswissenschaft verbindet, daß sie in seinem Innern lebendig werden – was aber heißt, daß er sie nicht nur durch seinen Kopf, sondern mit seinem *ganzen* Wesen aufnimmt –, dann öffnet sich ihnen, wie wir gesehen haben, der Weg zum menschlichen Herzen, jenem geistigen Organ, durch das die erste Stufe der Vergeistigung der einst zur Erde herabgesunkenen michaelischen Intelligenz erklommen werden kann. Als Ergebnis dieser ersten Stufe der Vergeistigung aber erweist sich ein ganz besonderes geistiges Ereignis. Um dieses zu charakterisieren, müssen wir jene Worte Rudolf Steiners *vollständig* zitieren, welche wir bereits im vorangegangenen Kapitel auszugsweise anführten: «Er [Michael] befreit die Gedanken aus dem Bereich des Kopfes; er macht ihnen den Weg zum Herzen frei, er löst die Begeisterung aus dem Gemüte los, *so daß der Mensch in seelischer Hingabe leben kann an alles, was sich im Gedankenlicht erfahren läßt.* Das Michael-Zeitalter ist angebrochen. Die Herzen beginnen Gedanken zu haben, die Begeisterung entströmt nicht mehr bloß mystischem Dunkel, sondern gedankengetragener Seelenklarheit. Dies verstehen heißt, Michael in sein Gemüt aufnehmen. Gedanken, die heute nach dem Erfassen des Geistigen trachten, müssen Herzen entstammen, die für Michael als den feurigen Gedankenfürsten des Weltalls schlagen.»[17] Diese Worte Rudolf Steiners bringen das eigentliche Wesen des oben beschriebenen Prozesses zum Ausdruck. Denn wenn die Gedanken der Geisteswissenschaft den ganzen Menschen zu durchdringen vermögen und sich ihre umwandelnde Wirkung bis zu seinem Herzen erstreckt, dann verwandeln sie, die «als Gedanken» in ihn eingetreten sind, sich in ihm in Lichtsubstanz, in reinstes *Gedankenlicht*. Und in der lebendigen Begeisterung des Herzens, in der seelischen Hingabe des Menschen strahlt das Gedankenlicht aus dem menschlichen Herzen nach außen in den Makrokosmos als Licht der reinsten, erlösten michaelischen Intelligenz, als solche lebendigen Menschengedanken, welche sich wiederum mit den Weltgedanken der Götter vereinigen können. Das aber sind die von unten nach oben sich erstreckenden leuchtenden Lichteshände, welche die von oben nach unten sich erstreckenden Hände des Michael ergreifen können. Denn alles, was so im Gedankenlichte des Herzens lebt, wird für Michael sichtbar und kann von ihm wiederum in sein Reich aufgenommen werden.

Als Licht der beginnenden Auferstehung in den Gedanken leuchtet das innere Licht im Menschen auf, als reales Zeugnis der unmittelbaren Anwesenheit der Michaelkräfte im Zentrum des menschlichen Herzens, der menschlichen Seele. Davon wird auch in den Zeilen des vierten Teiles der Grundstein-Meditation[18] gesprochen, welche sich auf die Tätigkeit Michaels beziehen:

«Nacht-Dunkel
Hatte ausgewaltet,
Taghelles Licht
Erstrahlte in Menschenseelen...»

Dieses Erleben aber[19] entspricht dem eigentlichen Wesen des neuen Michael-Festes als dem wahren Fest der *Erleuchtung*.

Von den verschiedensten Standpunkten aus charakterisiert Rudolf Steiner in den Vorträgen und Zyklen der Jahre 1923–1924 immer wieder die geistige Bedeutung des neuen Michael-Festes, doch an sein eigentliches verborgenes Wesen rührt er wohl auf die tiefste Weise in der letzten es betreffenden Mitteilung im Januar 1925. Denn die unten angeführten Worte, welche Rudolf Steiner zwei und einen halben Monat vor seinem Fortgang aus dem Erdenleben schrieb und welche von dem *Leitmotiv* dieses Festes als dem *Leitmotiv der Erleuchtung* sprechen, erscheinen wie ein heiliges Vermächtnis des großen irdischen Boten Michaels für die Seelen und Herzen aller wahren Michaeliten: «Wenn der Mensch in sich die Ideen zu erleben wieder fähig wird, auch dann, wenn er sich mit ihnen nicht an die Sinneswelt anlehnt, dann wird dem Blick in den außerirdischen Kosmos wieder Helligkeit entgegenströmen. Das aber heißt Michael in seinem Reiche kennenlernen. Wenn einmal das Michael-Fest im Herbste wahr und innig sein wird, dann wird in der Empfindung der das Fest begehenden Menschen mit innerster Ehrlichkeit sich das Leitmotiv loslösen und im Bewußtsein leben: *Ideenerfüllt erlebt die Seele Geistes-Licht, wenn der Sinnenschein nur wie Erinnerung in dem Menschen nachklingt.*»[20] Und in dem anschließenden Leitsatz formuliert Rudolf

Steiner diesen Gedanken auf die folgende Weise: «Der Mensch muß die Kraft finden, seine Ideenwelt zu durchleuchten und durchleuchtet zu erleben, auch wenn er sich mit ihr nicht an die betäubende Sinneswelt anlehnt. An diesem Erleben der selbständigen, in ihrer Selbständigkeit durchleuchteten Ideenwelt wird das Zusammengehörigkeitsgefühl mit dem außerirdischen Kosmos erwachen. Die Grundlage für Michael-Feste wird daraus erstehen.»[21]

Was nun den Geistesschüler betrifft, so bedeutet ein solches Erleben des Michael-Festes als Fest der Erleuchtung nur den Anfang seines geistigen Weges, es ist der Vorhof zu der folgenden Stufe, der Stufe der eigentlichen Einweihung, dem Aufleuchten der inneren Geistessonne in der menschlichen Seele, dem Aufgehen der Sonnenkräfte des höheren Ich in der Dunkelheit der Winternacht im Menschen.

Davon, wie im Jahresrhythmus das Mysterium der Einweihung als Prozeß der *Geburt des zweiten, höheren Ich* in der menschlichen Seele mit dem innerlichen Erleben des Weihnachtsfestes verbunden ist, wird noch im weiteren zu sprechen sein. Hier haben wir uns zunächst auf den michaelischen Aspekt dieses Mysteriums zu beschränken. Denn Michael ist der kosmische Hüter der Zeit, welche sich von seinem Feste bis zum Weihnachtsfest erstreckt – von dem Fest des ersten Aufleuchtens der morgendlichen Strahlen des «Geisteslichtes» im Seeleninnern bis zum Aufgang der «Geistessonne» im Augenblick der Einweihung.

Mit folgenden Worten weist Rudolf Steiner darauf hin, daß Michael heute der große Führer der modernen Menschheit zum wahren Erleben des Weihnachtsmysteriums ist: «Dann kann die Menschheit in unserer Zeit ein Verständnis und eine Einsicht dafür gewinnen, daß so, wie einstmals das Weihnachtsfest im Jahreslaufe folgte auf das Michael-Fest des Herbstes, daß auch auf die Michael-Offenbarung, die eingetreten ist in einer Herbsteszeit im letzten Drittel des neunzehnten Jahrhunderts, folgen soll ein *Weihefest,* ein Weihnachtsfest, durch das wiederum Verständnis für eine *Geistgeburt* erworben werden soll, für die Geistgeburt, die die Menschheit braucht, um weiterzuwandeln ihren Erdenweg, damit die Erde einstmals vergeistigt die Umwandlung in künftige Formen finden könne. Jetzt leben wir in einer Zeit, wo gewissermaßen nicht bloß Jahresherbst, Jahresmichaelsfest da ist und Jahresweihnachtsfest da sein soll; jetzt leben wir in einer Zeit, wo wir die Michael-Offenbarung vom letzten Drittel des 19. Jahrhunderts tief in unserer Seele aus dem eigenen Menschenwesen heraus verstehen sollen und wo wir den Weg suchen sollen zu dem wahren Weihnachtsfeste, nämlich zu der *Durchdringung mit dem zu erkennenden Geiste...*

Heute ist die Zeit, wo wir von dem Michael-Fest zu dem Tiefwinterfest, das aber einen *Sonnenaufgang des Geistes* enthalten soll, den Weg hinfinden sollen.»[22]

Wir können mit aller Intensität nacherleben, daß Michael heute der Führer auf dem modernen Einweihungsweg ist, wenn wir zu diesen Worten hinzufügen, was Rudolf Steiner im Herbst 1924 schrieb: «Michael, der ‹von oben› gesprochen hat, kann ‹aus dem Innern›, wo er seinen neuen Wohnsitz aufschlagen wird, gehört werden. Mehr imaginativ gesprochen, kann dies so ausgedrückt werden: Das Sonnenhafte, das der Mensch durch lange Zeiten nur aus dem Kosmos in sich aufnahm, wird im Innern der Seele leuchtend werden. Der Mensch wird von einer ‹inneren Sonne› sprechen lernen. Er wird sich deshalb in seinem Leben zwischen Geburt und Tod nicht weniger als Erdenwesen wissen; aber er wird das auf der Erde wandelnde eigene Wesen als *sonnengeführt* erkennen. Er wird als Wahrheit empfinden lernen, daß ihn im Innern eine Wesenheit in ein Licht stellt, das zwar auf das Erdendasein leuchtet, aber nicht in diesem entzündet wird.»[23]

Hier haben wir einen Hinweis auf die dritte Phase des Michael-Wirkens im irdischen Geschehen. Alle drei Phasen entsprechen im Jahreslauf in ihrer Gesamtheit jedoch der Zeit von Sommerende bis Winteranfang. Das sei noch einmal kurz betrachtet.

Als erstes geschieht durch Michael die Befruchtung der irdischen Gedanken durch die Weltgedanken. Makrokosmisch kommt das in den Strömen der im August und September zur Erde fallenden Sternschnuppen zum Ausdruck, und im Mikrokosmos entsprechen diesem Prozeß die sich in *menschliche Formen* kleidenden Weltgedanken, wie sie in den Mitteilungen der Geisteswissenschaft enthalten sind. Diese Gedanken, welche im außerirdischen Kosmos urständen und welche der Form nach ganz und gar menschlich geworden sind, sollen heute von einer möglichst großen Anzahl von Menschen auf der Erde mit dem Kopf, mit rein menschlicher Intelligenz aufgenommen werden, damit diese menschliche Intelligenz durch sie allmählich den Zugang zu ihrer Spiritualisierung finde. Das entspricht auf dem Einweihungsweg der Stufe der *Vorbereitung*, es erfordert jedoch, daß die zunächst mit dem Kopf aufgenommenen geisteswissenschaftlichen Gedanken bis zum Erleben in der Sphäre des Herzens vertieft werden; denn die Vergeistigung der menschlichen Intelligenz geschieht nicht im Kopf, sondern im Herzen. «Entscheidend muß dasjenige werden, was *Menschenherzen* mit dieser Michael-Angelegenheit der Welt im Laufe des zwanzigsten Jahrhunderts tun» (d. h. in erster Linie mit den in ihre Seelen aufgenommenen geisteswissenschaftlichen Erkenntnissen), so spricht Rudolf Steiner[24] (s. auch das Zitat auf Seite 26).

Wenn der Mensch es nun vermag, so kraftvoll mit den geisteswissenschaftlichen Ideen zusammenzuwachsen, daß sie in ihm lebendig werden und bis zu seinem Herzen vordringen, so werden die zunächst trockenen und vielleicht sogar abstrakt wirkenden Gedanken in ihm zu Licht, zu lebendigem *Gedankenlicht,* welches aus seinem Herzen in die Welt strahlt. Und dieses Seelenerlebnis der *Erleuchtung* ist das wahre Fest Michaels, der Beginn seiner realen Anwesenheit im Menschen!

Der Geistesschüler kann jedoch noch weitergehen. Er kann sich darum bemühen, die Gegenwart Michaels in seiner Seele zu verstärken, sich mit dem «Michael-Gedanken» ganz zu durchdringen; er kann darum ringen, diesen «Michael-Gedanken», den er zunächst mit dem Kopf aus den Mitteilungen der Geisteswissenschaft aufgenommen hat, nicht nur bis zu seinem Herzen wirken zu lassen, wo er zu Licht wird, dem Lichte der Morgendämmerung vergleichbar, sondern er kann diesen Michael-Gedanken noch tiefer bis zur Sphäre seines *Willens* wirken lassen, wo er *Sonne* werden will. In der geistigen Entwicklung würde eine solche Vertiefung dem Betreten des Weges entsprechen, welcher allmählich von der Erleuchtung zur *Einweihung* führt und im Jahresrhythmus vom herbstlichen Michael-Fest zum winterlichen Weihnachtsfest. Dann kann sich der Mensch in wachsendem Maße, während er sich in der Finsternis der Winternacht allmählich dem Weihnachtsfest nähert, als vom Geist der inneren Sonne geführt erleben, dem Geist, der allein die ahrimanischen Todeskräfte, welche uns zu dieser Zeit überall in der Natur umgeben, zu besiegen vermag.

Während das oben angeführte Hauptmotiv des Michael-Festes vor allem auf sein eigentliches Wesen hinweist, so beziehen sich die folgenden Worte Rudolf Steiners vornehmlich auf die Stufe der inneren Entwicklung, welche angesichts der dunkelsten Jahreszeit als Ergebnis des richtig gefeierten Michael-Festes von der Seele errungen werden kann: «Nimm den die ahrimanischen Mächte besiegenden Michael-Gedanken in dich auf, jenen Gedanken, der dich kräftig macht, Geisteserkenntnis hier auf Erden zu erwerben, damit du die Todesmächte besiegen kannst..., so richtet sich dieser Gedanke [Michaels] an die *Willensmächte:* aufzunehmen die Michael-Kraft, das heißt, aufzunehmen die Kraft der geistigen Erkenntnis in die *Willenkräfte.*»[25] Damit haben wir ein dreifaches Eindringen des Michael-Impulses in das Menschenwesen. Dieses wird zunächst im außerirdischen Kosmos in den zur Erde fallenden Meteoritenströmen vorbereitet; dann jedoch tritt der Michael-Impuls unmittelbar in das menschliche Innere in der Form der Gedanken der modernen Geisteswissenschaft ein und durchdringt allmählich den *ganzen* Menschen, am Anfang seinen Kopf, darauf sein Herz und schließlich seinen Willen, wo er das Tor zur geistigen Sonne öffnet und zur Quelle wahrer Auferstehungskräfte wird, welche es der menschlichen Intelligenz möglich machen, sich wiederum mit der kosmischen Intelligenz, der Sphäre Michaels, zu verbinden.

Im ganzen sehen wir, wie diese Entwicklung uns stufenweise aus dem außerirdischen Raum mehr und mehr in das Innere, in die Tiefen des menschlichen Wesens führt. Und dieses von außen nach innen stufenweise Fortschreiten auf dem geistigen Wege wiederholt auf mikrokosmische Weise diejenigen Prozesse, welche außen im Makrokosmos mit der Erde selbst beim Übergang vom Sommer über den Herbst zum Winter vor sich gehen. Denn auch die Erde durchläuft zu dieser Zeit einen Prozeß des sich «In-sich-selbst-Versenkens». Sie macht ein allmähliches «Aufwachen» durch, indem ihre Seele und ihr Geist aus den Weltenweiten zurückkehren und tiefer und tiefer in ihren planetarischen Leib eintauchen, bis sie ihn zu Weihnachten ganz und gar bis zum Mittelpunkt durchdringen.[26] Deshalb können wir empfinden, wenn wir von dem angeführten Standpunkt aus auf die «absteigende» Jahreshälfte blicken, das heißt auf die Wochen von der Sommersonnenwende bis Weihnachten, wie diese Jahreszeit für den Beginn des Weges, der zur modernen Einweihung führt, ganz besonders geeignet ist.

Drei Stufen der Geistesschulung werden uns von der anthroposophisch orientierten Geisteswissenschaft beschrieben: «*1. Die Vorbereitung.* Sie entwickelt die geistigen Sinne. *2. Die Erleuchtung.* Sie zündet das geistige Licht an. *3. Die Einweihung.* Sie eröffnet den Verkehr mit den höheren Wesenheiten des Geistes.»[27] Den Zusammenhang dieser Stufen mit dem Kreislauf des Jahres sowie mit den modernen Michael-Mysterien haben wir bereits betrachtet. Nun ist noch darzustellen, wie der Weg der geistigen Übungen, die auf jeder der genannten Stufen vorgeschrieben sind, ebenso aus der den Menschen umgebenden äußeren Welt allmählich zu einer zunehmenden Vertiefung in sein eigenes inneres Wesen führt.

Auf die erste Stufe der Vorbereitung beziehen sich die aus der geisteswissenschaftlichen Literatur bekannten Übungen wie die meditative Versenkung in das Wachsen und Absterben von Pflanzen oder die Versenkung in Töne, welche von Lebendigem oder Leblosem stammen und von außen herankommen. Alle diese Übungen führen den Schüler allmählich zu einer neuen Wahrnehmung der ihn umgebenden Natur. Die Beschäftigung mit dem Kapitel in «Wie erlangt man Erkenntnisse der höheren

Welten?», das der Beschreibung dieser Stufe gewidmet ist, zeigt, wie zunächst das Bewußtsein des Schülers auf die äußere Welt, auf die Betrachtung der Naturumgebung, gelenkt wird, während er beim Weiterschreiten auf dem Meditationsweg allmählich von der äußeren Beobachtung zu einer mehr innerlichen Betrachtung, zum Erleben der verborgenen Gestalt der Natur, ihres ihr innewohnenden geistigen Wortes übergehen soll. Wenn wir nun, von einem inneren Empfinden geleitet, die Jahreszeit suchen, welche diesem Erleben am deutlichsten entspricht, so wird sich uns die Epoche ergeben, welche sich vom Johanni-Tag bis zu dem herbstlichen Michael-Fest erstreckt. Wie wir schon sahen, beginnt in dieser Zeit für das makrokosmische Leben der Erde die Epoche der vollen Ausatmung in die Zeit der Einatmung überzugehen. Das bedeutet, daß die Erde als Ganze nun den Weg betritt, der vom Äußeren ins Innere führt, weshalb gerade diese Zeit für die erste Stufe der modernen Geistesschülerschaft, die Stufe der *Vorbereitung*, besonders geeignet ist.

Auf der folgenden Stufe der *Erleuchtung* geht der Schüler abermals von der meditativen Betrachtung einzelner Elemente der äußeren Welt aus: von Kristallen, Pflanzen, Tieren, Samen. Hier ist der Übergang vom Äußeren zum Inneren jedoch bedeutend intensiver. Während auf der vorhergehenden Stufe eine feinere und intimere Beziehung zur äußeren Welt zu entwickeln war, ist nun das Hauptziel, daß der Schüler sich seinem eigenen Inneren zuwende, und der Gebrauch von Elementen der äußeren Welt hat bei diesen Übungen nur eine stützende Hilfsfunktion. Denn es ist das Ziel der Erleuchtung, das *innere Licht* zu erreichen. Deshalb können sich auf dieser Stufe nicht nur die geistigen Gegenbilder der äußeren Gegenstände dem Schüler offenbaren, sondern auch die Wesenheiten der höheren Welten, welche sich nicht verkörpern. Somit wird hier ein weiterer Schritt im Innern des Menschen vollzogen, und es ist der Entwicklung seiner inneren moralischen Qualitäten in diesem Zusammenhang besondere Aufmerksamkeit zu widmen. Deshalb wurde in dem Buch «Wie erlangt man Erkenntnisse der höheren Welten?» zwischen die Kapitel über die Erleuchtung und über die Einweihung ein Kapitel mit dem Titel «Kontrolle der Gedanken und Gefühle» eingefügt. In ihm wird hingewiesen auf «die *goldene Regel* der wahren Geheimwissenschaft: ... wenn du *einen* Schritt vorwärts zu machen versuchst in der Erkenntnis geheimer Wahrheiten, so mache zugleich *drei* vorwärts in der Vervollkommnung deines Charakters zum Guten».[28] Unmittelbar darauf folgt die Beschreibung einer Übung, bei der ein Mensch zu vergegenwärtigen ist, welcher etwas begehrt und sodann ein solcher, dem die Befriedigung eines Wunsches zuteil wurde. Der Vergleich dieser Übungen mit den analogen in dem Kapitel über die Vorbereitung zeigt deutlich, wie weit die Entwicklung in Richtung auf die innere Vertiefung fortgeschritten ist. Weiterhin werden im Zusammenhang mit der Notwendigkeit, Kontrolle über die Gedanken und Gefühle zu erlangen und mit erhöhter Geduld und Ausdauer die Übungen durchzuführen, die zwei Eigenschaften «Mut und Selbstvertrauen» hervorgehoben, die «... zwei Lichter», so schreibt Rudolf Steiner, «die auf dem Wege zur Geheimwissenschaft nicht erlöschen dürfen».[29] Am Ende des Kapitels erwähnt Rudolf Steiner dann diese Eigenschaften ein zweites Mal, um so ihre Bedeutung für die Stufe der Erleuchtung zu betonen: «Was nämlich der Einzuweihende mitbringen muß, ist ein in gewisser Beziehung ausgebildeter *Mut* und *Furchtlosigkeit*. Der Geheimschüler muß geradezu die Gelegenheiten aufsuchen, durch welche diese Tugenden ausgebildet werden... Einer Gefahr ruhig ins Auge schauen, Schwierigkeiten ohne Zagen überwinden wollen: solches muß der Geheimschüler können, ... er muß es so weit bringen, daß für Gelegenheiten, in denen er vorher ängstlich war, ›Angsthaben‹, ›Mutlosigkeit‹ ... für ihn unmögliche Dinge werden.» Denn «es bedarf der seelische Mensch jener Kraft, die nur entwickelt wird in *mutvollen* und furchtlosen Naturen».[30] Diese Worte im Zusammenhang mit der darauffolgenden Beschreibung der Notwendigkeit, «ein starkes Vertrauen in die guten Mächte des Daseins in sich zu erziehen» sowie Geduld und Standhaftigkeit im unermüdlichen Streben «nach dem Geistigen, das [den Geistesschüler] heben und tragen wird»[31], das heißt der Notwendigkeit, dem einmal gewählten geistigen Weg im höchsten Sinne *treu* zu bleiben, sie weisen auf die zwei michaelischen Grundtugenden des Mutes und der Treue hin, von denen Rudolf Steiner wiederholt in seinen Vorträgen spricht. Denn Michael bedarf heute mutvoller, ihm mit starkem Willen dienender Menschen, um seine Mission in der Menschheit zu erfüllen.

So ist die Beschreibung der Stufe der Erleuchtung in dem Buch «Wie erlangt man Erkenntnisse der höheren Welten?» auch ein Hinweis darauf, daß die Jahreszeit von dem herbstlichen Michael-Fest an, dem Fest der Mut und Treue übenden Seelen, besonders geeignet ist, diese Stufe zu beschreiben. Von der Notwendigkeit, Mut zu entwickeln für die Aufnahme des Michael-Impulses, der Michael-Gedanken, um des Sieges über den ahrimanischen Drachen willen[32], der sich die moderne Zivilisation allmählich ganz unterwerfen will sowie Treue gegenüber der Michael-Sphäre und der neuen, sich seit dem letzten Drittel des 19. Jahrhunderts erschließenden Michael-Offenbarung, sprechen uns auf bedeutungsvolle Weise die abschließenden Worte des letzten Vortrags von Rudolf Steiner, welcher am Vorabend des Michael-Tages des Jahres 1924 gehalten wurde: «Aber das ist es, was aus den Worten heute zu Eurer Seele sprechen möge: Daß Ihr diesen Michael-Gedanken aufnehmet im Sinne desjenigen, was ein Michael-treues Herz empfinden kann, wenn angetan mit dem Lichtstrahlkleide der Sonne Michael erscheint, der zunächst weist und deutet auf dasjenige, was geschehen soll, damit dieses Michael-Kleid, dieses Lichtkleid, zu den Weltenworten werden kann...»[33]. In diesen Weltenworten ist damit auch der Hinweis auf das Wesen des Michael-Festes als eines Festes enthalten, das den Weg zum Weihnachtsfest, zu der modernen Einweihung eröffnet: «Erst Auferweckung der Seele, dann Tod, damit im Tode dann jene Auferstehung, die der Mensch in seinem Inneren selber feiert, begangen werden kann»[34], das aber ist die Einweihung.

Wie bei der Einweihung eine weitere Vertiefung in das Innere des Menschen vor sich geht im Vergleich zu den Stufen der Vorbereitung und der Erleuchtung, darüber wird in den folgenden Kapiteln gesprochen werden und ebenso über die Einweihung im Verhältnis zum Weihnachtsmysterium.

3.
Von Michaeli bis Weihnachten.
Michael und die nathanische Seele

Ernst mahnend, zu innerer Wachsamkeit und Verantwortlichkeit aufrufend, so erscheint uns das Bild des Michael an seinem Festtag im Herbst. Mit dem Flammenschwert des Weltendenkens, aus kosmischem Eisen geschmiedet, weist er nach oben, zum höheren Ich des Menschen.[35] Er weist auf die höheren Daseinsziele, für deren Verwirklichung sich der Mensch in der Zeit, welche auf das Michael-Fest folgt, besonders intensiv einsetzen sollte.

Es ist das wahrhaftig eine Zeit der Prüfungen und zugleich eine Zeit voller innerer Aktivität und Erwartungen. Denn im Herbst nehmen die Kräfte der Sonne ab, und es wachsen die Kräfte der Finsternis, der Dämmerung der heraufziehenden Weltennacht. Wenn die Sonne am Himmel in das Zeichen des Skorpion tritt, schöpfen die geistigen Mächte, welche sich der rechtmäßigen Entwicklung entgegenstellen, jedes Jahr neue Hoffnung, daß sie das Aufgehen der Geistessonne in der Finsternis der Erdennacht verhindern können, um so die Menschheitsentwicklung zu beherrschen und für ihre Ziele zu nutzen. «Vom [äußeren] Naturerkennen zur Anschauung des Bösen»[36] führt den Menschen die Zeit nach dem herbstlichen Michael-Fest. Du sollst die innere Kraft der Auferstehung, die Kraft der geistigen Sonne, aufnehmen, bevor die Todeskräfte, welche in dieser Zeit in der Natur walten, dich ergreifen – das ist die Grundstimmung des Einweihungsweges in dieser Jahreszeit.

«Die Versuchung von seiten des Bösen»[37], so charakterisiert auch Rudolf Steiner diese Epoche. Und es erklingt dem Geistesschüler aus den Weltenweiten, in welche die Lichtkräfte dem äußeren Blick des Menschen allmählich entschwinden, die Mahnung: «Hüte dich vor dem Bösen.»[38] Sei wachsam im Innern! Denn die Widersachermächte treten zu dieser Zeit mit besonderer Macht an die menschliche Seele heran und suchen im Jahreslauf auf mikrokosmische Weise das zu wiederholen, was sich einstmals in der Menschheitsentwicklung auf «makrokosmische» Weise als «Versuchung im Paradies» zutrug.

Es ist das jedoch nicht nur eine Zeit der Versuchungen und der Prüfungen; sie ist zugleich auch erfüllt von innerlich aktiver *Erwartung* sowie der Vorbereitung* auf das Fest der Geburt einer ganz besonderen Wesenheit auf der Erde. Und diese *Prüfungen* und *Vorbereitungen* (Erwartungen) erreichen in der Adventszeit während der vier Wochen vor Weihnachten eine ganz besondere Kraft und Konzentration.

Auf wessen Geburt aber bereitet sich die Menschheit zu dieser Zeit vor? Eine Antwort kann sich uns nur ergeben, wenn wir mit Hilfe von Darstellungen Rudolf Steiners frühere Zeiten der Erdenentwicklung ins Auge fassen, und zwar die lemurische Epoche, jene vorhistorische Zeit, in der der Mensch zum Menschen wurde, das heißt, zu einem Wesen mit einem eigenen, individuellen Ich. Damals vollzog sich der große Umschwung in der Menschheitsentwicklung, welcher mit biblischen Worten «Sündenfall» genannt wird. In dieser Epoche – nach der Trennung der Sonne von der Erde und vor dem Austritt des Mondes – traten luziferische Mächte an die Menschheit, welche gerade erst mit dem individuellen Ich als einer Ausgießung der Substanz der Geister der Form begabt worden war, versucherisch heran. Das Eindringen luziferischer Kräfte in den Astralleib des Menschen, das ist die okkulte Tatsache, welche hinter dem biblischen Bild vom «Sündenfall» steht. Dieselbe Gefahr aber – unter den Einfluß dieser Mächte zu geraten – drohte auch dem Ätherleib. Und diese Gefahr war eine viel bedeutendere, da die Menschheit, wenn auch der ätherische Leib den luziferischen Mächten verfallen wäre, sich auf der Erde zu der Zeit der sogenannten «Monden-Krise» (d. h. noch vor dem Mondenaustritt) nicht hätte weiterentwickeln können. Denn es sollten, gemäß der rechtmäßigen Entwicklung, die Widersachermächte nicht in der lemurischen, sondern erst in der atlantischen Epoche, wenn die Ich-Substanz sich nicht nur in der astralischen, sondern auch in der ätherischen Hülle des Menschen verkörpert haben würde, auch an den ätherischen Leib versucherisch herantreten. Um deshalb der Gefahr vorzubeugen, daß der Ätherleib vorzeitig den Widersachermächten verfiel, wurde noch vor dem Sündenfall ein Teil seiner feineren und reineren Kräfte, die dem chemischen- und Lebens-Äther entsprechen, aus der allgemeinen Menschheitsentwicklung herausgenommen und in der geistigen Welt un-

---

* Hier wird das Wort «Vorbereitung» in einem allgemeineren Sinn gebraucht als in dem Kapitel «Die Zeit der Vorbereitung», wo es auf die Eingangsstufe des modernen Einweihungsweges hinweist. Hier bedeutet es Vorbereitung auf ein bestimmtes Jahresfest, so wie die Zeit, welche *jedem* der Hauptfeste des Jahres vorausgeht, der innerlichen Vorbereitung auf das betreffende Fest dienen kann.

ter dem Schutz der großen Mutterloge der Menschheitsführung bewahrt.* Dieses Geschehen, das für die ganze folgende Erdenentwicklung von großer Bedeutung war, wurde später in der Bibel als Imagination vom Baum der Erkenntnis und vom Baum des Lebens dargestellt. In diesen imaginativen Bildern erscheinen die Kräfte des astralischen Leibes als der Baum der Erkenntnis und die Kräfte des ätherischen oder *Lebens*leibes als der Baum des Lebens. Der Träger aber der vom Sündenfall nicht berührten *Lebenskräfte* der Menschheit wurde jene Wesenheit, welche wir aus der geisteswissenschaftlichen Literatur als die Seele des nathanischen Jesusknaben oder als «nathanische Seele» kennen. In Rudolf Steiners Worten: «Der luziferische Einfluß kam heran, erstreckte seine Wirkungen auch in den astralischen Leib dieses Hauptpaares, und die Folge war, daß es unmöglich war, alle die Kräfte, die in Adam und Eva waren, auch herunterfließen zu lassen in die Nachkommen, durch das Blut der Nachkommen. Den physischen Leib mußte man durch alle die Geschlechter herunter sich fortpflanzen lassen; aber von dem Ätherleib behielt man in der Leitung der Menschheit etwas zurück. Das drückte man eben dadurch aus, daß man sagte: Die Menschen haben genossen von dem Baume der Erkenntnis des Guten und Bösen, das heißt, was von dem luziferischen Einfluß kam. Aber es wurde auch gesagt: Jetzt müssen wir ihnen die Möglichkeit nehmen, auch zu genießen von dem Baume des Lebens; das heißt, es wurde *eine gewisse Summe von Kräften des Ätherleibes* zurückbehalten. Die flossen jetzt nicht auf die Nachkommen herunter. Es war also in «Adam» eine gewisse Summe von Kräften, die ihm nach dem Sündenfalle genommen wurden. Dieser «noch unschuldige» Teil des Adam wurde aufbewahrt in der großen Mutterloge der Menschheit, wurde dort gehegt und gepflegt. Das war sozusagen die Adam-Seele, die noch nicht berührt war von der menschlichen Schuld, die noch nicht verstrickt war in das, wodurch die Menschen zu Fall gekommen sind. Diese Urkräfte der Adam-Individualität wurden aufbewahrt.»[40]

Aus alledem folgt, daß der Ursprung der nathanischen Seele in der frühesten Vergangenheit der Erdenentwicklung zu suchen ist. Deshalb wollen wir, um sie noch besser zu verstehen, weiter zurückgehen, bis zu jenem Augenblick, da die Ich-Substanz der Geister der Form sich zum ersten Mal in das Menschenwesen ergoß. «Und Gott der Herr machte den

---

* Aus verschiedenen Mitteilungen Rudolf Steiners geht hervor, daß sich das Zentrum der großen Mutterloge in der hohen Sonnensphäre befand, während das große Sonnenorakel in der atlantischen Zeit ihr Repräsentant auf der Erde war und in der nachatlantischen Zeit «ein vorderasiatisches Mysterium».[39]

Menschen aus einem Erdenkloß, und er blies ihm ein den lebendigen Odem. Und also ward der Mensch eine lebendige Seele»[41], so wird dieses Geschehen in der Bibel dargestellt. Denn mit dem Atem, welcher mit der Tätigkeit des Astralleibes zusammenhängt, kam das Ich-Prinzip in den Menschen und wurde er eine «lebendige Seele».

Als eine solche «lebendige Seele» lebt seitdem auch die nathanische Seele im Kosmos, da die übrige Menschheit, welche, von Luzifer verführt, mehr und mehr in die Materie, in das Reich der Finsternis und des Todes versank, aufhörte, eine *lebendige* Seele zu sein.

Viele tausend Jahre blieb die nathanische Seele in den geistigen Welten. Sie hielt sich von aller Berührung mit der Erdensphäre fern, um sich sodann, das Herabsteigen des Sonnengeistes, des Christus, vorbereitend, an der Zeitenwende als der Jesusknabe aus dem nathanischen Hause Davids in Palästina zu verkörpern. Dieses einmalige Erscheinen der nathanischen Seele auf der Erde wird seitdem jedes Jahr zu Weihnachten gefeiert. Die vorhergehende Zeit aber, von Michaeli an, ganz besonders jedoch die Epoche der vier Adventswochen, das ist die Zeit der inneren Vorbereitung auf dieses Geschehen.

Wie wir sahen, steht die Zeit von Michaeli bis Weihnachten unter dem besonderen Schutz des Erzengels Michael, und so taucht angesichts dieser zeitlich-geistigen Konstellation die Frage auf: Welcher Art ist das Verhältnis des Erzengels Michael zur nathanischen Seele? Gemäß den Angaben der modernen Geisteswissenschaft ist Michael zwar ein Sonnenerzengel, er wirkte jedoch trotzdem *vor* dem Mysterium von Golgatha auch als Diener Jahves, des Monden-Elohim, der, dem Range nach ein Geist der Form, in der Bibel «Gott der Herr» genannt wird und der entscheidend beteiligt war, als der Mensch mit dem Ich-Prinzip begabt wurde. Rudolf Steiner charakterisiert diese Beziehung Michaels zu Jahve und Christus in der Urvergangenheit mit folgenden Worten: «Sogar im Neuen Testament werden Sie finden – und in meinen Büchern habe ich öfters darauf hingewiesen – daß Christus sich durch Jehova offenbarte, soweit er das konnte vor dem Mysterium von Golgatha.»[42] Und er fährt fort: «So können wir sagen, daß Christus-Jehova die Wesenheit ist, welche die Menschheit durch ihre ganze Evolution hindurch begleitet hat. Aber während der Epochen, die einander folgen, offenbart sich Christus-Jehova immer durch verschiedene Wesenheiten desselben Ranges wie Michael.»[43] So ist Michael seit den ältesten Zeiten der hervorragendste Diener des *Christus-Jehova* unter den Erzengeln, und er hatte damit in gewissem Sinne auch an der «Schöpfung des Menschen» teil.[44] Diese besondere Beziehung zu Jahve und der gesamten Menschheit in «vorchristlicher» Zeit sowie später zum hebräischen Volk ist zugleich ein Hinweis auf die Beziehung zu der Wesenheit der nathanischen Seele, welche in der geistigen Welt bewahrt wurde.

Durch die Jahve-Sphäre empfing einst Adam – und in seiner Person die ganze Menschheit – sein individuelles Ich von den sechs Sonnen-Elohim. Deshalb geht auch auf den Elohim Jahve der Stammbaum des Lukas-Evangeliums zurück, und deshalb enthält dieses Evangelium nicht nur die Geschichte des hebräischen Volkes, in dem sich einst die nathanische Seele verkörpern sollte, sondern auch die Geschichte der ganzen Menschheit bis zu ihren Anfängen: zu Adam und zu Gott, indem es jene *irdischen* Schicksale darstellt, von denen die nathanische Seele in der geistigen Welt ferngehalten wurde. Aber gerade durch diese irdischen Schicksale sollte Michael als das «Antlitz Jehovas»* die Menschheit seit Urzeiten führen. Denn er wirkte seit dem Beginn der Erdenzeiten in seiner Eigenschaft als *Sonnenerzengel* zugleich als Mittler zwischen dem Sonnen-Logos Christus und dem Monden-Logos Jahve, als Mittler zwischen den himmlischen und irdischen Schicksalen der Menschheit, die in der lemurischen Epoche getrennt und durch die palästinensischen Ereignisse erstmals wieder verbunden wurden. In dieser Mittlertätigkeit bestand vor allem der Dienst, den Michael dem *Christus-Jehova* vor dem Mysterium von Golgatha leistete.

Wir können die Beziehung des Erzengels Michael zur nathanischen Seele besser verstehen, wenn wir uns fragen, in welcher kosmischen Sphäre die Trennung der ätherischen Kräfte der Adamwesenheit stattfand, bei welcher der eine Teil davor bewahrt wurde, den Kräften der Materie und des Todes zu verfallen, während der andere hinabgesandt wurde auf den Weg der Erdenverkörperungen. Mit anderen Worten: Wo müssen wir diese himmlische Wesenheit der nathanischen Seele suchen, diese Schwesterseele Adams, welche in den geistigen Höhen vor dem Sündenfall bewahrt wurde? Um eine Antwort zu finden, wollen wir betrachten, wie die Menschheit bei ihrem makrokosmischen Abstieg zur Erde von den Hierarchien liebevoll durch deren verschiedene Sphären[45] hindurchgeleitet wurde –, ein Prozeß, den die einzelne Seele auf mikrokosmische Weise vor einer jeden Geburt wiederholt.

Zunächst – etwa bis zur Mitte der hyperboräischen Epoche, bis zum Sonnenaustritt – lebte die Menschheit in der Sphäre der Archai oder Zeitgeister. Sodann erfolgte der Übergang zur Sphäre der Erzengel, welche in der Folgezeit die Führer der einzelnen Völker auf der Erde waren.

---

* S. GA 194, 22. 11. 1919.

In ihrer Sphäre verweilte die junge Menschheit bis zur Abtrennung des Mondes, ja sogar noch etwas länger, bis sie schließlich in die Sphäre der Engel eintrat, die Sphäre der Führer des individuellen Ich jedes einzelnen Menschen. Dort sollte sie bis zur Mitte der atlantischen Epoche verweilen, um sich schließlich in der zweiten Hälfte dieser Epoche endgültig auf die Erde hinabzubegeben. Einige Zeit vorher jedoch, am Ende der lemurischen Epoche, beim Übergang aus der Sphäre der Erzengel in die Sphäre der Engel, ereignete sich der «Sündenfall», wobei aber ein Teil des Adam-Ätherleibes in den höheren Sphären zurückbehalten wurde.

So ereignete sich der Sündenfall, als die Menschheit in der Engelsphäre weilte. Physisch lebte sie in dieser Zeit – am Ende der lemurischen Epoche – in der ätherischen Wasser-Luft-Umgebung der Erde, während ihr Bewußtsein der paradiesisch-unschuldigen Engelsphäre angehörte. Hier trat nun die Versuchung an sie heran. Diese kam von jenen Engelwesen, welche auf dem alten Mond in der Entwicklung zurückgeblieben waren und welche nun als zurückgebliebene Monden-Engel, die luziferischen Charakter angenommen hatten, an den Astralleib der sich langsam der Erde nähernden Menschheit herantraten. Hätte diese Versuchung nicht stattgefunden, dann hätte die Menschheit noch länger in der Umgebung der Erde verweilen können, ohne diese selbst zu berühren und ohne äußere Sinneswahrnehmungen. Viel früher, als das von der Weltenlenkung vorgesehen war, betrat sie infolge des «Sündenfalles» die «feste Erde» und wandte sich wahrnehmend der äußeren Sinneswelt zu.

So war der Sündenfall, d. h. das vorzeitige Eintauchen in die physische Welt, nur nach dem Übergang aus der Erzengel- in die Engelsphäre, aus dem Einflußbereich der Sonnen- und Planeten-Mächte in den Bereich der Mondenwesen möglich. An diesem Wendepunkt geschah auch jene Abtrennung. Denn die Menschheit mußte auf ihrem Weg hinab zur Erde, indem sie in die Engelsphäre eintrat, nicht nur mit denjenigen Engeln, welche eine rechtmäßige Entwicklung durchmachten und sich infolgedessen vorbereiteten, zu Schutzengeln der einzelnen Menschen zu werden, sondern auch mit den «luziferischen» Engeln, welche aus dem allgemeinen Gang der Weltenentwicklung herausgefallen waren, unweigerlich zusammentreffen. Die nathanische Seele jedoch wurde vor diesem Übergang zurückgehalten und in der Sonnensphäre der Erzengel bewahrt, in jener Sphäre, von welcher später die Führung der einzelnen Völker auf der Erde ausgehen sollte. Und sie bewahrte auch mit der Engelsphäre, welche nicht von der luziferischen Versuchung berührt wurde, ihre Verbindung. Das erklärt, warum Rudolf Steiner sie einmal als eine *erzengelartige* und ein anderes Mal als eine *engelartige* Wesenheit bezeichnete.[46]

Was bedeutet nun in einem tieferen Sinne: ein reiner, von der Versuchung unberührter ätherischer und astralischer Leib des Menschen? Das ist nichts anderes als ein Hinweis auf die reinsten, ganz von kosmischen Kräften durchdrungenen, ätherischen und astralischen Substanzen, bei denen eine innere Verwandtschaft zu den im Menschen verborgenen Anlagen zum Lebensgeist und Geistselbst besteht. Als Ausgießung aus den höchsten kosmischen Sphären der Seraphim und Cherubim[47] ruhen diese höheren Glieder auf dem Daseinsgrund der paradiesischen Menschheit und stehen unmittelbar mit den ätherischen und astralischen Hüllen der einzelnen Menschen in Beziehung; denn ihrer Natur nach sind der nicht der Versuchung verfallene Ätherleib und Astralleib mit dem Lebensgeist und Geistselbst verbunden. Da letzterer aber von den Erzengeln und Engeln erst voll bewußt entwickelt ist, so entspricht der von Rudolf Steiner gebrauchte Begriff von der engel- und der erzengelartigen Wesenheit der nathanischen Seele der geistigen Realität.

Man kann in diesem Sinne auch vom «Ich» der nathanischen Seele sprechen, jedoch mit dem Vorbehalt, daß es mehr die ursprüngliche Natur des Geistselbst hat als die des irdischen menschlichen Ich. Dieses ganz vom Geistselbst erfüllte «Ich» konnte sich die nathanische Seele jedoch nur bewahren, weil sie auf die beschriebene Weise an der Grenze zwischen der Erzengel- und der Engelssphäre von Erdeninkarnationen zurückgehalten wurde.

Rudolf Steiner charakterisiert dieses «Ich» der nathanischen Seele mit folgenden Worten: «Was von den Geistern der Form heruntergeströmt worden ist, das fließt nun fort; nur wurde gleichsam etwas zurückbehalten, gleichsam ein Ich, das nun bewahrt wurde vor dem Eingehen in die fleischlichen Inkarnationen, – ein Ich, das nicht immer als Mensch wiedererschien, sondern das jene Gestalt, jene Substantialität behielt, die der Mensch hatte, bevor er zu seiner ersten Erdeninkarnation fortgeschritten war, ... ein Ich, das noch in derselben Lage war wie – wenn wir jetzt biblisch sprechen wollten – das Ich des «Adam» *vor* seiner ersten irdischen fleischlichen Verkörperung. Ein solches Ich war immer vorhanden... Dieses Ich hatte dadurch ganz besondere Eigentümlichkeiten; es hatte die Eigentümlichkeit, daß es unberührt war von allem, was überhaupt ein menschliches Ich jemals auf der Erde hatte lernen können. Es war also auch unberührt von allen luziferischen und ahrimanischen Einflüssen...»[48] «Daher sah es so aus, als ob jener nathanische Jesusknabe, den das Lukas-Evangelium schildert, überhaupt kein Menschen-Ich hätte...»[49].

Durch dieses Bild können wir auch die biblischen Worte, daß aus Adam alle Menschen und alle Völker der Erde hervorgegangen sind, besser verstehen. Denn wenn wir in Betracht ziehen, daß die himmlische Seele Adams in den geistigen Höhen zurückgehalten wurde, dann weisen uns diese Worte darauf hin, daß aus jenen Höhen die Schutzengel herabkamen, um die einzelnen Menschen, und die Erzengel, um die Völker zu leiten. Der Erzengel Michael aber, der als Sonnenerzengel eine besonders tiefe Verbindung mit der Sonnensphäre wahrte, in welcher auch die nathanische Seele weilte,[50] kann auch als der sonnenhafte Hüter und Lenker der vor dem Sündenfall bewahrten paradiesischen Menschheitsseele genannt werden.

Es blieb die nathanische Seele jedoch, während sie unter der Führung des Erzengels Michael in der Mutterloge der Menschheit weilte, nicht «untätig» im Laufe der folgenden Erdenentwicklung. Von drei übersinnlichen Taten dieser Seele in dem außerirdischen Kosmos spricht die Geisteswissenschaft. In ihnen kam, wie wir noch sehen werden, ihre *erzengel-artige* Natur zum Ausdruck. Ihr einem Widerschein ähnelndes Erscheinen in Krischna aber war ein Ausdruck ihrer *engel-artigen* Natur, ihrer Verwandtschaft mit dem höheren Ich des Menschen, mit dem Geistselbst, und sie konnte der Erdenmenschheit dadurch den Impuls zur Bildung des individuellen Ich-Denkens geben.[51] Darüber äußert Rudolf Steiner in dem Zyklus «Die Bhagavad Gita und die Paulusbriefe»: «Nur daß es bei ihr [der Krischna-Wesenheit] nicht ankommt auf das äußere Fleischliche, auch nicht auf den feineren Elementenleib, auch nicht auf die Kräfte der Sinnesorgane, nicht auf Ahamkara und Manas, sondern ankommt auf das, was in *Budhi und Manas* unmittelbar zusammenhängt mit den großen allgemeinen Weltensubstanzen, mit dem durch die Welt lebenden und webenden Göttlichen... So blickt der Mensch, indem er zu Krischna aufblickt, zugleich zu seinem eigenen höchsten Selbst hinauf [d. h. zum Geistselbstprinzip].»[52]

Abschließend ist noch ein weiterer Aspekt der genannten Ereignisse zu betrachten, der auf den seit dem Uranfang bestehenden Zusammenhang des Erzengels Michael mit der nathanischen Seele hinweist. Dazu führt Rudolf Steiner in dem Zyklus «Die Sendung Michaels. Die Offenbarung der eigentlichen Geheimnisse des Menschenwesens» bei der Beschreibung des «Sündenfalles» aus: «Diejenige geistige Macht, welche – nachdem die Menschheitsentwicklung durchgegangen war durch Saturn-, Sonnen- und Mondenentwicklung und die Erdenentwicklung begonnen hatte – das luziferische Wesen in die menschliche Hauptesbildung einorganisiert hat, das ist die Michael-Macht. ‹Und er stieß seine gegnerischen Geister herunter auf die Erde›, das heißt: durch dieses Herunterwerfen der dem Michael gegnerischen luziferischen Geister wurde der Mensch zunächst durchdrungen mit seiner Vernunft, mit dem, was dem menschlichen Haupte entsprießt. *So ist es Michael, der seine Gegner dem Menschen gesandt hat, damit der Mensch durch die Aufnahme dieses gegnerischen, dieses luziferischen Elementes zunächst seine Vernunft erhalten hat.*»[53] (Aus diesem Grund tritt bei der künstlerischen Darstellung der Versuchung im Paradies Luzifer – wenn die Imagination richtig wiedergegeben wird – stets in der Gestalt der Schlange mit dem Menschenkopf auf.)[54] Aus den oben angeführten Worten geht hervor, daß Michael als «Antlitz Jahves» nicht nur an der Erschaffung des Menschen als «lebende Seele» einmal teilnahm und damit auch an der Erschaffung der nathanischen Seele, sondern daß er auf die genannte Weise auch am «Sündenfall» der Menschheit beteiligt war. Und wenn die nathanische Seele nach der Weisheit der Weltenlenkung dem allgemeinen Schicksal der Menschheit entgehen und in der Sonnensphäre verbleiben sollte, so verdankt sie diese Tatsache in einem hohen Maße der Führung des Erzengels Michael, welcher die luziferischen Geister, indem er sie in die Köpfe der Menschen hinabstürzte, nicht zu ihr gelangen ließ. So erweist sich auch von diesem Standpunkt aus Michael als der Geist, der von allem Anfang an mit den himmlischen Schicksalen der nathanischen Seele verbunden war und damit zugleich mit der gesamten Erdenmenschheit.

Es ist dies ein weiterer Grund, warum im Jahreskreislauf das Michael-Fest dem Weihnachtsfest, dem Fest der Erdengeburt der nathanischen Seele, unmittelbar vorausgeht.

& II.
Das Adventsmysterium als Mysterium der
nathanischen Seele

1.
Die drei übersinnlichen Taten der nathanischen Seele

Die vier Adventswochen sind im Jahreslauf die Zeit der konzentriertesten Vorbereitung auf das Weihnachtsfest. Da wir zu Weihnachten die Erinnerung an die Geburt der nathanischen Seele auf der Erde feiern, müssen wir uns in den vier vorausgehenden Wochen in das Wesen ihrer himmlischen Schicksale, ihrer Taten in den geistigen Welten versenken. Es künden diese Taten, zeitlich gesehen, das Erscheinen der nathanischen Seele auf der Erde an, und sie stellen zugleich die Zeit ihrer kosmischen Vorbereitung zur physischen Verkörperung dar. So liegt in ihnen der Schlüssel zum Verständnis dieser Jahreszeit verborgen.

Nach der Geisteswissenschaft Rudolf Steiners geschah die erste übersinnliche Tat der nathanischen Seele im letzten Drittel der alten lemurischen Epoche. In dieser Zeit, nach dem Herabstieg der Menschheit in die Erdenumgebung, dem Austritt des Mondes und der darauffolgenden Gewinnung der Aufrichtekraft der Menschheit, tauchte durch das Wirken der geistigen Mächte, welche sich der rechtmäßigen Entwicklung entgegenstellen, die Gefahr auf, daß jene ältesten, vollkommensten Teile des physischen Leibes, welche mit den zwölf Sinnesorganen zusammenhängen, entarten könnten. Diese Sinnesorgane waren einst, schon auf dem alten Saturn, als erste Keime des physischen Leibes, als Abbilder der zwölf kosmischen Ströme geschaffen worden, welche von den hohen geistigen Wesenheiten der ersten Hierarchie ausgehen und in der Zwölfheit des Tierkreises äußerlich zum Ausdruck kommen.

«Es drohte in jener Zeit, daß die zwölf kosmischen Kräfte, die auf den Menschen wirken, durch dämonische Wesen in Unordnung gerieten»[1], so äußerte sich Rudolf Steiner darüber. Wenn das geschehen wäre, dann wäre der «Saturnmensch» in einen schrecklichen Egoismus verfallen. In den Sinnesorganen hätte das zur Folge gehabt, daß z. B. die Augen, wenn sie irgendeinen Gegenstand erblickten, der Seele nicht die objektive Wahrnehmung dieses Gegenstandes übermittelt hätten, sondern nur ihr eigenes Schmerz- oder Lustempfinden. Als Folge davon wäre die ganze menschliche Entwicklung in Unordnung geraten. «Luzifer und Ahriman hätten alle menschliche Entwicklung in Unordnung bringen können dadurch, daß der Mensch durch seine aufrechte Stellung von den geistigen Kräften des Irdischen herausgerissen ist...»[2] In diesen Worten Rudolf Steiners ist das Geheimnis jener Ereignisse enthalten: Es erhielten die Sinnesorgane, obwohl ihre Grundlage schon auf dem alten Saturn gelegt worden war[3], ihre volle Bedeutung und endgültige Ausgestaltung erst durch das *Sich-Aufrichten*, welches im letzten Drittel der lemurischen Epoche als Folge der Ausgießung der Ich-Substanz in den Menschen durch die Geister der Form und vor allem durch den Monden-Elohim Jahve stattfand. Dieser Entwicklung versuchten in jener Zeit zunächst die luziferischen und später die ahrimanischen Mächte[4] entgegenzuwirken. Sie wollten den Menschen von der Erde losreißen, um ihn auf diese Weise zu einem «nicht vollentwickelten Engel» zu machen, zu einem Wesen, dem es in der Zukunft niemals mehr möglich sein würde, ein individuelles Ich zu erlangen. Denn obwohl der Mensch durch die Aufrichtung wiederum mit den Kräften des die Erde umgebenden Kosmos in Verbindung gebracht worden war, so sollte er doch auf keinen Fall dadurch aus der Erdenevolution herausgerissen werden. Deshalb mußte als Gegenwirkung gegen die von unten nach oben wirkenden luziferisch-ahrimanischen Kräfte etwas aus dem Kosmos, aus der Welt der Hierarchien, von oben nach unten wirken. Und dieses «etwas» war nichts anderes als die in der geistigen Welt geprägte, ideale «ätherische Menschengestalt»*, in der eine vollkommene Verbindung der von unten nach oben wirkenden Aufrichtekräfte des Ich und der von oben nach unten gehenden zwölf Kräfteströme hergestellt war, welche das harmonische Zusammenwirken der zwölf Sinnesorgane bewirken und ihnen auf rechtmäßige Weise die Richtung zur Erde verleihen, zum objektiven Wahrnehmen der Gegenstände und Verhältnisse. Diese in der geistigen Welt geprägte «ätherische Menschengestalt» sollte hinfort als himmlisches Urbild wirken, durch dessen Kräftestrahlen die Menschheit nach und nach vor der genannten Versuchung errettet werden soll.

Dieses wahrhaft kosmische Geschehen vollzog sich dadurch, daß die Seele des späteren nathanischen Jesusknaben, welche in der Sonnensphäre weilte, in die höchste Sonnenregion aufstieg, jene Region, wo die Sonne als Fixstern unter Fixsternen wirkt und von wo aus es möglich ist, die Urquellen der geistigen Ströme zu erreichen, die von den zwölf Weltsphären des Tierkreises ausgehen. Indem nun die nathanische Seele ihr ganzes

---

* S. Anmerkung 6.

Wesen mit den zwölf Tierkreiskräften durchdrang, welche im Zusammenwirken nicht nur die zwölf Sinnesorgane bilden, sondern auch die physische Gestalt des Menschen[5], vermochte sie in dieser Sphäre des Sonnenlebens ihr eigenes ätherisches Wesen dem Sonnengeist des Christus zu opfern. Dank dieses Geschehens entstand sodann in den unteren Bereichen der geistigen Welt jene urbildliche «ätherische Menschengestalt». «Damit ist ein Neues in den Kosmos hineingedrungen, das jetzt ausstrahlt auf die Erde und dem Menschen, der physischen Erden-Menschenform, in die hineinströmte die Kraft der ätherischen überirdischen Christus-Wesenheit, möglich macht sich zu schützen vor jener Zerstörung, die hätte eindringen müssen, wenn nicht aus dem Kosmos hätte hereinstrahlen und den Menschen durchdringen können, so daß sie in ihm lebt, die Gestaltungskraft, die ihn ein aufrechtes ordentliches Wesen werden läßt»[6], so schildert Rudolf Steiner diesen Prozeß. Und er fährt fort: Das konnte geschehen, «weil derjenige, der als nathanischer Jesus sich durchdrungen hat mit dem Christus, damals in der lemurischen Zeit als geistig-ätherisches Wesen durch die Durchdringung mit dem Christus menschlich-ätherische Form angenommen hat».[7]

So wurden in jener Zeit die zwölf kosmischen Kräfte, welche im aufrechten physischen Menschenleib wirken und die Grundlage der richtigen Entwicklung seines individuellen Ich-Bewußtseins bilden, wiederum in Harmonie gebracht; und es wurden die zwölf Sinnesorgane bis zu einem solchen Grad selbstlos, daß sie in Wahrheit sagen konnten: «Nicht wir, der Christus in uns.»

Die zweite Gefahr, welche für die Menschheit heraufzog, trat am Beginn der atlantischen Epoche auf. Damals drohte der Ätherleib, es drohten die Lebenskräfte des Menschen und vor allem ihr äußerer Ausdruck im menschlichen Organismus, seine sieben hauptsächlichen Lebensorgane[8], den luziferisch-ahrimanischen Mächten zu verfallen. Diesmal bestand die Gefahr darin, daß der Mensch infolge ihres maßlosen Egoismus zum willfährigen Werkzeug dieser inneren Organe wurde. Äußerlich wäre das dadurch zum Audruck gekommen, daß z. B. Begehren oder Abscheu seine Lungen erfüllt hätte, wenn der Mensch in eine Gegend mit guter oder schlechter Luft gekommen wäre.

Als weitere Folge solcher egoistischen «Ausdehnung» oder «Zusammenziehung» des Ätherleibes wäre die Entartung der menschlichen Sprache eingetreten. Sie hätte sich nicht so entwickeln können, wie das nach den Plänen der göttlichen Weltenführung geschehen sollte. Auf dieses Ziel der Sprachentwicklung weist die Bibel auf prophetische Weise hin, wenn sie Adam allen Wesen der drei unter ihm stehenden Naturreiche ihren Namen geben läßt.⁹ Hätten die Widersachermächte gesiegt, dann könnte die Sprache nur noch subjektive, innere Erlebnisse zum Ausdruck bringen, und sie würde weitgehend aus einzelnen Lauten und Interjektionen bestehen. Damit aber wäre dem Menschen die Fähigkeit, schöpferisch mit Hilfe des Wortes in der ihn umgebenden objektiven Welt zu wirken, für immer geraubt worden, wenn nicht das zweite kosmische Ereignis eingetreten wäre.

Dieses zweite kosmische Ereignis wurde dadurch herbeigeführt, daß die nathanische Seele abermals beschloß, sich zu opfern. Doch dieses Mal geschah die heilende Tat nicht in den höchsten Regionen des Sonnenseins, sondern dort, wo die Sonne der Mittelpunkt des Planetensystems ist: im Bereich der sieben Planeten, welche das makrokosmische Urbild des menschlichen Ätherleibes sind. Es sollte die nathanische Seele die Kräfte aller sieben Planeten in sich aufnehmen, um sich sodann zum zweiten Mal dem hohen Sonnengeist des Christus mit seinem ganzen Wesen zu opfern, um zum zweiten Mal zum Christus-Träger im Kosmos zu werden, zum himmlischen Christophorus. Dadurch wurde es dem Christus möglich, die von der nathanischen Seele gesammelten Kräfte der einzelnen Planeten umzuwandeln, so daß sie dem Ätherleib Maß und Harmonie verleihen und durch ihn den sieben hauptsächlichen Lebensorganen Heilung bringen konnte. Auf diese Weise vermochten die Lebensorgane ähnlich den Sinnesorganen auf der vorangehenden Stufe zu sagen: «Nicht wir, der Christus in uns.» Eine solche hohe Stufe der Selbstlosigkeit der mit dem Ätherleib verbundenen Lebensorgane diente zudem als Grundlage für die Heilung der menschlichen Sprache, des menschlichen Wortes.* Seitdem besteht die Möglichkeit, daß dieses mit der Zeit zum wahren Träger des göttlichen Logos im Menschenwesen werden kann.

Schließlich tauchte eine dritte Gefahr in der Erdenentwicklung auf, dieses Mal für den Astralleib, ganz besonders aber für die drei wichtigsten Seelenkräfte: das Denken, Fühlen und Wollen. Was heute nur auf einer bestimmten Stufe der Geistesschülerschaft als Spaltung der Persönlichkeit in Erscheinung tritt, wenn Denken, Fühlen und Wollen als Folge der Schulung sich trennen¹⁰ und nun vom erstarkten Ich des Schülers selbst geführt werden müssen, das drohte schon am Ende der atlantischen Epoche durch die Einwirkung von Luzifer und Ahriman einzutreten und zum Herabdämpfen, später aber zum Auslöschen des menschlichen Ich

---

* Auch die anderen Eigenschaften des menschlichen Ätherleibes, über die Rudolf Steiner im Vortrag vom 21. 4. 1924, GA 233, sprach, wurden damals gerettet.

zu führen. Als Folge dieser Fehlentwicklung wäre die Menschheit allmählich wieder auf die Tierstufe zurückgefallen, wobei sie drei verschiedene Formen der Tiernatur angenommen hätte: Menschen mit einseitiger Entwicklung des Denkens, Fühlens oder Wollens, welche schließlich auch äußerlich – der Gestalt nach – dem Adler, dem Löwen oder dem Stier ähnlich geworden wären und innerlich drachenhaft astraler Natur.[11] Die größte Gefahr drohte dabei dem *Denken,* da die auf den Willen wirkenden ahrimanischen Mächte und die auf das Fühlen wirkenden luziferischen gerade diesen Bereich gemeinsam zu beherrschen suchten, um den Menschen daran zu hindern, das volle Ich-Bewußtsein zu erlangen, das sich nur mit Hilfe des Denkens entfalten kann.

Um diese neue Gefahr am Ende der atlantischen Epoche abzuwenden, trat die nathanische Seele in die unteren Bereiche der sich bis zur Mondensphäre erstreckenden Sonnensphäre ein. Indem sie dort die Sonnenkräfte aus der Höhe, die Mondenkräfte aus dem Umkreis, die Erdenkräfte aus den Tiefen in ihrem harmonischen Zusammenwirken – dem makrokosmischen Ausdruck des idealen Verhältnisses von Denken, Fühlen und Wollen – in sich aufnahm, opferte sie abermals ihr ätherisches Wesen dem Sonnengeist des Christus und wurde damit zum dritten Mal zum Träger seiner Kräfte im Kosmos. Durch diese übersinnliche Vereinigung mit dem Christus aber wurden die von der nathanischen Seele gesammelten Sonnen-, Monden- und Erdenkräfte so umgewandelt und verstärkt, daß sie seitdem heilend und harmonisierend für die immer mehr in Verfall geratenden Seelenkräfte der Menschen auf der Erde wirken konnten, und es vermochten nun auch diese – so wie die Sinnesorgane und die Lebensorgane auf den vorangehenden Stufen – zu sagen: «Nicht wir, der Christus in uns.»

Wir haben in diesen drei himmlischen Taten der nathanischen Seele drei Stufen der Durchdringung der drei menschlichen Hüllen mit den kosmischen Christus-Kräften und als Folge davon die Heilung der drei Systeme des menschlichen Organismus. Und wir kommen, nachdem wir mit unserer Betrachtung der Entwicklung vom physischen über den ätherischen zum astralischen Leib aufgestiegen sind, zum Zentrum des Menschenwesens, seinem Ich, dessen Heilung mit der *vierten* Tat der nathanischen Seele verbunden ist; diese jedoch geschah auf der Erde selbst. Was die nathanische Seele dreimal im außerirdischen Kosmos vollbrachte, das mußte sie nun auf der Erde vollziehen. Somit ist ihr Erscheinen auf der Erde zur Zeitenwende die unmittelbare karmische Folge ihrer übersinnlichen Entwicklung, und die Erinnerung an dieses Geschehen feiern wir jedes Jahr in der Weihnachtszeit.

2.
Von der Mitwirkung Michaels an den übersinnlichen Taten der nathanischen Seele

In der Vortragsreihe, welche den übersinnlichen Taten der nathanischen Seele gewidmet ist, besonders im Vortrag vom 30. Dezember 1913, beschreibt Rudolf Steiner auch ihre irdische Widerspiegelung in dem Entwicklungsprozeß der verschiedenen Menschheitskulturen. So finden wir, wie die erste Tat in der Sonnenweisheit Zarathustras zum Ausdruck kommt, die zweite in der Astrologie der Ägypter sowie den Ursprüngen der griechischen Götter und die dritte in der Gestalt Apollos, welcher die menschlichen Seelenkräfte mit seinem Leierspiel harmonisierte. Mit diesem Bild des leierspielenden Apollo ist in der griechischen Mythologie eine Imagination verbunden, die für die vorliegende Betrachtung von besonderer Bedeutung ist. Da wird Apollo als der Sieger über den Python-Drachen dargestellt, der, gleich einer dichten Rauchwolke aus den Erdentiefen, den Spalten bei der kastalischen Quelle hervorkriechend, sich in die Luft erhebt und dort in der Erdenumgebung im Wirkensbereich der Mondenkräfte von den Sonnenstrahlenpfeilen Apollos besiegt wird. Mit dieser Imagination steht das Bild des Sieges der gereinigten Denkkräfte über die aus den unterbewußten Willensbereichen aufsteigenden und im Bereich des Fühlens zu egoistischen Leidenschaften sich verwandelnden dunklen Instinkte der Menschennatur vor uns. Das ist, nach den Worten Rudolf Steiners, das wahre imaginative Bild des Sieges Michaels (des Hl. Georg) über den Drachen. Und dieser mehrfache Hinweis Rudolf Steiners auf den Zusammenhang zwischen dem dritten Opfer der nathanischen Seele und den Taten Michaels in der Astralsphäre der Erde läßt uns den Schleier eines tiefen Geheimnisses lüften. Aber ehe wir uns diesem nähern, müssen wir die oben beschriebenen Ereignisse noch von einer anderen Seite betrachten, welche Rudolf Steiner in seinem letzten Vortrag des Zyklus «Vorstufen zum Mysterium von Golgatha» mit großer Entschiedenheit zur Sprache bringt. Hier wird dargestellt, wie der Christus bei seinem Erdenabstieg durch die Bereiche der einzelnen Hierarchien sich dreimal in der geistigen Welt in einer Wesenheit aus der

Hierarchie der Archangeloi «verseelte», um sich sodann, *die Engelstufe übergehend,* auf der Erde in den Hüllen des Jesus von Nazareth zu verleiblichen. In den Worten Rudolf Steiners: Es bediente sich «der Christus dreimal einer Erzengelgestalt – die Engelgestalt wurde ausgelassen – und dann einer Menschengestalt».[12] – «Und dann kam das vierte, das irdische Mysterium, das von Golgatha. Dieselbe Christus-Wesenheit, die sich dreimal in Erzengelgestalt verseelt hat, dieselbe Christus-Gestalt verleiblicht sich dann durch das Ereignis, das wir die Johannes-Taufe im Jordan nennen, in dem Leibe des Jesus von Nazareth.»[13]

So ergibt sich, geistig gesehen, die folgende Konstellation: In der alten lemurischen Epoche, zu der Zeit vor dem Sündenfall, hält die Wesenheit der nathanischen Seele an der Grenze der Erzengelsphäre vor dem weiteren Absteigen zur Erde inne. Sie wird in der Sonnenregion zum Träger der von der luziferischen Verführung unberührten Kräfte des Adam-Ätherleibes, welche in ihrer Reinheit dem Prinzip des Lebensgeistes verwandt sind. Dieses Prinzip haben in vollkommener Form nur die Erzengel. Dadurch entsteht eine tiefe Verwandtschaft und Anziehungskraft zwischen der nathanischen Seele und den Wesenheiten der zweiten Hierarchie, vor allem der höchsten unter ihnen, dem Erzengel Michael, der *vorzugsweise* ein Sonnenerzengel ist und der Regent jener Sphäre, in welcher seit der lemurischen Zeit die nathanische Seele weilt. Eine solche geistig-kosmische Konstellation legt die Annahme nahe, daß diejenige Wesenheit aus der Hierarchie der Erzengel, welche an den drei vorchristlichen Opfern des Christus durch die nathanische Seele mitwirkte, *Michael* selbst war. Darauf weist auch Rudolf Steiner bei der Beschreibung des dritten Opfers der nathanischen Seele deutlich hin. So finden wir im Verlauf des Vortragszyklus immer wieder den Hinweis, wie die große Imagination vom Kampf Michaels oder des Hl. Georg mit dem Drachen ein Abbild der dritten Vorstufe des Mysteriums von Golgatha ist. Zudem wird die Beteiligung *zweier* Wesen an diesem Ereignis hervorgehoben: des Erzengel Michael und des Hl. Georg, das heißt einer hierarchischen Wesenheit und eines Wesens, das eine menschliche Natur hat.[14]

«Das ist die bildliche Darstellung des dritten Christus-Ereignisses: der Erzengel Michael oder Sankt Georg, der spätere nathanische Jesusknabe, durchseelt von der Christus-Wesenheit. Daher gibt es die erzengelhafte Gestalt in den geistigen Welten.»[15] – «Die Menschheit hat sich eine wunderbare Imagination dieses dritten Christus-Ereignisses erhalten in dem Bilde: St. Georg besiegt den Drachen, oder der Erzengel Michael besiegt den Drachen.»[16] – «Alle, die auf St. Georg mit dem Drachen oder auf Michael mit dem Drachen oder auf ähnliche Angelegenheiten hinblikken, sprechen in Wahrheit von dem dritten Christus Ereignis.»[17]

Ganz besonders eindrücklich aber ist seine Beschreibung des Kampfes mit dem Drachen in dem Vortrag vom 30. Dezember 1913: «Die Erinnerung daran waltet in all den Bildern, die als St. Georg, der den Drachen besiegt, in den Menschenkulturen sich geltend gemacht haben. *St. Georg mit dem Drachen spiegelt jenes überirdische Ereignis, wo der Christus den Jesus durchseelt hat und ihn fähig gemacht hat, herauszustoßen den Drachen aus der menschlichen Seelennatur.* Es war dieses eine bedeutsame Tat, die nur durch die Hilfe des Christus in dem Jesus möglich geworden war, in diesem *damaligen engelartigen* Wesen. Denn es mußte tatsächlich sich verbinden mit der Drachennatur dieses engelartige Wesen, mußte gleichsam Drachenform annehmen, um abzuhalten den Drachen von der Menschenseele, mußte wirken im Drachen, so daß der Drache veredelt wurde, daß der Drache aus dem Chaos in eine Art Harmonie gebracht wurde. *Die Erziehung, die Zähmung des Drachen, das ist die fernere Aufgabe dieser Wesenheit.*»[18]

Alle oben angeführten Worte und Bilder sprechen deutlich von der unmittelbaren Beteiligung des Michael-Impulses an dem Werden und der Entwicklung der Menschheit.[19] Und obwohl die Imagination Michaels mit dem Drachen von Rudolf Steiner nur im Zusammenhang mit der dritten Tat der nathanischen Seele gegeben wird, so hat sie doch auch eine unmittelbare Beziehung zu ihren zwei anderen Taten; denn auch dort handelt es sich um Versuchungen und Gefahren, welche den verschiedenen Gliedern des Menschenwesens von seiten der Widersachermächte drohen, die in der geistigen Welt für die höhere Erkenntnis stets in der Gestalt des Drachen auftreten, die sie überwindende Kraft aber in der Gestalt Michaels.

Die Tatsache jedoch, daß Rudolf Steiner bei der Beschreibung der zwei ersten Taten der nathanischen Seele nicht auf diese *Imagination* hinweist, läßt sich damit erklären, daß sie nicht in der übersinnlichen Welt, welche der Erde am nächsten ist – dem Mondenbereich – ihren Ursprung haben, sondern in der Sonnen- und Sternensphäre, welche nicht den imaginativen, sondern nur den inspirativen und intuitiven Erkenntnismitteln zugänglich sind.[20]

3.
Die vierte Tat der nathanischen Seele.
Die Verwandlung der Mission Michaels zur Zeit des Mysteriums von Golgatha

Nach der Betrachtung der drei übersinnlichen Taten der nathanischen Seele und der Beteiligung des Erzengels Michael an diesen Taten können wir uns nun der vierten und wichtigsten Tat zuwenden, welche von dieser Seele die unmittelbare Verkörperung auf der Erde in der Gestalt des Jesusknaben des Lukas-Evangeliums forderte, des Knaben, den Rudolf Steiner in einigen Vorträgen «das Kind der Menschheit, das Menschenkind» nennt.[21] Denn nun, zur Zeit des Mysteriums von Golgatha, war das Menschen-Ich selbst bedroht. Und dieses konnte nur durch das Erscheinen der großen Sonnen-Wesenheit des Christus auf der Erde gerettet werden. Nur durch die Vereinigung der irdischen und der übersinnlichen Schicksale der Menschheit, des alten und des neuen Adam, im Christus-Ereignis konnte dem menschlichen Ich wahre Heilung und Stärkung gebracht und eine feste Grundlage für die menschliche Freiheit sowie die weitere Entwicklung der Menschheit auf der Erde gelegt werden. So ist das Wesen des höchsten Opfers der nathanischen Seele, für jedes Menschen-Ich die Möglichkeit zu schaffen, daß es die Christus-Kraft in sich aufnehmen, im tiefsten Sinne das Wort des Apostels Paulus in sich verwirklichen kann: «Nicht ich, der Christus in mir.»[22] Das heißt, für das Ich das Gleichgewicht zwischen den von außen an es herantretenden ahrimanischen und den es von innen versuchenden luziferischen Mächten herzustellen. Darin bestand das eigentliche Wesen des vierten und höchsten Opfers der nathanischen Seele. Sie sollte die Christus-Wesenheit nunmehr nicht im Kosmos, sondern auf der Erde in sich aufnehmen, um so dem Christus-Impuls den Zugang zu jedem einzelnen Menschen-Ich zu eröffnen.

Bei diesem letzten Opfer konnte jedoch Michael die nathanische Seele nicht mehr begleiten, denn kein einziges Wesen aus der Welt der höheren Hierarchien, außer dem großen Sonnengeist, konnte sich zu dieser Zeit auf der Erde verkörpern. Deshalb blieb Michael in seiner Sonnensphäre zurück, wo er sich auch, nach den Worten Rudolf Steiners, zur Zeit des

Mysteriums von Golgatha befand, als die Christus-Wesenheit sich endgültig mit dem Erdensein verband, und er schaute dieses Geschehen von der Sonne aus.[23] Die Führung der nathanischen Seele aber ging während der Vorbereitung zu ihrer Verkörperung in einem physischen Leibe auf den Monden-Erzengel Gabriel über, welcher auch der Maria des Lukas-Evangeliums die Geburt verkündete.

Schon in urfernen Zeiten, bereits auf der alten Sonne, vor der Monden- und Erdenentwicklung, war die kosmische Wesenheit des Michael, den höheren Hierarchien dienend, besonders mit dem Sonnengeist des Christus verbunden.[24]

Und es war diese seit den Uranfängen bestehende Verbindung, welche es Michael ermöglichte, an den drei «vorchristlichen» Christus-Taten durch die nathanische Seele teilzunehmen. Dank dieser Vorbereitung konnte er zu der Zeit, als auf der Erde das Mysterium von Golgatha stattfand und sich der Christus endgültig mit der Erdensphäre verband, um der neue Geist der Erde zu werden, in der von dem Christus verlassenen Sonnensphäre bleiben und nun ein wahrer «Stellvertreter» des großen Sonnengeistes, das «Antlitz Christi» werden und damit den Weg betreten, der ihn vom Rang eines Führers der Völker zum Rang eines Zeitgeistes, eines Führers der ganzen Menschheit, aufsteigen lassen sollte, wie auch die Sonne allen Völkern der Erde leuchtet, allen Menschen Wärme und Licht schenkend. So wirkten im Kosmos von nun an: der Christus als der neue Geist der Erde und zugleich als das höhere Ich der Menschheit[25] sowie Michael als «Stellvertreter» des Christus auf der Sonne, als das wahre «Sonnenantlitz des Christus». Rudolf Steiner charakterisierte diese neue Stellung Michaels, welche für ihn zur Zeit des Mysteriums von Golgatha begann, folgendermaßen: «Michael soll werden aus einem Nachtgeist ein Taggeist. Für ihn bedeutet das Mysterium von Golgatha die Umwandlung aus einem Nachtgeist in einen Taggeist.»[26]

Nur im Mensheninnern, im Allerheiligsten der Menschenseele, kann der Christus in voller Freiheit seit der Zeit der Ereignisse von Palästina gefunden werden. Nur in der höchsten Sonnensphäre, in der Glorie der makrokosmischen Christus-Kräfte kann Michael als der führende Geist des fortschreitenden Menschheitswerdens, als der mächtigste Christus-Diener gefunden werden. Und obwohl dieses Zusammenwirken des Christus und Michael schon zur Zeit des Mysteriums von Golgatha begonnen hat, so kann es doch erst seit dem Beginn der neuen Herrschaftsepoche Michaels durch die von ihm inspirierte anthroposophisch orientierte Geisteswissenschaft von unserem klaren, wachen Bewußtsein erfaßt werden. Durch sie eröffnet sich der Menschheit erstmals, von unserer Zeit an, die Möglichkeit, jenem «kosmischen Wege» zu folgen, welcher unmittelbar aus dem Zusammenwirken von Christus und Michael hervorgeht. Auf dieses Zusammenwirken und seine Folgen für die Entwicklung der Menschheit auf der Erde weist Rudolf Steiner mit folgenden Worten hin: «In solchen Regionen, in denen der Mensch den Blick nach der Außenwelt geistig auf Michael, den Blick nach dem Inneren der Seele geistig auf Christus fallen fühlt, gedeiht jene Seelen- und Geistes-Sicherheit, durch die er denjenigen kosmischen Weg zu gehen vermögen wird, auf dem er ohne Verlust seines Ursprungs seine rechte Zukunftsvollendung finden wird.»[27]

Im Jahreskreislauf kommt dieses neue Zusammenwirken des Michael und des Christus auch in dem besonderen Verhältnis zwischen dem Michael-Fest und dem Osterfest zum Ausdruck. Rudolf Steiner weist häufig bei der Beschreibung des geistigen Wesens der Festeszeiten darauf hin, wie diese beiden Feste innerlich verschieden sind und sich zugleich ergänzen. So wird das Wesen des herbstlichen Michael-Festes von ihm etwa folgendermaßen charakterisiert: am Anfang steht die Auferstehung, ihr folgt das Eingehen in das Reich des Todes. Zu Ostern dagegen wirkt der entgegengesetzte Impuls: zu Beginn der Tod und sodann seine Überwindung in der Auferstehung.[28]

Diese beiden esoterischen Formeln, welche zum Ausdruck bringen, wie der Michael- und der Christus-Impuls heute im Übersinnlichen wirksam sind, finden auch im Innern des Menschen ihre Widerspiegelung und stellen damit die Ausgangsbedingungen für den modernen christlichen Einweihungsweg dar, für dessen Beginn die genannte Zeit innerhalb des Jahresrhythmus (von Sommerende bis Weihnachten) besonders geeignet ist.

Aus der obigen Beschreibung des neuen Verhältnisses der Michael- und der Christus-Kraft nach dem Mysterium von Golgatha folgt, daß Michael vor allem unmittelbar aus der Sonne auf den Menschen wirkt. Seine Kräfte dringen durch jenen *makrokosmischen Strom* in den Menschen ein, welchen Rudolf Steiner in dem Vortrag über die «Ätherisation des Blutes» als einen «moralisch-ästhetischen» charakterisiert.[29] Durch diesen Strom, der sich in das menschliche Haupt ergießt, kam einstmals jene himmlische Intelligenz, welche Michael in der Vergangenheit im Kosmos verwaltete, herab, um in ihm zum Eigentum des Menschen zu werden. (Ursprünglich hatte sie in der Michael-Sphäre einen rein moralischen Charakter.) Auf diesem Weg von außen nach innen, aus dem Makrokosmos in den Mikrokosmos, geriet die Substanz der himmlischen Intelligenz aus der Sphäre der Auferstehung in die Sphäre des Todes; denn das menschliche Haupt ist nichts anderes als ein großes Grab der Weltgedanken.

Im allgemeinen wirkt der Strom, welcher aus dem Makrokosmos kommt, vorzugsweise nachts, im Schlafe, das heißt unbewußt, auf den Menschen ein. Wir können uns jedoch darum bemühen, durch den bewußt aufgenommenen Michael-Impuls mit Hilfe intensiver innerlicher Meditation und anderer Seelenübungen, von welchen die moderne Geisteswissenschaft spricht, diesen Strom, wenn auch unvollständig, in unser Bewußtsein zu heben; mit anderen Worten, ihn so in uns zu verstärken, daß er nicht nur unseren Kopf durchdringt, sondern bis zu unserem Herzen strömt. Nur wenn dieser Strom auf eine solche Weise durch den Michael-Impuls verstärkt wird, kann die ehemals michaelische Intelligenz, die im menschlichen Haupte ruht, den Bereich des Herzens erreichen, um in ihm zu leuchtendem Gedankenlicht zu werden (siehe die Worte Rudolf Steiners auf Seite 26). Dieses Neue, daß die im menschlichen Haupte mikrokosmisch gewordene, einstmals himmlische Intelligenz nunmehr im Herzen als einem Erkenntnisorgan erlebt wird – das ist ein mehr innerlicher Aspekt des Michael-Festes.

Und so können wir darauf hinschauen, wie die Intelligenz, die ursprünglich in der kosmischen Sphäre der Auferstehung weilte, im menschlichen Haupte den Tod erfuhr, um im Herzen wiederum neues Leben zu erlangen.

Ganz anders, aber zugleich wie ein das Michael-Fest ergänzendes geistiges Gegenbild, erweist sich das Osterfest. Es ist die stets lebendige Erinnerung an das Mysterium von Golgatha, welches sich *einmal* auf der Erde ereignet hat. Aus den geisteswissenschaftlichen Mitteilungen wissen wir, daß es seit dem Mysterium von Golgatha nicht mehr möglich ist, den Christus im Makrokosmos auf der Sonne zu finden, sondern nur im Mikrokosmos, das heißt in der menschlichen Seele. Dort wirkt er nicht in dem von außen und oben nach unten strömenden makrokosmischen Strom, sondern in dem Strom, welcher von *unten nach oben*, aus dem Mikrokosmos in den Makrokosmos aufsteigt und welcher in dem Blut seinen äußeren Ausdruck findet, das sich im Herzen ätherisiert und das – nach den Mitteilungen Rudolf Steiners in dem Vortrag über die «Ätherisation des Blutes» – in der entgegengesetzten Richtung vom Herzen zum Haupte strömt. Und mit ihm nimmt seit dem Mysterium von Golgatha auch die ätherisierte Substanz des Blutes des Christus ihren Weg vom Herzen zum Haupte des Menschen und von dort wiederum in den Makrokosmos.

Obwohl beide Ströme während es ganzen Jahres unaufhörlich im Menschen wirken, so kann man doch bei genauer Beobachtung bemerken, daß zur Zeit der absteigenden Jahreshälfte die Kräfte des von außen in den Kopf dringenden Stromes im Menschen überwiegen und zur Zeit der aufsteigenden Jahreshälfte die Kräfte des zweiten Stromes, dessen Quelle im Herzen liegt, des mikrokosmischen oder – wie ihn Rudolf Steiner auch nennt – des «intellektuellen» Stromes. So wirken im Jahreslauf Michael und Christus gemeinsam. Michael führt den Menschen dahin, daß die von ihm im Herbst aus dem Weltenall herabgesandten Weltgedanken allmählich im Menschenhaupt zu menschlichen Gedanken werden, damit sie, im Laufe des Frühlings wiederum aus dem Herzen zurückstrahlend, als irdische Intelligenz den Weg der Erlösung finden können, das heißt den Weg der Verwandlung der Menschengedanken wiederum in kosmische Gedanken.

Wenn der Mensch in seinem Herzen die Intelligenz, welche in ihm zum Gedankenlicht wurde, mit dem Strom des ätherisierten Blutes des Christus vereinigen kann, mit anderen Worten: wenn er sich der unmittelbaren Gegenwart des Christus in sich bewußt wird, dann kann er dank dieses Erlebens in vollem Bewußtsein aus dem Reich des Todes, mit dem er als Erdenwesen ständig verbunden ist, in das Reich des kosmischen Lebens eintreten, in das Reich der Auferstehung, und er kann auf diesem Wege Michael die ihm einstmals entfallene Intelligenz zurückgeben, nun aber gereinigt und auferstanden im Christus-Impuls. Das ist der tiefere michaelische Gehalt des Osterfestes, welcher im Übergang vom Tod zur Auferstehung im Reich des kosmischen Lebens besteht.

Auf diesem Wege hängt jedoch alles von der absoluten Freiheit des Menschen ab. Nur aus eigener freier Entscheidung kann er die neue geisteswissenschaftliche Christus-Erkenntnis in sich aufnehmen und es dadurch dem von ihm ausgehenden Gedankenlicht der Intelligenz ermöglichen, sich mit den Kräften des lebendigen Christus zu verbinden, so daß sie mit ihnen wiederum den Weg aus dem Reich des Todes in das Reich des ewigen Lebens, in die makrokosmische Sphäre Michaels finden kann. Auf diese Weise eröffnet sich dem Menschen der einzige Weg, auf dem er heute *in vollem Bewußtsein* zu einem kosmischen Sein gelangen kann. Um allen Menschen diesen Weg, den Weg der modernen christlichen Einweihung, zu weisen, ist die Anthroposophie gegeben worden. Denn «Anthroposophie ist ein Erkenntnisweg, der das Geistige im Menschenwesen zum Geistigen im Weltenall führen möchte. Sie tritt im Menschen als *Herzens-* und Gefühlsbedürfnis auf.»[30]

Aus all dem ersehen wir, daß seit dem Mysterium von Golgatha, für dessen Verwirklichung die Geburt der nathanischen Seele auf der Erde eine unabdingbare Voraussetzung war, sich die Mission des Michael im Kosmos wesentlich gewandelt hat. Er nimmt seit dieser Zeit eine ganz besondere Stellung im Kosmos ein, welche es ihm nicht nur ermöglicht, in den Rang eines Archai allmählich aufzusteigen, sondern, seit dem Beginn seiner Herrschaftsepoche, d. h. seit dem letzten Drittel des 19. Jahrhunderts, auch der geistige Hüter der «absteigenden» Jahreshälfte zu sein, von den ersten Sternschnuppen im August bis Weihnachten.[31] Im Sinne der Geisteswissenschaft bedeutet das: es ist Michael, der zu der großen Sonnensphäre gehört, seit dem Jahre 1879 auch der Hüter des neuen christlichen Einweihungsweges und damit der Führer durch die Finsternis der Winternacht zur Geburt der Geistessonne in der menschlichen Seele.[32]

4.
Die vierte Tat der nathanischen Seele und die Erinnerungsfähigkeit des Menschen

Für das Verständnis der vier himmlisch-irdischen Taten des Christus mit Hilfe der nathanischen Seele sind noch drei Aspekte zu beachten. Der erste ist ein kosmologischer. Er weist uns darauf hin, wie der Sonnengeist sich allmählich der Erde näherte. So wirkten seine Kräfte aus der geistigen Umgebung der Erde: beim ersten Opfer aus der Sphäre der Fixsterne, beim zweiten aus der Sphäre der sieben Planeten, beim dritten aus der Sphäre des Mondes. In der Sprache einer traditionellen Beschreibung der übersinnlichen Welten wird diese Bewegung der geistigen Sonne, welche auf der vierten Stufe durch ihre Verkörperung unmittelbar in der Erdensphäre ihr Ziel erreichte, als Gang durch die Bereiche des höheren und niederen Devachan und durch die astralische (elementarische) Welt beschrieben. In Rudolf Steiners Worten: «So näherte sich Christus allmählich der Erde. In der Devachanwelt war die erste und zweite Vorstufe, in der Astralwelt die dritte und in der physischen Welt das Ereignis von Golgatha.»[33] Der zweite Aspekt der genannten Ereignisse betrifft die aufeinanderfolgende Rettung der vier Glieder des Menschen: des physischen, ätherischen, astralischen Leibes und des Ich. Unter dem dritten Aspekt schließlich ist die Festigung der grundlegenden Fähigkeiten jedes Menschen zu sehen, deren er sich seit jener Zeit unbewußt während der ersten drei Lebensjahre, vor dem Erwachen des eigentlichen Ich-Bewußtseins, bedient und die für das aufrechte Gehen, Sprechen und Denken notwendig sind. So daß wir, wenn wir die Entwicklung jener drei Fähigkeiten des Kindes beobachten, nach den Worten Rudolf Steiners auch heute im Erdensein die unmittelbare Widerspiegelung der drei «vorchristlichen» Taten des Christus mit Hilfe der nathanischen Seele wahrnehmen können.[34]

Hier taucht jedoch eine Frage auf. Da diese drei Fähigkeiten im historischen Menschheitswerden mit Epochen zusammenhängen, welche dem Mysterium von Golgatha, das heißt der Geburt des kosmischen Ich in der Erdensphäre, *voraus*gingen, und da sie auch in der Entwicklung des

Kindes vor dem Erwachen des individuellen Ich-Bewußtseins auftreten, kann man fragen: Welche Fähigkeit kam aber durch die vierte, mit dem Ich-Prinzip verbundene Stufe in die Menschheitsentwicklung? Eine Antwort auf diese Frage können wir ganz besonders an der Entwicklung des Kindes ablesen. Denn welche neue Fähigkeit erwacht in ihm zugleich mit den ersten Funken des individuellen Ich-Bewußtseins? Das ist die Fähigkeit der *Erinnerung*. Was wir vor diesem Erwachen im Leben lernen – das aufrechte Gehen, das Sprechen und Denken –, erinnern wir nicht; denn die *Erinnerung* ist auf eine besonders intime Weise wesenhaft mit unserem Wahrnehmen und Erleben des eigenen Ich verbunden. Wir lernen das Gehen, Sprechen und Denken aber in derjenigen Lebensepoche (bis zur Vollendung des 3. Jahres), wo unser Ich noch nicht erwacht ist. Und die Tatsache, daß wir uns an dieses nicht erinnern, beweist, daß die Erinnerung als eine Fähigkeit erst in uns entsteht, *nachdem* das Gehen, Sprechen und Denken gelernt wurde, und als *vierte* Grundfähigkeit, ohne die wir nicht auf der Erde leben könnten, zu den drei anderen hinzutritt.

Wiederholt spricht Rudolf Steiner in seinen Vorträgen von der Bedeutung des Zusammenhanges zwischen der Erinnerung und den Kräften des individuellen Ich.[35] Und das kann auch nicht anders sein. Denn das gewöhnliche menschliche Gedächtnis ist nur ein mehr äußerlicher und unvollkommener Ausdruck jenes mächtigen und umfassenden «inneren Gedächtnisses», das jedes Menschen-Ich auf eine verborgene Weise von einer Inkarnation zur anderen trägt. Aus ihm gestaltet sich allmählich jene reife Frucht der vergangenen Erdenleben, welche bei jedem Verweilen in der geistigen Welt zwischen dem Tod und einer neuen Geburt zur Grundlage unseres künftigen Karma wird, wobei es jenen individuellen und nicht abreißenden Faden bildet, der die einzelnen Verkörperungen als das sie durchdringende einheitliche Prinzip unseres Ich zu einer Einheit verbindet. Diese verborgene «Erinnerung», diese Fähigkeit, ein individualisiertes, «kosmisches Gedächtnis» zu bilden, das die Grundlage unseres selbstbewußten Ich ist und zugleich die Substanz, in der das makrokosmische Ich des Christus wohnen kann, brachte das Mysterium von Golgatha für alle künftigen Zeiten der ganzen Menschheit und jedem einzelnen Menschen. Und es brachte den Menschen diese Gabe in dem Augenblick, als sie im Begriff waren, ihr «verborgenes Gedächtnis» zu verlieren, ihren ursprünglichen Zusammenhang mit den höheren geistigen Welten zu vergessen.

Was nun den Jahresrhythmus betrifft, so entspricht, wie schon gesagt, der vierten Tat der nathanischen Seele an erster Stelle das *Weihnachtsfest*[36], welches ganz besonders das *Fest der Erinnerung* im Jahresablauf genannt werden kann. Denn es ist die nathanische Seele, die einstmals zu dieser Jahreszeit geboren wurde, als Träger des einzigen, vom Sündenfall unberührten Ätherleibes zugleich der Hüter des *kosmischen Gedächtnisses der ganzen Menschheit*.[37] Sie bewahrt in der hohen Sonnensphäre von Urbeginn an die reinste, von keiner Versuchung berührte Erinnerung an die Abstammung der Menschheit aus den göttlich-geistigen Welten, denn sie ist selbst die unmittelbare und lebendige Verkörperung jenes esoterischen Wortes, welches aus der rosenkreuzerischen okkulten Tradition bekannt ist, des Wortes: «Ex deo nascimur. Aus dem Göttlichen weset die Menschheit.» Und so spricht dieses Mantram auch den eigentlichen Gehalt des Weihnachtsfestes aus.

5.
Die Adventszeit und die vier Mysterientugenden des Altertums

Wenn wir die Geschichte des Werdens der Ich-Menschheit auf der Erde, von der alten lemurischen Epoche bis zum Mysterium von Golgatha, betrachten, so sehen wir, daß sie im Laufe dieser Zeit aus vier großen Gefahren durch die kosmisch-irdischen Taten des Sonnenwesens des Christus und des «nathanischen» Wesens errettet wurde, dank dessen vierfacher Opfer die Errettung der Menschheit durch den Christus erst ermöglicht wurde. Wir gedenken der Erdengeburt der nathanischen Seele, jener reinen Urseele des Adam, dieses «Menschheitskindes», jedes Jahr am 25. Dezember. Am Vortag jedoch, am 24. Dezember, feiern wir den Adam- und Eva-Tag und verbinden auf diese Weise Beginn und Ende der himmlisch-irdischen Geschichte der nathanischen Seele.

Wie wir gesehen haben, ist die Zeit vom herbstlichen Michael-Fest (29. September) bis Weihnachten eine Zeit *innerer Prüfung*. Sie ist die jahreszeitliche Entsprechung für die gesamte kosmische Vorgeschichte der Menschheit, in welcher die drei genannten Vorstufen des Mysteriums von Golgatha sich ereigneten. Das helle Licht der Sonne nimmt in dieser Zeit immer mehr ab, und das Anwachsen der Nachtkräfte weist auf jenen Zustand hin, in den die Menschheit bis zu den palästinensischen Ereignissen mehr und mehr geriet. Rudolf Steiner charakterisiert diese Epoche als die Zeit der «Versuchung durch das Böse». Denn in dieser Zeit treten die luziferischen und ahrimanischen Widersachermächte mit besonderer Gewalt wieder und wieder an den Menschen heran, wenn auch in anderer Form als sie das in den vergangenen Epochen seiner Entwicklung taten, wo sie durch das Wirken des Christus durch die nathanische Seele abgewehrt wurden.

Was jedoch in der Vergangenheit den Charakter einer von außen kommenden Versuchung sowie einer von außen, aus den himmlischen Weltenfernen kommenden Rettungstat hatte, das wurde nach dem Mysterium von Golgatha und besonders nach dem Beginn der Bewußtseinsseelenepoche zu einem rein *inneren* Prozeß. Aus seinem Innern, aus seinen verborgensten Wesensgründen treten die Versuchermächte heute an den Menschen heran, und er kann nur in Freiheit, durch seine eigenen individuellen Anstrengungen dasjenige in seinem Innern vollziehen, was einstmals die nathanische Seele für die ganze Menschheit aus dem Kosmos heraus vollbrachte. Eine innere Wiederholung der kosmischen Taten der nathanischen Seele soll die Menschenseele in dieser Jahreszeit durch die Verstärkung ihrer eigenen moralisch-geistigen Kräfte bewirken.

Auf die Vorbereitung für die bevorstehende Versuchung weist uns das alte Mysterienwort «Hüte dich vor dem Bösen»[38] hin, das sich auf die michaelische Herbstzeit bezieht. Man kann empfinden, wie in ihm die Stimme des Michael selbst zu hören ist, der uns beim Eintritt in diese Jahreszeit zur Wachheit und Verantwortlichkeit aufruft. Die Kräfte aber, welche wir benötigen, um durch die herankommenden inneren Versuchungen hindurchzugehen, sie kann uns allein das rechte Erleben des Michael-Festes geben, dessen Grundstimmung Rudolf Steiner mit den folgenden Worten beschrieb: «Im Michael-Fest muß der Mensch mit aller Intensität der Seele fühlen: Wenn ich nicht wie ein Halbtoter schlafen will, so daß ich mein Selbstbewußtsein abgedämpft finde zwischen Tod und neuer Geburt, sondern in voller Klarheit durch die Todespforte durchgehen will, muß ich, um das zu können, durch innere Kräfte meine Seele auferwecken vor dem Tode. – Erst Auferweckung der Seele, dann Tod, damit im Tode dann jene Auferstehung, die der Mensch in seinem Innern selber feiert, begangen werden kann.»[39]

Wenn wir so den Michael-Gedanken in unserer Seele lebendig machen, dann kann er uns jene innere Auferstehungskraft verleihen, welche es uns ermöglicht, in der folgenden Epoche des Absterbens der uns umgebenden Erdennatur unser *Bewußtsein vollständig wach zu erhalten*, und wir können auf dieser Grundlage in uns die Kräfte finden, um das, was einstmals die nathanische Seele außen im Kosmos bewirkte, nun in neuer Form in uns zu vollbringen. *So ruft uns Michael zur Zeit seines herbstlichen Festes selbst auf, den Weg der inneren, aktiven Nachfolge der nathanischen Seele zu betreten.* Was einstmals ohne die Beteiligung des Menschen, nur mit Hilfe der höheren Welten aus dem Makrokosmos geschah, das muß heute von ihm selbst durch seine eigene innere *moralische Entwicklung* geleistet werden.

Nur infolge der moralischen Entwicklung der Seele kann das Böse wirklich überwunden werden. Deshalb besteht in dieser Zeit die Aufgabe, bestimmte *Eigenschaften* zu entwickeln. Und insofern die genannte Jahreszeit in gewissem Sinne die «vorchristliche» Menschheitsentwicklung widerspiegelt[40], haben wir diese Eigenschaften auch in den alten Mysterienstätten zu suchen. Es sind das diejenigen Eigenschaften, welche später als die vier «platonischen Tugenden» Gerechtigkeit, Maßhalten (Besonnenheit), Mut (Geistesgegenwart) und Weisheit bekannt wurden. Mit Hilfe dieser vier Seeleneigenschaften und ausgehend von dem richtig erfaßten Gedanken des Michael-Festes obliegt es dem Menschen nun, sich die innere Waffe gegen die Versuchermächte zu schmieden, denen er zu dieser Jahreszeit in seinen eigenen Hüllen begegnet, in welche sie gleichsam von außen nach innen vorrückend, eindringen. So ist der genannte Prozeß zugleich ein solcher der *Selbsterkenntnis:* die bewußte Begegnung mit dem *kleinen Hüter der Schwelle* bereitet sich vor.

Vier Arten von Versuchung kommen in der Zeit von Michaeli bis Weihnachten an die menschliche Seele heran, ganz besonders stark ist jedoch ihre Einwirkung zur Adventszeit, wenn das Übergewicht der Kräfte der Dunkelheit in der Natur über die des Lichtes seinen Höhepunkt erreicht.

So treten die Versuchermächte Luzifer und Ahriman in der ersten Adventswoche ganz besonders an den physischen Leib des Menschen heran. Sie wollen mit Hilfe «unwiderlegbarer» Beweise vom Sieg des Todes und des Mineralisierungsprozesses in der Natur seine äußeren und inneren Sinne täuschen, um so die rechte Beziehung zwischen Mensch und Welt zu zerstören. Wenn der Mensch dieser Versuchung verfällt, dann droht ihm die Gefahr, das innere Selbständigkeitsgefühl, die seelische «Aufrichtekraft» zu verlieren. Das aber müßte ihn in den Abgrund tiefster *Verzweiflung*, in den wahren Seelentod stürzen. Darum sollte der Mensch, um dieser ersten Versuchung zu begegnen, in seiner Seele die Tugend der *Gerechtigkeit* in hohem Maße entwickeln: jene feine innere Empfänglichkeit für die überall in Natur und Mensch herrschenden gerechten kosmischen Mächte, die ihren Quell in den zwölf Sphären des Tierkreises haben, in dem Kreis der zwölf kosmischen Eingeweihten, der großen Hüter der allumfassenden Gerechtigkeit, welche in dem in Natur und Mensch wirkenden Weltenkarma zum Ausdruck kommt.[41] Dieses rein geistige Wahrnehmen der *Weltengerechtigkeit*, die überall als die Offenbarung des großen Weltenkarma wirkt und die ihre mikrokosmische Entsprechung im menschlichen Leben als Karma des einzelnen Menschen erfährt, steht nicht zufällig mit jenem inneren Prozeß in Beziehung, der dem Aufrichten des Menschenwesens entspricht. Denn in urferner Vergangenheit trat das individuelle Karma gleichzeitig mit dem Aufrichten in die Menschheitsentwicklung ein. «Jetzt erst beginnt das Karma», so spricht Rudolf Steiner darüber. «Karma als menschliches Karma ist erst möglich geworden, als die Menschen ihre Hände zur Arbeit verwendeten.

Vorher schafft man kein individuelles Karma. Dies war eine sehr wichtige Stufe der menschlichen Entwicklung, als der Mensch aus einem horizontalen Wesen ein vertikales Wesen wurde und dadurch die Hände freihatte.»[42]

In der zweiten Adventswoche treten die Versuchermächte mehr an den Ätherleib heran, um solche Neigungen in ihm zu wecken, welche zu einem egoistischen, unmäßigen Anwachsen der Wünsche, zu einem gierigen Wuchern der Lebenskräfte führen. Was am Beginn der atlantischen Epoche die physiologischen Prozesse unseres Leibes betraf, das wird heute seelisch-ätherisch erlebt. In dieser Zeit wollen die innerlichen Instinkte den Menschen ganz besonders beherrschen. Unser noch nicht überwundener *Egoismus*, unsere Selbstliebe, die in den verborgenen Tiefen unseres Charakters, in den Einseitigkeiten unseres Temperamentes nistet, das alles erwacht in uns wie ein ungestüm sich ausbreitendes Reich von Giftpflanzen. Ganz besonders aber verfolgen die Widersachermächte unsere Fähigkeit zu *sprechen,* indem sie versuchen, sie zu ihrer Waffe umzuschmieden oder, bildlich gesprochen, unsere Zunge in einen heimtückischen Giftstachel zu verwandeln, um zu verhindern, daß sie zu einem feurigen, scharfen, zweischneidigen Schwert der Wahrheit werde. Diesem Andrang der Widersachermächte in unserem Ätherleib kann nur die bewußt und mit aller Kraft unserer Seele entwickelte Tugend des *Maßhaltens* und der *Besonnenheit* entgegengestellt werden. Diese beweglichen inneren Tugenden sind besonders geeignet, unseren Lebensorganismus im Gleichgewicht zu halten –, so wie die sieben Planeten unseres Sonnensystems sich gegenseitig tragen aufgrund ihrer ausgewogenen Wechselbeziehung, die Harmonie und Maß ihrer Bewegungen und Kräfte bewirken. Deshalb waren bis zu dem Zeitpunkt, als die kosmische Liebessubstanz sich durch das Mysterium von Golgatha mit der Erde verband und dadurch jedem Menschen-Ich zugänglich wurde, die Tugenden des Maßhaltens und der Besonnenheit in den Mysterienstätten der «vorchristlichen» Zeiten das einzige Mittel, das der Seele im Kampf mit dem Egoismus, welcher die Quelle der im Menschen unablässig heraufschlagenden Wünsche und Begierden ist, zur Verfügung stand. Andererseits ermöglichte es die Entwicklung dieser beiden Tugenden dem Mysterienschüler, tiefer in diejenigen Geheimnisse einzudringen, welche mit der Bildung der Sprache im menschlichen Organismus zusammenhängen. Diesen Prozeß, der mit dem Entstehen der Sprache verbunden ist, beschreibt Rudolf Steiner im Zusammenhang mit der Betrachtung der Mysterien von Ephesus folgendermaßen: «So wurde der Schüler aus Ephesus darauf aufmerksam gemacht: indem er spricht, dringt ein Wellenzug aus seinem Munde – Feuer, Wasser – Feuer, Wasser. Das aber ist nichts anderes, als das Hinauflangen des Wortes nach dem Gedanken, das Hinunterträufeln des Wortes nach dem Gefühle. Und so webt im Sprechen Gedanke und Gefühl, indem die lebendige Wellenbewegung des Sprechens als Luft zu Feuer sich verdünnt, zu Wasser sich verdichtet und so fort.» (Zunächst stellte Rudolf Steiner in demselben Vortrag dar, daß dieses «wäßrige Element» der Sprache «sich wie eine Drüsenabsonderung» in den menschlichen Organismus «ergießt».)[43] Diese Beschreibung weist darauf hin, wie die luziferischen Kräfte, welche in das sich mit dem Gedanken verbindende Element des Wortes eindringen, und die ahrimanischen Kräfte, welche in demjenigen Element wirken, das sich tropfengleich in das Gefühl hinab ergießt, überwunden werden müssen, um das sich durch das Luftelement verbreitende Wort vom Egoismus zu befreien, damit es als menschlicher Logos zum wahren Abbild des Welten-Logos werde. Um der Reinigung des «aufsteigenden» Elementes des Wortes willen mußte der Schüler in alten Zeiten die Tugend der *Besonnenheit* entwickeln und für das «absteigende» die Tugend des *Maßhaltens*. Denn es kann sich das menschliche Wort nur in vollem Gleichgewicht zwischen der Besonnenheit und dem Maßhalten seinem großen makrokosmischen Urbild allmählich nähern.

In der dritten Adventswoche nähern sich die luziferisch-ahrimanischen Mächte dem dritten Glied der menschlichen Wesenheit, dem Astralleib. Sie wollen in ihm alle möglichen Leidenschaften, Furcht- und Angstgefühle wecken. Lähmender Schrecken vor der sich nähernden Schwelle der geistigen Welt, deren Hüter ahnend erlebt wird, sowie die Furcht vor der bevorstehenden Trennung des eigenen Wesens in Denken, Fühlen und Wollen erfüllen den Menschen. Er fürchtet nicht nur, sein inneres Gleichgewicht zu verlieren, sondern auch sich selbst, denn er fühlt, wie seine drei Seelenkräfte sich in wilde Tiere verwandeln wollen – in den räuberischen Adler, den brüllenden Löwen und den wilden Stier – die sich auf ihn zu stürzen und ihn zu verschlingen drohen. Wenn jedoch der Mensch nicht die Kraft aufbringt, diesen drei lauernden Untieren bewußt entgegenzutreten, dann dringt eine alles verschlingende Furcht in die unterbewußten Tiefen, und das Bewußtsein gibt sich Illusionen über das eigene Wesen hin. Das aber führt heute zu erhöhter *Lügenhaftigkeit*. Denn jede Unwahrheit entspringt letzten Endes aus unterbewußter Angst, während die Äußerung selbst der geringsten Wahrheit beachtlichen Mut erfordert. Sogar jegliche Unduldsamkeit den Gedanken und Meinungen anderer Menschen gegenüber entsteht aus einer solchen unterbewußten Feigheit. Gegenüber dieser Bedrohung gilt es nun, die Tugend des *Mutes*, der

Tapferkeit, allgemeiner gesagt, der *Geistesgegenwart,* herauszuarbeiten, d. i. die Fähigkeit, sich in keiner Situation zu verlieren –, was vom esoterischen Standpunkt aus bedeutet, die drei grundlegenden Seelenkräfte des Denkens, Fühlens und Wollens in harmonischer Wechselwirkung und vollem Gleichgewicht zu halten.

Für den Geistesschüler ergibt sich nun aber noch ein weiteres. Denn Mut ist nicht nur notwendig, um die Trennung von Denken, Fühlen und Wollen an der Schwelle der geistigen Welt zu ertragen, sondern auch, um sich in der richtigen Weise in dieser Welt zu orientieren. Deshalb ist es für den Geistesschüler bereits in der physisch-sinnlichen Welt von besonderer Bedeutung, sich das rechte *Denken* zu erwerben. Denn nur eine strenge Denkschulung im Sinne von Rudolf Steiners «Philosophie der Freiheit» kann das Unterscheidungsvermögen zwischen Wahrheit und Irrtum auch in der geistigen Welt allmählich in der Seele des Geistesschülers entwickeln.[44]

Die moderne Einweihung, wie sie im Lebensgang Rudolf Steiners in Erscheinung getreten und in seinen Büchern «Wie erlangt man Erkenntnisse der höheren Welten?» und «Die Geheimwissenschaft im Umriß» beschrieben worden ist, kann heute nur dadurch erlangt werden, daß die geistigen Erfahrungen, welche durch das *bewußte Sich-Versenken* in die Bereiche des in ihrem verborgenen Wesen bereits in der rein geistigen Welt lebenden Fühlens und Wollens gemacht werden, von dem höheren «sinnlichkeitsfreien Denken» kontrolliert und mit seinem Licht durchdrungen werden. Deshalb ist der Erwerb des «sinnlichkeitsfreien Denkens», das sich den Tatsachen und Ereignissen der geistigen Welt zu nähern vermag, ein Grundstein der modernen Einweihung.[45] Darüber äußerte sich Rudolf Steiner in der «Geheimwissenschaft im Umriß» auf die folgende Weise: «Die innere Gediegenheit der imaginativen Erkenntnisstufe wird dadurch erreicht, daß die dargestellten seelischen Versenkungen [Meditationen] unterstützt werden von dem, was man die Gewöhnung an «sinnlichkeitsfreies Denken» nennen kann... Der sicherste und nächstliegende Weg für den Geistesschüler, zu solchem sinnlichkeitsfreien Denken zu kommen, kann der sein, die ihm von der Geisteswissenschaft mitgeteilten Tatsachen der höheren Welt zum Eigentum seines Denkens zu machen.»[46] Und weiter: «Es ist der Weg, welcher durch die Mitteilungen der Geisteswissenschaft in das sinnlichkeitsfreie Denken führt, ein durchaus sicherer. Es gibt aber noch einen andern, welcher sicherer und vor allem genauer, dafür aber auch für viele Menschen schwieriger ist. Er ist in meinen Büchern ‹Erkenntnistheorie der Goetheschen Weltanschauung› und ‹Philosophie der Freiheit› dargestellt. Diese

Schriften geben wieder, was der menschliche Gedanke sich erarbeiten kann, wenn das Denken sich nicht den Eindrücken der physisch-sinnlichen Außenwelt hingibt, sondern *nur sich selbst*. Es arbeitet dann das reine Denken ... wie eine in sich lebendige Wesenheit ... Es stehen diese Schriften auf einer sehr wichtigen Zwischenstufe zwischen dem Erkennen der Sinnenwelt und dem der geistigen Welt ... Wer sich in der Lage fühlt, solch eine Zwischenstufe auf sich wirken zu lassen, der geht einen *sicheren reinen Weg*.»[47]

So ist im gegenwärtigen Zyklus der Weltentwicklung die Entwicklung des Denkens für die moderne Einweihung unabdingbar, denn nur in seinem Denken erlangt der Mensch heute die wahre Freiheit auf der Erde. Und aus dieser Freiheit heraus muß er sich sodann sein michaelisches Schwert des «sinnlichkeitsfreien Denkens» selbst schmieden, um die luziferisch-ahrimanischen Mächte abzuwehren, welche aus den Tiefen der eigenen Seele auftauchen, wo sie die geistigen Grundlagen des Fühlens und Wollens angreifen. Der *Mut zum Denken*, der Mut, die eigene Freiheit zu verwirklichen, das ist die Tugend, mit deren Hilfe das dritte Opfer der nathanischen Seele innerlich nachvollzogen werden kann, das Opfer, das mit der großen Imagination des Erzengels Michael oder des heiligen Georg, welcher den Drachen besiegt, verbunden ist.

In der vierten und letzten Adventswoche treten die Versuchermächte schließlich an das höchste und zugleich innerste der bis heute entwickelten Glieder des Menschen heran – an sein Ich. Für jeden Menschen bedeutet diese Zeit unmittelbar vor Weihnachten, wo er, im Gegensatz zur Sommerzeit, von der höheren kosmischen Führung verlassen und folglich auf sich selbst gestellt ist, eine kurze Übergangszeit, während welcher sich ihm einerseits die Möglichkeit zu tieferer Selbsterkenntnis eröffnet und andererseits die höchste Gefahr, allen möglichen Illusionen in dieser Hinsicht zu verfallen.

Schon im Altertum wurde die Zeit unmittelbar vor der Wintersonnenwende als die geheimnisvollste Zeit des Jahres angesehen, während welcher der Mensch innerlich an die Schwelle zur geistigen Welt herankommt und – für das Alltagsbewußtsein nicht wahrnehmbar – vor den kleinen Hüter der Schwelle tritt. Die luziferisch-ahrimanischen Mächte jedoch wollen mit aller Macht verhindern, daß der Mensch diesen Prozeß *bewußt* durchlebt, oder, mit anderen Worten, wahre Selbsterkenntnis gewinnt –, wobei Luzifer versucht, das Selbstbewußtsein in nebelhafter Mystik, in Phantasien und Träumereien, das eigene Wesen betreffend, aufzulösen, und Ahriman, den Menschen im Netz harter, trockener Gedanken und

Vorstellungen zu fesseln, welche sich ganz und gar nicht eignen, in das Innere des Menschen einzudringen. So trachten die Versuchermächte, vor dem Menschen zu verbergen, welche Entstellungen sie in diesem und in allen vorhergehenden Erdenleben in die Entwicklung seines Ich hineintragen konnten, die nun auf dieser Stufe in objektiver Form in der Gestalt des kleinen Hüters der Schwelle vor den Menschen hintreten müssen, wenn er den Geistesweg auf rechte Weise geht. Man kann auch sagen, daß sich Ahriman in der Jahreszeit, da sich das Tor zur geistigen Welt gleichsam für jeden Menschen öffnet, auf jede Weise bemüht, daß dieses nicht bemerkt werde, während Luzifer den Menschen in die geistige Welt einlassen möchte, aber unter *Umgehung* des Hüters der Schwelle. «Wenn der Mensch» aber, in den Worten Rudolf Steiners, «ohne die Begegnung mit dem Hüter der Schwelle zu haben, die geistig-seelische Welt betreten würde, so könnte er Täuschung nach Täuschung verfallen.»[48]

Diese zweifache Versuchung kann auch als ein besonderer innerer Zustand auftreten, der dem *Verlust der Erinnerung* verwandt ist, insofern als der Hüter der Schwelle der menschlichen Seele vor allem die objektiven Folgen ihrer Taten, die objektivierten, *wesenhaften Erinnerungen* ihres mit dem Menschen-Ich verbundenen individuellen Karma offenbart. Denn so wie die Akasha-Chronik der Träger des Weltgedächtnisses des gesamten Kosmos ist, so ist der Hüter der Schwelle der Träger des *Weltgedächtnisses* jedes einzelnen Menschen. Diesem Weltgedächtnis des Menschen steht nun jedoch im Alltagsleben die gewöhnliche Erinnerungsfähigkeit gegenüber. Dieses «niedere Gedächtnis», das die Grundlage für das Erleben unseres niederen Ich ist, muß im Laufe der geistigen Entwicklung vollständig durch die Entfaltung des Weltgedächtnisses, welches mit dem höheren, unsterblichen Ich zusammenhängt, überwunden werden.[49] In diesem Zusammenhang spricht Rudolf Steiner von einem gesetzmäßigen Schwächerwerden desselben, wenn der Schulungsweg richtig begangen wird.

So ist das vergangene Karma des Menschen, welches einen wesentlichen Teil des inneren Gehaltes seines höheren Ich ausmacht, gleichsam eine tiefere Erinnerung, ein tieferes Gedächtnis, und es ist Aufgabe wahrer Selbsterkenntnis, zu ihm vorzudringen. Deshalb fordert das Stehen vor dem kleinen Hüter der Schwelle von dem Geistessschüler, der dieses bewußt erlebt, ein beachtliches Maß an Mut und Tapferkeit, welche er sich jedoch schon auf der vorhergehenden Stufe durch die Überwindung der Furcht bei der Spaltung der Persönlichkeit errungen haben muß. Diese Trennung ist zu dem Zeitpunkt bereits vollzogen, wie das Erscheinen des Hüters der Schwelle bezeugt: «Erst durch diese Begegnung wird der Schüler gewahr, daß Denken, Fühlen und Wollen bei ihm sich aus ihrer ihnen eingepflanzten Verbindung gelöst haben.»[50] So ist die *Geistesgegenwart*, welche auf der vorhergehenden Stufe errungen wurde, ihrem Wesen nach ein anfängliches Empfinden der unsichtbaren Gegenwart und Führung des höheren Ich des Menschen, welches allein seine auseinanderstrebenden Seelenkräfte aus sich selbst wiederum zu einer harmonischen Wechselwirkung bringen kann. – Es wird auf dieser Stufe der Seelenmut und die Kraft gefordert, nicht nur die Erlebnisse und Ereignisse des zurückliegenden Jahres, sondern in einem umfassenderen Sinn auch des ganzen vergangenen Lebens objektiv zu erinnern. Dazu bedarf es aber noch einer besonderen Eigenschaft. Das ist die sogenannte vierte platonische Tugend, die Tugend der *Weisheit*.

Der Mensch ist, wie wir schon oben sahen, an den Tagen unmittelbar vor Weihnachten von der kosmischen Führung, welche in der ihn umgebenden Natur vor allem durch die Sonnenkräfte zum Ausdruck kommt, in besonderem Maße verlassen, denn diese erreichen zu dieser Zeit ein Minimum an Einwirkung auf den Menschen. Wie nie zuvor ist er jetzt sich selbst überlassen. Man kann sagen, daß er während dieser einen kurzen Epoche seine eigene innere Entwicklung selbst in die Hand zu nehmen hat; denn die Weltenweisheit zieht sich von ihm zurück. Er ist allein und muß nun aus denjenigen inneren Kräften den Lebensweg weitergehen, welche sich sein Ich bereits als seine eigenen Weisheitskräfte erringen konnte, oder, anders gesagt, durch welche er sich selbst von seinem niederen zu seinem höheren unsterblichen Ich zu erheben vermochte. So erweist sich diese Zeit in besonderer Weise als ein Prüfstein der geistigen Entwicklung; denn jetzt erfolgt die Antwort auf die Frage: Kann der Mensch nun die volle Verantwortung für die eigene geistige Entwicklung übernehmen; vermag er allein weiterzugehen, ohne sich auf irgendeine äußere oder innere Hilfe zu stützen? So spricht der Hüter der Schwelle, in die undurchdringliche Finsternis der Winternacht gehüllt, zu jedem Menschen, wenn Weihnachten herannaht, obwohl das im allgemeinen nicht bewußt wird: «Überschreite meine Schwelle nicht, bevor du dir klar bist, daß du die Finsternis vor dir selbst durchleuchten wirst; tue auch nicht einen einzigen Schritt vorwärts, wenn es dir nicht zur Gewißheit geworden ist, daß du Brennstoff genug in deiner eigenen Lampe hast.»[51] Zu dem Geistesschüler dagegen, der diese Begegnung bewußt durchlebt, spricht der Hüter der Schwelle: «Ich bin es selbst, die Wesenheit, die sich einen Leib gebildet hat aus deinen edlen und deinen üblen Verrichtungen. Meine gespenstige Gestalt ist aus dem Kontobuche deines eigenen Lebens gewoben. Unsichtbar hast du mich bisher in dir selbst getragen. Aber es war wohltätig für dich, daß es so war. Denn die *Weisheit* deines dir verborgenen Geschickes hat deshalb auch bisher an der Auslöschung der häßlichen Flecken in meiner Gestalt in dir gearbeitet. Jetzt, da ich aus dir herausgetreten bin, *ist auch diese verborgene Weisheit von dir gewichen.* Sie wird sich fernerhin nicht mehr um dich kümmern. Sie wird die Arbeit dann nur in deine eigenen Hände legen. Ich muß zu einer in sich vollkommenen, herrlichen Wesenheit werden, wenn ich nicht dem Verderben anheimfallen soll. Und geschähe das letztere, so würde ich auch dich selbst mit mir hinabziehen in eine dunkle, verderbte Welt. – Deine *eigene Weisheit* muß nun, wenn das letztere verhindert werden soll, so groß sein, daß sie die Aufgabe jener von dir gewichenen verborgenen Weisheit übernehmen kann.»[52]

Aus den angeführten Worten geht deutlich hervor, warum die verstärkte Entwicklung der «eigenen Weisheit», als der höchsten inneren Tugend, gerade dieser Jahreszeit gemäß ist. Denn der Träger der Weisheit im Menschenwesen ist das höhere Selbst, und so obliegt es dem Geistesschüler nunmehr, die Arbeit an der Reinigung seines negativen Karma, das objektiv im Bilde des kleinen Hüters der Schwelle vor ihn hintritt, aus seinen Kräften heraus zu beginnen. Denn diese Wesenheit, der Hüter der Schwelle, «stellt dem Geistesschüler eine besondere Aufgabe. Er hat das, was er in seinem gewöhnlichen Selbst ist und was ihm im Bilde erscheint, durch das neugeborene Selbst zu leiten und zu führen. ... Man muß das betrachten, was als der Doppelgänger, der ‹Hüter der Schwelle›, auftritt, und es vor das ‹höhere Selbst› stellen, damit man den Abstand bemerken kann zwischen dem, was man ist, und dem, was man werden soll. Bei dieser Betrachtung beginnt der ‹Hüter der Schwelle› aber eine ganz andere Gestalt anzunehmen. Er stellt sich dar als ein Bild aller der *Hindernisse*, welche sich der Entwicklung des ‹höheren Selbst› entgegenstellen. Man wird wahrnehmen, welche Last man an dem gewöhnlichen Selbst schleppt.»[53] Und diese «Last», diese Hindernisse, die wir auf dem Weg zu unserem höheren Selbst mit uns führen, sind die Folgen der realen Anwesenheit der luziferischen und ahrimanischen Kräfte in uns, die sich dem Schüler auf dieser Stufe offenbart. Nur durch die Begegnung mit dem Hüter der Schwelle vermag der Geistesschüler den Widersachermächten gleichsam von Angesicht zu Angesicht gegenüberzutreten. Nicht als unbestimmte, sich aus den Tiefen seiner Seele erhebende Versuchermächte schaut er sie nun, sondern als reale, mit Willen und Bewußtsein begabte Wesenheiten der geistigen Welt. Dieses Erleben beschreibt Rudolf Steiner im 5. Kapitel der «Geheimwissenschaft im Umriß» folgendermaßen: «In diesem Doppelgänger waren wahrzunehmen alle diejenigen Eigenschaften, welche das gewöhnliche Selbst des Menschen hat infolge des Einflusses der Kräfte des Luzifer. Nun ist aber im Laufe der menschlichen Entwicklung durch den Einfluß Luzifers eine andere Macht in die Menschenseele eingezogen. Es ist diejenige, welche als die Kraft Ahrimans... bezeichnet ist. ... Was unter dem Einflusse dieser Kraft aus der Menschenseele geworden ist, das zeigt im Bilde die Gestalt, welche bei dem charakterisierten Erlebnisse auftritt.»[54]

So enthüllt der Hüter der Schwelle dem geistigen Blick des Schülers auf dieser Stufe die wahre Gestalt Luzifers und Ahrimans, indem er ihm den Charakter ihres Einflusses auf das Ich des Menschen zeigt und zugleich auf die Wege hinweist, auf denen sie dieses vierte und innerste Glied des menschlichen Wesens zu verführen suchen.

Es werden jedoch während dieser Phase des Geistesweges nicht nur die Erkenntnisse vom Wirken der Widersachermächte in den menschlichen Hüllen gewonnen. Kein Mensch könnte diese schwierige Prüfung in der rechten Weise bestehen, wenn nicht von einer anderen Seite etwas anderes an ihn herantreten würde. Dieses letztere, das eine ganz neue Empfindung darstellt, hängt mit dem ersten Aufscheinen des höheren Selbst im Schüler zusammen. «Sein [des Schülers] *niederes Selbst* ist nun als Spiegelgemälde vor ihm vorhanden; aber mitten in diesem Spiegelgemälde erscheint die wahre Wirklichkeit des *höheren Selbst*. Aus dem Bilde der niederen Persönlichkeit heraus wird die Gestalt des geistigen Ich sichtbar.»[55] Damit wird verständlich, warum es notwendig ist, sich auf der vorhergehenden Stufe das rechte Denken zu erwerben; denn «was gesunde Urteilskraft, klare, logische Schulung ist, das erweist sich ganz besonders auf dieser Stufe der Entwicklung... Niemand kann ein gesundes höheres Selbst gebären, der nicht in der physischen Welt gesund lebt und denkt. Natur- und vernunftgemäßes Leben sind die Grundlagen aller wahren Geistesentwicklung... Ja, er *muß* dies tun, wenn [das höhere Selbst] als vollentwickeltes Wesen zur Welt kommen soll»[56], so schreibt Rudolf Steiner. Und in der «Geheimwissenschaft im Umriß» wird dieser Gedanke weitergeführt: «Es ist nun von der größten Bedeutung, daß der Geistesschüler eine ganz bestimmte Seelenverfassung erlangt hat, wenn das Bewußtsein von einem neugeborenen Ich bei ihm eintritt. Denn es ist der Mensch durch sein Ich der Führer seiner Empfindungen, Gefühle, Vorstellungen, seiner Triebe, Begehrungen und Leidenschaften. Wahrnehmungen und Vorstellungen können in der Seele sich nicht selbst überlassen sein. Sie müssen durch die denkende Besonnenheit geregelt werden. Und es ist das Ich, welches diese Denkgesetze handhabt und welches durch sie Ordnung in das Vorstellungs- und Gedankenleben bringt.

Ähnlich ist es mit den Begehrungen, den Trieben, den Neigungen, den Leidenschaften. Die ethischen Grundsätze werden zu Führern dieser Seelenkräfte.»[57] Diese Worte machen deutlich, wie wichtig es ist, vor der Geburt des höheren Selbst die Tugenden der Gerechtigkeit, des Maßhaltens, der Besonnenheit, das Mutes im sinnlichkeitsfreien Denken, der Geistesgegenwart und der Weisheit zu entwickeln, denn sie führen den Geistesschüler bereits in die übersinnliche Welt. Es ist nicht möglich, ohne diese Tugenden die Geburt des höheren Selbst in der menschlichen Seele auf *rechtmäßige Weise* zu erreichen.

6.
Die Prüfung durch Einsamkeit

Die bisherige Betrachtung zeigte, daß die vier Adventswochen besonders geeignet sind für wahre *Selbsterkenntnis*. Denn so wie die Erde zu dieser Zeit im Makrokosmos eine Periode der stärksten Einatmung durchmacht – ganz und gar vom übrigen Kosmos abgetrennt, lebt sie ihr eigenes in sich abgeschlossenes inneres Leben –, so hat auch der Mensch zu dieser Jahreszeit die Neigung, sich in sich zu versenken, Selbsterkenntnis zu üben, das Wirken der Widersachermächte in den vier Gliedern des eigenen Wesens zu erkennen. Auch durchlebt der einzelne Mensch in dieser Zeit gemeinsam mit der Erde eine Epoche des größten Verlassenseins. Das aber bedeutet für ihn zugleich eine Epoche der größten Freiheit: Denn die hierarchischen Wesenheiten ziehen sich in dieser Zeit, die durch die (im allgemeinen unbewußte) Begegnung mit dem Hüter der Schwelle im Vorhof des Weihnachtsfestes ihren Abschluß findet, in wachsendem Maße von der Führung der Menschen zurück.

So tritt in der ersten Adventswoche der Einfluß der Archai zurück, damit wir aus unserer eigenen Kraft der Gerechtigkeit uns zu allgemein menschlichen Interessen erheben können; während in der zweiten Woche der Erzengel unseres Volkes sich bis zu einem gewissen Grade von uns zurückzieht, so daß sich uns nun die Aufgabe stellt, den eigenen Worten so viel wahren Idealismus zu verleihen, daß eine neue, nunmehr aus voller Freiheit hervorgehende Verbindung mit ihm entstehen kann. Und in der dritten Woche tritt in den Tiefenschichten des Astralleibes der Einfluß des den Menschen führenden Engels zurück, so daß die Beziehung der drei Seelenkräfte des Denkens, Fühlens und Wollens zu den Menschen unserer unmittelbaren Umgebung, welche sich sonst in den Schicksalsnotwendigkeiten auswirkt, bis zu einem gewissen Grade aus eigener bewußter Arbeit hervorzugehen hat. Das alles aber ist notwendig, um in der letzten Woche vor Weihnachten die Prüfung der inneren *absoluten Einsamkeit* bestehen zu können, welche für den Geistesschüler mit Erlebnissen an der Schwelle der geistigen Welt verbunden ist, die Rudolf Steiner folgendermaßen beschreibt: «Der wirkliche Vorgang dabei ist der, daß der Geheimschüler seinem feineren Seelenkörper einen neuen hinzufügt. Er zieht ein Kleid mehr an. Bisher schritt er durch die Welt mit den Hüllen, welche seine Persönlichkeit einkleiden. Und was er für seine Gemeinsamkeit, für sein Volk, seine Rasse und so weiter zu tun hatte, dafür sorgten die höheren Geister, die sich seiner Persönlichkeit bedienten [d. h. vor allem die Engel, Erzengel, Archai]. – Eine weitere Enthüllung, die ihm nun der ‹Hüter der Schwelle› macht, ist die, daß fernerhin diese Geister ihre Hand von ihm abziehen werden. Er muß aus der Gemeinsamkeit ganz heraustreten. Und er würde sich als Einzelner vollständig in sich verhärten, er würde dem Verderben entgegengehen, wenn er nun nicht selbst sich die Kräfte erwürbe, welche den Volks- und Rassegeistern eigen sind.»[58] «Der Hüter der Schwelle zieht nunmehr einen Vorhang hinweg, der bisher tiefe Lebensgeheimnisse verhüllt hat. Die Stammes-, Volks- und Rassegeister werden in ihrer vollen Wirksamkeit offenbar; und der Schüler sieht ebenso genau, wie er bisher geführt worden ist, als ihm anderseits klar wird, daß er nunmehr diese Führerschaft nicht mehr haben wird.»[59]

So wird die «Prüfung durch Einsamkeit» zu dem tiefsten und schwersten Erlebnis für den Geistesschüler auf dieser Stufe. Keiner kann ihm ausweichen, der den modernen Einweihungsweg auf die rechte Weise gehen will. Dieses «kosmische Einsamkeitsgefühl» stellt Rudolf Steiner in einem seiner Vorträge folgendermaßen dar: «Auf der einen Seite erlebt man die Grandiosität der Ideenwelt, die sich ausspannt über das All, auf der anderen Seite erlebt man mit der tiefsten Bitternis, daß man sich trennen muß von Raum und Zeit, wenn man mit seinen Begriffen und Ideen zusammensein will. Einsamkeit! Man erlebt die frostige Kälte. Und weiter enthüllt sich einem, daß die Ideenwelt sich jetzt wie in einem Punkte zusammengezogen hat, wie in einem Punkte dieser Einsamkeit. Man erlebt: Jetzt bist du mit ihr allein. – Man muß das erleben können. Man erlebt dann das Irrewerden an dieser Ideenwelt, ein Erlebnis, das einen tief aufwühlt in der Seele. Dann erlebt man es, daß man sich sagt: Vielleicht bist du das alles doch nur selber, vielleicht ist an diesen Gesetzen nur wahr, daß es lebt in dem Punkte deiner eigenen Einsamkeit. – Dann erlebt man, ins Unendliche vergrößert, alle Zweifel am Sein.»[60] Mit diesen Worten werden, gleichsam von einem «inneren» Standpunkt aus, Gefühle beschrieben, welche entstehen, wenn der Mensch zum erstenmal ganz auf sich gestellt ist und schmerzvoll den Prozeß des «Zweifels am Sein» erlebt. Wird die eigene Weisheit ihm nun Führer sein können, das innere Licht, das den Weg durch die Finsternis der Winternacht zur Geburt der Geistessonne zu erleuchten vermag? Diese Frage, die zugleich tiefstes menschliches Erleben ist, taucht *an der Schwelle* zur geistigen Welt machtvoll vor dem Geistesschüler auf. Um eine Antwort zu finden, um den Weg aus der Einsamkeit und dem Zweifel am Sein zu dem Tempel der höheren Erkenntnis auf dieser vierten Stufe zu betreten, sind in den drei vorangehenden Adventswochen drei «okkulte Proben» zu bestehen.

7.
Die drei ersten Adventswochen – drei Stufen «okkulter Proben»

Das Kapitel, das in «Wie erlangt man Erkenntnisse der höheren Welten?» dem Einweihungsweg selbst gewidmet ist, beginnt mit der Beschreibung der drei «Proben», durch welche im Geistesschüler Seeleneigenschaften entwickelt werden, die unabdingbar sind, soll die Einweihung in der rechten Weise durchgemacht werden. Und es ist nicht schwer zu empfinden, daß im Laufe des Jahres die Zeit *nach* dem Michael-Fest besonders günstig für diese Proben ist, insbesondere die Zeit der drei ersten Adventswochen.

Die erste Probe wird gemäß dem Buch «Wie erlangt man Erkenntnisse der höheren Welten?» «Feuerprobe» genannt. Durch sie erlangt der Geistesschüler eine wahre geistige Anschauung aller irdischen Dinge: Zunächst «der leblosen Körper, dann der Pflanzen, der Tiere und des Menschen.»[61] Es fällt gleichsam ein Schleier von den ihn umgebenden Gegenständen und Wesen ab, «sie stehen ... dann unverhüllt – nackt – vor dem Betrachter, ... (und das) beruht auf einem Vorgang, den man als ‹geistigen Verbrennungsprozeß› bezeichnet.»[62]

Die moralischen Eigenschaften, von denen hier die Rede ist, haben sich oftmals Menschen bereits erworben, welche durch eine harte Lebensschule gegangen sind. «Es sind diejenigen», so schreibt Rudolf Steiner, «welche durch reiche Erfahrungen von solcher Art durchgehen, daß ihr Selbstvertrauen, ihr Mut und ihre Standhaftigkeit in gesunder Weise groß werden und daß sie Leid, Enttäuschung, Mißlingen von Unternehmungen mit Seelengröße und namentlich mit Ruhe und in ungebrochener Kraft ertragen lernen.»[63] Diese Worte lassen vor dem inneren Blick das Bild eines Menschen entstehen, der sich in allen Stürmen und aller Unruhe des Lebens *innerlich aufrecht* zu erhalten vermag, der sich niemals dem Ansturm der Lebenswogen beugt, da er sich ein unerschütterliches Vertrauen in die Macht der höheren *Gerechtigkeit* erworben hat, welche die Welt unsichtbar lenkt und ihm «Leiden, Enttäuschung und Mißlingen von Unternehmungen» als Prüfungen zukommen läßt.

Gelingt es dem Geistesschüler, diese Probe zu bestehen, dann enthüllen sich ihm nach den Worten Rudolf Steiners «die Charaktere der okkulten Schrift», die nichts anderes sind als die «vorhandenen Geschehnisse und Wesenheiten der geistigen Welt».[64] Und weiter: «Man lernt durch diese Zeichen die Sprache der Dinge.[65] In dieser Sprache offenbart jedes Ding und Wesen dem Geheimschüler seinen verborgenen ursprünglichen Namen, den auf seinem Grunde ruhenden Teil des «Ur-Welt-Wortes», das einstmals unsere Welt schuf. So beginnt der Schüler allmählich durch dieses Erlebnis in das Mysterium des kosmischen Wortes, des göttlichen Logos einzudringen, wodurch er zu der zweiten «Probe» hingeführt wird. Denn der Geheimschüler lernt nun, sich bei seinem Tun nicht mehr von seinen egoistischen Eigenwünschen leiten zu lassen, sondern von der Weltengerechtigkeit, den Götterzielen des Kosmos, die er durch das verborgene Wort, welches sich ihm erschlossen hat, zu erkennen vermag. So entspricht diese erste Probe ihrem inneren Charakter nach dem geistigen Gehalt der ersten Adventswoche.

Die zweite Prüfung wird «Wasserprobe» genannt. Sie ist eine unmittelbare Fortsetzung der ersten Probe. «Durch diese muß sich erweisen, ob der [Geistesschüler] sich frei und sicher in der höheren Welt bewegen kann.»[66] Der Schüler muß jetzt eine bestimmte Handlung ausführen, die er durch die innere Sprache in der Form der «verborgenen Schrift», welche er auf der vorhergehenden Stufe erlernt hat, zu erkennen vermag. Das Wesen dieser Probe besteht nach Rudolf Steiners Worten in folgendem: «Würde er während seiner Handlung irgend etwas von seinen Wünschen, Meinungen und so weiter einmischen, folgte er nur einen Augenblick nicht den Gesetzen, die er als richtig erkannt hat, sondern seiner Willkür, dann würde etwas ganz anderes geschehen als geschehen soll.»[67] Es geht hier vor allem um den Erwerb der *Selbstbeherrschung*. Über diese verfügt aber schon in hohem Grade, wer bereits im Alltagsleben «sich die Fähigkeit erworben hat, hohen Grundsätzen und Idealen mit Hintansetzung der persönlichen Laune und Willkür zu folgen, wer versteht, die Pflicht auch immer da zu erfüllen, wo die Neigungen und Sympathien gar zu gerne von dieser Pflicht ablenken wollen.»[68] Besonders in Betracht kommt auf dieser Stufe die Eigenschaft «der unbedingt *gesunden und sicheren Urteilskraft.*»[69] – Es ist nicht schwer einzusehen, daß diesen zwei Grundformen diejenigen inneren Eigenschaften in hohem Maße entsprechen, welche der zweiten Adventswoche zuzuordnen sind: dem Maßhalten und der Besonnenheit. So fördert die Entwicklung der erstgenannten Eigenschaft die Überwindung der persönlichen Wünsche und Meinungen, der Launen und egoistischen Willkür bei der Erfüllung der höheren Pflichten, und die Entwicklung der Besonnenheit führt zu einer wirklich sicheren Urteilskraft. Beide zusammen aber ermöglichen es dem Geistesschüler, die zweite Prüfung zu bestehen.

Ist ihm das gelungen, «so wartet die dritte ‹Probe› auf ihn. Bei dieser wird ihm kein Ziel fühlbar. Es ist alles in seine eigene Hand gelegt. Er befindet sich in einer Lage, wo ihn nichts zum Handeln veranlaßt. Er muß ganz allein aus sich seinen Weg finden.»[70] «Alles, was nötig ist, das besteht darinnen, rasch mit sich selbst zurecht zu kommen. Denn man muß hier sein ‹höheres Selbst› im wahrsten Sinne des Wortes finden. Man muß sich rasch entschließen, auf die Eingebung des Geistes in allen Dingen zu hören. Zeit zu irgendwelchen Bedenken, Zweifeln und so weiter hat man hier nicht mehr. ... Was abhält auf den Geist zu hören, muß kühn überwunden werden. Es kommt darauf an, *Geistesgegenwart* in dieser Lage zu beweisen. Und das ist auch die Eigenschaft, auf deren vollkommene Ausbildung es auf dieser Entwicklungsstufe abgesehen ist.»[71] Auch hier kann das Alltagsleben eine gute okkulte Schule für den Menschen sein: «Personen, die es dahin gebracht haben, daß sie, vor plötzlich an sie herantretende Lebensaufgaben gestellt, ohne Zögern, ohne viel Bedenken eines raschen Entschlusses fähig sind, ihnen ist das Leben eine solche Schulung.»[72]

Wenn wir uns nun bewußt machen, daß der Geistesschüler gerade in dieser Zeit die ersten Folgen des Auseinandertretens von Denken, Fühlen und Wollen erlebt, dann verstehen wir, was in einem tieferen Sinne der Begriff der «Entwicklung von Geistesgegenwart» bedeutet. Es ist das nichts anderes als die dauernde und vollbewußte Führung der drei voneinander getrennten Seelenkräfte durch das höhere Selbst. Die Tugend, ohne die eine solche Führung nicht zu verwirklichen ist, ohne die die genannte Probe nicht in der richtigen Weise zu bestehen ist, ist die Tugend des *Mutes*, der *Furchtlosigkeit*. Nur der Mensch, der diese Tugend in einem hohen Maß in sich entwickelt hat, kann, «sich selbst nicht verlierend»,[73] eine solche Aufgabe, die er sich selbst gestellt hat, erfüllen. Denn bei der dritten Probe kann er «nur in sich selbst den einzigen festen Punkt finden, an den er sich zu halten vermag.»[74] Und so bedarf es, um diese wachsende Einsamkeit auszuhalten und nicht die Fähigkeit zum Handeln, zur inneren Aktivität zu verlieren, des starken Mutes, der durch das bewußte Erleben des geistigen Gehaltes der dritten Adventswoche ganz besonders gefördert wird. Denn die Worte: «Was abhält, auf den Geist zu hören, muß kühn überwunden werden»[71], können hier als ihr Leitsatz gelten. Entsprechend der Terminologie der «Philosophie der Freiheit» kann man auch sagen, daß bei dieser Probe aus den reinsten Impulsen der moralischen Phantasie zu handeln ist.

Der Zusammenhang der genannten Proben mit dem, was in dem Kapitel «Die Prüfung durch Einsamkeit» über das allmähliche sich Zurückziehen der Wesenheiten aus der Hierarchie der Archai, Archangeloi, Angeloi gesagt wurde, ist nicht leicht zu sehen. Denn esoterisch betrachtet, ist das teilweise Sich-Entfernen der dem Menschen am nächsten stehenden hierarchischen Wesenheiten das eigentliche Geschehen, das sich gleichsam hinter den entsprechenden Prüfungen vollzieht. So treten die Wesenheiten aus der Hierarchie der Archai, welche schon auf dem alten Saturn ihre Menschheitsstufe in einem *Feuerleib* durchmachten, auf der Erde aber sich bereits zum Geistesmenschen, dem umgewandelten physischen Leib, erhoben haben, allmählich von der Führung des Menschen zurück, der die «Feuerprobe» bestanden hat. Ebenso ziehen sich die Wesen aus der Hierarchie der Archangeloi, welche den vollentwickelten Lebensgeist in sich tragen – den umgewandelten Ätherleib, dessen physisches Abbild auf der Erde das *wäßrige* Element ist – von dem Menschen zurück, welcher durch die zweite, die «Wasserprobe» gegangen ist. Und endlich läßt die Führung durch die Wesen aus der Hierarchie der Angeloi, welche ein entwickeltes Geistselbst haben, – das heißt einen umgewandelten Astralleib, dessen physischer Ausdruck auf der Erde das *Luftelement* ist –, bei erfolgreich bestandener «Luftprobe» nach.

So zeigt sich der Mensch bei dem abschließenden Erlebnis der vollen Einsamkeit, unmittelbar an der Schwelle zur geistigen Welt stehend, als der, der er selbst durch seine eigenen Bemühungen um seine individuelle Entwicklung geworden ist. Denn er kann nur so, wie er in *Wirklichkeit* ist, in den Tempel der höheren Erkenntnis treten.

8.
Die «okkulten Proben» und die dreimalige Versuchung des Christus in der Wüste

Bei der Betrachtung des esoterischen Charakters der Adventszeit konnten wir sehen, wie die drei himmlischen Taten der nathanischen Seele in der Gestalt bestimmter Tugenden, welche sich der Mensch in dieser Zeit erwerben sollte, in ihm auf eine innerliche Weise ihren Ausdruck finden. Und wir sahen weiter, wie eine vertiefte und bewußte Arbeit in dieser Richtung den Menschen bereits zu rein okkulten Proben führt, deren Bestehen das voll bewußte, *okkulte* Erleben des Weihnachtsfestes als Fest der wahren Einweihung, der Geburt des höheren Selbst in der menschlichen Seele zur Folge hat. Nun ist aber zu fragen: Wie konnte der Übergang vom Kosmischen zum Irdischen, von den drei himmlischen Taten der nathanischen Seele zu den drei Proben auf dem modernen christlichen Einweihungsweg vollzogen werden? Wodurch wurde es der menschlichen Seele möglich, dasjenige *in sich zu verwirklichen*, was die nathanische Seele einst im Makrokosmos vollbrachte?

Aus den verschiedensten Beschreibungen Rudolf Steiners wissen wir, daß auf diesem Gebiet ein strenges geistiges Gesetz waltet, welches besagt, daß kosmische Impulse nur durch eine bestimmte Individualität, die in einem physischen Leib verkörpert ist, in die Menschheit getragen werden können.[75] Erst nachdem die neuen Möglichkeiten oder Fähigkeiten *einmal* von dieser einen Individualität in Vollkommenheit entwickelt worden sind, können sie in der Folgezeit ein Gut der ganzen Menschheit werden, das heißt, kann *jede* Menschenseele sie sich von nun an erwerben. Da aber die direkte karmische Folge der drei himmlischen Taten der nathanischen Seele ihre Verkörperung auf der Erde und die Vereinigung mit dem Christus bei der Taufe im Jordan war, so folgt daraus, daß auch die drei Proben in der Form, wie sie Rudolf Steiner in «Wie erlangt man Erkenntnisse der höheren Welten?» schildert, nur durch die Ereignisse in Palästina in die Entwicklung der Menschheit Eingang finden konnten. Denn selbst die Möglichkeit, diese Proben zu *ertragen*, entstand nur dadurch, daß die erste Tat des Christus auf der Erde eine «irdische»

Wiederholung des von ihm schon dreimal in den Sonnenhöhen durch die nathanische Seele Vollbrachten war. So wie in alten Zeiten, in der lemurischen und atlantischen Epoche, die drei Hüllen des Menschenwesens durch kosmisches Wirken gerettet wurden, so war nun Entsprechendes *auf der Erde* zu vollbringen. Es waren die Versuchungen von seiten der luziferisch-ahrimanischen Mächte zu bestehen, welche an jeden Menschen aus seinen Hüllen herankommen. Das geschah durch die Versuchung des Christus Jesus in der Wüste, unmittelbar nach der Taufe im Jordan. Wenn sich das nicht ereignet hätte, wenn der Christus nicht die Versuchermächte des Bösen in den drei Hüllen des Jesus für die ganze Menschheit überwunden hätte, dann könnte niemals ein einziger Mensch sich so weit erheben, um aus eigenen Kräften die drei geschilderten Proben zu bestehen. Dann wären wir auch weiterhin, wie in uralten Zeiten, des helfenden Beistandes aus den höheren Welten bedürftig, da wir nicht die Kraft hätten, aus eigener Anstrengung die Versuchermächte in unseren Hüllen zu besiegen, solange wir auf der Erde weilen. Damit solches aber geschehen könne und um einen neuen, bewußten und freien Erkenntnisweg für die weitere Menschheitsentwicklung zu eröffnen, mußten diese Taten einmal *historisch* auf dem physischen Plan vollbracht werden, deren Früchte in aller Zukunft als geistiges Ferment in der Menschheitsentwicklung wirken werden.

Die erste Versuchung, wie sie im 3. Kapitel des Matthäus-Evangeliums beschrieben wird, betrifft den physischen Leib des Menschen. – Hier tritt der Versucher mit folgenden Worten an den Christus heran: «Bist du der göttliche Sohn, so laß *durch die Kraft deines Wortes* diese Steine sich in Brot verwandeln.»[76] Im okkult-magischen Sinne ist das nur möglich, wenn der Geistesschüler die geistigen Kräfte, die sich ihm erschließen, sobald er in die Sphäre der ersten Probe eingetreten ist, mißbraucht. Es sind das die Kräfte, welche die Grundlage der sichtbaren Welt bilden und die physische Welt aus der geistigen heraus unaufhörlich schaffend erhalten. Um sie zu beherrschen, muß der Geistesschüler die wahren Namen der Dinge, «die okkulte Schrift», erlernen; denn diese Kräfte gehen aus der Substanz des Weltenwortes, das allen Dingen zugrunde liegt, hervor. Deswegen spricht der Versucher, sich an den Christus wendend: «*Durch die Kraft deines Wortes* laß diese Steine sich in Brot verwandeln.» Und der Christus antwortet ihm: «Der Mensch lebt nicht vom Brot allein. Er lebt von jedem Worte, das aus dem Munde Gottes kommt.»[77] Der Christus weist es von sich, das geistige Wort zu mißbrauchen, jene Macht zu mißbrauchen, welche sich ihm auf dieser Stufe hinter den Erscheinungen und Wesenheiten der physischen Welt zeigt. Und so ist mit dieser Antwort eine reale Kraft gegeben, die seitdem als eine Art geistiger Substanz im physischen Leib des Menschen wirkt. Sie macht es möglich, daß der Schüler, der den *modernen* Einweihungsweg geht, nicht der Versuchung verfällt, die sich ihm erschließenden Kräfte auf magisch-egoistische Weise zur Ausübung seiner Macht über die Natur und seine Mitmenschen zu gebrauchen, sondern sich ihrer zur allmählichen Entwicklung der Menschheit und seiner eigenen inneren moralischen Vervollkommnung zu bedienen. Ohne diese Tat des Christus würde ein solcher Mißbrauch der geistigen Möglichkeiten mit Notwendigkeit eintreten. Der Mensch würde, wenn sich ihm diese Kräfte erschließen, stets von ihnen *überwältigt* werden. Nun aber kann er die Verantwortung auf sich nehmen, sein weiteres Leben in Übereinstimmung mit dem Wort zu führen, «das aus dem Munde Gottes kommt» und das er durch das Studium der «okkulten Sprache» erkennen lernen kann. Das beschreibt Rudolf Steiner folgendermaßen: «Durch diese Sprache wird der Geheimschüler auch bekannt mit gewissen Verhaltungsmaßregeln für das Leben. Er lernt gewisse Pflichten kennen, von denen er vorher nichts gewußt hat. Und wenn er diese Verhaltungsmaßregeln kennengelernt hat, so kann er Dinge vollbringen, die eine Bedeutung haben, wie sie niemals die Taten eines Uneingeweihten haben können. Er handelt von den höheren Welten aus. Die Anweisungen zu solchen Handlungen können nur in der angedeuteten Schrift verstanden werden.»[78] Deshalb folgt auf die erste Probe sogleich die zweite, welche erweisen soll, ob der Geistesschüler die Verpflichtungen, welche er freiwillig auf sich genommen hat, nicht nur in der irdischen, sondern – was viel schwerer ist – auch in der geistigen Welt zu erfüllen vermag. Die Möglichkeit, auch diese neue Prüfung in der rechten Weise zu bestehen, wurde dadurch geschaffen, daß der Christus der zweiten Versuchung in der Wüste widerstand.

Dieses Mal traten die Widersachermächte mit dem verführerischen Egoismus an den Christus heran, eigenwillig jene okkulten Möglichkeiten zu gebrauchen, die sich ihm beim Eintauchen in den Ätherleib des Jesus von Nazareth ergaben und die er durch das Lesen der «okkulten Schrift» erkannte. Es sind die Worte des 90. Psalmes, welche der Versucher anführt: «Seinen Engeln hat er dich anbefohlen, und sie werden dich auf ihren Händen tragen, so daß dein Fuß an keinen Stein stößt»[79], von Urbeginn in der «okkulten Sprache» der geistigen Welt eingeschrieben. Die Christus-Wesenheit sollte sich hier dieser Möglichkeit nicht zum Opferdienst für die Welt bedienen, sondern zum Beweis ihrer magischen Macht über die ätherischen Kräfte der Erde. Sie sollte sich von der Höhe des Tempels herabstürzen, um etwas zu vollbringen, bei dem sie, ähnlich dem Schwimmer im Wasser, keine äußere Stütze haben würde außer den Hinweisen der «verborgenen Schrift». Und diese Tat sollte nicht im Namen des Dienstes an der Menschheit geschehen, sondern aus reinem Egoismus, nur zur Erhöhung ihrer selbst durch das Offenbarwerden magischer Fähigkeiten. Der Christus aber wies diese Versuchung von sich und verlieh damit der geistigen Entwicklung der Menschheit die Möglichkeit, *allein* den göttlichen Mächten und höheren Zielen der Menschheit und der Welt dienend, den Hinweisen der «verborgenen Sprache» zu folgen. Er antwortete dem Versucher: «Du sollst die göttliche Macht, *die dich führt*, nicht deiner Willkür dienstbar machen.»[80] Mit anderen Worten: Du sollst dich in den Dienst jenes göttlichen Wortes stellen, welches sich dir in der «verborgenen Sprache» verkündet, und der höheren Pflicht folgen, nicht deinen egoistischen Wünschen und Neigungen. Rudolf Steiner führt zu dieser zweiten Versuchung an: «Durch diese [Probe] muß sich erweisen, ob er [der Geistesschüler] sich frei und sicher in der höheren Welt bewegen kann.»[81] Und dasjenige, was er tun soll, «das muß er erkennen durch die gekennzeichnete Schrift, die er sich angeeignet hat».[82] «Würde er [jedoch] während seiner Handlung irgend etwas von seinen Wünschen, Meinungen und so weiter einmischen, folgte er nur einen Augenblick nicht den Gesetzen, die er als richtig erkannt hat, sondern seiner Willkür, dann würde etwas ganz anderes geschehen als geschehen soll.»[83] Wenn der Christus der Versuchung in der Wüste verfallen wäre, dann wäre er – das kann man mit voller Überzeugung sagen – an den Steinen zerschellt. Da er jedoch diese zweite Versuchung von sich wies, so wurde dem Ätherleib aller Menschen etwas eingefügt, was seitdem wie eine lebende Substanz in ihm wirksam ist, welche es heute dem Schüler der neuen Mysterien gestattet, das, was er in der geistigen Welt vollbringt, in den Dienst «der göttlichen Macht zu stellen, die ihn führt».

Die dritte Versuchung gilt sodann dem Astralleib. Sie betrifft die Möglichkeit, magische Gewalt über alle sichtbaren und unsichtbaren Welten auszuüben[84], aber auf eine rein egoistische Art. Jedoch die solchermaßen erworbene Macht über die Welt ist ihrem Wesen nach illusorisch, da sich in Wirklichkeit die vollständige Unterordnung unter die Widersachermächte dahinter verbirgt, was in diesem Fall nur nicht bemerkt würde. Der Christus weist auch diese Versuchung von sich, seinen Sieg in die Worte kleidend: «Vor der göttlichen Macht, die dich führt, sollst du dich beugen. Ihr allein sollst du dienen.»[85] Diese Worte stellen ein Beispiel höchsten *Mutes* und größter *Geistesgegenwart* vor uns hin, welche der Mensch nur im Bekennen der ihn führenden göttlichen Vaterkräfte auf der Erde zu entwickeln vermag. Als Ergebnis dieser weiteren Tat des Christus wurde zum dritten Mal etwas wie eine lichttragende Substanz nunmehr in den Astralleib der Menschen eingepflanzt, durch welche der moderne Schüler der Geisteswissenschaft die Kraft zum Bestehen der dritten Probe erlangen kann. Durch nichts und niemanden gezwungen, aus absoluter Freiheit und vollständiger Einsamkeit – denn auf dieser Stufe überlassen ihn nicht nur die Archai und Archangeloi, sondern auch die Angeloi seiner eigenen Führung – vollbringt der Geistesschüler aus sich selbst die freie Opfertat, die er jener «göttlichen Macht» weiht, der zu dienen er berufen ist. Das Urbild aber des höchsten Gehorsams ihr gegenüber gab der Christus Jesus mit der oben zitierten Antwort. In den Worten Rudolf Steiners über diese dritte Prüfung: «Alles, was nötig ist [für diese Probe], das besteht darinnen, rasch mit sich selbst zurecht zu kommen. Denn man muß hier sein ‹höheres Selbst› im wahrsten Sinne des Wortes finden. Man muß sich rasch entschließen, auf die Eingebung des Geistes in allen Dingen zu hören. Zeit zu irgendwelchen Bedenken, Zweifeln und so weiter hat man hier nicht mehr. Jede Minute Zögerung würde nur beweisen, daß man noch nicht reif ist. Was abhält, auf den Geist zu hören, muß kühn überwunden werden. Es kommt darauf an, *Geistesgegenwart* in dieser Lage zu beweisen.»[86]

Wir wollen nun versuchen, das Wesen dieser Probe durch den dritten Sieg des Christus über die Widersachermächte zu beleuchten und sie damit noch tiefer zu verstehen. Die dritte Versuchung fand nach dem Evangelium auf einem hohen Berg statt. (Hier sei auch an den Berg des Fegefeuers in Dantes «Göttlicher Komödie» erinnert.) Dieser Berg, von allen Seiten vom Luftelement umgeben, ist die Imagination des Weges, welcher den Geheimschüler in die astralische Sphäre des Kosmos führt. In diesen Höhen, die dem gewöhnlichen Bewußtsein nicht zugänglich sind, begegnet er einer zunehmenden Einsamkeit. «Niemand, der dies hier liest», so schreibt Rudolf Steiner in dem Zusammenhang, «sollte eine Antipathie empfinden gegen dieses Zurückgewiesensein auf sich selbst.»[87] Ursache dieses Zurückgewiesenseins ist das neue Erleben des eigenen Astralleibes, da nun auf dieser Stufe die Auseinandergliederung der Persönlichkeit, die Trennung der seelischen Grundkräfte endgültig erfolgt, wobei das Denken sich gleichsam bis zu den Fixsternen erhebt, das Fühlen in die Sphären der Planeten ausbreitet, das Wollen in die Urgründe der Erde eingeht. Der Geistesschüler aber empfindet sich infolge dieser Spaltung seines Seelenlebens als vollkommen leer. Das ist die Ursache seiner tiefen Einsamkeit. Er hat den Eindruck, als ob er in der Luft über einem Abgrund schwebe, und es kann ihn ein mit nichts zu vergleichender

Schrecken befallen... In diesem Zustand nun nähert sich der Versucher seiner Seele. Er zeigt ihr an Stelle des Denkens, Fühlens und Wollens, die der Mensch für gewöhnlich sein eigen nennt und die auf dieser Stufe durch die allmählich erwachenden Kräfte des «höheren Selbst» aufs neue zu Harmonie und Einheit geführt werden müssen, ihr luziferisches Abbild: wie wenn das Denken bereits alle Sternenreiche umfassen, das Fühlen die Bewegungen der Planeten lenken würde und das Wollen sich alle Erdentiefen unterworfen hätte. Es kann sich der Mensch wahrhaftig in einem solchen Zustand als der Herr über alle Reichtümer der Welt empfinden, und davon spricht der Versucher zu ihm: «Ich will dir Macht geben über alles, was du siehst, im Irdischen und im Überirdischen.»[84] Doch dies ist nur das große Reich der luziferischen Illusion, welche dort auftaucht, wo die Spaltung der Persönlichkeit zu früh eintritt, ehe noch die Kräfte des höheren Selbst in ausreichendem Maß erwacht sind. Dabei läuft der Mensch Gefahr, ungenügend vorbereitet, unter Umgehung des Hüters der Schwelle, in die geistige Welt einzudringen, – jedoch nicht in das göttliche, sondern in das luziferische Reich, in dem er allmählich sein individuelles Menschen-Ich verlieren wird. Deshalb betont Rudolf Steiner bei der Beschreibung dieser dritten Probe ganz besonders: «Um nicht untätig zu bleiben, darf der Mensch *sich selbst nicht verlieren*. Denn nur in sich selbst kann er den einzigen festen Punkt finden, an den er sich zu halten vermag.»[88]

Von einem etwas anderen Standpunkt, der jedoch der genannten Stufe der Geistesschülerschaft genau entspricht, weist Rudolf Steiner im sechsten Kapitel der «Geheimwissenschaft im Umriß» auf diese Gefahr der Gefangennahme in den luziferischen Reichen hin. Hat sich der Geheimschüler, so wird hier ausgeführt, nicht in ausreichendem Maße *Geistesgegenwart* erworben, um dem Hüter der Schwelle, dem er sich auf dieser Stufe bereits nähert, auch bewußt zu begegnen, dann wird dieser, wenn zudem der *Mut* zur Selbsterkenntnis nicht genügend entwickelt ist, eine illusionäre luziferische Gestalt annehmen. «Man ist dann in die seelisch-geistige Welt hineingetaucht, gibt es aber auf, an sich weiterzuarbeiten. Man wird ein Gefangener der Gestalt, die jetzt durch den ‹Hüter der Schwelle› vor der Seele steht. Das Bedeutsame ist, daß man bei diesem Erlebnis nicht die Empfindung hat, ein Gefangener zu sein. Man wird vielmehr etwas ganz anderes zu erleben glauben. Die Gestalt, welche der ‹Hüter der Schwelle› hervorruft, kann so sein, daß sie in der Seele des Beobachters den Eindruck hervorbringt, dieser habe nun in den Bildern, welche auf dieser Entwicklungsstufe auftreten, schon den ganzen Umfang aller nur möglichen Welten vor sich; man sei auf dem Gipfel der Erkenntnis angekommen und brauche nicht weiter zu streben. Statt als Gefangener wird man sich so als der unermeßlich reiche Besitzer aller Weltengeheimnisse fühlen können.»[89] Diese Worte weisen auf die Gefahren hin, welche dem Geistesschüler von seiten der Widersachermächte drohen, die im astralischen Leib eines jeden Menschen vorhanden sind. Um aber diese Gefahren zu bestehen, bedarf es vor allem derjenigen Lichtsubstanz, die der Geistesschüler in sich finden kann, da sie seit dem Sieg des Christus Jesus bei der dritten Versuchung verborgen auch in ihm ruht. Wird sich der Geistesschüler dieser Substanz bewußt, so hat er die reale Kraft gewonnen, mit deren Hilfe er die dritte Probe auf die sicherste Weise zu bestehen vermag.[89a]

Man kann das Wesen der drei Proben in ihrem Verhältnis zu den drei Versuchungen des Christus in der Wüste auch von einem anderen, mehr inneren Standpunkt aus charakterisieren: in dem Maße, in dem die Archai, Archangeloi, Angeloi von der *äußeren* Führung des Menschen, der den Prozeß des Prüfungsweges durchmacht, zurücktreten, beginnen – bei richtiger Entwicklung – in ihm aus seinem eigenen *Innern* heraus diejenigen Kräfte wirksam zu werden, die einst dadurch in die Menschheitsentwicklung kamen, daß der Christus Jesus die Versuchungen in der Wüste auf sich nahm. Denn indem der Christus Jesus bei seinem dreifachen Sieg über die Versuchermächte darauf verzichtete, seine kosmischen Kräfte aus den Sphären der Archai, Archangeloi, Angeloi zu mißbrauchen, konnte er sie auf eine einmalige Weise in die Menschheitsentwicklung hineingeben, so daß sie in aller Zukunft auf dem Grunde der Menschenseelen verborgen wirken und es den Menschen, welche nach der Einweihung streben, ermöglichen, die genannten Proben zu bestehen.

9.
Die letzte Adventswoche.
Der Tempel der höheren Erkenntnisse

«Hat der Geheimjünger diese [dritte] Probe bestanden, dann darf er den ‹Tempel der höheren Erkenntnisse› betreten»[90] – mit diesen Worten beginnt Rudolf Steiner die Beschreibung der Stufe der eigentlichen Einweihung in dem Buch «Wie erlangt man Erkenntnisse der höheren Welten?»

Nachdem der Geistesschüler in den ersten drei Adventswochen die physische, ätherische und astralische Hülle durchdrungen und in ihnen die Versuchermächte überwunden hat, steht er nun vor dem Tor des geistigen Tempels, der eine Imagination seines eigenen höheren Selbst ist. Die Haupttugend, welche man sich auf dieser Entwicklungsstufe in ausreichendem Maße erworben haben muß und welche zugleich die Haupttugend der vierten und letzten Adventswoche ist (s. S. 72 f.), das ist die Tugend der *Weisheit*. Es muß diese Seeleneigenschaft nunmehr in einem besonderen Maße verstärkt und vertieft werden, und im Zusammenhang damit hat der Einzuweihende jenen Eid zu leisten, von dem Rudolf Steiner als einer der ersten Taten im «Tempel der höheren Erkenntnisse», das heißt im Tempel der höheren göttlichen Weisheit, spricht.

Von nun an erschließen sich dem «Geheimjünger» unerschöpfliche Schätze der Weltenweisheit: «Man lernt, wie man die Geheimlehre anwendet, wie man sie in den Dienst der Menschheit stellt. Man fängt an, die Welt erst recht zu verstehen.»[91] Von nun an «ist alles in seine [des Eingeweihten] eigene Verantwortlichkeit gestellt. Was er lernt, ist, in jeder Lage ganz durch sich selbst zu finden, was er zu tun hat. Und der ‹Eid› bedeutet nichts, als daß der Mensch reif geworden ist, eine solche Verantwortung tragen zu können.»[92]

Oben (S. 71) sprachen wir davon, daß der Mensch außer dem gewöhnlichen, alltäglichen Gedächtnis, welches die Grundlage des gewöhnlichen, sterblichen Ich ist, auch ein individuelles Weltgedächtnis in sich trägt, das wie ein einheitlicher Strom durch die einzelnen Verkörperungen auf der Erde hindurchgeht und mit dem höheren unsterblichen Ich verbunden ist. Denn so wie das sterbliche Ich in das Gewand des irdischen Gedächtnisses gehüllt ist, so ist das höhere, unsterbliche Ich in das Gewand des Weltgedächtnisses gekleidet, welches auch als das eigene Karma erscheint. Ein großes Hindernis für die Aufnahme des höheren Ich bildet jedoch die Tatsache, daß das Bewußtsein so fest an das niedere Ich gebunden ist. Wie wir bereits sahen, ist es nicht möglich, in die Sphäre des Weltgedächtnisses einzutauchen, ohne die alltägliche irdische Erinnerungsfähigkeit zu überwinden. So ist der «Vergessenheitstrunk», den der Geistesschüler für das niedere Gedächtnis erhält, und der «Gedächtnistrank» für das höhere Gedächtnis nichts anderes als eine bildliche Beschreibung des Überganges vom niederen zum höheren Ich. Dieser Übergang aber stellt das bedeutsamste Erlebnis im «Tempel der höheren Erkenntnisse» und zugleich das Ziel des gesamten Einweihungsprozesses dar.

Im Evangelium wird auf diesen inneren Wandel des Gedächtnisses, der dem Übergang vom niederen zum höheren Ich entspricht, dadurch hingewiesen, daß unmittelbar auf die Versuchung in der Wüste die Hochzeit von Kana in Galiläa folgt, auf der Wasser in Wein verwandelt wurde. Dieses war das *erste* Wunder, das der Christus auf der Erde vollbrachte. Hier ist das Wasser das imaginative Bild für unser gewöhnliches irdisches Gedächtnis, das im Ätherleib verankert ist. Der Wein jedoch, ein verwandeltes Wasser, das in der Pflanze durch das Wirken der Kräfte von Sonnenlicht und -wärme aus den toten Substanzen entsteht, er ist lebendig, er trägt die Kräfte kosmischen Lebens in sich, er ist das Bild des von kosmischen Sonnenkräften durchdrungenen Gedächtnisses. Und mit diesem Erleben des lebendigen, man kann auch sagen, des *sonnenhaften* Gedächtnisses ist auch die erste Wahrnehmung des höheren Ich verbunden. Das ist im tiefsten Sinne eine Hochzeitsfeier, welche sich an der Schwelle zum Mysterium der Geburt eines *neuen* Wesens in der menschlichen Seele ereignet.

In der «Geheimwissenschaft im Umriß» weist Rudolf Steiner folgendermaßen auf dieses bedeutsame Erlebnis hin: «Die Seele hat in diesem Augenblicke die Empfindung, daß sie in sich selbst ein neues Wesen als ihren Seelen-Wesenskern... geboren habe. Und dieses Wesen ist ein solches von ganz anderen Eigenschaften, als diejenigen sind, welche vorher in der Seele waren.»[93] Solcherart ist das eine Erlebnis des Geistesschülers. Ihm entspricht das oben beschriebene Geschehen, wo im «Tempel der höheren Erkenntnisse» ein «Eid zu leisten» ist. Oder, anders gesagt, «es handelt sich um keinen ‹Eid› im gewöhnlichen Sinne des Wortes. Man macht vielmehr auf dieser Stufe der Entwicklung eine *Erfahrung*.»[94] Und das ist die Erfahrung des höheren Selbst. Zwei Erlebnisse, welche aus dieser ersten Erfahrung hervorgehen und welche das

Verhältnis dieses neugeborenen Ich zum niederen Ich und zur äußeren geistigen Welt betreffen, beschreibt Rudolf Steiner in der «Geheimwissenschaft im Umriß» folgendermaßen: «Man fühlt sich zeitweilig außerhalb dessen, was man sonst als die eigene Wesenheit, als *sein* Ich angesprochen hat. Es ist so, wie wenn man nun in voller Besonnenheit in zwei «Ichen» lebte. Das eine ist dasjenige, welches man bisher gekannt hat. Das andere steht wie eine neugeborene Wesenheit über diesem. Und man fühlt, wie das erstere eine gewisse Selbständigkeit erlangt gegenüber dem zweiten.»[95] Diesem Erlebnis entspricht das Trinken des «Vergessenheitstrunkes» im «Tempel der höheren Erkenntnisse». – Und weiter heißt es: «Das zweite – das neugeborene – Ich kann nun zum Wahrnehmen in der geistigen Welt geführt werden. In ihm kann sich entwickeln, was für diese geistige Welt die Bedeutung hat, welche den Sinnesorganen für die sinnlich-physische Welt zukommt. Ist diese Entwicklung bis zu dem notwendigen Grade fortgeschritten, so wird der Mensch nicht nur sich selbst als ein neugeborenes Ich empfinden, sondern er wird nunmehr um sich herum geistige Tatsachen und geistige Wesenheiten wahrnehmen, wie er durch die physischen Sinne die physische Welt wahrnimmt. Und dies ist ein *drittes* bedeutsames Erlebnis.»[96] Dem entspricht das Trinken des «Gedächtnistrankes» im «Tempel der höheren Erkenntnisse». Damit aber wird der Geistesschüler zu einem vollberechtigten Diener des Tempels, zu einem echten Vertreter seiner esoterischen Impulse in der Welt.

Und so wie im Jahreslauf die schwere Adventszeit mit der Geburt der neuen Sonne in der Finsternis der Winternacht ihre Vollendung erfährt, so wird auch der Einweihungsprozeß mit der Geburt des höheren Selbst, der inneren Geistessonne, vollendet. In diesem Augenblick vereinigt sich das makrokosmische und das mikrokosmische Weihnachten für den Geistesschüler zu einem allumfassenden Erlebnis.

III.
Das Weihnachtsmysterium

1.
Die Weihnachtsimagination der Anthropos-Sophia

Alle hier beschriebenen Erlebnisse, das wurde schon mehrfach ausgesprochen, sind das Ergebnis des bewußt beschrittenen modernen Einweihungsweges. Dieser ist in der gegenwärtigen Enwicklungsepoche nicht unmittelbar an den Jahresrhythmus gebunden, trotzdem ist es ein Wesenszug der vier vorweihnachtlichen Adventswochen, daß sie für die genannten Erfahrungen besonders geeignet sind. Denn in der Zeit bis Weihnachten geht jeder Mensch unbewußt den Weg durch seine Hüllen zu seinem höheren Ich. Und wenn er als Schüler der anthroposophisch orientierten Geisteswissenschaft gleichzeitig die entsprechende innere Entwicklung durchzumachen vermag, vor allem, wenn es ihm gelingt, die erwähnten Tugenden zu entwickeln – Gerechtigkeit während der ersten Adventswoche, Maßhalten und Besonnenheit während der zweiten, Mut und Geistesgegenwart während der dritten und endlich, Weisheit während der vierten Adventswoche –, dann ist zu Weihnachten ein *bewußtes* Erleben der Geburt des höheren Selbst in der eigenen Seele möglich. Dann ist das Weihnachtsfest nicht nur ein Fest mit mehr oder weniger äußerlich verstandenen Traditionen, sondern ein reales Erlebnis auf dem inneren Entwicklungswege: *die Geburt des höheren Ich aus der mütterlichen Substanz der Weisheit.* Das ist die Verwirklichung der Worte von Angelus Silesius:

> «Wird Christus tausendmal zu Bethlehem geboren
> Und nicht in dir, du bleibst noch ewiglich verloren.»[1]

Dieses Erlebnis kann zu Weihnachten als Ergebnis und Vollendung des vorangegangenen Weges in der Form des folgenden imaginativen Bildes vor die Seele treten: Wie unter dem Gewölbe eines erhabenen Tempels erscheint die Gestalt der jungfräulichen Mutter, erfüllt von tiefer Weisheit, himmlischer Reinheit und Milde, den leuchtenden Knaben der Geisterkenntnis in den Armen. Dieses Bild der Maria, das auch im Lukas-Evangelium beschrieben wird, ist gemäß den Angaben der Geisteswissenschaft das irdische Abbild des göttlichen Wesens der Isis-Sophia; und der Knabe in ihren Armen – Jesus aus dem nathanischen Hause Davids – das ist die nathanische Seele, welche auf die Erde herabkam und sich in einem physischen Leib verkörperte als das himmlische Urbild des Menschen, der wahre Anthropos, in seiner paradiesischen, von der Sünde noch nicht berührten Gestalt.

Anthropos, die seit dem Weltenanfang «lebende Seele», auf dem Schoße der Mutter Sophia – dieses Bild ist die große Weihnachtsimagination der *Anthropos-Sophia*, des aus der Substanz der göttlichen Weisheit, der himmlischen Sophia geborenen neuen Wesens, des wahren Anthropos, der einst die Geistessonne, den Christus, in sich aufnehmen soll. Deshalb ist auch das *Weihnachtsfest* das wahre Fest der Anthroposophie, die Zeit, da auf der Erde, im Herzen Europas am 25. Dezember 1923, der Grundstein der neuen christlichen Mysterien gelegt wurde, welche unter der unmittelbaren Führung des Michael-Christus stehen.[2] Und wenn die immergrüne Krone des erhabenen Weihnachtsbaumes der neuen Mysterien uns auf die Zukunft hinweist, sein mächtiger Stamm auf das unmittelbare Wirken dieser Mysterien in der Gegenwart, so reichen seine Wurzeln weit in die Vergangenheit, in jene Zeit, als die Imagination, welche wir heute zu Weihnachten auf rein innerliche Weise als Imagination der Anthropos-Sophia erleben können, sich einst als reales historisches Ereignis auf dem physischen Plan vollzog. Denn so wie es das endgültige Ziel der modernen Anthroposophie ist, uns durch die strenge Schule unaufhörlichen «Geist-Besinnens» (das heißt vor allem, durch das Studium der modernen Geisteswissenschaft) zum wahren «Geist-Erschauen» zu führen, so weckt sie in uns auch das «Geist-Erinnern», das als *Weihnachtserinnern* uns auf die Geburt der nathanischen Seele in der Finsternis der Erdennacht hinweist, auf den Anthropos, der seit dem Urbeginne lebt.

Von diesem Erinnern der Urweihenacht sprach Rudolf Steiner am zweiten Tag der Weihnachtstagung mit folgenden machtvollen Worten: «Wir pflanzen es [das Seelenlicht, den Impuls des Grundsteins] ein, meine lieben Freunde, in einem Augenblicke, da das wirklich die Welt verstehende *Menschen-Erinnern* zurückblickt zu jenem Punkte der Menschheitsentwickelung in der Zeitenwende, wo aus der Finsternis der Nacht und aus der Finsternis des moralischen Menschheitsempfindens, einschlagend wie das Himmelslicht, geboren worden ist das zum Christus gewordene Gotteswesen, das in die Menschheit eingezogene Geisteswesen. ... Und so sei denn unser Herzensfühlen zurückgewendet zur Urweihenacht im alten Palästina».[3]

«Übe *Geist-Erinnern* / In Seelentiefen...», diese Worte aus dem ersten Teil der Grundstein-Meditation können in vollem Maße auf das Weihnachtsfest bezogen werden. Denn bei diesem Fest wendet sich unser *Erinnern* dem Miterleben des ursprünglichen «Ex deo nascimur» zu, der Geburt der nathanischen Seele in der irdischen Welt, des himmlischen Urbildes der Menschheit, des wahren Anthropos. Und so wie in den drei ersten Adventswochen die Erinnerung an die drei vorirdischen Opfer der nathanischen Seele lebt, so erinnert die vierte Adventswoche, und ganz besonders ihr Höhepunkt: das Weihnachtsfest, an das vierte und größte Opfer der nathanischen Seele: an ihre Verkörperung auf der Erde, um später die Christus-Sonne in sich aufzunehmen.

2.
Von Weihnachten bis Epiphanias

In den folgenden Zeilen der Grundstein-Meditation haben wir eine genaue Charakteristik der nathanischen Seele vor ihrem Erscheinen auf der Erde, als ihr eigenes himmlisch-menschliches Ich noch vollständig im «Gottes-Ich» der höheren Sonnen-Hierarchien weilte:

«Menschenseele! ...
Übe *Geist-Erinnern*
In Seelentiefen,
Wo in waltendem
Weltenschöpfer-Sein
Das eigne Ich
Im Gottes-Ich
Erweset,»

Das Erahnen dieses ältesten Zustandes, der in der Form der höheren Erinnerung in den «Seelentiefen» *jeder* Menschenseele verborgen ruht, kann zu Weihnachten wachgerufen werden, da diese Zeit besonders geeignet ist, die tiefste – oder höchste – Erinnerung zu wecken, die Erinnerungsfähigkeit wirklich zu *beleben*.

«Übe Geist-Erinnern ...
Und du wirst wahrhaft *leben*
Im Menschen-Welten-Wesen.»

Die Worte, welche in den angeführten Zeilen des ersten Teiles der Meditation hervorgehoben wurden: «Geist-Erinnern» und «leben», weisen auf eine solche Belebung der Erinnerung hin. Denn nur die *lebenerfüllte Erinnerung* kann uns als ein Leitfaden dienen, der uns in der rechten Weise durch die dreizehn heiligen Nächte zu führen vermag, die Nächte, welche eine Brücke schlagen zwischen dem Fest der Geburt des Jesus und Epiphanias, dem Fest der Geburt des Christus bei der Taufe im Jordan.

Früher, bis zum Jahre 354, feierte man in den urchristlichen Gemeinden Weihnachten noch am 6. Januar das Fest der Geburt des Christus in der Erdensphäre. Heute jedoch ist die Geburt des Jesus, welche am 25. Dezember gefeiert wird, in der äußeren Welt zum zentralen Ereignis dieser Jahreszeit geworden. Diese Verlegung der Feiertage war die Folge der Tatsache, daß die Erinnerung an das *göttliche* Wesen des Christus im Gegensatz zu dem *menschlichen* Wesen des Jesus von Nazareth verloren gegangen war. Nur auf dem Boden der anthroposophisch orientierten Geisteswissenschaft kann die Menschheit wiederum ein wirkliches Verständnis nicht nur des Menschen Jesus, sondern auch der bei der Taufe im Jordan in ihn einziehenden kosmischen Wesenheit des Christus gewinnen. «Deshalb muß gerade in unserer Zeit», so sagte Rudolf Steiner, «das Verständnis des Christus-Impulses einschlagen: die Christus-Bahn muß zur Jesus-Bahn hinzukommen.»[4] Aus diesem Verständnis heraus gewinnen die dreizehn heiligen Nächte wiederum eine tiefe Bedeutung, da sie einen realen inneren Weg darstellen, welcher vom Erleben des irdischen Mysteriums des Jesus (am 25. Dezember) zum Erleben des kosmischen Mysteriums des Christus (am 6. Januar) führt.

«*Von Jesus zu Christus*» – diese Worte weisen auf das eigentliche esoterische Wesen der dreizehn heiligen Nächte hin. Der Leitfaden für diesen Weg aber, welcher vom «eigenen Ich» zum «Gottes-Ich» führt, zum Leben im «Menschen-Welten-Wesen», ist die *Erinnerung* an das vierte Opfer der nathanischen Seele, an die Geburt des Jesusknaben nach dem Lukas-Evangelium. Und wenn diese Erinnerung einen inneren Prozeß der Belebung durchmacht, dann kann der Christus selbst in diese *belebte und lebendig gehaltene Erinnerung* eintreten. In unserem eigenen Seelenwesen sollten wir uns in dieser Zeit der nathanischen Seele gleichsam angleichen, um so wie sie, nun aber nicht auf eine äußere Weise wie bei der Taufe im Jordan, sondern auf eine rein innerliche – durch die Belebung der Erinnerungsfähigkeit – den Christus in unser Ich aufzunehmen.

So können uns die dreizehn heiligen Nächte ein Weg zum wahren Erleben der Worte des Apostels Paulus «Nicht ich, der Christus in mir» in ihrem tiefsten Sinne werden.[5] Als Leitsatz aber, um dieses zu verwirklichen, kann uns die folgende Meditation Rudolf Steiners dienen, in welcher die Anfangsworte des Johannes-Evangeliums eine Form angenommen haben, welche das verborgene Wesen des Mysteriums des menschlichen Gedächtnisses zum Ausdruck bringt:

> «Im Urbeginne ist die Erinnerung,
> Und die Erinnerung lebt weiter,
> Und göttlich ist die Erinnerung.
> Und die Erinnerung ist Leben,
> Und dieses Leben ist das Ich des Menschen,
> Das im Menschen selber strömt.
> Nicht er allein, der Christus in ihm.
> Wenn er sich an das göttliche Leben erinnert,
> Ist in seiner Erinnerung der Christus,
> Und als strahlendes Erinnerungsleben
> Wird der Christus leuchten
> In jede unmittelbar gegenwärtige Finsternis.[6]

Mit diesen zwölf Zeilen wird uns eine esoterische Anweisung zur Belebung unserer Erinnerungsfähigkeit im Laufe der dreizehn heiligen Nächte gegeben. Den Ausgangspunkt bildet das Erinnern der Geburt der nathanischen Seele. Unser Bestreben aber ist, unsere Erinnerung so zu beleben, daß die Christus-Wesenheit allmählich in sie eingehen und in ihr wirken kann. Das ist ein ganz intimer seelischer Prozeß, welcher in der Verwirklichung der Worte: «Nicht ich, der Christus in mir» seine Vollendung erfährt, der Worte, die Höhepunkt und Ziel des dreizehnstufigen Aufsteigens «von Jesus zu Christus» sind. Denn die tiefen Mysterienworte des Apostels Paulus enthalten das wahre und volle *Verständnis* des umfassenden Mysteriums des *Christus-Jesus*, des Christus und der nathanischen Seele. «Den Christus-Impuls verstehen», so äußert sich Rudolf Steiner in diesem Zusammenhang, «heißt: nicht bloß streben nach Vervollkommnung, sondern auch in sich aufnehmen etwas, was wirklich getroffen wird mit dem Pauluswort: ‹Nicht ich, sondern der Christus in mir.› ‹Ich›, das ist das Krishna-Wort (d. h. das Wort der nathanischen Seele), ‹nicht ich, sondern der Christus in mir›, ist das Wort des christlichen Impulses.»[7]

Gemäß der Terminologie Rudolf Steiners in dem Buch «Die Schwelle der geistigen Welt» kann man sagen: Die vier Adventswochen führen uns vom Erleben des gewöhnlichen, alltäglichen Ich zum «anderen» oder «höheren Selbst»; der esoterische Weg durch die dreizehn heiligen Nächte aber führt von letzterem zu dem «wahren Ich», zu dem makrokosmischen Ich des Christus in uns.[8]

Diesen Gedanken vom Standpunkt des modernen Einweihungsweges aus betrachtet, können wir sagen: so wie in der Adventszeit ein stufenweises Eindringen in das eigene Innere erfolgen kann, bis zur Begegnung – unmittelbar vor Weihnachten – mit dem kleinen Hüter der Schwelle, welcher der Schlüsselbewahrer der wahren Selbsterkenntnis ist, so führt das bewußte Erleben von Epiphanias den Geistesschüler in die große Welt, den Makrokosmos, an dessen Pforte ihm der große Hüter der Schwelle entgegentritt.

So wird der Weg von Jesus zu Christus für den Geistesschüler zu einem Erkenntnisweg, der ihn vom Erleben des kleinen Hüters zur Begegnung mit dem großen Hüter der Schwelle führt. Wobei es sich in beiden Fällen, sowohl zu Weihnachten als auch zu Epiphanias, in erster Linie um das Überschreiten der Schwelle zur geistigen Welt handelt, aber ihren zwei verschiedenen Aspekten entsprechend auf mikrokosmische und makrokosmische Weise, das heißt im ersten Falle vornehmlich um die Begegnung mit dem kleinen Hüter der Schwelle, welcher den Zugang zum Mikrokosmos hütet, und im zweiten um die mit dem großen Hüter der Schwelle, der vor dem Tore zum Makrokosmos steht. Darauf weist Rudolf Steiner mit den folgenden Worten hin: «Wer bewußt beim Aufwachen eintritt in seine Hüllennatur, lernt diesen kleinen Hüter der Schwelle kennen. ... So also ist das mystische Leben das Eintreten durch das eben bezeichnete Tor an dem kleinen Hüter der Schwelle vorbei in die eigene menschliche Wesenheit.»[9] Und über den zweiten Hüter: «Es steht auch abends, wenn wir einschlafen, vor dem Tore, das wir passieren müssen, ein Hüter der Schwelle. Das ist der große Hüter der Schwelle, der uns nicht hineinläßt in die geistige Welt, solange wir unreif sind, uns aus dem Grunde nicht hineinläßt, weil wir, wenn wir noch nicht unser Inneres stark und fest gemacht haben, gewissen Gefahren ausgesetzt sind, wenn wir unser Ich ergießen wollten über die geistige Welt, in die wir mit dem Einschlafen hineinkommen.»[10]

Auf dem modernen Einweihungsweg muß der Geistesschüler *beiden* Hütern bewußt begegnen. Denn nur, wenn diese zusammenwirken, eröffnet sich ihm der Ausblick auf die Weltenvergangenheit und die Weltenzukunft, ohne den er sich nicht in der rechten Weise in den höheren Welten orientieren könnte. In dem letzten Kapitel von «Wie erlangt man Erkenntnisse der höheren Welten?» schreibt Rudolf Steiner: «Betritt der Geheimschüler die übersinnliche Welt, dann erhält das Leben für ihn einen ganz neuen Sinn, er sieht in der sinnlichen Welt den Keimboden für eine höhere. Und in einem gewissen Sinne wird ihm diese ‹höhere› ohne die ‹niedere› als eine mangelhafte erscheinen. Zwei Ausblicke eröffnen sich ihm. Der eine in die Vergangenheit, der andere in die Zukunft. In eine Vergangenheit schaut er, in welcher diese sinnliche Welt noch nicht war, ... Er weiß, daß das Übersinnliche zuerst war, und daß sich alles Sinnliche aus diesem entwickelt habe.»[11] Dann richtet er seinen Blick auf die Zukunft. Er weist auf eine höhere Stufe der übersinnlichen Welt. In dieser werden die Früchte sein, die in der sinnlichen ausgebildet werden. Die letztere als solche wird überwunden, ihre Ergebnisse aber einer höheren einverleibt sein.»[12]

Dasjenige geistige Wesen aber, welches dem Geheimschüler «den Ausblick auf die Vergangenheit» eröffnet, das ist der kleine Hüter, denn «in dem geschilderten ‹Hüter der Schwelle› [erscheint] nur das Ergebnis der *verflossenen Zeit*. Und von den Zukunftskeimen ist nur dasjenige darinnen, was in dieser verflossenen Zeit hinein verwoben worden ist. Aber der Mensch muß in diese *zukünftige* übersinnliche Welt alles mitbringen, was er aus der Sinnenwelt herausholen kann. Wollte er nur das mitbringen, was in sein Gegenbild bloß aus der Vergangenheit hinein verwoben ist, so hätte er seine irdische Aufgabe nur teilweise erfüllt. Deshalb gesellt sich nun zu dem ‹kleineren Hüter der Schwelle› nach *einiger Zeit*[13] der größere.»[14] Und dieser «größere» Hüter der Schwelle enthüllt dem Geistesschüler den Ausblick auf die Zukunft.

So können wir, diese Einweihungserlebnisse des Geistesschülers zusammenfassend, vom Standpunkt des Jahreslaufes aus sagen: Zu Weihnachten nähert sich der Mensch, indem er sich wahre *Selbsterkenntnis* erwirbt, dem kleinen Hüter der Schwelle, welcher ihm nun den Ausblick auf die Vergangenheit eröffnen kann, ganz besonders auf das bereits abgelaufene halbe Jahr. Zu Epiphanias aber, im Vorhof der wahren *Welterkenntnis*, nähert sich der Mensch dem großen Hüter der Schwelle, welcher ihm den Ausblick auf die Zukunft und auf die folgende Jahreshälfte zu eröffnen vermag. Dies stimmt mit der oben zitierten Aussage Rudolf Steiners überein, daß der kleine Hüter der Schwelle beim bewußten *Erwachen* erlebt wird und der große Hüter beim bewußten *Einschlafen*. Denn in der Jahreshälfte vor Weihnachten macht die Erde einen dem Erwachen ähnlichen Prozeß durch und nach Epiphanias einen solchen des allmählichen Einschlafens (s. S. 11). Die dreizehn heiligen Nächte aber, diese «einige Zeit», welche das eine Geschehen von dem anderen im Jahresrhythmus trennt, erweisen sich als der Schlüssel zum Erleben der Mysterien des ganzen Jahreskreislaufs.*

---

* Siehe Anhang 1 am Ende des Buches.

3.
Die dreizehn heiligen Nächte als die Enthüllung des Mysteriums der Erinnerung

Es besteht, wie wir bereits sahen, ein unmittelbarer Zusammenhang zwischen den dreizehn heiligen Nächten und dem Prozeß, der zur Belebung der Erinnerungsfähigkeit führt; denn es leben in der Erdenseele zu dieser Zeit gleichsam die intensivsten *Erinnerungen* an die Erfahrungen auf, welche sie im Sommer in den Weltenfernen sammelte. Deshalb werden wir bei der Betrachtung des esoterischen Wesens der dreizehn heiligen Nächte jenem Wege der Belebung der Erinnerung folgen, auf den die Meditation Rudolf Steiners weist:

> «Im Urbeginne ist die Erinnerung,
> Und die Erinnerung lebt weiter,
> Und göttlich ist die Erinnerung.
> Und die Erinnerung ist Leben,
> Und dieses Leben ist das Ich des Menschen,
> Das im Menschen selber strömt.
> Nicht er allein, der Christus in ihm.
> Wenn er sich an das göttliche Leben erinnert,
> Ist in seiner Erinnerung der Christus,
> Und als strahlendes Erinnerungsleben
> Wird der Christus leuchten
> In jede unmittelbar gegenwärtige Finsternis.»

Schon die flüchtige Beschäftigung mit Inhalt und Aufbau dieser Meditation zeigt, daß sie sich in zwei Teile zu je sechs Zeilen gliedert, wobei deren wesentlichster Unterschied darin besteht, daß im zweiten Teil der Christus-Name dreimal ausgesprochen wird.
Die erste Zeile:

> «Im Urbeginne ist die Erinnerung»,

lenkt unsere Erinnerung zu dem Urbeginn des menschlichen Seins, zur Epoche des alten Lemurien hin, als alle Erden-Menschen in der Person

Adams, des Urvaters der Menschheit, die Anlagen zur Entwicklung des individuellen Ich-Bewußtseins erhielten. Denn so wie der erwachsene Mensch, wenn er, in die Kindheit zurückblickend, sich nur bis zu dem Zeitpunkt erinnern kann, als in ihm um das dritte Lebensjahr die ersten Funken des Ich-Bewußtseins aufflammten, so reicht auch das Gedächtnis der Menschheit, das unterbewußt in jedem einzelnen Menschen ruht und durch die Mitteilungen der Geisteswissenschaft bewußt werden kann, bis zu dem Augenblick zurück, als das Ich-Bewußtsein erstmals in der Menschheit erwachte, das heißt bis zum letzten Drittel der lemurischen Epoche.[15]

Das menschliche Leben verläuft in ständigem Wechsel von Wachen und Schlafen, im Erinnerungsprozeß jedoch verschmilzt es zu einem einheitlichen, ununterbrochenen Strom. Zu einem ebensolchen ununterbrochenen Strom fügt sich auch das Gedächtnis der gesamten Menschheit zusammen, das im Stammbaum des Lukas-Evangeliums niedergelegt ist, welcher bis zum Urvater Adam und sogar bis zu Gott hinaufreicht.[16]

Der moderne Mensch vermag ohne die Hilfe der Geisteswissenschaft nicht mehr bis zur «Erinnerung im Urbeginne» vorzudringen, das heißt bis vor den Sündenfall, denn zu stark sind die Folgen jener anderen Erinnerung in ihm wirksam, welche er im Laufe seiner Verkörperungen auf der Erde erwarb und welche ihn von der «Erinnerung an den Urbeginn» trennt. Die Weisheit der Weltenlenkung sorgte jedoch dafür, daß diese Erinnerung, welche im Urbeginn waltete, nicht für die Menschheit verloren sei. Das geschah auf die Weise, daß ein Wesen aus dem allgemeinen Entwicklungsstrom herausgehalten wurde, dem es nun oblag, der himmlische Träger zu werden der «Erinnerung, welche im Urbeginne waltet.» Dieses Wesen ist die nathanische Seele. Sie ist der Repräsentant des paradiesischen, reinen Menschheitszustandes, wie er vor dem Sündenfall war.

«Und die Erinnerung lebt weiter.»

Diese Worte weisen uns darauf hin, daß die seit dem Urbeginn bewahrte himmlische Erinnerung der nathanischen Seele an den unschuldigen Paradiesesszustand der Menschheit weiterlebt. Sie wird sorgsam von ihr zum Wohl der zukünftigen Menschheitsentwicklung in den Sonnenhöhen gehütet. In gewissem Sinn kann man auch sagen, daß diese Erinnerung, die nicht die gewöhnliche abstrakte, schattenhafte Erinnerung des Menschen ist, sondern eine *lebendige*, wesenhafte, die nathanische Seele selbst ist. Denn so wie im Alltagsleben das irdische Gedächtnis den eigentlichen Gehalt des menschlichen Ich bildet, so bildet auch die «Erinnerung, welche im Urbeginne waltet», eine substantielle Einheit mit dem «Ich» der nathanischen Seele.[17]

«Und göttlich ist die Erinnerung.»

Aus dem oben Gesagten wird auch diese dritte Zeile verständlich. «Die Erinnerung, welche im Urbeginne waltet», das heißt, welche bis zu der Epoche vor dem Sündenfall zurückreicht, ist ihrem Wesen nach göttlich. Denn erst infolge des Sündenfalls verließ der Mensch die göttlich-geistigen Welten. Zuvor weilte er noch als ein untrennbarer Teil im Schoße der göttlichen Wesenheiten der höheren Welten (der Archai und Archangeloi). Auf diesen Urzustand des Menschseins beziehen sich auch die bereits zitierten Zeilen aus dem ersten Teil der Grundstein-Meditation:

«Wo in waltendem
Weltenschöpfer-Sein
Das eigne Ich
Im Gottes-Ich
Erweset;»

In diesem «Erwesen» des «eignen Ich» der nathanischen Seele im «Gottes-Ich» der höheren hierarchischen Wesenheiten ist auch der Grund zu sehen, warum Rudolf Steiner sie in seinen Vorträgen einmal eine menschliche und ein anderes Mal eine übersinnliche, göttliche Wesenheit nennt, so im Vortrag vom 30. Dezember 1913 in Leipzig: «Wir haben es also zu tun nicht mit einem Menschen, sondern mit einer *übermenschlichen Wesenheit...*, welche in der geistigen Welt lebte»[18], und am Ende des Vortrags: «diese Art von Zusammenwirken, von Zusammengehören der Christus-Wesenheit mit der *menschlichen Wesenheit* des nathanischen Jesus»[19]. Oder im Vortrag vom 10. Februar 1914: «Von diesem nathanischen Jesusknaben müssen wir uns auch klar sein, daß er nicht eine Menschenwesenheit ist wie andere Menschenwesenheiten, daß er nicht... viele Erdenleben hinter sich hatte..., sondern daß er sein vorhergehendes Dasein durchaus in den geistigen Welten durchgemacht hat.»[20] Und im Vortrag vom 5. März 1914 lesen wir: «Dieser sich in den geistigen Welten zurückhaltende Teil des göttlichen Menschenwesens, dieses Geisteswesen ist zum ersten Male in einen physischen Leib herabgestiegen als nathanischer Jesusknabe...»[21]

«Und die Erinnerung ist Leben.»

Leben ist die Grund-«Eigenschaft» der nathanischen Seele. Denn sie ist der Bewahrer des von der Versuchung unberührten Ätherleibes des

Adam, von dem die Bibel in dem imaginativen Bilde des «Lebensbaumes» spricht. Aber sie ist auch eine wahrhaft «lebende Seele», denn die von ihr gehütete «Erinnerung, welche im Urbeginne waltet», ist eine *lebendige* Erinnerung, die jene Schöpferkräfte in aller Fülle in sich trägt, welche in der übrigen Menschheit infolge ihres Versinkens in die Materie fast vollständig versiegen sollten. In Rudolf Steiners Worten: «Es wurde gewissermaßen zurückgehalten diese Schwesterseele, die nicht in die Menschenevolution hineinversetzt worden ist. Sie blieb nur durchsetzt von *menschenschöpferischen Kräften*.»[22]

«Und dieses Leben ist das Ich des Menschen.»

Hier werden wir darauf hingewiesen, daß die nathanische Seele in den geistigen Welten auch der Träger des höheren Ich des Menschen ist, jenes Ich, von dem das Bewußtsein in der übrigen Menschheit infolge des Sündenfalls erlosch, während das Bewußtsein des gewöhnlichen Ich allmählich erwachte. Dieses aber ist als Gabe Luzifers unabhängig von der Welt der Götter. Damit jedoch der Einfluß Luzifers auf die Menschheit nicht zu mächtig werde, erschien die nathanische Seele in der Gestalt des Krishna in einer «gespiegelten Verkörperung» im 5. Jahrtausend vor Christi Geburt, das heißt unmittelbar vor dem Beginn des Kali-Yuga. Der Krishna ist zu dieser Zeit der Erwecker des Prinzips des höheren Ich, welches in jeder Menschenseele, wenn auch verdunkelt, ruht. In Rudolf Steiners Worten: «So blickt der Mensch, indem er zu Krishna aufblickt, zugleich zu seinem eigenen höchsten Selbst hinauf; zugleich aber auch zu einem anderen, das wie ein anderer Mensch vor ihm stehen kann und in dem er als in einem anderen zugleich das verehrt, was er der Anlage nach ist und was doch ein anderer ist als er, das zu ihm sich verhält wie ein Gott zu dem Menschen.»[23] So ist die nathanische Seele (Krishna) auch der Hauptgegner Luzifers[24], da sie es bereits in der lemurischen Epoche mit Hilfe Michaels vermochte, die Versuchung im Paradies abzuwehren, so daß sie hinfort von seinem Einfluß vollständig frei blieb. Deshalb ist sie «dasjenige, was des Menschen Innerstes ist, sein eigentliches Selbst, was wir als Krishna haben ansprechen sehen, als Impuls haben aufblitzen sehen in dem Krishna-Impuls»[25] Denn in Krishna kommt es an auf das, «was in der *Budhi* und *Manas* unmittelbar zusammenhängt mit den großen allgemeinen Weltensubstanzen, mit dem durch die Welt lebenden und webenden Göttlichen.»[26] «Der Makrokosmos gegenüber dem Mikrokosmos, der Mensch als solcher [das höhere Selbst] gegenüber dem kleinen alltäglichen Menschen [dem gewöhnlichen Ich], so steht Krishna dem einzelnen Menschen gegenüber.»[27]

«Das im Menschen selber strömt.»

Das höhere Ich strömt trotz allem weiterhin unbewußt im Menschen. Und das wird so sein, bis der Mensch dieses «Strömen» des höheren Ich wird bewußt in sich erleben können. Es hat diese Epoche für die Menschheit im Jahre 1899 mit dem Ende des Kali-Yuga begonnen. Seitdem ist eine neue, lichte Zeit angebrochen, welche es dem Menschen erstmals ermöglicht, dasjenige *bewußt zu erleben*, was als ein vollständig neuer Impuls seit dem Mysterium von Golgatha in die Entwicklung der Menschheit gekommen ist und seitdem unsichtbar in ihr anwesend ist und in ihrem Ich wirkt.

«Nicht er allein, der Christus in ihm.»

Diese *siebente* Zeile ist die zentrale Zeile der ganzen Meditation. Sie weist darauf hin, daß beim richtigen Beschreiten des esoterischen Weges, welcher im Gang durch die dreizehn heiligen Nächte gegeben ist, der Mensch, welcher nach einem bewußten Erleben jener Zeit strebt, beim rechten Versenken in das Geheimnis des Weihnachtsmysteriums fühlen kann: Diesen Weg geht er nicht allein. Von einem bestimmten Augenblick an geht *Jemand* neben ihm. Und wenn die meditative Versenkung in das Wesen der «Weihnachts-Erinnerung» hinreichend intensiv ist, so daß diese Erinnerung wirklich dazu führen kann, daß wir «diese vor zwei Jahrtausenden stattgefundene Urweihenacht in unserem Herzen, in unserem Sinn, in unserem Willen *beleben*»[28], dann wird diese Erinnerung in uns *lebendig* werden wie ein Wesen, das uns nahe ist, und dann kann sich uns das Geheimnis enthüllen, wer uns heute auf unserem einsamen Weg begleitet. So ist der Mensch dann nicht mehr allein, sondern er wird sich der göttlichen Gegenwart in sich bewußt: Der Christus selbst ist in ihm.

«Wenn er sich an das göttliche Leben erinnert», das heißt, sich mit seiner ganzen inneren Kraft in das Wesen des Weihnachtsmysteriums vertieft, in das Wesen des Mysteriums der nathanischen Seele, der Trägerin jenes «göttlichen Lebens», das dem Menschen einstmals bis zu seinem Sündenfall zu eigen war und das er in der Zukunft auf einer höheren Stufe wiederum erringen wird, wenn der alte Adam in ihm durch die Kraft, die von dem Mysterium von Golgatha ausgeht, vollkommen in den neuen Adam verwandelt sein wird.

Mit dieser inneren Umwandlung kann jedoch bereits heute begonnen werden, wenn es gelingt, aus dem Nachsinnen über das uralte «göttliche Leben», von dem sich der Mensch einstmals trennen mußte, wie aus einer sich in der Seele erschließenden Quelle Kräfte zu schöpfen, welche die

Erinnerung zu beleben vermögen. Geschieht das, dann enthüllt sich das Geheimnis des eigenen Seins, welches in der folgenden Zeile der Meditation enthalten ist:

«Ist in seiner Erinnerung der Christus.»

In dem Ich des Menschen, in der Tiefe seiner Erinnerung ist seit dem Mysterium von Golgatha der Christus anwesend, welcher sich heute so mit seiner Seele vereinigt, daß es bewußt von ihm erlebt werden kann. Es ist das ähnlich dem, was einstmals bei der Taufe im Jordan geschah. Jedoch heute, nach dem Mysterium von Golgatha, vollzieht es sich nicht als ein äußerer geistiger Prozeß, welcher damals das Herausgehen des Ich aus den drei Hüllen bewirkte, (das Ich des Zarathustra), sondern auf eine innerliche, geistige Weise in der Sphäre der belebten Erinnerung (welche ja die Grundlage des menschlichen Ich ist), indem sich der Mensch innerlich der nathanischen Seele wahrhaftig angleicht. Dieses ist nur dadurch möglich, daß die Tiefenkräfte der Erinnerung geweckt werden, die in der Zeit *vor* dem Erwachen des gewöhnlichen irdischen Gedächtnisses unterbewußt im Menschenwesen wirken, das heißt in der Epoche bis etwa zum dritten Lebensjahr.[29] In dieser Zeit lernt das Kind sich aufrichten und gehen, sprechen, denken; diese Fähigkeiten schildert Rudolf Steiner als mikrokosmische Wiederholungen der drei kosmischen Opfer des Christus durch die nathanische Seele.[30]

So wiederholt jedes Kind, indem es sich die Fähigkeit des Gehens, Sprechens und Denkens erwirbt, die drei «Vorstufen des Mysteriums von Golgatha», und es empfängt die Impulse dazu aus der «Tiefen-Erinnerung», welche sich später mit dem Erwachen des individuellen Ich ganz und gar in die unterbewußten Bereiche seiner Seele zurückzieht. Rudolf Steiner stellt diesen Prozeß folgendermaßen dar: «Nur das, was an dem heutigen Menschen kindlich ist, hat noch einen letzten Rest jener Wesenheit, die der Mensch gehabt hat, bevor er dem Einfluß der luziferischen Wesenheit unterlegen ist [das heißt vor dem Sündenfall]. Daher haben wir jetzt den Menschen so vor uns, daß wir einen «kindlichen» Teil [er entspricht der «Tiefen-Erinnerung»] und einen «erwachsenen» Teil [er entspricht dem gewöhnlichen Gedächtnis] haben. ... Die luziferischen Kräfte durchdringen auch schon das Kind, so daß im gewöhnlichen Leben nicht das zum Vorschein kommen kann, was schon früher, vor dem luziferischen Einfluß in den Menschen hineinversenkt worden ist. Das muß die Christuskraft wieder aufwecken. Die Christuskraft muß sich mit dem verbinden, was die besten Kräfte der kindlichen Natur im Menschen sind. Sie darf nicht an die Fähigkeiten anknüpfen, die der Mensch verdorben hat, an das, was aus der aus dem bloßen Intellekt geborenen Wesenheit herstammt, sondern sie muß an das anknüpfen, was aus den alten Zeiten der kindlichen Natur geblieben ist [das heißt an das, was in jedem Menschen noch immer der nathanischen Seele verwandt ist]. ... Das muß regenerieren und von da ausgehend das andere befruchten. ... Jeder trägt in dieser Beziehung die kindliche Natur in sich; und diese wird, wenn sie *rege* ist, auch eine Empfänglichkeit haben für die Verbindung mit dem Christus-Prinzip.»[31]

Aus diesen Worten ersehen wir, daß das innerliche «Angleichen» an die nathanische Seele nichts anderes ist als das Erwachen der «Kindhaftigkeit» im Menschen, seiner «wesenhaft-lebendigen Erinnerung», der Erinnerung, in welcher der Christus real anwesend sein kann.

«Und als strahlendes Erinnerungsleben»

das heißt nicht schattenhaft wie das gewöhnliche Gedächtnis und auch nicht nur belebt, sondern lebendig *und* strahlend, das aber ist durchdrungen von dem Licht der Christus-Sonne,

«Wird der Christus leuchten.»

Es strahlt nun nicht nur die von Leben und Licht erfüllte Erinnerung, sondern der Christus selbst leuchtet aus dem wahren Ich heraus und vertreibt alle Finsternis aus den menschlichen Hüllen. Der Christus leuchtet

«In jede unmittelbar gegenwärtige Finsternis.»

Das imaginative Bild, das diesen zwei letzten Zeilen entspricht, findet sich auch im Johannes-Evangelium in der Szene der «Vertreibung aus dem Tempel», wo der Christus die luziferischen und ahrimanischen Widersachermächte aus der Sphäre seiner unmittelbaren Anwesenheit vertreibt (der Tempel ist hier das Bild für die Hüllen, welche das Menschen-Ich umgeben); die luziferischen im Bilde der Tierhändler (die Tiere hier als die astralen Gegenbilder der menschlichen Leidenschaften) und die ahrimanischen in der Gestalt der Geldwechsler. Es macht der Christus dadurch den Weg frei, um nun ungehindert aus dem menschlichen Ich durch die gereinigten Hüllen nach außen, in die Welt zu strahlen.

So beginnt der Weg durch die dreizehn heiligen Nächte mit der Versenkung in das Jesus-Mysterium durch die Vertiefung der Erinnerung, und er erfährt seine Vollendung durch das unmittelbare Erleben des Christus-Wesens.

«Von Jesus zu Christus» – in diesen wenigen Worten ist das esoterische

Wesen der dreizehn heiligen Nächte enthalten. Die Geburt des Christus in dem Allerheiligsten des menschlichen Ich – das ist das endgültige Ziel, zu dem die Seele strebt und das sie, wenn sie ihre Fähigkeit des Erinnerns belebt, am dreizehnten Tag, zu Epiphanias, dem Fest, da der Sonnengeist des Christus durch die Taufe im Jordan «in den irdischen Wesensstrom» eintrat, erreichen kann.

4.
Die Vereinigung der Weltimpulse der Weisheit und der Liebe im Erleben des Christus

In dem Vortrag vom 20. Februar 1917 in Berlin spricht Rudolf Steiner eindringlich von den drei Begegnungen der Menschenseele mit den drei Schöpfungsprinzipien unseres Kosmos – dem Prinzip des Vaters, des Sohnes (des Christus) und des Heiligen Geistes – durch die Wesenheiten der dritten Hierarchie, Archai, Archangeloi, Angeloi. So begegnet jede Menschenseele, obwohl zumeist tief unbewußt, dem Vater-Prinzip im Verlauf des Lebens. Das geschieht in der Zeit zwischen dem 28. und 42. Lebensjahr. Dem Prinzip des Geistes begegnet die Seele dagegen allnächtlich zwischen dem Einschlafen und dem Aufwachen, indem sie in die geistige Welt eintritt. Und die Begegnung mit dem Sohnes-Prinzip, welche uns bei dieser Betrachtung besonders interessiert, vollzieht sich *während des Jahreslaufs* in der Zeit zwischen Weihnachten und Ostern: «Denn die Osterzeit, das ist diejenige Zeit im konkreten Jahresablauf, in der alles dasjenige, was *durch die Begegnung mit dem Christus in der Weihnachtszeit* in uns veranlaßt worden ist, wiederum sich mit unserem physischen Erdenmenschen so recht verbindet»,[32] – wobei, wie wir gesehen haben, das Epiphanias-Fest den Höhepunkt dieser Begegnung «in der Weihnachtszeit» bildet.

Auf die Bedeutung des 6. Januar im Jahreslauf als dem Tag, der die Zeit der heiligen Nächte beschließt, wird auch in dem Lied von Olaf Åsteson, des norwegischen Eingeweihten aus dem 11. Jahrhundert, hingewiesen, von dessen Erlebnissen Rudolf Steiner sagte: «So lebt die Menschenseele, des Sehers Seele, sich von dem Jesus-Geburtstagsfest bis zum Christi-Erscheinungsfeste hin, so daß ihr das Mysterium Christi aufgeht und sie am tiefsten in dieser Zeit erkennen kann, was mit der Johannestaufe im Jordan gemeint ist.»[33] Zu dieser Erkenntnis gelangt auch die sehende Seele Olaf Åstesons am Ende der dreizehn heiligen Nächte, so daß «wie gekrönt sind die Visionen [des Sehers] in den dreizehn heiligen Nächten mit dem 6. Januar durch die Imagination des Christus».[34] Und Olaf Åsteson schaut, «als er sich nähert der Zeit des 6. Januar, das Eingreifen des

Christus-Geistes in der Menschheit, dem der Michael-Geist *vorangegangen* war.»[35]

Wie bedeutsam dieser letztgenannte Hinweis ist, zeigt auch der Vortrag vom 31. März 1923, wo davon gesprochen wird, daß Michael dem neuen Geist der Erde, dem Christus, in der Zeit vom Herbstbeginn bis Weihnachten vorangeht und somit dessen Vereinigung mit der Erde im Laufe der dreizehn heiligen Nächte vorbereitet. In der zweiten Jahreshälfte sodann, von der Zeit nach Epiphanias an, folgt Michael dem Christus nach außen in den Makrokosmos *nach*, wohin Seele und Geist der Erde bei ihrem Ausatmungsprozeß in dieser Zeit aufsteigen.

Rufen wir uns nun ins Bewußtsein, daß Michael seit den ältesten Zeiten der Verwalter der himmlischen Intelligenz, der Welt-Gedanken der Hierarchien als der gesamten *Weisheit* des mit der Sonne verbundenen hierarchischen Kosmos in der geistigen Welt ist, und der Christus der Repräsentant des kosmischen Prinzips der *Liebe*, so können wir das von uns betrachtete Zusammenwirken von Michael und Christus als das beständige Zusammenwirken der Impulse der Weisheit und der Liebe im Jahreskreislauf erkennen.

Mit dem Impuls der Weisheit aber, der von Michael ausgeht, ist auch die nathanische Seele ganz unmittelbar verbunden. Denn sie ist der Bewahrer jenes «ätherischen Menschenurbildes» in der geistigen Welt, von dem wir bei der Beschreibung des ersten Opfers in der lemurischen Zeit sprachen (s. S. 48). Dieses Urbild, in das im Laufe der Entwicklung alle den Menschen bildende Weisheit aus den göttlich-geistigen Welten eingeflossen ist, ist die Quintessenz des Wirkens der höheren Hierarchien vom alten Saturn bis zur Epoche der Erde. Und deshalb können wir in der oben zitierten Weihnachtsimagination die Mutter des nathanischen Jesus als das irdische Abbild der himmlischen Isis-Sophia, der allumfassenden *Weisheit* des Kosmos, erkennen.

Zusammenfassend können wir sagen: die dreizehn heiligen Nächte, welche den Mysterienübergang von Weihnachten zu Epiphanias darstellen, von dem Fest der Geburt der nathanischen Seele auf der Erde zum Fest der Geburt des Christus bei der Taufe im Jordan, bilden diejenige Zeitspanne während· des Jahres, in der sich in jedem Menschen, der sie bewußt durchlebt, der Impuls der Weisheit (Weihnachten) mit dem Impuls der Liebe (Epiphanias) in seinem neugeborenen höheren Ich vereinigen kann.[36] Deshalb können wir die unten zitierten Worte Rudolf Steiners, mit denen er sein Buch «Die Geheimwissenschaft im Umriß» abschließt, ganz besonders auf das Mysterium der dreizehn heiligen Nächte beziehen: «Durch das Zusammenwirken der ‹Geister des Willens, der

Weisheit und der Bewegung› entsteht, was sich als Weisheit offenbart. In Weisheit zusammenstimmen mit den anderen Wesen ihrer Welt können die Erdenwesen und Erdenvorgänge durch die Arbeit dieser drei Klassen von Geistern. Durch die ‹Geister der Form› erhält der Mensch sein selbständiges ‹Ich›. Dieses wird nun in der Zukunft zusammenstimmen mit den Wesen der Erde, des Jupiter, der Venus, des Vulkan durch die Kraft, welche sich durch den Erdenzustand der Weisheit einfügt. Es ist dies die Kraft der *Liebe*. Im Menschen der Erde muß diese Kraft der Liebe ihren Anfang nehmen. Und der ‹Kosmos der Weisheit› entwickelt sich in einen ‹*Kosmos der Liebe*› hinein. Aus alledem, was das ‹Ich› in sich entfalten kann, soll *Liebe* werden. Als das umfassende ‹Vorbild der Liebe› stellt sich bei seiner Offenbarung das hohe Sonnenwesen dar, welches bei Schilderung der Christus-Entwicklung gekennzeichnet werden konnte. In das Innerste des menschlichen Wesenskernes ist damit der Keim der Liebe gesenkt. Und von da aus soll er in die ganze Entwicklung einströmen. Wie sich die vorher gebildete Weisheit in den Kräften der sinnlichen Außenwelt der Erde, in den gegenwärtigen ‹Naturkräften›, offenbart, so wird sich in Zukunft die Liebe selbst in allen Erscheinungen als neue Naturkraft offenbaren. Das ist das Geheimnis aller Entwickelung in die Zukunft hinein: daß die Erkenntnis, daß auch alles, was der Mensch vollbringt, aus dem wahren Verständnis der Entwicklung heraus, eine *Aussaat* ist, die als *Liebe* reifen muß. Und so viel als Kraft der Liebe entsteht, so viel Schöpferisches wird für die Zukunft geleistet. In dem, was aus der Liebe geworden sein wird, werden die starken Kräfte liegen, welche zu dem oben geschilderten Endergebnis der Vergeistigung führen. ... Was sich durch Saturn, Sonne und Mond als Weisheit vorbereitet hat, wirkt im physischen, ätherischen, astralischen Leib des Menschen; und es stellt sich dar als ‹Weisheit der Welt›; im ‹Ich› aber verinnerlicht es sich. *Die ‹Weisheit der Außenwelt› wird von dem Erdenzustande an innere Weisheit im Menschen. Und wenn sie da verinnerlicht ist, wird sie Keim der Liebe. Weisheit ist die Vorbedingung der Liebe; Liebe ist das Ergebnis der im ‹Ich› wiedergeborenen Weisheit.*»[37]

Werden diese letzten Zeilen als meditativ-mantrischer Text genommen, dann zeigt es sich, wie sie mit dem esoterischen Gang durch das Jahr übereinstimmen. Denn die Worte «von dem Erdenzustande» an wird «die Weisheit der Außenwelt innere Weisheit im Menschen» sind eine genaue Charakterisierung der einen Jahreshälfte (von der Sommersonnenwende bis Weihnachten). Und weiter: «wenn sie da verinnerlicht ist, wird sie Keim der Liebe». Diese Worte charakterisieren das eigentliche Wesen der letzten Adventswochen und vor allem von Weihnachten. Damit deuten die Worte: «Weisheit ist die Vorbedingung der Liebe» zugleich auf die dreizehn heiligen Nächte, auf die Geburt der nathanischen Seele auf Erden als die Vorbedingung für die spätere Geburt des Christus-Wesens in ihr. Und die Worte schließlich: «Liebe ist das Ergebnis der im ‹Ich› wiedergeborenen Weisheit», sind ein Hinweis auf die gesamte zweite Jahreshälfte, *nach* Epiphanias, wo das höhere Ich des Menschen, das, im Verlauf der dreizehn heiligen Nächte aus der Weisheit geboren, diese Weisheit in sich bewußt gemacht hat, nun beginnen kann, sie der Welt als *Liebe* zu zeigen, so wie der Christus nach der Taufe im Jordan der Welt und der Menschheit als ihr höchstes kosmisches Urbild erschien.

So enthüllt sich uns der architektonische Bau des Jahreskreislaufs im Bild eines doppelkuppeligen Gebäudes, das die beiden Prinzipien der Weisheit und der Liebe harmonisch in sich vereinigt; die in ihn hineinführenden Tore aber können das Tor des Mondes (Weihnachten) und das Tor der Sonne (Epiphanias) genannt werden. Eines führt in die Sphäre des Weltenkarma und der in ihm herrschenden Wesenheiten der höheren Hierarchien, das andere in die Sphäre der zukünftigen, schöpferisch in der Welt aus den Kräften der Freiheit und der Liebe wirkenden Menschheit.

5.
Die dreizehn heiligen Nächte und ihr Zusammenhang mit dem Makrokosmos

Das Besondere der heiligen Nächte ist ihre innere Verbindung mit dem gesamten Jahreskreislauf und dadurch mit dem Makrokosmos. Schon die Raumeszahl Zwölf*, welche den Tag des Erscheinens des Jesus von dem des Christus trennt, weist uns unmittelbar auf den Zusammenhang dieser Zeit mit dem Urbild der Zwölfheit in unserem Kosmos, mit den zwölf himmlischen Sphären oder Mächten des Tierkreises. Das wird durch die folgenden Worte Rudolf Steiners ganz besonders klar zum Ausdruck gebracht:

«Es ist, wie wenn die Menschheit, wenn sie die Gelegenheit benützt, diese Marksteine der Zeit als Meditationsstoffe zu nehmen, wirklich einmal gewahr werden kann ihres reinen Ursprunges in den kosmischen Kräften des Universums. Da den Blick hinaufhebend in die kosmischen Kräfte des Universums und ein wenig eindringend durch Theosophia, durch wirkliche spirituelle Weisheit in die Geheimnisse des Universums, da kann die Menschheit erst wieder reif werden, das zu begreifen, daß eine höhere Stufe des Geburtsfestes des Jesus das ist, was als Christgeburtsfest einmal begriffen worden ist durch die Gnostiker, das Christgeburtsfest, das am 6. Januar eigentlich gefeiert sein sollte, das Fest der Geburt des Christus in dem Leibe des Jesus von Nazareth. Aber, wie um sich vertiefen zu können in die zwölf universellen Kräfte des Kosmos, stehen die zwölf heiligen Nächte da zwischen dem Christfest und dem Fest, das am 6. Januar gefeiert sein sollte, das jetzt das Fest der Heiligen Drei Könige ist, und das eigentlich das charakterisierte Fest ist.

Wieder, ohne daß man es so recht gewußt hat in der bisherigen Wissenschaft, stehen sie da, diese zwölf heiligen Nächte, wie aus den verborgenen weisen Seelentiefen der Menschheit festgesetzt, wie wenn sie sagen wollten: Empfindet alle Tiefe des Christfestes, aber versenkt euch dann während der zwölf heiligen Nächte in die heiligsten Geheimnisse des

---

* Die Bedeutung der 13. Nacht wird weiter unten betrachtet werden.

Kosmos! – Das heißt *in das Land des Universums, aus dem der Christus heruntergezogen ist auf die Erde.* Denn nur, wenn die Menschheit den Willen haben wird, sich inspirieren zu lassen durch den Gedanken an den heiligen kindlichen Gottesursprung des Menschen, sich *inspirieren* zu lassen von jener Weisheit, welche in die zwölf Kräfte, in die zwölf heiligen Kräfte des Universums dringt, die symbolisch dargestellt sind in den zwölf Zeichen des Tierkreises, die sich aber nur in Wahrheit darstellen durch die spirituelle Weisheit – nur, wenn die Menschheit sich vertieft in die wahre spirituelle Weisheit und der Zeiten Lauf erkennen lernt im großen Weltenall und im einzelnen Menschen, nur dann wird zu ihrem eigenen Heile die Menschheit der Zukunft, durch Geisteswissenschaft befruchtet, *die Inspiration finden,* die da kommen kann von dem Jesu-Geburtsfest zum Eindringen in die zuversichtlichsten, hoffnungsreichsten Zukunftsgedanken.»[38]

Diese Worte sprechen nicht nur von der Möglichkeit, im Lauf der dreizehn heiligen Nächte in die Geheimnisse der Menschenseele, des Mikrokosmos wirklich einzudringen, sondern auch in die Geheimnisse des uns umgebenden Weltalls, des Makrokosmos. Wobei letztere in dieser Jahreszeit nicht durch das Eindringen in die außerirdischen Sphären, sondern nur in ihrem *Abbild* im Inneren der Erde erkannt werden können, da nach den Worten Rudolf Steiners die Erde in der Weihnachtszeit die Geheimnisse des Kosmos selbst *erinnert.* Und sie «erinnert» sie nicht nur, sondern sie trägt sie seit dem Mysterium von Golgatha, als der Christus der Geist der Erde wurde, wesenhaft in sich. – Wie aber geschieht nun der Übergang vom Mikrokosmos, in den sich der Mensch zur Weihnachtszeit hin in verstärktem Maße versenkt, zurück zum Makrokosmos? Wie finden wir den Weg vom eigenen «verborgenen» Gedächtnis, das sich durch die Begegnung mit dem kleinen Hüter der Schwelle enthüllt, zum «verborgenen Gedächtnis» der Erde, das die Geheimnisse des Makrokosmos birgt, deren Schlüssel der große Hüter bewahrt?

Um eine Antwort auf diese Frage zu finden, ist ein weiterer Aspekt der Geburt des höheren Ich während der Weihnachtszeit zu betrachten. Rudolf Steiner weist in dem Vortrag vom 29. März 1910 in dem Zyklus «Makrokosmos und Mikrokosmos» auf ihn hin. Dort wird davon gesprochen, wie während der Einweihung beim Überschreiten der Schwelle zur geistigen Welt – wenn der Geistesschüler sie mit seinem imaginativen Bewußtsein betritt – die volle Objektivierung des Ich eines der ersten Erlebnisse ist. Sein eigenes Ich tritt da gleichsam in einer objektivierten Gestalt vor den Geistesschüler hin, aber nicht in einer einzigen Gestalt, sondern in *zwölffacher* Form. Dabei offenbart ihm jedes der zwölf Bilder seines Ich seine Beziehung zu einer bestimmten Kraft des Universums, seine Verwandtschaft mit einer der Sphären des Tierkreises. Das gehört zu den ersten Erlebnissen des Geistesschülers als Folge der Geburt seines höheren Ich. In den Worten Rudolf Steiners: «Und die Sache verhält sich so, daß in dem Augenblicke, wo man durch jene Schulung, die wir beschrieben haben, in die imaginative Welt eintritt und sein Ich im Bilde sieht, daß man in diesem Augenblick auch sich klar darüber sein muß, daß man *zwölf verschiedene Bilder seines Ich* sehen kann. Es gibt diese zwölf verschiedenen Bilder des einzelnen Ich. Und erst dann, im Grunde genommen, wenn man von zwölf verschiedenen Standpunkten aus, auf denen man sozusagen *außerhalb seines physischen Ichs* gestanden hat, zurückgeschaut hat auf sich selber, hat man sein vollständiges Ich begriffen. Es verhält sich mit dieser Anschauung des Ich von außerhalb genau so, wie etwas, was sich abbildet in dem Verhältnis der zwölf Sternbilder zur Sonne. Wie die Sonne durch die zwölf Sternbilder durchgeht und in jedem Sternbild eine andere Kraft hat, wie sie im Frühling in einem bestimmten Sternbild erscheint, dann weiterrückt und das Jahr hindurch, ja auch den Tag hindurch durch die Sternbilder hindurchgeht und von zwölf verschiedenen Standpunkten aus unsere Erde bescheint, so bescheint sich auch das menschliche Ich von zwölf verschiedenen Standpunkten aus, beleuchtet sich von zwölf verschiedenen Standpunkten aus, wenn es darauf zurückblickt aus der höheren Welt.»[39] So erlebt der Geistesschüler beim Aufsteigen zu seinem höheren Ich sich nicht länger als Mikrokosmos, sondern er nimmt das Wirken der zwölf Kräfte des Makrokosmos und seinen Zusammenhang mit ihm in sich wahr. Und es steht die Aufgabe vor ihm, durch die zwölf Bilder seines Ich zu gehen, so wie die Sonne durch alle zwölf Tierkreisbilder wandert, um sie in einer neuen Synthese zu vereinigen, die Zwölfheit abermals zur Einheit zusammenzufügen, nun jedoch auf einer höheren Stufe. Das aber ist nur möglich, wenn der Geistesschüler während der zwölf heiligen Nächte den Weg von seinem höheren Ich, das ihm die seinem individuellen Ich zugrunde liegenden zwölf Mächte des Universums offenbart, zu seinem *wahren Ich* findet, das aber heißt zu dem Christus-Impuls in sich. Kosmisch gesprochen: im Laufe der zwölf heiligen Nächte muß der Geistesschüler die zwölf Bereiche des Tierkreises durchschreiten, um in der dreizehnten Nacht in *die Sphäre jenseits* des Tierkreises, in jene Welt einzutreten, aus welcher die Christus-Wesenheit, als das Ich unseres gesamten Kosmos und seit Golgatha zugleich auch als das «wahre Ich» jedes Menschen auf der Erde, stammt.

So können die dreizehn heiligen Nächte zu einem Leitfaden für uns werden, der durch die zwölf Sphären des Tierkreises von dem Durchgang durch die Jesus-Einweihung (höheres Selbst) zu der makrokosmischen Christus-Einweihung (wahres Ich) führt. Im Zeichen der Fische, dem Zeichen, das mit dem Ursprung der Menschheit in der lemurischen Epoche in Beziehung steht, vollzog sich die Einweihung des Jesus aus Nazareth (der nathanischen Seele). Das ist zugleich das Zeichen der Einweihung der Apostel, die auch «Fischer» waren. Später wurde diese Tradition durch die Gralsströmung fortgesetzt, in welcher der Eingeweihte, der Hüter der heiligen Schale, als «Fischerkönig» bezeichnet wurde. Auf das Besondere der Einweihung des Jesus von Nazareth weist Rudolf Steiner mit folgenden Worten hin, sie mit der Einweihung Johannes des Täufers vergleichend: «Deshalb sagte Johannes der Täufer zu seinen intimen Schülern: Ich kann meinem Engel durch die Wassermann-Initiation nur die Kräfte zur Verfügung stellen, daß er verkünden kann, daß der Herr, der Κυϱιος, kommt; es wird aber einer kommen, der die Kräfte hat, welche durch die Initiation mit dem Sternbild der Fische symbolisiert sind. Und der wird aufnehmen den Christus! Damit wies Johannes der Täufer hin auf den Jesus von Nazareth.»[40] Und weiter: «Indem jemand auftritt in der Welt mit der Initiation der Fische und imstande ist, diejenigen geistigen Kräfte, denjenigen geistigen Impuls aufzunehmen, für den Werkzeug sein muß diese Initiation der Fische: da ist es möglich, daß nicht nur getauft wird, wie Johannes taufte, sondern daß im höheren Sinne getauft wird, wie es von Johannes bezeichnet wird als die Taufe mit dem Heiligen Geist.»[41]

So beginnt der Geistesweg durch den Makrokosmos im Zeichen der Fische, dem Symbol der Einweihung des Jesus von Nazareth, (das heißt der Einweihung der nathanischen Seele, welche das Bild des wahren *Menschen*, des Anthropos, ist). Und dieser aufsteigende Weg soll im Laufe der heiligen Nächte alle zwölf Bereiche des Tierkreises einschließen, um mit der «Einweihung» des Christus, der unter dem Zeichen des Lammes steht und der den ganzen Tierkreis umfaßt, seine Kulmination zu erfahren.[42] Von dieser allumfassenden «Einweihung» des Christus spricht Rudolf Steiner im Vortrag vom 27. Januar 1908 in Berlin: «Man bezeichnet diese Wesenheit [den Christus] daher als das sich opfernde ‹mystische Lamm›, denn Lamm ist dasselbe wie Widder; daher die Bezeichnung des sich opfernden Lammes oder Widders für Christus. Christus wird Ihnen jetzt so charakterisiert als dem ganzen Kosmos angehörig. Sein Ich strebt bis zum Widder; und strömt das Ich bis zum Widder, so wird er dadurch das ‹Große Opfer› selber und steht so mit der ganzen Menschheit in einem Verhältnis, und in einer gewissen Weise sind diese Wesenheiten und Kräfte, die auf der Erde sind, seine Schöpfungen.»[43]

Von einem anderen Standpunkt aus weist Rudolf Steiner im letzten Kapitel seines Buches «Von der geistigen Führung des Menschen und der Menschheit» auf diesen Tatbestand hin, wenn er davon spricht, daß jeder Mensch im Laufe seines Lebens unter dem vorherrschenden Einfluß *eines* Tierkreiszeichens steht, der Christus aber, während er auf der Erde weilte, mit dem ganzen Makrokosmos, das heißt der vollen Zwölfheit des Tierkreises verbunden war: «Immer stand der Christus unter dem Einfluß des *ganzen* Kosmos, er machte keinen Schritt, ohne daß die kosmischen Kräfte in ihn hereinwirkten. Was hier bei dem Jesus von Nazareth [nach seiner Taufe im Jordan] sich abspielte, war ein fortwährendes Verwirklichen des Horoskopes; denn in jedem Moment geschah das, was sonst nur bei der Geburt des Menschen geschieht. Das konnte nur dadurch so sein, daß der ganze Leib des nathanischen Jesus beeinflußbar geblieben war gegenüber *der Gesamtheit der unsere Erde lenkenden Kräfte der kosmisch-geistigen Hierarchien, .. der ganze Geist des Kosmos wirkte in den Christus Jesus herein.*»[44]

Die letzten Worte weisen auf einen weiteren esoterischen Aspekt der dreizehn heiligen Nächte hin: Ihr Weg durch die zwölf Bereiche des Tierkreises führt über die aufsteigenden Ränge der Hierarchien bis zu dem göttlich-geistigen Ursprung der Welt. So wird im Zeichen der Fische die eigentliche *menschliche* Einweihung vollzogen, die Einweihung des Menschen selbst; im Zeichen des Wassermannes treten wir dann in die Welt der Engel ein (weshalb die Einweihung Johannes des Täufers eine Wassermann-Einweihung war, das heißt durch seinen Engel wirkte);[45] sodann im Zeichen des Steinbocks in diejenige der Erzengel und im Zeichen des Schützen in die Welt der Archai. Im Zeichen des Skorpion offenbaren sich die Exusiai, welche einst den Menschen mit dem Ich-Prinzip begabten; im Zeichen der Waage die Geister der Bewegung, die Dynamis; und im Zeichen der Jungfrau, der göttlichen Isis-Sophia, die Geister der Weisheit, die Kyriotetes. Im Zeichen des Löwen schließlich offenbaren sich die Throne, die Geister des Willens; im Zeichen des Krebses die Cherubim und im Zeichen der Zwillinge die Seraphim, denen im Zeichen des Stieres die Offenbarung der Sphäre des Heiligen Geistes folgt und im Zeichen des Widders die Sphäre des Sohnes, «des mystischen Lammes»[46], des Christus. Und dieser grandiose zwölfstufige Pfad, der sich in der Zeit der heiligen Nächte der Seele erschließt, erfährt in der dreizehnten Nacht, wenn die Seele durch die innere Verbindung mit dem verborgenen Gedächtnis der Erde die Kräfte aller zwölf Tierkreiszeichen empfangen hat, seine Vollendung: es kann sie der Einfluß der höchsten kosmischen Sphäre, der Sphäre hinter dem Tierkreis, berühren, aus welcher der Christus einst als Träger des kosmischen Ich-Prinzips auf die Erde herabstieg.[47] Auf diesen Zusammenhang des Christus mit der höchsten Sphäre des kosmischen Seins weisen die Worte, welche im Augenblick der Taufe im Jordan aus dem Makrokosmos heraus ertönten: «Dies ist mein Sohn, den ich liebe, in ihm will ich mich offenbaren», und die Worte des Christus: «Ich und der Vater sind eins.»

Dieses kann die Seele in der Weihnachtszeit in dem lebendigen Gedächtnis der Erde lesen. Und es eröffnet sich ihr, wenn sie in den tiefsten Schichten des Erdgedächtnisses von den Kräften der Sphäre jenseits des Tierkreises als der Ur-Heimat des Christus berührt wird, der Weg zu dem Träger dieses Gedächtnisses, zu dem Ich der Erde, das seit dem Mysterium von Golgatha das Ich des Christus selbst ist.

Mit dieser realen Erkenntnis des Höchsten und Tiefsten, der Höhen und Tiefen der Welt, welche sich zu einem einigen Ganzen in dem allumfassenden Erleben der Christus-Wesenheit verbinden, vollendet sich der Weg «von Jesus zu Christus» am 6. Januar; der Weg, der mit der Versenkung in das Innere der Menschenseele beginnt und der zum Erleben des Christus führt als dem neuen Geist der Erde, welcher alle Geheimnisse des Makrokosmos in sich trägt. Von nun an wirkt der Christus in dem menschlichen Ich selbst als sein höchster Aspekt, als «wahres Ich», und der Mensch kann seine göttliche Gegenwart erleben:

> «Und als strahlendes Erinnerungsleben
> Wird der Christus leuchten
> In jede unmittelbar gegenwärtige Finsternis.»

Damit nun aber das göttliche Licht des Christus aus der menschlichen Seele, aus den tiefsten Gründen des Menschen, aus seinem wahren Ich den Weg hinaus in die Welt finden könne, ist zunächst alle «unmittelbar anwesende Finsternis» in den menschlichen Hüllen zu überwinden. Denn diese Finsternis will sich dem Christus als Hindernis bei der allmählichen Vergeistigung unseres gesamten Kosmos in den Weg stellen, der Vergeistigung, welche dem Übergang der Erde zu ihrer nächsten planetarischen Verkörperung, dem Jupiterzustand, vorausgehen muß.

Die oben angeführten Worte Rudolf Steiners (siehe S. 111), daß die Folgen der Begegnung mit dem Christus in der Weihnachtszeit sich *zur Osterzeit mit dem physischen Leib des Menschen* verbinden, weisen auf diesen Weg des Christus-Impulses von dem wahren Ich des Menschen durch seine Hüllen, den Astralleib und Ätherleib, bis hin zum physischen Leib.

IV.
Von Epiphanias bis Ostern

1.
Der Weg des Christus-Impulses durch die Hüllen und seine Widerspiegelung in den Evangelien

Die geeignetste Zeit im Jahreslauf, die eigenen Hüllen – den astralischen, ätherischen und physischen Leib – mit dem im Ich wirkenden Christus-Impuls zu durchdringen, ist die Zeit von Epiphanias bis Ostern, in welcher sich widerspiegelt, wie die Christus-Wesenheit in den drei Hüllen des Jesus von Nazareth während der drei Jahre von der Taufe im Jordan bis zum Mysterium von Golgatha lebte. Denn das eigentliche Wesen des *dreijährigen Erdenseins der Christus-Wesenheit*, welches sich im Kreuzestod und in der Auferstehung vollendete, ist die stufenweise, durch Opfer sich vollziehende Mensch-Werdung Gottes, das Werden des Gottes-Sohnes zum Menschen-Sohn: «Ecce homo»; okkult gesprochen, die Vereinigung des göttlichen, makrokosmischen Ich des Christus mit den dunklen, sterblichen Hüllen des Menschen. Und indem er sich mit ihnen verbindet, verwandelt der Christus sie durch die unsterblichen Kräfte seines Ich in etwas Höheres. Er vereinigt die tiefste Vergangenheit mit der fernen Zukunft und offenbart im Laufe der drei Jahre seines Lebens auf der Erde Sinn und Ziel der Weltentwicklung. So verbindet sich das Christus-Ich im ersten Jahr mit dem Astralleib des Menschen Jesus, dem Leib, der aus der alten Monden-Verkörperung unseres Planeten stammt, und wandelt ihn zum leuchtenden Geistselbst um, dem Ziel der Jupiterentwicklung. Im zweiten Jahr vereinigt sich der Christus mit dem Ätherleib des Jesus, der Gabe des alten Sonnenzustandes unserer Erde, und verwandelt ihn in den von kosmischer Liebe erfüllten Lebensgeist, das Ziel der Venusentwicklung. Und im dritten Jahr verbindet sich das Christus-Ich mit dem physischen Leib des Jesus von Nazareth, dem Erbe des alten Saturn, und wandelt ihn in den mit kosmischen Opferkräften erfüllten Geistesmenschen um, in den unvergänglichen Auferstehungsleib, das Ziel der gesamten Weltentwicklung, das vom Menschen erst in der fernsten Zukunft, auf dem Vulkan, erreicht werden wird. So umfaßt das dreijährige Erdenleben des Christus die *ganze* Weltentwicklung: vom Saturn bis zum Vulkan: vom Erscheinen der ersten Keime des physischen

Leibes bis zum selbständigen kosmischen Schaffen im Geistesmenschen.
Diesen großen makrokosmischen Weg des makrokosmischen Ich kann der Mensch heute auf mikrokosmische Weise mit seinem mikrokosmischen Ich in der Zeit von Epiphanias bis Ostern nachvollziehen, jedoch nicht *wesenhaft*, wie einst der Christus, sondern in metamorphosierter Form durch sein *Bewußtsein*. Denn es vermag der Christus-Impuls das menschliche Bewußtsein, wenn er aus dem Ich in die Hüllen eindringt, in jene kosmischen Bereiche zu erheben, aus denen diese Hüllen vor jeder Verkörperung auf der Erde, von den höheren Geistern geschaffen, hervorgehen. Mit anderen Worten: Versenkt sich der Mensch mit dem Christus-Impuls in seine Hüllen, so dringt er allmählich zu deren Ursprüngen vor, d. i. den verschiedenen Sphären des Makrokosmos. Das beschreibt Rudolf Steiner auf die folgende Weise: «Und indem die Menschen von Inkarnation zu Inkarnation den Rest der Erdenzeit durchmachen, werden diejenigen, welche ihre Seele durchdringen wollen mit der Kraft der Persönlichkeit, die damals dagestanden hat [das heißt der Christus-Kraft], zu immer höheren Höhen [der geistigen Welt] steigen... Sich durchdringen mit der Christus-Kraft *zuerst innerlich, dann aber auch immer mehr und mehr äußerlich,* werden die Menschen, die sich dazu herbeilassen. So wird die Zukunft die Wesenheit des Christus nicht nur begreifen, sondern sich damit durchdringen.»[1]
So führt uns der Geistesweg im Jahreslauf von der Selbsterkenntnis (in der Zeit von der Sommersonnenwende bis Weihnachten) zur Welterkenntnis (von Epiphanias bis zur Höhe des Sommers). Als Urbild jedoch dieses «mikrokosmischen» Weges in den Makrokosmos, den wir zu dieser Zeit mit unserem Bewußtsein betreten, erweisen sich die Erlebnisse der Apostel, deren bewußtseinsmäßiges Aufsteigen in immer höhere Gebiete der geistigen Welt Rudolf Steiner in dem 10. und 11. Vortrag des Zyklus über das Matthäus-Evangelium beschreibt und deren allgemeineren Charakter er folgendermaßen charakterisiert: «Wir wissen ja, daß die eine Seite der Initiation ein Hinausgehen in den Makrokosmos ist. Und weil der Christus der Impuls zu einer solchen Initiation ist, deshalb führt er seine Jünger, indem er sie führt, hinaus in den Kosmos. Wie der einzelne zu Initiierende, wenn er diese Initiation durchmacht, *bewußt hineinwächst in den Makrokosmos und Stück für Stück von ihm kennenlernt,* so schreitet der Christus gleichsam den Makrokosmos ab, zeigt überall die Kräfte, die da spielen und hereinströmen, und überträgt sie auf die Jünger.»[2]
Hier taucht jedoch die Frage auf: Was bedeutet «in den Makrokosmos bewußt hineinwachsen und Stück für Stück von ihm kennenlernen»? Die Antwort auf diese Frage finden wir in den genannten Vorträgen über das

Matthäus-Evangelium, in denen eine eingehende Beschreibung der verschiedenen Stufen enthalten ist, welche die Apostel auf ihrem Weg nach außen, in den Makrokosmos mit ihrem Bewußtsein durchlaufen.

Die erste Stufe des Bewußtseinsaufstiegs der Apostel in die geistige Welt wird durch das imaginative Bild der abendlichen Speisung der Fünftausend und das Wandeln auf dem Meere in der darauffolgenden Nacht geschildert. Hier handelt es sich um die elementarische Welt, die sogenannte Mondensphäre oder Seelenwelt. Darauf weist der *abendliche* und *nächtliche* Charakter der beiden Ereignisse hin, ihre Beziehung zum Monde, dem Herrscher der Nacht, das heißt der Welt, durch welche die menschliche Seele zwischen dem Einschlafen und dem Aufwachen hindurchgeht. In dieser an die Erde grenzenden geistigen Welt müssen die Apostel Taten vollbringen, welche die nächste Entwicklungsepoche der Menschheit betreffen und welche heute beginnen, Früchte zu tragen. Sie schenken jenen Seelen, die in der Mondensphäre weilen, und die sich in unserer fünften nachatlantischen Epoche[3]* auf der Erde verkörpern und hier wirken sollen, jene Gaben kosmischer Weisheit, welche sie von dem Christus empfangen haben.

In der Szene des Wandelns auf den Wassern werden die Jünger sodann endgültig in die elementarisch astrale Welt versetzt, die im Bilde des wässrigen Elementes vor sie hintritt (aus dem einstmals der alte Mond bestand, auf welchem der Mensch seinen Astralleib erhielt). Es sind die Apostel, von dem Christus geführt, dorthin gelangt, wo ihr Bewußtsein im astralischen Leib erwacht ist. Und dieses erste «Erwachen» ist das Ergebnis der Vereinigung des makrokosmischen Ich des Christus mit dem astralischen Leib des Jesus von Nazareth. Zwei Prüfungen haben sie auf dieser Stufe zu bestehen: die der Furcht und der aus dieser resultierenden Neigung zur Illusion, zum Selbstbetrug, zur inneren Unwahrhaftigkeit.[4]

Auf der zweiten Stufe dringt das Bewußtsein der Apostel unmittelbar in die geistige Welt selbst ein, in den niederen Devachan. Dieser innere Entwicklungsschritt tritt in der Verklärung auf dem Berg Tabor vor uns hin. Nicht alle zwölf Apostel jedoch, sondern nur drei: Johannes, Jakobus und Petrus können sich so weit erheben. Dabei versenken sie sich zunächst in die Welt der sechs Planeten, was dadurch zum Ausdruck kommt, daß dieses Erlebnis «nach *sechs* Tagen» stattfindet[5], um sich sodann geistig dem Mittelpunkt des gesamten Planetensystems, der Sonne selbst, zu nähern und dem Christus als der höchsten Sonnenwesenheit zu

---

* Von dem Charakter dieser Weisheitsgaben wird weiter unten gesprochen werden.

begegnen. «Sein Antlitz erstrahlte wie die Sonne»[6], so heißt es im Evangelium. Nachdem sie nun den Christus erkannt haben, da ihr Bewußtsein im Ätherleib erwacht ist, können sie als Folge der Vereinigung des Christus-Ich mit dem Ätherleib des Jesus von Nazareth in den Bereich der Sonne oder des niederen Devachan aufsteigen. Die entscheidende Prüfung aber, welche den Menschen beim bewußten Eindringen in seinen Ätherleib erwartet, ist mit seinem Egoismus verbunden. In der genannten Szene wird die Überwindung des Egoismus mit den Worten dargestellt, die das Verhalten von Petrus und der zwei anderen Apostel charakterisieren: «Aber er war sich dessen, was er sprach, nicht bewußt, denn sie waren durch ein großes Erschrecken *außer sich geraten*»,[7] das heißt außerhalb jenes Teiles des Menschenwesens, in dem Selbstliebe und Egoismus wurzeln, welche mit dem Wirken des niederen Ich zusammenhängen.

Die dritte Stufe[8] bildet das Aufsteigen in den höheren Devachan bis hin zur Grenze des Buddhi-Planes, der Welt der Vorsehung. Das geschieht in der Szene des Gebetes um den Kelch im Garten von Gethsemane. Da ruft der Christus die Apostel auf, sich bei ihrem Aufstieg in den Makrokosmos noch eine Stufe höher zu erheben. Aber das vermögen sie nicht, sie können dem Christus nicht weiter mit ihrem Bewußtsein folgen, sie lassen ihn allein, sie schlafen ein... Und nach der Gefangennahme des Christus-Jesus herrscht sodann Verzweiflung in ihrem Herzen und undurchdringliches Dunkel in ihrem Bewußtsein. Nur ein Jünger, der «Jünger, den der Herr lieb hatte», ist in der Lage, sein Bewußtsein bis zu der genannten geistigen Sphäre zu erheben und dadurch dem Christus auch weiterhin zu folgen, um schließlich bewußt unter dem Kreuz auf Golgatha zu stehen. Dieser einzige Jünger, der Apostel Johannes, verkörpert seitdem das tiefste Mysterium der Menschheitsentwicklung, dessen Bedeutung Rudolf Steiner, sich auf die Worte des Johannes-Evangeliums stützend, folgendermaßen beschreibt: «Die Schrift ist also so zu lesen: ‹Es stand aber bei dem Kreuze Jesu seine Mutter, ‹Sophia›. Zu dieser Mutter spricht er: ‹Weib, siehe, das ist dein Sohn›. Er hatte die Sophia, die in ihm war, selbst auf Johannes übertragen. Er machte ihn zu dem Sohn der Sophia und sprach: ‹Das ist deine Mutter.› – ‹Die göttliche Weisheit hast du fortan als deine Mutter anzuerkennen und ihr dich allein zu weihen›.»[9]

Johannes, durch die Vereinigung des Christus-Ich mit dem physischen Leib des Jesus von Nazareth auch selbst unmittelbar in den übersinnlichen Kräften seines *physischen Leibes* erwacht, konnte auf Golgatha die Sophia des Christus, den von ihm ausgehenden Heiligen Geist, empfangen.[10] Durch dieses dritte «Erwachen» offenbarte sich dem hellsichtigen Blick des Johannes die gesamte Sphäre des Makrokosmos, aus welcher der physische Leib des Menschen, seinen geistigen Grundlagen nach, stammt. Es wurden die Geheimnisse der Sternensphären des Tierkreises seinem geistigen Wahrnehmen zugänglich sowie das, was als das höchste Geheimnis der Welt *jenseits des Tierkreises* in der Sphäre der Vorsehung verborgen ist: das große Sternenkollegium der zwölf Bodhisattvas, welche in die unaufhörliche Betrachtung des urewigen Quells des göttlichen Lichtes, der Liebe und des Lebens versunken sind. Es geht hier von dem Christus, den man auf dieser «schwindelnden Geisteshöhe», nach den Worten Rudolf Steiners, «entkleidet von alledem» finden kann, «was er geworden ist auf der Erde und in deren Nähe»[11], gleichsam eine lichttragende Substanz reinster Weltenweisheit aus, es strahlt aus die Substanz des Heiligen Geistes. Und mit dieser Substanz des Heiligen Geistes wird der Apostel Johannes begabt, der unter dem Kreuz steht und dessen hellsichtiger Blick in dem Augenblick den höchsten Aspekt der Sonnenwesenheit des Christus erfaßt, während er die Sophia des Christus (die Christosophia) empfängt.[12]

So sind die drei Stufen, über welche die Apostel sich in den Kosmos erhoben, zugleich ein Bild für das allmähliche Erwachen ihres Bewußtseins in den entsprechenden Hüllen. Diesem rein innerlichen Prozeß kann sich die Seele auch innerhalb des Jahreslaufes zu der Zeit zwischen Epiphanias und Ostern nähern. Er entspricht dann dem allmählichen Eindringen des zuerst im menschlichen Ich entzündeten Christus-Impulses in die Finsternis der äußeren Hüllen, wodurch es dem Menschen möglich wird, jene makrokosmischen Sphären zu schauen, welche sich ihm offenbaren, wenn er die imaginative, inspirative und intuitive Erkenntnisstufe erreicht hat.

Was sich jedoch für den Menschen als der Weg des Christus-Impulses aus seinem Ich durch die drei Hüllen in die äußere Welt darstellt, das ist für den Christus selbst der makrokosmische Weg wiederum zurück in den Kosmos, aber nun mit der gesamten zu ihm gehörenden Menschheit. Denn es erobert sich der Christus, im Ich des Menschen wirkend, abermals die Erdensphäre und, in den Astralleib eindringend, die Mondensphäre; wenn er aber in den Ätherleib eintritt, dann beherrscht er wiederum die Planetensphäre bis hin zur Sonne, mit dem Eindringen in den physischen Leib aber schenkt er der Menschheit die Welt der Fixsterne und öffnet ihr den Zugang zu jenem hohen Kollegium in der Welt der Vorsehung, von welchem oben gesprochen wurde.

2.
Die dreifache Christus-Offenbarung und die drei neuen Mysterientugenden

Das in dem vorhergehenden Kapitel beschriebene Wiederaufsteigen der Christus-Wesenheit in den Makrokosmos und das dadurch hervorgerufene stufenweise Hineinwachsen des menschlichen Bewußtseins in die höheren Welten wird auch mit einer Vertiefung und Erweiterung der Christus-Erkenntnis für die Menschheit verbunden sein; und das wird darin zum Ausdruck kommen, daß der Christus, entsprechend der Entwicklung der Menschheit, eine immer höhere Offenbarung seiner eigenen Wesenheit aus den geistigen Welten herabsenden wird. Diese zwei Prozesse werden in Zukunft stets parallel verlaufen. So wird – einerseits – das Erwachen des Ich-Bewußtseins in den einzelnen Hüllen einen Zustrom geistiger Kräfte aus den entsprechenden Bereichen des geistigen Kosmos hervorrufen: «In unserer Zeit greifen die Kräfte der astralischen Welt in die Menschenseele ein, in der sechsten Kulturepoche werden die Kräfte des niederen Devachanplanes in die Menschenseele mehr eingreifen, und in der siebenten Kulturepoche werden die Kräfte des höheren Devachanplanes in unsere Menschheit besonders eingreifen.»[13] Andererseits werden parallel zu diesem Prozeß immer höhere Offenbarungen des Christus selbst als unmittelbare Folge seines Wirkens in den menschlichen Hüllen einströmen: «Jene Individualität, welche die Christus-Individualität war, die war nur drei Jahre auf Erden, in dem Körper des Jesus von Nazareth, und kommt nicht wieder in einem physischen Leibe; nur in der fünften Kulturepoche im Ätherleib, in der sechsten Kulturepoche im astralen Leib, und wieder weiter, in der siebten Kulturperiode, in einem großen kosmischen Ich, das gleich einer großen Gruppenseele der Menschheit ist.»[14] Mit anderen Worten: Es wird jene dreifache Christus-Offenbarung für die Menschen dem Erwachen der höheren Fähigkeiten genau entsprechen: der imaginativen Fähigkeiten im astralischen Leib von unserer Zeit an; der inspirativen im Ätherleib in der germanisch-slawischen Epoche, der intuitiven im physischen Leib in der letzten, der «amerikanischen Epoche», vor der großen Katastrophe. Rudolf Steiner beschreibt die drei

Stufen der Aufwärtsentwicklung der Menschheit im Vortrag vom 3. November 1911 folgendermaßen: «Während die Menschen früher, da der Christus im physischen Leibe herniederkam zur Erde, ihn nicht hätten wahrnehmen können anders als im physischen Leibe, erwachen in unserem Zeitalter tatsächlich die Kräfte, die schauen werden den Christus nicht in seinem physischen Leibe, wohl aber in einer Gestalt, die als eine ätherische auf dem Astralplan existieren wird. So wird schon in unserem Jahrhundert von den dreißiger Jahren ab und immer mehr bis zur Mitte des Jahrhunderts eine große Anzahl Menschen den Christus als ätherische Gestalt wahrnehmen. Das wird der große Fortschritt sein gegenüber dem früheren Zeitalter, wo die Menschen noch nicht reif waren, ihn so zu schauen. Das ist auch gemeint damit, daß gesagt wird: Christus wird erscheinen in den Wolken [in der geistigen Umgebung der Erde], – denn damit ist gemeint, daß er als ätherische Gestalt auf dem Astralplan erscheinen wird... Dann wird ein Zeitalter kommen, wo im Menschen noch höhere Kräfte erwachen. Das wird das Zeitalter sein, wo sich Christus in noch höherer Weise offenbart: in einer astralen Gestalt in der niederen Devachanwelt.»[15] In einem anderen Vortrag beschreibt Rudolf Steiner diese zweite Offenbarung auf die folgende Weise: «Christus wird sich da einer Anzahl von Menschen in der niederen Devachanwelt in *einer Lichtgestalt als tönendes Wort offenbaren*, einsprechend in die empfänglichen Gemüter der Menschen aus seinem astralen Lichtleibe jenes Wort, *das schon im Urbeginn in astraler Gestalt wirkte, wie es Johannes in den Anfangsworten seines Evangeliums darlegt.*»[16] Und über die siebente Epoche schließlich: «Das moralische Zeitalter wird in einer Anzahl von Menschen den Christus so wahrnehmen, wie er sich aus dem höheren Devachan in seinem wahren Ich offenbart, das alles menschliche Ich in unfaßbarer Höhe überragt, und im Glanze alles dessen, was für den Menschen auch dann die höchstmöglichen moralischen Impulse abgeben kann.»[17] In einem anderen Vortrag heißt es: «Und das letzte Zeitalter der moralischen Impulse wird dasjenige sein, wo die Menschen, die durch die anderen Stufen hindurchgegangen sind, *den Christus sehen in seiner Glorie, als Gestalt des größten Ich, als das vergeistigte Ich-Selbst, als großen Lehrer der menschlichen Entwicklung im oberen Devachan.*»[18]

Diese neue dreifache Christus-Offenbarung kommender Epochen, welcher in Zukunft das natürliche Erwachen höherer Fähigkeiten in der Menschheit entsprechen wird, kann jedem Menschen, wenngleich in einer etwas anderen Form, während des Jahreslaufs in der Zeit zwischen Epiphanias und Ostern zukommen. Doch wer sich auf diese Weise dem Erleben der drei Offenbarungen nähern will, das heißt, wer die Christus-

Wesenheit in seinen drei Hüllen erleben will, der muß den Weg einer inneren geistig-moralischen Entwicklung betreten, welcher die Aneignung bestimmter moralischer Tugenden zum Ziel hat.

So wie die Tugenden der Gerechtigkeit, des Maßhaltens und der Besonnenheit, des Mutes und der Weisheit aus den alten «vorchristlichen» Mysterien auf uns gekommen sind, so treten uns aus den heutigen christlichen Mysterienstätten drei neue Tugenden entgegen, gleichsam wie Töchter der allumfassenden Weisheit, der kosmischen Sophia. Es sind das die Tugenden: Glaube, Liebe, Hoffnung.[19]

Durch die vier alten Tugenden führt uns – innerhalb des Jahreslaufs – das Adventserleben, dessen Vollendung zu Weihnachten als Geburt unseres höheren Ich aus der mütterlichen Substanz der Weisheit erscheint. In den darauffolgenden dreizehn heiligen Nächten soll sodann dieses höhere Ich allmählich zu einem bewußten Erleben der Christus-Wesenheit aufsteigen. Kann das bis Epiphanias erreicht werden, dann vermag diese in das Menschen-Ich eingetretene Christus-Kraft bis Ostern den *ganzen* Menschen zu umfassen, indem sie die drei Hüllen des Menschen bis hin zum physischen Leib durchdringt und in ihnen wirkt. Die Zauberschlüssel aber, welche dem Christus-Impuls die Tore zu den Hüllen öffnen, das sind die neuen Mysterientugenden: der *Glaube* eröffnet dem Christus-Impuls den Zugang zum Astralleib, die *Liebe* zum Ätherleib und die *Hoffnung* zum physischen Leib. Und damit bilden diese drei Tugenden die drei Stufen der inneren Entwicklung, welche das Epiphanias-Fest mit dem Osterfest im Jahreslauf verbinden, denn sie sind in der Metamorphose der Menschenseele auf mikrokosmische Weise ein Abbild des großen makrokosmischen Weges der Vereinigung des Christus-Wesens mit den drei Hüllen des Jesus von Nazareth in der Zeit von der Taufe im Jordan bis zum Mysterium von Golgatha.

3.
Die Tugend des Glaubens und die fünfte nachatlantische Kulturepoche

Die erste der drei neuen Mysterientugenden ist die Tugend des Glaubens. Durch sie kann der Mensch den Christus-Impuls in seinem astralischen Leibe erleben. Man kann auch sagen, daß der wahre Glaube aus einem «Über-Fluß» des Christus-Impulses, der zugleich und vor allem ein Impuls der All-Liebe, der kosmischen Liebe ist, im menschlichen Ich entspringt.[20] Ist diese All-Liebe, diese kosmische Liebe, in Überfülle im Menschen-Ich vorhanden, so beginnt sie sich aus dem Ich in den astralischen Leib zu ergießen, wo sie als *Glaube* in Erscheinung tritt. Auf diesen tieferen Ursprung des Glaubens weist Rudolf Steiner hin, wenn er sagt: «Glauben ist die Fähigkeit des Hinübergehens über sich selbst, des Hinausfließens über das, was das Ich zu seiner eigenen Vervollkommnung zunächst tun kann»[21], – «das Hinausfließen über die Grenzen des Ich» bedeutet hier zugleich das Eindringen des Christus-Impulses aus dem Ich in den Astralleib. Und etwas früher heißt es in demselben Vortrag: «Derjenige hat den Glauben, der in sich aufnimmt den Christus, so daß der Christus in ihm lebt, daß sein Ich nicht bloß als ein leeres Gefäß in ihm lebt, sondern einen überfließenden Inhalt hat. Und dieser überfließende Inhalt ist kein anderer als der Inhalt der Liebe.»[22] Aus diesen Worten Rudolf Steiners wird deutlich, daß, esoterisch betrachtet, der Glaube eine Form der allumfassenden kosmischen Substanz der Liebe ist, wie sie im *astralischen Leib* in Erscheinung tritt; sie ist jene innere Kraft, durch die der Christus-Impuls heute in die menschliche Seele eindringen kann.

In zwei Vorträgen, welche im Dezember 1911 in Nürnberg unter dem Titel «Glaube, Liebe Hoffnung – drei Stufen des menschheitlichen Lebens» gehalten wurden, spricht Rudolf Steiner eingehend davon, daß der Charakter der gegenwärtigen fünften nachatlantischen Kulturepoche von der Entwicklung der Glaubenskraft im astralischen Leib abhängt. Sogar in den materialistischsten Erscheinungen der heutigen Zivilisation kann man, bei eingehender Beobachtung, das Wirken dieser Kraft beobachten, wenngleich oft in einer bis fast zur Unkenntlichkeit entstellten Form. In

Rudolf Steiners Worten: «Also es ist im wesentlichen jetzt die Glaubenskraft des astralischen Leibes, die in die Seele hereinscheint und unserer Zeit das Charakteristikum gibt. Sonderbar, könnten welche sagen, jetzt sagst du uns, daß die Glaubenskraft die wesentlichste Kraft unserer Zeit ist. Ja, vielleicht könnten wir das anerkennen von denjenigen Menschen, die sich den alten Glauben bewahrt haben, aber dann sind so viele, die heute auf den Glauben herabsehen, weil sie über ihn hinaus sind, die ihn als eine kindliche Stufe der Menschheitsentwicklung betrachten. – Es mögen diejenigen Leute, die sich Monisten nennen, glauben, daß sie nicht glauben, aber sie sind gläubiger als die andern, die sie als Gläubige bezeichnen. Denn alles das, was in den verschiedenen monistischen Bekenntnissen zutage gefördert worden ist, ist der blindeste Glaube, nur sind sich die Leute dessen nicht bewußt: sie glauben, es ist ein Wissen.»[23]

Das ist die eine Kraft, welche danach trachtet, auf die innere Entwicklung der Menschheit einen bestimmenden Einfluß auszuüben. Wenn wir jedoch auf diese Weise vom Glauben sprechen, dann betrachten wir nur eine Seite unserer fünften nachatlantischen Epoche. Um auch die andere Seite zu charakterisieren, müssen wir uns dem zuwenden, was in nicht geringerem Maße als die Glaubenskraft ihre Eigenart bestimmt. Dieses zweite sind die Kräfte der «Intellektualität». Diese schildert Rudolf Steiner folgendermaßen: «So ist denn der geistige Gesamtcharakter unseres Zeitalters die Intellektualität, aber es ist ein Unterschied darin, wie sie sich äußert in der materialistisch denkenden Umwelt und in der Geisteswissenschaft. Der Mensch hängt durch seine Intellektualität mit dem astralen Plan zusammen, aber es ist ihm das nur bewußt – und er kann auch dann nur den rechten Gebrauch davon machen –, wenn er hellsichtig entwickelt sein wird. Das wird im Laufe des 20. Jahrhunderts bei einer immer mehr zunehmenden Anzahl von Menschen beginnen. Der Fortschritt liegt dann nur darin, daß die Menschen eine erhöhte Intellektualität nicht nur für sich entwickeln, sondern dieselbe auch hinauftragen in die astrale Welt. Durch ein solches intellektuelles Hellsichtigwerden kann und wird den in solchem Sinne vorgeschrittenen Menschen der ätherisch sichtbare Christus immer mehr und deutlicher im Verlaufe der nächsten drei Jahrtausende entgegentreten,»[24] und etwas später in demselben Vortrag: «In den Auswüchsen der Umwelt tritt das intellektuelle Element in seinem Streben nach Dogmenbildung stark hervor, aber in der Geist-Erkenntnis soll die Intellektualität sich zur Spiritualität vergeistigen, um die höheren Ergebnisse der okkulten Forschung verstehen zu können.»[25]

Wenn Rudolf Steiner in seinen Vorträgen wiederholt davon spricht, daß die Anthroposophie nicht als trockene, abstrakte Theorie genommen werden darf, sondern daß die anthroposophischen Wahrheiten innerlich belebt, vom Gefühl erwärmt, zu seelischem Miterleben gebracht werden wollen, so weist er mit diesen Worten vornehmlich darauf hin, daß der *wahre Glaube* im menschlichen Herzen leben muß, jener Glaube, von dem der Apostel Paulus als von einer inneren unerschütterlichen *Gewißheit*[26] spricht und der in Wirklichkeit niemals dem wahren Wissen widersprechen kann.

Das bringt Rudolf Steiner, ganz im Geiste des Apostels Paulus, mit Worten zum Ausdruck, welche sich heute in unserer intellektuellen, naturwissenschaftlichen Epoche eigentlich jeder, der sich den rechten Glauben erwerben will, sagen müßte: «Ich glaube das, was ich weiß, eben erst recht. – Das Wissen ist nur die Grundlage des Glaubens. Wir sollen wissen, damit wir uns immer mehr zu den Kräften erheben können, die die Glaubenskräfte der menschlichen Seele sind. *Wir müssen in unserer Seele haben, was hinblicken kann auf eine übersinnliche Welt, was Hinlenkung aller unserer Gedanken und Vorstellungen ist auf eine übersinnliche Welt.* Wenn wir diese Kräfte nicht haben, die also das Wort «Glaube» ausdrückt, so verödet etwas an uns, wir werden dürr, trocknen ein wie das Laub im Herbst.»[27]

So ist die Glaubenskraft in ihrem wahren geistigen Aspekt jene Kraft, welche, sich im astralischen Leib entwickelnd und in ihm wirkend, die Intellektualität ergreifen und ihr den Weg eröffnen kann, der in die geistige Welt führt,[28] und der dem modernen Menschen das Schauen des ätherischen Christus ermöglicht.

In der modernen Zivilisation wirken die Kräfte des Glaubens und die Kräfte der Intellektualität getrennt. Mehr noch, der Abstand zwischen ihnen vergrößert sich in dem Maße, in dem die Epoche des Materialismus in den Abgrund versinkt. Diese Spaltung kann heute nur durch die moderne Geisteswissenschaft mit Hilfe des Michael-Christus-Impulses, durch die Spiritualisierung der intellektuellen Grundlagen der äußeren Menschheitskultur und die damit untrennbar verbundene rechte Entwicklung der Glaubenskraft in der menschlichen Seele (im Astralleib) überwunden werden.

Wird aber die moderne Geisteswissenschaft nicht in ausreichendem Maße von der Menschheit als lebendiger Quell zur Ernährung des Astralleibes aufgenommen, «dann wird der astralische Leib krank und durch ihn auch der physische Mensch».[29] Die sich heute über die ganze Welt ausbreitenden verschiedenen seelischen Erkrankungen sind ein erstes Symptom dafür. Aber es drohen der Menschheit nicht nur Krankheiten, sondern etwas, das sich wie eine verheerende Epidemie über die ganze

Erde ausbreitet: eine alles verschlingende Furcht und – aus ihr hervorgehend – eine innere Lügenhaftigkeit, die Neigung zum Selbstbetrug, zu den verschiedensten Formen der Illusion. Auch wenn sie nicht bewußt erlebt werden, indem sie mehr und mehr einen «natürlichen» Charakter annehmen, so werden Furcht und Unglaube in der Zukunft doch das Denken, Fühlen und Wollen der Menschen in stärkerem Maße beherrschen, als man im allgemeinen annimmt. Davon sprechen die strengen wie mahnenden Worte des Geistesforschers: «Und wenn die Menschheit wirklich den Glauben verlieren würde, dann würde sie schon in den nächsten Jahrzehnten sehen, was das für die Entwicklung bedeuten würde. Dann würden durch die verlorenen Glaubenskräfte die Menschen herumgehen müssen so, daß keiner recht mehr weiß, was er mit sich anzufangen hat, um sich im Leben zurechtzufinden, daß keiner eigentlich bestehen kann in der Welt, weil er *Furcht, Sorge und Ängstlichkeit* hat vor dem und jenem.»[30]

Auf diese ernsten Gefahren heute, aber auch auf ihre Überwindung durch die Entwicklung der wahren *Glaubenskräfte* im Astralleib, weisen uns im Evangelium die Szenen von der Speisung der Fünftausend und dem Wandeln auf dem Wasser prophetisch hin, – die Szenen, in denen, wie wir bereits sahen, das Bewußtsein der Apostel auf dem astralischen Plan erwachte und wo sie in der an die Erde grenzenden geistigen Welt diejenige Epoche wahrnehmen konnten, welche heute beginnt und noch anderthalb Jahrtausende dauern wird.*

Im Matthäus-Evangelium heißt es vor der Beschreibung der Speisung: «als es Abend wurde» und «der Tag ist vorbei».[32] Dieser abendlichnächtliche Charakter der Ereignisse weist uns bereits auf jene Welt hin, in der sie sich in Wirklichkeit abspielen: in der Welt, in welcher die Seelen aller Menschen nachts weilen, das heißt auf dem Astralplan, in der Seelenwelt. Auch haben die Jünger fünf Brote und zwei Fische. Diese Zahlenverhältnisse beziehen sich, gemäß ältester esoterischer Tradition, auf die Geheimnisse bestimmter Tierkreiszeichen. Im letzten Vortrag des Zyklus «Der Orient im Lichte des Okzidents. Die Kinder des Luzifer und die Brüder Christi», sagt Rudolf Steiner: «Erinnern Sie sich, daß ich aufmerksam gemacht habe darauf, wie, wenn man in das astralische Gebiet eindringt, man es zu tun hat mit einer Welt der Verwandlung, wie das, was

---

* D.h. bis zum Beginn der 6. nachatlantischen Epoche. (Über die esoterische Bedeutung der Zahl 5000, die im Sinne der Zahlensymbolik der althebräischen Geheimlehren ein Hinweis auf unsere fünfte nachatlantische Epoche[31] ist, sprach Rudolf Steiner schon 1912 im Zyklus über das Matthäus-Evangelium.)

von einem Gesichtspunkt aus als ein Gutes wirken kann, von dem anderen als böse erscheinen kann. Diese Unterschiede zwischen Gut und Böse, sie haben ihre Bedeutung innerhalb des Werdens. Und für diese Bedeutung ist die Siebenzahl ein orientierender Leitfaden. Dasjenige, was an Göttern symbolisiert wird in den zwölf Raumpunkten, in den zwölf Dauerpunkten, das ist erhaben über Gut und Böse.»[33]

Das Böse entsteht, wenn das höhere Urbild der Zwölfheit aus dem Devachan in das der Zeit unterworfene Astralgebiet des Kosmos eintritt und sich sogleich in zwei Sphären teilt: in das Gute und das Böse, in Licht und Finsternis.[34]

Zur ersten gehören die Zeichen vom Stier bis zur Jungfrau, zur zweiten diejenigen vom Skorpion bis zu den Fischen. Nach einem esoterischen Gesetz gehören die zwei Sternbilder Widder und Waage, welche an der Grenze der zwei Sphären stehen, auch zum Reich des Lichtes. «Sobald dasjenige» – führt Rudolf Steiner aus – «was in der geistigen Welt, wie ich gesagt habe, Dauer hat, was mit der Zeit nichts zu tun hat, sobald das in die Zeit eingreift, gliedert es sich in ein Gutes und in ein Böses. Für das Gute bleiben von den zwölf Dauerpunkten übrig die fünf rein in der Sphäre des Guten befindlichen und die zwei an der Grenze [Widder und Waage], das sind sieben. Daher sprechen wir von demjenigen, was als Sieben übrig bleibt von den Zwölf... Daher auch die Vorstellung, daß der lichten Welt, der oberen Welt sieben Zeichen des Tierkreises angehören; daß die unteren fünf, vom Skorpion angefangen, der finsteren Welt angehören.»[35]

Diese Worte erhellen uns die Bedeutung der fünf Brote: – sie entsprechen den fünf lichten Sternbildern – und der zwei Fische: – diese, in der Natur an der Grenze zwischen den beiden Elementen Wasser und Luft lebend, befinden sich hier an der Grenze zwischen der lichten und der dunklen Sphäre. Die Bedeutung der Ausgangszahl Sieben der Brote und Fische vertieft sich aber noch bei der Gegenüberstellung mit dem Ergebnis der Speisung: den *zwölf* vollen Körben von Brocken (der Brote *und* Fische). Es sind die Geheimnisse der Welt so wie diejenigen, die in der genannten Szene verborgen sind, nicht auszuschöpfen. Wir müssen sie deshalb immer wieder von den verschiedensten Seiten betrachten, um nach Möglichkeit ein volles Bild zu erhalten. Und so können wir fragen: Was ist der Ausgangspunkt dieses Überganges von sieben (5 und 2) zu zwölf? In der Weltevolution ist, wie wir gesehen haben, die Zahl Sieben der zahlenmäßige Grund des astralen Zeitstromes. «Daher werden wir überall da, wo wir in die Zeit hineingeführt werden, zur Siebenzahl geführt werden»[36], sagt Rudolf Steiner. In diesem Sinne ist die Gesetzmäßigkeit der Sieben einerseits die Gesetzmäßigkeit unserer inneren Welt, unseres seelischen Lebens (des Astralleibes);[37] andererseits wirkt sie überall in dem, was durch das Blut von den Eltern auf die Kinder, von den Vorfahren auf die Nachfahren übergeht; denn bei dem, was in der Zeit lebt, folgt das eine auf das andere. Darin zeigt sich auch der luziferische Charakter der Gesetzmäßigkeit der Siebenheit, so wie sie auf dem Astralplan in Erscheinung tritt:[38] «Wir erkennen dasjenige, was in der Zeit sich entwickelt, wenn wir von dem Späteren zu dem Früheren wie vom Kind zum Vater aufsteigen. Indem wir in die Zeitenwelt, die von der Siebenzahl beherrscht ist, hineingehen, sprechen wir von den Kindern und ihrem Ursprung, von den Kindern der geistigen Wesenheiten, von den Kindern des Luzifer.»[39]

Diesem luziferischen Aspekt der Gesetzmäßigkeit der Sieben steht die Gesetzmäßigkeit der Zwölf gegenüber, welche mit dem Übergang aus der Zeit zurück in den Raum zusammenhängt: «Wenn wir die Zeit herausführen in den Raum, sprechen wir von denjenigen Wesenheiten, die nebeneinanderstehen, bei denen das Stehen nebeneinander und damit auch das Fließen der *Seelenimpulse* von dem einen zum anderen im Raume in Betracht kommt. Wo die Siebenzahl sich dadurch, daß die Zeit in den Raum herausfließt, in die Zwölf verwandelt, hört auf der Begriff des Kindes denselben übersinnlichen Sinn zu haben; da tritt der Begriff der Bruderschaft auf; die nebeneinander leben, das sind Brüder.»[40]

So weist uns diese Szene des Evangeliums zunächst darauf hin, daß die Apostel als Resultat ihrer vergangenen Leben die tiefe Weisheit der sieben hellen Tierkreiszeichen in ihren Astralleibern tragen. (Auf die Frage des Christus antworten sie, daß sie nur fünf Brote und zwei Fische bei sich tragen.) Im Laufe der Zeit jedoch nahm diese uralte Weisheit in dem Maße, in dem die Ereignisse in Palästina näher rückten, einen immer stärker luziferischen Charakter an, so daß die Menschheit vollkommen den Mächten Luzifers zu verfallen und in seinem Reiche in dem Zustand ewiger Kindheit zu verharren drohte, wodurch sie aller Möglichkeit beraubt worden wäre, sich jemals die Freiheit zu erringen, das heißt die Kräfte und Fähigkeiten zu echter Moral und wahrer Liebe. Auf ewig «Kinder Luzifers» zu bleiben, das war die erste Gefahr, welche der Menschheit drohte. Diesem Prinzip der «luziferischen Kindschaft» stellte der Christus das auf Freiheit gegründete «Bruder»-Prinzip gegenüber, was nur dadurch möglich war, daß der Christus sich selbst zum Bruder der Menschen machte: zum älteren Bruder der Apostel. «Sie brauchen nicht fort zu gehen. Ihr sollt ihnen zu essen geben»[41], so spricht er wie zu Brüdern, wie zu freien Mitarbeitern an seinem Werk, welche nicht handeln als Söhne, die durch das Blut gebunden sind, sondern aus geistiger Bruderliebe. In diesem Sinne ist der im Evangelium beschriebene «Übergang» vom Prinzip der Sieben zum Prinzip der Zwölf bei der Speisung der Fünftausend nichts anderes als «der Übergang von den Söhnen oder Kindern des luziferischen Reiches und seiner Wesenheit zu den Brüdern Christi.»[42]

Während so in dieser Szene des Evangeliums auf die Überwindung der luziferischen Kräfte im Astralleib mit Hilfe des Christus-Impulses hingeschaut wird, betont dagegen das Markus-Evangelium die ahrimanischen Kräfte in dieser Szene. Hier antworten die Jünger auf des Christus Worte «Ihr sollt ihnen zu essen geben»:[43]

«Sollen wir etwa gehen und für 200 Denare Brote kaufen und sie ihnen zu essen geben?»[44] Die Erwähnung der «200 Denare», welche die Apostel noch besitzen, weist auf ein bedeutendes Geheimnis hin. Es ist bekannt, daß in der alten jüdischen Geheimlehre die Zahl 200 dem Buchstaben «Resch» des jüdischen Alphabetes entsprach und die niederen Kräfte des menschlichen Astralleibes bezeichnete,[45] das heißt, die dunklen Tierkreiszeichen. Da nun in der Antwort von 200 Denaren, das heißt von Geld, gesprochen wird, so wird verständlich, daß auf die von Ahriman unterworfenen Kräfte des Astralleibes hingewiesen wird. Die Tatsache, daß im Laufe der fünften Kulturepoche das «Prinzip des Geldes» in den rein übersinnlichen Prozeß der geistigen Speisung der Menschen eingedrungen ist, muß im Zusammenhang gesehen werden mit dem, was auch im Evangelium beschrieben ist, daß unmittelbar *nach* dieser Szene der Christus plötzlich seine Jünger verläßt, nachdem er sie veranlaßt hat, sich auf die gefahrvolle nächtliche Schiffahrt zu begeben. Jetzt sind die Jünger allein, und sie sollen in dieser Einsamkeit selbst mit den luziferischen (Wind) und ahrimanischen (Wasser) Gegenmächten kämpfen. Der Christus hilft ihnen zunächst nicht, ist jedoch geistig mit ihnen verbunden und schaut sie hellsichtig, wie es im Markus-Evangelium heißt, bevor er hingeht, um ihnen zu helfen. «Und als der Abend gekommen war, fuhr das Schiff mitten auf dem See, und er war allein auf fester Erde. Und er sah, wie sie auf der Fahrt in Bedrängnis gerieten, denn der Wind stand ihnen entgegen.»[46]

Im Matthäus-Evangelium wird die Fortsetzung dieser Szene mit folgenden Worten geschildert: «Um die vierte Nachtwache kam er zu ihnen, auf dem Meere wandelnd. Und als die Jünger ihn auf dem Meere wandeln sahen, erschraken sie und dachten, es sei ein Gespenst, und schrien vor Furcht.»[47] Furcht und Schrecken der Jünger wurden gewiß nicht nur durch das «Gespenst» hervorgerufen. Im Gegenteil. Das lange nächtliche

Fahren auf dem stürmischen «astralischen Meere» hatte schon eine starke Erschütterung und beträchtlichen Schrecken bei den Aposteln ausgelöst. Dadurch war ihr astralisches Schauen zeitweilig getrübt worden, und sie *erkannten* den ihnen zu Hilfe eilenden Jesus Christus *nicht*. Ja, sie erkannten ihn nicht nur nicht, sondern sie hielten ihn für ein ganz anderes Wesen, für ein Gespenst, und das vergrößerte ihre Furcht in solchem Maße, daß sie vor Schrecken schrien. «Aber schon sprach er zu ihnen: Fasset Mut! Ich bin's!»[48]

Es führte der Christus die Apostel *durch sein Wort* aus dem Zustand geistiger Verfinsterung, welche durch die Furcht hervorgerufen worden war, heraus: er gab ihnen das richtige geistige Schauen zurück und half ihnen damit, Furcht und Täuschung zu überwinden. Als jedoch Petrus, der aufgefordert worden war, ihm auf dem Meere entgegen zu gehen, abermals «erschrak» und «zu sinken» begann, «reckte Jesus alsbald die Hand aus und ergriff ihn und sprach zu ihm: Oh, du *Kleingläubiger,* warum zweifelst du?»[49] Denn die eigentliche Ursache, warum Petrus die Prüfung, die er auf sich genommen hatte, nicht bestand, war der *Mangel an Glauben* oder, anders gesagt, die Schwäche seines Geist-Bewußtseins im Astralleib.

Eindrücklich weist der Evangelist Markus auf diese Schwäche der Geist-Erkenntnis bei allen Aposteln im Zusammenhang mit der vorhergehenden Szene der «Speisung» der Fünftausend hin: «Denn sie waren nicht verständiger geworden über den Broten, und *ihr Herz war erstarrt.*»[50] Diese Worte weisen darauf hin, daß sich bei der «Speisung» der Fünftausend auch ahrimanische Kräfte geltend machten, die im Bild der 200 Denare zum Ausdruck kamen, für welche, wie die Apostel Jesus vorschlugen, Brot für das Volk gekauft werden sollte. Auch können wir in diesem Vorschlag der Apostel ein fernes Echo der ersten Versuchung des Christus in der Wüste sehen, als der Versucher ihm antrug, Steine in Brot zu verwandeln.

Nun wollen wir uns nochmals vergegenwärtigen, daß diese beiden Szenen auf prophetische Weise den inneren Charakter der neueren Zeit und im engeren Sinne derjenigen Epoche zum Ausdruck bringen, welche mit dem Anfang unseres 20. Jahrhunderts begonnen hat. Von diesem Standpunkt aus können die genannten Ereignisse eine weitere, besonders wichtige Bedeutung für uns gewinnen und uns als Schlüssel zum Verständnis der unmittelbaren Gegenwart dienen. Denn das wichtigste geistige Ereignis unserer Zeit ist damit verbunden, daß sich heute, wo der Christus einer wachsenden Zahl von Menschen als «ätherische Gestalt auf dem astralischen Plan» sichtbar werden wird, der Übergang von «den

Kindern Luzifers» zu den «Brüdern Christi» endgültig vollziehen soll. So erscheint der Christus im 20. Jahrhundert nicht nur als der große Lehrer und Hirte der Seelen, sondern als «liebenden Genossen», als «Menschen-Bruder», welcher seine Brüder unter den Menschen sucht.

In besonders eindringlichen und zu Herzen gehenden Worten spricht Rudolf Steiner im Vortrag vom 6. Februar 1917 in Berlin: «Und es ist heute möglich, wenn es nur gesucht wird, dem Christus ganz nahe zu sein, den Christus in ganz anderer Art zu finden, als ihn frühere Zeiten gefunden haben... In verschiedener Form, in einer der Menschenseele besonders nahen Form, wird er es sein in der angedeuteten Zeit des zwanzigsten Jahrhunderts... Denn die Zeit wird kommen mit dem kommenden Christus, mit dem daseienden Christus, wo die Menschen lernen werden, nicht nur für ihre Seelen, sondern für das, was sie begründen wollen durch ihr unsterbliches Teil hier auf Erden, den Christus zu befragen. Der Christus ist nicht nur ein Menschen-Herrscher, er ist ein Menschen-Bruder, der befragt werden will, besonders in den kommenden Zeiten befragt werden will für alle Einzelheiten des Lebens... Heute scheinen sich Ereignisse zu vollziehen, bei denen die Menschen am allerfernsten zu stehen scheinen der Frage an den Christus... Und dennoch, die Zeit muß kommen, sie darf nicht ferne sein, wo die Menschenseele in ihrem unsterblichen Teil für dasjenige, was sie begründen will, die Frage an den Christus stellt: Soll es geschehen, soll es nicht geschehen? – wo die Menschenseele den Christus als sie liebenden Genossen im Einzelfall des Lebens neben sich sieht und nicht nur Trost, nicht nur Kraft bekommt von der Christus-Wesenheit, sondern auch Auskunft bekommt über dasjenige, was geschehen soll. Das Reich des Christus Jesus ist nicht von dieser Welt, aber es muß wirken in dieser Welt, und die Menschenseelen müssen die Werkzeuge des Reiches werden, das nicht von dieser Welt ist... Lernen aber muß die Menschheit, den Christus zu befragen. Wie soll das geschehen? Das kann nur dadurch geschehen, daß wir Seine Sprache lernen. Derjenige, der den tieferen Sinn dessen, was unsere Geisteswissenschaft will, einsieht, der sieht in ihr nicht bloß ein theoretisches Wissen,... sondern er sucht in ihr eine ganz besondere Sprache, eine Art und Weise, sich über geistige Dinge auszudrücken... Und wenn wir lernen, so recht in der Sprache dieses geistigen Lebens innerlich zu sprechen, dann, meine lieben Freunde, dann wird sich entwickeln, daß der Christus neben uns steht und uns Antwort gibt... Und wer sich bemüht, über die Welt denken zu lernen, wie sich die Geisteswissenschaft bemüht,... an den wird aus dem düster-dunklen Grunde der Weltengeheimnisse die Gestalt des Christus-Jesus herantreten und ihm die starke

Kraft sein, in der er leben wird, *brüderlich führend an seiner Seite stehend*, auf daß er mit Herz und Seele stark und kräftig sein könne, den Aufgaben der zukünftigen Menschheitsentwicklung gewachsen zu sein.»[51]

Dieses neue *Erscheinen des Christus im Ätherischen* trachten die luziferischen und ahrimanischen Mächte auf jede Art und Weise zu verhindern. Es müssen jedoch die Gegenmächte heute, wo alles von dem freien Willen und der freien Entscheidung des einzelnen Menschen abhängt, weitgehend durch Menschen in der Welt wirken, und so versuchen sie, durch die raffiniertesten geistigen Mittel möglichst viele von ihnen zu verführen. Dabei bedienen sie sich hauptsächlich der verschiedenen östlichen und westlichen Geheimgesellschaften, welche, wenn auch auf unterschiedlichen Wegen, einem und demselben Ziel dienen: die Menschheit an der neuen Christus-Begegnung zu hindern.

Die östlichen Bruderschaften lassen sich dabei vornehmlich von den luziferischen Mächten inspirieren. Sie trachten danach, den Übergang der Menschheit von dem alten Prinzip der Sieben zu dem neuen christlichen Prinzip der Zwölf dadurch zu verhindern, daß sie uralteste luziferische östliche Weisheit wieder aufleben lassen und im Westen verbreiten. Sie wollen das moderne «brüderliche» Verhältnis zu dem Christus nicht zulassen, stattdessen haben sie in den Kreisen ihrer Eingeweihten beschlossen, die Menschen zu «Kindern Luzifers» zu machen, indem sie ihnen nur alte luziferische Weisheit zukommen lassen, welche eine wahre Erkenntnis des Christus-Impulses letzten Endes unmöglich macht. Durch ihren Einfluß würde die westliche Menschheit allmählich das von ihr im Laufe der christlichen Entwicklung errungene freie, unabhängige, individuelle Ich verlieren und in einen ewigen, von nebelhaften Träumen von der geistigen Welt erfüllten Kindheitszustand versinken, wobei ihr statt des *neuen* Hellsehens, das ein bewußtes Erleben des ätherischen Christus ermöglicht, das alte atavistische Hellsehen eingeflößt werden würde, das bis heute im Osten vorhanden ist und das sich auf ein nur schwach entwickeltes individuelles Ich gründet. Es würde, wenn das gelänge, der Westen in geistiger Beziehung vollständig dem Einfluß des Ostens verfallen und seine eigene christliche Aufgabe verfehlen.[52] Das sind die Ziele, welche von diesen östlichen Geheimgesellschaften im Hinblick auf den Westen verfolgt werden. Im Osten bedienen sich diese Geheimgesellschaften ganz besonders der abgelegten Ätherleiber der verstorbenen Ahnen, das heißt, sie entwickeln okkulte Kräfte und Einflüsse auf den Bahnen der *Blutzusammenhänge*: vom Vater zu den Kindern usf. Das geschieht, um diese Kräfte sodann mit Hilfe bestimmter magischer Prozeduren luziferischen Dämonen zu überlassen, welche sich den Menschen nun in der Gestalt verstorbener Verwandter oder Vorfahren zeigen und sie auf diese Weise im Sinne der obengenannten Ziele irreführen können.[53]

Die westlichen Geheimgesellschaften lassen sich, wenn sie gegen das neue Erscheinen des Christus kämpfen, vor allem von ahrimanischen Mächten inspirieren. Sie lehnen aber dieses Erscheinen, wie Rudolf Steiner darstellt, nicht ab, so wie das im Osten geschieht, sondern sie trachten danach, es okkult zu verfälschen, indem sie ein anderes übersinnliches Wesen an die Stelle des Christus setzen, ein ahrimanisches, das sie inspiriert und dem sie dienen. Die 200 Denare bei der «Speisung» der Fünftausend, für welche die Apostel Brot für das Volk kaufen wollten, sind auch ein prophetischer Hinweis auf den Grundcharakter des Wirkens dieser westlichen geheimen «Bruderschaften». Ihr Ziel ist es, durch die Macht des Geldes und mit Hilfe politischer Intrigen allmählich die Bildung geheimer Über-Regierungen zu erreichen, welche alle sozialen Beziehungen zwischen den Menschen kontrollieren sollen, um durch ihren wachsenden Einfluß für das sie inspirierende ahrimanische Wesen, welches auch seine physische Inkarnation durch sie vorbereitet, unbegrenzte Macht und allgemeine Anerkennung sicherzustellen. (In der Legende vom Großinquisitor von F. M. Dostojevskij sind diese Absichten der westlichen Vereinigungen in künstlerischer Form wiedergegeben.) So trachten diese geheimen westlichen «Bruderschaften» danach, indem sie die materielle Seite des Lebens kontrollieren und allmählich zur beherrschenden wirtschaftlichen Macht werden, das freie geistige Leben zu vernichten und durch eine rein ahrimanische «Weisheit» zu ersetzen, das heißt, dem Evangelium folgend, «durch Brot, das mit Geld gekauft wurde» oder «durch Steine, welche in Brot verwandelt wurden». Diese ihre Weisheit würde den Menschen in ein verstandesbegabtes Tier verwandeln, ohne freien Willen und Individualität, das sich immer stärker ausschließlich auf die Welt der Materie einlassen und in seinem inneren und äußeren Tun allein den Weisungen des unsichtbaren «Großinquisitors» folgen würde. Das wirksamste Mittel, um dieses Ziel zu erreichen, ist einerseits die Ausbreitung von Materialismus und Unglauben in der breiten Masse der Bevölkerung zur Errichtung einer rein intellektuellen Kultur und andererseits die Ausbildung verschiedener Formen eines *okkulten Materialismus* – innerhalb geschlossener Zirkel –, welcher zwar okkulte Phänomene anerkennt, sie jedoch nur zur Befriedigung niederer, kreatürlicher und rein materieller Bedürfnisse bzw. eines Gruppenegoismus zu nutzen sucht. Dabei bedienen sich diese geheimen «Bruderschaften» des Westens in ihren okkulten Praktiken ihrer eigenen verstorbenen

Mitglieder, welche, durch die besonderen okkulten Machinationen, die in den Logen vorgenommen werden, auch noch nach dem Tode Diener dieser Logen bleiben, indem sie unsichtbar in ihren «Brüdern» anwesend sind, die schon heute die zukünftige «ahrimanische Untermenschheit» allmählich vorbereiten.[54]

So vor allem geschieht die Verfälschung des neuen, rein geistigen Bruderschaftsprinzips, welches der ätherische Christus der Menschheit bringen will. – Es gehen die Absichten der genannten «Bruderschaften» jedoch noch weiter.

Wenn im Evangelium von dem Christus, der auf den Wassern wandelt, gesprochen wird, so ist das ein prophetischer Hinweis auf den in der fünften nachatlantischen Kulturepoche kommenden ätherischen Christus. Durch das bewegte Luftelement (die Luft als Bild für die astralische Welt) wandelt der Christus auf den Wassern (das Wasser als Bild für das Ätherische), das heißt im Ätherleib. Die angstgelähmten Apostel erkennen, infolge der Wirkung der Kräfte der 200 Denare in ihren Astralleibern, den Christus jedoch nicht. Mehr noch, sie halten ihn für eine andere Wesenheit, sie halten ihn für ein *Gespenst.* Dieser Irrtum der Apostel ist eine strenge, ernste Mahnung für unsere Zeit, ein Hinweis auf die schreckliche Gefahr, die heute der Menschheit droht: den ätherischen Christus bei seiner Wiederkunft nicht zu erkennen, jedoch an seiner Statt jene ahrimanische Individualität anzuerkennen, deren Auftreten die genannten okkulten «Bruderschaften» des Westens heute mit aller Kraft vorbereiten. Menschen der fünften nachatlantischen Kulturepoche, wachet darüber, daß ihr nicht ein ahrimanisches Gespenst anstelle des Christus aufnehmt! – das will uns diese Evangelienstelle sagen.

Was aber können wir tun, um dieser Verführung der Menschheit durch das ahrimanische Gespenst entgegenzuwirken? Die Antwort auf diese Frage ist in dem oben zitierten Berliner Vortrag von 1917 gegeben, wo von der Notwendigkeit gesprochen wird, die moderne Geisteswissenschaft aufzunehmen, nicht als eine Theorie, sondern als eine geistige Sprache, in der wir uns unmittelbar an den ätherischen Christus wenden können, um ihm diejenigen Fragen zu stellen, die für unsere Zeit notwendig sind. «Suchen wir daher», so beschließt Rudolf Steiner diesen Vortrag, «nicht bloß die Lehre, suchen wir als eine Sprache uns die Geisteswissenschaft anzueignen, und warten wir dann, bis wir in dieser Sprache die Fragen finden, die wir an den Christus stellen dürfen. Er wird antworten, ja Er *wird antworten!* Und reichliche Seelenkräfte, Seelenstärkungen, Seelenimpulse wird derjenige davontragen, der aus grauer Geistestiefe heraus, die in der Menschheitsentwicklung dieser Zeit liegt, *die*

Anweisung des Christus vernehmen wird, die dieser dem, der sie sucht, geben will in der allernächsten Zukunft.»[55]

Im Evangelium lesen wir unmittelbar nach der Beschreibung des Schreckens der Apostel: «Seid getrost, ich bin's, fürchtet euch nicht!»[56]

Diese Worte weisen uns darauf hin, wie der Christus von unserer Zeit an jeder Seele, die sich in der Sprache an ihn wendet, in der er mit ihr sprechen kann, helfen wird, die Verführung duch das «ahrimanische Gespenst» zu überwinden. Er wird helfen, die Furcht und die Illusion, die sich als innere Lügenhaftigkeit äußert, zu überwinden. Denn die *Furcht,* die von der Angst vor der Entwicklung der ins Übersinnliche führenden Glaubenskraft herrührt, und die *Lüge,* welche aus dem Intellektualismus entspringt, der sich gegen die Spiritualisierung wendet, sind heute die zwei wichtigsten Vorboten und Hilfsmittel des «ahrimanischen Gespenstes», das so an Stelle des ätherischen Christus der Menschheit zu erscheinen trachtet. Im Evangelium heißt es weiter: «Petrus aber antwortete ihm und sprach: Herr, wenn Du es bist, so heiß mich über das Wasser zu Dir kommen. Er sprach: Komm! Und Petrus stieg aus dem Schiff und wandelte auf dem Wasser und kam zu Jesus.»[57] In diesen Worten des Petrus haben wir ein Urbild jener Fragen, welche wir dem Christus *bereits heute* in der Sprache der modernen Geisteswissenschaft stellen können. Und wir dürfen sicher sein: «Er antwortet. Ja, Er wird antworten», so wie er einst dem Petrus antwortete, indem er sprach: «Komm.» Nur dürfen wir in diesem Augenblick nicht kleingläubig sein, sondern wir sind aufgefordert, so stark von der Kraft der neuen Christus-Offenbarung durchdrungen zu sein, welche uns von der anthroposophisch orientierten Geisteswissenschaft heute vermittelt wird, daß wir tatsächlich auf die Wasser des Astralmeeres hinaustreten und dem ätherischen Christus entgegengehen können, – ohne seine tadelnden Worte: «Kleingläubiger! Warum zweifelst du?»[58] hören zu müssen.

Einen starken *Glauben,* der zugleich *unerschütterliche Gewißheit* ist, sollten wir uns heute erwerben. Und diesen Glauben, diese Überzeugung von der Realität des Geistes, die das Ergebnis einer starken Seele, eines kraftvollen und gesunden Astralleibes sind, kann uns nur die Geisteswissenschaft geben. «Erkenntnis ist Nahrung, Wissen ist Nahrung für die Seele. Die Seele ißt von dem, was wir als Begriffe aus der Geisteswissenschaft[59] in uns aufnehmen. Sie ißt von dem, was sie *glaubt,* und sie hat gesunde Nahrung nur an dem, was die Geisteswissenschaft ihr bietet.»[60] Wie wichtig es ist, die Tugend des *Glaubens* in unserem Astralleib zu erarbeiten, um dem ätherischen Christus, der heute auf uns zukommt, mit innerer Sicherheit entgegengehen zu können, wird auch daran erkennbar, daß unmittelbar nach dem Wandeln auf den Wassern, so wie es im Johannes-Evangelium beschrieben wird, der Christus auf die Frage: «Was sollen wir tun, daß wir Gottes Werke wirken?», antwortet: «Das ist Gottes Werk, daß ihr an den *glaubet*, den er gesandt hat.»[61]

Diese Szene vom Wandeln auf den Wassern läßt feinste Nuancen des neuen Christus-Erlebens anklingen. So wird im Markus-Evangelium davon gesprochen, daß der Christus «sah, wie sie auf der Fahrt in Bedrängnis gerieten»[62], daß sie Hilfe, Trost brauchten. Wie stimmen doch diese Worte überein mit jenen, in denen Rudolf Steiner das neue Erscheinen des Christus im Ätherischen schildert: «Irgendein Mensch kommt da oder dorthin, dieses oder jenes erlebt er. Wenn er nur wirklich das Auge durch Beschäftigung mit der Anthroposophie geschärft hätte, könnte er schon bemerken, daß plötzlich um ihn irgend jemand ist, kommt, um *zu helfen*, ihn auf dieses oder jenes aufmerksam zu machen: daß ihm der Christus gegenübertritt... Gar mancher wird erleben, wenn er gedrückten Herzens, leidbelastet, still in seinem Zimmer sitzt und nicht aus noch ein weiß, daß die Tür geöffnet wird: Der ätherische Christus wird erscheinen und wird Trostworte zu ihm sprechen. Ein lebendiger Trostbringer wird der Christus für die Menschen werden!»[63] Auch in der Speisungsszene finden wir dieses Element, wenn der Evangelist Markus schildert: «Und als er ausstieg, sah er die große Schar, und sein Herz wurde bei ihrem Anblick von *Mitleid* bewegt; denn sie waren wie Schafe, die keinen Hirten haben, und er fing an, sie mancherlei zu lehren.»[64] Im Matthäus-Evangelium heißt es: «Und als er hervortrat und die große Schar der Menschen sah, ergriff ihn *Mitleid* mit ihnen, und er *heilte* die Kranken, die unter ihnen waren.»[65] So wirkt der Christus heute: teilnehmend (Hilfe spendend durch das Wort), tröstend (in Kummer und Leiden), heilend (unserem Astralleib Gesundheit verleihend).[66]

Zu dem esoterischen Gehalt dieser Szenen gehört auch das Gespräch, das der Christus am Tage nach der Speisung der Fünftausend mit den Juden führte und das wir im 6. Kapitel des Johannes-Evangeliums finden. In den anderen Evangelien fehlt dieses Gespräch, was darauf deutet, daß der Apostel Johannes diese Einweihungsstufe auf besonders vollkommene Weise durchgemacht hat. Im Markus- und Matthäus-Evangelium wird an der entsprechenden Stelle – das heißt unmittelbar nach dem Wandeln auf den Wassern – nur der zahlreichen Krankenheilungen durch den Christus-Jesus gedacht, deren Voraussetzung stets der *Glaube* an seine göttliche Herkunft ist. Es wirken diese Glaubenskräfte hier jedoch noch auf eine verborgene Weise, gleichsam aus den Tiefen des Menschenwesens heraus, verwandelnd auf den Astralleib, so daß er im Ätherleib nicht länger Zerstörung hervorruft, sondern es diesem ermöglicht, den physischen Leib gesund zu erhalten. Im Lukas-Evangelium sodann finden wir an der entsprechenden Stelle keinen Hinweis auf diese heilende Tätigkeit des Christus Jesus, denn dort fehlt auch die Szene vom Wandeln auf den Wassern. Das Lukas-Evangelium und das Johannes-Evangelium bilden da einen polaren Gegensatz, während das Markus- und das Matthäus-Evangelium gleichsam eine Zwischenstellung einnehmen.[67]

Der *Glaube* als entscheidende Voraussetzung dafür, daß der Christus-Impuls den Astralleib des Menschen durchdringen kann, ist das Wesentliche des schon erwähnten Gespräches, das der Christus-Jesus nach dem 6. Kapitel des Johannes-Evangeliums mit den Juden führte: «Da sprachen sie zu ihm: Was sollen wir tun, daß wir Gottes Werke wirken? Jesus antwortete und sprach zu ihnen: Das ist Gottes Werk, daß ihr an den *glaubet*, den er [der Vater] gesandt hat»[68] Wie wir bereits sahen, führt dieses Eindringen der Christus-Kräfte in den menschlichen Astralleib in der Form des Glaubens allmählich zur Entwicklung der astralischen Wahrnehmungsorgane und des imaginativen Schauens auf dem Astralplan oder der Seelenwelt, wo wir heute auch dem ätherischen Christus begegnen können, welcher dort in der Fülle seines Ätherleibes als «wahres Brot des Lebens» wirkt. (Beide Worte weisen auf die *ätherische* Natur des Christus: das Brot ist in seiner Verbindung mit der Pflanzenwelt seit alten Zeiten als «Sonnennahrung»[69] empfunden worden, und Leben ist die Grundeigenschaft des Ätherleibes, welcher dem Menschen auf der alten Sonne von den Geistern der Weisheit verliehen wurde.)

Vor den angeführten Worten spricht der Christus von dem menschlichen Leben, das nicht nur leiblicher, das heißt physischer Speise bedarf, sondern vor allem geistiger, «die dauernd ist und Anteil verleiht am unvergänglichen Leben.»[70] Sodann folgt eine eingehende Belehrung über «das Brot aus dem Himmel», und es werden jene ätherischen Kräfte beschrieben, in deren Hülle der Christus einst geistig unter die Menschen treten soll. Dabei wird auch an Moses erinnert, der den Ätherleib des Zarathustra empfangen hatte und der dadurch die Kräfte des makrokosmischen Ätherleibes des Christus im brennenden Dornbusch auf dem Berg Sinai schauen konnte, die Kräfte, welche der Christus bei seiner Verkörperung auf der Erde opferte.[71]

Wenden wir uns nun dieser großen Verkündigung vom «Brot des Lebens» zu, welche von unserer Zeit an durch das Erscheinen des Christus im Ätherleib und das bewußte Entwickeln der Glaubenskräfte im menschlichen Astralleib ihre Verwirklichung erfährt.[72] Der Christus spricht: «Denn dies ist das Brot Gottes, das vom Himmel kommt und gibt der Welt das *Leben*» (Vers. 33). «Ich bin das *Brot des Lebens*. Wer zu mir kommt, den wird nicht hungern, und wer an mich *glaubt*[73], den wird nimmermehr dürsten» (Vers. 35). «Denn das ist der Wille des, der mich gesandt hat, daß, wer den Sohn *sieht* und *glaubt* an ihn, habe das *ewige Leben*; und ich werde ihn auferwecken am jüngsten Tage»[74] (Vers 40). «Ich bin das *Brot des Lebens* (Vers 48). «Die Worte, die ich rede, die sind *Geist* und sind *Leben*» (Vers 63). Sie führen, indem sie den astralischen Leib umwandeln, unmittelbar zum schauenden Erleben des Christus-Ich (des Geistes) in der ätherischen Hülle (dem Leben). Am Schluß des Gespräches aber wird auf den *Unglauben* als derjenigen Kraft hingewiesen, welche dem Eindringen des Christus in den Astralleib des Menschen entgegensteht und bewirkt, daß seitdem «viele seiner Jünger hinter sich gingen und hinfort nicht mehr mit ihm wandelten» (Vers 66). So sehen wir, daß das Gespräch des Christus mit den Juden, von welchem im 6. Kapitel des Johannes-Evangeliums berichtet wird, gerade auf unsere Gegenwart, auf die Zeit, da der Christus als das wahre «Brot des Lebens» im Ätherischen erscheint und auf den *Glauben* weist, auf jene Seelenkraft, welche heute jeden Menschen befähigen kann, ihn zu schauen.

In allen Szenen des Evangeliums, die wir betrachten und die sich gemäß der Geisteswissenschaft auf die fünfte nachatlantische Epoche beziehen, wird darauf hingewiesen, daß die Gegensätzlichkeit der zwei Impulse: des ätherischen Christus und des «ahrimanischen Gespenstes»; des wahren «Brotes des Lebens» und derjenigen Kräfte, welche zur «Verhärtung der Herzen» führen, heute mehr und mehr hervortreten wird. Wobei der geistige Kampf dieser zwei Impulse als der bestimmende Faktor in der Entwicklung der Gegenwartsmenschheit nicht nur in den Herzen und Seelen der Menschen, sondern auch – und das mit besonderer Intensität – in der *sozialen Sphäre* vor sich geht, als Widerstreit der sozialen und antisozialen Tendenzen in unserer Zeit. Worin besteht nun der besondere Charakter dieser zwei Impulse in der Gegenwart? In welchen Zivilisationserscheinungen äußern sie sich am deutlichsten? Um eine Antwort auf diese Frage zu finden, ist das Wirken des ätherischen Christus und des ihm entgegenarbeitenden ahrimanischen Geistes, der in der Gestalt eines «Gespenstes» auftritt, noch von einer anderen Seite zu betrachten. Nach den Darstellungen der Geisteswissenschaft ist der Begriff «Gespenst» – im Unterschied zu «Dämon», «Phantom» usf. - ein okkulter terminus technicus zur Bezeichnung ahrimanischer Elementarwesen, welche im menschlichen *Ätherleib* infolge negativer sozialer Verhältnisse unter den Menschen entstehen. Rudolf Steiner charakterisiert den Ursprung dieser

«Gespenster» auf folgende Weise: «Solche Tatsachen, die ihre schlimme Wirkung auf den Ätherleib haben, sind zum Beispiel schlechte Gesetze oder schlechte soziale Einrichtungen in irgendeiner Gemeinschaft. Alles, was zum Beispiel zum Unfrieden führt, was überhaupt an schlechten Einrichtungen da von Mensch zu Mensch spielt, wirkt durch die Stimmung, die es durch das Zusammenleben der Menschen erzeugt, so daß sich die Wirkung fortsetzt bis in den Ätherleib. Und was da im Ätherleib sich ansammelt durch die Wirkung von solchen Seelentatsachen, liefert wiederum Abschnürungen von eben diesen geistig hereinwirkenden Wesenheiten, die sich nun ebenfalls in unserer Umgebung befinden. Man nennt sie «Spektren», im Deutschen würde man sagen: *«Gespenster»*.[75]

Es ist deshalb ein weiteres Ziel der obengenannten geheimen «Bruderschaften» des Westens, durch die Einführung möglichst ungesunder sozialer Verhältnisse solche den ahrimanischen Gespenstern dienlichen Prozesse systematisch zu fördern und deshalb auch der Ausbreitung der «Dreigliederung des sozialen Organismus» besonders starke Feindseligkeit und aktiven Widerstand entgegenzusetzen. Das Entstehen möglichst vieler kleiner ahrimanischer «Gespenster» in der Astralwelt, welche ihrerseits die Menschen zu Kriegen[76] und anderen zerstörerischen sozialen Prozessen inspirieren, soll den zukünftigen Kampf aller gegen alle vorbereiten.

Diesen antisozialen Einflüssen müssen heute diejenigen *sozialen* Impulse entgegengestellt werden, die, vom ätherischen Christus ausgehend, zu jener großen Gemeinschaft der Menschen hinführen, welche im Bilde der Speisung der Fünftausend schon im Evangelium vorverkündet wurde. Auf dieses *soziale* Wirken des ätherischen Christus von unserer Zeit an weist auch Rudolf Steiner, von moderner geistiger Erfahrung ausgehend: «Mag es auch heute noch grotesk erscheinen, aber wahr ist es doch, daß manchmal, wenn die Menschen zusammensitzen, nicht ein noch aus wissen, und auch wenn größere Menschenmengen zusammensitzen und warten: daß sie dann den ätherischen Christus sehen werden! Da wird er selber sein, wird beratschlagen, wird sein Wort auch in Versammlungen hineinwerfen. Diesen Zeiten gehen wir durchaus entgegen.»[77]

Und so sehen wir, wie einerseits bestimmte okkulte Kreise durch die Verbreitung übler sozialer Verhältnisse auf das Intensivste gegen das Erscheinen des Christus im Ätherischen kämpfen, indem sie zu erreichen versuchen, daß die von ahrimanischen Illusionen getäuschte Menschheit in der an die Erde grenzenden geistigen Welt an Stelle des Christus dem «ahrimanischen Gespenst» begegnet und ihm auf diese Weise endgültig verfällt, so ist es andererseits heute möglich, durch Geisteswissenschaft die rechten Bedingungen für das soziale Wirken des ätherischen Christus zu schaffen, der sodann der Menschheit helfen kann, die Macht des «ahrimanischen Gespenstes» zu überwinden. Das wird jedoch nur möglich sein durch die Entwicklung der in der Tiefe jeder Menschenseele ruhenden *Glaubenskräfte*, die durch die Vereinigung mit der *spiritualisierten Intelligenz* unserer Epoche für das neue übersinnliche Schauen, das zu einem wahren Erleben des Christus zu führen vermag, eine feste Grundlage schaffen können.

An diesem geistigen Kampf, der hinter den Kulissen der Ereignisse in der Gegenwart geführt wird und der durch die große Imagination vom Kampf Michaels mit dem Drachen zum Ausdruck kommt, sind vor allem die Anthroposophen heute aufgerufen, immer *bewußter* teilzunehmen. Denn vom Ausgang dieses Kampfes am Ende unseres Jahrhunderts hängt die Zukunft der europäischen Kultur ab. In diesem Sinne ist eine große, man kann fast sagen, kosmische *Verantwortung* denjenigen aufgebürdet, welche in der Gegenwart durch die Führung ihres Karma den Zugang gefunden haben zu der neuen Offenbarung des Michael-Christus, die heute in der Form der modernen anthroposophisch orientierten Geisteswissenschaft wirkt.

Von dieser Verantwortung und den Aufgaben, welche der modernen Menschheit von der geistigen Welt selbst gestellt werden, sprechen die strengen Worte des Geistesforschers zu den Anthroposophen des Jahrhundertendes: «Denn es steht heute die Menschheit vor einer großen Eventualität: vor der Eventualität, entweder in den Abgrund hinunterrollen zu sehen alles, was Zivilisation ist, oder es durch Spiritualität hinaufzuheben, fortzuführen im Sinne dessen, was im Michael-Impuls, der vor dem Christus-Impuls steht, gelegen ist.»[78] – «Entscheidend muß dasjenige werden, was Menschenherzen mit dieser Michael-Angelegenheit der Welt im Laufe des 20. Jahrhunderts tun. Und im Laufe dieses 20. Jahrhunderts, wenn das erste Jahrhundert nach dem Ende des Kali-Yuga verflossen sein wird, wird die Menschheit entweder am Grabe aller Zivilisation stehen oder am Anfange desjenigen Zeitalters, wo in den Seelen der Menschen, die in ihrem Herzen Intelligenz mit Spiritualität verbinden, der Michael-Kampf zugunsten des Michael-Impulses ausgefochten wird.»[79]

4.
Die Tugend der Liebe und die sechste nachatlantische Kulturepoche

Auf einer nächsten Stufe dringt der Christus-Impuls in den menschlichen Ätherleib ein. Diese Vereinigung des Christus mit dem Ätherleib bewirkt, daß das Bewußtsein des Menschen im niederen Devachan, in den Planetensphären (dem makrokosmischen Urbild des Ätherleibes) erwacht, insbesondere in der Sonnensphäre, der Welt der Inspiration. Auch hier haben wir in der zweiten Stufe der übersinnlichen Erlebnisse der Apostel, welche die Evangelien mit der Verklärungsszene auf dem Berge Tabor darstellen, ein Urbild eines solchen Bewußtseinsaufstieges zum niederen Devachan.[80] Daß die auserwählten Apostel solch hohe geistige Erlebnisse nicht infolge einer Mysterieneinweihung – wie das in alten Zeiten allein möglich war –, sondern durch ihre innere Verbindung mit dem Christus haben konnten, diese ganz und gar neue Möglichkeit eröffnete sich ihnen und mit ihnen der ganzen Menschheit dank der Vereinigung der Christus-Wesenheit mit dem Ätherleib des Jesus von Nazareth.

In der Verklärungsszene offenbart sich der Christus dem Johannes, Petrus und Jakobus als Welten-Geistes-Sonne zwischen Elias und Moses, wobei der erste die Kräfte der oberen Planeten, Mars, Jupiter, Saturn, repräsentiert und der zweite die Kräfte der unteren, Venus, Merkur, Mond. Damit offenbaren sich den Aposteln die geistigen Kräfte des gesamten Planetensystems «im Gespräch miteinander» in der großen Sphärenharmonie, durch die Sphärenmusik. Gleichzeitig weisen die Gestalten von Elias und Moses hier auf die zwei Hauptströmungen – den nördlichen und den südlichen Strom – der «vorchristlichen» alten Mysterien hin, welche entweder (mit Hilfe der Kräfte der oberen Planeten) durch das ekstatische Sich-Erheben in den Makrokosmos oder (mit Hilfe der Kräfte der unteren Planeten) durch das mystische Sich-Versenken in das Menscheninnere den Zugang zu den Weltengeheimnissen suchten. So wurde die Einweihung des Elias, die vor allem den Astralleib und das Ich betrifft, mit seinem Feueraufstieg in den Himmel, den Makrokosmos, vollendet, während Moses, der zunächst in die ägyptischen Mysterien eingeweiht wurde, welche in die Geheimnisse des ätherischen und physischen Leibes einführen, durch seine Verbindung mit dem Ätherleib des Zarathustra die Sechs-Tage-Schöpfungsgeschichte schreiben konnte. In der Vergangenheit führten beide Strömungen, wenn auch auf verschiedenen Wegen, zu demselben Ziel: zum Erleben der Mitternachtssonne des Seins und zum Erleben des Christus als dem großen Sonnengeist, welcher in der Sonne seine Stätte hat. Indem der Christus sich den Jüngern in der Verklärungsszene zwischen Elias und Moses wie die Sonne zwischen den Planeten zeigt, weist er sie prophetisch auf die zukünftige Vereinigung dieser zwei Strömungen in den einheitlichen, allumfassenden Mysterien des auferstandenen Christus hin. «Und siehe, zwei Männer sprachen mit ihm: Moses und Elias. Sie wurden im übersinnlichen Lichte sichtbar und sprachen von der Vollendung, die sein Erdenweg jetzt in Jerusalem finden sollte.»[81] – Sie sprachen von dem zentralen Ereignis, welches die zwei Strömungen für immer vereinigen sollte: von dem Mysterium von Golgatha.

Esoterisch betrachtet ist diese Szene ebenso wie die Speisung der Fünftausend und das darauffolgende Wandeln auf den Wassern zugleich ein prophetischer Hinweis für die Menschheit, und zwar auf die zukünftige Offenbarung des Christus in seinem *astralischen Leib* in der Sonnensphäre oder dem niederen Devachan. Durch diese zweite Offenbarung, die sich der Menschheit in der sechsten Kulturepoche auf natürliche Weise erschließen wird, wird auf neuer Stufe erlebbar, was Zarathustra einstmals als die große astrale Sonnenaura, als Ahura-Mazdao, schaute, – so wie von unserer Zeit an das imaginative Schauen des ätherischen Christus, der heute auch als der Herr der Elemente in Erscheinung tritt, auf neuer Stufe ein Wiederaufleben dessen ist, was einstmals Moses in dem brennenden Dornbusch auf dem Sinai als «ehjeh asher ehjeh» («Ich bin der Ich-Bin») schaute.

Rudolf Steiner charakterisiert dieses zukünftige Erscheinen des Christus als Geistes-Sonne auf dem niederen Devachan in der Welt der Inspiration mit den Worten: «Lichtgestalt», «tönendes Wort», «Lichtleib», «jenes Wort, das schon im Urbeginn in astraler Gestalt wirkte». All diese Ausdrücke entsprechen aufs genaueste der Verklärungsszene im Evangelium. Dort wird auch von dem «Licht» und dem «Wort» an erster Stelle gesprochen: «Sein Antlitz *erstrahlte* wie die *Sonne,* und seine Gewänder wurden weißleuchtend wie das *Licht* selbst.»[82] «Und während er [Petrus] noch sprach: siehe, da überschattete sie eine *leuchtende* Wolke, und siehe, eine *Stimme sprach* aus der Wolke: Dies ist mein Sohn, den ich liebe. In ihm habe ich mich geoffenbart. *Höret sein Wort!*»[83] Und wenn die Menschen in der sechsten Kulturepoche den Christus wirklich «hören» und ihn sich in ihre Ätherleiber ergießen lassen werden, dann wird es ihm dadurch ermöglicht, die Herrschaft in dem ihm von Ewigkeit zugehörenden Sonnenreich anzutreten, aus dem er der Menschheit hinfort als die große *Liebes-Sonne*, welche der ganzen Welt Leben und Wärme schenkt, leuchten wird. Deshalb spricht der Christus im Matthäus-Evangelium, auf die Verklärungsszene weisend, daß die Apostel ihn in seiner eigenen hohen Sonnensphäre werden schauen dürfen: «Ja, ich sage euch: Unter denen, die hier stehen, sind einige, bevor sie den Geschmack des Todes haben, werden sie den Menschensohn schauen, *wie er kommt in seinem Reich.*»[84]

Auch zu dieser zweiten, zukünftigen Christus-Offenbarung können wir, wie wir gesehen haben, während des Jahreslaufs in der Zeit von Epiphanias bis Ostern bis zu einem gewissen Grad den Zugang finden, und zwar dadurch, daß wir jene Tugend intensiv in uns erüben, welche bereits heute dem Christus-Impuls das Tor zu unserem Ätherleib erschließen kann. Denn so wie der Glaube das Wirken des Christus im Astralleib ermöglicht, so die *Liebe* im Ätherleib. Mit anderen Worten: Durch die Entwicklung der allumfassenden Liebe kann der Mensch schon heute den Christus in seinem Ätherleib erleben. Denn «die Kräfte, die zunächst aus den Tiefen unseres Wesens heraufwirken zu uns aus unserem Ätherleib, sind die Kräfte, die sich dadurch ausdrücken, daß der Mensch lieben kann, lieben auf allen Stufen seines Daseins.»[85] Mit diesen Worten deutet der Geistesforscher darauf hin, daß seit dem Mysterium von Golgatha diese allumfassende Liebe ein unmittelbares Zeugnis der Gegenwart der Kräfte des lebendigen Christus in unserem Ätherleib ist. Es muß diese Gegenwart uns nur voll *bewußt* werden. Und auf dieses *Bewußtwerden* weist uns auf prophetische Weise die Verklärung auf dem Berg Tabor hin.

Wir sahen, daß den Worten «Sonne», «Licht», «Leuchten» in dieser Szene eine besondere Bedeutung zukommt, da sie dasjenige Wesensprinzip genau charakterisieren, das mehr nach außen hin im Licht in Erscheinung tritt. Es sagt Rudolf Steiner über dieses Mysterium des Lichtes und seinen Zusammenhang mit dem Wesen und Ursprung des menschlichen Ätherleibes: «Erinnern wir uns nun, daß der Mensch auf der alten Sonne den Ätherkörper in der Anlage bekommen hat, daß dieses Feurige, Lichtvolle, Glänzende der Sonne Anlage ist des Ätherleibes. Darin ist nur eine andere Seite der Liebe gegeben, das, was die Liebe im Geiste [d. h. im Devachan] ist: *Licht ist Liebe.* Im Ätherkörper ist uns also die Liebe und die Liebessehnsucht gegeben, und wir können den Ätherkörper mit Fug und Recht nennen den Liebesleib: *Licht und Liebe.*»[86]

Der Gegensatz des Lichtes ist die Finsternis, und was der Liebe entgegengesetzt ist, nennen wir *Egoismus*. In unserer Zeit kann auch der stärkste Egoismus die Liebe nicht vollständig aus der Seele vertreiben. In der Zukunft jedoch, von der sechsten Kulturepoche an, wird das durch schwarz-magische okkulte Maßnahmen möglich sein. Das wird dann die Ursache einer bestimmten Krankheit, einer Art geistigen Aussatzes sein, welcher nicht nur zum physischen, sondern auch zum *seelischen Tod* führen wird. Was sich heute erst allmählich als die Teilung der Menschheit in die zwei Rassen der Guten und der Bösen anbahnt, das wird in der sechsten Kulturepoche zur vollen Entwicklung kommen. Auf diese zukünftige Teilung der Menschheit werden wir im Gespräch des Christus mit den Jüngern, das der Verklärungsszene unmittelbar vorangeht, hingewiesen. Hier wird Petrus auf zweierlei Weise charakterisiert: «Selig bist du Simon, Sohn des Jona»[87], und: «Weiche von mir, Macht Satans»[88] – als ein Hinweis auf die zukünftige Teilung der Menschheit in zwei Teile, von denen der eine von Gott inspiriert wird, der andere aber von Satan, das heißt von Ahriman. Das entscheidende Moment aber für diese Teilung wird die innere, persönliche Beziehung jedes einzelnen Menschen zu Christus – wie sie in dem Bekenntnis des Petrus zum Ausdruck kommt: «Du bist der Christus, der Sohn des lebendigen Gottes»[89] – und die Erkenntnis des Mysteriums von Golgatha sein. «Von da an begann Jesus Christus, seinen Jüngern davon zu sprechen, daß er nach Jerusalem gehen müsse, daß ihm viele Leiden bevorstünden von den Ältesten und Hohepriestern und Schriftgelehrten, daß man ihn töten und daß er am dritten Tage auferstehen würde.»[90] Es wird zum Beginn der sechsten Kulturepoche weder im Osten noch im Westen einen einzigen Menschen geben, der dem Christus-Impuls noch niemals zuvor auf der Erde begegnet sein und nicht in dieser oder jener Form *bewußt* vor der Frage gestanden haben wird: Willst du auf der Grundlage der Freiheit, von den «menschlichen» oder den «göttlichen» Gedanken ausgehend, handeln? Strebt er das letztere an, dann gibt es für ihn nur einen einzigen Weg, den wir auch heute schon betreten können, der jedoch in der sechsten Epoche der einzige Weg zur Rettung sein wird: «Und Jesus sprach zu seinen Jüngern: Wer mir nachfolgen will, muß Selbstverleugnung [das heißt Überwindung des Egoismus] üben und sein Kreuz tragen. Nur so kann er mir folgen.»[91] Von dem entgegengesetzten Weg, der zum Seelentod, das heißt zum nicht wiedergutzumachenden Schaden für die Seele führt, spricht der Christus die folgenden Worte: «Wer auf die Rettung seiner Seele [nach Luther: des Lebens] bedacht ist [das heißt damit egoistische Ziele verfolgt], wird sie verlieren, wer aber seine Seele verliert um meinetwillen [das heißt sie der

Christus-Liebe öffnet], der wird sie wahrhaft finden. Was nützte es dem Menschen, die ganze Welt zu gewinnen, wenn dabei seine Seele verkümmerte? Hat der Mensch etwas, das er als Lösegeld für seine Seele geben kann?»[92] So wird der Christus in der sechsten Epoche der wahre *Retter* der Menschenseele sein.

5.
Die Tugend der Hoffnung und die siebente nachatlantische Kulturepoche

Die letzte Stufe auf dem Weg des Christus-Impulses in die menschlichen Hüllen bildet seine Vereinigung mit dem physischen Leib, sein Eindringen bis zu den festen Bestandteilen, zum Knochensystem. Und das eröffnet dem Bewußtsein des Menschen die Möglichkeit, sich zur Sphäre des höheren Devachan, der Welt der Intuition, und sogar zu der noch höheren Sphäre der Vorsehung oder des Buddhi zu erheben. Urbild eines solchen Bewußtseinsaufstiegs ist für alle Zeiten die Individualität des Apostels Johannes, «des Jüngers, den der Herr lieb hatte». Er allein vermochte sein Bewußtsein zur Sphäre jenseits des Tierkreises zu erheben, um von dort den Heiligen Geist zu empfangen, der es ihm ermöglichte, das *Mysterium von Golgatha bewußt mitzuerleben*, den Christus in seiner höchsten Offenbarung als großes makrokosmisches Welten-Ich zu erleben, von dem einst die heiligen Rishis dunkel ahnend kündeten, als sie sprachen: Vishva Karman weilt noch *jenseits der Grenzen* unserer Sphäre. Dieses Erleben tritt jetzt in neuer, gleichsam erneuerter Gestalt vor Johannes hin. Denn Vishva Karman weilt nicht mehr jenseits der Tierkreissphäre, sondern auf der Erde, und er verbindet dank seiner Vereinigung mit dem physischen Leib des Jesus von Nazareth die Menschen für alle kommenden Zeiten mit der höchsten kosmischen Sphäre, mit den Urquellen des Heiligen Geistes. Die übrigen Apostel können zu diesem Zeitpunkt eine solche Bewußtseinshöhe noch nicht erreichen. Deshalb versinken sie in einen Schlaf, der, nach dem Fünften Evangelium, bis zum Beginn der Pfingstereignisse dauern sollte.[93] Warum aber schliefen die Jünger ein? Warum konnten sie den Impuls des Heiligen Geistes nicht bewußt in ihre Seelen aufnehmen? Der Evangelist Lukas sagt dazu: «Dann erhob er [der Christus Jesus] sich vom Gebet; aber als er zu den Jüngern kam, fand er, daß sie *vor Traurigkeit eingeschlafen waren*.»[94] Und als Jesus von den Hohepriestern im Garten von Gethsemane ergriffen worden war, wurde aus der «Trauer» «Verzweiflung»: «Da ließen ihn alle im Stich und flohen.»[95] Diese *innere Verzweiflung*, die den Christus-

Impuls daran hindert, bis in den physischen Leib des Menschen vorzudringen, beherrscht die Seelen der Apostel nach ihrer Flucht vollständig und erreicht gleichsam ihre Kulmination mit dem dreimaligen Leugnen des Petrus.

So steht in den genannten Szenen des Evangeliums einerseits die erhabene Gestalt des Apostels Johannes vor uns und andererseits das Bild all jener Hindernisse, die sich dem Erleben des Christus-Impulses bis in den physischen Leib hinein in den Weg stellen. Es sollte uns das Bild dieser Hindernisse heute jedoch nicht entmutigen, uns nicht an unseren Kräften zweifeln lassen, denn wenn es sich bei den genannten Ereignissen auch um so erhabene Individualitäten wie die Apostel handelt, so ist hier doch zu berücksichtigen, daß alle diese Ereignisse *vor* dem Mysterium von Golgatha stattfanden. Heute aber, fast zwei Jahrtausende nach dem Mysterium von Golgatha sowie nach 1899, dem Ende des Kali-Yuga, können wir auch im physischen Leibe nach dem bewußten Erleben des Christus streben. Im Jahreslauf ist für diese letzte Stufe der Durchchristung der Hüllen besonders die Zeit des Höhepunktes der Epoche von Epiphanias bis Ostern und Ostern selbst geeignet.

Es ist aber auch hier wie auf den vorhergehenden Stufen die Entwicklung einer bestimmten Tugend notwendig, um dem Christus-Impuls das Wirken bis in den physischen Leib heute zu ermöglichen. Denn wird die Substanz der kosmischen Liebe vom Menschen zu Epiphanias als Folge der realen Gegenwart des Christus im Ich erlebt und dringt sie, sich über die Grenzen des Ich «ergießend» (wie wir in der vorhergehenden Betrachtung sahen), in seine Hüllen ein, so erscheint sie als Glaubenskraft im Astralleib, als Liebeskraft im Ätherleib und schließlich als Kraft der *Hoffnung* im physischen Leib.[96] So sind es im wesentlichen gerade die Hoffnungskräfte, welche unseren physischen Leib von innen her aufbauen und erhalten, indem sie uns auch in physischer Hinsicht zu «aufrechten» Menschen machen. «Gerade für das physische Leben brauchen wir die Hoffnung, denn es hält die Hoffnung alles physische Leben zusammen und *aufrecht*. – Nichts kann geschehen auf dem äußeren physischen Plan ohne die Hoffnung. Daher hängen auch die Hoffnungskräfte mit der letzten Hülle unseres menschlichen Wesens zusammen, mit unserem physischen Leib. Was die Glaubenskräfte für den Astralleib, die Liebeskräfte für den Ätherleib sind, das sind die Hoffnungskräfte für den physischen Leib», sagt Rudolf Steiner. «Die Hoffnung *baut* unseren physischen Leib *auf*.»[97]

Wie aber sollen wir in der heutigen Zeit, die uns in zunehmendem Maße als hoffnungslos erscheint, eine wahre, bis zum physischen Leib wirkende

Hoffnung in uns finden? Das ist heute *nur* durch die anthroposophisch orientierte Geisteswissenschaft möglich. «Was gibt uns diese Geisteswissenschaft?», fragt Rudolf Steiner und antwortet: «Sie gibt uns dadurch, daß sie uns bekannt macht mit dem allumfassenden *Karmagesetz*, mit dem *Gesetze der wiederholten Erdenleben* das, was in geistiger Beziehung uns ebenso mit der Hoffnung durchdringt, wie uns das Bewußtsein, daß morgen die Sonne aufgehen wird, daß die Samen als Pflanzen wachsen werden, für den physischen Plan mit der Hoffnung ausstattet. Sie zeigt uns, ... daß dieser physische Leib von den Kräften, die uns als Hoffnungskräfte durchdringen, wenn wir Karma verstehen, *wieder aufgebaut wird in einem neuen Leben.*»[98] So werden, dank der modernen Geisteswissenschaft, die Hoffnungskräfte für uns zu realen *Auferstehungskräften.* Und allein diese geistigen Auferstehungskräfte, welche als Resultat der Anwesenheit des Christus-Impulses im physischen Leib wirken, nachdem er durch die Tugend der Hoffnung in ihn einziehen konnte, können in uns jene *Verzweiflungskräfte besiegen,* welche einstmals sogar die Apostel – mit Ausnahme des Johannes – nicht zu besiegen vermochten, da Christus noch nicht von den Toten auferstanden war. Von unserer Zeit an jedoch, ganz besonders aber im Verlaufe der sechsten und *siebenten* Kulturepoche werden diese Kräfte der Verzweiflung nicht nur als Kräfte in Erscheinung treten, welche das Bewußtsein des Menschen verdunkeln, wie das zur Zeit der Ereignisse in Palästina der Fall war, sondern sie werden allmählich den «*geistigen* Tod» bringen, welcher zu unmittelbaren und nicht wieder gut zu machenden Veränderungen im physischen Leib führen wird: «Der Mensch, der *verzweifeln* müßte an demjenigen, was er voraussetzen muß für die Zukunft, er würde so durch die Welt gehen, daß das an seinem physischen Leibe wohl bemerkbar ist», sagt Rudolf Steiner.[99] Und in Zukunft kann nur eines diesem langsamen Ersterben des physischen Leibes entgegenwirken: wenn wir die Lehre von Reinkarnation und Karma aufnehmen, das heißt die Lehre von der Welten-*Gerechtigkeit* und Welten-*Hoffnung* in ihrer neuen, wahrhaft *christlichen Form,* wie sie in der Anthroposophie Rudolf Steiners lebt.

Warum aber kam diese Lehre gerade heute in die Welt, von der Rudolf Steiner einmal sagte, daß sie zu verbreiten die Hauptaufgabe der Anthroposophie in der Gegenwart sei? Eine Antwort finden wir in den Worten Rudolf Steiners: «Damit haben wir auf das ganz Wichtige und Wesentliche unserer Zeit hingedeutet, auf die neue Erscheinung des Christus im ätherischen Leib, die durch den ganzen Charakter unserer Zeit eben nicht an einen physischen Leib gebunden sein darf. Darauf haben wir hingedeutet, daß der Christus erscheint auf der Erde in seinem Richteramt, gleichsam gegenüber dem leidenden Christus von Golgatha als der triumphierende Christus, als der *Herr des Karma,* der schon vorausgeahnt worden ist von denjenigen, die den Christus des jüngsten Gerichts gemalt haben... In Wahrheit ist das etwas, *was in dem 20. Jahrhundert beginnt und durchgeht bis zu dem Erdenende. Das Gericht beginnt von unserem 20. Jahrhundert ab, das heißt die Ordnung des Karma.*»[100] Diese Worte weisen auf die Tatsache, daß der Christus heute den Weg aus dem menschlichen Ich in die Hüllen beginnt, den Weg, der in der siebenten Kulturepoche mit dem Eintritt in den physischen Leib der Menschen sein Ziel erreicht haben und es ihm sodann ermöglichen wird, die gesamte Sphäre des Tierkreises für die Menschheit zu erringen, damit sie den Bereich des Weltenkarma einmal bewußt wird betreten können. «Wir sehen also, wie der auf die Erde herabgestiegene Christus, von einer physisch-irdischen Menschenwesenheit ausgehend, sich allmählich entwickelt als ätherischer, als astralischer, als Ich-Christus, um als Ich-Christus der Geist der Erde zu sein, der dann *mit allen Menschen sich emporhebt zu höheren Stufen.*»[101] Und so wie das individuelle Ich des Menschen der Träger seines eigenen individuellen Karma ist, dessen Strom ohne Unterbrechung durch die verschiedenen Verkörperungen hindurchgeht, so wird allmählich das makrokosmische Ich des Christus zum Träger des Welten-Karma, des Karma der gesamten Menschheit. Das kommt esoterisch darin zum Ausdruck, daß seine drei neuen Offenbarungen, auf welche im Evangelium durch die Speisung der Fünftausend, die Verklärung auf dem Berg Tabor und das Gebet um den Kelch im Garten von Gethsemane sowie das Mysterium von Golgatha prophetisch hingewiesen wird, zugleich Hinweise darauf sind, daß die Christus-Wesenheit zum Herrn der Folgen der vorhergehenden Erdzustände, welche der Akasha-Chronik eingeprägt sind, geworden ist.[102]

So besteht ein Zusammenhang zwischen der ersten übersinnlichen Christus-Offenbarung in unserer Epoche mit dem Prozeß, durch den der Christus die Herrschaft über diejenigen karmischen Kräfte gewinnt, welche die Auswirkungen des alten Mondenzustandes unserer Erde sind; zwischen der zweiten Offenbarung in der sechsten Epoche und seiner Herrschaft über die karmischen Kräfte, welche aus dem alten Sonnenzustand hervorgegangen sind, und – schließlich – der dritten Offenbarung in der siebenten Epoche mit den Karma-Kräften, die aus den metamorphosierten Kräften des alten Saturn stammen.[103] Denn das Aufsteigen der Christus-Wesenheit bis zu dieser Zeit «zusammen mit allen Menschen» in den Tierkreis und zugleich seine Vereinigung mit der Sphäre des Welten-Karma der Erdvergangenheit bis hin zum alten Saturn ist die geistige

Realität, welche hinter den Worten steht: Vom 20. Jahrhundert an bis zum Ende der Erdenentwicklung wird der Christus mehr und mehr es auf sich genommen haben, als der Herr des Karma zu wirken. In diesem Zusammenhang gewinnen die folgenden Worte Rudolf Steiners besondere Bedeutung: «Also wenn wir suchen, was noch vorhanden ist an Kräften, die, ich möchte sagen, die Naturkräfte der alten Saturnentwicklung waren, so müssen wir zu der Gesetzmäßigkeit unseres persönlichen Karma gehen... Und wenn wir versuchen, das persönliche Karma in Zusammenhang zu bringen mit den Konstellationen, die sich auf diese Tierkreiszeichen beziehen, dann leben wir ungefähr in der Sphäre der Weltbetrachtung, die angewendet werden müßte auf die Gesetze der alten Saturnepoche.»[104] Diese Naturkräfte des alten Saturn, die letzten Endes im Bereich des Tierkreises urständen, sie sind in Wirklichkeit auch die Schöpfer des zwölfgliedrigen menschlichen physischen Leibes und ihrem inneren Wesen nach die kosmischen Kräfte der Hoffnung: «Auf dem alten Saturn wurde der Keim des physischen Menschen gelegt. Wie das? Geistig wurde er dort gelegt, in dem nämlich, was fortdauern soll – die Hoffnung. Daher kann der physische Leib der *Hoffnungsleib* genannt werden mit Fug und Recht.»[105]

So weisen diese zwei Aussagen Rudolf Steiners auf den Zusammenhang zwischen den alten Gesetzmäßigkeiten des Saturn und dem Welten-Karma einerseits – in der Tierkreissphäre ist das Karma des Einzelmenschen vom Welten-Karma nicht mehr zu trennen – und andererseits auf den Zusammenhang dieses menschlichen Karma mit den Hoffnungskräften, den eigentlichen bewegenden Kräften der siebenten Kulturepoche, hin. All das läßt uns empfinden, wie in der siebenten Epoche, wo der Christus das Welten-Karma vollkommen auf sich genommen haben wird, die Karma-Gesetze ganz anders in der Menschheit wirken werden, da sie in geistiger Beziehung dann etwas ganz anderes sein werden.

Um sich auch nur eine ungefähre Vorstellung dieser Möglichkeit des bewußten Arbeitens mit dem Karma zu bilden, die sich in jener fernen Epoche der Menschheit eröffnen wird, wollen wir uns einem Phänomen zuwenden, welches in der gegenwärtigen Michael-Epoche allen denjenigen Menschen, welche während des Erdenlebens ihren Astralleib mit dem Licht der Michael-Weisheit und ihren Ätherleib mit der Christus-Liebe in wachsendem Maße zu durchdringen vermögen, mehr und mehr zugänglich werden wird. Rudolf Steiner beschreibt, was solche Menschen in der geistigen Welt unmittelbar vor ihrer Geburt durchleben werden: «Wir sind ja immer der Gefahr ausgesetzt, durch das, was wir vollbringen, andere Menschen zu schädigen. Das Urteil über dasjenige, was wir einem anderen Menschen angetan haben, wird ganz besonders hell leuchten in diesem Momente, wo wir noch im Ätherleib sind, wo wir noch nicht den physischen Leib bezogen haben. Da aber wirkt in Zukunft auch das Licht des Michael und die Liebe des Christus. Und wir werden in die Lage versetzt, eine Änderung in unserer Entscheidung herbeizuführen, den Leib, den wir zubereitet haben, einem anderen zu übergeben und selber denjenigen Leib zu übernehmen, der bereitet worden ist von dem, den wir besonders geschädigt haben. Das ist der gewaltige Übergang, der von unserer Zeit in die Zukunft hinein in bezug auf das geistige Leben der Menschen stattfindet. – Wir werden in der Lage sein, in einen Leib einzuziehen, der von einem Menschen hat zubereitet werden müssen, den wir besonders geschädigt haben; und der andere wird in der Lage sein, in unseren zubereiteten Leib einzutreten. Und dadurch wird das, was wir auf Erden werden vollbringen können, in einer ganz anderen Weise sich karmisch ausgleichen können als sonst. Wir werden gewissermaßen als Menschen in die Lage kommen, unsere physischen Leiber auszutauschen. – Die Erde könnte niemals ihr Ziel erreichen, wenn nicht das eintreten würde; niemals würde sonst auf der Erde die Menschheit ein Ganzes werden können. Und das muß sein! ... Das ist wirkliche ideelle Magie. Das ist, was in älteren Zeiten wahre weiße Magie genannt worden ist.»[106]

Betrachten wir nun nochmals den Weg, den wir in den letzten Kapiteln zurückgelegt haben, dann sehen wir, welche im Grunde nicht auszuschöpfende Bedeutung der Tatsache zukommt, daß gerade in der gegenwärtigen Epoche, die tief unter Unglauben und Materialismus leidet, das Licht der Geisteswissenschaft, das Licht der neuen Michael-Christus-Offenbarung in den Astralleib einströmen kann, um in ihm die wahre *Glaubens-Kraft* zu wecken, welche den ganzen Menschen zu erfassen und auch die Intellektualität selbst zur Vergeistigung zu führen vermag. Nur wenn die ganze menschliche Wesenheit mit dem Licht der neuen Offenbarung durchdrungen wird, eröffnet sich von unserer Zeit an dem Einzelmenschen die Möglichkeit, auf die genannte Weise an seinem Karma zu arbeiten.

Bereits in der sechsten Epoche wird dieses Phänomen sehr viel weiter verbreitet sein, wodurch die weiße Magie der Liebe als Folge des Wirkens der Christus-Kräfte in menschlichen Ätherleibern in Erscheinung treten wird. Sie wird sich im Kampf mit der schwarzen Magie des Egoismus entfalten, welche sich dann auch auf der Erde ausbreiten wird. Und schließlich werden in der siebenten Epoche diejenigen Menschen, welche sich bis zum physischen Leib mit der Christus-Kraft durchdrungen haben, im Opferdienst an der Menschheit und aus bewußtem Arbeiten am Karma – nicht nur in der geistigen Welt vor der Geburt, sondern auf der Erde selbst, während der Verkörperung – ihren physischen Leib einem anderen Menschen hingeben, in vollem Bewußtsein aus einem Leib in einen anderen übergehen können.[107] Bei diesen Vorgängen wird die Individualität des Zarathustra[108] (des Meisters Jesus) das große Urbild einer solchen bis zu physischer Wechselbeziehung gehenden Arbeit am Karma, zugleich aber auch der große Lehrer auf dem Wege des genannten Opferdienstes sein. Zarathustra opferte zur Vorbereitung der Ereignisse in Palästina *zweimal* seinen physischen Leib: das erste Mal, als er den salomonischen Jesusknaben, und das zweite Mal, als er den nathanischen Jesus*verließ. Beide «Übergänge» aber vollzog er aus den reinsten Kräften der göttlichen *Hoffnung,* der Hoffnung, daß das große Sonnenwesen des Christus «in den irdischen Wesensstrom» eintreten werde. Deshalb können wir sagen: Nur die Möglichkeit, mit den Karma-Kräften auch den physischen Leib zu durchdringen, vermag jene hohen Hoffnungskräfte zum Leben zu erwecken, welche die Menschheit dann am Ende der siebenten Kulturepoche brauchen wird: «Die Erde könnte niemals ihr Ziel erreichen, wenn nicht das eintreten würde; niemals würde sonst auf der Erde die Menschheit ein Ganzes werden können. Und das muß sein!»[106]

---

* Man kann auch sagen, daß Zarathustra das erste Mal seinen physischen Leib dem «Jesus» opferte und das zweite Mal dem «Christus».

6.
Die Idee der Gottmenschheit in der Geisteswissenschaft, der Apokalypse und dem Johannes-Evangelium

Die Worte Rudolf Steiners, mit denen das vorige Kapitel beschlossen wurde, daß einst die ganze Menschheit eine Einheit werden müsse, weisen auf ein grundlegendes Mysterium der gesamten nachatlantischen Entwicklung. Konkreter wird dieses durch den kurzen Hinweis Rudolf Steiners dargestellt, daß in der siebenten Kulturepoche der Christus «in dem großen kosmischen Ich, *das gleich einer großen Gruppenseele der Menschheit ist,*»[109] erscheinen wird. Worauf weisen die Worte «gleich einer großen Gruppenseele der Menschheit»? Eine Antwort auf diese Frage gibt der Vortrag vom 30. Mai 1914 in Norrköping. Dort spricht Rudolf Steiner eingehend davon, wie die weitere Entwicklung des Christus-Impulses in der Menschheit davon abhängt, daß die Menschen dem Christus aus freiem Willen allmählich Hüllen in ihrer Mitte bilden. Das wird jedoch nur möglich sein, wenn eine gewisse moralische Entwicklung, die Ausbildung bestimmter Eigenschaften oder Tugenden stattfindet, die Rudolf Steiner folgendermaßen charakterisiert: «Wir formen den moralischen Leib zu dem Christus-Ich-Impuls hinzu durch alle moralischen Handlungen der Verwunderung, des Vertrauens, der Ehrfurcht, des *Glaubens,* kurz durch alles, was zur *übersinnlichen Erkenntnis den Weg gründet* ... – Wir formen den Ätherleib dem Christus durch die Handlungen der *Liebe,* und wir formen durch das, was durch die Impulse des *Gewissens* gewirkt wird in der Welt, dasjenige für den Christus-Impuls, was dem physischen Leib des Menschen entspricht. Wenn die Erde einst an ihrem Ziele angelangt sein wird, wenn die Menschen verstehen werden die richtigen moralischen Impulse, durch die alles Gute bewirkt wird, dann wird gelöst sein, was durch das Mysterium von Golgatha als Christus-Impuls in die Menschheitsentwicklung eingeflossen ist wie ein Ich. Er wird dann umhüllt sein von einem Astralleibe, der gebildet ist durch den *Glauben,* durch alle Taten der Verwunderung und des Erstaunens der Menschen; von etwas, was wie ein Ätherleib ist, der gebildet ist durch die Taten der *Liebe;* von etwas, was um ihn ist wie ein physischer Leib, der gebildet ist durch die Taten des *Gewissens.* – So wird die zukünftige Menschheitsevolution sich vollziehen durch das Zusammenarbeiten der moralischen Impulse der Menschen mit dem Christus-Impulse. Wie eine ganz große organische Gliederung sehen wir perspektivisch vor uns die Menschheit. Indem die Menschen verstehen werden, ihre Handlungen diesem großen Organismus einzugliedern, ihre Impulse durch ihre eigenen Taten wie Hüllen darum zu formieren, so werden die Menschen durch die Erdentwicklung die *Grundlage bilden für eine große Gemeinschaft, die durch und durch von dem Christus-Impulse durchzogen, durchchristet sein kann.*»[110] – Denn «die Menschen werden sich, indem sie vorsätzlich ihr Leben so einrichten, wie es vorhin geschildert worden ist, herumgliedern um den Christus-Impuls, so daß um ihn etwas gebildet wird, was wie eine Hülle um das Wesen, um den Kern sein wird.»[111]

Diese Worte weisen auf die weitere Entwicklung des Christus-Impulses in der Menschheit, auf die Bildung der drei Hüllen, in die der Christus dann als sie belebendes und durchdringendes wahres Ich eintreten kann. Das, was daraus hervorgeht, charakterisiert Rudolf Steiner mit Goethes Worten als das «große Unsterbliche Individuum», das real in der Welt existierende, neue sinnlich-übersinnliche Wesen, das durch ein einheitliches Karma vereinigt, vom makrokosmischen Ich des Christus getragen sein wird. – Es ist hier jedoch zu beachten, daß dieses «große unsterbliche Individuum» erst am Ende der *ganzen* Erdenentwicklung vollendet sein wird. Aber bis zu einem gewissen Grade muß es bis zum Ende der siebenten Kulturepoche gebildet worden sein, wenn die Menschheit die dann hereinbrechende große Katastrophe überleben soll.

Auch in der Offenbarung des Johannes wird auf diese zukünftigen Ereignisse hingewiesen. Hier werden in den Sendschreiben an die sieben Gemeinden Wesen und Charakter der sieben nachatlantischen Epochen beschrieben.[112] Das Sendschreiben an die Gemeinde zu Laodizea, die der siebenten Kulturepoche entspricht, endet mit den Worten des Christus aus der Schau des Johannes, welche sich auf das Ende der ganzen nachatlantischen Entwicklung beziehen: «Siehe, ich stehe vor der Türe und klopfe an. Wer meine Stimme hört und mir die Türe aufmacht, zu dem will ich hineingehen und will das heilige Mahl mit ihm halten und er mit mir. Wer überwindet, dem will ich geben, daß er mit mir throne, wie auch ich den Sieg des Geistes errungen habe und mit meinem Vater throne. ... Danach konnte ich [Johannes] schauen: Siehe, eine offene Türe im Himmel. Und die erste Stimme, die wie der Schall einer Posaune an mein Ohr gedrungen war, sprach: Steige empor! Ich will dir zeigen, was nach all dem Vorangegangenen in der Zukunft geschehen soll. Und schon war ich ins Geistgebiet emporgehoben. Siehe, ein Thron stand im Himmel, und auf dem Throne saß eine Gestalt.»[113] Daran schließt sich die Beschreibung des Regenbogens an, der vierundzwanzig Ältesten, der sieben Fackeln, welche «sieben göttliche Schöpfungsgeister» sind[114], und der vier Lebewesen.[115] Darauf folgt das Buch mit den sieben Siegeln und das Lamm auf dem Throne, das allein, als einziges im ganzen Weltall, die Siegel öffnen kann.[116]

So wird der Christus am Ende der siebenten Epoche am Tor des «Unsterblichen Individuum» stehen und warten: wird nun dieses «Individuum» durch die Taten des Glaubens, der Liebe und des Gewissens so weit gebildet sein, daß die Stimme des Christus, welche aus der Welt der Vorsehung[117] zur Menschheit spricht, gehört werden wird, so daß er als das höhere Ich der ganzen Menschheit in die ihm bereiteten drei Hüllen eintreten kann? Denn bis zu diesem Zeitpunkt wird der Christus durch sein Eindringen bis zum physischen Leib der Menschen ihnen die ganze Sphäre des Tierkreises erschlossen haben und sich von dorther in seinem höchsten Aspekt als der große Repräsentant des makrokosmischen Ich-Prinzips offenbaren («wie auch *ich* den Sieg des Geistes errungen habe und mit meinem Vater throne»).[118] Dieses zentrale Bild kann uns auch ein Schlüssel für das Verständnis der folgenden Bilder sein. So wie man sagen kann, daß für den imaginativen Blick das höhere Ich jedes Menschen gleichsam umgeben von seinen äußeren Hüllen – dem astralischen, ätherischen und physischen Leib – throne, so auch wird einst das makrokosmische Ich des Christus als höheres Ich des «Unsterblichen Individuums» thronen, umgeben von seinen drei neuen Hüllen, welche ihm die Menschen aus Taten des Glaubens, der Liebe und des Gewissens gewoben haben. Wer sich jedoch bis zum Ende der siebenten Kulturepoche nicht bis zum Erleben des «Thronenden» erheben kann, der wird nicht in das «Unsterbliche Individuum» (die neue Arche) eingehen und infolgedessen nicht *hoffen* können, daß er die große Katastrophe überleben wird. In diesem Sinne ist die Gestalt des Apostels Johannes auch prophetisch. Er *schaut* in der Imagination «eine offene Tür im Himmel»[119] und *hört* (in der Inspiration) «die erste Stimme ... *wie der Schall einer Posaune*»[120], das heißt die Stimme des Christus, welche sich aus der Sphäre jenseits des Tierkreises an ihn wendet und spricht: «Steige empor [in die Sphäre der Intuition]. Ich will dir zeigen, was nach all dem Vorangegangenen [nach der großen Katastrophe] in der Zukunft geschehen soll».[119] Johannes steigt in diese Sphäre «auf» und ist sogleich «ins *Geistgebiet* emporgehoben»[121], das heißt in diejenige kosmische Sphäre, aus der der *Heilige Geist* herabkommt – in die Buddhisphäre, und er erlebt in der Intuition «einen Thron, und auf dem Throne ... eine Gestalt»[122]. Mit anderen Worten: Johannes geht in das «Unsterbliche Individuum» ein und schaut sein Ich als das «Christus-Lamm» auf dem Throne.[123]

Die weiteren Bilder dieses Kapitels, welche auf die drei Arten von Wesen hinweisen, die den Thron umgeben, offenbaren uns das Geheimnis der drei entsprechenden Hüllen des «Unsterblichen Individuum»: seines aus den Taten des Gewissens gebildeten physischen Leibes, den die vierundzwanzig Ältesten repräsentieren (ein Bild der vierundzwanzig Epochen, während derer vom alten Saturn bis heute sich unser physischer Leib aus den Kräften der zweifachen Runde des Tierkreises bildete); seines durch die Taten der Liebe gebildeten Ätherleibes, den die sieben göttlichen Geister repräsentieren (ein Bild für die sieben Planetengeister, welche die Urquellen der ätherischen Kräfte darstellen), und seines durch die Taten des Glaubens, des Staunens und der Ehrfurcht gebildeten Astralleibes, der durch die vier Tiere (das makrokosmische Bild der seelisch-astralischen Kräfte des Menschen) repräsentiert wird. Alle diese Wesen neigen sich vor dem «Thronenden».[124] Dieses Bild der Beziehung der durch Opfertaten des Gewissens, der Liebe und des Glaubens in der Menschheit geschaffenen neuen Hüllen zu dem in ihnen wohnenden Christus gleicht dem «Neigen» des physischen, ätherischen und astralischen Leibes beim Einzelmenschen, dem Mikrokosmos, vor ihrem Führer, dem höheren Ich.*

Rudolf Steiner weist darauf hin, daß es eine besonders wichtige Aufgabe der anthroposophisch orientierten Geisteswissenschaft ist, die genannten drei Tugenden, welche zur Bildung des «großen Unsterblichen Individuum» allmählich hinführen, *bewußt zu entwickeln*: «Glaube, Liebe, Gewissen, diese drei Kräfte werden die drei Sterne der moralischen Kräfte sein, die insbesondere durch die anthroposophische[125] Weltanschauung in die Menschenseelen einziehen werden.»[126] Hier kann man fragen: stimmen denn diese Worte mit der oben beschriebenen Entwicklung der drei christlichen Grundtugenden: Glaube, Liebe, Hoffnung im Jahreslauf überein? Denn einmal wird von der Hoffnung gesprochen und das andere Mal vom «Gewissen». Dieser scheinbare Widerspruch löst sich jedoch auf, wenn wir uns bewußt machen, daß das Gewissen, welches – in der heutigen Form – erst mit dem Christus-Impuls[127] in die Menschheitsent-

---

* Die Bilder der Apokalypse sind ungewöhnlich vieldeutig. Hier wurde diejenige Deutung der genannten Kapitel gewählt, welche einen unmittelbaren Bezug zu unserem Thema hat.

wicklung kam, die aus den Tiefen des Menschenwesens heraufwirkende Stimme des menschlichen Karma, der Weltgerechtigkeit ist, welche die Beurteilung unserer Taten, Gedanken und Empfindungen durch den geistigen Kosmos gleichsam widerspiegelnd während des physischen Lebens ausspricht.[128]

Andererseits: mit dem Erleben des individuellen Karma – dem Abbild der im Kosmos wirkenden Weltengerechtigkeit – ist die Hoffnung verbunden. Denn auch sie ist mit der Christus-Wesenheit in die Welt gekommen, da ohne ihre Vereinigung mit dem Jesus von Nazareth und ohne das Mysterium von Golgatha die gesamte Weltentwicklung hoffnungslos dem allmählichen Untergang verfallen wäre. Nur handelt es sich bei der esoterischen Arbeit mit den Kräften der Hoffnung nicht um eine aus dunklen Seelentiefen aufsteigende unbestimmte Stimme, sondern um ein bewußtes Aufsteigen zu jenen Sphären, von denen die Gewissensimpulse ausgehen. In diesem Sinne vermag die Entwicklung der Hoffnungskräfte mit der Zeit zu einem *bewußten* Erleben jener Sphäre führen, aus der heute, wie aus dunklen Seelentiefen, das menschliche Gewissen spricht, und damit zum Schauen der allumfassenden kosmischen Karma-Sphäre, der Sphäre der Weltengerechtigkeit.

Wie wir bereits sahen, wird die Menschheit eine solche Entwicklung der Hoffnungskräfte bis hin zum Erfassen des Karma in der Tierkreissphäre[129] erst in der siebenten Kulturepoche erreichen. Dann wird auch der tiefere Sinn der Notwendigkeiten des Weltenwerdens, die oftmals in globalen Katastrophen zum Ausdruck kommen, erkennbar werden. Eine solche Katastrophe wird auch die gesamte nachatlantische Entwicklung beschließen: «... Dann kommt der letzte große Zeitraum, in dem eine Spiegelung hereinwerfen wird in die menschliche Ich-Seele das, was wir Hoffnung nennen. Dann aber werden die Menschen gestärkt durch die Kraft, die von dem Mysterium von Golgatha und vom moralischen Zeitalter ausgeht, in sich ihre Hoffnungskräfte hereinnehmen: das Bedeutsamste, was sie brauchen, um über die Katastrophe hinüberzukommen, um jenseits derselben in ähnlicher Weise ein neues Leben zu beginnen, wie die nachatlantische Zeit ein neues Leben gebracht hat.»[130]

Die Kräfte aber, die für eine solche rein okkulte Entwicklung der Hoffnung notwendig sind, können *allein* im Prozeß der Bildung des «Unsterblichen Individuum» gewonnen werden, des wahren geisteswissenschaftlichen Urbildes der Gottmenschheit, von der einst der russische Religionsphilosoph Wladimir Solovjoff aus prophetischer Vorahnung schrieb. In ihm offenbart sich der Christus als makrokosmisches Welten-Ich, als der große Träger des Karma unseres Kosmos, der Bringer der

Welten-Hoffnung. Dann werden diejenigen Menschen, welche sich aus Freiheit an der Bildung des «großen Unsterblichen Individuums» beteiligen, in den Bereich der Intuition, des Welten-Karma, der sich bis zur Sphäre der Vorsehung und damit den Urquellen des Heiligen Geistes erstreckt, eintreten, und es wird sich ihnen die Möglichkeit eröffnen, *bewußt* mit dem großen Kollegium der Bodhisattvas zu arbeiten, welches die Christus-Wesenheit, das Ich unseres Kosmos, in dem Bereich jenseits des Tierkreises umgibt: «Zwölf Bodhisattvas umgeben eine solche Wesenheit, wie es der Christus ist, und wir können überhaupt nicht von mehr als zwölf reden, *denn wenn die zwölf Bodhisattvas ihre Mission erreicht haben, haben wir die Zeit des Erdenseins erschöpft*... Da erblicken wir die zwölf und in ihrer Mitte den Dreizehnten. Damit sind wir aufgestiegen in die Sphäre der Bodhisattvas und eingetreten in einen Kreis von zwölf Sternen – und in ihrer Mitte die Sonne, die sie erleuchtet und erwärmt, von der sie jenen Lebensquell haben, den sie dann wieder herunterzutragen haben auf die Erde.»[131] Und da dieses große Kollegium der Bodhisattvas in seiner Gesamtheit nach den Worten Rudolf Steiners die übersinnliche Leiblichkeit für den von der Christus-Wesenheit ausgehenden, dem leuchtenden und erwärmenden Sonnenlicht gleichenden Heiligen Geist[132] bildet, so können wir sagen, daß der Heilige Geist in der siebenten Kulturepoche *unmittelbar* in der Menschheit wirken wird und daß nur jene Menschen, welche ihn *bewußt* in sich aufnehmen, jenen ungeheuren Mächten des Bösen werden widerstehen können, welche in dieser Zeit auftreten und zum «Kampf aller gegen alle» führen werden, der auch die Ursache der großen Katastrophe am Ende der nachatlantischen Epoche sein wird.

Urbild aber für alle Zeiten dieses bewußten gemeinsamen Arbeitens mit dem Heiligen Geist ist der Apostel und Evangelist Johannes, welcher den *Impuls des Heiligen Geistes,* der kosmischen Sophia, von dem Christus selbst auf Golgatha empfing (s. S. 126 f.). Deshalb ist auch das von ihm geschriebene Evangelium eine unmittelbare Verkörperung des Impulses des Heiligen Geistes in der Menschheit: «Was Johannes geschrieben hat, das war diese göttliche Weisheit, Sophia, die verkörpert ist in dem Johannes-Evangelium selber. Das Wissen hat er selbst von Jesus empfangen, und autorisiert ist er von Christus, die Weisheit auf die Erde zu übertragen.»[133] Diese Worte Rudolf Steiners stimmen mit seinen Äußerungen im 8. Vortrag des Zyklus «Exkurse in das Gebiet des Markus-Evangeliums» überein, wo er davon spricht, daß von den vier Evangelien gerade das Johannes-Evangelium ein «Inspirationsbuch» für die *siebente*, die nachatlantische Entwicklung abschließende Epoche sein wird. So stimmen die großen Wahrheiten, welche heute der ganzen Menschheit von der modernen Geisteswissenschaft mitgeteilt werden, überein und ergänzen einander auf überraschende Weise.*

Zum Schluß wollen wir uns dem Johannes-Evangelium selbst zuwenden, um zu sehen, wie die oben beschriebenen großen Wahrheiten des zukünftigen Menschheitswerdens in ihm zum Ausdruck kommen. Betrachten wir zunächst von dem bereits genannten Standpunkt aus dieses Evangelium als Ganzes, so erkennen wir vor allem drei wesentliche Elemente, die wir in den synoptischen Evangelien nicht finden. Das sind: der Prolog des Johannes-Evangeliums, die Auferweckung des Lazarus und die Abschiedsreden des Christus-Jesus mit seinen Jüngern, welche vier ganze Kapitel (14–17) ausmachen. Die Auferweckung des Lazarus betrifft, wie wir wissen, die geistige Entwicklung des Evangelisten Johannes selbst.[135] Die zwei anderen Elemente dagegen beziehen sich zum einen auf die Weltenvergangenheit, zum anderen auf die Weltenzukunft im Menschheitswerden: der Prolog des Johannes-Evangeliums weist auf die gesamte Erdenentwicklung bis zum Mysterium von Golgatha und die Abschiedsgespräche auf die zukünftige Erdenentwicklung vom Mysterium von Golgatha an. In diesem Sinne können wir die Abschiedsgespräche des Christus Jesus auch als die konkrete Beschreibung des Weges ansehen, der zur Bildung des «großen Unsterblichen Individuum», der zukünftigen Gottmenschheit, führt, deren *vorläufige* Vollendung, wie wir sahen, bis zum Ende der siebenten Kulturepoche verwirklicht sein muß.[136]

Nun wollen wir uns – wenn auch nur ein wenig – auf der Suche nach den von uns angesprochenen Wechselbeziehungen in die genannten Kapitel des Johannes-Evangeliums vertiefen. Da lassen sich in dem ersten (vierzehnten) Kapitel der Abschiedsgespräche drei Grundmotive erkennen: Zunächst das dreimalige Anrufen der *Glaubenskräfte* im Menschenwesen, wobei das ganze Kapitel mit dem ersten Anruf beginnt (Vers 1, 11, 12)[137], weiter das Motiv der *Liebe* (Vers 15, 21, 23, 24, 28) und schließlich das Motiv der *Hoffnung*, das in den gleichsam noch auf verborgene Weise gegebenen Hinweisen auf die zukünftige Überwindung des Todes bei der Auferstehung enthalten ist: «Und wenn ich hingehe, um euch die Stätte zu bereiten, komme ich neu zu euch...» (3), «Noch eine kurze Zeit, so sieht die Welt mich nicht mehr; ihr aber seht mich» (19), «Ich gehe hin und komme doch zu euch.» (28)

---

* Die «Apokalypse» des Johannes, welche mit dem Erscheinen des Neuen Jerusalem und dem vollen Sieg der leuchtenden Christus-Kräfte endet, ist auch das große Buch der Verheißung und *Hoffnung* für die Menschheit.[134]

Im ganzen gesehen ruht die Komposition des ersten Kapitels auf drei Fragen, welche drei Jünger dem Christus nacheinander stellen. Es ist nicht schwer, zu erkennen, daß diese drei Jünger auch die Repräsentanten der drei Grundkräfte des astralischen Leibes des Menschen sind: des Denkens, Fühlens und Wollens, welche sich an das höhere Ich wenden. So repräsentiert Thomas, der die Frage nach dem *Wissen* stellt: «Wir wissen nicht, wohin du gehst», und «wie sollen wir den Weg kennen?» (5), den Impuls des *Denkens*. Judas (nicht Judas Ischariot), auf dessen Frage der Christus auf das Thema der Liebe eingeht, als der christlichen Grundtugend (23, 24), repräsentiert den Impuls des *Fühlens*. Und Philippus, der bittet, daß man ihnen die Sphäre des Vaters «zeige», das heißt die Sphäre des kosmischen Willens (8–10), repräsentiert den Impuls des *Wollens* in der menschlichen Seele. Wir können verstehen, warum in diesem ersten Kapitel alle drei Motive des Glaubens, der Liebe und der Hoffnung anklingen: in ihm wird von der inneren Welt des menschlichen Astralleibes und seinen drei Grundkräften gesprochen, von denen allein das Denken, die Grundlage des hellen, wachen Bewußtseins, ganz dem Astralleib zugehört.* Das Fühlen ist auch mit den Prozessen des Ätherleibes verbunden, und das Wollen als das unbewußte Glied des Seelenlebens wirkt bis hinein in den physischen Leib.

Im zweiten (fünfzehnten) Kapitel treten wir bereits mit den ersten Versen in die Welt der den menschlichen *Ätherleib* gestaltenden Lebenskräfte ein. Darauf weisen die mehrfachen Erwähnungen des Weinstocks, seiner Reben und Früchte (1–8). Weiter tritt das Zentralmotiv des ganzen Kapitels sogleich mit aller Kraft hervor: die Notwendigkeit, die *Liebe*, die grundlegende geistige Tugend, zu entwickeln (9–17). Dieses Motiv wird sodann von dem entgegengesetzten Motiv des Hasses, mit dem die Welt den wahren Dienern des Christus begegnen wird, durchkreuzt (18–25). In diesem Gegensatz der Liebe und des Hasses können wir auch einen Hinweis auf den Gegensatz der guten und bösen Rasse sehen, der von der sechsten Kulturepoche an auftreten wird. Dabei ist, was die sechste Kulturepoche betrifft, der folgende Vers besonders wichtig: «Ihr seid bereits gereinigt durch die Kraft des Wortes, das ich zu Euch sprach. Wohnet dauergründend in mir, so will ich dauergründend wohnen in Euch« (3, 4).

Im dritten (sechzehnten) Kapitel ist das hauptsächliche Motiv das Mo-

---

* So lassen sich die Worte von dem inneren Sieg über die Schwachheit und von der *Furchtlosigkeit* in Vers 27 ganz besonders mit den Denkkräften, welche bis zum Herzen vordringen, in Beziehung setzen.

tiv der *Hoffnung* (obwohl das Wort nicht gebraucht wird), die in den mehrfachen Hinweisen des Christus, wenn auch in verborgener, verschleierter Form, auf seinen zukünftigen Sieg über den Tod und auf sein Wiederaufsteigen bei der Auferstehung in das Reich des Vaters zum Ausdruck kommt. Bereits der Beginn des Kapitels weist mit der Aufzählung der Gefahren, die dem Menschen-Ich drohen und die auch den Auserwählten unter den Auserwählten auflauern (1) sowie den Hinweisen auf die besonders heftigen Verfolgungen der Vertreter des Christus-Impulses von Seiten derer, die in der Zeit der Vorbereitung «des Krieges aller gegen alle» «den Leib töten» (2–4), dieses alles weist auf die siebente Kulturepoche. Ein weiterer Charakterzug dieses Kapitels ist das Motiv des Fortgehens des Christus und der dadurch hervorgerufenen *Traurigkeit* und des *Schmerzes* der Apostel (6, 22). Dieses Motiv wird – in verhüllter Form – weiterentwickelt bis zu dem Motiv der Auferstehung, das untrennbar verbunden ist mit dem Eindringen der Christus-Kräfte bis in den physischen Leib, um seiner künftigen Vergeistigung willen:[138] «Noch eine kurze Zeit, und ihr werdet mich nicht mehr sehen. Und wiederum eine kurze Zeit, und ihr werdet mich sehen» (16, 17, 19). Diese Worte können auch mit der künftigen Katastrophe am Ende der siebenten Epoche und dem darauffolgenden Beginn des neuen Lebens in Zusammenhang gebracht werden.

Gegen Ende des Kapitels findet sich der Hinweis, daß zu dieser Zeit nicht mehr in Bildworten gesprochen werden wird, sondern offen und unmittelbar: «Das alles habe ich in Bildworten zu euch gesprochen. Aber es kommt die Stunde, da ich nicht mehr in Bildworten zu euch sprechen werde. Dann werde ich offen und unmittelbar zu euch von dem Vater sprechen» (25). Das bedeutet, daß das Reich des Vaters der Menschheit in der siebenten Epoche durch die auf natürliche Weise zu dieser Zeit erwachende Fähigkeit des intuitiven Erfassens zugänglich sein wird. (Hier ist auch daran zu erinnern, daß der Christus in den synoptischen Evangelien, welche sich auf die vierte, fünfte und sechste Kulturepoche beziehen, überall in Bildern spricht, die er nur mitunter für die Jünger erklärt, während er im Johannes-Evangelium, das sich auf die siebente Epoche bezieht[139], kaum je Gleichnisse gebraucht.) – Das Kapitel schließt damit, daß die Apostel, welche in diesem Zusammenhang die Erdenmenschheit repräsentieren, die göttliche Herkunft des Christus erkennen und bekennen, worauf die Worte folgen: «Diese Worte habe ich zu euch gesprochen, damit ihr in mir den Frieden findet. In der Welt werdet ihr hart bedrängt. Aber fasset Mut: Ich habe die Welt überwunden» (33). Mit ihnen eröffnet sich der ganzen Menschheit die erhabene *Hoffnungs-*

Sicherheit, daß die Menschen, die den Christus-Impuls bis in ihren physischen Leib aufnehmen, durch alle folgenden Prüfungen hindurchgehen und den endgültigen Sieg des Geistes über alles materielle Sein in der Epoche *nach* der großen Katastrophe erringen werden.¹⁴⁰ Das sind die drei wichtigsten Schritte zur Bildung der Hüllen des «großen Unsterblichen Individuum», wie sie in den Abschiedsgesprächen des Christus Jesus mit den Aposteln enthalten sind. Was nun das vierte (siebzehnte) Kapitel betrifft, so enthält es die höchste Vollendung des ganzen Weges: die Vereinigung des makrokosmischen Ich des Christus mit diesem «großen Unsterblichen Individuum», die sich dank seiner dritten Offenbarung aus der höchsten Sphäre jenseits des Tierkreises vollzieht, wo der Christus weilte «in dem Lichte, das ihn bei dem väterlichen Weltengrund umstrahlte, ehe die Welt noch bestand» (5). Dann werden sich alle Menschen, die sich zu intuitivem Erleben des Christus erheben, aus eigenem Erkennen überzeugen können, daß der Christus wirklich aus der Sphäre des Vaters kommt... und daß Er vom Vater gesandt ist (8). Sodann spricht der Christus davon, daß er nicht für die Menschen im allgemeinen bittet, sondern für jene, welche zu der Zeit in das «Unsterbliche Individuum» eingehen: «Für sie als einzelne Menschen, nicht für die Menschen im allgemeinen, bitte ich bei dir. Nur für die Menschen, die du mir gegeben hast, weil sie dir gehören» (9). Schließlich wird uns zum Abschluß des ganzen Kapitels das höchste Bild der zukünftigen Gottmenschheit als der großen Einheit der Menschen mit dem Christus im «Unsterblichen Individuum» gegeben: «... damit sie alle eine Einheit seien; so wie du, Vater, in mir bist und ich in dir, so sollen sie in uns sein, damit die Welt zum *Glauben* komme, daß du mich gesandt hast. Ich habe ihnen die Kraft der Offenbarung gegeben, die du mir gegeben hast, damit sie eine Einheit seien, wie wir eine Einheit sind. Ich bin in ihnen, und du bist in mir, und so werden sie zu einer vollkommenen Einheit geweiht, damit die Welt erkennt, daß du mich gesandt hast und daß du sie *liebst,* wie du mich *liebst*» (21–23).

Nur in dieser Einheit eröffnet sich vor der Menschheit auch das höchste, intuitive Erfassen des Christus: «Väterlicher Weltengrund, das ist mein *Wille,* daß sie, die du mir gegeben hast, immer da, wo Ich bin, bei mir sind und daß sie da die Offenbarung meines Wesens schauen, die du mir gegeben hast, bevor die Welt war. Erhabener Vatergrund, die Erdenmenschen haben dich nicht erkannt; ich aber erkenne dich, *und diese haben erkannt, daß du mich gesandt hast.* Ich habe ihnen deinen Namen geoffenbart, und ich *will*¹⁴¹ ihn weiterhin offenbaren, auf daß die Liebe, mit der du mich geliebt hast, in ihnen sich bewahre und *so mein Ich in ihrem Ich sich offenbare*» (24–25).

Nun ist noch das folgende hinzuzufügen.[142] Ein solch hohes Ideal des Erkennens wird sich in der Zukunft nur verwirklichen, wenn der in der Sphäre der Vorsehung aus dem makrokosmischen Ich des Christus hervorgehende Heilige Geist unmittelbar in der Menschheit wirken kann, indem er allmählich die sich in ihr bildende astralische, ätherische und physische Hülle des «Unsterblichen Individuum» durchdringt. Auch dieses Geheimnis der zukünftigen Entwicklung enthüllt uns Johannes, der große Schüler des Christus Jesus, der den Impuls des Heiligen Geistes auf Golgatha von Ihm empfing. Fünfmal erwähnt der Christus Jesus den Heiligen Geist in den Abschiedsreden, wie sie der Evangelist Johannes überliefert, wobei Er ihn fünfmal Tröster (Paraklet) nennt, das aber heißt «Geist der Hoffnung»[143]: zweimal im 14. Kapitel, einmal im 15. und zweimal im 16. Kapitel[144], wodurch auf sein Wirken in den drei obengenannten Hüllen hingewiesen wird.

Die gute Menschheit wird in jener zukünftigen Epoche harter Prüfungen Stütze und Trost aus diesen Abschiedsreden des Johannes-Evangeliums schöpfen können, welche dann *unmittelbar erlebte Realität* sein werden, ebenso aus den in allen vier Evangelien enthaltenen Beschreibungen des Abendmahls, der Einsamkeit zu Gethsemane, des Mysteriums von Golgatha – als den Resultaten der Vereinigung der Christus-Wesenheit mit dem physischen Leib des Jesus von Nazareth – und der *Auferstehung*. Zwei Aussagen des Evangeliums werden dann, unmittelbar vor der großen Katastrophe, von ganz besonderer Bedeutung sein – und das gilt auch für unsere, wahrhaft apokalyptische Zeit – wenn man sie *zusammensieht*. Es heißt da: «Und Jesus sprach zu ihnen: ... Bleibet hier und *wachet mit mir* ... Wachet und betet, daß ihr nicht in Versuchung geratet! *Der Geist des Menschen will*, aber sein *physischer Leib* ist schwach»[145] und: «Vater, kann es dein *Wille* sein, so bleibe mir jetzt dieser Kelch erspart. Aber nicht mein *Wille*, sondern dein Wille geschehe.»[146] So wie in unserer Epoche heute mit Hilfe der Glaubenskräfte die menschliche Intellektualität, das menschliche *Denken* in die Fähigkeit des imaginativen Erkennens, und in der sechsten Epoche das menschliche *Fühlen* mit Hilfe der Liebe in die Kräfte der Inspiration verwandelt werden müssen, so wird die siebente Epoche durch das bewußte Leben in der kosmischen Sphäre der Hoffnung den menschlichen irdischen *Willen* mit kosmischem Willen erfüllen, welcher – bei voller Geisteswachheit – die Pforten zum Reich der Intuition erschließen wird, zum bewußten Erfassen des Welten-Karma, als dem Impuls der kosmischen Gerechtigkeit, dem Willen des Christus:

«Denn es waltet der Christus-Wille im Umkreis
In den Weltenrhythmen Seelen-begnadend.»[147]

7.
Von Epiphanias bis Ostern.
Das Erleben der Trinität

In unserer Betrachtung über das esoterische Wesen des Jahreskreislaufs stehen wir mit der Entwicklung der Tugend der Hoffnung unmittelbar vor dem Osterfest, das verbunden ist mit dem Mittelpunktsgeschehen der Weltgeschichte: mit dem Kreuzestod des Christus Jesus und der auf ihn folgenden Auferstehung von den Toten. Mehrmals spricht Rudolf Steiner von dem Osterfest auch als dem «Zukunftshoffnungsfest» und weist darauf hin, daß «der Ostersonntag der Tag der Erinnerung und der *Tag der Hoffnung* [ist], der Tag, der uns symbolisch ausdrückt das Mysterium von Golgatha».[148]

Sind wir zu Weihnachten stärker mit den Erdentiefen verbunden und können im Verlauf der dreizehn Heiligen Nächte in abbildhafter Form die Erinnerungen der Erde an die Weiten des Kosmos, an die Welt der Fixsterne miterleben – was dadurch zum Ausdruck kommt, daß Weihnachten und Epiphanias fest an die Bedingungen der Erdenzeit gebunden sind – so haben wir mit Ostern, dem beweglichen Fest, ein Abbild rein kosmischer Beziehungen.

Der christlichen esoterischen Tradition folgend fällt das Osterfest stets auf den ersten Sonntag, der auf den ersten Vollmond nach der Frühlings-Tagundnachtgleiche folgt. Bei einer solchen Bestimmung des Osterfestes werden demnach drei Arten kosmischer Gesetzmäßigkeiten wirksam. Die eine betrifft die Mondphasen, und das bedeutet, daß sie mit der Mondensphäre oder elementarischen Welt in Beziehung steht, in welcher vornehmlich die dritte Hierarchie, die Hierarchie der Seelen-Geister, wirkt; die zweite Gesetzmäßigkeit bezieht sich auf den Wochenrhythmus, der mit den Planetensphären und vor allem mit der Sonne zusammenhängt, in deren Reich die zweite Hierarchie wirkt, die Hierarchie der Lichtes-Geister; und die dritte Gesetzmäßigkeit schließlich hängt mit dem Punkt der Frühlings-Tagundnachtgleiche zusammen und weist uns infolgedessen auf die Welt der Fixsterne, auf den Bereich des Tierkreises hin, in welchem die erste Hierarchie der Kräfte-Geister wirkt. Das Osterfest selbst will unser Bewußtsein in eine noch höhere Sphäre jenseits des Tierkreises, in die Sphäre des makrokosmischen Ich unserer Welt hinlenken. So können wir sagen, daß alle neun göttlich-geistigen Hierarchien an der alljährlichen kosmischen Osterkonstellation beteiligt sind und damit gleichsam zu dieser Jahreszeit auf die Vereinigung dessen mit der Erde hinweisen, der der Menschheit einen Impuls brachte, welcher seine Quellen in den Bereichen über den Hierarchien hat.

Als auf Golgatha das Blut des Christus Jesus aus seinen Wunden auf die Erde floß, drang sein makrokosmisches Ich bis zum Mittelpunkt der Erde und verband somit ihre Sphäre mit der höchsten über den Hierarchien liegenden Sphäre, damit die Erde in der Zukunft eine neue Sonne werde, das heißt ein Fixstern. Indem der Christus sich in diesem Augenblick vollkommen mit dem physischen Leib des Jesus vereinigte, bis hin zum Knochensystem, die Mineralisierungs- und Todeskräfte in ihm überwindend, legte er zugleich den Grundstein zur künftigen Vergeistigung der Menschheit, gab er der Erdenentwicklung einen neuen, aufsteigenden Impuls.

Es trat durch das Mysterium von Golgatha eine *göttliche Wesenheit* zum ersten Mal in der Weltentwicklung unmittelbar in das Werden der Menschheit auf der Erde ein, und sie verband sich für alle künftigen Zeiten mit ihr. «Siehe, ich bin bei euch alle Tage bis an der Welt Ende»[149], diese Worte des Christus sind die größte *Hoffnung* und Verheißung für die Menschheit in aller Zukunft. Von nun an wird der Christus mit der Erde und der Menschheit auf ihr allmählich wieder in den Makrokosmos aufsteigen. Und so wie durch seine einmalige und nicht wiederholbare Offenbarung *auf dem physischen Plan* zur Zeit des Mysteriums von Golgatha, so wird der Christus in Zukunft der Menschheit neue Offenbarungen aus den geistigen Welten herabsenden. Wir alle gehen dieser Zeit entgegen. Und die moderne anthroposophisch orientierte Geisteswissenschaft ist nichts anderes als das reale Zeugnis der ersten, heute beginnenden, übersinnlichen Offenbarung des Christus. In unserer Epoche geht diese Offenbarung von der unmittelbar an die Erde grenzenden geistigen Welt, der Sphäre der dritten Hierarchie aus, der Sphäre, welche das Prinzip des Heiligen Geistes[150] in unserem Kosmos repräsentiert, ihre Kulmination aber bildet das neue Erscheinen des Christus im Ätherischen.

Gleichsam von der zartesten goldenen Aura ist jedes Wort umgeben, das Rudolf Steiner über dieses neue Erscheinen des Christus spricht: der Christus als der Lehrer und Führer der Seelen, der Antwort gibt auf die schwersten Lebensfragen; der Christus als der Heiler, der der Menschenseele Heilung von der Krankheit des Unglaubens bringt; der Christus als der Tröster des Menschen in allen Leiden und allem Kummer des Lebens, sein göttlicher *Bruder*, der den Menschen auf allen Wegen seines Schicksals begleitet. Beim stillen Sinnen im bescheidenen Zimmer kann seine Stimme vernommen werden ebenso wie mitten in der lauten, menschenerfüllten Versammlung. Die ganze Natur wird zu seinem Kleid, denn er ist zugleich der *Herr der Elemente*. Jeder Stein, jede Pflanze und Wolke, jeder Bach trägt das Siegel seiner Berührung. Deshalb ist heute das große Buch der Natur im tiefsten Sinne ein christliches Buch[151], das uns allüberall die unsichtbare Gegenwart des Christus enthüllt.

So kann die esoterische Entwicklung der Glaubenskräfte in unserer Zeit zur Durchlichtung des menschlichen Astralleibes führen und damit zum realen Erleben des Christus im Ätherischen: «Was bisher als Glaube in berechtigter Weise in der Welt existiert hat, wird abgelöst werden von dem, was man das ‹Schauen des Christus› nennen kann», sagt Rudolf Steiner[152] und weist damit gleichzeitig auf den Weg hin, der zum Erleben der ersten übersinnlichen Offenbarung des Christus führt. In der folgenden, zweiten Offenbarung tritt der Christus als die wärmende, allem Seienden Leben spendende *Sonne der himmlischen Liebe* vor die Menschen hin. Die Fülle der All-Liebe – die Grundlage alles Seins und Werdens –, die sich in unaussprechlicher Gnade der Welt schenkt, sie will sodann in der menschlichen, von der All-Liebe befruchteten Liebe ihr wesenhaftes Abbild finden, denn «das Ereignis von Golgatha ist eine freie kosmische Tat, die der Welten-Liebe entstammt und nur durch Menschen-Liebe erfaßt werden kann».[153] Den Menschen durch die Liebe *errettend*, ihn mit der Fähigkeit zu wahrhaft moralischem Tun begabend, so wird der Christus in seiner zweiten Offenbarung erscheinen, die aus der hohen Sonnensphäre der zweiten Hierarchie, welche das Sonnenreich des Sohnes in unserer Welt repräsentiert, hervorgehen wird.

Und, schließlich, wird der Christus in seiner dritten und höchsten Offenbarung der Menschheit als das Urbild des großen Opfers, des kosmischen Opfers erscheinen, das die Höhen und die Tiefen der Welt verbindet, das gesamte All umfassend und emporhebend. Denn nur das größte Opfer, so tief wie die Welt und so grenzenlos wie der Kosmos, kann die in der Schöpfung herrschende Notwendigkeit in Gnade verwandeln, die strafende Gerechtigkeit in Segnen. So wird die Sonne der Liebe, der Christus, in seiner dritten Offenbarung zum *Herrn des Karma*, der nunmehr aus der höchsten Sphäre der ersten Hierarchie heraus wirken wird, welche in unserer Welt die Kräfte des Vatergottes repräsentiert.[154]

Mit erhabenen Worten weist Rudolf Steiner auf dieses Verhältnis des

Christus zum Karma in Vorträgen des Jahres 1906: «Das Karma und der Christus ergänzen sich wie das Mittel zur Erlösung und der Erlöser. Durch das Karma wird die Tat des Christus ein kosmisches Gesetz, und durch das Christus-Prinzip, den geoffenbarten Logos, erreicht das Karma sein Ziel, nämlich die Befreiung der Seelen zum Selbstbewußtsein und ihre Wesensgleichheit mit Gott.»[155] «Das lebendige Bewußtsein der Akasha-Chronik der Erde ist Christus selbst, darum wird ihm vom Vater das Gericht übergeben, und er hat Macht, die Sünden zu vergeben und auf sich zu nehmen. ... In Christus lebt das ganze Erdenkarma der Menschen, er ist das lebendig verkörperte Erdenkarma.»[156] Diese Worte des großen christlichen Eingeweihten des 20. Jahrhunderts erscheinen wie die vom gegenwärtigen Zeitgeist ausgehende Fortsetzung der Worte des Christus, die im Johannes-Evangelium stehen: «Denn wie der Vater die Toten auferweckt und lebendig macht, so macht auch der Sohn diejenigen lebendig, welche er will. Der Vater fällt über niemand die Entscheidung. Er hat vielmehr alle Schicksalsentscheidung dem Sohne übertragen. Alle sollen den Sohn ehren, so wie sie den Vater ehren. Und wer den Sohn nicht ehrt, der ehrt auch den Vater nicht, der ihn gesandt hat. Ja, ich sage euch: Wer das Wort hört, das ich spreche, und auf den vertraut, der mich gesandt hat, der hat das zeitlose Leben. Ihn trifft die große Entscheidung nicht; *er ist bereits vom Tod zum Leben durchgedrungen.*»[157]

Und dieser Übergang «vom Tode zum Leben», er wurde uns als das größte Urbild des endlichen Zieles des gesamten Menschheitswerdens im Mysterium vom Golgatha geschenkt. Schauen wir auf das Mysterium von Golgatha, so schauen wir gleichzeitig auf die Vollendung des Weges von Epiphanias bis Ostern, der für uns heute nur durch die Entwicklung der genannten Tugenden des Glaubens, der Liebe und der Hoffnung möglich ist. Denn das, was zwischen diesen zwei Ereignissen im Erdenleben des Christus geschah – seine allmähliche Vereinigung mit den drei Leibern des Jesus von Nazareth –, es brachte für jeden Menschen die Möglichkeit in die Welt, diese drei Tugenden zu entwickeln. Und so bilden im Jahreslauf der Glaube, die Liebe und die Hoffnung gleichsam drei Stufen, welche das Epiphanias-Fest und das Oster-Fest innerlich verbinden.

Als Kulmination aber dieses Aufstiegs tönt durch alle Zeiten von der Höhe des Hügels von Golgatha, sich an alle Erdenmenschen wendend, die Sonnenprophetie der dreifachen Verheißung für die Menschheit, die dem größten Opfer entspringt und die durch den Glauben zur Liebe und von ihr zur höchsten Hoffnung führt, die Prophetie, von der Rudolf Steiner in folgenden Worten spricht: «Der Mensch kann, wenn er von jener Liebe durchdrungen ist, die von dem Kreuz auf Golgatha herunterströmte, in die Zukunft hineinsehen und sagen: Auf der Erde muß allmählich die Entwicklung so stattfinden, daß dasjenige, was als Geist in mir lebt, nach und nach das *ganze physische Erdendasein umgestaltet*. Was vor dem luziferischen Einfluß da war, *das Vater-Prinzip, der Geist*, den wir empfangen, wir werden ihn allmählich dem Vaterprinzip wiedergeben; aber wir werden unseren ganzen Geist durchströmt sein lassen von dem *Christus-Prinzip*, und unsere Hände werden zum Ausdruck bringen, was in unseren Seelen lebt als ein klares, deutliches Bild. Wie unsere Hände nicht von uns, sondern von dem Vater-Prinzip geschaffen sind, so werden sie durchströmt werden von dem Christus-Prinzip. Und indem die Menschen durch Inkarnationen und Inkarnationen durchgehen, wird nach und nach in das, was die Menschen in ihren äußeren Leibern verrichten, das einströmen, was als Geistiges herunterströmt von dem Mysterium von Golgatha bis in das Vater-Prinzip, so daß die äußere Welt durchdrungen werden wird von dem Christus-Prinzip. Nachleben werden die Menschen jene Gelassenheit, die vom Kreuz von Golgatha heruntertönte und die zur höchsten Hoffnung für die Zukunft führt, zu dem Ideal: *Ich lasse in mir aufkeimen den Glauben, lasse in mir leben die Liebe; dann werden Glaube und Liebe in mir leben, und ich weiß dann, daß sie, wenn sie stark genug sind, alles Äußere durchdringen werden. Dann weiß ich auch, daß das Vater-Prinzip in mir von ihnen durchdrungen sein wird. – Die Hoffnung von der Menschheitszukunft wird hinzukommen zu Glaube und Liebe, und verstehen werden die Menschen, daß sie sich nach der Zukunft hin jene Gelassenheit aneignen müssen: Habe ich nur den Glauben, habe ich nur die Liebe, so darf ich mich der Hoffnung hingeben, daß das, was von dem Christus Jesus in mir ist, nach und nach hinübergehen wird nach außen.* Dann werden die Menschen die Worte verstehen, die als hohes Ideal von dem Kreuze heruntertönen:[158]

«Vater, in deine Hände befehle ich meinen Geist.»[159]

So erhebt sich der menschliche Geist, der den Glauben, die Liebe und die Hoffnung im Verlaufe der Zeit von Epiphanias bis Ostern in sich entwickelt hat, zum Erleben der *Trinität* auf dem Hügel von Golgatha: zum Erleben des Heiligen Geistes, der sich dem wahren Glauben offenbart; des Sohnes in der geisterfüllten Liebe; und des Vaters in der Hoffnung in ihrer höchsten Form. Und dann gewinnen die Worte des modernen Geistesforschers unmittelbare innere Realität: «Wer das Kreuz auf Golgatha schaut, der muß zugleich die Trinität schauen, denn der Christus zeigt in Wirklichkeit in seinem Verwobensein mit der irdischen Menschheitsentwicklung die Trinität.»[160]

V.
Der Weg von Advent bis Ostern durch die sieben Mysterientugenden

1.
Die alten und die neuen Mysterien

Nachdem wir nun den Weg der inneren Entwicklung betrachtet haben, den die Seele durch die Bildung bestimmter seelisch-geistiger Tugenden parallel zum geistigen Jahresrhythmus in der Zeit von Michaeli bis Ostern gehen kann, wollen wir das oben Gesagte noch einmal kurz zusammenfassen. Sieben Eigenschaften, sieben verschiedene Tugenden hat nach und nach zu entwickeln, wer diesen Teil des Jahres auf esoterische Weise miterleben will. Es sind das: Gerechtigkeit, Maßhalten oder Besonnenheit, Mut oder Geistesgegenwart, *Weisheit*, Glaube, Liebe und Hoffnung. Die drei ersten, welche zu den sogenannten «platonischen Tugenden» gehören, sind ein Teil der alten «vorchristlichen», die drei letzten der neuen christlichen Mysterien; die vierte Tugend aber: die *Weisheit* oder Sophia bildet den Übergang, so wie der vom Vater *und* vom Sohn ausgehende Heilige Geist Vergangenheit und Zukunft der Weltentwicklung in Ewigkeit umfaßt.

Dieses Sophien-Prinzip, als das in den Mysterien des esoterischen Christentums der gereinigte und durchlichtete menschliche Astralleib[1] erscheint, tritt in unserer fünften nachatlantischen Epoche in der voll entwickelten Bewußtseinsseele in Erscheinung, welche, gleichsam zu einem durchscheinenden Kelch geformt, sich anschickt, das höhere Prinzip des Geistselbst aufzunehmen: «Den Übergang vom Astralleib zum Geistselbst dürfen wir uns nicht so einfach vorstellen. Das Ich wandelt den Astralleib langsam und allmählich um in Empfindungsseele, Verstandesseele und Bewußtseinsseele. Das Ich arbeitet immer weiter. Und erst wenn es den Astralleib zur Bewußtseinsseele gebracht hat, ist es imstande, denselben so zu reinigen, daß das Geistselbst in ihm entstehen kann»[2], so äußert sich Rudolf Steiner über die Geburt des Geistselbst in der Bewußtseinsseele und weiter: «Diejenigen, welche in sich das Geistselbst geboren hatten, wurden ‹Gottes Kinder› genannt; bei ihnen ‹schien das Licht in die Finsternis› und ‹sie nahmen das Licht auf›.» Äußerlich waren sie Menschen von Fleisch und Blut, aber in sich trugen sie einen *höheren Men-*

schen. In ihrem Inneren war aus der Bewußtseinsseele das Geistselbst geboren worden. Die «Mutter» eines solchen vergeistigten Menschen ist nicht eine leibliche Mutter; sie liegt in seinem Inneren; es ist die geläuterte und vergeistigte Bewußtseinsseele. *Sie ist das Prinzip, aus dem der höhere Mensch geboren wird.* Diese geistige Geburt, eine Geburt im höchsten Sinne, wird im Johannes-Evangelium dargestellt. In die geläuterte Bewußtseinsseele ergießt sich das Geistselbst oder der *Heilige Geist.* Hierauf hat auch der Ausdruck Bezug: «Ich sah, daß der Geist herabfuhr wie eine Taube vom Himmel und blieb auf ihm.»[3] Da die Bewußtseinsseele dasjenige Prinzip ist, in welchem sich das Geistselbst entwickelt, nennt man sie die «Mutter Christi» oder in den Geheimschulen die «Jungfrau Sophia». Durch die Befruchtung der Jungfrau Sophia konnte der Christus in Jesus von Nazareth geboren werden.»[4]

Diese Geburt des höheren Wesens in der menschlichen Seele ist auch in der Wortverbindung «Anthropos-Sophia» enthalten, die damit zu einem bedeutenden Meditationsinhalt wird. Denn so wie wir in der Imagination das weihnachtliche Bild der Maria-Sophia, welche die nathanische Seele, den wahren Anthropos, in ihren Armen hält, im Zusammenhang mit diesen Worten erlebten, so können wir, diese Worte durch die Kräfte der *Inspiration* vertiefend, ihren Zusammenhang mit *Epiphanias* erkennen, mit dem Mysterium des Herabsteigens des Sonnengeistes des Christus mit Hilfe der göttlichen Sophia in den Jesus von Nazareth, die nathanische Seele (den Anthropos). Im Sinne unserer Betrachtungen läßt sich dies auch als ein Prozeß vorstellen, bei dem zu den drei «vorchristlichen» Tugenden (deren Träger Jesus von Nazareth ist, das heißt die nathanische Seele, in der, sie verstärkend, das Ich des Zarathustra achtzehn Jahre weilte)[5] die drei neuen Tugenden hinzutreten, welche die Christus-Wesenheit in die Menschheitsentwicklung gebracht hat und welche sich durch die zentrale Tugend der Weisheit oder Sophia mit den «alten» Tugenden verbinden.

So haben wir im ganzen gesehen folgendes Bild: durch die Entwicklung der Tugenden der Gerechtigkeit, des Maßhaltens (der Besonnenheit) und des Mutes (der Geistesgegenwart), die aus der Vergangenheit stammen, kommen wir zur Gegenwart, zu der Weisheit, der Sophia, welche als das Bindeglied zwischen Vergangenheit und Zukunft, zwischen der vorchristlichen und der christlichen Entwicklung erscheint, wobei die letztere durch die Tugenden des Glaubens, der Liebe und der Hoffnung repräsentiert wird. Bei unserer Betrachtung der vier ersten oder «alten» Tugenden sahen wir, daß sie in Beziehung stehen zu den menschlichen Hüllen – dem physischen, ätherischen und astralischen Leib – und zum Ich.[6] Wie verhält es sich nun mit den drei neuen Tugenden, deren Quell der im Menschen-Ich wirkende Christus-Impuls ist, welcher, nachdem er dieses ganz erfüllt hat, in die Hüllen «überfließt» und im Astralleib als Glaube erscheint, im Ätherleib als Liebe, im physischen Leib als Hoffnung? Diese drei Grundtugenden der neuen christlichen Mysterien, die als rein innere Kräfte wesenhaft an den menschlichen Hüllen bauen und bilden, brauchen nach den Worten Rudolf Steiners ständig neue Nahrung und Kräfte für ihre Entwicklung. Nur wenn sie eine ganz bestimmte Nahrung erhalten, können sie im Menschenwesen bewirken, was sie bewirken sollen. Und als eine solche Nahrung erweisen sich vor allem die Wahrheiten der modernen Geisteswissenschaft, der Anthroposophie, welche allein die aus der *Weisheit*, der Sophia hervorgehenden Kräfte des Glaubens, der Liebe und der Hoffnung erwecken kann.[7] Denn ihrem inneren Wesen nach ist die moderne anthroposophisch orientierte Geisteswissenschaft nicht nur eine theoretische Lehre, sondern sie ist berufen, eine wirkliche Seelennahrung für den Menschen zu werden, ein Lebensbrot, das seine Hüllen so zu verwandeln und zu stärken vermag, daß in ihnen der Christus wohnen kann: «Nehmen wir nur die Wahrheiten, die uns die Anthroposophie[8] übermittelt, und geben wir sie der Glaubenskraft der Seele zur Nahrung, dann wird schon von selbst Manas [Geistselbst] entstehen, die Umwandlung des Astralleibes zu Manas wird sich von selbst vollziehen. Nehmen wir nur die Wahrheiten und geben sie der Liebe zur Nahrung, und Buddhi [Lebensgeist] wird von selbst entstehen. Nehmen wir die anthroposophischen Wahrheiten und geben sie der Hoffnung zur Nahrung, und es wird der Geistesmensch, Atman, von selbst entstehen.»[9] Aus diesen Worten Rudolf Steiners ersehen wir, daß die von uns betrachteten sieben Tugenden den *ganzen* Menschen umfassen und so eine sichere Grundlage für die modernen christlichen Mysterien bilden, deren Ziel es ist, in jedem Menschen sein ursprüngliches göttliches Urbild zu erwecken, das nichts anderes ist als der sich mit dem wahren Anthropos (der nathanischen Seele) vereinigende kosmische Christus.

Da die modernen Mysterien die Mysterien der Vergangenheit nicht aufheben, sondern in sich aufnehmen, umwandeln und auf eine höhere Stufe[10] heben, so können wir das oben Gesagte auch auf die folgende Weise zusammenfassen:

	Tugenden:	Wesensglieder:
Vergangenheit (alte Mysterien)	1. Gerechtigkeit	physischer Leib
	2. Maßhalten (Besonnenheit)	Ätherleib
	3. Mut (Geistesgegenwart)	Astralleib
Gegenwart (Anthroposophie) Zukunft (neue Mysterien)	4. Weisheit – Sophia	Ich
	5. Glaube	Geistselbst (Manas)
	6. Liebe	Lebensgeist (Budhi)
	7. Hoffnung	Geistesmensch (Atma)

Bei genauerer Betrachtung läßt sich leicht erkennen, daß diese Zusammenfassung nur eine Art Metamorphose der Worte ist, welche in unsichtbaren Schriftzeichen unter dem Bild der *neuen* Isis, der göttlichen Sophia, stehen.* Diese Worte lauten: «Ich bin der Mensch. Ich bin die Vergangenheit, die Gegenwart und die Zukunft. Meinen Schleier sollte jeder Sterbliche lüften.»[11] Und das bedeutet in unserem Zusammenhang: der siebengliedrige Mensch, der Vergangenheit, Gegenwart und Zukunft der Weltentwicklung umfaßt, von deren esoterischem Wesen heute *jede* Menschenseele, die den Weg der neuen Mysterien durch die Entwicklung der sieben geschilderten Tugenden betritt, den Schleier lüften kann.

Der moderne christliche Eingeweihte, der die Tugenden des Glaubens, der Liebe und der Hoffnung bis zu einem solchen Grade in sich entwickelt hat, daß sie zu Organen der imaginativen, inspirativen und intuitiven Erkenntnis geworden sind, kann in der Akasha-Chronik auch die kosmischen und irdischen Schicksale der Christus-Wesenheit erforschen. So schildert Rudolf Steiner am 18. Dezember 1913[12], daß der Geistesforscher, der die Taten des Christus in der Weltentwicklung vom Saturn bis zum Vulkan erforschen will, sich die Fähigkeit erworben haben muß, die übersinnliche Tätigkeit – das Denken – des Engels in seinem eigenen Astralleib bewußt erleben zu können. Um aber die Taten des Christus in den aufeinander folgenden Kulturepochen zu erkennen, sind die eigenen Lebenskräfte dem Erzengelwesen zu opfern, ist seine Anwesenheit im eigenen Ätherleibe bewußt zu erleben. Um schließlich die einzelnen, konkreten Ereignisse des *Erden*lebens des Christus Jesus in der Akasha-Chronik zu schauen, muß man sich selbst als «geistige Nahrung der Archai» erleben können, die Arbeit der Archai, die sich bis zum menschli-

---

* Siehe die plastische Gruppe in Dornach, die den Menschheitsrepräsentanten zwischen Luzifer und Ahriman darstellt. S. auch Anmerkung 11.

chen physischen Leib erstreckt, bewußt miterleben können. Diese Prozesse sind ihrem Wesen nach die real wesenhaft gewordenen Kräfte des Glaubens, der Liebe und der Hoffnung, denn die ersten öffnen die Pforten zum Reich der Engel, die zweiten zum Reich der Erzengel und die dritten zum Reich der Archai. (Einer Vorbereitungsstufe dazu entspricht die Metamorphose des Denkens, Fühlens und Wollens.)

Im Lauf der allgemeinen menschlichen Entwicklung kommen die hier angesprochenen Stufen darin zum Ausdruck, daß immer höhere hierarchische Wesenheiten in der Zukunft, die jedoch bereits heute beginnt, Bringer der neuen übersinnlichen Christus-Erkenntnis *für alle Menschen guten Willens* sein werden, das aber bedeutet, daß sie unmittelbar zu dem Christus hinführen. In seinem Buch «Die geistige Führung des Menschen und der Menschheit» stellt Rudolf Steiner das folgendermaßen dar: «Wie nun die Engel in unserer fünften Kulturperiode es sind, die den Christus heruntertragen in unsere geistige Entwicklung, so werden in der sechsten Kulturperiode diejenigen Wesen aus der Klasse der Erzengel die Kultur führen, welche die urpersische Kulturperiode geleitet haben. Und die Geister des Urbeginnes, die Archai, welche die Menschheit während der alten indischen Zeit leiteten, sie werden unter dem Christus in der siebenten Kulturepoche die Menschheit zu lenken haben. ... So wird die Menschheit von Stufe zu Stufe hinaufgeleitet werden in die geistige Welt.»[13]

Blicken wir nun nochmals auf die innere Entwicklung des Menschen im Zusammenhang mit dem Erringen bestimmter geistig-moralischer Eigenschaften (Tugenden) im Jahresrhythmus, so können wir sagen: der Einfluß der Archai, Archangeloi, Angeloi, von dem der Mensch sich nach und nach befreit, indem er sich die Tugenden der Gerechtigkeit, des Maßhaltens und des Mutes erwirbt, um schließlich in voller Freiheit und Einsamkeit den Christus, der in ihm (in seinem Ich) aus der mütterlichen Substanz der Weisheit oder Sophia geboren wird, im eigenen Ich zu erleben, dieser Einfluß wird mit vollem Bewußtsein, in voller Freiheit wiederhergestellt, wenn die Kräfte des Glaubens, der Liebe und der Hoffnung bis zu den Fähigkeiten des imaginativen, inspirativen und intuitiven Erkennens entwickelt werden.[14] So beginnt der Mensch, der sich einst aus dem hierarchischen Makrokosmos herauslöste, nun wiederum durch den bewußt aufgenommenen Christus-Impuls in ihn hineinzuwachsen.[15]

2.
Das Wirken der nathanischen Seele in den alten und den neuen Mysterien. Christus-Träger und Christus-Empfänger

Der Übergang von der Epoche der alten zur Epoche der neuen Mysterien, der sich durch die Tat des Christus Jesus an der Zeiten-Wende vollzog, zeichnet sich durch den tiefsten Einschnitt in der gesamten Menschheitsentwicklung aus. Es wurde dem Mysterienleben, so wie es bis dahin existierte, von diesem «Moment» an eine ganz andere Richtung gegeben. Wenn es vor dem Mysterium von Golgatha die Aufgabe der alten Mysterien war, der Menschheit nicht nur den Zusammenhang mit den höheren Welten zu erhalten, sondern auch – und das war nicht weniger wichtig – ihr Herabsteigen in die Erdensphäre auf die rechte Weise zu bewirken, sodaß individuelle Freiheit und voll entwickeltes Ich-Bewußtsein errungen werden konnten, so ist es die Aufgabe der neuen Mysterien, die auf der Grundlage des Mysteriums von Golgatha entstanden, den Boden für ein neues, bewußtes, freies Aufsteigen in die geistigen Welten nach und nach zu bereiten.

Was in alten Zeiten in verborgenen Mysterientempeln gepflegt wurde, das verschwand in der neuen Zeit nicht vollständig aus der Menschheitsentwicklung, sondern es wurde, indem es eine geistige Metamorphose durchmachte, aus einem Äußeren ein Inneres, es wurde, indem es aus den verborgenen Heiligtümern des Altertums in die Menschenseelen überging, zu deren innerer Kraft. Und die bereits mehrfach beschriebenen «platonischen Tugenden» waren ein wichtigster Teil dieses «Erbes» der alten Mysterien. Deshalb wollen wir uns nochmals mit ihnen beschäftigen, wobei wir den Aspekt herausgreifen, der uns zu dem Hauptthema dieses Kapitels hinführen kann.

Wie wir bereits sahen, zeichnen sich diese Tugenden – wir betrachten zunächst die drei ersten: Gerechtigkeit, Maßhalten (Besonnenheit) und Mut (Geistesgegenwart) – dadurch aus, daß der Mensch, der sie in der Adventszeit in der rechten Weise entwickelt, damit gleichsam seelisch-moralisch die drei Opfertaten der nathanischen Seele, welche diese in den höheren Welten in der lemurischen und atlantischen Zeit vollbrachte, wiederholt. In jenen weit zurückliegenden Zeiten opferte sich die nathanische Seele dreimal im Kosmos dem Sonnengeist des Christus, das heißt – im Sinne der alten Mysterientradition – sie wurde dreimal in der geistigen Welt zum *Christophorus,* zum himmlischen Christus-Träger. Dadurch erschien sie für alle folgenden Zeiten als das große Urbild aller «vorchristlichen» Mysterien, sowohl des nördlichen wie des südlichen Weges, denn in beiden Mysterienströmungen strebten die Schüler, wenn auch auf verschiedene Weise, nach ein und demselben Ziel: ein Christophorus zu werden, was in jenen Zeiten nur durch das unmittelbare Erleben des Christus *außerhalb* der Erde, in der hohen Sonnensphäre, möglich war.

Über eine solche immerwährende Beteiligung der nathanischen Seele an den Mysterien des Altertums äußerte Rudolf Steiner: «Diese [nathanische] Seele ist also eine solche, der man äußerlich nicht als Mensch begegnen konnte, sondern die nur von den alten Hellsehern wahrgenommen werden konnte. Von denen wurde sie auch wahrgenommen; sie verkehrte sozusagen in den Mysterien.»[16] «... sie wurde sozusagen in den Mysterien gehegt und gepflegt, wurde hinausgeschickt, da, wo es Wichtiges in der Menschheit gab, aber sie konnte nur als Erscheinung im *ätherischen Leibe* da sein, konnte daher im strengen Sinn nur wahrgenommen werden so lange, als das alte Hellsehen da war.»[17] Deshalb... «kann man, wo solche Schulen [Mysterienstätten] in der Geschichte auftreten, immer erkennen, daß sie gewahr wurden eine Seele, welche *die Menschheit begleitet.*»[18]

So nahm die nathanische Seele, indem sie das himmlische *Urbild* der höheren Ziele der «vorchristlichen» Mysterien bildete, seit den ältesten Zeiten an der geistigen Entwicklung der Menschheit teil. Diese entscheidende Bedeutung für das Mysterienleben der Vergangenheit läßt auf der Grundlage unserer bisherigen Betrachtungen die Frage entstehen: wie ist ihre Stellung zu den neuen, modernen Mysterien? Mit anderen Worten: wie wirkt die nathanische Seele in der Menschheit *nach* ihrem vierten Opfer, dem wir uns auf seelisch-moralische Weise dadurch nähern können, daß wir ein rechtes Verständnis des Mysteriums von Golgatha auf der Grundlage der neuen christlichen Mysterien, der neuen Isis-Sophia, entwickeln? Und wie ist ihre Beziehung zu den Tugenden: Glaube, Liebe, Hoffnung, diesen drei Säulen, auf denen der Tempel der neuen Mysterien ruht?

Zur Antwort auf diese Frage ist hier an den wesentlichen Unterschied zu erinnern, der zwischen den drei ersten und dem vierten Opfer der nathanischen Seele besteht. In den drei ersten Opfern trat sie als der große himmlische Christophorus in der Menschheitsentwicklung auf, als sie dreimal zum Träger der Christus-Wesenheit wurde. Mit dem vierten Opfer wurde sie, nachdem sie sich als der Jesus des Lukas-Evangeliums auf der Erde verkörpert hatte, im 30. Jahre, nun nicht zum «äußerlichen» *Träger* des Christus im Makrokosmos, sondern zum *Christus-Empfänger,* zum ersten Menschenwesen, das den Christus bis in den innersten Kern des eigenen Wesens aufnahm, so daß er bei der Taufe im Jordan sich mit ihrer verborgensten Wesenheit vereinigen und im Laufe der folgenden drei Jahre ihren astralischen, ätherischen und physischen Leib durchdringen konnte. Dieses Geschehen aber bedeutete eine vollkommen neue Stufe in der ganzen Menschheitsentwicklung, die in den alten «vorchristlichen» Mysterien noch niemals erreicht worden war und die der Menschheit die vollkommen neue Möglichkeit eröffnete, sich mit dem Christus und durch ihn – wie wir sahen – mit dem ganzen Makrokosmos zu vereinigen.[19]

In der folgenden Zeit bildete diese neue Vereinigung mit dem Christus, die nicht durch das Sich-Erheben in die Sonnensphäre, sondern durch das Aufnehmen des Christus-Impulses in das eigene Ich, das Allerheiligste des Menschenwesens, hier auf der Erde herbeigeführt wird, das endliche Ziel aller christlichen Mysterien, die von dem zentralen Ereignis der Weltentwicklung, dem Mysterium von Golgatha, ausgehen. Von diesem prinzipiellen Unterschied zwischen den alten und den neuen Mysterien und davon, daß in den «vorchristlichen» Zeiten dieses höchste Ziel der neuen Mysterien nicht erreichbar war, spricht Rudolf Steiner: «Und das war eben der Grad der Einweihung [in den alten Mysterien], durch die der Mensch ein Christus-Träger, das heißt ein Sonnenwesen-Träger wurde, *nicht ein Sonnenwesen-Empfänger,* sondern ein Sonnenwesen-Träger. Wie der Mond selber, wenn er Vollmond ist, ein Sonnenlicht-Träger ist, so wurde der Mensch ein Christus-Träger, ein Christophorus. Diese Einweihung zum Christophor war also ein durchaus reales Erlebnis.»[20]

Das Wesen des vierten Opfers der nathanischen Seele bestand nun darin, daß sie *erstmals* in der Geschichte des Mysterienlebens der Menschheit nicht zum Christus-Träger, sondern zum *Christus-Empfänger* wurde und damit zum *Urbild* des letzten Zieles und der höchsten Bestrebungen aller wahrhaft christlichen Mysterien, allen voran der neuen Mysterien des Michael-Christus, die durch die anthroposophisch orientierte Geisteswissenschaft der Menschheit gebracht und auf der Weihnachtstagung des Jahres 1923 begründet wurden. Denn die erste der zwei wichtigsten Zeilen des vierten Teiles der Grundstein-Meditation:

«Göttliches Licht,
Christus-Sonne»

bezieht sich, wie schon Zeylmans van Emmichoven darstellte, auf die nathanische Seele.[21] Deshalb weisen diese Strophen in ihrer Gesamtheit zugleich auf das höchste Ideal der neuen Mysterien, auf das *Menschen-Wesen des Ursprungs*, das die Christus-Sonne in seiner ganzen Fülle *empfing*, so daß es seine Hüllen mit der Substanz des «göttlichen Lichtes», der Substanz des von dem Christus ausgehenden Heiligen Geistes, vollkommen durchdringen und dadurch den Weg betreten konnte, der zu dem Ziele des gesamten Erden-Äons führt.[22] So wirkt die nathanische Seele seit den palästinensischen Ereignissen als *Urbild des ganz und gar von dem Christus durchdrungenen Menschen* und gleichzeitig als Urbild der zukünftigen Menschheitsentwicklung, wovon wir bereits im Zusammenhang mit der Beschreibung der drei künftigen Christus-Offenbarungen in den kommenden Kulturepochen sprachen (s. Seite 128 ff.).

Dieses neue Verhältnis der nathanischen Seele zu dem Christus und zur Menschheit als ganzer bildete die Grundlage dafür, daß der Apostel Paulus, der den Christus vor Damaskus prophetisch in der Gestalt erlebte, in der er vom 20. Jahrhundert an der Menschheit erscheinen wird, ihn von einer leuchtenden Licht-Aura umgeben schauen konnte, welche die nathanische Seele selbst war, die seit der Zeit den Christus, ihn wie ein Lichtkleid umhüllend, begleitet: «Was aber war nötig, daß der Auferstandene so dicht seelisch erscheinen konnte, wie er dem Paulus erschienen ist? Was war denn sozusagen jener *Lichtschein*, in dem der Christus dem Paulus vor Damaskus erschienen ist? Was war das? Woher war das gekommen?»[23] – so fragt Rudolf Steiner. Und er antwortet auf diese Fragen: «Als Paulus seine Erscheinung vor Damaskus hat, da ist, was ihm erscheint der Christus. Der *Lichtschein*, in den sich der Christus kleidet, ist der Krishna. Und weil der Christus den Krishna zu seiner eigenen *Seelenhülle* genommen hat, *durch die er dann fortwirkte,* ist enthalten in dem, was aufstrahlt, ist in dem Christus auch alles das, was einstmals Inhalt der erhabenen Gita war.»[24] Aus diesen Worten ersehen wir, daß jener «*Lichtschein*, in den sich der Christus kleidete», «jene *Seelenhülle, durch die er dann fortwirkte*», – das heißt bis in unsere Gegenwart und von heute an immer weiter und weiter in der Zukunft – die nathanische Seele war, welche der ätherischen Christus-Sonne in der astralischen Welt das Lichtkleid aus den Strömen des göttlichen Astral-Lichtes wob («Göttliches Licht, Christus-Sonne...»).

Von der nathanischen Seele als dem großen Urbild des Menschen, der die erste übersinnliche Christus-Offenbarung in sich verwirklichte, indem er zum Christus-Empfänger in seinem Astralleib wurde und in ihm dem Christus ein Kleid aus leuchtendem, reinstem Astrallicht schuf* – davon spricht dieser Hinweis Rudolf Steiners auf die nathanische Seele bei dem Ereignis von Damaskus. Und das ist nur der Anfang; denn dieses gemeinsame Wirken der Christus-Wesenheit und der nathanischen Seele in der Menschheit wird auch in der Zukunft andauern. Dank diesem Zusammenwirken wird die nathanische Seele in der sechsten Kulturepoche, wenn der Christus sich der Menschheit in seinem Astralleib auf dem niederen Devachan offenbaren wird, als das Urbild des Menschen erscheinen, der in seinem *Ätherleib*[25] zum Christus-Empfänger geworden ist, nachdem sie dem Christus aus allen Planeten- und Sonnenkräften des unteren Devachan, wo die den menschlichen Ätherleib schaffenden Kräfte urständen, ein neues Kleid gewoben hat. Und schließlich wird in der siebenten Epoche, wenn der Christus sich der Menschheit in seinem makrokosmischen Ich auf dem höheren Devachan offenbaren wird, auch die nathanische Seele mit ihm gehen und als das Urbild des Menschen erscheinen, der bis zu den übersinnlichen Kräften des physischen Leibes, welche vom höheren Devachan, der Fixsternwelt, ausgehen, zum Christus-Empfänger geworden ist, und sie wird dem Christus aus diesen Kräften das himmlische Sternenkleid weben.

Das ist das Bild dieser Ereignisse vom Kosmos aus gesehen. Aber auch vom Menschen aus betrachtet erweisen sie sich als ganz besonders bedeutungsvoll. Wir sahen, wie die nathanische Seele mit ihren drei «vorchristlichen» Opfern, noch ganz im außerirdischen Kosmos wirkend, den Christus-Impuls in das Menschenwesen, in die verschiedenen Bereiche der menschlichen Organisation hineintragen konnte und wie ihr viertes Opfer ihm den Eintritt in das Menschen-Ich ermöglichte, so daß er in ihm zur Quelle der menschlichen intellektuellen und moralischen Kräfte werden kann. «Ja, Geisteswissenschaft wird uns gerade tiefer und immer tiefer zeigen, wie dieses Ich des Menschen durch das vierte Christus-Ereignis, das Mysterium von Golgatha, zur Selbstlosigkeit kommen kann. Die Sinne haben gesagt: Nicht ich, der Christus in uns [erstes Opfer]. Die Lebensorgane haben gesagt: Nicht ich, der Christus in uns [zweites Opfer]. Die Gemütsorgane haben gesagt: Nicht ich, der Christus in uns [drittes Opfer].[26] Des Menschen moralisches und intellektuelles Leben [insoweit es die Frucht der freien Entwicklung seines Ich ist] muß lernen zu sagen: Nicht ich, der Christus in mir»[27] – so faßt Rudolf Steiner

---

* Genaueres über diesen Prozeß wird in dem Kapitel «Das neue Erscheinen des Christus im Ätherischen» gesagt werden.

das gemeinsame Wirken der Christus-Wesenheit und der nathanischen Seele in Bezug auf die verschiedenen Elemente der menschlichen Organisation zusammen. Die Möglichkeit aber zu solchem Erleben wurde durch die Taufe im Jordan (Epiphanias) und durch das Mysterium von Golgatha (das vierte Opfer der nathanischen Seele) eröffnet, was wiederum das Erlebnis des Paulus vor Damaskus sowie seine Worte, welche seitdem Grundlage und Ziel der christlichen Mysterien sind, zur Folge hatte.

Es muß aber heute in dieser Entwicklung weiter vorangeschritten werden. Die nathanische Seele, welche den Christus auf seinem Weg zu den höheren Offenbarungen begleitet, soll dadurch, daß ihr Urbild im Menschen aufleuchtet und die Glaubenskräfte erwachen, die Fähigkeit in ihm entwickeln, daß sein astralischer Leib, wenn auch nur bis zu einem gewissen Grade, zu sagen vermag: «Nicht ich, der Christus in mir». In der sechsten Epoche wird der Ätherleib durch die Entfaltung der Liebeskräfte dasselbe sprechen, und in der siebenten Epoche schließlich durch die Entwicklung der Kräfte der Hoffnung auch bis zu einem gewissen Grade der physische Leib.[28] Nur wenn dieses geschieht, wenn der Mensch sich durch das Wirken der nathanischen Seele in den neuen christlichen Mysterien, deren Grundstein öffentlich unter den Menschen auf der Weihnachtstagung des Jahres 1923 gelegt wurde, seinem Ideal, seinem Urbild zu nähern vermag, nur dann kann er sich auch dem Ziel dieser Mysterien nähern: *ein bewußter Christus-Empfänger* zu werden.[29]

Auf dieses erhabene Ziel weisen uns die letzten Strophen des vierten Teiles der Grundstein-Meditation, wo von der Christus-Sonne gesprochen wird, welche heute in der Lichthülle der nathanischen Seele wirkt und welche das menschliche Herz (das Fühlen) erwärmen, das menschliche Haupt (das Denken) erleuchten will, um sich sodann in den ganzen Menschen zu ergießen, bis hin zu seinen Willensimpulsen, auf daß diejenigen, die in den neuen Mysterien danach streben, den Christus bewußt zu empfangen[30], das wahre *Gute* durch seine Kraft in die äußere Welt tragen können:

> «Daß gut werde,
> Was wir
> Aus Herzen gründen,
> Was wir
> Aus Häuptern
> Zielvoll führen *wollen*.»

Was wir in diesem Kapitel über die Bedeutung der nathanischen Seele für die alten und die neuen Mysterien sowie ihren Weg mit dem Christus vom Himmel auf die Erde und von der Erde heute wiederum immer höher in die Sternenwelten sagten, wirft ein Licht auf ihren verborgenen Zusammenhang mit den drei Rosenkreuzerworten «Ex deo nascimur; In Christo morimur; Per spiritum sanctum reviviscimus», mit diesen Worten, welche das eigentliche Wesen des esoterischen Weges der modernen christlichen Mysterien enthalten. Mehr noch, die erwähnten kosmisch-irdischen Schicksale der nathanischen Seele, ihre unlösbare, unmittelbare Verbindung mit der Christus-Wesenheit seit der lemurischen Zeit bis heute und in die Zukunft hinein – all das spricht davon, daß sie selbst der *menschliche* Träger dieser drei Worte ist, so wie der Christus ihr kosmischer Träger.[31] Denn wer, wenn nicht die nathanische Seele, kann in Wahrheit *«aus Gott geboren»* und zugleich der Hüter der göttlichen Ursprungskräfte genannt werden – geboren, als die Elohim den ersten Menschen schufen, und der Hüter in aller Reinheit der Kräfte, dank derer sie sich dreimal dem Christus in den geistigen Welten, sodann einmal auf der Erde, bei der Taufe im Jordan, zu opfern vermochte. Von wem, wenn nicht von ihr, dem einzigen Menschenwesen, das den Christus auf der Erde in sich aufnahm und *mit ihm durch das Mysterium von Golgatha hindurchging*, können wir sagen, daß es *«in dem Christus»*, *«mit* dem Christus starb». Von wem sonst können wir sagen, daß er *«auferstanden»* ist in dem von dem Christus ausgehenden Heiligen Geist, denn sie erschien dem Paulus vor Damaskus als die «Lichthülle» des Auferstandenen.

So erweist sich die nathanische Seele nicht nur als das Urbild des höchsten Zieles der neuen Mysterien, sondern auch unmittelbar als der Führer zu seiner Verwirklichung: durch das *Erinnern* an ihre drei übersinnlichen Opfer, das *Besinnen* ihres erhabenen vierten Opfers, das sie an der Zeiten Wende brachte, und durch das *Schauen* ihrer drei zukünftigen Opfer, wobei das erste dieser drei Opfer sich bereits heute, mit dem 20. Jahrhundert beginnend, vollzieht, und es ist die wichtigste Aufgabe der modernen christlichen Mysterien, das Tor zu seinem *Schauen* im Lichte des neuen Zeitgeistes zu erschließen.

VI.
Das Ostermysterium

1.
Die vierzigtägigen Gespräche des Auferstandenen und ihre Wiedergeburt in der modernen Geisteswissenschaft

In unserer Betrachtung des Jahreskreislaufs stehen wir nunmehr unmittelbar vor dem Osterfest, dem *zentralen* Fest im Jahreslauf, das auf das größte Ereignis der ganzen Erdenentwicklung weist – auf das Mysterium von Golgatha. Mit diesem Ereignis vollendet sich dank der endgültigen Vereinigung des Sonnenwesens des Christus mit dem *physischen Leib* des Jesus von Nazareth das Menschwerden Gottes. Und wenn die vorhergehenden, der imaginativen und intuitiven Erkenntnis zugänglichen Stufen der Vereinigung der Christus-Wesenheit mit dem astralischen und ätherischen Leib des Jesus von Nazareth die Geheimnisse der Monden- und Sonnen- (Planeten-)Sphäre offenbarten, so leuchten im Mysterium von Golgatha die Mysterien des physischen Leibes auf, dessen Geheimnisse die gesamte Sphäre der Fixsterne umfassen und die nur der höchsten *intuitiven* Erkenntnis zugänglich sind. Es ist das Besondere, Einmalige des Mysteriums von Golgatha, daß es, sich auf dem *physischen Plan* vollziehend, doch nicht vom gewöhnlichen menschlichen Bewußtsein erkannt werden kann, sondern nur vom höchsten übersinnlichen. Das faßt Rudolf Steiner im Abschlußkapitel seines Buches «Die Geheimwissenschaft im Umriß» in die Worte:

«Der Geistesschüler wird dadurch in das erhabene Geheimnis selbst eingeweiht, das mit dem Christus-Namen verknüpft ist. Der Christus zeigt sich ihm als das ‹große menschliche Erdenvorbild›. – Ist auf solche Art durch *Intuition* der Christus in der geistigen Welt erkannt, dann wird auch verständlich, was sich auf der Erde geschichtlich abgespielt hat in der vierten nachatlantischen Entwickelungsperiode der Erde (in der griechisch-lateinischen Zeit). Wie zu dieser Zeit das hohe Sonnenwesen, das Christus-Wesen, in die Erdenentwickelung eingegriffen hat, und wie es nun weiter wirkt innerhalb dieser Erdenentwickelung, das wird für den Geistesschüler eine selbsterlebte Erkenntnis. Es ist also ein Aufschluß über den Sinn und die Bedeutung der Erdenentwickelung, welchen der Geistesschüler erhält durch die Intuition.»

Rudolf Steiner sprach von dem Mysterium von Golgatha als dem Bindeglied zwischen den Höhen und den Tiefen der Welt: zwischen Adam Kadmon, dem großen, makrokosmischen Menschen, der durch das Wirken aller neun Hierarchien gebildet wurde, und seinem mikrokosmischen Abbild, dem physischen Leib des Menschen, welcher in Form und Gestaltung die Wesensoffenbarung des individuellen Ich-Prinzips ist. Eine solche Darstellung der umfassenden Bedeutung des Mysteriums von Golgatha ist beispielsweise die folgende: «... so kann auch diejenige Gestalt, die durch das Mysterium von Golgatha gegangen ist, vor die menschliche Seele nur hintreten, wenn man zuerst eine Möglichkeit hat, aus der menschlichen Organologie heraus den kosmischen Menschen anzuschauen. Denn *als kosmischer Mensch kam Christus von der Sonne. Er war bis dahin noch nicht Erdenmensch. Er kam als kosmischer Mensch heran.*»[1] Von diesem «kosmischen Menschen», dessen Kräfte durch das Mysterium von Golgatha vollkommen in die Erdenentwicklung hineingetragen wurden und die in dem Geistleib der Auferstehung in Erscheinung traten, spricht Rudolf Steiner auch im Vortrag vom 25. Mai 1924 in Paris. Hier wird gezeigt, wie in der «Hauptesorganisation» des kosmischen Menschen, die der Sphäre der oberen Planeten entspricht, die erste Hierarchie wirkt, im «rhythmischen System», das der Sonne entspricht, die zweite Hierarchie und im «Gliedmaßensystem», das mit den unteren Planeten in Beziehung steht, die dritte Hierarchie.[2] Wenn wir zu dieser Charakteristik noch hinzufügen, daß ursprünglich die Wirkenssphäre der ersten Hierarchie die Welt der Fixsterne bis hin zu den oberen Planeten ist, die der zweiten Hierarchie die Sonne und der dritten insbesondere die Mondensphäre[3], wenn wir uns zudem daran erinnern, daß alle neun Hierarchien an der jahreszeitlichen Konstellation des Osterfestes beteiligt sind (s. S. 172 f.), dann können wir dem eigentlichen Mysterium dieses Festes *aus dem Jahresrhythmus* heraus näherkommen.

Tatsächlich weist uns das Osterfest, im Gegensatz zu den vorangehenden Festen – Michaeli, Weihnachten, Epiphanias, die infolge ihrer Unbeweglichkeit stärker mit den Erdenkräften zusammenhängen –, dank seiner Beweglichkeit und seines Zusammenhanges mit den drei Welt-Bereichen der Fixsterne, der Sonnen- und Mondensphäre ganz besonders auf den großen «kosmischen Menschen», der den gesamten Kosmos, die Kräfte aller Hierarchien in sich trägt und der durch das Mysterium von Golgatha erstmals im Erdenwesen *geboren* wurde:

«In der Zeiten Wende
Trat das Welten-Geistes-Licht
In den irdischen Wesensstrom...»

Mit diesem «kosmischen Menschen» ist jedoch noch ein Geheimnis verbunden. In der Grundstein-Meditation, insbesondere im vierten Rhythmus der Weihnachtstagung, weist Rudolf Steiner darauf hin, wie das so vielgestaltige, erhabene Tun der göttlich-geistigen Hierarchien in unserem Kosmos durch ihre Offenbarung in dem Tönen des allumfassenden Weltenwortes, des Logos, Einigung, einheitlich, zielgerichtetes Wirken erlangt.[4] Was sonst voneinander getrennt und unharmonisch wäre, erhält durch es seine wahre, vollkommene Einheit, seine *höchste Form*. Und diese Weltall-Form ist nichts anderes als der oben beschriebene «kosmische Mensch», die Gesamtheit der Taten der Hierarchien, die sich im Tönen des Weltenwortes offenbaren. In gewissem Sinne kann man auch sagen, daß der «kosmische Mensch» die Wesensoffenbarung des Weltenwortes selbst in unserem Kosmos ist.

Dieses Weltenwort, dieser Schöpferlogos unseres Kosmos, der verborgene Mittelpunkt und Quell der Kräfte der höheren Hierarchien, wurde an der Zeiten Wende durch den Christus in all seiner Fülle in das Erdensein getragen. Denn in ihm «ist das Wort Fleisch geworden». Der Logos selbst vereinigte sich mit dem physischen Leib des Menschen, dem irdischen Leib des Jesus von Nazareth. Das ist das Wesen der dritten und letzten Stufe des Menschwerdens Gottes, das ist das Mysterium der Nacht von Gethsemane und des Hügels von Golgatha. Aber zu diesem ersten Teil des Mysteriums von Golgatha, das die Summe der ganzen *vergangenen* Welt- und Menschheitsentwicklung birgt, tritt nach drei Tagen der zweite Teil als grundlegendes Mysterium der *zukünftigen* Entwicklung hinzu. Auf dieses Mysterium der Zukunft weist uns die Auferstehung. In ihr ist «das Fleisch wiederum Wort geworden»; ist der physische Leib des Menschen durch das Wirken des Logos in ihm wiederum mit seinem Urbild, dem großen «kosmischen Menschen», den Kräften der höheren Hierarchien vereinigt worden. Diesen Prozeß können wir auch folgendermaßen beschreiben: Bis zum Mysterium von Golgatha war das Menschwerden des Kosmos das Ziel der Weltentwicklung. Die geistigen Kräfte der sieben Planeten sollten allmählich zur Grundlage des Flüssigkeitsorganismus im Menschen werden, die geistigen Kräfte der Fixsternsphäre, des zwölfgliedrigen Tierkreises dagegen, zur Grundlage der (festen) physischen Organisation. Nach dem Mysterium von Golgatha nahm die Weltentwicklung die umgekehrte Richtung an. Das, was einstmals Fleisch und Blut des Menschen als Ausdruck der Kräfte seines physischen und Ätherleibes wurde, das soll nun wiederum durch das Wirken des vom Christus-Impuls durchdrungenen Astralleibes und Ich zur Vereinigung mit der Sternen- und Planetenwelt hingeführt werden.[5] Das ist zugleich die endgültige Erfüllung des Strebens aller Sonnenmysterien des Altertums, als der Mysterien des Todes und der Auferstehung, in dem einen Mysterium des lebendigen Christus: der Todesmysterien, die in der Formel «und das Wort ist Fleisch geworden» ihre Verwirklichung fanden, und der Auferstehungsmysterien, die verbunden sind mit der Formel «Und das Fleisch ist wiederum Wort geworden». In diesen zwei esoterischen Formeln haben wir damit jene erhabene Verkündigung, durch die in dem Augenblick, da sich auf der Erde das Mysterium von Golgatha vollzieht, der führende Sonnenerzengel, der Leiter und Inspirator der Sonnenmysterien, Michael, von der Sonne her antwortet, sich an alle Erdenmenschen wendend. «Die Fleischwerdung des Wortes ist die erste Michael-Offenbarung, die Geistwerdung des Fleisches muß die zweite Michael-Offenbarung sein.»[6] So trägt Michael die Sonnenerkenntnis des Christus durch die Jahrhunderte und Jahrtausende zu der Menschheit.

Aus diesen Worten ersehen wir aber auch, daß das Verhältnis von Makrokosmos und Mikrokosmos, der Götter und Menschen, sich mit dem Mysterium von Golgatha grundlegend änderte. Die Erkenntnis der neuen Ordnung der Weltenkräfte, die damals eintrat, ihrer veränderten Verhältnisse und Wechselbeziehungen, ist seitdem für alle folgenden Zeiten der wahre Gehalt des esoterischen Christentums. Denn der Christus brachte der Welt keine neue Lehre, sondern eine *Tat*, die Tat auf Golgatha. Und die allmähliche Enthüllung seiner tellurisch-kosmischen Bedeutung, seiner allumfassenden Bedeutung für die Welt der Götter und die Welt der Menschen ist die alleinige «Lehre» des Christentums; ihre Grundlagen aber gab der auferstandene Christus selbst im Laufe seiner vierzigtägigen Gespräche mit den Aposteln. Mehr noch: alle esoterische Erkenntnis des Mysteriums von Golgatha ist letzten Endes auf diese Gespräche zurückzuführen.

«Neben dieser exoterischen Anschauung [in den Evangelien] hat es immer ein esoterisches Christentum für diejenigen gegeben, die sich in entsprechender Weise in ihrem Gemüte für das Empfangen eines solchen esoterischen Christentums vorbereiten wollten.

Das Wichtigste nun in diesem esoterischen Christentum ist das, was gewußt werden kann über den Umgang des auferstandenen Christus, des Christus also, der durch den Tod hindurchgegangen ist, mit denjenigen seiner Schüler, die ihn eben verstehen konnten.»[7]

«[Es] ist heute eben der Zeitpunkt herangekommen, wo die menschliche Sehnsucht verlangt, nun auch über das Mysterium von Golgatha ein tieferes Wissen zu erlangen. Und das kann nur auf die anthroposophische Art geschehen. Das kann nur dadurch geschehen, daß eben ein neues Wissen auftritt, das auf rein geistige Art arbeitet. Da wird man wiederum zurückgelangen zu einem vollmenschlichen Verständnis des Mysteriums von Golgatha. Da wird man wiederum verstehen lernen, daß die wichtigsten Lehren der Menschheit gegeben worden sind nicht von dem Christus, der im physischen Leibe lebte *bis* zum Mysterium von Golgatha hin, sondern *nach* dem Mysterium von Golgatha von dem auferstandenen Christus.»[8]

So können wir das Wesentliche sowohl der Lehren des esoterischen Christentums als auch der Gespräche des Auferstandenen mit seinen Jüngern in die Worte fassen: Erkenntnis der Beziehungen des Makrokosmos zum Mikrokosmos, der Welt der Götter zu der Welt der Menschen, wie sie durch das Mysterium von Golgatha eingetreten sind. Denn diese Gespräche enthüllten vor den Jüngern das Mysterium der Weltentwicklung *bis* zum Mysterium von Golgatha als das Menschwerden des Kosmos, und sie offenbarten als Ziel der zukünftigen Entwicklung, daß der Mensch wieder ein Kosmos werden, in das Welt-Ganze einst als die unseren Kosmos vollendende zehnte Hierarchie eintreten soll. Diese zwei Weltprozesse fanden in dem grundlegenden Mysterium der ganzen Erdenentwicklung, dem einen Mysterium des Christus ihren vollständigen Ausdruck: dem Prozeß, wie er aus einer kosmischen Wesenheit ein menschliches Wesen wurde, sodann aber die Grenzen alles Menschlichen überwand. Das Letztere geschah mit dem Sieg des Christus über den Tod, der *nur* dem Menschenleben auf der Erde eigen ist, sowie seinem Wiederaufstieg in den Makrokosmos, in das Reich des Vaters, das Reich der höheren Hierarchien, nun jedoch *mit* der geretteten Menschenform, welche gleichsam die *Menschheitssubstanz*, man kann auch sagen die Quintessenz des Menschseins, das eigentliche Prinzip des individuellen Ich-Bewußtseins mit sich trug.[9] Diese Wiedervereinigung des Christus mit dem Makrokosmos, als er vor dem sich erschließenden imaginativen Blick der Jünger den vergeistigten physischen Menschenleib, das reinste Abbild seines kosmischen Ich-Bewußtseins, in die außerirdischen Sphären mit sich nahm, spiegelte sich am Ende der vierzigtägigen Gespräche in dem Ereignis der Himmelfahrt. Dabei offenbarte sich dem inneren Erleben der Apostel auf gleichsam geistig anschauliche Weise das eigentliche Wesen des neuen Verhältnisses von Makrokosmos und Mikrokosmos.

Jedoch nicht alle Jünger konnten diese Gespräche bewußt erleben.[10] Denn ein solches bewußtes Erleben setzte, wie wir bereits sahen, das Aufsteigen in die Sphäre der Weltenintuition, die Befruchtung durch die Weltenweisheit des von dem Christus ausgehenden Heiligen Geistes voraus. Dazu war *vor* dem Pfingstmysterium nur «der Jünger, den der Herr lieb hatte» in der Lage, nachdem er, unter dem Kreuz auf Golgatha stehend, die «Sophia des Christus» empfangen hatte.

Der moderne Eingeweihte aber, der sich auf dem christlich-rosenkreuzerischen Einweihungswege der bewußten Begegnung mit dem Christus in der Sphäre der Intuition nähert und der – wie das aus den Worten der «Geheimwissenschaft im Umriß» hervorgeht, welche am Anfang des Kapitels angeführt wurden – auf diese Weise zur wahren Erkenntnis des Mysteriums von Golgatha vordringt, er wird dann auch den Gehalt der Gespräche des Auferstandenen, die in der Akasha-Chronik bewahrt werden, erlebend erkennen. Denn in unserer Zeit kann eine *wahre Erkenntnis* des Mysteriums von Golgatha nur durch die auf intuitivem Wege erlangten – oder «gehörten» – Gespräche des auferstandenen Christus gewonnen werden. Und so können wir sagen: die moderne anthroposophisch orientierte Geisteswissenschaft als Träger der neuen Erkenntnis der Christus-Wesenheit sowie des Mysteriums von Golgatha und der darin enthaltenen Welt- und Menschen-Erkenntnis, die ja Ausdruck des durch das Mysterium von Golgatha entstandenen neuen Verhältnisses zwischen der Welt der Götter und der der Menschen ist, – das alles ist nichts anderes als die Wiedergabe des esoterischen Gehaltes der vierzigtägigen Gespräche des Auferstandenen mit seinen Jüngern *in einer der heutigen Zeit gemäßen Form.*

Dieser Zusammenhang kann auch auf die folgende Weise beschrieben werden: Heute, da der als Folge der «Wiederholung des Mysteriums von Golgatha» in den geistigen Welten abermals auferstandene Christus den Menschen in ätherischer Gestalt[11] nahekommen kann, muß sich auch der Gehalt des esoterischen Christentums, der vierzigtägigen Gespräche des Auferstandenen, erneuern, in neuer Gestalt unter die Menschen treten. Es soll nunmehr die Möglichkeit erschlossen werden, für *alle* Menschen und in *vollem Bewußtsein* von dem Christus zu sprechen, ihn zu fragen und Antworten von ihm zu erhalten zu allen denkbaren Welt- und Lebensgeheimnissen. Die Sprache aber, in der wir mit dem ätherischen Christus sprechen können, in der wir mit ihm so sprechen können, wie das einstmals die Apostel in den vierzig Tagen zwischen Ostern und Himmelfahrt taten, diese Sprache ist die der modernen anthroposophisch orientierten Geisteswissenschaft (s. die auf S. 142 angeführten Worte Rudolf Steiners), welche damit ihrem esoterischen Wesen nach *der Beginn der Wiedergeburt der Lehren des auferstandenen Christus* in der Menschheit ist.

Auf diese tiefere, ursprüngliche Quelle der modernen Geisteswissenschaft weist uns auch die Fügung des Wortes Anthropos-Sophia selbst hin. In unserer Betrachtung des Weihnachtsmysteriums konnten wir ihre Imagination schon einmal beschreiben: die Gestalt der Maria-Sophia, die das Menschen-Urbild, den Anthropos, in der Gestalt der zum ersten Mal zur Erde herabsteigenden himmlischen Wesenheit der nathanischen Seele in den Armen hält. Weiter sahen wir, wie diese Imagination, sich mit den Kräften der Inspiration erfüllend, uns auf die Jordantaufe hinweist, als die Sonnenwesenheit des Christus sich durch die Sophia oder den Heiligen Geist mit dem Menschenwesen, Anthropos, verband.[12] Das ist die zweite, «inspirative» Offenbarungsstufe der Imagination der Anthropos-Sophia. Wenn wir schließlich diese Imagination mit den Kräften der Intuition durchdringen, dann werden wir auf das Mysterium von Golgatha hingewiesen, durch das das eigentliche Wesen des Anthropos, das Ur-Phänomen des Menschen in der Gestalt des unverweslichen Auferstehungsleibes abermals mit dem gesamten Makrokosmos vereinigt und dadurch mit der Allweisheit der Hierarchien durchdrungen wurde, mit der Allweisheit der kosmischen Sophia, welche im Urbeginn an seiner Schöpfung im Makrokosmos teilhatte.

Aus all dem wird deutlich, daß die moderne Anthroposophie als Ganzes vor allem der Träger der allumfassenden Weisheit des Mysteriums der Auferstehung ist, des Mysteriums des aus dem Grabe von Golgatha auferstandenen wahren Menschen Anthropos, der dank des makrokosmischen Ich des Christus in sich die ganze Fülle der Kräfte des «kosmischen All-Menschen» in der Erdensphäre birgt.

Es kann unser tiefstes Staunen erregen, wenn wir uns der zahlreichen Hinweise bewußt werden, daß die Anthroposophie ganz besonders der Enthüllung des zentralen Auferstehungsmysteriums (das heißt des Inhalts der vierzigtägigen Gespräche) dient, welches somit in einem gewissen Sinne ihr Zentrum und ihren eigentlichen Kern bildet. Mehr noch, es sind aus dem Eindringen in die Geheimnisse dieses Mysteriums, die, wie wir sahen, in der Erkenntnis des Wesens des am dritten Tage auferstandenen «unverweslichen Leibes» oder Phantoms bestehen, die drei Grundelemente hervorgegangen, auf denen die Anthroposophie ruht und die die drei Grundbücher Rudolf Steiners: «Theosophie», «Die Geheimwissenschaft im Umriß» und «Wie erlangt man Erkenntnisse der höheren Welten?» prägen. Und so können wir fragen: Was wissen wir dank dieser durch moderne Einweihung errungenen Erkenntnis «des unverweslichen

Leibes», und wie kommt diese Erkenntnis in den genannten Büchern zum Ausdruck?

Erstens hören wir von der Siebengliedrigkeit des Menschen. Denn die Erkenntnis des Phantoms enthüllt uns das Geheimnis, wie das Ich des Christus, nachdem es sich nach der Jordantaufe stufenweise mit dem astralischen, ätherischen und physischen Leib des Jesus von Nazareth im Laufe der drei Jahre verbunden hatte, diese nach und nach in die höheren Glieder der Menschennatur verwandelte: das Geistselbst, den Lebensgeist und den Geistesmenschen (s. S. 123). Diese Erkenntnisse bilden den ersten Teil der «Theosophie».

Zweitens erfahren wir von der Evolution des Phantoms vom Saturn, über Sonne und Mond bis hin zur Mitte des Erdenäons sowie von der Beteiligung aller neun Hierarchien an dieser Entwicklung.[13] Weiter von seiner Schädigung durch den Eintritt Luzifers und Ahrimans in die Entwicklung und von seinem Auferstehen in dem alten Glanz und der alten Kraft, dadurch daß der Christus die Kräfte aus der zukünftigen Entwicklung der Jupiter-, Venus und Vulkanäonen in es hineintrug. In dieser Erkenntnis ist die ganze Weltentwicklung sowie die Tätigkeit aller hierarchischen Geister in ihr enthalten, und das entspricht im wesentlichen dem Inhalt der «Geheimwissenschaft im Umriß».

Und schließlich, drittens, lernen wir den neuen Einweihungsweg kennen, der durch die wahre Erkenntnis des Todes (die Begegnung mit dem kleinen Hüter der Schwelle) zum bewußten Aufsteigen in den Makrokosmos (der Begegnung mit dem großen Hüter der Schwelle) führt, was einerseits das Erlangen höherer Erkenntnis noch auf der Erde, im physischen Leib, bedeutet und andererseits das Bewahren des individuellen Ich-Bewußtseins beim Aufsteigen in die höheren Welten nach dem Tode.[14] In diesen Erkenntnissen haben wir die wahren Quellen dessen, was später in «Wie erlangt man Erkenntnisse höherer Welten?» und dem zweiten Teil der «Theosophie» niedergelegt wurde. – Ebenso finden wir bei den anthroposophischen okkulten Übungen, das heißt in den Anweisungen zur geistigen Entwicklung, daß ihnen die Entfaltung gerade jener Kräfte zugrunde liegt, die den Menschen nach und nach zur inneren Auferstehung führen: sei es die Auferstehung in der Sphäre des Denkens, des Fühlens oder des Wollens, denn diese Auferstehungskräfte sind auf das tiefste von allem Anfang an der Anthroposophie eigen und können nicht von ihr getrennt werden.

2.
Die Mission des Meisters Jesus im Jahreslauf

Ehe wir auf den Inhalt der vierzigtägigen Gespräche des Auferstandenen mit seinen Jüngern unmittelbar eingehen – soweit uns dieser Inhalt auf der Grundlage der Mitteilungen der modernen Geisteswissenschaft zugänglich ist – wollen wir zunächst auf einen rein übersinnlichen Aspekt dieser Gespräche, der eine besondere Beziehung zu dem Grundthema der vorliegenden Arbeit – der esoterischen Betrachtung des Jahreskreislaufs – hat, eingehen. Dieser «übersinnliche» Aspekt der vierzigtägigen Unterweisungen des Auferstandenen betrifft die Tatsache, daß außer dem Christus und den Jüngern, die seine Lehren vernehmen, noch *drei* weitere Individualitäten übersinnlich anwesend sind, welche ebenso an den Unterweisungen teilnehmen, *ohne* jedoch physisch *verkörpert zu sein*.

Eine dieser Individualitäten ist die von uns mehrfach und in verschiedenen Zusammenhängen betrachtete Wesenheit der nathanischen Seele. Sie bleibt, wie das aus den auf Seite 187 zitierten Worten Rudolf Steiners hervorgeht, auch nach dem Mysterium von Golgatha untrennbar mit der Christus-Wesenheit verbunden, sie in der geistigen Welt wie eine Seelen-Hülle umgebend, die als glänzende Lichtaura in Erscheinung tritt. Die zweite Individualität ist die seit seiner Einweihung als Lazarus mit dem Apostel Johannes verbundene geistige Wesenheit Johannes' des Täufers.[15] Die geistige Wesenheit Johannes' des Täufers bildete nach seinem Tode zudem jene Aura, welche, die Apostel umhüllend, nach den Worten Rudolf Steiners gleichsam wie ihre «Gruppenseele» wirkte.[16] Und schließlich ist hier auf die übersinnliche Anwesenheit einer weiteren Individualität bei den Gesprächen des Auferstandenen hinzuweisen, welche, wie wir noch sehen werden, von ganz besonderer Bedeutung für uns ist. Das ist die Individualität *Zarathustras*. Um jedoch den besonderen Charakter ihrer Teilnahme an den vierzigtägigen Gesprächen besser zu verstehen, ist es notwendig, daß wir uns, wenn auch nur kurz, jene einmalige Aufgabe ins Gedächtnis rufen, welche ihr von der Weltenlenkung selbst während der palästinensischen Ereignisse auferlegt wurde.

Durch die Mitteilungen der Geisteswissenschaft wissen wir, daß sich die Individualität des Zarathustra zu Beginn unserer Zeitrechnung in dem salomonischen Jesusknaben – von dem das Matthäus-Evangelium spricht – auf der Erde verkörperte, weiterhin, daß das Ich des Zarathustra, als der Knabe zwölf Jahre alt geworden war, ihn verließ, um sich mit dem nathanischen Jesusknaben zu verbinden – von dem das Lukas-Evangelium spricht – bei dem es bis zu seinem dreißigsten Jahre blieb. Der salomonische Jesusknabe aber, von dem Ich des Zarathustra verlassen, starb bald darauf, sein im höchsten Grade durchgearbeiteter und vergeistigter Ätherleib jedoch wurde in der geistigen Welt von der etwa zur selben Zeit verstorbenen Individualität der Mutter des nathanischen Jesusknaben angezogen.[17] Somit wurde während der achtzehn Jahre, da das Ich des Zarathustra mit den Hüllen des nathanischen Jesus verbunden war, sein ursprünglich ihm zugehörender Ätherleib in der geistigen Welt erhalten, denn er war in solch hohem Maße umgearbeitet, daß er dem Auflösungsprozeß in den allgemeinen Äther, den der menschliche Ätherleib nach dem Tode sonst durchmacht, nicht unterlag. Kurz vor der Taufe im Jordan verließ dann das Ich des Zarathustra auch die von ihm für das Sonnen-Ich des Christus bereiteten Hüllen des Jesus von Nazareth und trat, nach einer Art mikrokosmischer «Auferstehung», in die geistige Welt ein, wobei wir diese «Auferstehung» des Zarathustra-Ich vor allem als eine höchste *Opfer*-Tat zu verstehen haben, denn er opferte zunächst dem nathanischen Jesusknaben alle Weisheit, die er während seiner vorangehenden Verkörperungen in seinem Ich gesammelt hatte[18], um sodann den physischen Plan aus freiem Willen zu verlassen und darauf zu verzichten, Zeuge des größten irdischen Geschehens zu sein: des Erscheinens des Christus auf der Erde.[17] So konnte die Individualität des Zarathustra das dreijährige Wandeln des Christus auf der Erde nur von der geistigen Welt aus miterleben, und zwar von jener an die Erde grenzenden übersinnlichen Sphäre aus, in der auch *der Ätherleib* des salomonischen Jesusknaben sich befand.

Und nun wollen wir zwei der mehr innerlichen Eigenschaften dieses Ätherleibes betrachten, welche für unsere weitere Untersuchung von besonderer Bedeutung sind. Die erste besteht darin, daß, entsprechend der allgemeinen menschlichen Entwicklung, das heißt dem Zustand der Ätherleiber aller Menschen auf der Erde zur Zeit der palästinensischen Ereignisse, die alte Ur-Weisheit, welche dem Menschen einstmals bei seinem Herabsteigen in die physische Welt als Gehalt seines Ätherleibes geschenkt worden war, nun vollständig erschöpft war: «Der Mensch ist in der atlantischen Zeit untergetaucht mit dem Ätherleib in den physischen Leib. Das war sozusagen sein Unglück, als er in gewisser Beziehung gottverlassen war, daß er da in dieser physischen Welt innerhalb des physischen Leibes die Einflüsse Luzifers und Ahrimans erlebte. Es war sein Verhängnis. Und die Folge davon war, daß gerade durch den Einfluß des physischen Leibes, durch das Leben im physischen Leibe das alte Weisheitsgut unbrauchbar wurde... Und so kam es denn, weil der Mensch in seinem eigenen Leib keinen Quell hatte zur Erneuerung der Weisheit, daß jedesmal, wenn er herausstieg nach dem Tode aus seinem physischen Leib, in seinem Ätherleib weniger Weisheit drinnen war... Immer ärmer an Weisheit wurde der Ätherleib.»[19]* So konnten zur Zeit der palästinensischen Ereignisse nur noch Eingeweihte oder Mysterienschüler ihrem Ätherleib Weisheiten, die sie entweder aus den Mysterien selbst oder aus den Erinnerungen an Einweihungserlebnisse in vergangenen Erdenleben geschöpft hatten, in einem gewissen Umfang zuführen. Der übrigen Menschheit war das zu dieser Zeit nicht mehr möglich. Und hier taucht die Frage auf: war der salomonische Jesusknabe dennoch dazu in der Lage? Bei einer äußerlichen Betrachtung seines Lebens würden wir diese Frage sicher positiv beantworten, da wir wissen, daß er ein ungewöhnlich reifes Ich in sich trug, das mit den Resultaten seiner hohen geistigen Errungenschaften und Erfahrungen vergangener Erdenleben erfüllt war. Gehen wir jedoch tiefer auf diese Frage ein, dann ergibt sich uns die entgegengesetzte Antwort. Denn entscheidend ist, daß das Ich des Zarathustra als der Träger der Weisheit seiner vorangegangenen Verkörperungen die Hüllen des salomonischen Jesusknaben *vor* der Geburt des Astralleibes verließ, das heißt, vor dem Augenblick, da es mit Hilfe dieses Astralleibes seine Weisheit auf den Ätherleib hätte übertragen können. (Es geschieht dieses dann in bezug auf den Ätherleib des *nathanischen* Jesusknaben und kommt in dem Gespräch des Jesus mit den Schriftgelehrten, wie es im Lukas-Evangelium beschrieben wird, zum Ausdruck.) So müssen wir sagen, daß der Ätherleib des salomonischen Jesusknaben weder durch den allgemeinen Entwicklungsgang noch durch das Ich des Zarathustra besondere Gaben *innerer Weisheit* empfing.[20] Das ist die zweite wesentliche Eigenart. – Trotz des oben Gesagten unterschied sich jedoch dieser Ätherleib in hohem Grade von dem Ätherleib aller anderen Menschen. Obwohl nun das Ich des Zarathustra sich vor dem zwölften Jahr nicht vollständig in ihm verkörpern konnte, so arbeitete es nichtsdestoweniger – so wie das bei jedem Menschen in früher Kindheit geschieht – ständig an ihm, jedoch weitgehend aus den geistigen Welten heraus.[21]

---

* Weiterhin stellt Rudolf Steiner in demselben Vortrag den direkten Zusammenhang zwischen der Weisheit des Ätherleibes und seinen *Lebenskräften* dar.

Da aber das Ich des Zarathustra das Ich eines der größten Eingeweihten war, das seit Urzeiten in der Menschheitsentwicklung wirkte, so war – mit den Worten Rudolf Steiners – auch der von ihm «von außen» umgearbeitete Ätherleib «eine wertvolle Ätherhülle».[22] So haben wir es hier mit einem Ätherleib zu tun, der einerseits in bezug auf seinen Gehalt an höherer Weisheit vollständig leer war, und der andererseits, was seine Form betrifft, die höchste Vollendung erreicht hatte, denn es war ihm diese vom Ich des Zarathustra, das bis zum zwölften Jahr in dem salomonischen Jesusknaben wirkte, verliehen worden, wenn auch in der Hauptsache von den geistigen Welten aus. Bildhaft gesprochen können wir sagen, daß uns dieser besondere Ätherleib gleichsam wie ein wunderbar gestalteter, jedoch innerlich leerer ätherischer Kelch erscheinen kann, der darauf harrt, daß er mit neuem Gehalt, mit neuer Weisheit erfüllt werde. So geht er auch nach dem Tode des salomonischen Jesusknaben in die höhere Welt ein und wird dort fast volle *drei Jahrsiebte*, bis zum Mysterium von Golgatha, gehütet. Doch als auf dem Hügel von Golgatha das Blut aus den Wunden des gekreuzigten Erlösers floß, da durchdrang der Strom des neuen ätherischen Lebens die ganze Äthersphäre der Erdenumgebung.[23] Dadurch wurde dem Ätherleib aller Menschen die *Möglichkeit* verliehen, in der Zukunft die neue Weisheit, die Lebens-Weisheit des Christus aufzunehmen.

«Nehmen wir aber nun an, es geschähe etwas zur rechten Zeit, wodurch der Mensch beim Wiederhinausrücken seines Ätherleibes aus dem physischen Leib* fähig würde, diesem Ätherleib etwas zu geben, ihn wieder zu beleben, ihn wieder mit Weisheit zu durchdringen. Dann würde auch gegen die Zukunft hin der Ätherleib herausgehen, aber er hätte jetzt neues Leben, neue Kraft. Die könnte er dann wieder zur Belebung des physischen Leibes verwenden. Er könnte jetzt zurücksenden in den physischen Leib hinein Kraft und Leben... Ein Impuls also mußte auf die Erde kommen, durch welchen das, was aufgebraucht war an altem Weisheitsgut, wieder erneuert wurde, wodurch dem Ätherleibe wieder neues Leben eingepflanzt wurde... Dies aber, dieses Leben in den Ätherleib hinein, das hat der Christus gebracht.»[24]

Die Lebenskräfte, welche in diesem Augenblick die Ätherumgebung der Erde von dem Hügel von Golgatha aus durchdrangen[25], sie durchdrangen gleichzeitig mit ganz besonderer Kraft den in der geistigen Welt

---

* Von dem allmählichen «Wiederhinausrücken» des Ätherleibes aus dem physischen Leib, das durch das Mysterium von Golgatha begann, wird in dem Kapitel «Ostern, Himmelfahrt, Pfingsten und das Wesen des Grundsteins der Weihnachtstagung von 1923/1924» genauer gesprochen werden.

gehüteten Ätherleib des salomonischen Jesusknaben, wodurch dieser sich auf eine ganz und gar neue Weise mit dem auch in der geistigen Welt weilenden Ich des Zarathustra verbinden konnte. Und diese einmalige Wesenheit des Zarathustra-Ich, verbunden mit dem durch das Mysterium von Golgatha neu belebten Ätherleib des salomonischen Jesusknaben, sie konnte in die Äthersphäre der Auferstehung unmittelbar eintreten und auf diese Weise – wenn auch im Ätherleibe – an den vierzigtägigen Gesprächen des Auferstandenen teilnehmen.[26]

Eine Folge dieser Anwesenheit des Zarathustra-Ich bei den Gesprächen des Auferstandenen war, daß sich der zunächst ganz «leere», weisheitsentleerte Ätherleib des salomonischen Jesus allmählich «erfüllte», indem das Ich des Zarathustra, das auf seinem Opferweg zunächst *alle* seine Weisheit dem nathanischen Jesus hingegeben hatte, diese nun in vollkommen umgewandelter Form als die Weisheit der vierzigtägigen Gespräche des *auferstandenen Christus* gleichsam wiederempfing.[27] Und dann wurde mit diesem Gehalt der neuen esoterischen christlichen Weisheit in der Zeit zwischen Ostern und Pfingsten der neue Ätherleib des Zarathustra durchdrungen. Da aber der Ätherleib auch der Träger des tiefsten, «lebendigen» Gedächtnisses des Menschen ist, so können wir sagen, daß seitdem die Individualität des Zarathustra der Träger oder Hüter der ganzen Fülle der Weisheit des auferstandenen Christus und des Mysteriums von Golgatha ist, das aber bedeutet auch der Fülle der von den vierzigtägigen Gesprächen ausgehenden Weisheit des esoterischen Christentums. Da, wie wir wissen, das Wesentliche dieser Gespräche die Offenbarung der Geheimnisse des aus dem Grab von Golgatha auferstandenen «unverweslichen Leibes», des vergeistigten physischen Leibes des Menschen war, so wurde dieses Wissen, das kein gewöhnliches menschliches, sondern ein *lebendiges*, substantielles Wissen war – denn der Zarathustra befand sich in der geistigen Welt, wo das «Wissen» substantiell, wesenhaft ist –, für ihn zu einem Quell jener realen Kräfte, dank derer er sich bald darauf einen neuen physischen Leib aufbauen und so mit der Erfüllung seiner neuen, noch größeren Menschheitsaufgabe beginnen konnte[28]: «Es [das Ich des Zarathustra] konnte sich nach verhältnismäßig kurzer Zeit mit Hilfe jenes Ätherleibes, den wir eben charakterisiert haben, einen neuen physischen Leib aufbauen. Und dadurch *wurde nunmehr zum ersten Male dasjenige Wesen geboren*, welches nachher immer wieder und wieder erschien, immer so erschien, daß verhältnismäßig kurze Zeiträume zwischen dem physischen Tode und einer neuen Geburt verliefen;[29] [denn «das Zarathustra-Ich war so reif, daß es nicht einen weiteren Durchgang durch ein Devachan brauchte»[30], so daß dieses

Wesen immer, wenn es den physischen Leib im Tode verließ, bald wieder auf der Erde neu inkarniert erschien.[31]

Dieses neue Wesen, das damals «zum ersten Male geboren wurde», begleitet seitdem auf verborgene Weise die Geschichte des Menschheitswerdens als der große Lehrer des esoterischen Christentums, als «Meister Jesus», als Hüter der ganzen Fülle der Weisheit der vierzigtägigen Unterweisungen des Auferstandenen, als der Träger der tiefsten *Erkenntnisse* «*des großen Ereignisses von Palästina*». «Diese Wesenheit, welche also ihren auf die geschilderte Weise abgelegten Ätherleib wieder aufgesucht hat, wandelte nachher durch die Geschichte der Menschheit. *Sie wurde*, wie Sie sich vorstellen können, *der größte Helfer derjenigen, welche das große Ereignis von Palästina begreifen wollten.* Als sogenannter «*Meister Jesus*» wandelt diese Individualität durch der Zeiten Wende; so daß also der Zarathustra, das Zarathustra-Ich, nach der Wiederauffindung seines Ätherleibes seine Laufbahn durch die Menschheitsentwickelung als der «Meister Jesus» begann, der seitdem auf unserer Erde immer wieder und wieder verkörpert lebt zur Lenkung und Leitung jener Geistesströmung, die wir die christliche nennen. *Er ist der Inspirator derjenigen, welche das sich lebendig entwickelnde Christentum verstehen wollen; er hat innerhalb der esoterischen Schulen diejenigen inspiriert, welche die Lehren des Christentums fortdauernd zu pflegen hatten. Hinter den großen geistigen Gestalten des Christentums steht er, immerdar lehrend, was eigentlich das große Ereignis von Palästina bedeutet.*[32] (Ein besonders wichtiger Lehrer dieses Weges ist auch die zweite Individualität, von der weiter unten gesprochen werden wird.)

So können wir diesen kurzen Überblick über den geistigen Weg der Zarathustra-Individualität folgendermaßen zusammenfassen: Seit den ältesten Zeiten, seit der ur-persischen, ja sogar seit der atlantischen Epoche, ist der Zarathustra der große Diener des Sonnengeistes des Christus. Und er sammelte, während er so dienend ungezählte Inkarnationen durchmachte, einen unerschöpflichen Schatz höchster Einweihungsweisheit, um sie einst, an der Zeitenwende den Erdenabstieg des Christus vorbereitend, zu opfern, indem er sie dem nathanischen Jesus im Laufe von achtzehn Jahren hingab. Dank dieses hohen Opfers, das mit dem Verlassen der Hüllen des Jesus vor der Taufe im Jordan seinen Höhepunkt erreichte, empfing Zarathustra die Möglichkeit, aus der an die Erde grenzenden Sphäre der geistigen Welt heraus Zeuge des Mysteriums von Golgatha zu sein und, nachdem er sich mit dem umgewandelten Ätherleib des salomonischen Jesus vereinigt hatte, an den vierzigtägigen Gesprächen übersinnlich teilzunehmen. Die Tatsache, daß Zarathustra das Mysterium von Golgatha aus der geistigen Welt heraus miterleben und in der darauffolgenden Zeit bis zur Himmelfahrt bei dem Auferstandenen im Übersinnlichen weilen konnte, erwies sich als die höchste Frucht seines Geistesweges über die Jahrtausende und zugleich als der Beginn seiner neuen, noch höheren Mission innerhalb der Menschheit – seiner Mission als Meister Jesus, von der oben bereits gesprochen wurde.

So sind für den Meister Jesus (Zarathustra) seither die österliche Auferstehung im Jahreslauf und die folgenden vierzig Tage eine mikrokosmische Wiederholung der makrokosmischen Ereignisse, die sich einstmals vollzogen haben und die er an der Zeitenwende erwürdigt wurde, aus der geistigen Welt heraus unmittelbar mitzuerleben. Es entspricht deshalb einer tiefen Gesetzmäßigkeit, wenn der Meister Jesus, *unabhängig davon, ob er zu dem Zeitpunkt verkörpert ist oder nicht,* jedes Jahr mikrokosmisch die Wiederholung der Erlebnisse sucht, die er *einmal* auf makrokosmische Weise haben durfte, um ihre Früchte den dafür bereiteten Menschenseelen zu übergeben, welche dann diese so empfangenen Impulse des esoterischen Christentums in die Menschheit hineintragen können. Mehr noch: für alle Menschen, die ihr Verständnis für die Ereignisse von Palästina wirklich zu vertiefen suchen, ist gerade diese Zeit – zwischen Ostern und Himmelfahrt – ganz besonders geeignet, um sich auf meditativ-geistigem Wege dem Meister Jesus zu nähern, in gewissem Sinne seine esoterischen Schüler zu werden, um durch ihn mit der höchsten christlichen Weisheit, mit der von ihm gehüteten Weisheit des auferstandenen Christus, in Berührung zu kommen.

Und wer Jahr für Jahr immer wieder aufs neue zu dieser Zeit sich dergestalt bemüht, der kann allmählich dazu geführt werden, übersinnlich real zu erleben, was Rudolf Steiner folgendermaßen beschreibt: «Diejenigen, welche die Mission haben, aus der geisteswissenschaftlichen Bewegung heraus als Testamentsvollstrecker desjenigen zu wirken, was vom Mysterium von Golgatha in die Menschheit strömt, sie wissen, daß der Jesus, der den Christus in sich geborgen hat, jedes Jahr zur Osterzeit aufsucht die Stätte, wo sich abgespielt hat das Mysterium von Golgatha. *Gleichgültig ob der Jesus im Fleisch ist oder nicht,** er sucht jedes Jahr diese

---

* Der erste Satz dieses Zitates könnte so aufgefaßt werden, als ob hier nicht vom Meister Jesus, sondern von der nathanischen Seele die Rede sei. Das erweist sich jedoch durch die hervorgehobenen Worte des folgenden Satzes als ganz ausgeschlossen. Denn es kann nur von dem Meister Jesus als «im Fleische», d. h. verkörpert sein, gesprochen werden, was selbstverständlich die übersinnliche Teilhabe der nathanischen Seele an diesen alljährlichen «Ostergesprächen» nicht ausschließt.

Stätte auf, und da können die Schüler, die die Reife erlangt haben, ihre Vereinigung mit ihm haben.[33]

So führt uns die esoterische Betrachtung des Jahreskreislaufs auch zu der Erkenntnis der großen Menschheitsmission des Meisters Jesus. Nachdem wir diese sowie einen der Wege erkannt haben, auf denen er sie zu erfüllen sucht, können wir uns, wenn auch nur auf eine ganz anfängliche Weise, an den Gehalt der vierzigtägigen Gespräche herantasten, insoweit sie uns durch die geisteswissenschaftlichen Untersuchungen Rudolf Steiners enthüllt wurden und insoweit sie mit den Inspirationen des Meisters Jesus zusammenhängen.

Wie wir bereits im vorigen Kapitel sahen, haben wir in diesen Gesprächen des Auferstandenen mit seinen Jüngern die tiefste und umfassendste Erkenntnis des Mysteriums von Golgatha, vor allem aber der von ihm herbeigeführten Veränderung aller Beziehungen zwischen dem Makrokosmos und dem Mikrokosmos, zwischen der Welt der Götter und der Welt der Menschen. Und von diesen zwei Standpunkten: vom Standpunkt der Welt der Götter und von dem der Menschen ist nun das Mysterium von Golgatha und das heißt auch das Osterfest zu betrachten, denn diese zwei Standpunkte enthüllen uns während des Jahreslaufs immer wieder durch die dreifache Osterkonstellation im Makrokosmos sowie dadurch, daß die Menschen auf der Erde die Auferstehung des Christus feiern, ihre Wechselbeziehung.

3.
Die Bedeutung des Mysteriums von Golgatha für die Welt der Götter

Die Erkenntnis der *kosmischen* Bedeutung des Mysteriums von Golgatha, seiner grundlegenden Bedeutung nicht nur für die Menschen auf der Erde, sondern vor allem auch für die Götterwelt, die Hierarchien selbst, gehört zu den höchsten Erkenntnissen, welche die Menschheit im 20. Jahrhundert durch die Anthroposophie empfing. Auf diese besondere Aufgabe der Anthroposophie heute weist Rudolf Steiner, indem er das Mysterium von Golgatha von der übersinnlichen Erkenntnis der Lehren des auferstandenen Christus ausgehend charakterisiert: «Das ist das göttliche Ereignis: Die Götter haben um ihrer eigenen Schicksale willen das Mysterium von Golgatha als ein göttliches Ereignis eingeleitet in die Evolution des Kosmos, die Götter haben auch um der Götter willen dieses Mysterium von Golgatha geschehen lassen. Während früher alle Ereignisse in geistig-göttlichen Welten geschehen sind, stieg jetzt ein Gott herunter, und es wurde auf der Erde vollzogen ein überirdisches Ereignis in einer irdischen Gestalt selber. Dasjenige, was sich auf Golgatha vollzog, war also ein auf die Erde versetztes geistiges Ereignis. *Das ist das Wichtige, was man durch die moderne anthroposophische Geisteswissenschaft über das Christentum erfährt.*»[34]

Wir wollen versuchen, etwas tiefer einzudringen in das, was Rudolf Steiner hier «das Wichtige» nennt, das «man durch die moderne anthroposophische Geisteswissenschaft über das Christentum erfährt». Zu diesem Zwecke wenden wir uns nochmals den ältesten Zeiten der Menschheitsentwicklung auf der Erde zu, als die führenden Götter des Kosmos um der individuellen Freiheit des Menschen willen es zuließen, daß am Ende der lemurischen Epoche zunächst die luziferischen und sodann am Ende der atlantischen die ahrimanischen Mächte in die menschliche Entwicklung Einlaß fanden. Durch den Einfluß dieser Widersachermächte auf die Erdenentwicklung geriet der Mensch allmählich auf den Weg, der ihn mehr und mehr zum Abfall von der Welt der Götter, der höheren Hierarchien führte. Das hatte das Erscheinen des Todes auf der Erde zur

Folge, das einzige Geschehen im Menschenleben, das nicht einem der Götter zugänglich war. Es führte aber die Tatsache, daß etwas im Menschenleben auftrat, zu dem sogar die Wesenheiten der höchsten Hierarchien keinen Zugang hatten, im Laufe der Zeit die Gefahr herbei, daß das Menschengeschlecht ganz und gar von der geistigen Welt abfallen könnte. Mit anderen Worten: die gesamte, von den höheren Göttern gewollte Weltentwicklung war in Gefahr, denn sie ist mit den Schicksalen der Menschheit auf der Erde untrennbar verbunden. In allen anderen Bereichen des Erdenlebens hatten die Götter noch die Möglichkeit, der Menschheit zu helfen und sie in ihrer Entwicklung zu leiten, da alles übrige sich noch auf die eine oder andere Art in ihrer Erkenntnissphäre befand. Allein der Tod innerhalb der Bereiche des Erdenseins war dem Erkennen der Götter nicht zugänglich, so daß er auch für die höchsten unter ihnen ein Geheimnis bleiben mußte. Bildlich gesprochen wurde der Tod nach und nach zu dem einzigen «Ort» im Ganzen der Welt, der den Wesenheiten der göttlich-geistigen Hierarchien immer weniger zugänglich wurde. Die Widersachermächte Luzifer und Ahriman aber strebten danach, sich dieses «Ortes» vollständig zu bemächtigen, um dadurch mit der Zeit die Möglichkeit zu erlangen, die ganze Menschheit zu beherrschen, sie endgültig von den göttlich-geistigen Welten abzutrennen und damit die Erdenevolution in eine andere Richtung zu lenken.

Etwa zu der Zeit, da sich das Mysterium von Golgatha auf der Erde ereignen sollte, war dieser Prozeß bereits soweit fortgeschritten, daß der Menschheit eine wahre Erkenntnis des Todes fast vollständig verloren gegangen war. Infolgedessen erschien der Tod in wachsendem Maße als etwas Dunkles, Düsteres, Lichtloses. Und allmählich breitete sich in der Menschheit eine unüberwindliche Furcht vor dem Tode aus, denn die Menschen fühlten instinktiv, wie die Möglichkeit, sich im Tode mit der eigenen himmlischen Urheimat zu vereinigen, mehr und mehr verlorenging und sie sich stattdessen als Gefangene des dunklen Gespensterreiches von Luzifer und Ahriman erleben mußten. Bereits in der griechisch-lateinischen Epoche wurde die jenseitige Welt als das allen Lichtes beraubte Schattenreich empfunden, der Tod aber als eine Wand, welche den Menschen, den Mikrokosmos, endgültig von seiner himmlischen Ur-Heimat, dem Makrokosmos, trennt. Auch für denjenigen, der durch die Mysterien, die ihm während seines Erdenlebens einige Geheimnisse aus dem vorirdischen Dasein enthüllten, das sich mehr und mehr verlierende Bindeglied mit der geistigen Welt noch finden konnte, tauchte der Tod als ein undurchdringlicher, dichter Vorhang auf, der ihn auf immer von der Welt der lichten Götter schied. Hinter diesen Vorhang vermochte nicht einmal die höchste, noch erhaltene Weisheit der ältesten zu den verschiedenen Rängen der Wesenheiten der höheren Hierarchien gehörenden Lehrer der Menschheit zu dringen.[35]

Denn «die ersten großen Lehrer der Menschheit waren geistige Wesenheiten, die auf geistige Art mit den ersten Initiierten in Verkehr traten, die ihnen beibrachten die Geheimnisse der Geburt des Menschen, die Geheimnisse der lebenden Seele, die ungeboren heruntergestiegen ist [auf die Erde] aus den übersinnlich-geistigen Welten».[36] Und weiter: «Diese geistigen Lehrer der Menschheit waren solche, die in der göttlichen Welt lebten und nur zu den Menschen heruntersteigen als Lehrer, aber nicht teilnahmen an menschlichen Schicksalen, und *die selber das Mysterium des Todes nicht kannten*. Das ist selber ein wichtiges Mysterium, daß im wesentlichen die Menschen in ganz alten Zeiten Lehren empfangen haben aus höheren Welten, die handelten von dem Mysterium der Geburt, aber nicht von dem Mysterium des Todes... Von der Geburt wußten diese geistig-göttlichen Lehrer der Menschheit, nicht aber von dem Tode... Die Götter sahen gewissermaßen, während sie früher nur sprechen konnten von dem Mysterium der Geburt zu den Erdenmenschen, wie die Erde allmählich entwuchs denjenigen Kräften, die sie selber hineingelegt hatten, und *wie der Tod die Seele ergreifen würde.*[37] So wurde es den luziferisch-ahrimanischen Mächten dadurch, daß die Hierarchien allmählich die Macht über die Menschheit im Augenblick des Todes verloren, möglich, die Menschenseelen in ihr Reich zu ziehen, was letzten Endes zum *Tod der Seele* gleichzeitig mit dem Tod des Leibes führen mußte.[38]

Diese «Stimmung» der Götter in der geistigen Welt, die vor der Möglichkeit standen, daß die gesamte Erdenentwicklung dem Tode verfallen könnte, charakterisiert Rudolf Steiner als die große «Angst der Götter»[39], deren Ursache war, daß zur Zeit des Mysteriums von Golgatha die Götter sich sagen mußten: «Wir verlieren die Möglichkeit, daß unsere Diener in die Menschenseelen eingreifen. Dadurch, daß wir Luzifer und Ahriman nicht abhalten konnten, sind wir nur imstande, bis zu diesem Zeitpunkt zu wirken durch unsere Diener. Dann entstehen in den Menschenseelen *Kräfte*, die nicht mehr von den Engeln, Erzengeln und Archai dirigiert werden können. Die Menschen entfallen uns durch die Kräfte von Luzifer und Ahriman.»[40] Diese Luzifers und Ahrimans Gewalt unterliegenden «*Kräfte*», die «in den Menschenseelen entstehen» und die die Wesen der dritten Hierarchie nicht mehr dirigieren können, das sind die Kräfte des Todes.

So erwies sich der Tod für die hierarchischen Wesenheiten als dasjenige, was im Laufe der Zeit die Menschen endgültig von den göttlich-geistigen

Welten trennen, einen Abgrund zwischen dem Makrokosmos und dem Mikrokosmos (dem Menschen) aufreißen und letzten Endes zum Verderben der Menschenseele führen mußte. Allein das Eindringen der höchsten Gotteskräfte in die Geheimnisse und die Sphäre des Todes konnte bewirken, daß den Göttern die Erdenevolution nicht verlorenging und sich den Menschen der Weg eröffnete, der sie zunächst zur Erkenntnis des Verhältnisses von Makrokosmos und Mikrokosmos[41] und schließlich wiederum zur bewußten Vereinigung mit dem Makrokosmos zu führen vermochte. Diese höchste Erkenntnis des Todes, errungen durch seine vollkommene Überwindung, brachte der Christus in die Welt, der selbst durch den Menschentod auf Golgatha gehend, die *einzige, allen* höheren Hierarchien fehlende Erkenntnis erlangen und ihnen vermitteln konnte. Damit berühren wir das zentrale Mysterium des esoterischen Christentums, das in unserer Zeit nur der höchsten, intuitiven Erkenntnis zugänglich ist und von dem heute zu sprechen die bedeutendste Aufgabe der anthroposophisch orientierten Geisteswissenschaft ist: «Und es wurde beschlossen im Reiche der Götter, einen Gott herunterzuschicken auf die Erde, damit er als Gott durch den Tod ginge und in Götterweisheit das Erlebnis von dem Tode aufnehme. Das ist dasjenige, was sich enthüllt *durch das intuitive Anschauen des Mysteriums von Golgatha*, durch das nicht nur etwas geschehen ist für den Menschen, durch das etwas geschehen ist für die Götter.»[42]

Und was war es, das als Ergebnis des Mysteriums von Golgatha für die Götter, die Hierarchien, geschah? Bis zum Mysterium von Golgatha war der gesamte hierarchische Kosmos bis zu den höchsten Göttern in gewissem Sinne unvollkommen, *unfertig*, denn das eine wichtigste Geheimnis der Erdenevolution, das Todesgeheimnis, war in den göttlich-geistigen Welten unbekannt. Nun aber gewann die Welt der höheren Hierarchien, die in ihrer Gesamtheit den ganzen mit der Erde verbundenen Makrokosmos bildet, nachdem sie dieses Geheimnis aufgenommen hatte, wiederum Zugang zum Menschen, dem Mikrokosmos, so daß sich den Göttern wiederum die Möglichkeit eröffnete, die Menschheit in der rechten Richtung weiterzuführen. Mehr noch, mit der Erkenntnis dieses «letzten Geheimnisses» erlangte der hierarchische Kosmos erst die endgültige Vollendung, den Abschluß seiner Entwicklung. So war das Mysterium von Golgatha das einmalige Ereignis in der Weltentwicklung, das den gesamten hierarchischen Kosmos bis in die Tiefen erschütterte, so daß er sich auf eine noch höhere und vollkommenere Stufe der Entwicklung erheben konnte.

Rudolf Steiner spricht mit folgenden Worten über dieses größte *Ereig-*

nis in der Welt der höheren Hierarchien, welches sich als Folge des Mysteriums von Golgatha vollzog: «Nun gibt es eines, was die Götter bis zu jener Zeit nicht erreicht hatten, was auf Erden hier schon im Abbilde vorhanden war. Was die Götter noch nicht erreicht hatten, das ist das Durchgehen durch den Tod. Es ist das ein Faktum, auf das ich schon öfter hingewiesen habe. Die Götter, die in den verschiedenen Hierarchien über dem Menschen stehen, haben nur Verwandlungen, Metamorphosen von einer Lebensform in die andere kennengelernt. Das eigentliche Ereignis des Todes im Leben war vor dem Mysterium von Golgatha keine Göttererfahrung. Der Tod ist ins Leben hereingekommen durch die luziferischen und ahrimanischen Einflüsse, durch zurückgebliebene oder das Vorwärtsstürmen zu schnell treibende Götterwesen. Aber der Tod ist eigentlich nicht etwas, was als eine Lebenserfahrung der höheren Hierarchien vorhanden war. Das tritt ein als eine Erfahrung für diese höheren Hierarchien in dem Augenblick, als der Christus durch das Mysterium von Golgatha, das heißt, durch den Tod geht; als der Christus mit dem Schicksal der Erdenmenschheit sich so weit vereinigte, daß er mit dieser Erdenmenschheit das gemeinsam haben wollte, daß er den Tod durchgemacht hat. Es ist also dieses Ereignis von Golgatha nicht bloß ein Ereignis des Erdenlebens, es ist dieses Ereignis von Golgatha ein Ereignis des Götterlebens. Was sich auf der Erde abgespielt hat, und was im menschlichen Gemüt als eine Erkenntnis von dem Ereignis von Golgatha auftritt, das ist das Abbild von etwas ungeheuer viel Umfassenderem, Großartigerem, Gewaltigerem, Erhabenerem, das sich abgespielt hat in den Götterwelten selber. Und des Christus Durchgang durch den Tod auf Golgatha ist ein Ereignis, durch das die erste Hierarchie in ein höheres Gebiet hinaufreichte. Daher mußte ich Ihnen immer sagen: Die Trinität liegt eigentlich über den Hierarchien. Aber dazu ist sie erst im Laufe der Entwickelung gekommen. Entwickelung findet überall statt.»[43]

Um uns dem Verständnis dieser Worte zu nähern, wollen wir den Zyklus über das Leben zwischen dem Tod und einer neuen Geburt heranziehen, den Rudolf Steiner 1914 in Wien hielt. Dort wird im zweiten Vortrag die Frage gestellt: Gibt es etwas der «Religion» Vergleichbares auf dem geistigen Plan, im Reich der Hierarchien? Darauf antwortend sagt er: «Den Göttern schwebte als das Ziel ihrer Schöpfung das Menschenideal vor, und zwar jenes Menschenideal, welches wirklich sich nicht so auslebt, wie jetzt der physische Mensch ist, sondern so, *wie höchstes menschliches Seelengeistesleben in den vollkommen ausgebildeten Anlagen dieses physischen Menschen* sich ausleben könnte [d. h. das

Bild des Menschen, der das Prinzip des Geistselbst, des Lebensgeistes und des Geistesmenschen vollkommen in sich verwirklicht hat].

So schwebt als Ziel, als höchstes Ideal, als die Götterreligion den Göttern ein Bild der Menschheit vor. Und wie am fernen Ufer des Götterseins schwebt für die Götter der Tempel, der als höchste künstlerische Götterleistung das *Abbild des göttlichen Seins im Menschenbilde* hinstellt.»[44]

Man kann sagen: es opferten die Hierarchien ihre besten Schöpferkräfte in die Menschenbildung während der Saturn-, Sonnen-, Monden- und Erdenzeit, damit der Mensch einst – nach Vollendung seiner Entwicklung – das göttliche Sein der Hierarchien in sich nachbilden und damit das höchste «Götter-Ideal» verwirklichen könne, das Mittelpunkt und Ziel der «himmlischen Religion» der Götter bildet.[45] Jedoch schon zu lemurischer Zeit traten zunächst luziferische und später ahrimanische Geister in diese Entwicklung ein, was zur Folge hatte, daß der Tod als ein dem Erkennen der Götter nicht zugängliches Phänomen in die Welt kam und damit die Gefahr, daß die Hierarchien die Menschheit nicht in der rechten Weise weiterhin würden führen und somit ihr höchstes Ziel, ihr Ideal nicht würden erreichen können. So mußte der Sonnengeist, der Christus, auf die Erdenwelt herabsteigen, der es vermochte, im Laufe seines dreijährigen Lebens in den Hüllen des Jesus von Nazareth die Prinzipien von Geistselbst, Lebensgeist und Geistesmensch (s. S. 123) vollkommen in ihnen zu verwirklichen, um, nachdem er den Tod im Geistesmenschen überwunden hatte, den Göttern dieses ihr höchstes Menschheitsideal zu zeigen: «das Abbild des göttlichen Seins im Menschenbilde», das Abbild der höchsten göttlichen Trinität, des Geistes, des Sohnes, des Vaters[46] – das Ziel der gesamten Weltentwicklung, und er sollte es nicht in den geistigen Welten, sondern auf der Erde, im Menschenreich selbst, offenbaren.

Rudolf Steiner nennt den Christus in der «Geheimwissenschaft im Umriß» «das große menschliche Erdenvorbild», damit kommt das eigentliche Wesen der hier betrachteten Ereignisse zum Ausdruck. Denn der «Erdenmensch», der die von den Hierarchien in ihn gelegten geistigen und seelischen Anlagen entwickelt hat, er entspricht der «Religion der Götter» in der geistigen Welt, und der Christus wurde im Mysterium von Golgatha sein Vorbild, das *Urbild des höchsten Götterzieles*. Nur dank dieses in Wahrheit kosmischen Ereignisses, das sich jedoch einstmals auf der Erde, in der physischen Welt vollzog, konnten die Hierarchien jene Kräfte und Erkenntnisse erlangen, welche sie für die Verwirklichung dieses großen Ideales in der Zukunft brauchen.

Bis zum Mysterium von Golgatha konnten die Hierarchien dieses «Ideal» nur im Geisterlande im makrokosmischen Wirken des Logos beim Bilden des großen «Kosmischen Menschen» erleben. Der Christus aber trug den Logos auf die Erde, in ihm «ist das Wort Fleisch geworden» – *und seitdem ist das Schaffensziel der Götter auf der Erde.*[47] Nun hatten die höheren Hierarchien gleichsam den allererhabensten Bewußtseinsspiegel in dem von dem Christus auf Golgatha geoffenbarten «Abbild des göttlichen Seins im Menschenbilde». Dadurch konnten sie sich, den gesamten hierarchischen Kosmos krönend, zu dem Höchsten erheben und so die Fülle des Wissens und der Kräfte erlangen, mit deren Hilfe sie auch in der Zukunft die von ihnen einstmals *geborene* Menschheit durch die Überwindung des *Todes* zur endgültigen *Auferstehung* in den Geisteswelten, zur Verwirklichung des Ideals werden führen können, das ihnen in der physischen Welt als das Ziel der Weltentwicklung geoffenbart wurde, geoffenbart durch den Christus-Logos, der durch den Tod ging und in ihm das ewige Leben errang.

Von diesem Geheimnis des Todes auf Golgatha und seiner Bedeutung für die höheren Hierarchien sowie die Menschheitsentwicklung auf der Erde als einer Tat, die die Welt der Götter und die Welt der Menschen, den Makrokosmos und den Mikrokosmos, wiederum vereinigte, kündete der Christus nach seiner Auferstehung seinen Jüngern, als er «vierzig Tage lang sich ihren schauenden Seelen offenbarte und von den Mysterien des Reiches Gottes zu ihnen sprach».[48] Er offenbarte ihnen in diesen Tagen jene höchsten Erkenntnisse des Mysteriums von Golgatha, welche erst von unserer Zeit an durch die anthroposophisch orientierte Geisteswissenschaft unter den Menschen Verbreitung finden sollen: ... «Bloß auf Anregung der Initiationswissenschaft können wir zu dem innerhalb des Erdendaseins vollzogenen Ereignis von Golgatha hinschauen als zu etwas, was zugleich *als ein Kosmisches und als ein Irdisches* in die Erde hereingestellt worden ist.»[49]

4.
Die Bedeutung des Mysteriums von Golgatha für die Welt der Menschen

Nachdem wir die makrokosmische Bedeutung des Mysteriums von Golgatha, seine Bedeutung für die Welt der Götter, die Gesamtheit der höheren Hierarchien, betrachtet haben, wollen wir uns nunmehr dem zweiten Aspekt, seiner Bedeutung für den Mikrokosmos, die Welt der Menschen, zuwenden. Denn auch für die ganze weitere Entwicklung der Menschheit auf der Erde war die auf dem Hügel von Golgatha errungene «Erkenntnis des Todes» ein zutiefst entscheidendes Ereignis.

Seit dem Mysterium von Golgatha, dadurch, daß die göttliche Wesenheit des Christus durch den Tod ging und die Götterwelt mit der Menschenwelt wiederum vereinigte, war der Menschheit die Möglichkeit eröffnet, durch das Eindringen in das Mysterium des Todes eine vollkommen neue *Erkenntnis* dieser erneuerten Verbindung von Makrokosmos und Mikrokosmos zu gewinnen, deren wichtigstes Geheimnis der Christus auch den Jüngern im Laufe der vierzig Tage nach seiner Auferstehung von den Toten offenbarte.

Es ist das Wesen dieses Geheimnisses, daß der Tod nach dem Mysterium von Golgatha den Menschen nicht mehr von seiner Ur-Heimat, dem Makrokosmos, trennt, *sondern ihn mit ihr vereinigt.* Er verwandelt für die Seelen sich aus einem Quell des Todes in einen Quell des ewigen, unversieglichen kosmischen Lebens. «So war durch den unschuldigen Tod auf Golgatha der Beweis geliefert, den die Menschen nach und nach verstehen werden: daß *der Tod der immer lebendige Vater ist.*»[50] Sein äußerer Anblick ist Maja. Hinter dem Tod muß der Mensch «den Vater, den kosmischen Vater suchen ... er muß lernen, sich zu sagen: der Tod ist der Vater»[51] – das heißt der ganze hierarchische Makrokosmos, mit dem der Mensch heute wieder vereinigt wird.[52] Und Rudolf Steiner fährt fort: «Und warum erscheint uns im Sinnlich-Physischen ein falsches Bild des Vaters? Warum erscheint uns das Bild des Vaters so verzerrt, daß es bis zu dem entstellt erscheint, was sich uns als der trügerische Tod darstellt? Weil all unserem Leben beigemischt ist das Luzifer-Ahriman-Prinzip!...

Der Tod ist zu diesem Zerrbild des Vaters geworden dadurch, daß Luzifer-Ahriman sich eingemischt hat in die Menschheitsentwicklung. Der Tod war die Folge, die Wirkung des Einflusses von Luzifer-Ahriman.»[53] «Nimmermehr hätte die falsche Gestalt des Todes aus dem Menschenleben fortkommen können, wenn nicht die Ursache – Luzifer-Ahriman – beseitigt worden wäre.»[54] Und nur die göttliche, dem ganzen Makrokosmos zugehörende *Wesenheit des Christus* konnte, *indem sie durch den Tod ging und ihn überwand*, ihn der Macht Luzifers und Ahrimans entwinden und der Welt der höheren Hierarchien, der Welt des Vaters, zurückgeben: «Nun kam dieses Wesen auf die Erde und beseitigte gerade im richtigen Moment ... Luzifer-Ahriman, schuf hinweg die Ursache dessen, was den Tod gebracht hat in die Welt. Also mußte das ein Wesen sein, welches mit allen sonstigen Todesursachen innerhalb der Menschheit nichts zu tun hatte. Mit alledem, wodurch die Menschen den Tod erlitten haben, das ist mit alledem, was durch Luzifer, später durch Ahriman bewirkt worden ist ... mit all dem, wodurch die Menschen schuldig geworden sind, mit all dem durfte diese Wesenheit nichts zu tun haben.»[55]

Wie nun geschah diese Überwindung der Macht Luzifers und Ahrimans durch den Christus während seines Lebens auf der Erde im Leibe des Jesus von Nazareth? Diesen Prozeß beschreibt Rudolf Steiner in der «Geheimwissenschaft im Umriß» folgendermaßen: «In jenem Augenblicke seines Lebens, in welchem der Astralleib des Christus Jesus alles das in sich hatte, was durch den luziferischen Einschlag verhüllt werden kann, begann sein Auftreten als Lehrer der Menschheit. Von diesem Augenblicke an war in die menschliche Erdenentwickelung die Anlage eingepflanzt, die Weisheit aufzunehmen, durch welche nach und nach das physische Erdenziel erreicht werden kann. In jenem Augenblicke, da sich das Ereignis von Golgatha vollzog, war die andere Anlage in die Menschheit eingeimpft, wodurch der Einfluß Ahrimans zum Guten gewendet werden kann. Aus dem Leben heraus kann nunmehr der Mensch durch das Tor des Todes hindurch das mitnehmen, was ihn befreit von der Vereinsamung in der geistigen Welt. Nicht nur für die physische Menschheitsentwickelung steht das Ereignis von Palästina im Mittelpunkte, sondern auch für die übrigen Welten, denen der Mensch angehört. Und als sich das ‹Mysterium von Golgatha› vollzogen hatte, als der ‹Tod des Kreuzes› erlitten war, da erschien der Christus in jener Welt, in welcher die Seelen nach dem Tode weilen, und wies die Macht Ahrimans in ihre Schranken. Von diesem Augenblicke an war das Gebiet, das von den Griechen ein ‹Schattenreich› genannt worden war, von jenem Geistesblitz durchzuckt, der seinen Wesen zeigte, daß wieder Licht in dasselbe kommen sollte. Was durch das ‹Mysterium von Golgatha› für die physische Welt erlangt war, das warf sein Licht hinein in die geistige Welt.»[56] Nur durch die Überwindung der Macht von Luzifer und Ahriman in der irdischen und der überirdischen Welt konnte der Christus die neue «Lebens-Sonne» im Erdensein entzünden und der Menschheit im Lichte dieser Sonne das wahre Antlitz des Todes zeigen: «Der Christus Jesus hat sich dem Tode vermählt, ist hingegangen zu diesem Tode, der der charakteristische Ausdruck des Vaters wurde, hat sich vereinigt mit diesem Tode. Und aus der Vermählung des Christus Jesus mit dem Tode ist der Anfang einer Lebens-Sonne geboren. Es ist ein Trugbild, eine Maja oder Illusion, daß der Tod gleichbedeutend mit Leiden ist. Der Tod, wenn die Menschen im Laufe der Zukunft lernen, ihn so an sich herantreten zu lassen, wie er an den Christus herantrat, ist in Wahrheit der Keim zum [kosmischen] Leben.»[57] Und weiter: «Nimmermehr wäre die neue Lebens-Sonne entstanden, wenn nicht der Tod in die Welt gekommen wäre und sich hätte überwinden lassen von dem Christus. So ist der Tod, in seiner wahren Gestalt angesehen, der Vater. Und der Christus ist in die Welt gekommen, weil von diesem Vater ein falsches Spiegelbild entstanden ist im Tode. Und der Christus ist in die Welt gekommen, um die wahre Gestalt, ein wahres Nachbild des lebendigen Vater-Gottes zu schaffen. Der Sohn ist der Nachkomme des Vaters, der die wahre Gestalt des Vaters offenbart. Wahrhaftig, der Vater hat seinen Sohn in die Welt geschickt[58], damit die wahre Natur des Vaters offenbar werde, das heißt, das *ewige Leben*, das sich hinter dem zeitlichen Tode verbirgt.»[59] Dieser Gedanke kommt auch in den folgenden Worten des Johannes-Evangeliums zum Ausdruck: «Ich bin aus dem Vater [dem Makrokosmos] hervorgegangen und in die irdische Welt [den Mikrokosmos] gekommen. Und nun verlasse ich die Welt der Sinne wieder und gehe zum Vater.»[60] – Diese Worte enthalten bereits den Keim der späteren Lehren des Auferstandenen: «Ich bin aus dem Makrokosmos in den Mikrokosmos gekommen. Ich erfuhr den Tod – das entscheidende Ereignis für den Mikrokosmos –, und nunmehr gehe ich abermals in den Makrokosmos zum Vater: Ich gehe zum Vater, daß alle, die den Christus-Impuls in sich aufnehmen, einst auch dorthin zu gehen vermögen.»[61]

Wir sehen, worin die Bedeutung des Mysteriums von Golgatha für die zwei Welten, die göttliche und die menschliche Welt, besteht: es hat der Christus dadurch, daß er durch den Tod ging und ihn überwand, gleichsam für alle folgenden Zeiten das große Tor zwischen den zwei Welten aufgetan, so daß einerseits die Engel, Erzengel und Archai und durch sie alle Hierarchien die Führung der Erdenmenschheit[62] wiederum übernehmen können und andererseits sich den Menschen der Weg zum neuen bewußten Aufsteigen in die höheren Welten öffnet: «Ja, ich sage euch: Ihr werdet sehen, wie der Himmel sich auftut und wie die Engel Gottes auf- und niedersteigen über dem Menschensohn.»[63]

Und *diese* Erkenntnis des Mysteriums von Golgatha als des zentralen Geschehens, das den Makrokosmos und den Mikrokosmos unmittelbar verbindet, wurde von Rudolf Steiner auch dem Rhythmus zugrunde gelegt, in dem er am 25. Dezember 1923 *zum ersten Mal* die Grundstein-Meditation auf der Weihnachtstagung las: zunächst die mikrokosmischen Abschnitte der drei ersten Teile, dann den vierten Teil: «In der Zeiten Wende...» und zum Abschluß nochmals dieselben mikrokosmischen Teile, nun aber in Verbindung mit den makrokosmischen.[64] So zieht sich durch die ganze einundzwanzigjährige Entwicklung der Anthroposophie, bis hin zu der Substanz der Weihnachtstagung selbst, der rote Faden der grundlegenden Erkenntnis des Mysteriums von Golgatha, der Erkenntnis, die den Wesensmittelpunkt des esoterischen Christentums bildet und die ihre Quellen in den intuitiv gehörten Lehren des auferstandenen Christus hat.

VII.
Das Himmelfahrtsmysterium

1.
Die Himmelfahrt –
ein Hinweis auf das Christus-Wirken
im nachtodlichen Dasein der Menschenseele

«Ich bin der Weg, die Wahrheit und das Leben» – diese Worte des Christus Jesus geben das eigentliche Wesen seiner vierzigtägigen Gespräche auf eine staunenerregende Weise genau wieder. Wir können sie im Sinne des oben Gesagten folgendermaßen verstehen: der Christus weist mit ihnen darauf hin, daß er durch das Mysterium von Golgatha selbst zum *Weg* wurde, der zur Erkenntnis der *Wahrheit* vom Tod führt, der in seinem gegenwärtigen Aspekt nichts anderes ist als das Bild des Vaters, des Trägers und Spenders der makrokosmischen *Lebenskräfte*. In sein Reich einzudringen, das Reich des höchsten kosmischen Lebens, vermag der Mensch jedoch nur dann, wenn er sich mit dem Christus-Impuls durchdringt oder wenn er – was jedoch ganz das gleiche ist – den Weg betritt, der zum Erleben des «In Christo morimur» führt, zu dem Erleben der Wahrheit, daß der Tod in dem Christus zum Leben wird. Und diese Lehre, welche der Christus im Laufe von vierzig Tagen nach seiner Auferstehung von den Toten die Jünger lehrte, vollendete er so, daß er sie ihnen in der Gestalt einer lebendigen Imagination bei der Himmelfahrt vor Augen führte. Denn bei der Himmelfahrt trug der Christus vor dem Geistesblick der Apostel den Mikrokosmos, die vergeistigte Menschenform (den physischen und ätherischen Leib), in den Makrokosmos und zeigte ihnen damit ihre wechselseitige Beziehung und Übereinstimmung, welche der Menschheit schon lange durch die Herrschaft des unwahren Bildes des Todes verlorengegangen war.

Das bedeutet, geisteswissenschaftlich gesprochen, daß die Elemente, durch die das menschliche Wesen auf der Erde gebildet wird, den Weg gefunden haben und sich nun abermals mit den Urbildern, aus denen sie einst hervorgegangen sind, in der makrokosmischen Welt vereinigen können. Auf dem modernen Einweihungsweg entspricht dies der fünften Stufe, welche Rudolf Steiner in der «Geheimwissenschaft im Umriß» mit den folgenden Worten beschreibt: «Es ist der Mensch aus der ganzen, ihm zunächst liegenden Welt herausgestaltet; und jede Einzelheit, die an ihm ist, entspricht einem Vorgange, einem Wesen der Außenwelt. Der Geistesschüler kommt auf der entsprechenden Stufe der Entwickelung dazu, dieses Verhältnis seines eigenen Wesens zur großen Welt zu erkennen.»[1] Nehmen wir als Beispiel den menschlichen Ätherleib, der, nach den Worten Rudolf Steiners, innerlich fortwährend nach seinem kosmischen Urbild, der Sonne, strebt.[2] Würde er jedoch dieser seiner Grundtendenz folgen, so würde er sich, wenn er in die Sonnensphäre eintritt, ganz und gar in dem Weltenäther auflösen. Ein individuelles Leben wäre dann für ihn unmöglich, so daß er auch niemals mehr ein menschlicher Ätherleib werden könnte. Wenn er, andererseits, gänzlich von seiner himmlischen Quelle, den Kräften der Sonnensphäre abgeschnitten würde, dann könnte er dem Menschen auch nicht in der rechten Weise dienen, denn ohne Verbindung mit seinem makrokosmischen Urbild müßte er «vertrocknen». In beiden Fällen wäre ein menschliches Leben auf der Erde unmöglich, und das würde das Ende der gesamten Erdenentwicklung bedeuten.

Vor diesen beiden Gefahren hat der Christus den Ätherleib des Menschen durch das Mysterium von Golgatha und die folgende *Himmelfahrt* gerettet: einerseits kann der Ätherleib nun seinem Streben nach der Vereinigung mit seinem himmlischen Urquell folgen, und andererseits vereinigt der Christus sich selbst mit diesem Streben.[2] Dadurch verliert der menschliche Ätherleib, auch wenn er in den Makrokosmos aufsteigt, nicht den ihm eigenen individuellen Charakter, der allein ihn zum *menschlichen* Ätherleib macht. Wir können, umgekehrt, aber auch sagen: Dadurch, daß der Christus sich mit dem zur Sonne strebenden Ätherleib des Menschen vereinigte, empfing dieser die Möglichkeit, noch im Erdbereich, das heißt, seinen individuellen, menschlichen Charakter voll bewahrend, sich mit seinem Urbild, der Sonne, zu verbinden. Denn der Christus vertritt seit dem Mysterium von Golgatha die ganze Fülle der Sonnenkräfte in der Erdensphäre, und sie können nun durch ihn dem Ätherleib jedes einzelnen Menschen zukommen. So hat der Christus als Folge dieser *vollkommen neuen* Verbindung von Makrokosmos und Mikrokosmos nicht nur den physischen Leib des Menschen gerettet – worauf vor allem das Mysterium von Golgatha weist –, sondern auch den Ätherleib. Und davon spricht uns gerade der Himmelfahrtstag.

Im Vortrag vom 7. Mai 1923, der der Himmelfahrtsoffenbarung und dem Pfingstgeheimnis gewidmet ist – Festen, welche den Impuls des Mysteriums von Golgatha unmittelbar fortsetzen –, stellt Rudolf Steiner im einzelnen dar: «So können wir sagen: Wir lassen das Himmelfahrtsbild vor unsere Seele treten. Die Jünger, *hellsichtig geworden*, sehen die Tendenz der ätherischen Leiber der Menschen, sonnenwärts zu steigen. Der

Christus vereinigt sich mit diesem Streben, hält es. Das ist das gewaltige Bild: die Rettung des *Physisch-Ätherischen* [Leibes] des Menschen durch den Christus im Himmelfahrtsbilde.»[3] So haben wir in der Himmelfahrt des Christus in erster Linie die Vereinigung des physischen und ätherischen Leibes des Menschen (d. h. der menschlichen *Form*) mit seinem makrokosmischen Urbild.

Das Himmelfahrtsfest weist uns jedoch nicht nur darauf hin, daß der Christus die Kräfte der Sonnensphäre, die Kräfte des makrokosmischen Sohnes-Reiches, in das Erdensein trug, sondern auch darauf, daß er diejenigen Kräfte in es trug, die aus der Vater-Sphäre stammen. So lesen wir im Markus-Evangelium: «Und als Jesus, der Herr, so zu ihnen gesprochen hatte, wuchs er in die Sphären des Himmels empor, wo er zur Rechten des Weltenvaters thront, als der Vollführer seiner Taten.»[4] Um diese Worte des Evangeliums verstehen zu können, müssen wir uns in Erinnerung rufen, daß allmählich in den Jüngern die Fähigkeit des imaginativen Hellsehens als Folge der vierzigtägigen Gespräche mit dem auferstandenen Christus erwachte dank seiner Lehren und, vor allem, dank seiner unmittelbaren Gegenwart. In diesem besonderen Bewußtseinszustand schauten die Apostel sodann während der vierzig Tage den Auferstandenen und nahmen seine Lehren auf. Das ist jedoch noch nicht alles. Wie wir sahen, war der eigentliche Gehalt der Gespräche des Auferstandenen die Offenbarung der Geheimnisse des neuen Verhältnisses von Makrokosmos und Mikrokosmos. Deshalb vollendet der Christus seine Unterweisungen so, daß er die Jünger zum Empfangen der Kräfte führt, welche im allgemeinen die imaginative Erkenntnis im Menschen erwekken, so daß wir sagen können: die vierzig Tage, welche die Jünger noch mit dem auferstandenen Christus verbringen durften, wurden für sie zu einem Weg, der sie zu dem Ur-Quell der Imagination führte, dem Ur-Quell allen wahren übersinnlichen Schauens, zu jener hohen makrokosmischen Sphäre, welche Rudolf Steiner «die Welt der geistigen Urbilder aller Dinge» nennt.[5] Dieses Geheimnis der Herkunft ihrer eigenen imaginativen Erkenntnisfähigkeit aus der Urbilderwelt, jener Welt, aus welcher die Hierarchien «selber ihre Kräfte schöpfen»[6] und wo der Christus «zur Rechten des Weltenvaters thront», offenbarte ihnen der Christus mit seiner Himmelfahrt.

Nun wollen wir uns hier nochmals den Worten zuwenden, in denen Rudolf Steiner die genannte Wechselbeziehung beschreibt: «...in dem Augenblick, wo wir hindeuten können darauf, daß es in der Welt ein hellsichtiges Bewußtsein gibt, müssen wir sagen: Also muß es auch eine Welt geben, aus welcher die Kräfte fließen für das Hellseherorgan – und diese Welt nennt man in der Geisteswissenschaft die Urbilderwelt. Das, was uns *als Imagination* vor Augen treten kann, ist ... ein Abbild der Urbilderwelt. So daß wir hinaufsteigen in den Makrokosmos von Stufe zu Stufe durch die elementarische Welt, durch die geistige Welt, durch die Vernunftwelt und durch die *Urbilderwelt*.»[7] Und in einem weiteren Vortrag desselben Zyklus fährt er fort: «... geradeso wie aus der elementarischen Welt heraus die Augen [und alle anderen menschlichen Sinnesorgane] gebildet werden, aus der geistigen Welt [dem niederen Devachan] heraus das Nervensystem und aus der Vernunftwelt [dem höheren Devachan] heraus das Gehirn des Menschen, so wird aus der Urbilderwelt heraus dasjenige gebildet, was wir nun die höheren Sinnesorgane nennen, jene Sinnesorgane, die uns dann nach und nach befähigen, in die geistige Welt hineinzuschauen...»[8]

Aus dem allen ergibt sich das folgende Bild: Im Laufe der vierzig Tage nahmen die Jünger mit Hilfe der in ihnen erwachenden Fähigkeit der imaginativen Erkenntnis den auferstandenen Christus und seine Unterweisungen von den «Himmelreichen», den geistigen Welten, auf. Und das geschah so lange, bis die Apostel bei ihrem Eindringen in die Geheimnisse des neuen Verhältnisses von Makrokosmos und Mikrokosmos so weit gelangt waren, daß sie das Geheimnis der Herkunft ihrer eigenen Fähigkeit des imaginativen Schauens erfassen konnten. Nun erst vermochten sie zu verstehen, daß das Hellsehen, über das sie verfügten, in ihnen *durch den Christus selbst erweckt wurde*. Denn es war der Christus, der sie nun *auf der Erde* mit der ganzen Fülle der makrokosmischen Kräfte der Urbilderwelt beschenkte und so das imaginative Schauen in ihnen weckte. Und dieses Erleben des Christus als der neuen Quelle des imaginativen Schauens, das heißt als desjenigen, der die Kräfte aus der Urbilderwelt schenkt, es äußerte sich für die Jünger in dem Bild der Himmelfahrt des Christus in die Urbilderwelt, in das göttliche Vaterreich.

So wurde den Jüngern mit diesem Ereignis die höchste Stufe der Erkenntnis des Verhältnisses von Makrokosmos und Mikrokosmos offenbar: die Herkunft der im Menschen, dem Mikrokosmos, erwachenden imaginativen Erkenntniskräfte aus ihrer makrokosmischen Quelle, der Urbilderwelt. Dadurch wurde der letzte Schleier, der das wahre Bild des Todes verhüllt hatte, von dem Bewußtsein der Jünger hinweggenommen, des Todes, der nach dem Mysterium von Golgatha die Gestalt des himmlischen Vaters offenbart (s. S. 216). Und in der Himmelfahrtsszene äußerte sich das so, daß sie das innerste Wesen des Todes als Offenbarung des höheren imaginativen Bewußtseins des Menschen zur Erscheinung brachte, eines Bewußtseins, das seine Quellen im Reich des Vater-Gottes hat, der die Urbilder aller Dinge und Wesen der Welt in sich trägt.* Die moderne Geistesforschung spricht davon – und das ist in der neuen, aus dem Mysterium von Golgatha hervorgehenden Weltordnung tief begründet –, daß es eines der ersten Erlebnisse jedes Menschen nach dem Tode ist, die Himmelfahrt des Christus zu schauen, die das wahre Bild des Todes endgültig offenbart und die die an die Erde grenzende geistige Welt zu einer unauflöslichen Einheit mit der höchsten Vater-Sphäre, der Urbilderwelt, verbindet.[9] Über dieses nachtodliche Erlebnis jedes Menschen, das auch mit dem allmählichen Sich-Auflösen seines Ätherleibes bis in die Sonnensphäre zusammenhängt, spricht Rudolf Steiner auf die folgende Weise: «Solche geistige Anschauungen, wie sie die Jünger am Himmelfahrtstage hatten, beziehen sich eigentlich immer auf etwas, was der Mensch schon in dem einen oder anderen Bewußtseinszustande erlebt. Nun wissen Sie: Nach dem Tode erlebt der Mensch den Fortgang seines ätherischen Leibes. Er legt mit dem Tode den physischen Leib ab. Einige Tage behält er seinen ätherischen Leib, dann löst sich der ätherische Leib auf; *er vereinigt sich wirklich mit der Sonne*. Diese Auflösung nach dem Tode ist Vereinigung mit dem Sonnenhaften, das den Raum, in dem sich auch die Erde befindet, durchströmt. In diesem sich vom Menschen entfernenden ätherischen Leibe schaut der Mensch seit dem Mysterium von Golgatha den Christus mit, der sein Retter geworden ist im künftigen Erdendasein; so daß eigentlich seit dem Mysterium von Golgatha jeder Mensch, der da stirbt, jenes Himmelfahrtsbild schon vor seiner Seele hat, das die Jünger durch ihren besonderen Seelenzustand an jenem Tage sahen.»[10]

Zum Abschluß ist noch ein weiterer Aspekt der Himmelfahrt zu beachten, der die Mondensphäre oder die Sphäre des heiligen Geistes betrifft, wo auch die Seele des Verstorbenen ihre Imagination bald nach dem Tode erlebt. Darüber spricht Rudolf Steiner eingehend in dem Vortrag vom 15. September 1922 in Dornach: «Derjenige, der heute aus der Initiationswissenschaft heraus redet, muß ... noch das folgende sagen: Ja, es ist der

---

* Durch die weitere Betrachtung wird deutlich werden, daß, gemäß dem Fünften Evangelium, die Himmelfahrt *für den Christus selbst* ein Ereignis war, das nur mit dem Tod innerhalb des Menschenlebens vergleichbar ist. Deshalb weisen die oben angeführten Worte aus dem Markus-Evangelium (s. S. 225) auch darauf, daß der Christus den Jüngern in diesem Augenblick den Tod so offenbarte, daß sie ihn *mit eigenen Augen* als Prozeß der Vereinigung mit der Vater-Welt schauen konnten.

Christus-Impuls, der über den Tod hinaus nachwirkt, unter dessen Einfluß der Mensch sich der Mondensphäre entringt, in die Sternen-Sonnensphäre eindringt und dort aus den Impulsen, die ihm die Wesen der Sternenwelt geben, arbeiten kann an der Herausgestaltung des physischen Organismus seines nächsten Erdenlebens. Aber er entringt sich der Mondensphäre durch die Kräfte, die er in seinem Ich aufgespeichert hat durch die Hinneigung zu dem Christus-Wesen und zu dem Mysterium von Golgatha.»[11] Und etwas früher sagt Rudolf Steiner in demselben Vortrag über diesen Prozeß: «Und so wie euer äußeres Leben unter dem Einfluß des physischen Sonnenlichtes und der physischen Sonnenwärme vor sich geht, so nimmt dann nach dem Tode eure Wesenheit das hohe Sonnenwesen in Anspruch, befreit euch von eurem *Schicksalskern* und nimmt euch auf in die Sternensphäre, so daß ihr darin mit der Hilfe eures Sonnenführers ausarbeiten könnt den Geistteil eures künftigen physischen Organismus.»[12] Für unsere Betrachtung ist bei diesem Prozeß besonders wichtig, daß es die Christus-Kraft ist, welche «... nach dem Tode nachwirkt und die Seele dem Schicksals-Wesenskern und der Mondensphäre entreißt...»[13], so daß «... durch die Führung des hohen Sonnenwesens die Menschenseele beim Übergang von der Seelenwelt in das Geisterland gereinigt wird»[14], oder – was das Gleiche ist – beim Übergang aus der Monden- in die Sonnensphäre.[15]

Was ist hier unter «gereinigt werden» oder «sich befreien von dem Schicksalskern» zu verstehen? – Dieser «Schicksalskern» oder «Schicksals-Wesenskern», der auch die «moralische Bewertung» des Menschen ausmacht, er muß, da er der Träger des noch nicht ausgelebten Karma ist[16], nach dem Tode von der Seele in der Mondenregion zurückgelassen werden, damit sein Einfluß nicht eine betäubende Wirkung auf die Seele ausübe, während sie in der Sonnen- und Sternensphäre weilt, denn eine solche Betäubung oder Verdunkelung des Bewußtseins in den höheren Sphären des kosmischen Seins würde es unmöglich machen, den physischen Leib für das künftige Erdenleben in der *richtigen* Weise zu bilden. Weiterhin muß die Seele, nach ihrem Aufenthalt in der Sonnensphäre und den Sternenwelten, wenn sie *abermals* in den Mondenbereich eintritt, sich wiederum mit dem dort von ihr zurückgelassenen «Karmawesen» vereinigen, um im nächsten Erdenleben weiter an seiner Verbesserung zu arbeiten. Da aber die oben beschriebene Befreiung von diesem «Karmawesen» nach dem Tode in der Mondensphäre dadurch geschieht, daß das Menschen-Ich sich noch auf der Erde mit dem Christus-Impuls verbunden hat, so müssen wir sagen: es nimmt der Christus, indem er die Seele des Verstorbenen während des Sonnen- und Sternenlebens von dem Einfluß der Mondensphäre und des in ihr verbliebenen negativen Menschen-Karma befreit, dieses Karma während der Zeit des nachtodlichen Seins des Menschen auf sich, damit die Seele unter seiner Führung den Weg zur wahren Himmelfahrt finde, den Weg, der aus der Monden- in die Sonnensphäre führt und von dort höher und höher bis zur Fixsternwelt.

So zeigt uns das Himmelfahrtsgeschehen den allumfassenden Einfluß der Christus-Wesenheit seit dem Mysterium von Golgatha auf die nachtodliche Lebenssphäre der Menschenseelen, wobei sein Wirken *alle drei* Haupt-Bereiche des Makrokosmos umfaßt, durch welche die Seele zwischen den Verkörperungen hindurchgeht: den Bereich des Mondes, der Sonne und der Fixsterne, die Bereiche, welche die überhierarchischen Sphären des Geistes, des Sohnes und des Vaters in unserer Welt abbilden. Im ersten Gebiet offenbart der Christus der Seele die Rettung des menschlichen Ätherleibes und hilft ihr, sich für eine gewisse Zeit von den Folgen ihres schlechten Karma zu trennen, und er befreit sie von den an die Erde bindenden Mondenkräften. Im zweiten Bereich ermöglicht es der Christus der Seele, auf die rechte Weise in das Sonnenreich einzutreten, um dort ihre Erfahrungen der vergangenen Verkörperung in Fähigkeiten im folgenden Erdenleben zu verwandeln. Im dritten Gebiet schließlich, dem der Fixsterne, dem Reich des Vaters, leitet der Christus die Seele bei ihrer Arbeit, aus den Kräften der göttlichen Weisheit (der Sophia) den «kosmischen Menschen», das Urbild seines zukünftigen physischen Leibes, zu bilden. So erstreckt sich der Einfluß des Christus auf alle Bereiche des nachtodlichen Lebens der Seele, das heißt auf alle diejenigen Gebiete des Makrokosmos, deren Kräfte er durch das Mysterium von Golgatha auf die Erde brachte und die er durch seine Himmelfahrt unmittelbar mit dem Sein jeder einzelnen Menschenseele verband. Als deshalb die Apostel die Himmelfahrt, vorbereitet durch die vierzigtägigen Unterweisungen des Auferstandenen, erlebten, da erschien sie ihnen nicht nur als ein Beweis für die nicht auszuschöpfende Bedeutung des Christus für das nachtodliche Sein der Menschenseele, sondern zugleich als das Ereignis, durch das sie selbst eine volle und umfassende *Erkenntnis* von dem neuen Verhältnis des Mikrokosmos und des Makrokosmos erlangen konnten.

VIII.
Das Pfingstmysterium

1.
Der Übergang von der alten zur neuen Einweihung

Wie mehrfach erwähnt, hatten die Apostel und Jünger, nach den Mitteilungen des Fünften Evangeliums, die Lehren, die sie im Laufe der vierzig Tage von dem auferstandenen Christus empfingen, sowie das Himmelfahrtsereignis selbst in einem herabgedämpften, traumhaft-imaginativen Bewußtseinszustand aufgenommen.[1] Das bedeutet, daß jene mächtigen Geheimnisse der geistigen Welten, welche bereits in ihre Seelen versenkt worden waren, noch nicht in ihr vollwaches, helles Alltagsbewußtsein gedrungen waren. Sie hatten den Christus als den Träger der ganzen Fülle der makrokosmischen Kräfte der Erdensphäre erleben können, und doch waren diese Kräfte noch nicht in sie selbst eingedrungen, sondern sogar beim Himmelfahrtsereignis *außerhalb von ihnen* geblieben, so daß sie dieses gleichsam nur auf eine geistig äußerliche Weise zu schauen vermochten.[2] So hatten sie auf dieser Stufe zwar die Erkenntnis der neuen Beziehung von Mikrokosmos und Makrokosmos erlangt, nicht aber die Befruchtung durch den Makrokosmos, das Einswerden mit ihm. Das ist auch der Grund, warum im Johannes-Evangelium der Christus nach seiner Auferstehung zu Maria Magdalena sagt: «*Rühre mich nicht an, denn noch bin ich nicht aufgestiegen zu dem väterlichen Weltengrunde.*»[3] Es befand sich der Christus nach seiner Auferstehung von den Toten und auch bei der Himmelfahrt noch außerhalb der Menschenwelt, er hatte ihr individuelles Ich-Bewußtsein noch nicht mit den Kräften begabt, die er durch das Mysterium von Golgatha bereits in das Erdensein getragen hatte. Daß dieses geschah, mußte zu dem Himmelfahrtsfest das Pfingstfest hinzugefügt werden, das Fest der Ausgießung des Heiligen Geistes auf die Apostel. Nur durch eine solche Befruchtung der Jünger mit dem makrokosmischen Geiste der Liebe, konnte in ihrem irdischen Ich-Bewußtsein dasjenige voll erwachen, was durch ihr gemeinsames Leben mit dem Christus Jesus auf der Erde und durch das Erleben des Mysteriums von Golgatha sowie der Lehren des Auferstandenen bis hin zur Himmelfahrt bereits unterbewußt in den Tiefen ihrer Seelen ruhte.

In den Vorträgen, die dem Fünften Evangelium gewidmet sind, äußert Rudolf Steiner über dieses Erwachen der Jünger zu Pfingsten: «Und dieses Erwachen, schon das fühlten sie in einer eigentümlichen Weise: sie fühlten tatsächlich, wie wenn aus dem Weltenall niedergestiegen wäre auf sie etwas, was man nur nennen könnte die *Substanz* der allwaltenden Liebe. Wie gleichsam von oben herab befruchtet durch die allwaltende Liebe und wie auferweckt aus dem geschilderten traumhaften Lebenszustand, so fühlten sich die Apostel. Wie wenn durch alles dasjenige, was als die ursprüngliche Kraft der Liebe, die das Weltenall durchdringt und durchwärmt, sie auferweckt worden wären, wie wenn diese ursprüngliche Kraft der Liebe in die Seele eines jeden Einzelnen sich gesenkt hätte, so kamen sie sich vor.»[4]

Es waren die Apostel von nun an Menschen, «die durch den Geist der Liebe des Kosmos auferweckt worden waren», die «die Befruchtung mit der allwaltenden kosmischen Liebe» erfahren hatten.[5] Und es offenbarte sich für ihr eigenes, unmittelbares Erleben alles, was sich bis dahin mit ihnen ereignet hatte. Sie konnten sich beispielsweise über die vierzig Tage mit dem Auferstandenen sagen: «Und der Christus, der Auferstandene, war mit uns. Er hat uns gleichsam unwissend in sein Reich aufgenommen, wandelte mit uns und enthüllte uns die Geheimnisse seines Reiches...»[6] Denn erst zu Pfingsten vereinigte sich der Christus endgültig *mit dem ganzen Sein der Menschen* und trug in ihr Wesen selbst hinein, was bis dahin noch in den Höhen des Makrokosmos geblieben war: «Vom Pfingst-Ereignisse an erlebte die Christus-Wesenheit dasjenige, was für sie dasselbe bedeutete, wie für den Menschen der Übergang ins Geisterland: das Aufgehen in die Erdensphäre. Und anstatt in ein Devachan, anstatt in ein geistiges Gebiet zu kommen, wie der Mensch nach dem Tode [das ist bis zur Urbilderwelt], brachte die Christus-Wesenheit das Opfer, *ihren Himmel gleichsam auf der Erde aufzuschlagen*, auf der Erde zu suchen... Es ist unendlich viel gesagt, wenn dieses Geheimnis hier ausgesprochen wird mit den Worten: Seit dem Pfingst-Ereignis ist die Christus-Wesenheit bei den menschlichen Seelen auf der Erde; vorher war sie nicht bei den menschlichen Seelen auf der Erde.»[7]

Erst seit diesem für die ganze Menschheitsentwicklung tief bedeutungsvollen Augenblick kann man davon sprechen, daß die große makrokosmische Christus-Wesenheit sich endgültig mit den Menschenseelen auf der Erde, mit dem menschlichen Mikrokosmos vereinigte. Und es ist seitdem und für alle folgenden Erdenzeiten allen Menschen die Möglichkeit eröffnet worden, die unmittelbare Gegenwart des makrokosmischen Christus durch das innerliche Erleben des von ihm ausgehenden neuen Heiligen

Geistes zu erfahren, des Geistes, der die Menschenseele mit der kosmischen All-Liebe befruchtet und der dem vollerwachten individuellen Ich-Bewußtsein das Wahrnehmen der höheren Welten eröffnet, so daß der Mensch zum bewußten Zeugen und Diener des Geistes werden kann. Eine ganz und gar neue Beziehung zur geistigen Welt ist nunmehr möglich: das Einswerden mit dem Makrokosmos auf rein innerliche Weise, bei voller Wahrung des individuellen Ich-Bewußtseins. Und diese Möglichkeit des *neuen, voll-bewußten Hellsehens* wurde auf prophetische Weise als ein Same für die weitere Menschheitsentwicklung durch das *Pfingst-Mysterium* geschaffen, das seitdem das große Urbild der neuen Einweihung ist, welche den Menschen zur bewußten Vereinigung mit seiner geistigen Urheimat, mit dem Makrokosmos, bis hin zum Reich des Vaters selbst, führt. Über diesen hohen Bewußtseinszustand, der auf der sechsten Stufe der modernen christlich-rosenkreuzerischen Einweihung erlangt wird, sagt Rudolf Steiner: «Wenn der Geistesschüler bis zu solcher Erkenntnis [des Verhältnisses von Makrokosmos und Mikrokosmos] sich durchgerungen hat, dann kann für ihn ein neues Erlebnis eintreten. Er fängt an, sich wie mit dem ganzen Weltenbau verwachsen zu fühlen, *trotzdem er sich in seiner vollen Selbständigkeit empfindet*. Es ist diese Empfindung ein Aufgehen in die ganze Welt, ein Einswerden mit derselben, aber ohne die eigene Wesenheit zu verlieren. Man kann diese Entwickelungsstufe als ‹Einswerden mit dem Makrokosmos› bezeichnen. Es ist bedeutsam, daß man dieses Einswerden nicht so zu denken hat, als wenn durch dasselbe das Sonderbewußtsein aufhören und die menschliche Wesenheit in das All ausfließen würde. Es wäre ein solcher Gedanke nur der Ausdruck einer aus ungeschulter Urteilskraft fließenden Meinung.»[8]

Hier hebt Rudolf Steiner den entscheidenden Unterschied zwischen dem neuen und dem alten Einweihungsweg, der zur Vereinigung mit dem Makrokosmos führt, als «etwas sehr Bedeutsames» hervor. Was auf dem alten Mysterienweg nur im Verlauf eines tiefen, todähnlichen Schlafes bei stark herabgedämpftem Bewußtsein vor sich gehen konnte, das ist heute durch die unmittelbare Verbindung mit dem Christus auf der Erde unter Wahrung des individuellen, wachen Ich-Bewußtseins[9] erreichbar. Denn der Christus hat, als er durch den Tod und die Auferstehung ging, der Menschheit das wahre Bild des Todes gezeigt und damit den Grund für die *Unsterblichkeit* des eigenen, individuellen Ich des Menschen gelegt, indem er es mit den Ewigkeits-Kräften beschenkte, das heißt mit der Fähigkeit, das klare wache Ich-Bewußtsein auf *allen* Stufen des Aufstiegs in den geistigen Kosmos zu bewahren: «Diese Möglichkeit aber, daß der

Tod, der sonst Vernichtung wäre, umgewandelt wird in den *Samen* für die ewige Ichheit, ist gegeben worden durch den Christus-Impuls. Auf Golgatha ist zuerst die wahre Gestalt des Todes vor die Menschheit hingestellt worden. Und dadurch, daß sich mit dem Tode vermählt hat der Christus, das Abbild des Vater-Geistes, der Sohn des Vater-Geistes, dadurch ist der Tod auf Golgatha der Ausgang eines neuen Lebens und ... einer neuen Sonne. Und nunmehr kann in der Tat alles, was früher als die Lehrzeit des Menschen da war [der alte Einweihungsweg], nachdem sich der Mensch ein Ich für die Ewigkeit erobert hat, nun kann alles Frühere verschwinden, und der Mensch kann in die Zukunft hineingehen mit seiner geretteten Ichheit, die immer mehr und mehr eine Nachbildung der Christus-Ichheit werden wird.»[10] Wenn aber die Rettung des Menschen-Ich durch das Mysterium von Golgatha geschah, so wurde der Grund dafür, daß in der Zukunft dieses Ich sich «immer mehr und mehr [zu] einer Nachbildung des Christus-Ich» entwickeln kann, durch das Pfingstereignis gelegt, da das eigene Ich des Menschen von dem von dem Christus ausgehenden neuen Heiligen Geist durchdrungen wurde.[11] Deshalb sagt Rudolf Steiner: «Durch nichts wird uns so schön das Durchdringen der Iche mit dem Geiste symbolisiert als durch die Erzählung des Pfingstwunders.»[12] So ist das Pfingstereignis wahrhaftig der Grundstein der neuen, christlichen Einweihung, die ihre Quellen im Mysterium von Golgatha hat und die an die Stelle der alten, mit der vorchristlichen Menschheitsentwicklung zusammenhängenden Einweihung getreten ist.

Wir wollen diesen Übergang von der alten, vorchristlichen zur neuen, christlichen Einweihung etwas eingehender betrachten und zu diesem Zweck den von Rudolf Steiner oftmals beschriebenen altpersischen Einweihungsweg heranziehen.[13] Er enthält die sieben folgenden Hauptstufen:

1. Rabe
2. Verborgener oder Okkulter
3. Streiter
4. Löwe
5. Perser (der Name desjenigen Volkes, dem der Eingeweihte angehörte)[14]
6. Sonnenheld
7. Vater[15]

Ohne auf den Unterschied zwischen dem alten und dem neuen, christlich-rosenkreuzerischen Einweihungsweg, der auch sieben Stufen enthält, einzugehen, noch darauf, inwieweit der letztere eine Fortsetzung des ersteren ist – es würde uns das zu weit von unserem Thema hinwegführen

–, wollen wir uns auf den Vergleich der *sechsten Stufe* beider Wege beschränken. Diese wird in der christlich-rosenkreuzerischen Einweihung «das Einswerden mit dem Makrokosmos» genannt, in der persischen Einweihung dagegen «Sonnenheld». Dazu äußerte Rudolf Steiner in den Vorträgen über das Fünfte Evangelium: «Über dem Wirken eines einzelnen Volkes stand dasjenige, was in dem Sonnenhelden lebte. Und so wie derjenige, der in den fünften Grad in den alten Mysterien eingeweiht werden sollte, aus seinem Leibe herausgehen mußte, ... so mußte derjenige, der ein Sonnenheld werden sollte, herausgehen aus seinem Leibe und zum Wohnplatz während der Zeit seines Herausgegangenseins wirklich die Sonne haben ... Der Sonnenheld lebte für diese Zeit seiner Einweihung mit dem ganzen Sonnensystem zusammen. Die Sonne ist sein Wohnplatz, wie der gewöhnliche Mensch auf der Erde als auf seinem Planeten lebt ... Das konnte man in den alten Mysterien nur außerhalb des Leibes erreichen. Und wenn man zurückkehrte in seinen Leib, *erinnerte man sich daran, was man außerhalb seines Leibes erlebt hatte* und konnte es verwenden ... für das Heil der ganzen Menschheit.»[16] Der alte Eingeweihte auf der sechsten Stufe der persischen Einweihung war demnach während des dreitägigen Tempelschlafes außerhalb seines Leibes auf die Sonne entrückt. Charakteristisch für diese alte Einweihung ist jedoch die Tatsache, daß der Eingeweihte in jenen Zeiten, wenn er in die Sonnensphäre aufstieg, sich in ihr sein individuelles, waches Ich-Bewußtsein nicht bewahren konnte. Das hatte zur Folge, daß sein Bewußtsein alles das, was er in der Sonnen-Sphäre erlebte, nicht unmittelbar im Augenblick des Erlebens erfaßte, sondern nur in der Form der «Erinnerung an Erlebtes» nach seinem Erwachen aus dem Tempelschlaf.

Und das ist der Punkt, an dem dadurch, daß das Sonnenwesen des Christus durch Tod und Auferstehung ging, der größte Wandel in dem gesamten Mysterienleben der Menschheit geschah. Dank diesem entscheidenden Ereignis und dank der darauffolgenden Vereinigung des Christus mit der Erdenentwicklung tauchte erstmals die Möglichkeit auf, die sechste Einweihungsstufe noch im Bereich der Erde durch das Sich-Durchdringen, mit dem neuen, von dem Christus ausgehenden Heiligen Geist zu erreichen; so entstand die Möglichkeit, die ganze Fülle des Sonnenlebens *innerhalb des physischen Leibes* zu erfahren, oder was dasselbe ist: den Aufstieg in die Sonnensphäre unter Beibehaltung des individuellen, wachen Ich-Bewußtseins zu vollziehen. Und das geschah mit den Aposteln zu Pfingsten. Seitdem ist dieses Fest der prophetische Hinweis auf den Menschheits-Zustand, in dem sich große Kreise von Menschen zu der Stufe des Eindringens in die höheren Welten erheben werden, welche heute nur auf dem modernen christlich-rosenkreuzerischen Einweihungsweg erreichbar ist.

Auf diesen grundlegenden Wandel des Mysterienlebens der Menschheit im Pfingstmysterium weist Rudolf Steiner mit der folgenden Beschreibung der geistigen Metamorphose der sechsten Stufe der alten Einweihung nachdrücklich hin: «Und was erlebten diese Sonnenhelden während der dreieinhalb Tage ihrer Einweihung? Während sie – wir können es schon so nennen – wandelten auf der Sonne, was erlebten sie? Die Gemeinsamkeit mit dem Christus, der vor dem Mysterium von Golgatha noch nicht auf der Erde war! Alle alten Sonnenhelden waren in die höheren geistigen Sphären hinausgegangen. Denn nur da konnte man in den alten Zeiten die Gemeinsamkeit mit dem Christus erleben. Aus dieser Welt, in die hinaufsteigen mußten während ihrer Einweihung die alten Eingeweihten, ist der Christus herabgestiegen auf die Erde. Wir können also sagen: Dasjenige, was durch die ganze Prozedur der Einweihung in alten Zeiten für einzelne Wenige hat erreicht werden können, das wurde erreicht wie durch ein naturgemäßes Ereignis in den Pfingsttagen von denjenigen, welche die Apostel des Christus waren. Während früher die Menschen hatten hinaufsteigen müssen zu dem Christus, war jetzt der Christus zu den Aposteln herabgestiegen. Und *die Apostel waren* in gewisser Weise *solche Menschen geworden, die in sich trugen jenen Inhalt, den die alten Sonnenhelden in ihren Seelen gehabt haben.* Die geistige Kraft der Sonne hatte sich ausgegossen in die Seelen der Menschen, wirkte fortan weiter in der Menschheitsevolution. Damit das hatte geschehen können, mußten sich vollziehen die Ereignisse von Palästina.»[17]

So ist das Pfingstmysterium das Ereignis, durch das der Christus-Impuls, der zunächst durch das Mysterium von Golgatha und die Himmelfahrt mit dem physischen Leib des Menschen in Beziehung steht, nun zu seinem Seelisch-Geistigen, seinem Astralleib und Ich, in Verbindung tritt. Denn der Christus vollendete das Mysterium von Golgatha so, «daß er zehn Tage nach dem Himmelfahrtsereignis den Menschen die Möglichkeit sandte, nun auch mit dem innerlich Geistig-Seelischen, mit dem Ich und dem astralischen Leibe, sich mit dem Christus-Impuls zu durchdringen. Das ist das Bild vom Pfingstfeste: das Durchdringen des Geistig-Seelischen mit der das Mysterium von Golgatha *verstehenden* Kraft, die Sendung des Heiligen Geistes. Der Christus hat seine Tat für die ganze Menschheit vollbracht. Dem einzelnen, der diese Tat *verstehen* soll, dem einzelnen menschlichen Individuum hat er den Geist gesandt, so daß das Seelisch-Geistige den Zugang zu der allgemeinen Menschheitstat findet. Durch den Geist muß der Mensch innerlich geistig-seelisch das Christus-

Mysterium sich aneignen. Es stehen die beiden Bilder hintereinander in der Entwickelungsgeschichte der Menschheit so da, daß uns das Himmelfahrtsbild sagt: Für den physischen und den ätherischen Leib ist das Ereignis von Golgatha allmenschlich vollzogen. Der einzelne Mensch muß es sich fruchtbar machen, indem er den Heiligen Geist aufnimmt. Dadurch wird der Christus-Impuls für jeden einzelnen individuell.»[18]

Jener Geist, der zu Pfingsten auf die Apostel herabkam, ist der Geist der *allwaltenden Liebe* und gleichzeitig der Geist der *Erkenntnis* des Mysteriums von Golgatha, denn in dem makrokosmischen Christus-Ich ist alle Weisheit der Vergangenheit Liebe geworden, wirkende *erkennende Liebe:*[19] «Das Ereignis von Golgatha ist eine freie kosmische Tat, die der Welten-Liebe entstammt und nur durch Menschen-Liebe erfaßt werden kann.»[20]

Es kam der Heilige Geist zu Pfingsten – darauf weist das Evangelium hin, und das bestätigt die moderne Geistesforschung – auf die *Häupter* der Apostel herab[21], wodurch der Christus aus ihren *Herzen* sprechen konnte[22], ohne ihr individuelles Ich-Bewußtsein zu dämpfen, sondern es verstärkend, steigernd[23]. Und damit war der Anfang des neuen wechselseitigen Wirkens der Kräfte des Vaters, des Sohnes (des Christus) und des Geistes im Menschen gemacht, das seitdem und für alle künftigen Zeiten den Grundstein aller wahren christlichen Mysterien bildet, insoweit ihr Ziel die endgültige Vereinigung des Menschen, des Mikrokosmos, mit dem Makrokosmos *ohne* den Verlust seines individuellen Wesens ist. Damit wird auch die grundlegende Bestimmung der Anthroposophie als ein Weg zu den neuen christlichen Mysterien, wie sie in dem ersten Leitsatz von Rudolf Steiner formuliert wurde, verständlich: «Anthroposophie ist ein Erkenntnisweg, der das Geistige im Menschenwesen zum Geistigen im Weltenall führen möchte. Sie tritt im Menschen als *Herzens-* und Gefühlsbedürfnis auf.»[24] Mit anderen Worten: Die Anthroposophie ist ein vom Geiste inspirierter «Erkenntnisweg», der in Freiheit in die Häupter der Menschen eintritt, um den Bedürfnissen der Herzen, in denen der Christus wirkt, entgegenzukommen, dem Bedürfnis nach der Vereinigung des Menschengeistes mit dem Geiste des Kosmos, des Mikrokosmos mit dem Makrokosmos, des individuellen Menschen-Ich mit dem Reiche des Vaters, mit der Sphäre des kosmischen Lebens.

Aus dem oben Gesagten geht klar hervor, daß wir in dem Pfingstereignis auch die Quelle der *modernen christlichen Mysterien* zu suchen haben. Und so ist die Tatsache, daß bei der Begründung dieser modernen christlichen Mysterien nur ein solcher Grundstein gelegt werden konnte, der aus den geistigen Kräften gestaltet ist, die seit dem Ur-Pfingsten im Menschenwesen wirken, tief in der ganzen Weltentwicklung begründet.

Gehen wir von der fünften Stufe der modernen christlich-rosenkreuzerischen Einweihung zur sechsten und im Jahresrhythmus vom Himmelfahrts- zum Pfingstfest, dann verbinden wir uns all dem, was hinter den Worten «Erkenne dich selbst» als wahre *Welterkenntnis* verborgen ist: «Damit haben wir schon die sechste Stufe berührt, das, was man nennt die ‹Versenkung in den Makrokosmos›. Wer so in sich kennengelernt hat das Verhältnis des Mikrokosmos zum Makrokosmos, hat sich erweitert zur Erkenntnis der ganzen Welt. Das verbirgt sich hinter dem alten Spruch: Erkenne dich selbst!»[25] Es können uns diese Worte zu einem Verständnis jener Kräfte sowie ihres Wirkens im Menschenwesen hinführen, aus denen Rudolf Steiner den Grundstein der neuen christlichen Mysterien gestaltete: «Wir aber müssen sagen, wenn wir aus den Zeichen der Zeit [das heißt unter der Führung des Zeitgeistes Michael] in der richtigen Weise erneuern dieses Wort: O Menschenseele, *erkenne dich selbst* in deinem wesenden Weben in Geist, Seele und Leib. Dann haben wir verstanden dasjenige, was allem Menschenwesen zu Grunde liegt: ... die Weltensubstanz, in der da wirkt und west und lebt der Geist, der aus den Höhen strömt und im *Menschenhaupte* sich offenbart, die Christus-Kraft, die überall im Umkreise wirkt, die mit *den Lüften* webt, um die Erde kreisend, die in unserem *Atemsystem* wirkt und lebt, und ... die in den Tiefen aus dem Erdeninnern heraufkommenden Kräfte, die in unseren *Gliedmaßen* wirken ... Und aus diesen drei Kräften: aus dem Geist der Höhe, aus der Christus-Kraft des Umkreises, aus der Vater-Wirksamkeit, der schöpferischen Vatertätigkeit, die aus den Tiefen strömt, wollen wir in diesem Augenblicke in unseren Seelen den dodekaedrischen Grundstein formen, den wir in den Boden unserer Seelen senken, damit er da sei zum starken Zeichen in den kräftigen Gründen unseres Seelenseins und wir in der *Zukunft* des Wirkens der Anthroposophischen Gesellschaft auf diesem festen Grundstein stehen können.»[26] Wir können in der so beschriebenen Bildung des Grundsteins das wahre Wesen des Pfingstmysteriums erkennen. Der Geist, der in den Höhen wirkt, er kommt als Geist der Erkenntnis in das Menschenhaupt herab und ergießt sich von dort bis in das Herz. Und die Christus-Kraft, die seit dem Mysterium von Golgatha im Umkreis der Erde wirkt, sie dringt durch das Luftelement[27] in die Lungen und von da über das Blut in das *Herz*, welches sich nun mit der Christus-Substanz selbst erfüllen kann. So heißt es weiter in der Rede bei der Grundsteinlegung: «Und der rechte Boden, in den wir den heutigen Grundstein hineinverlegen müssen, der rechte Boden, das sind unsere *Herzen* in ihrem harmonischen Zusammenwirken, in ihrem *guten, von Liebe durchdrungenen Willen*, gemeinsam das anthroposophische *Wollen* durch die Welt zu tragen.»[28] (In diesen Worten sowie in dem Hinweis auf die *Zukunft* in dem vorangehenden Zitat können wir ganz besonders stark einen Ausdruck der Pfingststimmung empfinden.) Und schließlich durchdringen die aus den Tiefen wirkenden Vater-Kräfte unsere Gliedmaßen mit dem *Willen*, mit dessen Hilfe wir in *guten Taten* wirken lassen können, was als Erkenntnislicht in unsere *Häupter* herabkommt und als Liebeswärme ihm aus unseren *Herzen* entgegenströmt:

«Göttliches Licht,
Christus-Sonne,
Erwärme
Unsere Herzen;
Erleuchte
Unsere Häupter;
Daß gut werde,
Was wir
Aus Herzen gründen,
Aus Häuptern
Zielvoll führen wollen.»

So entspringen die Kräfte, aus denen auf der Weihnachtstagung der Grundstein des neuen geistigen Lebens geformt und in die Herzen und Seelen der Menschen gelegt wurde, aus dem Ur-Pfingst-Fest, das vor nunmehr fast zweitausend Jahren den Übergang von der alten zur neuen Einweihung bildete.

2.
Das Erleben des Heiligen Geistes in der Gegenwart

Die Beziehung der Weihnachtstagung zu dem ursprünglichen Pfingstmysterium, die wir am Schluß des vorigen Kapitels betrachteten, weist uns von einer ganz besonderen Seite auf ihr innerstes Wesen und ihre Bedeutung für die fortschreitende Menschheitsentwicklung hin. Ist doch die Weihnachtstagung die erste freie, offen vor und mit den Menschen der Bewußtseinsseelenepoche vollzogene *Tat rein aus dem Geiste*.

Nun haben aber die bisherigen Betrachtungen gezeigt, daß ein Eingeweihter eine solche Geistestat heute nur vollbringen kann, wenn er den esoterischen Gehalt des Pfingstgeschehens in aller Fülle selbst erfahren, das heißt die sechste Stufe des modernen christlich-rosenkreuzerischen Einweihungsweges erreicht hat. Und so ist hier die Frage zu stellen, die für unsere Gegenwart grundlegende Bedeutung hat: Was erlebt der moderne Eingeweihte, der sich auf die sechste Stufe des christlich-rosenkreuzerischen Einweihungsweges erhoben und der somit in der eigenen Erfahrung Zugang zu dem wahren Wesen des Pfingstmysteriums gewonnen hat? Was erlebt der Eingeweihte, der in unserer Zeit die Stufe des Einswerdens mit dem Makrokosmos unter Wahrung seines individuellen, wachen Ich-Bewußtseins erreicht hat? Was kann er der Menschheit mitteilen? Was kann derjenige, der im 20. Jahrhundert das Pfingstereignis in seinem vollen Umfang bewußt erlebt hat und von dem wir mit Recht als «erfüllt mit dem Heiligen Geist»[29] sprechen, der Menschheit mitteilen, und mit welchen Worten?

Wir wollen hier einige solcher Worte, die von dem höchsten Erleben eines Menschenlebens sprechen und die wie eine große Verheißung für unsere geistlose Zeit erscheinen können, anführen, eines Menschen, der inmitten der Menschheit des 20. Jahrhunderts lebte und der erstmals in der heutigen Zeit dem modernen Bewußtsein das Geheimnis enthüllte, was der Mensch erlebt, der «erfüllt ist mit dem Heiligen Geiste».

Etwa in der Mitte seines letzten – vollen – Lebensjahres spricht Rudolf Steiner darüber und vermittelt so in wenigen, kargen Worten allen Menschen guten Willens seine tiefste innere Erfahrung, zugleich unübersehbare Horizonte der Weltentwicklung enthüllend.

In dem Vortrag, den er am 4. Juni 1924, dreieinhalb Tage vor dem Pfingstfest hielt, dem letzten Pfingsten in seinem Erdenleben, finden wir die folgenden Worte: «Ja, seinen intimen Jüngern hat der Christus gesagt: Sehet hin auf das Leben der Erde. Es ist verwandt mit dem Leben des Kosmos. Insofern ihr schaut auf die Erde und den umliegenden Kosmos, ist es der Vater, der dieses Weltenall durchlebt. Der Vatergott ist der Gott des Raumes. Ich aber habe euch zu künden, daß ich von der Sonne gekommen bin, von der Zeit, – von der Zeit, die den Menschen nur aufnimmt, wenn er stirbt. Ich habe euch mich selbst gebracht aus der Zeit heraus. Nehmet ihr mich auf, sagte der Christus, so nehmet ihr die Zeit auf und verfallt nicht dem Raume. Aber da müßt ihr auch den Übergang finden von der einen Dreiheit – dem Physischen, Ätherischen, Astralischen – zu der anderen Dreiheit: dem Ätherischen, Astralischen bis zu der Geistselbstigkeit. Die Geistselbstigkeit ist ebensowenig im Irdischen zu finden, wie das Physisch-Irdische im Kosmos zu finden ist. Aber ich bringe euch von ihm die Botschaft, denn ich bin aus der Sonne. Ja, die Sonne hat einen dreifachen Aspekt. Lebt man innerhalb der Sonne und sieht von der Sonne auf die Erde, so hat man Physisches, Ätherisches, Astralisches zu sehen. Oder schaut man auf dasjenige, was in der Sonne selber ist, dann hat man, wenn man sich an die Erde erinnert oder hinschaut auf sie, fortwährend zu sehen Physisches. Schaut man weg, so blickt man nach der anderen Seite auf die Geistselbstigkeit. Man pendelt hin und her zwischen dem Physischen und der Geistselbstigkeit. Stabil bleibt dazwischen nur das Ätherische und das Astralische. Sieht man aber hinaus in das Weltenall, dann verschwindet das Irdische vollständig. Ätherisches, Astralisches und Geistselbstigkeit ist da. Das wird Euer Anblick sein, wenn Ihr in die Sonnenzeit kommt zwischen dem Tod und einer neuen Geburt.

Man stelle sich also vor, der Mensch kapsele sich ganz ein mit seiner Seelenverfassung in dem Erdenwesen: er kann das Göttliche empfinden, denn aus dem Göttlichen heraus ist er geboren. Ex deo nascimur.

Stellen wir uns vor, er kapsele sich nicht bloß innerhalb der Raumeswelt ein, sondern er nehme an den Christus, der aus der Zeitenwelt in die Raumeswelt hereingekommen ist und die Zeit selber in den Raum der Erde gebracht hat: damit überwindet er im Tode den Tod. Ex deo nascimur. In Christo morimur. Aber der Christus bringt die Botschaft, daß dann, wenn der Raum überwunden ist und man die Sonne als den Schöpfer des Raumes kennenlernt, *in der Sonne sich fühlt durch den Christus, in die lebendige Sonne sich hineinversetzt fühlt,* dann das Physisch-Irdische verschwindet, das Ätherische, das Astralische da ist. Das Ätherische lebt auf, jetzt nicht als Himmelsbläue, sondern als hellrötliche Erglänzung des Kosmos. Und aus diesem Hellrötlichen glänzen nicht die Sterne herunter, *sondern die Sterne berühren uns mit ihren Liebewirkungen.* Und der Mensch kann sich fühlen – wenn er sich in all das wirklich hineinversetzt – *stehend auf der Erde, das Physische abgestreift,* das Ätherische da, ihn durchstrahlend und ausstrahlend als das Lilarötliche; die Sterne nicht glänzende Punkte, sondern Liebesstrahlungen wie das menschliche Liebesstreicheln.

Aber indem man dieses empfindet, das Göttliche in sich, das göttliche Weltenfeuer als das Wesen des Menschen aus ihm herausflammend, sich fühlend im ätherischen Weltenall, erlebend die Geistesäußerungen im astralischen Welten-Erstrahlen: dann bringt das hervor in dem Menschen das innere Erleben des Geist-Erstrahlenden, zu dem der Mensch berufen ist im Weltenall.

Als diejenigen, denen Christus das verkündet hatte, genügend lange sich durchdrungen hatten von diesem Gedanken, da empfanden sie die Wirkung dieses Gedankens in den feurigen Zungen des Pfingstfestes. Da empfanden sie das Sterben durch das Abfallen und Abtropfen des Physischen der Erde. Da empfanden sie aber: das ist nicht der Tod, sondern *für das Physische der Erde geht die Geistselbstigkeit des Universums auf:* Per spiritum sanctum reviviscimus.»[30]

Es ist dieses Ausströmen der «Geistselbstigkeit des Universums» von jenseits der Sterne, das der Eingeweihte erlebt, dessen Bewußtsein in der Sonnensphäre erwacht. Dieses «liebeerfüllte Strahlen», dieses Herabkommen des Heiligen Geistes aus Bereichen jenseits der Sterne als Geistselbstigkeit des Universums, das erlebten auch die Apostel zu Pfingsten und Johannes, «der Jünger, den der Herr lieb hatte» schon früher, als er, voll bewußt, unter dem Kreuz auf Golgatha stand, (war doch das Mysterium auf Golgatha Pfingstgeschehen für Johannes).[31]

Von diesem Erleben des Heiligen Geistes als dem grundlegenden Erleben des modernen christlichen Eingeweihten spricht Rudolf Steiner – wenn auch in einer etwas anderen Form – bereits 1908 in dem letzten Vortrag des Hamburger Zyklus über das Johannes-Evangelium:

«Durch alles das, was der Mensch aufnimmt in der Katharsis, reinigt und läutert er seinen astralischen Leib zur ‹Jungfrau Sophia›. Und der ‹Jungfrau Sophia› kommt entgegen das kosmische Ich, das Welten-Ich, das die Erleuchtung bewirkt, das also macht, daß der Mensch Licht um sich herum hat, geistiges Licht. Dieses Zweite, das zur ‹Jungfrau Sophia› hinzukommt, nannte die christliche Esoterik – *und nennt es auch heute noch* – den ‹Heiligen Geist›. So daß man im christlich-esoterischen Sinne ganz richtig spricht, wenn man sagt: Der christliche Esoteriker erreicht durch seine Einweihungsvorgänge die Reinigung und Läuterung seines astralischen Leibes; er macht seinen astralischen Leib zur ‹Jungfrau Sophia› und *wird überleuchtet* – wenn Sie wollen, können Sie es überschattet nennen – *von dem ‹Heiligen Geiste›, von dem kosmischen Welten-Ich.* Und der, der also erleuchtet ist, der mit anderen Worten im Sinne der christlichen Esoterik den ‹Heiligen Geist› in sich aufgenommen hat, redet fortan dann in einem anderen Sinne. Wie redet er? Er redet so, daß es nicht seine Meinung ist, wenn er über Saturn, Sonne, Mond redet, über die verschiedenen Glieder der menschlichen Wesenheit, über die Vorgänge der Weltenentwickelung.

Seine Ansichten kommen dabei ganz und gar nicht in Betracht. Wenn ein solcher über den Saturn redet, redet der Saturn aus ihm. Wenn er über die Sonne redet, redet die geistige Wesenheit der Sonne aus ihm. Er ist das Instrument; sein Ich ist untergegangen, das heißt für solche Augenblicke unpersönlich geworden, und das kosmische Welten-Ich ist es, das sich seiner als Werkzeug bedient, um durch ihn zu sprechen.»[32]

Und davon sprechen auch die Worte des zweiten Teiles der Grundstein-Meditation:

> «Wo die wogenden
> Welten-Werde-Taten
> Das eigne Ich
> Dem Welten-Ich
> Vereinen; ...»

Dieses Erleben aber ist nichts anderes als der Vollzug der Mysterienworte «Nicht ich, sondern der Christus in mir» durch den modernen christlichen Eingeweihten. Es ist die Verwirklichung auf unmittelbare Weise und auf höchster Ebene der Worte, die die Pforten zum Erleben des «vom Heiligen Geiste Erfülltseins» öffnen.[33]

Deshalb können wir sagen, daß Rudolf Steiner, der als Mensch in unserer Zeit *alle* beschriebenen Erlebnisse als geistige Erfahrung durchmachte, mit Recht auch im tiefsten esoterischen Sinn der Worte *der moderne Apostel* des Christus Jesus* genannt werden kann.

---

* Um Mißverständnisse zu vermeiden, ist hier zu betonen, daß die Bezeichnung «Apostel» nicht im allgemeinen, sondern im okkulten Sinne gebraucht wird. Und da hat die esoterische Stufe des «Apostels» jeder Mensch erreicht, der in der *gegebenen historischen Epoche* persönlich durch das Pfingsterleben gegangen ist.

IX.
Ostern – Himmelfahrt – Pfingsten

1.
Die drei Stufen der Vereinigung der Christus-Wesenheit mit der Erdensphäre und ihre Widerspiegelung in den Festen von Ostern, Himmelfahrt und Pfingsten

Zum Abschluß der Betrachtung von Ostern, Himmelfahrt und Pfingsten, der drei christlichen Hauptfeste, die in die Zeit des allmählichen Ausatmens der Erde fallen, ist noch eine nur ihnen eigene Besonderheit zu beachten: ihr Zusammenhang mit dem Makrokosmos. Sie allesamt sind *bewegliche* Feste, wobei die zwei letzteren von Ostern abhängen, dem Tag, der jedes Jahr aus der *Himmelsschrift*, der Stellung von Sonne, Mond und Sternen zueinander, abgelesen wird. Dieser ihr besonderer Charakter veranlaßt uns, diese Feste als ein in sich geschlossenes Ganzes *innerhalb* des allgemeinen Jahreskreislaufs anzusehen.

Und als ein solches Ganzes wechselseitiger Beziehungen sind sie auch auf eine besondere Weise mit den drei Rosenkreuzerworten verbunden, die man dem Jahreslauf folgendermaßen zuordnen kann: Ex deo nascimur – Weihnachten; In Christo morimur – Ostern; Per spiritum sanctum reviviscimus – Pfingsten.[1] Es wandelt sich jedoch die Bedeutung dieser drei Worte in Bezug auf die beweglichen Feste, wenn diese *das Schicksal der Christus-Wesenheit in der Erdensphäre* unmittelbar betreffen. Einen Schlüssel zum Verständnis finden wir in dem Vortrag vom 3. Oktober 1913 über das Fünfte Evangelium:

«Das Mysterium von Golgatha selber müssen wir verstehen als die irdische Geburt, also den Tod des Jesus als die irdische Geburt des Christus. Und sein eigentliches Erdenleben müssen wir suchen *nach* dem Mysterium von Golgatha, da der Christus seinen Umgang gehabt hat... mit den Aposteln, als diese Apostel in einer Art von anderem Bewußtseinszustand waren. Das war dasjenige, was der eigentlichen Geburt der Christus-Wesenheit folgte, und was beschrieben wird als die Himmelfahrt und die darauf folgende Ausgießung des Geistes, das müssen wir *bei der Christus-Wesenheit* auffassen als dasjenige, was wir beim menschlichen Tode als das Eingehen in die geistigen Welten anzusehen gewohnt sind. Und das Weiterleben des Christus in der Erdensphäre *seit* der Himmelfahrt oder seit dem Pfingst-Ereignis müssen wir vergleichen mit dem, was die Menschenseele durchlebt, wenn sie im sogenannten Devachan, im Geisterlande ist.»[2]

Aus diesen Worten ersehen wir, daß die drei Etappen, die jeder Mensch im Kreislauf seines Daseins durchmacht – die Geburt auf der Erde, den Tod, und das Erwachen des höheren Bewußtseins im Devachan – die sich in den drei Rosenkreuzerworten widerspiegeln[3], bei der Christus-Wesenheit in den drei wichtigsten Ereignissen ihrer Vereinigung mit dem Erdensein ihren Ausdruck fanden: das Mysterium von Golgatha – Ex deo nascimur[4]; die Himmelfahrt – In Christo morimur (In dem Christus wird Leben der Tod)*; Pfingsten – Per spiritum sanctum reviviscimus. (Der Christus trägt die Kräfte des höheren Devachan sowie der Welt des Buddhi in das Erdendasein, wodurch die Menschenseele fähig wird, «in des Geistes Weltgedanken zu erwachen».)

Wenn in diesen Worten die drei Stufen der Vereinigung der Christus-Wesenheit mit dem Erdendasein enthalten sind, so ist nun die Frage nach der geistigen Realität zu stellen, die hinter diesen drei Ereignissen steht. Oben haben wir diese bereits – anfänglich – berührt. Jetzt wollen wir sie eingehender zu betrachten suchen. Als Ausgangspunkt können uns hier die Ergebnisse der modernen Geistesforschung dienen, die Rudolf Steiner in dem 13. Vortrag des Zyklus «Das Johannes-Evangelium im Verhältnis zu den drei anderen Evangelien, besonders zu dem Lukas-Evangelium» darlegte. In diesem Vortrag weist Rudolf Steiner in besonderer Weise auf die Bedeutung des Mysteriums von Golgatha und seine Auswirkungen auf die Erdenentwicklung hin, indem er diese so beschreibt, daß ein deutliches Bild der drei Stufen der mächtigen Metamorphosen entsteht, denen das Erdensein seitdem unterworfen ist.

Die erste Stufe dieser Metamorphosen bildet das Mysterium von Golgatha selbst, durch das der Same höheren kosmischen Lebens in das Erdensein gesenkt wurde, der Keim zu einer neuen Sonne, die aus der Erde nach und nach entstehen soll: «Damals, als das Kreuz erhöht wurde auf Golgatha und das Blut rann aus den Wunden des Christus Jesus, da wurde ein *neuer kosmischer Mittelpunkt* geschaffen... So entstehen Neubildungen von Welten! Das aber müssen wir verstehen, daß wir vor dem Ausgangspunkt einer *neu sich bildenden Sonne* stehen, indem wir den sterbenden Christus betrachten. Der Christus vermählt sich dem Tod, der auf der Erde der charakteristische Ausdruck des Vater-Geistes geworden ist. Der Christus geht hin zum Vater und vermählt sich mit seinem

---

* Die Beziehung des zweiten Rosenkreuzerwortes zu dem esoterischen Gehalt der Himmelfahrt wird unten betrachtet werden.

Ausdruck, dem Tod, – und unwahr wird das Bild des Todes, denn *der Tod wird zum Samen einer neuen Sonne im Weltenall.* Fühlen wir dieses Ereignis, fühlen wir dieses Unwahrwerden des Todes, fühlen wir, daß der Tod an dem Kreuze das Samenkorn wird, aus dem eine neue Sonne hervorsprießt...»[5]

Das war die erste Stufe der Metamorphosen. An sie schloß sich, unmittelbar, die zweite an: «Dadurch aber, daß damals [zur Zeit des Mysteriums von Golgatha] die Erde durchstrahlt worden ist von einer neuen Kraft, daß die Grundlage gelegt worden ist zum Sonnewerden der Erde, dadurch war die Möglichkeit gegeben, daß diese Kraft auch die Menschen durchstrahlt. Es wurde der erste Anstoß gegeben *zum Ausstrahlen der Christus-Kraft in den ätherischen Menschenleib.* Und durch das, was da astralisch in ihn einstrahlen konnte, dadurch konnte dieser ätherische Menschenleib neue Lebenskraft aufzunehmen beginnen, wie er sie braucht für die spätere Zukunft.

Wenn Sie sich also *eine gewisse Zeit nach dem Ereignis von Golgatha vorstellen* und sie vergleichen mit jener Zeit, da das Ereignis von Golgatha geschah, wenn sie also einen zukünftigen Zustand der Menschheit vergleichen mit dem Zeitpunkt, als das Ereignis von Golgatha sich vollzog, dann können Sie sich sagen: Damals, als der Christus-Einschlag kam, war die Erde noch so, daß sie von sich selber aus nichts mehr einstrahlen konnte in die Ätherleiber der Menschen. *Eine Zeitlang danach* aber sind die Ätherleiber derjenigen Menschen, die eine Beziehung zu dem Christus-Impuls gefunden haben, durchstrahlt worden, sie haben aufgenommen in sich, wenn sie den Christus verstanden haben, die strahlende Gewalt, die seither in der Erde ist, die neue Leuchtkraft der Erde. Sie haben aufgenommen in den Ätherleibern das Christus-Licht! In die Ätherleiber der Menschen fließt das Christus-Licht ein [das heißt die Liebessubstanz, denn «Licht ist Liebe», s. S. 152]. Und jetzt, da seit jener Zeit in den Ätherleibern der Menschen immer ein Teil ist des Christus-Lichtes, was geschieht jetzt? Was geschieht mit demjenigen Teil im Ätherleib des Menschen, der das Christus-Licht in sich aufgenommen hat? Was geschieht mit ihm nach dem Tode? Was ist es überhaupt, was da als Folge des Christus-Impulses in den Ätherleib des Menschen sich nach und nach einlebt?...

Seit jener Zeit ist in den Ätherleibern der Menschen die Möglichkeit gegeben, daß in ihnen gleichsam als eine Wirkung des Christus-Lichtes etwas Neues auftritt, etwas auftritt, *was Leben atmet,* was unsterblich ist, was niemals dem Tode verfallen kann... Es gibt also seit jener Zeit etwas im Ätherleibe des Menschen, was den Tod nicht mitmacht, was nicht verfällt den Sterbekräften der Erde. Und dieses Etwas, das den Tod nicht mitmacht, was die Menschen sich nach und nach erobern durch den Einfluß des Christus-Impulses, *das strömt nun zurück, das strömt hinaus in den Weltenraum, das bildet, je nachdem es stärker oder schwächer ist im Menschen, eine Kraft, die da hinausfließt in den Weltenraum. Und es wird diese Kraft eine Sphäre um die Erde herum bilden, die im Sonne-Werden ist. Eine Art von Geistes-Sphäre bildet sich um die Erde herum aus den lebendig gewordenen Ätherleibern.*»[6]

Das ist die zweite Stufe der großen Metamorphosen, an die sich die dritte, das Gesamtbild vollendend, anschließt: «Ebenso wie das Christus-Licht von der Erde ausstrahlt, ebenso haben wir *eine Art von Widerspiegelung des Christus-Lichtes im Umkreise der Erde. Was hier widergespiegelt wird als Christus-Licht, und was als Folge des Christus-Ereignisses eingetreten ist, ist das, was Christus den Heiligen Geist nennt.* [Das ist die dritte Stufe der Metamorphosen]. Ebenso wahr, wie die Erde ihr Sonne-Werden beging durch das Ereignis von Golgatha [erste Stufe], ebenso wahr ist es, daß von diesem Ereignis an die Erde auch beginnt, schöpferisch zu werden und um sich herum einen geistigen [ätherischen] Ring zu bilden, der später wiederum zu einer Art von Planet um die Erde wird [zweite Stufe der Metamorphosen].»[7]

So haben wir in diesem Prozeß drei große Stufen: 1. das Mysterium von Golgatha – den Beginn des Sonne-Werdens der Erde. 2. Das Beleben der menschlichen Ätherleiber, die nach dem Tode allmählich einen ätherischen Ring um die Erde bilden. 3. Die Widerspiegelung des von dem Christus aus der Erdensphäre ausstrahlenden geistig (astralischen) Lichtes durch den ätherischen Ring und das Erscheinen des Heiligen Geistes in dieser Widerspiegelung.[8]

Nun ist es nicht schwer, die Beziehung dieser drei Stufen zu den drei Festen Ostern, Himmelfahrt und Pfingsten zu erkennen: die erste Stufe ist, wie wir gesehen haben, das Ergebnis des Mysteriums von Golgatha, welches für den Christus zum Augenblick seiner Geburt in der Erdensphäre wurde (Ex deo nascimur), für uns Menschen dagegen zur Quelle der Rettung des *physischen Leibes*, dank der Auferstehung seines Phantoms am dritten Tag nach dem Ereignis von Golgatha. Darum können wir auch sagen: in der Auferstehung haben wir die «Geburt» eines neuen physischen Menschenleibes zu sehen.[9]

Die zweite Stufe ist das Ergebnis des Himmelfahrtsgeschehens, welches für den Christus etwas war, das verglichen werden kann mit dem Durchgang durch die Todespforte und der folgenden Abtrennung des Ätherleibes beim gewöhnlichen Menschen: In Christo morimur – In dem Christus wird Leben der Tod. Auf dieser zweiten Stufe wird das Element des neuen kosmischen Lebens in den menschlichen *Ätherleib* eingesenkt, der ohne eine solche Vereinigung mit den Christus-Kräften nach dem Tode der vollständigen Auflösung im Weltenäther[10] verfallen würde, was zur Folge hätte, daß der Mensch am Ende der Erdenentwicklung nicht jenen Grad der Vergeistigung erreichen könnte, der notwendig ist, um in der richtigen Weise die zukünftige Jupiter-Stufe durchzumachen.[11] Es wurde aber das Todeselement, das als Folge des Sündenfalls in den menschlichen Ätherleib einzog, vollständig von dem Christus durch seine Vereinigung mit ihm überwunden, wie uns das die esoterische Betrachtung des Himmelfahrtsgeschehens zeigt. Damals wurde das Todeselement im menschlichen Ätherleib durch die Christus-Kraft in ein Element des *Lebens* verwandelt und so dem Ätherleib die Möglichkeit verliehen, zu seinem ursprünglichen Zustand – allmählich – zurückzukehren, dem Zustand, der ihm vor dem Sündenfall, vor der Durchdringung mit den Todeskräften eigen war, zu jenem Zustand, den der Ätherleib eines einzigen menschlichen Wesens – der nathanischen Seele – bis zum Mysterium von Golgatha sich bewahrt hatte. In jedem Menschen etwas vom Wesen der nathanischen Seele, dem vom Sündenfall unberührten Ätherleib der Ur-Menschheit, zu wecken[12], das ist als Ergebnis des Himmelfahrtsgeschehens möglich geworden. Denn allein dank dieser Überwindung des Todeselementes im menschlichen Ätherleib entfernen sich jene Teile, welche die Christus-Kraft in sich aufgenommen haben, nicht mehr von der Erde, um sich in den Ätherfernen des Makrokosmos aufzulösen, sondern bleiben in ihrer Umgebung, sich nach und nach zu dem oben beschriebenen «ätherischen Ring» zusammenfügend.[13] Ein Eingeweihter kann bereits heute die allmähliche Bildung dieses «Ringes» mit Hilfe der von Inspirationen durchdrungenen imaginativen Erkenntnis beobachten.[13a]

Die dritte Stufe schließlich ist das Resultat der letzten Tat des Christus, die zu Pfingsten in dem Fest der Herabsendung des Heiligen Geistes zum Ausdruck kommt. Für die Christus-Wesenheit selbst jedoch läßt sich, wie wir sahen, diese dritte Stufe seiner Vereinigung mit dem Erdensein nur vergleichen mit dem Aufsteigen des gewöhnlichen Menschen nach dem Tode in den Devachan bis zur Grenze der Buddhi-Welt.[14] Die Christus-Wesenheit vollzieht hier aber etwas ganz und gar Besonderes. Denn es steigt der Christus nicht in das Devachan auf, sondern er bringt im Gegenteil die Kräfte des Devachan sowie der Buddhi-Welt, der Urbilder-Welt, «herab» in die Erdensphäre und begabt die Menschenseelen mit ihnen als den aus der Sphäre jenseits der Sterne herabkommenden Kräften der kosmischen Geistselbstigkeit. Dies ist der Prozeß, der als makrokosmisches Urbild hinter den Worten steht: Per spiritum sanctum reviviscimus – «In des Geistes Weltgedanken erwachet die Seele». Die Seele, das ist der Astralleib, der zum Sophia-Sein erwacht, zum Sein in des Geistes Weltgedanken, dank der Befruchtung des Menschen-Ich durch die «Geistselbstigkeit des Universums». So ist das Pfingstereignis ein Hinweis auf die Rettung des menschlichen Ich[15] und Astralleibes, so wie das Himmelfahrtsgeschehen uns auf die Rettung des Ätherleibes und Ostern (das Mysterium von Golgatha) auf die Errettung des physischen Leibes weist.[16]

Aus alledem ersehen wir, wie die drei Stufen der Vereinigung des Christus mit dem Erdensein, die ein Ergebnis des Mysteriums von Golgatha, der Himmelfahrt und von Pfingsten sind, zugleich den Weg bilden, auf dem nacheinander die Rettung aller vier Wesensglieder des Menschen geschieht: des physischen, des ätherischen, des astralischen Leibes und des Ich. Wobei, vom esoterischen Standpunkt aus betrachtet, das Wesen der dritten Stufe darin besteht, daß der auf der zweiten Stufe in der Umgebung der Erde entstandene «Ätherring», der sich aus den von der Christus-Kraft durchdrungenen menschlichen Ätherleibern bereits gebildet hat, nun beginnen kann, das seit dem Mysterium von Golgatha im Erdenwesen wirkende Christus-Licht zurückzustrahlen. In der Gegenwart ist er nur dem Geistesblick des Menschen als *astralisches Licht*[17] schaubar. In der Zukunft dagegen wird, nach den Äußerungen Rudolf Steiners, dieses Christus-Licht in dem Maße, in dem sich die Erde ihrem Ziel des Sonne-Werdens nähert, ein ätherisches Licht werden, das – noch später – auch als ein physisches in Erscheinung treten wird: «Die Tat auf Golgatha hat die Erde mit einem *astralischen Licht* durchdrungen, das nach und nach zum ätherischen und dann zum physischen Licht werden wird... Der erste Anstoß zum Sonnewerden unserer Erde ist damals gegeben worden, als das Blut aus den Wunden des Erlösers auf Golgatha floß. Da fing die Erde zu leuchten an, zunächst astralisch, also nur für den Hellseher sichtbar. Aber in der Zukunft wird das astralische Licht zum physischen Licht werden, und die Erde wird ein leuchtender Körper, ein Sonnen-Körper werden.»[18]

Und dieses Christus-Licht, das in der Gegenwart astralisch wirkt, es hat vom Augenblick des Pfingstereignisses an begonnen, sich durch den als Folge des Himmelfahrtsgeschehens sich um die Erde bildenden ätherischen Ring widerzuspiegeln. Wie wir sahen, entsteht dieser Ring aus den Ätherleibern der Menschen, die bis in ihren eigenen Ätherleib den Christus-Impuls aufgenommen haben. Wobei der *Grad der Durchdringung* mit dem Christus-Impuls sich in der Fähigkeit der Ätherleiber äußert, in größerem oder geringerem Maß das in der Erdensphäre erstrahlende Christus-Licht widerzuspiegeln, und das bedeutet, den Heiligen Geist, der heute (vom 20. Jahrhundert an) uns Menschen zu neuem, imaginativem Erleben des ätherischen Christus erweckt, in größerem oder geringerem Maße in der Umgebung der Erde leben und wirken zu lassen.[19]

2.
Das exoterische und das esoterische Wirken der Ätherleiber der großen Eingeweihten im zwanzigsten Jahrhundert

Mit dem Ende des Kali-Yuga hat der Christus das Wirken des Heiligen Geistes in einem solchen Maße verstärkt, daß wir ihn seit dem Beginn des 20. Jahrhunderts in neuer, ätherischer Form schauen können.

Hier ist nun die Frage zu stellen, welchen Anteil diejenigen Individualitäten an diesem Prozeß haben, die sich während ihres Lebens so intensiv mit dem Christus-Impuls durchdringen konnten, daß ihre Ätherleiber sich nach dem Tode nicht auflösten, sondern im eigentlichen Sinne des Wortes «vom Tod zum Leben durchdrungen»[20]; das heißt sich zu dem «ätherischen Ring» um die Erde vereinigten, von dem im vorigen Kapitel gesprochen wurde. In der Widerspiegelung des durch das Mysterium von Golgatha in der Erdenumgebung entzündeten Christus-Lichtes durch diesen «Ätherring» wirkt, lebt und strömt ja, wie wir gesehen haben, der von dem Christus herabgesandte Heilige Geist, der heute jeden Menschen dazu erwecken kann, ihn im Ätherischen zu schauen.[21]

Gleich wie strahlende Diamanten unter Bergkristallen, so treten in diesem Ring die Ätherleiber der großen Menschheitslehrer hervor, allen voran der Ätherleib dessen, der nach westlicher esoterischer Tradition den Namen Christian Rosenkreutz trägt. Über das Wirken seines mächtigen Ätherleibes, das noch durch die Arbeit mehrerer Generationen von Schülern im Laufe des Mittelalters und der Neuzeit verstärkt wurde, äußert Rudolf Steiner am 27. September 1911: «Infolge der Rosenkreutzerarbeit wurde der Ätherleib des Christian Rosenkreutz von Jahrhundert zu Jahrhundert immer kräftiger und immer mächtiger. Er wirkte nicht nur durch Christian Rosenkreutz, sondern auch durch alle, die seine Schüler wurden. Alles, was als Theosophie verkündet wird, wird vom Ätherleib des Christian Rosenkreutz gestärkt und diejenigen, die Theosophie verkündigen, lassen sich überschatten von diesem Ätherleib, der auf sie wirken kann, sowohl wenn Christian Rosenkreutz inkarniert ist als auch dann, wenn er nicht inkarniert ist... Die Hingabe an den mächtig gewordenen Ätherleib des Christian Rosenkreutz wird den Menschen das neue Hellsehen bringen können und wird hohe spirituelle Kräfte zutage fördern. Aber das wird nur für diejenigen Menschen möglich sein, die richtig die Schulung des Christian Rosenkreutz* befolgen. Bis jetzt war esoterische rosenkreuzerische Vorbereitung dazu notwendig, das zwanzigste Jahrhundert hat aber die Mission, diesen Ätherleib so mächtig werden zu lassen, daß er auch exoterisch wirken wird. Die davon ergriffen werden, dürfen das Ereignis erleben, das Paulus vor Damaskus erlebte. Es hat dieser Ätherleib bis jetzt nur eingewirkt in die Rosenkreuzerschule; im zwanzigsten Jahrhundert wird es immer mehr und mehr Menschen geben, die diese Wirkung erfahren können und dadurch die Erscheinung des Christus im Ätherleib werden erleben dürfen. Die Arbeit der Rosenkreuzer ist es, die es möglich macht, die Äther-Erscheinung des Christus zu haben. Die Zahl derjenigen, die fähig werden, sie zu schauen, wird immer größer und größer werden. Wir müssen diese Wiedererscheinung zurückführen auf das große Ereignis der Arbeit der Zwölf und des Dreizehnten im dreizehnten und vierzehnten Jahrhundert.»[22]

Diese Worte Rudolf Steiners können wir, in den Zusammenhang unserer Betrachtung gestellt, folgendermaßen zusammenfassen: Der Ätherleib des Christian Rosenkreutz, der bei seiner Einweihung im 13. Jahrhundert entstanden und in einem noch nicht dagewesenen Maße von dem Christus-Impuls durchdrungen war,[23] er wurde im Laufe der folgenden Jahrhunderte durch die geistige Arbeit von Christian Rosenkreutz selbst, jedoch ganz besonders durch die Arbeit von Generationen seiner Schüler in europäischen Geheimschulen dergestalt verstärkt, daß er in unserer Zeit auch exoterisch wirken kann, das heißt, daß er beginnen kann, nun allmählich *außerhalb* der Rosenkreuzerschulen zu wirken. Diese Arbeit der *Schüler* von Christian Rosenkreutz bestand darin, daß sie, ausgehend von der alchemistischen Methode der Geisteslehre, danach strebten, ihren eigenen Ätherleib so mit dem Christus-Impuls zu durchdringen, daß er nach ihrem Tode in den «ätherischen Ring» eintreten und sich dem dort weilenden Ätherleib des Christian Rosenkreutz verbinden konnte. Dadurch erlangte dieser allmählich seine ungewöhnliche Mächtigkeit, welche sich in der Fähigkeit äußerte, das seit dem Mysterium von Golgatha in der Erdenumgebung waltende astralische Christus-Licht widerzuspie-

---

* Siehe die Einweihung von Christian Rosenkreutz im 13. Jahrhundert, dargestellt im Vortrag vom 27.9.1911, sowie über die Begründung der esoterischen Rosenkreuzerschulen und des rosenkreuzerischen Einweihungsweges in seiner nächsten Inkarnation im 14. Jahrhundert im Vortrag vom 28.9.1911 (beide GA 130).

geln, wodurch sich das Wirken des Heiligen Geistes in diesem widergespiegelten Lichte in einem solchen Maße verstärkte, daß vom 20. Jahrhundert an die Menschen, die von ihm überleuchtet werden, den Christus im Ätherischen erleben können.

Demnach wurde der Ätherleib des Christian Rosenkreutz über drei Stufen gebildet: 1. Stufe im 13. Jahrhundert als Ergebnis der Einweihung des Dreizehnten im Kreise der Zwölf. 2. Stufe: Sein *esoterisches* Wirken über Jahrhunderte in streng von der äußeren Welt abgeschlossenen Rosenkreuzerschulen, unter denen, die nach den Worten Rudolf Steiners «richtig die Schulung des Christian Rosenkreutz befolgen».[24] 3. Stufe: sein *exoterisches* Wirken vom 20. Jahrhundert an, das es ihm ermöglicht, nicht nur Schüler des Christian Rosenkreutz zu «überleuchten», sondern auch andere Menschen, und sie so zu einem neuen Erlebnis des «Ereignisses von Damaskus» zu führen.

Diese Entwicklung beschränkt sich jedoch nicht nur auf den Ätherleib von Christian Rosenkreutz. Ein ähnlicher Prozeß vollzieht sich in unserer Zeit auch mit einem anderen Ätherleib, der vom zweiten Viertel unseres Jahrhunderts an ebenso diesem «ätherischen Ring» angehört und einen ganz besonderen, herausragenden Platz in ihm einnimmt. Auch dieser Ätherleib hat den oben beschriebenen Weg betreten, und er soll im Laufe des 20. Jahrhunderts von der ersten zur zweiten Stufe übergehen, das heißt, er soll beginnen, im Kreise der Schüler dessen, der in seinem letzten Erdenleben der Schöpfer dieses herausragenden Ätherleibes war, mehr und mehr *esoterisch* zu wirken, unter denen zu wirken, welche auch heute «richtig seine Schulung befolgen». Es ist das der Ätherleib des Menschen, der das höchste Erleben des Christus erreichte, zu dem *in unserer Zeit* ein verkörperter Mensch gelangen kann, und der deshalb *der große Verkünder des ätherischen Christus im 20. Jahrhundert ist*. Es ist der Ätherleib des Menschen, der – ein persönlicher Schüler des Christian Rosenkreutz[25] – am Ende seines Einweihungsweges die Stufe seines Lehrers erreicht hatte und der die Weihnachtstagung von 1923 als zentrales geistiges Geschehen, das im 20. Jahrhundert auf dem physischen Plan vollzogen wurde, in die Welt stellte. Dieser Mensch ist der Begründer der Anthroposophie – *Rudolf Steiner!*[26] Und sein Ätherleib, der in höchstem Grade vom Christus-Impuls durchdrungen, vollständig in dem die Erde umgebenden «ätherischen Ring» bewahrt wurde[27] und der in den folgenden Jahren durch die Arbeit seiner Schüler, welche die Allgemeine Anthroposophische Gesellschaft mit ihrem Zentrum, der Freien Hochschule für Geisteswissenschaft, bilden, noch verstärkt wurde, er muß im Laufe des 20. Jahrhunderts die Möglichkeit erhalten, immer intensiver auf *esoterische* Weise unter den Anthroposophen, die seine wahren Schüler sein wollen, zu wirken, das heißt unter denen, die dem Hauptimpuls, den er in die Welt brachte, *treu* bleiben: dem Impuls der Weihnachtstagung[28], dem Impuls der neuen Mysterien des Michael-Christus.[29].

So können wir sagen: es wird allein von unserer Arbeit als Anthroposophen abhängen, ob am Ende des Jahrhunderts der Ätherleib Rudolf Steiners unter uns wirken kann, unabhängig davon, ob er selbst dann auch auf äußerlich erkennbare Weise unter uns sein wird oder nicht. Besteht doch eine der wichtigsten Aufgaben der Anthroposophen des Jahrhundertendes darin, dem Ätherleib Rudolf Steiners, dank ihrer *in Treue* zu dem grundlegenden anthroposophischen Impuls ausgeführten geistigen Arbeit, solche Kraft zu verleihen, daß seine Schüler, welche von diesem Ätherleib überschattet werden, den Christus unmittelbar erleben können, oder in anderen Worten: *daß der Christus selbst vom Ende des 20. Jahrhunderts an durch den Ätherleib Rudolf Steiners unter seinen Schülern zu wirken vermag.* Das kann jedoch nur geschehen, wenn der *Heilige Geist,* nachdem er sich mit dem durch diesen Ätherleib widergespiegelten Christus-Licht vereinigt hat, in das Bewußtsein der Schüler einzutreten und so in ihnen das Erleben des Christus zu wecken vermag.

Und wenn wir im Zusammenhang mit dem Ende unseres Jahrhunderts von der bevorstehenden Kulmination der anthroposophischen Bewegung in der Welt auf der Grundlage des erneuerten Pfingst-Erlebens als Weltenfest der Erkenntnis[30] sprechen, so ist noch hinzuzufügen: es ist untrennbar damit verbunden, daß der Ätherleib desjenigen, der der Hauptträger und der Stifter «der Weisheit des Heiligen Geistes vom Menschen», *Anthroposophie,* in der modernen Welt war, unter den um diese Kulmination ringenden Anthroposophen esoterisch zu wirken beginnt.

3.
Ostern, Himmelfahrt, Pfingsten und das Wesen des Grundsteins der Weihnachtstagung von 1923/1924

Aus den Kräften des Vaters, die aus den Tiefen heraufsteigen, aus den Kräften des Sohnes, die im Umkreis wirken, den Kräften des Geistes, der von den Höhen herabkommt, wurde der Grundstein der Allgemeinen Anthroposophischen Gesellschaft auf der Weihnachtstagung 1923/1924 von Rudolf Steiner gebildet und in die Herzen und Seelen der anwesenden Anthroposophen versenkt. Durch diese Mysterientat trat das neue Verhältnis der im Menschen wirkenden makrokosmischen Kräfte, wo sich die Geistgedanken im menschlichen Haupte offenbaren, im Herzen der Christus wirkt, in den Taten der Glieder der Vater-Wille verwirklicht wird[31], öffentlich in Erscheinung. Es bildet dieses Verhältnis, das, wie wir sahen, ein Ergebnis des Pfingstgeschehens[32] ist, die dritte und letzte Stufe der Vereinigung des Christus «mit dem irdischen Wesensstrom»[33], so daß wir sagen können: das neue Zusammenwirken der Grundkräfte des Makrokosmos, das mit Pfingsten begann und auf der Weihnachtstagung offenbar wurde, es eröffnet uns den Weg zum Verständnis der Beziehung, die zwischen der Grundsteinlegung der neuen Mysterien und den oben beschriebenen drei Stufen des Eindringens der Sonnenwesenheit des Christus in das Erdensein besteht. Und diese Beziehung wollen wir nun näher betrachten. Dabei soll uns die Mitteilung der Geisteswissenschaft, daß die Prinzipien des Vaters, des Sohnes und des Geistes durch die Tätigkeit der drei göttlich-geistigen Hierarchien in unserem Kosmos vertreten werden, als Ausgangspunkt dienen. Das aber bedeutet, daß wir von einem dreifachen Wandel in der Tätigkeit der höheren Hierarchien sprechen müssen, der dadurch von der Christus-Wesenheit bewirkt wurde, daß sie durch das Mysterium von Golgatha, die Himmelfahrt und Pfingsten hindurchging.

So wurde es der höchsten Hierarchie der Seraphim, Cherubim, Throne, welche das Vater-Prinzip in unserem Kosmos repräsentiert, dank dem Mysterium von Golgatha möglich, aus den Tiefen der Erde nicht nur auf «natürliche Weise» durch ihre festen, flüssigen und gasförmigen Bestandteile von innen nach außen gestaltend zu wirken, sondern außerdem so wie in ihrer eigenen Sphäre, der Sphäre der Fixsterne, von wo aus sie die moralische Ordnung des Kosmos schafft und lenkt.[34] Diesen Wandel in der Tätigkeit der ersten Hierarchie können wir auch folgendermaßen charakterisieren: Wirkt die erste Hierarchie *unmittelbar* wie in der Fixsternsphäre, so äußert sich das im Schaffen der moralischen Weltordnung, geschieht es jedoch *in der Widerspiegelung*, als «Echo» (I, 18), so fördert sie das Entstehen der natürlichen Weltordnung, da ihre Kräfte dann, gleichsam aus den Höhen herabkommend, in den Tiefen von dem zurückgespiegelt werden, was im Innern der Erde (und des Menschen) bereits dem Tode verfallen und so ihrem Erkennen unzugänglich geworden ist[35] (das heißt nicht mehr «durchsichtig» für ihre Kräfte).

Ähnliches können wir auch bei der zweiten Hierarchie beobachten, den Kyriotetes, Dynamis, Exusiai, die das Sohnes-Prinzip in unserem Kosmos repräsentieren. Ihre ursprüngliche Wirkenssphäre, wo sie gemeinsam mit der ersten Hierarchie den «moralischen Kosmos» schafft, ist die der Sonne. Da kann sie ihre Schöpferkräfte *unmittelbar* walten lassen. Dagegen äußert sich ihr Wirken in der Umgebung der Erde bis zur Zeitenwende nur indirekt: So wirkten durch das Licht und die Wärme der Sonne die Exusiai (die Geister der Form); durch die von der Sonne und den Planeten ausgehende Sphärenmusik (den chemischen oder Klangäther) die Dynamis (die Geister der Bewegung); und durch die von der Sonne ausstrahlenden Lebenskräfte (den Lebensäther) die Kyriotetes (die Geister der Weisheit). Demnach wirkten alle drei Arten von Geistern der zweiten Hierarchie in der Umgebung der Erde nicht auf die gleiche Weise wie in ihrer eigenen Sonnenregion, sondern nur auf «natürliche Weise», nur *mittels* der vier verschiedenen Arten des Weltenäthers,[36] da die Möglichkeit des *unmittelbaren* (das heißt moralischen) Wirkens in der Umgebung der Erde ihnen durch die Anwesenheit der Todeskräfte verschlossen blieb, deren Wesen, wie wir gesehen haben, ihrem Erkennen nicht zugänglich war.

Nach dem Mysterium von Golgatha *und* dem Himmelfahrtsereignis änderte sich jedoch diese Lage der Dinge grundlegend. Denn durch seine Vereinigung bei der Himmelfahrt mit dem zur Sonne strebenden Ätherleib des Menschen machte der Christus den Anfang mit der Bildung des «ätherischen Ringes» in der Umgebung der Erde, dieses Ringes, der, nach den Worten Rudolf Steiners, in unserer Zeit der Beginn des Sonne-Werdens der Erde ist.[37] Und das bedeutet, esoterisch gesehen, daß alle drei Arten von Wesenheiten der zweiten Hierarchie nun infolge des Himmelfahrtsgeschehens die Möglichkeit erlangt haben, in der Erdenumgebung, genauer gesagt: in dem die Erde umgebende «ätherischen Ring» nicht nur auf «natürliche Weise» mittels des Weltenäthers zu wirken, sondern auch *unmittelbar* so, wie sie bis zu diesem Zeitpunkt nur in ihrer eigenen, der Sonnensphäre, wirkten. – Was nun die auf der Erde lebenden Menschen betrifft, so ist die Tatsache, daß sich die Wirkensweise der zweiten Hierarchie innerhalb des irdischen Geschehens so grundlegend gewandelt hat, auch für sie von sehr großer Bedeutung. Denn die Kräfte dieser Sonnenhierarchie können nun bis zum *Ätherherzen* des Menschen vordringen, so daß er, nach den Worten Rudolf Steiners, allmählich lernen kann, von einer «inneren Sonne» zu sprechen oder «das auf der Erde wandelnde eigene Wesen als *sonnengeführt* zu erkennen».[38]

Und schließlich können wir einen ebensolchen grundsätzlichen Wandel im Reich der dritten Hierarchie, der Archai, Erzengel, Engel, beobachten, welche das Prinzip des Heiligen Geistes in unserem Kosmos repräsentieren. Nach den Angaben der Geisteswissenschaft wirken diese drei Arten hierarchischer Wesenheiten seit alters in der Menschheitsevolution nicht so sehr von außen, bei der Bildung der Erdennatur, als vielmehr *innerhalb* der Erdenwesen und ganz besonders im Innern des Menschen. So sind die Engel durch ihren Einfluß auf den Astralleib Lenker und Hüter des einzelnen Menschen, die Erzengel durch ihren Einfluß auf den Ätherleib Leiter der Völker, die Archai dadurch, daß sich ihr Wirken bis in den physischen Leib erstreckt, Zeitgeister, Lenker ganzer historischer Epochen. In Bezug auf das seelische Leben des Menschen aber wirken diese drei Kategorien geistiger Wesenheiten gestaltend auf das Denken, Fühlen und Wollen und bestimmen somit bis zu einem gewissen Grade seine seelische Konfiguration, ganz besonders in älteren Zeiten. Dabei empfangen sie die Impulse zu ihrem Wirken von den höheren Hierarchien, welche in unserem Entwicklungszyklus noch nicht unmittelbar im Mensacheninnern wirken sollen.[39] Das stellt Rudolf Steiner folgendermaßen dar: «Nun geschieht die Lenkung durch die höheren Hierarchien so, daß diese stufenweise, je nach ihren Kräften, an dieser Führung beteiligt sind, zunächst die niedrigsten. Die Angelegenheiten der Erdenentwicklung werden so geführt, daß zwar die hohen Wesenheiten (der zweiten Hierarchie) bis hinauf zu den höchsten (der ersten Hierarchie) tätig sind, daß sie aber gewisse Angelegenheiten* durch ihre Diener besorgen lassen, durch die Engel, Erzengel und Archai, so daß zunächst diese eingreifen in die Evolution.»[40]

---

* Früher wurde in demselben Vortrag davon gesprochen, daß diese «Angelegenheiten» besonders das Wirken auf das Mensacheninnere betrafen.

Aber in dem Maße, in dem die Zeitenwende näherrückte, verloren die höheren Hierarchien «bis hinauf zu den höchsten» allmählich dadurch, daß die von Luzifer und Ahriman in die Menschheitsentwicklung getragenen Todeskräfte sich mehr und mehr verstärkten, die Möglichkeit, mittels der Wesenheiten der dritten Hierarchie auf die Menschenseelen zu wirken (s. die Worte Rudolf Steiners auf Seite 211) und so die Menschheit in der Zukunft zu dem ihr bestimmten Ziel zu führen. Da jedoch der Christus durch das Mysterium von Golgatha, die Himmelfahrt und schließlich das Pfingstgeschehen hindurchgegangen und in die Herzen der Menschen eingetreten war, und da er den Heiligen Geist aus den Höhen in die Menschenhäupter hatte herabsenden können, vermochte die dritte Hierarchie wiederum Zugang zum Innern jedes einzelnen Menschen zu gewinnen. So ist der seit dem ersten Pfingsten im Menscheninnern wirkende Heilige Geist diejenige Macht, welche die Menschen unmittelbar mit der Sphäre der dritten Hierarchie verbindet und durch sie mit den höheren Hierarchien «bis hinauf zu den höchsten»[41]. Als Folge dieser neuen Lage der Dinge werden die Wesenheiten der dritten Hierarchie in der Zukunft, indem sie mittels des Heiligen Geistes, der ein neues Bewußtsein bringt, in das Menscheninnere dringen, ihr Wirken auf den Menschen nicht nur so gestalten wie in alten Zeiten, als dieser Einfluß mit der Notwendigkeit einer Naturkraft in die Seelengründe drang, sondern sie werden von nun an so im Menschen wirken, daß sie sein klares, waches Ich-Bewußtsein nicht mehr auslöschen, das aber heißt, es wird der Mensch seine individuelle Freiheit auch in ihrem Wirken voll bewahren.

So ist es von unsrer Zeit an allen Menschen, die im Sinne des Evangeliums «eines guten Willens sind»,[42] möglich, sich allmählich zu einem neuen, voll bewußten und freien Verkehr mit den Göttern zu entwickeln. Und nur auf diesem Wege können wir eine Grundlage für eine wirklich *moralische Ordnung* in der Seele erringen, eine Ordnung, die dann auch auf die sozialen Beziehungen übertragen werden kann.

So sehen wir, wie alle drei Hierarchien durch das Mysterium von Golgatha, die folgende Himmelfahrt und das Pfingstgeschehen nun nicht mehr nur auf «natürliche», sondern auch auf moralische Weise *unmittelbar* auf das Erdensein einwirken können. Dadurch bereitet sich die Erde nach und nach darauf vor, eine *moralische Weltensonne*, ein neuer «Kosmos der Liebe» zu werden, dem eine rein moralische Weltordnung zugrunde liegen wird, so wie die natürliche Weltordnung die Grundlage der heutigen Erde, des «Kosmos der Weisheit», bildet. Der Mensch wurde ursprünglich in diese natürliche Weltordnung hineingestellt, damit er sich durch ihre Erkenntnis und Überwindung die wahre innere Freiheit erringe. Diese Entwicklung ist heute weitgehend vollendet. Dafür zeugt, daß es möglich war, die Weihnachtstagung unter den Menschen durchzuführen, die ihrem esoterischen Wesen nach nichts anderes ist als ein Anruf aus der geistigen Welt an alle «Menschen eines guten Willens», wiederum mit den Göttern zusammenzuarbeiten, bewußt am Erbauen des neuen Kosmos der Freiheit und der Liebe teilzunehmen!

Rufen wir uns nun in Erinnerung, daß gemäß Zeylmans van Emmichoven der «dodekaedrische *Liebes*grundstein»[43] zu Weihnachten 1923 von Rudolf Steiner aus den Kräften aller drei Hierarchien gebildet wurde, dann können wir uns der Erkenntnis des eigentlichen Zentrums der Weihnachtstagung nähern. Mehr noch: dann erwacht in uns der Impuls, mit allen Kräften unseres Wesens danach zu streben, ihren Grundstein in unser Herz zu versenken, den Grundstein, der in seinem hierarchischen Teil der neuen moralischen Ordnung des Kosmos entspricht und in seinem menschlichen der Moralordnung, die jeder Mensch als die *moralische Ordnung des Christus* in seiner eigenen Seele errichten muß, wenn er in unserer gegenwärtigen Welt im Geiste der neuen christlichen Mysterien wirken will.

Um jedoch den Grundstein der Weihnachtstagung und seine esoterische Bedeutung noch tiefer zu verstehen, wollen wir die drei Stufen der Vereinigung der Christus-Wesenheit mit dem Erdensein abermals, jedoch von einem anderen Standpunkt aus, betrachten. Zunächst die erste Stufe. Sie bildet, wie wir sahen, das Mysterium von Golgatha selbst. Rudolf Steiner charakterisiert sie in den Vorträgen über das Fünfte Evangelium auf eine ganz besondere Weise. Er sagt da: «Für die Erde war mit dem Tode des Jesus geboren dasjenige, was früher allseitig *außerhalb* der Erde vorhanden war: die allwaltende Liebe, die kosmische Liebe... Der Erde ist etwas geboren worden, was früher nur im Kosmos vorhanden war, in dem Augenblick, als Jesus von Nazareth verschied am Kreuze auf Golgatha. Der Tod des Jesus von Nazareth war die Geburt der kosmischen Liebe innerhalb der Erdensphäre.»[44] So ist die erste Stufe «*die Geburt der kosmischen Liebe innerhalb der* Erdensphäre» – Ex deo nascimur! Und diese kosmische Liebe ist das, was in dem astralischen Christus-Licht lebt und strömt, das sich von dem Kreuz auf Golgatha in das Erdensein ergoß, denn «Licht ist Liebe» (s. S. 152)[45]. Von diesem Liebes-Licht sagt Rudolf Steiner weiter, daß es in der Zukunft ätherisch und später physisch werden wird. Dann wird die Erde wie eine Liebes-Sonne im All leuchten und nach und nach zum schöpferischen Mittelpunkt des neuen Kosmos, des «Kosmos der Liebe» werden, worauf auch im letzten Kapitel der

«Geheimwissenschaft im Umriß» hingewiesen wird. Das ist die esoterische Seite des Mysteriums von Golgatha: «Das Ereignis von Golgatha ist eine freie kosmische Tat, die der *Welten-Liebe* entstammt und nur durch *Menschen-Liebe* erfaßt werden kann.»[46]

Betrachten wir nun die zweite Stufe. Sie besteht, wie wir sahen, darin, daß die menschlichen Ätherleiber so von der Christus-Kraft durchdrungen werden, daß jene Teile, welche diese Kraft aufgenommen haben, sich nach dem Tode nicht mehr in den Weltenäther auflösen, das heißt nicht dem Tod *als individuelle Ätherleiber* verfallen, sondern in der Erdenumgebung erhalten bleiben und den mehrfach erwähnten «ätherischen Ring» bilden. Eine solche Metamorphose des Ätherleibes kann sich jedoch nur dann vollziehen, wenn der Mensch das Prinzip des *In Christo morimur – In dem Christus wird Leben der Tod* tatsächlich in sich verwirklicht. Nur in diesem Falle kann der Ätherleib die neuen, von dem Christus geschenkten Lebenskräfte in sich aufnehmen, die es ihm ermöglichen, dem Tod in den Ätherfernen des Alls nicht zu verfallen. Worin aber besteht der Prozeß, durch welchen dem Ätherleib Lebenskräfte geschenkt werden? Was sind Lebenskräfte für den Ätherleib? Das sind die *Weltenimaginationen*, jene Imaginationen, aus denen heraus der Ätherleib während des Erdenlebens den physischen Leib aufbaut und erhält.[47]

Dieses Thema behandelt Rudolf Steiner besonders eingehend in dem Vortrag vom 21. April 1924. Dort beschreibt er, wie der menschliche Ätherleib allmählich durch die Mondenlehrer der Weisheit aus den Kräften des gesamten Planetensystems gebildet wird, wobei sie die Substanz des Ätherleibes zunächst der die Erde umgebenden Mondensphäre entnehmen. Dann individualisiert sich der Ätherleib dadurch, daß ihm die Kräfte des Planetensystems eingeprägt werden, welche nun die Grundlage der späteren seelisch-physischen Fähigkeiten des Menschen bilden: der Sprache, Bewegung, Weisheit, Liebe, der seelischen Wärme und der Kräfte des Schützens und Behütens: «Alles, was auf dem Monde geschieht, was auch dazu geschieht, daß der Mensch die Kräfte richtig erhält, die er braucht, um seinen ätherischen Leib zu bilden, alles das hängt ab von den *Beobachtungs*resultaten, zu denen die Wesen im Monde kommen, die sozusagen im Monde leben und rings herum die Wandelsterne unseres Planetensystems, Merkur, Sonne, Mond und so weiter *betrachten.*»[48] Die Worte «beobachten», «betrachten» – an anderer Stelle desselben Vortrags spricht Rudolf Steiner sogar von «schauen», «ansehen» – beschreiben, wie die Mondenlehrer der Weisheit die *Weltenimaginationen* aus den Planetensphären aufnehmen, die sie dann dem sich neu bildenden Ätherleib einprägen. Zu diesen Weltenimaginationen fügt der

Mensch im Laufe seines Erdenlebens seine *menschlichen Imaginationen* hinzu, die nach seinem Tode (oder bei der Einweihung) als sein «wieder auflebendes» Gedächtnis, als das imaginative Panorama seines vergangenen Erdenlebens vor ihn hintreten. So können wir zusammenfassend sagen: der Ätherleib ist vor allem der Träger der Welten- und Menschenimaginationen. Zur Zeit des Mysteriums von Golgatha jedoch erreichte die von Ahriman hervorgerufene Verdunkelung in der an die Erde grenzenden geistigen Welt sowie sein Einfluß auf die Bildung des menschlichen Ätherleibes vor dem Herabstieg zur Verkörperung eine solche Intensität[49], daß die Weltenimaginationen, die den Planetensphären entstammen, den Ätherleib nicht mehr in ausreichendem Maße vor dem allmählichen Austrocknen bewahren konnten. Deshalb brauchte der Ätherleib des Menschen einen Zustrom neuer, sehr viel stärkerer Lebenskräfte, sehr viel mächtigerer Weltenimaginationen, was durch die auf das Mysterium von Golgatha folgende Himmelfahrt des Christus, seine Vereinigung mit den Ätherleibern der Menschen und ihre Durchdringung mit den *Urbildern der Imagination*[50], das heißt, mit den diese Imaginationen bildenden Kräfte der Buddhi-Welt, der Welt der Urbilder, möglich wurde.

Diesen Prozeß kann man auch vom Standpunkt der Evolution aus betrachten. Hierbei soll uns der Hinweis Rudolf Steiners als Ausgangspunkt dienen, daß die Ur-Weisheit der Menschheit (das heißt das hellsichtige Erleben der Weltenimaginationen) mit der Tatsache zusammenhing, daß der menschliche Ätherleib in alten Zeiten weit über den physischen Kopf hinausragte. Erst in der Mitte der atlantischen Epoche begann der Ätherleib langsam in den physischen Leib einzuziehen, was gleichzeitig mit dem Verlust des alten atavistischen Hellsehens, der alten Weisheit, der Möglichkeit, die Weltenimaginationen auf «natürliche Weise» in sich zu erleben, Hand in Hand ging. Das hatte zur Folge, daß zur Zeit der palästinensischen Ereignisse die reale Gefahr für die Menschheit bestand, daß sie jegliche Beziehung zu der alten Weisheit, und das heißt zu ihrem eigenen Ursprung, den göttlich-geistigen Welten, verlor. Doch die Entwicklung ging weiter, und es erreichte der genannte Prozeß, dessen Beginn in die Mitte der atlantischen Epoche fällt, dank der Weisheit der Weltenlenkung zur Zeit der Ereignisse in Palästina seinen Höhepunkt: «In dem Moment, wo der Christus erschien, da fing der Ätherleib wieder an herauszugehen...»[51], das heißt aus dem physischen Leib herauszugehen. Es durfte jedoch der Ätherleib, wenn dieser Prozeß der Menschheit zum Heil gereichen sollte, nicht ohne Weisheit, ohne Weltenimaginationen, das aber bedeutet: bar aller Lebenskräfte, in die äußere geistige Welt eintreten[52]. Denn die Imaginationen sind, wie wir sahen, Leben für den Ätherleib: «Ein Impuls also mußte auf die Erde kommen, durch welchen das, was aufgebraucht war an altem Weisheitsgut, wieder erneuert wurde, wodurch dem Ätherleibe wieder neues Leben eingepflanzt wurde... Dies aber, dieses Leben in den Ätherleib hinein, das hat der Christus gebracht.»[53] So daß wir sagen können: nur dank dieser Belebung der menschlichen Ätherleiber ist die Bildung des «ätherischen Ringes» um die Erde möglich geworden, und das hellsichtige Bewußtsein des Eingeweihten nimmt ihn als die Summe der leben-durchdrungenen Welten-Menschen-Imaginationen wahr.

Als letztes ist die Stufe der Vereinigung des Christus mit dem Erdensein zu betrachten. Zum besseren Verständnis dieses Geschehens wollen wir, uns nochmals auf den mit ihm zusammenhängenden Prozeß der geistigen Widerspiegelung stützend, das Wesen der alten Einweihung als Ausgangspunkt wählen, deren Kulmination darin bestand, daß der Neophyt in einen dreitägigen, todähnlichen Tempelschlaf versenkt wurde. Bis zu diesem Augenblick war der Astralleib so bereitet worden, daß sich die Organe des Hellsehens allmählich in ihm entwickelten, so daß er zu geistigen Erlebnissen gelangte. Um sich aber diese Erlebnisse bewußt machen zu können, mußte alles, was der Astralleib des Geistesschülers empfangen hatte, dem Ätherleib eingeprägt werden. Dafür bedurfte es des todähnlichen dreitägigen Tempelschlafes, denn während dieser Zeit löste sich nicht nur der Astralleib (wie im Schlafe), sondern auch der Ätherleib (wie im Tode) weitgehend aus dem physischen Leibe heraus. Der Sinn dieser recht gefährlichen Prozedur bestand nun darin, daß der Inhalt des Astralleibes, wenn er in das Bewußtseinsfeld des Ich eindrang, nicht vom physischen Leib widergespiegelt wurde, wie das beim gewöhnlichen Menschen im Alltagsleben geschieht, sondern vom *Ätherleib*, wodurch es möglich wurde, die Welt der Imaginationen bewußt zu erleben. Ein ähnlicher Prozeß geht auch bei der modernen Einweihung vor sich, bei der ebenso der Zusammenhalt zwischen dem ätherischen und dem physischen Leib mit Hilfe der Meditations- und Konzentrationsübungen gelockert wird, so daß hier dieselben Resultate erzielt werden, *nun jedoch auf rein innerlichem* Wege.[54] Es findet demnach in beiden Fällen, wenn auch auf verschiedene Weise, eine *Übertragung der Widerspiegelungsfähigkeit vom physischen auf den Ätherleib* statt. Infolgedessen tauchen auf dem Bewußtseinsfeld des Ich nicht die vom physischen Leib widergespiegelten toten, schattenhaften Gedanken auf, sondern die vom *Ätherleib gespiegelten lebendigen* Gedanken, welche die Tatsachen und Ereignisse der geistigen Welten zum Bewußtsein bringen können.

Etwas Ähnliches, aber auf makrokosmischer Ebene, findet auf der genannten dritten Stufe statt. Der die Erde umgebende «ätherische Ring», der das astralische Christus-Licht widerspiegelt, das die Substanz der Welten-Liebe in sich trägt, verwandelt es in diesem Widerspiegelungsprozeß in den Strom der vergeistigten, lebenerfüllten Weltengedanken, den Strom reinster Intelligenz, die als *widergespiegeltes Licht* das Element ist, in dem der Geist leben und weben kann.[55] Und in diesen Weltgedanken, in denen der Geist lebt und webt, kann nun die Seele erwachen, wenn sie ihm ihre eigenen, von der Geisteswissenschaft befruchteten und belebten Gedanken entgegenbringt, das heißt solche Menschengedanken, die allein fähig sind, den Zugang zu den Weltgedanken zu finden und so die Menschenseele zum Erleben der Geist-Impulse zu führen, zum wahren Erwachen im Geiste, zum wahren Pfingstfeste: Per spiritum sanctum reviviscimus – *In des Geistes Weltgedanken erwachet die Seele.*

So haben wir in den drei Stufen der Vereinigung der Christus-Wesenheit mit dem Erdensein, die in Ostern, Himmelfahrt und Pfingsten zum Ausdruck kommen, den Quell der Kräfte, die in der Erdensphäre als die Substanz der Welten-Liebe, die lebenspendenden Welten-Imaginationen, die lichttragenden Welt-Gedanken leben, denen der Mensch sich nur dadurch erlebend nähern kann, daß er sich vergeistigte Menschen-Gedanken, Menschen-Imaginationen, Menschen-Liebe *als innere Erkenntnisorgane* erwirbt.

Und wir können sagen; noch einmal das Wesen des Grundsteins der Weihnachtstagung betrachtend: Aus den drei Kräften der Welten-Liebe, die allein von der Menschen-Liebe erfaßt werden kann, den Welten-Imaginationen, die durch die Menschen-Imaginationen belebt werden, und den Weltgedanken, die sich nur mit vergeistigten Menschengedanken verbinden können, – in anderen Worten: *aus den Kräften von Ostern, Himmelfahrt und Pfingsten* – wurde jenes «dodekaedrische imaginative Liebesgebilde»[56] von Rudolf Steiner geschaffen, das erstmals auf der Weihnachtstagung in die Herzen und Seelen der Anthroposophen als Grundstein der Allgemeinen Anthroposophischen Gesellschaft versenkt wurde.

Diesen «dodekaedrischen Liebesstein»[57] charakterisiert Rudolf Steiner am zweiten Tag der Weihnachtstagung, am 25. Dezember 1923 während des Mysteriums der Grundsteinlegung: «Dann wird er erglänzen, der Grundstein, vor unserem Seelenauge, jener Grundstein, der aus Welten-Menschenliebe seine Substanz, aus Welten-Menschenimagination seine Bildhaftigkeit[58], seine Gestaltung, und aus Welten-Menschengedanken jenes Glanzeslicht hat, das uns in jedem Augenblicke, wenn wir uns an diesen Augenblick erinnern, mit warmem, aber unsere Tat, unser Denken, unser Fühlen, unser Wollen anspornendem Lichte entgegenstrahlen kann.»[59]

«Daß gut werde...», was wir aus den Pfingst-Kräften, die unser Denken erwecken, den Himmelfahrtskräften, die unser Fühlen beleben, den Oster-Kräften, die unser Wollen durchdringen, durch unsere Taten zum Wohle der Menschheitsentwicklung in die Welt tragen wollen.[60]

X.
Johanni

1.
Johanni – ein Fest der Zukunft

In unseren Betrachtungen der esoterischen Grundlagen des Jahreskreislaufs sind wir nun bei dem letzten großen Jahresfest, dem Johannifest, angelangt. Wir können in der gegenwärtigen Entwicklungsepoche der Menschheit aber nur wenig über diesen Feiertag sagen, weist er doch im tiefsten Grunde auf eine ferne Menschheitszukunft, während der er bewußt wird gefeiert werden können.

Der Johannis-Tag, der im Jahreslauf unmittelbar auf die Sommersonnenwende folgt, entspricht im Lebenszyklus der Erde ihrem vollen Ausatmen. Dabei befindet sich das innere Wesen der Erde in tiefem Schlafzustand – die Schönheit und Vielgestaltigkeit ihres Pflanzenkleides ist der äußere Ausdruck dafür –, und ihre Seele ist außerhalb ihres physischen Planeten-Leibes. Sie erhebt sich bis zu den Weltenfernen, bis zur Sphäre der Fixsterne und weilt dort im Kreise der höheren Hierarchien, versunken in selige Träume, in die Träume, die sie später, im Winter, erinnern wird, ganz besonders während der dreizehn Heiligen Nächte. Wir können, an einem heißen Sommermittag der umgebenden Natur erlebend hingegeben, diese Stimmung der Seligkeit ahnend empfinden. Für die Erdenseele selbst, welche dann in den Weiten des Kosmos die tiefsten Daseinsrätsel erlebt, bleibt dieser Zustand wie gesagt ein traumhafter. Es kann die Erdenseele, während sie in den höheren Sphären weilt, nicht zu einem *bewußten Erleben* dieser «Seligkeit in Gott» erwachen, zu der Seligkeit im Schoße der höheren Hierarchien, in den sie aufgenommen ist.

Dasselbe gilt aber auch für den Menschen. Auch der Mensch kann zu dieser Jahreszeit der Erdenseele nicht in die Weltenfernen bewußt folgen. Er kann nur unbewußt sich in seinen nächtlichen «Wanderungen» mit ihr verbinden; seinem gegenwärtigen Wachbewußtsein ist das unzugänglich.[1] Und es wird noch viel Zeit vergehen, bis der Mensch auf dem Wege der natürlichen Entwicklung die Möglichkeit erlangt, der Erdenseele voll bewußt in die Sternenweiten zu folgen. Bis dahin muß er sich damit zufrieden geben, daß er zu Weihnachten dem Erinnern der Erdenseele an ihr sommerliches Verweilen im Makrokosmos lauschen kann.

Es gibt jedoch bereits heute einen Weg, der es dem Gegenwartsmenschen gestattet, der Erdenseele unter Wahrung des vollen Wachbewußtseins in die Weiten des Kosmos zu folgen und dort gleichsam mit ihren Augen die in Worten nicht zu beschreibenden Geheimnisse der Sternenwelt zu schauen. Die Grundlagen für diesen Weg wurden, obwohl er für die gesamte Menschheit erst von unserer Zeit an zugänglich ist, sehr viel früher gelegt: es geschah durch das Mysterium von Golgatha, als die Christus-Wesenheit der neue Geist der Erde wurde. So verläßt mit dem Ausatmen der Erde nun nicht nur ihre Seele, sondern auch ihr Geist ihren physischen Leib und vereinigt sich mit der Sonnen- und Sternenwelt. Und wir können sagen: Zur Johannizeit verläßt nicht nur die Erdenseele, sondern auch der neue Erdengeist, der Christus, in gewisser Weise seinen Planeten-Leib und weilt außerhalb, im Kosmos, sich dort mit seinem ihm seit Ewigkeiten angestammten Reich in der Sonnen- und Sternensphäre vereinigend.

Rudolf Steiner sagt über diese Vereinigung des Erdengeistes mit dem Kosmos zur Johannizeit: «Das ganze Seelenhafte der Erde ist in den kosmischen Raum hinaus ergossen, das ganze Seelische der Erde ist dem kosmischen Raum hingegeben. Das Seelenhafte der Erde durchtränkt sich mit der Kraft der Sonne, mit der Kraft der Sterne. Der Christus, der mit diesem Seelenhaften der Erde verbunden ist, vereinigt auch seine Kraft mit der Sternenkraft und der Sonnenkraft, die da fluten in dem an das kosmische All hingegebenen Seelenhaften der Erde. Es ist Johanni, es ist Johannizeit. Die Erde hat voll ausgeatmet. Die Erde zeigt in ihrer äußeren Physiognomie, mit der sie hinausblickt zum Weltenall, nicht ihre eigene Kraft, wie sie sie in sich zeigte zur Wintersonnenwende. Die Erde zeigt auf der Oberfläche die rückstrahlende Kraft der Sterne, der Sonne, alles dessen, was kosmisch außer ihr ist.»[2]

Und wenn der Mensch den modernen Weg der christlich-rosenkreuzerischen Einweihung betritt, der ihn zur bewußten Vereinigung mit der Christus-Wesenheit führt, so kann diese Vereinigung ihm zur Johannizeit die Möglichkeit eröffnen, mit der Erdenseele in den Makrokosmos aufzusteigen, sich mit ihr gleichsam im Herzen der göttlich-geistigen Welt empfindend und doch das wache Ich-Bewußtsein bewahrend, die göttlichen Geheimnisse zu schauen. Denn dieses Aufsteigen gemeinsam mit der Erdenseele vollzieht der Mensch *nicht allein,* sondern mit der Christus-Wesenheit, die – als einzige von allen göttlichen Wesenheiten des Kosmos – das individuelle Ich-Bewußtsein des Menschen auf *allen* Ebenen des Weltenseins tragen und halten kann.[3]

Und da ein solches Erleben des Makrokosmos, – der Sonne, der Planeten und der gesamten Fixsternwelt, *vereinigt mit den Kräften der Erdenseele* – unendlich viel größer ist als die von uns bereits betrachtete «Vereinigung mit dem Makrokosmos», die nur von den individuellen Kräften des Menschen ausgeht, so entspricht sie jener höchsten Stufe der christlich-rosenkreuzerischen Einweihung, die Rudolf Steiner «Seligkeit in Gott» nennt und von der er in der «Geheimwissenschaft im Umriß» schreibt: «Nach dieser Entwicklungsstufe tritt dann etwas ein, was man geisteswissenschaftlich als Gottseligkeit bezeichnen kann. Es ist weder möglich noch notwendig, diese Entwicklungsstufe näher zu beschreiben. Denn keine menschlichen Worte haben die Kraft, das zu schildern, was der Mensch durch dieses Erlebnis erfährt. Und mit Recht darf gesagt werden: man kann sich eine Vorstellung des Zustandes, der hier gemeint ist, nur machen mit einem Denken, das sich nicht mehr des menschlichen Gehirnes als eines Werkzeuges zu bedienen braucht.»[4]

In diesem Sinne können wir sagen: Es ist das sommerliche Johannifest seinem esoterischen Wesen nach ein Hinweis auf die fernste Zukunft der Menschheitsentwicklung, auf jene Zukunft, die heute nur derjenige in sich verwirklichen kann, der die siebente und letzte Stufe des modernen christlich-rosenkreuzerischen Einweihungsweges erreicht hat.

2.
Der moderne Einweihungsweg und seine Widerspiegelung in den sieben großen christlichen Festen

Durch unsere bisherigen Betrachtungen haben wir vom esoterischen Standpunkt aus zu klären versucht, wie weit die wesentlichen Elemente des modernen christlich-rosenkreuzerischen Einweihungsweges dem Jahreskreislauf zugrunde liegen. Der innere Zusammenhang seiner sieben Stufen mit dem Jahresrhythmus, der sich uns ergab, ist aber nicht zufällig, sondern er entspricht den Weltgesetzen. Ist doch dieser Einweihungsweg in all seinen Elementen das genaue Spiegelbild des Lebens des Makrokosmos und deshalb auch, auf verborgene Weise, im Jahresrhythmus enthalten – es gilt nur, sich dessen bewußt zu werden. Er ist etwas Objektives, unabhängig von Neigung oder Sympathie.

Damit können wir auch sagen: die Welt wurde einst von den Göttern nach den Gesetzen der Einweihung geschaffen. Und wenn der Mensch ihren Weg, den Einweihungsweg, betritt, dann macht er sich diese Gesetze nur *bewußt* und kann auch voll bewußt in das große hierarchische Ganze eintreten. Er wird zum Instrument, zum Kehlkopf für die Götter des Kosmos, zum bewußten Träger jener Gesetze, nach denen sie einstmals die Welt schufen.

Nun haben wir in unserer Untersuchung der geistigen Grundlagen des Jahreskreislaufs *sieben* christliche Feste besonders hervorgehoben, die den Siebenerrhythmus der inneren Entwicklung der Menschenseele in den Zwölferrhythmus des Jahres hineinfügen. Es sind das: Michaeli, Weihnachten, Epiphanias, Ostern, Himmelfahrt, Pfingsten sowie der Johannis-Tag. Und wenn auch die oben erwähnten Grundelemente des christlich-rosenkreuzerischen Einweihungsweges nicht genau innerhalb des Jahreskreislaufs fixiert sind, sondern eine gewisse Beweglichkeit in ihm bewahren, insofern sie sich mehr auf die «Festeszeiten» des Jahres beziehen, deren Kulmination dann jeweils eines der Feste darstellt, so können wir doch in Anbetracht des *Bedingtseins* dieser Beziehungen versuchen, die sieben christlichen Feste auf eine unmittelbare Weise mit den sieben Stufen der modernen Einweihung in Beziehung zu setzen.

Zwar ergibt sich eine solche Beziehung bis zu einem gewissen Grad aus den vorangehenden Betrachtungen, es bedarf jedoch weiterer Klärung, um ein vollständiges Bild zu erhalten.

Betrachten wir den Jahreskreislauf im ganzen, so haben wir nicht ein, sondern *drei* Weihnachten vor uns, oder, besser gesagt, *drei* Gottesgeburten. Die erste, das eigentliche Weihnachten, ist die am 25. Dezember gefeierte Geburt des *Menschen* Jesus von Nazareth (der nathanischen Seele) auf der Erde. Das ist eine *Monden*-Geburt in dem Sinne, in dem die physische Geburt *jedes* Menschenwesens auf der Erde aus den Mondenkräften heraus vor sich geht, oder, wie wir heute sagen, aus den Kräften der Vererbung. Im Kosmos verwaltet vor allem der Monden-Erzengel Gabriel diese Kräfte.[5] Und die Zeit seiner stärksten Einwirkung auf das irdische Geschehen ist im Jahresrhythmus die Zeit der Wintersonnenwende oder Weihnachten.[6] Weshalb in alten Zeiten, als der Prozeß von Empfängnis und Geburt noch nicht vollständig in der Macht der Menschen stand, sondern weitgehend von den Mysterienzentren aus gelenkt wurde, die Empfängnis so zu geschehen hatte, daß das Kind zur Weihnachtszeit geboren wurde[7], daß es aus der Mondensphäre unter der Führung des Erzengels Gabriel zur Erde herabkommen konnte. Ein klassisches Beispiel einer solchen Geburt haben wir in der Geburt der nathanischen Seele am 25. Dezember und ihrer Verkündigung durch den Monden-Erzengel.[8] Im Falle der nathanischen Seele wurden jedoch die Mondenkräfte noch beträchtlich dadurch verstärkt, daß mit ihr ein *menschliches* Wesen auf die Erde kam, für das diese Verkörperung zur Zeitenwende die *erste* seit der lemurischen Epoche war, die ihrerseits eine Wiederholung des *alten Mondenzustandes* unserer Erde in der Erdenepoche darstellt. Zudem war die nathanische Seele auch der Träger der reinsten, von der Versuchung noch unberührten Substanz des menschlichen Ich[9], die in der lemurischen Epoche durch den Mondenelohim Jahve in den Menschen ergossen wurde, durch den Elohim, der zugleich der Hauptgegner Luzifers in unserem Kosmos war[10], Gegner desjenigen Geistes, welcher bereits auf dem alten Mond zurückgeblieben und später den Sündenfall der Menschheit herbeigeführt hat. So haben wir von den verschiedensten Seiten zahlreiche Hinweise, daß mit dem Weihnachtsfest die *Monden*geburt im besonderen zusammenhängt, die Geburt, welche noch vollkommen unter dem Zeichen der Mondenkräfte steht.*

---

* Selbstverständlich war die nathanische Seele auch mit der Sonne verbunden (s. das Kapitel «Von Michaeli bis Weihnachten»); es stand jedoch ihre *physische* Geburt auf der Erde, so wie die physische Geburt jedes Menschen, unter dem Zeichen der Mondenkräfte.

Diese Tatsache ist auch der Grund, warum das esoterische Wesen des Weihnachtsfestes vor allem dem *imaginativen Bewußtsein* zugänglich ist, das ja seinerseits tief innerlich verwandt ist sowohl mit dem alten als auch dem heutigen Mond (das heißt mit der die Erde umgebenden Mondensphäre). So ist seit Beginn der christlichen Epoche Weihnachten das Lieblingsthema der Maler, und das nicht nur deshalb, weil die Kunst der Malerei der Welt der Imagination besonders nahe steht, sondern auch, weil die Reste des alten atavistischen Hellsehens bis zum Beginn des neunzehnten Jahrhunderts in Europa erhalten blieben, während die Fähigkeit zum inspirativen und noch mehr zum intuitiven Erkennen fast vollständig bis zum vierten nachchristlichen Jahrhundert verloren gingen.[11] Und schließlich wurde, wie die moderne Geistesforschung bezeugt, das Lukas-Evangelium, das die grundlegende Weihnachtsverkündigung enthält, im wesentlichen aus den *imaginativen* Bewußtseinskräften geschrieben und ist infolgedessen stets auch dem einfachsten und naivsten Gemüt[12] zugänglich gewesen, so wie auch Weihnachten selbst das Fest im ganzen Jahreslauf ist, das in Europa am besten verstanden und am meisten geliebt wird.

Die zweite Geburt feiern wir zu Epiphanias, dem Fest des Herabsteigens der Christus-Wesenheit in die drei Hüllen des Jesus aus Nazareth bei der Taufe im Jordan. Hier handelt es sich um eine reine *Sonnengeburt,* in welcher der Sonnengeist des Christus sich auf der Erde verkörperte. Es gehörte ja der Christus bis zu seinem Herabsteigen auf die Erde der großen Sonnensphäre an, von wo aus er die gesamte planetarische Entwicklung durch mächtige kosmische Rhythmen mit Hilfe der sogenannten «Sphärenmusik», deren Quelle die Sonne selbst ist, lenkte:

«Die Sonne tönt nach alter Weise
In Brudersphären Wettgesang,
Und ihre vorgeschriebne Reise
Vollendet sie mit Donnergang.»
               (Goethe, Faust)[13]

So bedarf es, um das Wesen der Jordantaufe, der zweiten, der Sonnengeburt, zu erfassen, nicht nur der imaginativen, sondern auch der *inspirativen* Erkenntnis. Mit anderen Worten: hier ist nicht nur Hellsichtigkeit, sondern bereits eine bestimmte Einweihungsstufe erforderlich.[14] Und diese Stufe hatte Johannes der Täufer erreicht. Nach den Angaben der Geisteswissenschaft erlangte er die sogenannte «Wassermann-Einweihung», die ihn befähigte, die Inspirationen einer bestimmten Wesenheit aus der Hierarchie der Angeloi zu empfangen: «Johannes des Täufers Blick wurde so geschult, daß er in der Nacht schauen konnte durch die materielle Erde hindurch auf das Sternbild des Wassermanns. Er hatte also jene *Initiation* gehabt, als der Angelos von seiner Seele Besitz nahm, die man die Wassermann-Initiation nennt.»[15] Hierauf beruht auch die innere Begründung, warum gerade Johannes in die Welt gesandt wurde, um dem Christus Jesus «den Weg zu bereiten». Denn da er dank seiner Einweihung bis zur Sphäre der Inspiration vorgedrungen war, konnte er in dem Christus den großen Sonnengeist* erkennen und mit Hilfe der *inspirierten Imaginationen* über ihn aussagen: «Und Johannes bezeugte: Ich habe geschaut, wie der Geist gleich einer Taube vom Himmel auf ihn herniederstieg und mit ihm verbunden blieb.»[16] Und weiter: «...als er Jesus vorübergehen sah, sprach er: Siehe, Gottes Lamm.»[17]

In dem Vortrag vom 28. Juli 1922 stellt Rudolf Steiner die esoterische Bedeutung dieser zwei Aussprüche Johannes' des Täufers eingehend dar, indem er ausdrücklich betont, daß sie aus der Sphäre der inspirativen Erkenntnis stammen. Es heißt da: «Und es ist durchaus diesem entsprechend, wenn der Heilige Geist von denen, die auf *Inspiration* aufmerksam machten, in der Gestalt einer Taube angedeutet wurde. Wie müssen wir heute es auffassen, wenn uns von dem Heiligen Geiste als in der Gestalt einer Taube gesprochen wird? Wir müssen es so auffassen, daß wir sagen: Diejenigen, die so sprachen, waren im alten atavistischen Sinne inspirierte Leute. Sie sahen in derjenigen Region, in der sich für sie rein geistig der Heilige Geist zeigte, ihn in dieser Form als Inspiration. Und wie werden diese mit atavistischer Inspiration ausgestatteten Zeitgenossen des Mysteriums von Golgatha charakterisiert haben den Christus? Sie haben ihn vielleicht äußerlich gesehen, da haben sie ihn als Menschen gesehen. Um in der geistigen Welt ihn als Menschen zu sehen, dazu hätten sie Intuitionen haben müssen. Solche Menschen aber, die ihn als Ich sehen konnten in der intuitiven Welt, waren auch in der Zeit des Mysteriums von Golgatha nicht da; das konnten sie nicht [mit Ausnahme von Johannes-Lazarus]. Aber sie konnten ihn noch in atavistischer Inspiration sehen. Dann werden sie auch tierische Formen gebraucht haben, um selbst

---

* Das heißt diejenige Wesenheit, die zur kosmischen Sohnessphäre gehört (und das ist die Sonnensphäre). «Ich habe es geschaut, und so bezeuge ich, daß dieser der Sohn Gottes ist.» (Johannes-Evangelium, Kap. 1, Vers 34).

den Christus auszudrücken. ‹Siehe, das ist das Lamm Gottes›, das ist für jene Zeit eine richtige Sprache, eine Sprache, in die wir uns hineinfinden müssen, wenn wir wiederum darauf kommen, was Inspiration ist, beziehungsweise wie man durch Inspiration dasjenige sieht, was in der geistigen Welt auftreten kann: ‹Siehe, das Lamm Gottes!›»[18]

Außer diesen Worten Rudolf Steiners weist auch die uns von der modernen Geistesforschung übermittelte Tatsache auf den inspirativen Charakter der Jordantaufe hin, daß der Christus bei seinem Herabsteigen von der Sonne durch die verschiedenen Ränge der Hierarchien zur Erde nur bis zur Hierarchie der *Erzengel* schritt, um sodann, die Hierarchie der Engel auslassend (s. die Worte Rudolf Steiners auf Seite 52), das heißt in gewissem Sinne die ganze Mondensphäre «auslassend», sich unmittelbar in den Hüllen des Jesus von Nazareth zu verkörpern.[19] Deshalb waren die Worte, die wie Sphärenharmonien aus den Weiten des Alls im Augenblick der Taufe im Jordan ertönten: «Du bist mein geliebter Sohn, in dir will ich mich offenbaren»[20], Erdenmenschen nur dann vernehmlich, wenn sie mit der Sphäre der Erzengel, der großen Genien des menschlichen Wortes, verbunden waren.[21]

Zum Abschluß dieser Charakteristik des Geheimnisses der Taufe im Jordan sei noch darauf hingewiesen, daß ihr inspirativer Charakter auch darin zum Ausdruck kommt, daß es vor allem die *Musik* ist, der es obliegt, das Wesen der göttlichen Geburt des Christus in dem Jesus von Nazareth auf künstlerische Weise zu offenbaren. So weist auch Rudolf Steiner im Vortrag vom 22. August 1924 darauf hin, daß es die wichtigste Aufgabe der Musik in der Zukunft sein wird, das Mysterium der Verkörperung der Christus-Wesenheit im rein musikalischen Element mitzuteilen. Denn wie der Jesus-Impuls am besten durch das plastisch-bildnerische Element vermittelt wird, «so kann der Christus-Impuls im musikalischen [Element] gefunden werden.»[22]

Die dritte Geburt schließlich haben wir im Mysterium von Golgatha. Diese ist im eigentlichen Sinne die Geburt der Christus-Wesenheit in der geistigen Sphäre der Erde (s. die Worte Rudolf Steiners auf Seite 249). In dem Zyklus «Von Jesus zu Christus» wird sie «... ein Geborenwerden eines neuen Gliedes der menschlichen Natur, eines unverweslichen Leibes»[23] genannt oder, mehr geisteswissenschaftlich gesprochen, des Phantoms des physischen Leibes. Da aber «... den *Grundstein*, sozusagen den Keim zu diesem Phantom des physischen Leibes, die Throne während der Saturnzeit gelegt haben...»[24], so folgt daraus, daß es einerseits mit dem heutigen Saturn als dem äußersten Planeten in unserem Sonnensystem[25] in Beziehung steht, und andererseits mit dem ganzen Sternenall, dem die

Wesenheiten der ersten Hierarchie[26] und somit auch die Throne angehören.*

Schon bei der Betrachtung des Ostermysteriums sprachen wir davon, daß das Phantom des physischen Leibes, das aus dem Grab von Golgatha auferstanden und mit dem ganzen Sternenall ebenso wie mit dem höchsten Ziel der Erdenentwicklung verbunden ist, die Verwirklichung des Prinzips des Geistesmenschen in dem Vulkanzustand als Gegenbild des alten Saturnzustandes bedeutet. Und so können wir zusammenfassend sagen: diese dritte Geburt ist in Wirklichkeit eine *Saturn-* oder *Sternen*geburt zu nennen, so wie die Taufe im Jordan eine Sonnen-[27] und Weihnachten, wie es im Lukas-Evangelium beschrieben wird, eine Mondengeburt. Da die Sphäre der Fixsterne, die Sphäre des großen makrokosmischen Menschen, Adam Kadmon, jedoch zugleich die Wirkenssphäre des Logos, des Weltenwortes, des höchsten Aspektes der allumfassenden Christus-Wesenheit ist, so muß der Mensch, der in diese Sphäre eindringen und das kosmische Mysterium des Wortes, durch es aber das Mysterium von Golgatha erleben will, sich bis zur Intuition erheben, bis zum intuitiven Erkennen. Die Kunst jedoch, die am geeignetsten ist, im irdischen Leben etwas vom Logos-Mysterium aufklingen zu lassen, das ist die Sprachkunst, die Kunst des Wortes, die in dem Evangelium ihren Höhepunkt erreichte, welches vom Apostel Johannes geschrieben wurde, dem einzigen der Jünger des Christus Jesus, der mit vollem Bewußtsein unter dem Kreuz zu stehen vermochte (das heißt mit dem höchsten, intuitiven Bewußtsein). Zu diesem übersinnlichen Charakter der geistigen Quellen des vierten Evangeliums äußert sich Rudolf Steiner folgendermaßen: «Wenn wir nun, von diesem Gesichtspunkt ausgehend [d. h. vom Gesichtspunkt der imaginativen, inspirativen und intuitiven Erkenntnis], heute einmal unseren Blick auf die vier Evangelien zurückwenden, so dürfen wir sagen, daß das Johannes-Evangelium geschrieben ist vom Standpunkte eines Eingeweihten, der drinnen stand in den Geheimnissen der Welt bis zur Intuition hinauf, der also das Christus-Ereignis für die Anschauung der übersinnlichen Welt bis zur Intuition hinauf schildert... So dürfen wir den Verfasser des Johannes-Evangeliums... nennen den Botschafter alles dessen in bezug auf das Christusereignis, was sich für den ergibt, der das innere Wort hat bis hinauf zur Intuition. Deshalb spricht der Schreiber des Johannes-Evangeliums im wesentlichen so, daß er uns die Geheimnisse des Christusreiches charakterisiert als beeigen-

---

* Deshalb kann das von dem Christus wieder hergestellte Phantom des physischen Leibes auch *«Sternenleib»* genannt werden.

schaftet durch das innere Wort oder den Logos. Eine inspiriert-intuitive Erkenntnis liegt dem Johannes-Evangelium zugrunde.»[28]

Damit können wir zusammenfassend sagen: drei Geburten haben wir im Jahreslauf: die Monden-, die Sonnen- und die Saturn oder Sternengeburt, entsprechend den Festen von Weihnachten, Epiphanias und Ostern; oder, vom Standpunkt des modernen Einweihungsweges aus betrachtet[29]: um das Weihnachtsfest wirklich zu verstehen, muß unser Bewußtsein in der Sphäre der Imagination *«geboren werden»;* und um das Epiphanias-Fest zu erkennen, in der Sphäre der Inspiration; zum Erkennen aber des Mysteriums von Golgatha bedarf es der *«Geburt»* in der Sphäre der Intuition.[30] Das ist konkret gesprochen die Bedeutung der Worte des modernen, christlichen Eingeweihten: «Auf *allen Stufen* der übersinnlichen Erkenntnis treffen wir die großen Geheimnisse an, welche sich an jenes Ereignis knüpfen, das wir das Christus-Ereignis nennen; so daß die imaginative Erkenntnis, die inspirierte Erkenntnis und die intuitive Erkenntnis vieles, unendlich vieles zu sagen haben über dieses Christus-Ereignis.»[31]

Zum Abschluß wollen wir uns nochmals, wenn auch kurz, dem herbstlichen Michaeli-Fest zuwenden und eine seiner Besonderheiten betrachten, welche es von allen anderen Jahresfesten unterscheidet. Es ist die folgende: Während die sechs übrigen Feste in ihrer christlichen Form schon beinahe zweitausend Jahre gefeiert werden und durch die anthroposophisch orientierte Geisteswissenschaft nur *erneuert* wurden, ist das Michael-Fest erst im 20. Jahrhundert *als neues christliches Fest begründet* worden*, wodurch erst ihr Zusammenklang im Jahreslauf vollendet wurde, was esoterisch in der Zahl *sieben* zum Ausdruck kommt.

Über die Einrichtung dieses neuen Festes sagte Rudolf Steiner: «Aber wird man wieder die Feste verstehen, die man heute nur feiert, jedoch nicht versteht, so wird man auch die Kraft haben, aus der geistigen Erkenntnis des Jahreslaufes ein Fest festzusetzen, das erst für die gegenwärtige Menschheit die rechte Bedeutung hat... Könnten sich die Menschen heute in würdiger Weise dazu entschließen, ein Michaeli-Fest in den Ende-September-Tagen einzusetzen, so wäre das eine Tat von größter Bedeutung. Dazu müßte der Mut sich finden in den Menschen: nicht nur zu diskutieren über äußere soziale Organisationen und dergleichen, sondern etwas zu tun, *was die Erde an den Himmel bindet, was die*

---

* Es wurde 1923, vierundvierzig Jahre nach dem Wiedererscheinen Michaels, begründet.

physischen Verhältnisse wieder an die geistigen Verhältnisse bindet. Dann würde, weil dadurch der Geist wiederum in die irdischen Verhältnisse eingeführt würde, unter den Menschen wirklich etwas geschehen, was ein mächtiger Impuls wäre zur Weiterführung unserer Zivilisation und unseres ganzen Lebens. – Es ist natürlich keine Zeit, um Ihnen auszumalen, was das alles für wissenschaftliches, religiöses und künstlerisches Erleben wäre, geradeso wie durch die alten Feste, so durch ein solches in großem Stil aus dem Geiste heraus geschaffenes *neues Fest,* und wieviel wichtiger als alles das, was man heute an sozialen Tiraden entwickelt, ein solches Schaffen aus der geistigen Welt heraus wäre.»[32] Denn «...dann enthüllt man nicht nur Menschenwillen an einem solchen Festeschaffen, dann enthüllte man Götter- und Geisterwillen. Dann ist wieder Geist unter den Menschen! ... Dann müssen wir nicht nur nachdenken können über den Sinn der alten Feste, dann müssen wir selber dadurch sozial schöpferisch werden können, daß wir aus dem Jahreslauf heraus Feste-schöpfend werden können.[33] – Das mutet allerdings den Menschen mehr zu, als die alteingesessenen Feste zu erklären. Aber es ist eben auch eine wirkliche Anthroposophie, *eine höhere Anthroposophie.*»[34]

Wie wir bereits durch die Betrachtungen über das Wesen des Michael-Festes in den ersten Kapiteln der vorliegenden Arbeit sahen, entspricht dieses Fest der ersten Stufe des modernen christlich-rosenkreuzerischen Einweihungsweges. Diese charakterisiert Rudolf Steiner in der «Geheimwissenschaft im Umriß» auf die folgende Weise: «Das Studium der Geisteswissenschaft, wobei man sich zunächst der Urteilskraft bedient, welche man in der physisch-sinnlichen Welt gewonnen hat.»[35] Und im letzten Vorwort zu diesem Buch, das am 10. Januar 1925 geschrieben wurde, fügt er hinzu: «Ich habe ganz bewußt angestrebt, nicht eine ‹populäre› Darstellung zu geben, sondern eine solche, die notwendig macht, mit rechter *Gedankenanstrengung* in den Inhalt hineinzukommen. Ich habe damit meinen Büchern einen solchen Charakter aufgeprägt, daß deren Lesen selbst schon der Anfang der Geistesschulung ist.»[36] In gewissem Sinne eignet auch dem Michael-Fest diese Besonderheit. Denn, obwohl es aus dem Geiste heraus begründet wurde, ist es doch weitgehend dem rein menschlichen Verstehen zugänglich; und da es in einer Epoche begründet wurde, wo die überwiegende Mehrzahl der Menschen noch *nicht* über die hellseherischen Kräfte verfügt, jedoch in höchstem Maße über die Denkkräfte, wendet es sich, vom Zeitgeist ausgehend, nicht so sehr an das hellsichtige Erleben des Geistigen als vielmehr an das «Erleben des Geistigen allein durch das Denken».

So sagte Rudolf Steiner in dem Vortrag des Jahres 1923 in Wien am Vorabend des Michael-Tages: «So können wir hindeuten auf dasjenige, was im Menschen eintreten muß, damit der Michael*gedanke* wieder lebendig werden kann. Der Mensch muß das Erlebnis des Geistigen wirklich haben können. Er muß dieses Erlebnis des Geistigen *aus dem bloßen Gedanken* – nicht etwa erst aus irgendeiner Hellsichtigkeit heraus – gewinnen können. Es wäre schlimm, wenn jeder Mensch hellsichtig werden müßte, um dieses Vertrauen zu dem Geist haben zu können. Dieses Vertrauen zu dem Geist kann ein jeder haben, der überhaupt nur *Empfänglichkeit hat für die Lehren der Geisteswissenschaft.*»[37] Aus diesem Grunde bildet, wie wir gesehen haben, das Studium der Geisteswissenschaft bereits den Anfang des modernen Einweihungsweges, welcher heute, als christlich-rosenkreuzerischer Weg vornehmlich eine *Willenseinweihung* beinhaltet, und das bedeutet, daß, ihn zu beschreiben, vor allem *Mut* erforderlich ist.

Zwei Haupthindernisse gibt es heute, die den modernen Menschen vom Betreten dieses Weges abhalten wollen: «Aber die moderne Menschheit leidet eigentlich an zwei Übeln, an jenen beiden Übeln, die in der Anthroposophischen Gesellschaft überwunden werden müssen. Das eine ist die *Furcht vor dem Übersinnlichen*... Das ist die eine Seite. Die andere Seite ist, trotz mancher Äußerungen des Willens, die aber eigentlich vielfach Maskierungen sind, die *Willensschwäche* und innere Willenslähmung des modernen Menschen.»[38] Daraus folgt, daß der moderne Mensch, welcher den Einweihungsweg betreten will, der dem Zeitgeist entspricht, als erstes die zwei genannten Übel zu überwinden hat, ohne deren Besiegung eine geistige Entwicklung nicht möglich ist. Als Hilfe für den Menschen der Gegenwart im inneren Ringen mit ihnen, und um ihm die Möglichkeit zu eröffnen, daß er den Weg wahrer Geistesschülerschaft betreten kann, wurde das herbstliche Michael-Fest als Tor zur modernen Einweihung und zugleich als ihre erste Stufe begründet.

In diesem Zusammenhang wollen wir nochmals zwei von uns bereits teilweise zitierte Aussprüche Rudolf Steiners anführen, die das Michael-Fest, den Michael-Gedanken in diesem Sinne charakterisieren. Am 1. April 1923 sagte er: «In dem Festesgedanken der Herbstessonnenwende muß die Seele ihre Stärke fühlen, indem nun nicht appelliert wird an ihr Anschauen, sondern an ihren *Willen*: Nimm den die ahrimanischen Mächte besiegenden Michaelgedanken in dich auf, jenen Gedanken, der dich kräftig macht, Geisteserkenntnis hier auf Erden zu erwerben, damit du die Todesmächte besiegen kannst..., so richtet sich dieser Gedanke an die Willensmächte: aufzunehmen die Michaelkraft, das heißt, aufzunehmen die Kraft der geistigen Erkenntnis in die Willenskräfte.»[39] Und in dem Vortrag vom 8. April desselben Jahres lesen wir: «Das aber wird beim Michael-Fest ganz besonders in Betracht kommen: daß das ein Fest zu Ehren des menschlichen Mutes wird sein müssen, der menschlichen Offenbarung des Michaelmutes. Denn was ist es, was heute den Menschen von der Geist-Erkenntnis zurückhält? Seelische Mutlosigkeit, um nicht zu sagen seelische Feigheit... Dieser innere Mut, der muß sein Fest bekommen in dem Michael-Fest. Dann wird von dem Fest des Mutes, von dem Fest der inneren mutigen Menschenseele ausstrahlen, *was auch den anderen Festeszeiten des Jahres rechten Inhalt geben wird.*»[40]

Diesen letzten Gedanken kann man auch mit folgenden Worten zum Ausdruck bringen: Wenn das Michael-Fest, das gleichzeitig mit der neuen christlichen Einweihung in unserer Zeit begründet wurde[41], in der rechten Weise gefeiert wird, das heißt, wenn es tatsächlich zu der Pforte wird, die den modernen Menschen auf den Weg der inneren Entwicklung führt, da es als seine erste Stufe begangen wird, dann enthüllt sich uns der *ganze* Jahreskreislauf aus rechter michaelischer Inspiration als der große siebengliedrige Einweihungsweg, dessen einzelne Stufen auf die folgende Weise mit den christlichen Hauptfesten in Beziehung gesetzt werden können:

1. Das Studium der Geisteswissenschaft, wobei man sich zunächst der Urteilskraft bedient, welche man in der physisch-sinnlichen Welt gewonnen hat. – Michaeli
2. Die Erwerbung der imaginativen Erkenntnis – Weihnachten
3. Das Lesen der verborgenen Schrift (entsprechend der Inspiration)[42] – Epiphanias
4. Arbeit am Stein der Weisen (entsprechend der Intuition)[43] – Ostern
5. Die Erkenntnis der Verhältnisse von Mikrokosmos und Makrokosmos – Himmelfahrt
6. Das Einswerden mit dem Makrokosmos – Pfingsten
7. Die Seligkeit in Gott – Johanni

Im Zusammenhang mit diesen Beziehungen ist zu beachten, daß sie auf jene Stufen des Einweihungsweges weisen, die erreicht werden müssen, wenn die entsprechenden Feste innerlich erfahren werden sollen. Da wir aber heute in der Epoche der Freiheit und zugleich der weitesten Entfernung von der Gesetzmäßigkeit des Makrokosmos leben, ist es nicht absolut notwendig, daß der Prozeß der höheren Entwicklung alle Stufen streng eine nach der anderen, das heißt gemäß dem Jahreslauf, durchmacht: «Diese Stufen brauchen aber nicht etwa so gedacht zu werden, daß sie nacheinander durchgemacht werden. Die Schulung kann vielmehr so verlaufen, daß je nach der Individualität des Geistesschülers eine vorhergehende Stufe nur bis zu einem gewissen Grade durchschritten ist, wenn er beginnt, Übungen zu machen, welche der folgenden Stufe entsprechen. Es kann zum Beispiel ganz gut sein, daß man erst einige Imaginationen in sicherer Art gewonnen hat und doch schon Übungen macht, welche die Inspiration, die Intuition oder die Erkenntnis vom Zusammenhange des Mikrokosmos und Makrokosmos in den Bereich des eigenen Erlebens ziehen.»[44]

So ist es einerseits möglich, gewisse Stufen im Prozeß der inneren Entwicklung nur «bis zu einem gewissen Grade» zu durchschreiten, doch darf andererseits keine Stufe ganz ausgelassen werden.[45] Wir können deshalb, auf den Jahreskreislauf schauend, sagen, daß er innerlich beweglich und trotzdem in sich selbst und in dem Ganzen des *Einweihungsorganismus* abgeschlossen ist. Und wenn für die *Erkenntnis* der einzelnen Feste ganz bestimmte Beziehungen zum Jahreslauf vorliegen, so besteht, wie die bisherigen Betrachtungen gezeigt haben, für den Einweihungsweg innerhalb des Jahresrhythmus doch eine recht große Beweglichkeit, denn es handelt sich hier vor allem um diejenigen *Zeiten im Jahr,* die für die einzelnen Stufen des modernen Einweihungsweges *besonders geeignet sind.* So ist beispielsweise die Zeit von der Sommersonnenwende bis Weihnachten ganz besonders günstig für die Vorbereitung, die Erleuchtung und sogar für die ersten Elemente der Einweihung, während die Zeit von Weihnachten bis Ostern, oder im weiteren Sinne die ganze zweite Jahreshälfte von Weihnachten bis zur Sommersonnenwende, die Entwicklung der eigentlichen imaginativen, inspirativen und intuitiven Erkenntnis fördert, – obwohl das nicht ausschließt, daß bestimmte Imaginationen bereits auf der Stufe der Erleuchtung und noch mehr im Zusammenhang mit den ersten Einweihungserlebnissen vom Geistesschüler auch im Laufe der anderen Jahreshälfte erreicht werden können. So sind hier nur die *objektiven,* im Jahreslauf wirkenden geistigen Gesetzmäßigkeiten angedeutet, die jedoch nicht dogmatisch genommen werden dürfen.

Schließlich ist zu fragen: Besteht denn wirklich eine Notwendigkeit, den modernen Einweihungsweg mit dem Jahreskreislauf in Verbindung zu bringen? Hier müssen wir uns nochmals dem inneren Leben der menschlichen Seele zuwenden. Dieses Leben ist, insofern es im Zusammenhang mit der äußeren Natur abläuft, den Kräften des Raumes und seiner Gesetzmäßigkeit der Zwölfheit unterworfen. Wird jedoch der Weg der inneren Entwicklung betreten, geschieht damit der Übergang in das Reich der Zeit, in die Sphäre des moralischen Seins, der Übergang von der Gesetzmäßigkeit der Zwölf zu dem siebengliedrigen Einweihungsweg.[46] Lebt doch im Menschen, im *Rhythmus der Sieben*, im Rhythmus der Einweihung, sein Geist, sein wahres Ich, es lebt in ihm der Christus selbst.[47] Auf der anderen Seite verläuft das äußere Leben der Erde ursprünglich innerhalb der Gesetzmäßigkeit der Zwölfheit des natürlichen Jahreslaufes. Nach dem Mysterium von Golgatha wurde jedoch das Erdensein mit dem Christus vereinigt, welcher seitdem in ihm als neuer Geist der Erde wirkt. Dadurch aber trägt er in das Reich der Naturgesetzmäßigkeit die moralische Gesetzmäßigkeit, die Einweihungsgesetzmäßigkeit der Siebenheit, die in den sieben christlichen Hauptfesten zum Ausdruck kommt, welche eben den geistigen Rhythmus bilden, in dem im Jahreskreislauf der Geist der Erde, ihr Ich, der Christus selbst lebt. Strebt der Mensch als Schüler der anthroposophisch orientierten Geisteswissenschaft, wenn er den genannten Einweihungsweg geht, danach, in innerem Erleben seine einzelnen Stufen mit den entsprechenden Festeszeiten des Jahres zu verbinden, dann wirkt er ganz unmittelbar so, wie es die Hauptaufgabe der Anthroposophie in unserer Welt ist, von der Rudolf Steiner sagte: «Anthroposophie ist ein Erkenntnisweg, der das Geistige im Menschenwesen zum Geistigen im Weltenall führen möchte.»[48]

XI.
Der Weg des Christus und der Weg Michaels durch den Jahreskreis

1.
Der neue Weg der Hirten und der neue Weg der Könige

Die Betrachtung des Jahreslaufs im Verhältnis zu dem in ihm enthaltenen siebenfachen Rhythmus, der in den sieben christlichen Hauptfesten zum Ausdruck kommt, wollen wir mit einem Überblick über den Jahreslauf *im ganzen* beschließen, indem wir uns seinen allgemeineren Gesetzmäßigkeiten zuwenden. Dabei kann uns – so wie in der vorangehenden Untersuchung – die Tatsache als Ausgangspunkt dienen, daß der Jahresrhythmus der Erde als eines lebendigen Organismus sich natürlicherweise in zwei Teile eines Lebenszyklus gliedert: in die Einatmung und die Ausatmung, gemäß den zwei Hälften des Jahres vom Johannis-Tag bis Weihnachten und von Weihnachten (oder genauer von Epiphanias) abermals bis zu Johanni, und jeder hat seinen eigenen Charakter.

Diesen zwei Phasen im Lebenszyklus der Erde entsprechen auch die zwei Arten der alten Einweihung: der Weg zum Geiste durch die Vertiefung in das eigene Innere und der Weg nach außen, zum Geiste im Makrokosmos. Früher waren diese zwei Arten der Einweihung, die aus den zwei verschiedenen, auf den südlichen und den nördlichen Wanderweg von der Atlantis zurückgehenden, Mysterienströmungen stammten, streng von einander getrennt. Erst seit dem Erscheinen der geistigen Sonne, des Christus, auf der Erde wurde die Vereinigung dieser beiden Strömungen in der einen umfassenden christlichen Einweihung möglich, deren Grundlage das größte Mysterium der Erdenentwicklung, das Mysterium von Golgatha ist. «Nur in der Christus-Figur vereinigen sich die beiden Arten [der Einweihung]. Wenn man das weiß, kann die Christus-Gestalt erst recht verstanden werden»[1], sagt Rudolf Steiner. Mehr noch: seit der Zeit, da der Christus der neue Geist der Erde wurde, haben wir im Mitleben mit dem *vollen Jahreskreislauf* die geeignetste Möglichkeit, *beide* Wege, die in ihm auf natürliche Weise vereinigt sind, zu gehen.

Auf diese Vereinigung der zwei Strömungen in dem einen Mysterium des Christus weist uns bereits gleichsam auf prophetische Weise das in zwei Evangelien beschriebene Erscheinen der Hirten und der Magier aus dem Osten, welche an dem zweifachen Weihnachtsmysterium der Geburt teilnehmen wollten, wobei die Hirten die Vertreter der «südlichen Strömung» sind, deren bedeutendster Eingeweihter ihnen in der Gestalt der «himmlischen Heerscharen» auf dem Felde erschien; und die Magier aus dem Osten, die Vertreter der «nördlichen Strömung», kamen, um die Wiedergeburt des größten Eingeweihten ihrer Mysterien zu ehren.[2]

Der Charakter der Einweihung, wie er in den Bildern der Hirten und Könige zum Ausdruck kommt, erhielt jedoch eine vollständig neue Richtung, nachdem sich das Christus-Wesen mit dem Erdensein vereinigt hatte. Seitdem besteht der «Hirtenweg» darin, den Weg vom Erleben des Geistes im Innern zum Erleben des Geistes in der äußeren Welt, im Makrokosmos, zu finden, und der «Königsweg» bedeutet umgekehrt, vom Erleben des Geistes in den Weltenfernen zum Erleben des Geistes im eigenen Innern den Übergang zu vollziehen.[3] So ist die Metamorphose der beiden Wege, die sich nach dem Mysterium von Golgatha vollzog, eine Folge der Tatsache, daß die Christus-Wesenheit in die Erdenentwicklung eingetreten ist. Und wir können sagen, uns nochmals dem Jahreslauf zuwendend: die eine Hälfte, von Epiphanias bis Johanni, die mit der Ausatmung der Erde verbunden ist, entspricht in der Epoche seit der Zeitenwende dem neuen «Hirtenweg» von innen nach außen, und die andere Hälfte, von Johanni bis Weihnachten, die mit der Einatmung der Erde zusammenhängt, sie entspricht dem neuen «Königsweg», der heute von außen nach innen führt.

Das oben Gesagte läßt sich noch vertiefen, wenn wir uns erinnern, daß die Hirten, so wie das aus dem vierten Teil der Grundstein-Meditation hervorgeht, vor allem die Träger des Herzens-, des *Liebes*-Impulses waren, die Magier aus dem Osten aber die Träger des Impulses des Hauptes, der *Weisheit*. Mit dieser Charakterisierung der zwei Strömungen kann nun ein weiterer von Rudolf Steiner aufgezeigter Aspekt der beiden Jahreshälften zusammengesehen werden, der das Verhältnis der einen Hälfte zu den Taten des Christus erkennen läßt, die die Herrschaft der *Freiheit und der Liebe* auf der Erde begründen, und der anderen zur Verwirklichung des Welten-Karma im Menschenleben, die durch die *Weisheit*-erfüllten Taten der höheren Hierarchien geschieht. So charakterisiert Rudolf Steiner die beiden Jahreshälften folgendermaßen: «Und es bleibt die andere Hälfte des Jahres [von Johanni bis Weihnachten]. Versteht man sie ebenso, so geht für den Menschen auch wiederum die andere Seite seines Lebens auf. Versteht man jene Beziehung des Physischen zum Seelischen des Menschen und zum Überphysischen, welche die Freiheit in sich schließt, deren der Erdenmensch teilhaftig wird auf der Erde, dann versteht man in den Zusammenhängen zwischen Weihnachts-, Oster- und Pfingstfest *den freien Menschen auf der Erde.* Und versteht man ihn aus diesen drei Gedanken, dem Weihnachtsgedanken, dem Ostergedanken und dem Pfingstgedanken heraus und läßt sich dadurch auffordern, das übrige Jahr zu verstehen, so tritt die andere Hälfte des menschlichen Lebens auf, die ich Ihnen andeutete dadurch, daß ich sagte: *Blickt man hin auf das menschliche Schicksal - die Hierarchien erscheinen dahinter, die Arbeit, das Weben der Hierarchien.* Deshalb ist es so groß, wirklich in ein menschliches Schicksal hineinzublicken, weil man sieht, wie die *ganzen Hierarchien* dahinterstehen.»[4]

So gesehen haben wir in der einen Jahreshälfte gleichsam die Erinnerung an die einstmals vollzogene Vereinigung des Christus-Wesens, des Trägers der *kosmischen Liebe,* mit dem Erdensein, durch welche die gesamte Erdenentwicklung den Impuls zum neuen *Aufsteigen* empfing. Dieser Prozeß des Aufsteigens beginnt zu Epiphanias, und er erstreckt sich über Ostern bis Pfingsten. In ihm haben wir zugleich die Bekräftigung der *Freiheit* in der Entwicklung der Menschheit. Denn der Christus beschenkt die Menschenseelen, indem er sich auf diesem Weg mit ihnen verbindet, mit den Impulsen der Liebe und der Freiheit, mit den Impulsen, die es in der fernen *Zukunft,* nach ihrer vollständigen Entwicklung, der Menschheit ermöglichen werden, das ihr gesteckte göttliche Ziel zu erreichen: zehnte Hierarchie im Kosmos zu werden, die Hierarchie, welche allein aus dem reinsten Prinzip der Freiheit und der Liebe wirken wird.

Im Laufe der zweiten Jahreshälfte treten dann andere Einflüsse stärker hervor*, und zwar die das Karma von Erde und Mensch regelnden Taten der höheren Hierarchien. In diesem Karma ist sowohl die *Vergangenheit* der Menschheitsentwicklung als auch jene Welten-*Weisheit* enthalten, die es der Erde ermöglichte, das zu werden, was sie heute ist: der Kosmos der Weisheit, welcher in dem Maße, in dem die Menschheit zur zehnten Hierarchie wird, sich in den Kosmos der Freiheit und Liebe verwandeln wird.[5]

Diese Prozesse können auch folgendermaßen charakterisiert werden: die eine Jahreshälfte weist uns auf den Weg, auf dem der Mensch, sich entwickelnd, mehr und mehr in die Christus-Kräfte eindringt und dem Entstehen des neuen Kosmos entgegengeht, indem er mit dem Christus in

---

* Man kann nicht sagen, daß diese Einflüsse gänzlich schwinden, sondern es kann nur von dem *vorherrschenden* Wirken des einen oder anderen im Laufe der einzelnen Jahresepochen gesprochen werden.

immer höhere geistige Sphären aufsteigen und sie schöpferisch umgestalten wird, ausgehend von den Prinzipien der Freiheit und der Liebe. Auf diese *Zukunft* weist uns prophetisch das jährliche Aufsteigen der Christus-Wesenheit als neuer Geist der Erde gemeinsam mit der Erdenseele in die Weltenfernen, die Weiten des Makrokosmos, welche er am Johanni-Tag erreicht, wo er dem Eingeweihten die kosmische Religion der Götter, ihr Weltenziel, das höchste Menschheits-Ideal offenbart – das Geheimnis der zehnten Hierarchie. Und so entspricht die Johanni-Zeit im Jahresrhythmus auch dem Ziel des *neuen* Hirtenweges, das Rudolf Steiner folgendermaßen charakterisiert: «Dann werden zu uns nicht nur sprechen die gleichgültig wachsenden Pflanzen allein, der rauschende Strom, der rauschende Quell, der Blitz aus den Wolken, der Donner aus den Wolken, dann werden aus alledem, was die Blümlein auf dem Felde sagen, aus alledem was die Blitze und die Donner aus den Wolken sagen, aus alledem, was die leuchtenden Sterne und die leuchtende Sonne sagen, aus alledem werden gleichsam wie ein Ergebnis aller Naturbetrachtung die Worte in unsere Augen, in unsere Ohren, zu unseren Herzen hinströmen, die ja auch nichts anderes ankündigen als: *Es offenbaret sich der Gott in den Himmelshöhen, und Friede soll sein unter den Menschen auf Erden, die eines guten Willens sind.*»[6]

Die andere Jahreshälfte dagegen zeigt uns das Bild, wie der Kosmos Mensch wurde, das heißt das Bild der vergangenen Entwicklung, so daß sich dem Eingeweihten besonders während der dreizehn heiligen Weihnachtsnächte das grundlegende Geheimnis der *Weltentwicklung* enthüllt, das Geheimnis des hierarchischen Kosmos als des großen Anthropos, des kosmischen «Adam Kadmon», dessen Kräftefülle durch die Vereinigung der Christus-Wesenheit mit der Erde in ihr Sein getragen wurde. Auf dieses Geheimnis der *Vergangenheit* unseres Kosmos weist uns die Christus-Wesenheit, wenn sie sich im Laufe der zweiten Jahresepoche abermals aus den kosmischen Weiten der Erde naht und so im Jahresrhythmus den einst von ihr vollzogenen Weg aus den Weltenfernen zur Verkörperung in einem Menschenleibe und zum Mysterium von Golgatha wiederholt. Damit entspricht die Weihnachtszeit auch dem Ziel des *neuen* Königswegs, den Rudolf Steiner auf die folgende Weise beschreibt: «... so müssen wir in der Lage sein, eine Astronomie, eine Lösung des Welträtsels aus dem Inneren des Menschen hervor zu gewinnen durch Imagination, Inspiration und Intuition. Eine Geistes- oder Geheimwissenschaft, die *aus dem Inneren des Menschen geschöpft ist*, die muß uns werden. Wir müssen ergründen, was des Menschen eigene Wesenheit ist. *Und des Menschen eigene Wesenheit muß uns sprechen von dem Werden der Welt* durch Saturn-, Sonnen-, Mond-, Erden-, Jupiter-, Venus-, Vulkangeheimnisse. Wir müssen ein Weltenall erstehen fühlen in unserem Inneren.»[7]

Beide Prozesse, die den *ganzen* Jahreskreislauf in seiner Gesamtheit enthalten, finden wir in dem folgenden meditativen Wort Rudolf Steiners wieder:[8]

«Willst du dich selber erkennen,
Blicke in der Welt nach allen Seiten.
Willst du die Welt erkennen,
Schaue in alle deine eigenen Tiefen.»

2.
Das Wirken der luziferischen und ahrimanischen Mächte im Jahreslauf

Die von uns im vorigen Kapitel betrachteten zwei Wege in die geistige Welt lassen zugleich den unterschiedlichen Charakter der Versuchungen erkennen, die der Geistesschüler durchmachen muß, der im Sinne der heutigen Einweihung die Vereinigung dieser Wege durch ein esoterisch vertieftes Erleben des Jahreskreislaufs erreichen will. Ist doch das Wirken der Widersachermächte Luzifer und Ahriman auch auf dem *neuen* Königs- und Hirtenweg verschiedenartig, was ebenso für die zwei Jahreshälften gilt.

So wirken in der Zeit von Johanni bis Weihnachten im Inneren des Menschen mehr die luziferischen Kräfte, wodurch es wiederum Ahriman möglich wird, um so stärker in der äußeren Welt zu herrschen, aus der er die Kräfte der *Liebe* vollständig auszutilgen strebt, um stattdessen die Macht von Finsternis, Haß und Tod auf der Erde zu verstärken. Dieser Kampf Ahrimans um die Herrschaft auf der Erde kommt in der äußeren Natur in dem allmählichen Übergang vom Sommer über den Herbst zum Winter zum Ausdruck. Ahriman will in dieser Zeit den Christus, der als der neue Geist der Erde im Sommer die Seele der Erde auf ihrem Weg in den Makrokosmos begleitet hat, gleichsam daran hindern, sich nun abermals im Weihnachtsgeschehen mit der Erde zu verbinden, um auf diese Weise seine eigene Macht über sie endgültig zu besiegeln. Da tritt jedoch Michael, das Antlitz des Christus, gegen die ahrimanischen Mächte auf, indem er im Herbst die Erde von den ahrimanischen Geistern reinigt: «Bevor wiederum der Kreislauf vollendet ist und der Dezember herankommt, der den Christus-Impuls in der durchseelten Erde geboren werden läßt, muß die Erde durch geistige Kräfte gereinigt sein von dem Drachen, von den ahrimanischen Kräften.»[9] Deshalb versteht nur derjenige diese Jahreshälfte richtig, der zu sagen vermag: «Michael hat die Erde gereinigt, damit ich zur Weihnachtszeit in der richtigen Weise die Geburt des Christus-Impulses vollziehen kann.»[10] So hilft Michael der Menschenseele in dieser Zeit, die im Äußeren wirkenden Kräfte Ahrimans zu überwinden, daß sie, die Hoffnung nicht verlierend, inmitten aller Kräfte des Hasses und des Todes doch den Weg zur Geburt an Weihnachten, zum Aufgehen der Liebes-Sonne in der Dunkelheit und Kälte der Winternacht finden könne.

Aber Michael hilft in dieser Jahreszeit dem Menschen nicht nur im Kampf gegen Ahriman. Er hilft ihm auch in seinem inneren Kampf mit Luzifer. Denn dieser, in der Seele wirkend, strebt danach, den Menschen durch alle möglichen Illusionen in Bezug auf sein eigenes Innere zu verwirren, um die wahre, auf der Erkenntnis der eigenen Vergangenheit beruhende *Selbsterkenntnis*, die bei rechter Entwicklung in der Zeit um Weihnachten in der Gestalt des kleinen Hüters der Schwelle objektiv vor den Geistesschüler tritt, zu verhindern: «Die Art, wie Michael das Vergangene im gegenwärtigen Menschenleben zur Wirksamkeit bringt, ist die im Sinne des rechten geistigen Weltenfortschritts gehaltene, die nichts Luziferisches enthält.»[11] Michael verstärkt dank dieses objektiv richtigen Hineintragens der Vergangenheit in die Gegenwart den *Impuls der Weisheit* im Menschen, wodurch dieser dann mit ihrer Hilfe in dem Tod, der ihn in allem Äußeren scheinbar umgibt, den Atem der sich der Erde nähernden kosmischen Liebe, das Wehen der Christus-Wesenheit erfassen kann.

Anders verhält es sich mit dem Wirken der Gegenmächte im Lauf der zweiten Jahreshälfte: von Epiphanias bis Johanni. Da dringen die ahrimanischen Kräfte mehr in das Innere des Menschen ein und rufen die Neigung zu allen möglichen Illusionen in Bezug auf die Erkenntnismöglichkeiten der äußeren Welt in ihm hervor, wobei sie die Neigung zu offenem oder verborgenem Materialismus, zu Gedanken und Gefühlen, die unfähig sind, sich Geistigem zuzuwenden, in ihm wecken; kurz gesagt, die ahrimanischen Mächte streben in dieser Zeit mit allen Kräften danach, das Innere des Menschen der ihn umgebenden Natur ähnlich zu machen. All das ist die Voraussetzung für die ahrimanischen Mächte, um zu bewirken, daß der Mensch keine wahre *Welterkenntnis* erlange, keine Erkenntnis des Makrokosmos, an dessen Tor den Geistesschüler um die Epiphanias-Zeit die Begegnung mit dem großen Hüter der Schwelle erwartet, der ihm die Geheimnisse der Zukunft enthüllen soll. Gegen diese *gesetzmäßige* Erkenntnis der Zukunftsimpulse aber wenden sich gerade die ahrimanischen Mächte. Hier jedoch kommt dem Menschen der Christus-Impuls zu Hilfe. Denn «der Christus trägt in sich in kosmisch gerechtfertigter Art die Zukunfts-Impulse der Menschheit».[12] «Sich mit Christus in rechter Art zu verbinden, heißt [darum auch], sich vor dem Ahrimanischen in der rechten Art bewahren.»[13]

Was nun Luzifer betrifft, so sucht er in der Zeit, da Ahriman mehr das menschliche Innere bedroht, seinerseits seine Macht auf die äußere Natur auszudehnen. Er will, indem er in den Kräften des Wachsens und Blühens der Pflanzen, in der Pracht des sommerlichen Sternenhimmels wirkt, im Menschen die Illusion hervorrufen, als bestehe in der Welt allein eine natürliche geist-fremde Gesetzmäßigkeit, um ihn auf diese Weise jener wahren *Weisheit* zu berauben, die allein ihn den geistig-moralischen Grundlagen der ihn umgebenden Welt näherzubringen vermag. «Luzifer hat nun alles Interesse daran, das Moralische als solches, das immer als ein Gegenwärtiges seine große Bedeutung hat, weil es ja keimhaft für spätere Weltenschöpfung wirkt, alles Moralische herauszulösen aus dem Weltbild und bloß das naturgemäß Notwendige im äußeren Weltenbilde erscheinen zu lassen. So stellt sich dem arm gewordenen Menschen der neueren Zeit eine Weltenweisheit dar, die zugleich ein Weltenbild gibt, in dem die Sterne kreisen nach amoralischen, rein mechanischen Notwendigkeiten, in dem die Sterne kreisen in einer Weise, daß wir mit ihrem Kreisen nichts vom moralischen Sinn der Weltenordnung verbinden können. Das ist ein rein luziferisches Weltenbild.»[14]

Es kann der Mensch jedoch, indem er zu Weihnachten (Epiphanias) den Christus-Impuls in sich aufnimmt und ihn durch das Ostererlebnis innerlich verstärkt, sich mit den Kräften der kosmischen Liebe durchdringen, um mit ihr sodann dem luziferischen, von allem Moralischen entblößten und deshalb zutiefst unwahren Weltbild entgegenzutreten. Und wenn es so mit der Christus-Liebe durchdrungen wird, dann kann dieses falsche Weltbild sich abermals mit den moralischen, Luzifers Macht überwindenden Kräften erfüllen und so die in der Welt enthaltene göttliche Ur-Weisheit in *wahrer Gestalt* zeigen.

Das alles macht deutlich, daß die Widersachermächte Luzifer und Ahriman in ihrem dauernden sich überkreuzenden Zusammenwirken im Laufe des Jahres nur ein Ziel haben: den Menschen so irrezuleiten, daß er während der einen Jahreshälfte das Wirken der Liebe nicht zu erkennen vermag und während der anderen das Wirken der Weisheit.

3.
Die Suche nach der Isis-Sophia und die Suche nach dem Christus

Wir wissen durch Mitteilungen der Geisteswissenschaft, daß uns in unserem Kosmos die Prinzipien der Liebe und der Weisheit in zwei Wesen entgegentreten: die Liebe in der Christus-Wesenheit und die Weisheit in der Wesenheit der Sophia. Schaut man dann auf die zwei Gefahren, die dem Menschen im Laufe des Jahres von Luzifer und Ahriman drohen, so kann man auch sagen: Im Laufe der einen Jahreshälfte (von Epiphanias bis zu Johanni) droht dem Menschen die Gefahr, die innere Verbindung mit der Sophia zu verlieren, dagegen in der anderen Jahreshälfte die Verbindung mit dem Christus.

In unserer Betrachtung konnten wir jedoch auch auf die zwei Mächte weisen, welche dem Menschen im Ringen mit diesen zwei Gefahren zu helfen vermögen: Die eine ist die Michael-Macht, mit der wir uns ganz besonders zur Zeit seines herbstlichen Festes verbinden können, die andere ist die Christus-Kraft, die zu Epiphanias in die Menschen eindringt und ihre volle Entfaltung durch das Ostererleben erfährt.[15]

Wie wir im vorigen Kapital sahen, haben wir es einerseits in der Zeit von Epiphanias bis Johanni mit einem immer tieferen Eindringen des Christus-Impulses in das Innere der menschlichen Seele zu tun, andererseits – infolge der Einwirkung der Widersachermächte – mit dem allmählichen Verlust der alten Natur-Weisheit, der Fähigkeit, die moralisch-geistigen Kräfte hinter der Maya der äußeren Welt zu schauen. Das zeigt sich besonders deutlich in der modernen Astronomie, von der Rudolf Steiner sagt, daß sie ein Bild der von *Luzifer getöteten und nach außen, in den Kosmos getragenen Wesenheit der neuen Isis, der göttlichen Sophia sei*.[16] So können wir die folgenden Worte ganz besonders auf die genannte Jahreshälfte beziehen: «Nicht der Christus fehlt uns, sondern die Erkenntnis des Christus, die Isis von Christus, die Sophia von Christus fehlt uns.»[17]

Die Kräfte aber, die uns helfen können, dieser Gefahr nicht zu verfallen, wurden uns im Mysterium von Golgatha mit dem Osterfest gegeben.

Denn die Vertiefung in dieses Mittelpunktsgeschehen der ganzen Erdenentwicklung eröffnet jedem Menschen heute die Möglichkeit, den Christus-Impuls, der zu Epiphanias in die Seele einzieht, so in sich zu verstärken, daß die Suche nach der neuen Isis-Sophia bewußt begonnen werden kann, um dasjenige zu erreichen, was Rudolf Steiner folgendermaßen charakterisiert: «Und wir müssen mit demjenigen, was wir nicht begreifen, was aber in uns ist, mit der Kraft des Christus, mit der neuen Osiriskraft ausziehen und den Leichnam der modernen Isis suchen, den Leichnam der göttlichen Sophia. Wir müssen herangehen an die luziferische Naturwissenschaft und müssen suchen den Sarg der Isis, das heißt, wir müssen finden aus dem, was uns die Naturwissenschaft gibt, dasjenige, was innerlich anregt zu Imagination, zu Inspiration, zu Intuition. Denn dadurch erwerben wir die Hilfe des Christus in uns, der uns dennoch dunkel, der uns finster bleibt, wenn wir ihn nicht durch die göttliche Weisheit erleuchten. Wir müssen, ausgerüstet mit dieser Christus-Kraft, mit dem neuen Osiris, auf die Suche nach der Isis, nach der neuen Isis gehen.»[18] In diesem Sinne ist es notwendig, daß wir, um die neue Isis, die göttliche Sophia zu finden, den *neuen* Hirtenweg betreten, uns der äußeren Naturerkenntnis zuwenden. «Wir müssen so fromm werden, wie die Hirten in ihrem Herzen waren gegenüber den Offenbarungen der Natur.»[19]

Nur eine solche Suche nach der neuen Isis, der göttlichen Sophia, erfüllt von wahrer innerer Selbsthingabe, kann – wenn der Christus-Impuls, als Impuls der kosmischen Liebe, in ausreichendem Maß in der Seele lebendig ist – zum wahren Pfingsterleben führen, zum Erleben des Festes der Herabkunft des Heiligen Geistes, der davon zeugt, daß der Mensch die neue kosmische *Weisheit*, die neue Sophia von Christus zu erlangen vermag. Und der Mensch kann mit dieser neu gewonnenen Sophia, die durch die Vergeistigung der äußeren, mit den Herzkräften durchdrungenen Naturanschauung oder modernen Naturwissenschaft gefunden wurde, im Jahreslauf weiterschreiten zur zweiten Jahreshälfte, zu der Zeit, da die zweite Gefahr lauert: innerlich den Christus-Impuls zu verlieren. Diese Gefahr taucht, wie wir schon gesehen haben, im Jahreslauf auf, weil in der Johannizeit der Christus als neuer Geist der Erde mit ihrer Seele außerhalb ihres physischen Leibes weilt und die Widersachermächte immer aufs neue versuchen, ihn daran zu hindern, den Weg zurück vom Kosmos in die Erdensphäre und damit auch in die Seelen der Menschen zu finden. Daß solches nicht geschehe, muß der Mensch in dieser Jahreszeit aus eigener innerer Initiative beginnen, den Christus im Erdensein zu suchen. Die Kraft aber, die ihm dabei zu helfen vermag, ist die Kraft der

Sophia, der göttlichen Weisheit von Christus, die er zu Pfingsten erlangen kann.

Von der Notwendigkeit, den Christus auf solche Weise, mit Hilfe der Kraft der Sophia, zu suchen – was zur Weihnachtszeit seine Vollendung erfahren muß –, spricht Rudolf Steiner mit den folgenden Worten: «Der neuere Mensch muß auch das Weihnachtsmysterium in einer neuen Weise begreifen. Er muß verstehen, daß er *zunächst* zu suchen hat die Isis, damit der Christus ihm erscheinen könne.»[20] Und etwas früher äußert Rudolf Steiner denselben Gedanken auf die folgende Weise: «Dann wird in diesem Durchschauen des Weltenalls die wiedergefundene Isiskraft, die aber jetzt die Kraft der göttlichen Sophia ist, durch diese wiedergefundene Isiskraft [wiedergefunden während der Ausatmungsepoche der Erde] der Christus, der seit dem Mysterium von Golgatha mit dem Erdensein vereinigt ist, in dem Menschen auch zur rechten Wirksamkeit, weil zur rechten Erkenntnis, kommen.»[21] Damit betreten wir den *neuen* Königsweg, und auf ihm, mit dem Impuls der Sophia, der kosmischen Weisheit durchdrungen, müssen wir uns in unser eigenes Innere vertiefen, um zur Weihnachtszeit den Christus abermals in unserer Seele empfangen zu können. Denn «wir müssen in unserem inneren Schauen so weise werden, wie es die Magier an der Beobachtung von Planeten und Sternen im Raume und in der Zeit geworden sind.»[22]

Um die Christus-Wesenheit zu Weihnachten auf eine solche neue und nunmehr voll bewußte Weise in sich aufzunehmen, bedarf der Mensch jedoch einer bestimmten Hilfe.[23] Denn so wie er in der aufsteigenden Jahreshälfte der Verstärkung des zu Epiphanias in seine Seele einziehenden Christus-Impulses in seiner Suche nach der Isis-Sophia bedurfte und die Quelle für diese Verstärkung das Osterfest bildete, so bedarf er jetzt für die bewußte neue Suche nach der Christus-Wesenheit einer Verstärkung dieser kosmischen Weisheit in sich; als Quelle aber für diese Verstärkung erweist sich das herbstliche Michael-Fest.

So haben wir mit Ostern ein Fest, das den Christus-Impuls, den Impuls der kosmischen Liebe so weit in uns verstärkt, daß wir mit seiner Hilfe im Erleben von Pfingsten abermals die göttliche Sophia erlangen können. Das ist der Christus-Weg, der uns vom Tod zur Auferstehung führt, *von dem Christus zur Sophia* (zum Geiste).

Mit Michaeli sodann feiern wir ein Fest, welches den zu Pfingsten von uns aufgenommenen Impuls der Sophia, der kosmischen Weisheit[24], so in uns zu verstärken vermag, daß wir zu Weihnachten in der Lage sind, den Christus abermals in uns aufzunehmen. Das ist der Weg, der uns in der richtigen Weise von der Auferstehung im Geiste zur Begegnung mit den

Kräften des Todes in der Natur führt, an dessen Schwelle wir aber durch die Kraft der Sophia den Christus wiederum finden können. Das ist der Weg von *der Sophia zum Christus*, das ist der Weg Michaels. Und es ist im tiefsten Sinne kein Zufall, daß gerade Michael, dieser kosmische Geist, es ist, der die Kräfte der Sophia, der kosmischen Weisheit, in uns zu stärken vermag, wirkt er doch seit alten Zeiten als der große Verwalter der kosmischen Intelligenz, der göttlichen Gedanken der Hierarchien, welche das Leuchtekleid der himmlischen Sophia bilden. Und es war aufgrund dieser Beziehung zwischen der Sophia und dem Michael, daß überall in den alten Mysterien Chaldäas und sogar den noch älteren bis zu den altpersischen Mysterien, Marduk-Michael als der *Sohn* der allesdurchdringenden Weltenweisheit Soph-Ea, Sophia, angesehen wurde.[25]

Um schließlich das oben Gesagte über das Wirken der Widersachermächte im Jahreslauf zusammenzufassen, so können wir sagen: Wir haben in der einen Jahreshälfte den Weg, der von innen nach außen führt, den Christus-Weg, auf dem durch die Christus-Kraft im Innern Ahriman, im Äußeren Luzifer überwunden wird; wogegen in der anderen Jahreshälfte der Michael-Weg von außen nach innen führt, auf dem durch die Michael-Kraft Ahriman im Äußeren und Luzifer im Innern überwunden wird.

So gesehen scheint nur das Johanni-Fest außerhalb des Jahreskreislaufs zu stehen. Doch das ist nicht der Fall. Denn wenn wir, von unserem bisherigen Standpunkt ausgehend, die Worte *ex deo nascimur* mit Weihnachten in Beziehung setzen, mit Ostern *in Christo morimur*, mit Michaeli *per spiritum sanctum reviviscimus*[26], so wird am Johanni-Tag diese Dreiheit der Kräfte des Vaters, des Sohnes und des Geistes, die gleichsam aus der Tiefe, von rechts und von links als das große Jahreskreuz erstrahlen, im Kosmos die erhabene Imagination der Heiligen Dreifaltigkeit bilden.[27]

4.
Der Jahreskreislauf als ein Weg zum neuen Erleben der Christus-Wesenheit

Wir sind am Ziel unserer Betrachtung angelangt und sehen, welch bedeutendes «Gemälde» der Jahreskreislauf uns von einem innerlich-esoterischen Standpunkt aus bietet. Enthält er doch nicht nur *alle sieben* Stufen des neuen christlich-rosenkreuzerischen Einweihungsweges, sondern auch das mächtige Bild des Zusammenwirkens von Christus, Sophia und Michael. Zu Weihnachten beginnend, mit der Geburt des Christus-Impulses im Erdensein, führt uns der Jahreskreislauf von dem Christus zur Sophia, zum Fest der Herabkunft des Heiligen Geistes, und weiter von der Sophia über das Michael-Fest wiederum zu dem Christus, nun aber nicht zu dem Christus in derjenigen Gestalt, in der er an der Zeiten-Wende in die Erdenentwicklung eintrat, mit der er sich im Mysterium von Golgatha endgültig verband, sondern in der *neuen, der übersinnlichen Gestalt,* in der Gestalt, wie der Christus von unserem 20. Jahrhundert an unter den Menschen erscheint.

Zu Weihnachten 1920 sagte Rudolf Steiner in einem Vortrag im Goetheanum in Dornach: «Wir blicken nur dann im rechten Sinne heute hin zu der Krippe, wenn wir dasjenige, was da den Raum durchwallt, in einer einzigartigen Empfindung durchleben und dann hinschauen auf jenes Wesen, das durch das Kind in die Welt gezogen ist. Wir wissen, wir tragen es in uns, aber wir müssen ihm Verständnis entgegenbringen. Deshalb müssen wir, *so wie der Ägypter von seinem Osiris zur Isis hingeschaut hat,* wiederum hinschauen lernen zu der neuen Isis, zu der heiligen Sophia [der Weg der aufsteigenden Jahreshälfte]. Nicht dadurch, daß von außen allein etwas eintritt, wird der Christus im Laufe des 20. Jahrhunderts wieder erscheinen in seiner Geistgestalt, sondern dadurch, daß die Menschen jene Kraft finden, die durch die heilige Sophia repräsentiert wird.»[28] Das ist der Weg der anderen Jahreshälfte von der neugewonnenen Sophia zu dem Christus.

Zur weiteren Vertiefung wollen wir nun die Hinweise Rudolf Steiners, die er im Vortrag vom 20. Februar 1917 gab und die wir in dem Kapitel

«Die Vereinigung der Weltimpulse der Weisheit und der Liebe im Erleben des Christus» bereits anführten, uns nochmals bewußt machen. In dem genannten Vortrag, der von den drei Begegnungen der Menschenseele mit den kosmischen Prinzipien des Vaters, des Sohnes und des Geistes handelt, tritt die Beziehung des Sohnes-Prinzips mit dem Jahreskreislauf klar hervor, und diese Beziehung ist nun näher zu betrachten. Rudolf Steiner äußert über dieselbe: «Die zweite Begegnung ist daher schon mehr an die große, makrokosmische Ordnung gebunden. Diese zweite Begegnung ist nun ebenso an den Jahreslauf gebunden, wie die erste an den Tageslauf gebunden ist.» Und weiter weist er darauf hin, wie in der absteigenden Jahreshälfte (Herbst-Winter) und besonders in der Vorweihnachtszeit die äußeren Sinneseindrücke allmählich zurücktreten und die Seele in wachsendem Maße danach strebt, den geistigen Urgrund hinter den physisch-sichtbaren Dingen zu schauen: «Da durchlebt der Mensch gewissermaßen ein Reich, wo der Geist ihm nahesteht. Und *die Folge davon* ist eben das, daß um die Weihnachtszeit, so bis zu unserem heutigen Neujahr hin, der Mensch... eine Begegnung seines Astralleibes mit dem Lebensgeist durchmacht, ... Und auf dieser Begegnung mit dem Lebensgeist beruht das Nahesein dem Christus Jesus... So daß wir durch diese Begegnung für die heutige Entwickelung, für die Entwickelung mit dem Mysterium von Golgatha, eben dem Christus Jesus besonders nahestehen, und daß wir die Begegnung mit dem Lebensgeist in gewisser Beziehung auch die in den *tiefen Untergründen der Seele* vor sich gehende Begegnung mit dem Christus Jesus nennen können. Wenn nun der Mensch.. sein Empfindungsleben[29] vertieft, vergeistigt... dann wird er... erleben die *Nachwirkung* der Begegnung mit dem Lebensgeist, beziehungsweise mit dem Christus. Und es ist tatsächlich so, daß *in der Zeit, die nun auf die angedeutete Weihnachtszeit folgt, bis zur Osterzeit hin, die Verhältnisse ganz besonders günstig liegen, um sich zum Bewußtsein zu bringen die Begegnung des Menschen mit dem Christus Jesus.»*

Sich sodann dem Wesen der Osterzeit zuwendend, vollendet Rudolf Steiner die Beschreibung dieser Entwicklung: «Und das große Mysterium, das Karfreitagsmysterium, das dem Menschen das Mysterium von Golgatha zur Osterzeit vergegenwärtigt, hat neben allem anderen auch noch diese Bedeutung, daß der *Christus, der gleichsam neben uns einherwandelt, in der Zeit, die ich beschrieben habe* [das heißt von Weihnachten bis Ostern], *sich nun uns am meisten nähert, gewissermaßen, grob gesprochen, in uns selber verschwindet, uns durchdringt, so daß er bei uns bleiben kann für die Zeit nach dem Mysterium von Golgatha*, in der Zeit, die jetzt kommt als Sommerzeit, in der sich in alten Mysterien zu Johanni die

Menschen mit dem Makrokosmos haben verbinden wollen auf eine andere Weise, als das nach dem Mysterium von Golgatha sein muß.»[30]

Die angeführten Worte Rudolf Steiners lassen in aller Deutlichkeit eine *dreifache* Gliederung des Jahres erkennen: als erstes das in Herbst und Winter erwachende Streben des Menschen, den geistigen Ursprung hinter der physisch-sinnlichen Welt zu schauen. Dieses Streben gründet sich auch auf die Tatsache, daß die natürliche irdische Umgebung in dieser Jahreszeit das Bild des allmählichen Ersterbens alles Sinnlich-Physischen bietet. Der Mensch fühlt sich von der äußeren Natur verlassen und hat ein starkes Einsamkeitserlebnis, was wiederum das Verlangen verstärkt, in die geistige Heimat zurückzukehren, aus der er in der Urvergangenheit in das Reich des Todes herabkam: «Da [in dieser Jahreszeit] reißt sich auch mehr ein Geistiges los – von sich und auch von der Erde –, und er ist mit der geistigen Welt, mit der ganzen geistigen Umgebung verbunden.»[31] Es wurde jedoch dieser geistige Grund oder diese geistige Welt, die sich unmittelbar hinter der den Menschen umgebunden Natur befindet, seit den ältesten Zeiten und bei allen Völkern als das Ursprungsreich des Vater-Gottes bezeichnet. «Diese Völker», sagt Rudolf Steiner, «haben wenigstens in ihren Weisheitslehren empfunden, daß der Kosmos durchwallt und durchwebt ist von einem Göttlichen und daß von diesem Göttlichen dasjenige unterschieden werden kann, was auf der Erde selbst in unserer Umgebung in der physischen Welt ist.»[32] Davon spricht auch der Christus nach seiner Auferstehung von den Toten zu den Jüngern: «Insofern ihr schaut auf die Erde und den umliegenden Kosmos, ist es der Vater, der dieses Weltenall durchlebt. Der Vater-Gott ist der Gott des Raumes.»[33] Deshalb können wir sagen: Es ist die absteigende Jahreshälfte, die uns das Bild der Menschheitsevolution vor dem Mysterium von Golgatha zeigt, die uns das Reich des einen Vaters alles Seins offenbart, das Reich der ursprünglichen Geistigkeit, die die physisch-sinnliche Welt schafft und erhält. Strebt nun der Mensch in dieser Jahreszeit im allgemeinen mehr oder weniger unbewußt danach, in die Vatersphäre zurückzukehren, so kann der Eingeweihte gerade diese Epoche des Jahreskreislaufs für eine bewußte Vereinigung mit ihr und für ein tieferes Eindringen in ihre Geheimnisse nutzen.

Zu Weihnachten bedeutet dann die geistige Begegnung mit dem Christus als dem Sohnes-Prinzip den Höhepunkt dieser Entwicklung. Zunächst jedoch wird die Begegnung mit dem Christus nur «in den tiefen Untergründen der Seele» stattfinden, und erst im Laufe der nachfolgenden Zeit bis zu Ostern hin wird die Menschenseele sie sich «zum Bewußtsein bringen», und sie wird lernen, den Christus zunächst zu empfinden und später zu schauen als eine Wesenheit, die *«neben»* ihr «einherwandelt». Dann ist der Mensch vollkommen im Reiche des Christus, und dieses «In-der-Nähe-Sein» des Christus bildet das zweite Element im Jahreskreislauf.

Das dritte Element tritt nach Ostern in Kraft. In dieser Zeit «nähert sich uns», nach den Worten Rudolf Steiners, der Christus «am meisten», um sodann «in uns selber zu verschwinden», «uns zu durchdringen». Dieses unmittelbare Eintreten der Christus-Wesenheit in die menschliche Seele ist jedoch in unserer Epoche nur durch die Vermittlung des Impulses möglich, der vom Heiligen Geist ausgeht. Denn dränge der Christus ohne diese Vermittlung in das Menscheninnere ein, dann wäre das Auslöschen des individuellen Menschen-Ich die Folge, da im gegenwärtigen Entwicklungszyklus kein einziges irdisches Ich die unmittelbare Gegenwart der Christus-Wesenheit in sich ertragen könnte.[34] «So ist eigentlich der Heilige Geist dasjenige, was von dem Christus gesandt werden sollte, damit der Mensch sein Ich-Bewußtsein behalten könne und der Christus dem Menschen unbewußt innewohnen kann.»[35] Damit haben wir auf dieser dritten Stufe einen Prozeß, der zu Ostern beginnt und zu Pfingsten seine Vollendung erlangt, wo sich jedes Jahr wiederholen kann, was einstmals an der Zeitenwende geschah, als der Christus-Impuls «... untergegangen ist, ... insofern er sich in äußeren Hüllen manifestiert hat, in der einheitlichen geistigen Welt durch die Himmelfahrt. Wiederaufgetaucht ist er zehn Tage danach aus den Herzen heraus der einzelnen Individualitäten, der ersten Versteher [der Apostel].»[36] Das ist der Augenblick, da im Menschen das neue geistige Bewußtsein erwacht, von dem Rudolf Steiner in einem anderen Vortrag sagt: «Die Kraft des Geistes, die so in die Leiber hereinkommt, die wird das geistige Auge abgeben, um die geistigen Welten zu sehen und zu verstehen», so daß «auch im physischen Leib das Beste der Seele, das was den Ausblick gibt in die geistigen Welten... immer mehr und mehr aufgeweckt werden wird.»[37]

Was sich dem Menschen dann allmählich offenbart, das beschreibt Rudolf Steiner auf die folgende Weise: «Lassen wir uns aber von dem Christus begleiten, tragen wir unsere toten Gedanken in Begleitung des Christus in die Sternenwelt hinein, in die Welt der Sonne, des Mondes, der Wolken, der Berge, der Flüsse, der Mineralien, der Pflanzen und der Tiere, tragen wir sie hinein in die ganze physische Menschenwelt, alles wird im Anschauen der Natur lebendig, und es ersteht wie aus einem Grabe aus allen Wesen der lebendige, der uns heilende, der uns vom Tode erweckende Geist, der Heilige Geist.»[38] Damit ist jedoch dieser Prozeß noch nicht beendet. Denn die Vereinigung der Christus-Wesenheit mit dem Menschen geht im Jahreslauf immer weiter bis zum Johanni-Tag, was das allmähliche und, im Unterschied zu den alten Mysterien, vollbewußte Hineinwachsen des Menschen in den Makrokosmos zur Folge hat. Und das, was dem Menschen in diesem Falle zugänglich sein wird, das wird – neben vielem anderen – das Erleben des Erdendaseins bis zum alten Saturn sein, dessen letzter natürlicher Abglanz die Wärme des Sommers ist, die zur Johanni-Zeit die Erde wie eine Art von Hülle umgibt. Diesen inneren Zustand, den Rudolf Steiner im Vortrag vom 31. Oktober 1911 zunächst ein Wahrnehmen nennt, das das «Walten des Heiligen Geistes in der Welt» erfaßt, «wodurch der Mensch die geistige Welt unmittelbar aus den Impressionen heraus selber begreifen kann», ihn beschreibt er danach mit den Worten: «Was sich der Mensch zunächst nur vorstellen kann, das wird hellseherisch Gegenwart. Denken Sie sich getaucht in das Meer, aber jetzt getaucht als geistiges Wesen, *welches sich eins fühlt mit der Christus-Wesenheit*, getragen von der Christus-Wesenheit, schwimmend, aber jetzt nicht in einem Meere von Wasser, sondern in einem den unendlichen Raum erfüllenden Meere von... flutendem Mute, flutender Energie.»[39] In diesen wenigen Worten haben wir ein Beispiel, was der moderne christliche Eingeweihte (in diesem Falle Rudolf Steiner) erleben kann, wenn der Christus sich ihm durch die Vermittlung des Heiligen Geistes «nähert» und ihn «durchdringt».[40] Es betrifft jedoch das, was sich dem Eingeweihten beim Schauen des alten Saturn offenbart, nicht nur die ferne Vergangenheit unserer Erde, sondern auch die unmittelbare Gegenwart. Denn «... wenn wir suchen, was noch vorhanden ist an Kräften, die... die Naturkräfte der alten Saturnentwicklung waren, so müssen wir zu der Gesetzmäßigkeit unseres persönlichen Karmas gehen... Und wenn wir versuchen, [unser] persönliches Karma in Zusammenhang zu bringen mit den Konstellationen, die sich auf diese *Tierkreiszeichen* beziehen, dann leben wir ungefähr in der Sphäre der Weltbetrachtung, die angewendet werden müßte auf die Gesetze der alten Saturnepoche.»[41]

Nun können wir auch die Worte vom Aufsteigen in die Weiten des Makrokosmos während der Johanni-Zeit (s. S. 304 f.) verstehen. Denn nur, wenn der moderne Eingeweihte bis zur Fixsternwelt aufsteigt und dort das «rein geistig gewordene»[42] Dasein des alten Saturn erlebt, kann er sich dem Erfassen des Karma-Gesetzes, des menschlichen Schicksalsgesetzes unmittelbar nähern. Und das ist es, was sich ihm gerade zur Johanni-Zeit offenbart, wenn er, «sich mit der Christus-Wesenheit eins fühlend», in die Fixsternsphäre aufsteigt, wo «... durch die verwirrenden Ereignisse des Tierkreises hindurch der Christus unser Führer wird».[43] Dann offenbart der neue Heilige Geist dem Eingeweihten das allumfassende Bild vom Wirken des Welten-Karma.[44]

Und so haben wir, im ganzen gesehen, zunächst die drei geschilderten Stufen im Jahreskreislauf:

1. Die Zeit von Johanni bis Weihnachten. Das immer stärker werdende Streben des Menschen, die geistige Welt hinter dem Physisch-Sichtbaren wahrzunehmen, sich mit dem Reich des Vaters zu vereinigen. (Für den Eingeweihten verwandelt sich dieses Bestreben in ein wirkliches Schauen dieser Sphäre.)

2. Die Zeit von Weihnachten bis Ostern. Das Eintreten des Menschen in das Reich des Sohnes. Das Erleben des Christus, wie er «neben» dem Menschen «einherwandelt».

3. Die Zeit von Ostern bis Johanni. Das Eindringen der Christus-Wesenheit in den Menschen durch die Vermittlung des von ihm gesandten Heiligen Geistes. Das Schauen des Welten-Karma.[45]

Der moderne christliche Eingeweihte kann alle drei Stufen, die seit dem Mysterium von Golgatha im Jahreskreislauf real enthalten sind, voll bewußt erleben. Und der oben zitierte Vortrag vom 20. Februar 1917 ist das Ergebnis eines solchen Erlebens. Jedoch auch für denjenigen, der den Entwicklungsweg im Sinne der modernen anthroposophisch orientierten Geisteswissenschaft erst begonnen hat, ist das Wissen vom Wirken der Kräfte des Vaters, des Sohnes und des Geistes im Jahreslauf außerordentlich bedeutsam, denn es ist am besten geeignet, ihn für das Erleben des ätherischen Christus vorzubereiten. Und hier rühren wir an ein Geheimnis, auf das Rudolf Steiner einmal Friedrich Rittelmeyer hinwies, als er ihm sagte, daß der beste Weg zum Wahrnehmen des ätherischen Christus die meditative Versenkung in den Jahreskreislauf und das geistige Leben mit ihm sei.[46]

Wenn wir nun, den eingangs angestellten Betrachtungen folgend, den Herbst als den Beginn des Jahreskreislaufs nehmen, so kann diese Zeit wegen ihres Gesamtcharakters auch als besonders geeignet für ein intensives Studium der anthroposophischen Geisteswissenschaft angesehen werden, wobei gegen Weihnachten das Thema der *Christologie* gleichsam von selbst in den Vordergrund rücken wird. Ihm mag dann die nächste Epoche – etwa von Weihnachten bis Ostern – gewidmet werden, so daß während dieser Epoche das Bewußtsein und das Empfinden davon, daß die moderne Geisteswissenschaft vor allem die Aufgabe hat «... umzugießen in menschlich Begreifbares das, was aus den spirituellen Welten durch den Christus herunterfließt»[47], in aller Intensität entstehen kann. Nur wenn dieses Gefühl die Seele mit großer Kraft ergriffen hat, ist der nächste Schritt möglich, kann der Studierende erst wirklich zum Schüler der Geisteswissenschaft werden und mit den eigentlichen, von Rudolf Steiner gegebenen, okkulten Übungen beginnen. Sie werden dann auch in der Zeit von Ostern über Pfingsten bis Johanni besonders wirksam sein.[48] Verbinden wir nun die genannten drei Stufen auf diese Weise mit dem Jahreslauf, dann können wir das dreifache Wirken der sie gestaltenden geistigen Kräfte erleben:

Studium der Anthroposophie   – Kräfte des Vaters
Christologie / gedankliche Beziehung
zu dem Christus   – Kräfte des Sohnes
Okkulte Praxis / Meditation   – Kräfte des Geistes.

Dabei kann das Folgende geschehen. Wird die zweite Stufe in der Zeit zwischen Weihnachten und Ostern mit einer solchen Intensität durchgemacht, daß das gedankliche Erleben der Christus-Wesenheit nicht im Kopf, nicht trockene Theorie bleibt, sondern den *ganzen* Menschen ergreift, das heißt zugleich mit dem Denken auch das Gefühl und den Willen, dann kann dieser den Menschen ergreifende Christus-Impuls – wenn auch zunächst für ihn unbewußt – seinerseits auf den Gang der meditativen Übungen einwirken, mit anderen Worten, den Geist-Impuls in ihnen stärken. Geschieht das, wird der Impuls des Geistes im Meditierenden durch den Christus-Impuls dergestalt verstärkt, daß er *über die Grenzen* seines ursprünglichen Wirkungsbereiches zu dringen vermag, das heißt, im Jahreslauf *über* Johanni hinaus, dann kann dieser Geist-Impuls, die zweite, absteigende Jahreshälfte durchdringend, das ihr eigene mehr oder weniger unbewußte Streben zum Wahrnehmen der geistigen Welt in ein reales Schauen der geistigen Tatsachen und Wesenheiten hinter den Prozessen und Gegenständen der sichtbaren Welt verwandeln. Dann «...fühlen wir den lebendigen, den heilenden Geist aus allen Wesen dieser Welt zu uns sprechen», bleibt doch «...unsere Erkenntnis eine tote, wenn wir nicht durch den Christus so auferweckt werden, daß aus aller Natur, aus allem kosmischen Dasein zu uns wiederum der Geist spricht, der lebendige Geist.»[49] Und dieses Erlebnis ist nichts anderes als das Eindringen des neuen Christus-Geistes in die Welt des Vaters, in das Naturdasein. Dann werden wir im Laufe der folgenden Herbst- und Winterzeit gleichzeitig mit dem äußeren Sterbeprozeß in der umgebenden Natur die Geburt des Geistbewußtseins in uns erleben, das uns die Fähigkeit des neuen ätherischen Hellsehens in der elementarischen Welt verleiht, wird sich unserem Erleben ein erster Blick in das allumfassende geistige Reich des Vaters eröffnen.[50]

Und wenn wir, vom Geist-Impuls weitergeleitet, während des Herbstes und zum Winteranfang uns diese neue, sich uns offenbarende Welt genügend anzueignen vermögen, dann kann sich uns der ätherische Christus zur Weihnachtszeit in unserem Innern nähern. Gleichsam aus dem wogenden Meer der imaginativen Bilder wird seine milde Gestalt vor uns erstehen, unser ganzes seelisches Dasein mit den Kräften der Liebe, des Lebens und des Lichtes erfüllend. Und dann wird er uns während der folgenden Epoche von Weihnachten bis Ostern und sogar bis zur Himmelfahrtszeit begleiten, um sich sodann endgültig mit uns zu vereinigen, «uns zu durchdringen» und uns so den Impuls des von ihm gesandten Heiligen Geistes «einzuverleiben», des Geistes, der uns in unmittelbarem hellsichtigen Schauen die karmischen Folgen unserer Taten, aber auch die aus diesem Schauen erfolgenden Lebensaufgaben offenbart. Damit können wir wiederum drei Stufen des zweiten Jahreskreislaufs unterscheiden:

Das ätherische Schauen der elementarischen Welt – Kräfte des Vaters
Das Schauen des ätherischen Christus – Kräfte des Sohnes
Das hellsichtige Wahrnehmen der Folgen
der eigenen Taten – Kräfte des Geistes.

Der hier beschriebene Prozeß kann jedoch noch einen Jahreszyklus weitergeführt werden. Dann erschließt sich die folgende Stufe nicht nur dem Schauen, sondern auch dem bewußten *Erfüllen* der Forderungen unseres eigenen Karma. Denn wir sollen das uns vom Geist Geoffenbarte nicht nur wahrnehmen, sondern auch die *Willenskräfte* in uns finden, das Wahrgenommene in unserem Erdenleben zu verwirklichen. Dazu aber bedürfen wir der Hilfe, die uns jedoch nur aus dem Reiche des Vaters zukommen kann. Wir bedürfen eines neuen Stromes von Willenskräften aus seiner Sphäre, um die im Geiste geschauten Aufgaben zu erfüllen. Das kann dadurch geschehen, daß wir infolge unserer Hingabe an den ätherischen Christus den Geist-Impuls in uns so zu stärken vermögen, daß er uns im weiteren Verlauf des Jahres abermals in die Wirkenssphäre der Vaterkräfte führt, mit deren Hilfe wir sodann den rechten Weg aus dem Geistigen zurück in den Erdenbereich finden können.

Die weitere Entwicklung wird dann darin bestehen, daß die Früchte der auf die beschriebene Weise vollbrachten irdischen Taten von der Christus-Wesenheit in ihre Sphäre aufgenommen und von dort in die karmische Entwicklung der ganzen Menschheit hineingetragen werden. Denn daß der Christus von unserer Zeit an der Herr des Karma wird, bedeutet zugleich, daß er die Folgen unserer Taten so lenken wird, daß daraus das größtmögliche Gute für die Welt und die Menschheit entstehen kann –

> «daß *gut* werde,
> was wir
> aus Herzen gründen,
> aus Häuptern
> zielvoll führen wollen.»

«Daß unser karmisches Konto in der Zukunft so ausgeglichen wird, das heißt in eine solche Weltordnung hineingestellt wird gegen die Zukunft, wenn wir den Weg zum Christus gefunden, daß die Art unseres karmischen Ausgleiches das größtmögliche Menschenheil für den Rest der Erdenentwicklung hervorrufe, das wird die Sorge sein dessen, der von unserer Zeit an der Herr des Karma wird, es wird die Sorge Christi sein.»[51]

Dadurch wird die *karmische Befreiung* der Erde, die notwendig ist, damit in der Zukunft der Übergang zum Jupiter-Zustand geschehen kann, noch im Erdenzustand allmählich vorbereitet. Und so können wir auch den von uns betrachteten Geistesweg noch eine Stufe weiter verfolgen, und diese Stufe wird den Abschluß des *dritten* Jahreskreislaufs sowie der ganzen dargestellten Entwicklung bedeuten. Sie besteht darin, daß ein noch höheres Erleben des Christus als Herrn des Karma eine weitere Verstärkung des Geist-Impulses (nun zum dritten Mal) bringt, und dadurch kann dieser zum *geistig Schaffenden* in uns werden. Dieser höchste Schaffensimpuls aber wird im Laufe seiner Verwirklichung im physischen Dasein kraft des im Menschen wirkenden neuen Schöpfergeistes den Grund zur wahren *Vergeistigung der Erde*, zu ihrem Sonne-Werden, legen.

Erfüllen des Karma	– Kräfte des Vaters
Eingliederung des individuellen Karma in das Weltenkarma	– Kräfte des Sohnes
Beginn der Vergeistigung der Erde	– Kräfte des Geistes[52].

Auf diese Weise verwandelt sich der Jahreskreislauf für uns allmählich in ein lebendiges, unzertrennliches geistiges Ganzes; und erleben wir dieses während dreier Jahreszyklen[53], innerlich anteilnehmend, mit, dann erfassen wir ein dreimaliges, dreifach verwandelndes Wirken der Christus-Wesenheit, zunächst aus der Sphäre des Vaters, sodann aus seiner eigenen, der Sohnessphäre, und schließlich aus der Sphäre des Geistes, wobei der erste Jahreszyklus dem Wirken der Kräfte der Trinität im «leiblichen» Menschenwesen entspricht, der zweite ihrem Wirken im «seelischen» und der dritte im «geistigen» Wesen des Menschen.[54]

So wird die meditative Versenkung in das esoterische Wesen des Jahreskreislaufs zu einem realen Weg, der das neue Erleben des übersinnlichen Christus erschließt.

5.
Der Jahreskreislauf als menschenverbindende soziale Realität.
Das soziale Wirken der Christus-Wesenheit

Ein weiterer, für unsere Zeit besonders wichtiger Aspekt des Jahreskreislaufs soll hier noch betrachtet werden: seine Bedeutung für das soziale Leben der Menschen. Auf ihn weist Rudolf Steiner hin, wenn er sagt: «Soziale Wissenschaft... soziale Ideale, ... alle diese Dinge sollen befruchtet werden und werden befruchtet werden müssen durch dasjenige, was dem Menschen aufgehen wird dadurch, daß er sich den Jahreslauf selber wieder vergeistigt. Denn dadurch, daß man gewissermaßen parallel dem Jahreslauf lebendig erlebt das Abbild des Mysteriums von Golgatha in jedem Jahr, dadurch inspiriert man sich erst wiederum mit dem, was soziales Wesen, soziales Fühlen sein kann... Wird wiederum in einer allgemein menschlichen Weise der Jahreslauf so empfunden werden, daß er im innerlichen Zusammenhang mit dem Mysterium von Golgatha empfunden wird, dann wird von diesem Hineinstellen des Gefühles der Seele in den Jahreslauf und in das Geheimnis des Mysteriums von Golgatha zugleich wirkliches soziales Fühlen über die Erde hin ausgegossen werden. Das wird die wahre Lösung oder wenigstens Weiterführung desjenigen sein, was man heute... die soziale Frage nennt.»[55]

Diese Worte stellen die Frage vor uns hin: auf welche Weise kann der geistige Gehalt des Jahreskreislaufs zur Lösung des größten Problems in der Gegenwart, der sozialen Frage, beitragen? Die Antwort ergibt sich in aller Klarheit aus der Tatsache, daß wir es im Jahreslauf vor allem mit zwei Dingen zu tun haben: mit dem siebengliedrigen Weg der christlich-rosenkreuzerischen Einweihung und mit den sieben großen christlichen Festen. Dabei handelt es sich im ersten Falle vor allem um die individuelle geistige Entwicklung des einzelnen Menschen und im zweiten um das soziale Zusammenwirken vieler Menschen, das im *gemeinsamen* Feiern der Jahresfeste zum Ausdruck kommt. Denn wenn die moderne christliche Einweihung die Verwirklichung der wichtigsten Formel der neuen Mysterien, «Nicht ich, der Christus in mir»[56], zum Ziel hat, so ist das Ziel des die Menschen vereinigenden Impulses der Jahresfeste die Verwirklichung der Worte: «Denn wo zwei oder drei versammelt sind in meinem Namen, da bin ich mitten unter ihnen.»[57]

Mit einer solchen geistigen Verbindung der individuellen und der sozialen Impulse im Jahresrhythmus können wir auch eine feste Grundlage und einen realen Weg zur Lösung ganz alltäglicher sozialer Probleme in der Gegenwart und Zukunft erlangen. Denn beim Verwirklichen der ersten Formel auf dem modernen Einweihungsweg schließt sich der Mensch nicht nur nicht in sich selbst ab, obwohl er die Kräfte seines Ich-Bewußtseins wesentlich verstärkt, sondern im Gegenteil, er erweitert sein gestärktes Ich-Bewußtsein in solcher Weise (freilich nur, wenn er den Geistesweg in der richtigen Weise geht), daß auf seinem Felde die Interessen der Gesamtmenschheit im Sinne des in ihr wirkenden Christus-Impulses mehr und mehr an die Stelle der engen individuellen Interessen treten. Und umgekehrt, der Mensch vereinigt sich, wenn er die zweite Formel im gemeinsamen Feiern der Jahresfeste verwirklicht, mit den anderen Menschen, ja in gewissem Sinne sogar mit der ganzen Menschheit, ohne den individuellen Menschen aus dem Blick zu verlieren, sondern sein Interesse für ihn wird noch wachsen. Denn aus der Gesamtheit der Jahresfeste wird das allmähliche Entstehen und Wirken des ursprünglichen Menschen – *Anthropos* – in der Menschheit mehr und mehr in den Vordergrund treten, so daß als Frucht des rechten Feierns im Menschen «... zusammenwachsen wird das Erleben echten und wahren Menschentums. ‹Christus gibt mir mein Menschenwesen›, das wird als Grundgefühl die Seele durchweben und durchwellen.»[58]

Wir können auch sagen: indem wir uns mit anderen Menschen in den Festeszeiten des Jahres vereinigen, lernen wir unser eigenes individuelles Wesen, den verborgen in unserem Innern ruhenden Ur-Anthropos immer besser und tiefer erkennen. Und umgekehrt, je weiter wir auf dem modernen Einweihungsweg vorankommen, desto besser lernen wir den Sinn der Erde und der auf ihr lebenden Menschheit erkennen.

Das ist der Beginn der Verwirklichung der neuen sozialen Ethik der Menschheit, die den grundlegenden sozialen Gegensatz zwischen dem Einzelnen und der Gemeinschaft nicht nur «überbrückt», sondern die ihr rhythmisches Zusammenwirken in geistiger Beziehung zu einem Abbild des übersinnlichen Lebens der Seele zwischen dem Tod und einer neuen Geburt macht, dieses Lebens, das in ständigem Wechsel zwischen dem das individuelle Bewußtsein stärkenden Sich-in-sich-selbst-Abschließen und der Hingabe an die umgebende geistige Welt verläuft.[59]

Ein Abbild dieser zwei polaren Zustände des nachtodlichen Daseins sind alle sozialen und antisozialen Impulse[60], (Rudolf Steiner charakterisiert sie auch als Impulse unbewußten Einschlafens und Aufwachens[61]), deren harmonische Wechselwirkung und allmähliche Umwandlung in den Geist des Christus durch das von uns beschriebene Erleben des Jahreskreislaufs erreicht werden kann. Denn der im Jahreslauf wirkende Christus-Impuls führt in dem Maße, in dem die Menschenseele sich ihm bewußt hinzugeben vermag, dazu, daß die Vereinigung der Menschen nicht das individuelle Prinzip zum Erlöschen bringt, sondern, wie das zu den Festeszeiten des Jahres der Fall ist, die soziale Entwicklung fördert, und umgekehrt, das individuelle Prinzip wird das soziale nicht zerstören, denn das ist ausgeschlossen, wenn der moderne Einweihungsweg wirklich beschritten wird. Grundlage für eine solche Wechselwirkung der zwei hauptsächlichen sozialen Tendenzen ist aber eine ganz besonders wichtige Eigenart des Christus-Impulses, die darin besteht, daß «...der Christus-Impuls... über die ganze Menschheit hin gleich sein [kann] und... doch für jeden einzelnen eine persönliche Angelegenheit.»[62]

Das läßt sich auch auf die folgende Weise ausdrücken: Seit dem Mysterium von Golgatha erscheint der Christus als das wahre Ich des einzelnen Menschen und zugleich als das höhere Ich der ganzen Menschheit.[63] Und diese zwei hohen Ideale sind auch das Ziel der zwei von uns beschriebenen geistigen Tätigkeiten im Jahreslauf. So strebt der Mensch auf dem individuellen Einweihungsweg zum bewußten Erleben des Christus in seinem wahren Ich, durch das geistige Miterleben der Jahresfeste aber strebt er danach, in der sozialen Vereinigung mit den anderen Menschen den Christus als das höhere Ich der ganzen Menschheit zu erfahren. Denn «dasjenige, was in jeder Menschenseele als das höhere Ich geboren werden kann, das weist uns hin auf die Wiedergeburt des göttlichen Ich in der Entwickelung der ganzen Menschheit durch das Ereignis von Palästina. Wie in jedem einzelnen Menschen das höhere Ich geboren wird, so wird in Palästina das höhere Ich der ganzen Menschheit, das göttliche Ich geboren...»[64]

So sehen wir, daß das geistgemäße Miterleben des Jahreskreislaufs allmählich zur Vereinigung der ganzen Menschheit in einem einheitlichen geistigen Ganzen führen wird, ohne daß dadurch die individuelle Entwicklung des Menschen Schaden leidet, und es fördert zugleich – von diesem Standpunkt aus betrachtet – das Entstehen des «unsterblichen Individuum», von dem in dem Kapitel «Die Idee der Gottmenschheit...» gesprochen wurde.

Erfließen die sozialen Impulse jedoch wirklich aus dem spirituellen Erleben des Jahreslaufs und der in ihm wirkenden Kräfte der Christus-Wesenheit, dann nehmen sie im Verlauf ihrer Verwirklichung unter den

Menschen einen *kultischen* Charakter an. Sie werden, aus dem geistigen Fundament des Jahreskreislaufs stammend, zur Grundlage einer realen *sozialen Weihehandlung,* einer Opferweihehandlung inmitten der Menschheit, durch die der Christus allmählich so in sie eingehen kann, daß die Taten und Handlungen der Menschen im sozialen Leben unmittelbar «in seinem Auftrag» verrichtet werden können. Und das ist der Beginn dessen, was das wirkliche Durchchristen der Welt genannt werden kann: «Wer wird der große Reformator des sozialen Lebens sein, wenn die Handlungen unter den Menschen einmal ausgeführt werden im sozialen Leben im Auftrag des Christus Jesus, so daß die Welt durchchristet werden kann? ... Der Christus allein wird es sein können, wenn die Menschen untereinander ein soziales Leben werden haben können, das ihnen *in gewissen Momenten des Lebens* zu einer Weihehandlung werden wird, wo sie zu dem Christus so aufschauen, daß sie nicht sagen: Ich –, daß sie sagen: Wenn auch nur zwei oder drei, und wenn viele im Namen des Christus vereinigt sind, so ist der Christus mitten unter ihnen. – Und die soziale Tätigkeit wird eine Opferweihehandlung, sie setzt das fort, was die alte Kultushandlung war. Der Christus muß, indem er lebendig heute in dem Menschenwesen wirkt, auch selber der große soziale Reformator werden.»[65]

Nach allem in diesem Kapitel Gesagten können wir aber die Worte «in gewissen Momenten des Lebens» mit voller Überzeugung vor allem auf die großen Festeszeiten des Jahres beziehen, durch deren regelmäßiges Miterleben wir im Rhythmus des Jahreskreises eine besonders günstige Möglichkeit haben, im sozialen Leben «im Auftrag des Christus» zu wirken, damit unser bewußtes anthroposophisches Tun, das in voller Übereinstimmung mit den kosmisch-geistigen Gesetzmäßigkeiten des Jahres sich vollziehende anthroposophische Handeln, die Grundlage zur sozialen Kultur der Zukunft bilden kann, zu den sozialen Verhältnissen der sechsten Kulturepoche, die der erste Vorbote des künftigen Jupiterzustandes sein wird.[66]

Diesen abschließenden Gedanken wollen wir aber noch etwas genauer betrachten. Denn die «soziale Opferweihehandlung, die fortsetzt, was die alte Kultushandlung war», wie Rudolf Steiner in den oben angeführten Worten sagte, hat noch eine ganz besondere Bedeutung für die gesamte Erdenentwicklung.[67] Wie bekannt, ist mit dem eigentlichen Wesen jeder kultischen Handlung verbunden, daß ihre geistig-moralischen Impulse bis zu den übersinnlichen Grundlagen der physisch-sichtbaren Welt dringen. Das bedeutet vom okkulten Standpunkt aus, daß das höhere geistig-moralische Prinzip sich in seinem umgestaltenden Wirken nicht nur auf den geistig-seelischen Bereich beschränkt, sondern auch das physisch-materielle Prinzip der Welt ergreift und verändert, ihm außer der natürlichen auch eine moralische (geistige) Gesetzmäßigkeit einprägt.

Im Jahreslauf wird dieser Prozeß, dieser Übergang dadurch verwirklicht, daß wir in die natürliche Zwölfheit des Jahres durch das gemeinsame Feiern seiner Hauptfeste die neue moralische Ordnung hineintragen. Dadurch wirken wir real an der allmählichen Durchchristung der Erde mit, sind beteiligt daran, die Erde der Christus-Wesenheit zu «übertragen», auf daß sie, die seit dem Mysterium von Golgatha mit ihr verbunden ist, ganz von ihr Besitz ergreifen, sie bis zu den physischen Substanzen durchdringen und umwandeln könne.[68] Auf diesem Wege wird noch im Erdenzustand allmählich die neue Naturordnung der Welt vorbereitet, von der Rudolf Steiner sagte, «daß die moralische Weltenordnung in der Gegenwart die Keimkraft künftiger Naturordnung ist, das ist der realste Gedanke, den es geben kann. Das Moralische ist nicht bloß etwas Ausgedachtes: das Moralische ist jetzt, wenn es wirklichkeitsgetränkt[69] ist, als Keim vorhanden für spätere äußere Realitäten.»[70] Dann nimmt der Christus unsere Taten, die wir, vom Christus-Impuls durchdrungen, in Freiheit und Liebe vollbringen, in seine Sphäre auf und bereitet sie so, daß sie zur neuen Naturordnung, zur Kraft des Jupiter werden, wo die natürliche Welt ebenso Liebe und Moralität ausstrahlen wird, wie heute die Weltenweisheit, das kosmische Erbe des alten Mondes, aus ihr leuchtet.[71]

So besteht im Übergang vom Individuellen zum Sozialen und vom Sozialen zum verwandelten Natursein die Grundrichtung, in der der Christus-Impuls auf der Erde wirkt. Und wenn wir uns das bewußt machen, dann können wir zu den Worten «Nicht ich, der Christus in mir» und «Wo zwei oder drei in meinem Namen versammelt sind...» das dritte Wort hinzufügen, das den verborgenen Sinn des Jahreskreislaufs und gleichzeitig der ganzen Erdenentwicklung zum Ausdruck bringt: «Der Himmel und die Erde, sie werden vergehen, aber meine Worte werden nicht vergehen.»[72] Im Sinne des oben Gesagten können wir dieses Wort des Christus folgendermaßen verstehen: «Der Himmel und die Erde werden vergehen» – das ist die alte Naturordnung – «aber meine Worte werden nicht vergehen», – denn sie werden Grundlage der neuen Naturordnung auf dem Jupiter sein.

Dieses Wort steht in unmittelbarem Zusammenhang mit dem Anfang des 21. Kapitels der Apokalypse – «Und ich sah einen neuen Himmel und eine neue Erde. Der alte Himmel und die alte Erde waren vergangen...» –, der vom Übergang zum neuen Äon spricht.[73] Die Vorbereitung aber zu diesem Übergang hat in unserer Zeit bereits begonnen. Denn durch die anthroposophische Beteiligung an dem siebenfachen Zyklus der Jahresfeste, im Geiste des modernen Christus-Impulses dienend vollzogen, erzeugen wir jene *geistig-moralische Substanz* in uns, aus welcher der Christus in der Zukunft die neue Naturgrundlage für den künftigen Jupiter-Äon schaffen kann.

So führt uns der in seiner gemeinschaftsbildenden sozialen Realität erlebte Jahreskreislauf allmählich dazu, den Grundstein des neuen Jerusalem in den Seelen und Herzen der Menschen zu schaffen.

XII.
Die Mysterien des ätherischen Christus in der Gegenwart

1.
Das Widar-Mysterium

Im vorigen Kapitel, in dem wir die Summe unserer Betrachtungen zu ziehen versuchten, konnten wir auf die besondere Bedeutung hinweisen, welche der Vertiefung in das Wesen des Jahreslaufs als Weg zum Erleben des ätherischen Christus heute zukommt, so daß das Motiv der Wiederkunft sich in unserer Untersuchung auf natürliche Weise aus dem Grundthema unserer Arbeit – der esoterischen Bedeutung des Jahreslaufs – ergibt. Das wiederum ermöglicht es uns nun, am Ende unserer Betrachtungen, auf dieses wichtigste geistige Geschehen hinzuschauen, das sich von unserem 20. Jahrhundert an in der übersinnlichen Umgebung der Erde vollzieht.

Es ist jedoch notwendig, sich sogleich bewußt zu machen, wie vielschichtig dieses Geschehen ist. Denn obwohl die Christus-Wesenheit eine zentrale Stellung in ihm hat, so ist doch die Beteiligung auch anderer, zu ihrer Sonnensphäre gehörender Wesenheiten an ihm zu erkennen. Zunächst können wir, den Mitteilungen der Geisteswissenschaft folgend, von der Beteiligung der nathanischen Seele (s. S. 187) sprechen, sowie auch von Michael*, dem führenden Geist unserer Zeit. Es gibt jedoch noch eine *dritte* Wesenheit in der geistigen Welt, welcher eine besonders wichtige Rolle in dem neuen Erscheinen des Christus zukommt, ja ohne deren Beteiligung dieses wichtigste Geschehen in unserer Zeit sich in gewissem Sinne überhaupt nicht ereignen könnte. Deshalb müssen wir versuchen, den Schleier des Geheimnisses, der über diesem rätselhaften Wesen ruht, wenigstens ein wenig zu lüften, ehe wir zur Betrachtung des Mysteriums vom Erscheinen des Christus im Ätherischen übergehen, denn ohne Kenntnis dieses Geheimnisses ist es nicht möglich, sowohl die Bedeutung und Rolle dieser Wesenheit für das neue Erscheinen als auch dieses selbst wirklich zu verstehen.

---

* Von der Beteiligung Michaels an dem neuen Christus-Ereignis wird im Abschlußkapitel eingehender gesprochen werden.

Zum Ausgangspunkt der folgenden Betrachtungen wollen wir einige schon erwähnte Tatsachen nehmen, die das Zusammenwirken der zwei anderen Wesenheiten betreffen, die auch an dem neuen Christus-Ereignis beteiligt sind: des Erzengels Michael und der nathanischen Seele. Das Wesen ihrer gegenseitigen Beziehungen besteht, wie wir sahen, darin, daß die nathanische Seele von Anfang an von dem führenden Sonnenerzengel Michael Hilfe bei ihrem opfervollen Dienst für die Christus-Wesenheit in den geistigen Welten erhielt. Darum konnten wir auch auf den Erzengel Michael als diejenige hohe Wesenheit weisen, die an den drei himmlischen Opfern der nathanischen Seele gleichsam als ihr «geistiger Hüter» beteiligt war. Zur Zeit des vierten Opfers dagegen, für dessen Verwirklichung sich die nathanische Seele auf der Erde selbst verkörpern mußte, war sie ganz auf sich gestellt, da die sie «geleitende» Wesenheit, der Erzengel Michael, in der Sonnensphäre geblieben war. Mit dieser Einsamkeit, dieser Verlassenheit der nathanischen Seele auf der Erde wurde aber zugleich der Grund dafür gelegt, daß die Menschen ihr in der Folgezeit aus voller Freiheit zu den neuen Mysterien folgen konnten. Es ist jedoch berechtigt, sich in bezug auf ihre drei zukünftigen Opfer in unserer Zeit sowie im Laufe der sechsten und siebenten Kulturepoche zu fragen: wer ist nun in den geistigen Welten der neue «Beschützer» der nathanischen Seele, der neue Teilnehmer auf ihrem übersinnlichen Wege? Dabei müssen wir uns in aller Deutlichkeit klarmachen, daß der Erzengel Michael nicht länger ihr «geistiger Hüter» sein kann, da er, wie wir aus den Mitteilungen der Geisteswissenschaft wissen, bis zum Jahre 1879 seinen Aufstieg aus dem Rang der Erzengel in den der Archai oder Zeitgeister vollendete. Diese jedoch haben es nicht mehr mit einzelnen Menschen oder Völkern zu tun, sondern mit der Menschheit als Ganzer. Sie wirken auch nicht mehr durch das Prinzip des Lebensgeistes (den kosmisch umgewandelten Ätherleib), sondern durch das Prinzip des Geistesmenschen (den kosmisch vergeistigten physischen Leib), das heißt sie können nunmehr den ganzen Menschen bis hin zu seiner physischen Leibeshülle in ihr Wirken einbeziehen und so ihren Einfluß auf das gesamte Erdensein ausdehnen. Dadurch vermochte der Erzengel Michael, welcher heute als führender Zeitgeist wirkt, in der gegenwärtigen Epoche seiner Führung und nach dem Ende der dunklen Zeit des Kali Yuga im Jahre 1899 die neuen christlichen Mysterien zu begründen, die nicht nur für irgendein einzelnes Volk oder eine besondere Menschengruppe von entscheidender Bedeutung sind, sondern für die ganze Menschheit, unabhängig davon, ob mehr oder weniger Menschen etwas davon wissen wollen.[1] Ist doch Michael seit dem letzten Drittel des 19. Jahrhunderts in bezug auf die Welt der Menschen der Hüter des modernen Einweihungsweges[2], der neue Menschheitsführer zu dem Christus.[3]

Auch in bezug auf den Makrokosmos können wir eine bedeutende Ausweitung seiner geistigen Vollmacht beobachten, denn er wirkt in ihm nun nicht mehr nur als «Antlitz Christi», sondern als Führer aller geistigen Sonnenmächte. In alten Zeiten war der Christus der höchste Führer des Sonnenreiches gewesen. Er hatte dieses jedoch zur Zeit des Mysteriums von Golgatha verlassen und dort an seiner Stelle Michael, den Träger seines «Antlitzes», zurückgelassen, welcher dann etwa zweitausend Jahre später die Stufe erreichte, die es ihm gestattete, ein vollberechtigter *Repräsentant des Christus* auf der Sonne[4] zu werden, das heißt der neue Führer aller Sonnenmächte: «Und die hauptsächlichsten geistigen Wesenheiten, die von der Sonne aus sozusagen das Geistige, das Spirituelle so strahlen, wie physisch das Sonnenlicht oder ätherisch das Sonnenlicht strahlt, die gruppieren sich alle um ein gewisses Wesen, das wir nach einer alten christlich-heidnischen – christlich-jüdischen Benennung könnten wir auch sagen – als das Michael-Wesen bezeichnen können. Michael wirkt aus der Sonne. Und das, was geistig die Sonne der Welt zu geben hat, kann man auch dasjenige nennen, was Michael mit den Seinigen der Welt zu geben hat.»[5] Nachdem er jedoch dieses hohe Amt erhalten hatte, konnte Michael, wie wir bereits sahen, nicht länger der «geistige Hüter» der nathanischen Seele sein. Denn diese war ihrem inneren Wesen nach eine ätherische Wesenheit, der Träger der vom Sündenfall unberührten ätherischen Kräfte Adams. Als ätherisches Wesen aber war sie innerlich stärker mit den Kräften der Erzengel-Sphäre als der Archai-Sphäre verbunden, bestand ein engerer Zusammenhang mit den Kräften des Lebensgeistes, des umgewandelten Ätherleibes, als mit den Kräften des Geistesmenschen. Auch war sie mit der Erzengelsphäre dadurch verbunden, daß sie während des Sündenfalles sowie in der darauffolgenden Zeit, als sie von der übrigen Menschheit getrennt war, in dieser Sphäre weilte, während die Menschheit, der luziferischen Versuchung in der Engelsphäre verfallend, in den ihr eigenen Entwicklungsbereich, in die physisch materielle Welt hinabstieg.[6]

Und so mußte eine andere geistige Wesenheit, welche ursprünglich der Engelsphäre angehörte, jedoch nun den *Erzengelrang* in der eigenen Entwicklung erreicht hatte, nach 1879 die Mission in Bezug auf die nathanische Seele übernehmen, die früher der Erzengel Michael wahrgenommen hatte. Auch konnte das – wie die vorangehende Betrachtung gezeigt hat – keine beliebige Wesenheit aus der Hierarchie der Engel sein, sondern nur eine solche, die durch ihr Aufsteigen in den Rang eines

Erzengels wirklich *an der Stelle* Michaels seine Aufgabe als führender *Sonnen*erzengel und «geistiger Hüter» der nathanischen Seele zu übernehmen vermochte. Das aber bedeutet, daß diese Wesenheit aus der Hierarchie der Engel den übrigen Wesenheiten dieser Hierarchie in ihrer geistigen Entwicklung ebenso weit voraus sein mußte wie Michael den anderen Erzengeln oder, auf die Menschen angewandt, der Buddha zum Beispiel den übrigen Menschen. Mit anderen Worten: es handelt sich hier um eine Wesenheit, die um 1879, als Michael in den Rang eines Archai vollends aufgestiegen und sein Platz als *Sonnen*erzengel frei geworden war, diesen Platz einzunehmen und damit einen Teil der Aufgaben ihres Vorgängers zu übernehmen hatte.[7] Das aber bedeutet, daß einerseits die Möglichkeit für diese Wesenheit bestand, den «Schutz» der nathanischen Seele in der geistigen Welt weiterhin wahrzunehmen, und andererseits – kraft ihrer ätherischen Erzengelnatur – an dem Erscheinen des Christus in der geistigen Welt, das im 30. Jahr von Michaels Wirken als neuer Zeitgeist beginnen sollte, unmittelbar beteiligt zu sein.[8]

Hier wollen wir mit Worten Rudolf Steiners fragen: «Wenn eine Erhöhung des Michael stattgefunden hat, wenn er zum leitenden Geist der abendländischen Kultur geworden ist, *wer tritt an seine Stelle?* Der Platz muß ausgefüllt werden. Jede Seele muß sich sagen: also muß auch ein Engel eine Erhöhung, ein Aufrücken erfahren haben, muß eintreten in die Reihe der Archangeloi. Wer ist das?»[9] Nachdem Rudolf Steiner diese Frage gestellt hat, beantwortet er sie, indem er uns das Geheimnis dieses besonderen Engelwesens enthüllt: «Solange der Mensch auf Erden weilt, wie hoch er auch stehen mag, kann man immer bei jedem Menschen von jener Individualität sprechen, die ihn leitet von Inkarnation zu Inkarnation. Die individuelle Führung der Menschen unterliegt den Angeloi, den Engelwesen. Wenn ein Mensch vom Bodhisattva zum Buddha wird, dann wird sozusagen sein Engel frei. Solche Engelwesen sind es dann, die nach Erfüllung ihrer Mission aufsteigen in die Reiche der Erzengelwesen. – *So ergreifen wir an einem Punkte wirklich das Aufsteigen des Erzengels zum Wesen der Archai und das Aufsteigen eines Engelwesens zum Erzengelwesen*, wenn wir wirklich verstehen, tiefer und tiefer hineinzuschauen in dasjenige, was hinter unserer sinnlichen Evolution als die übersinnliche Evolution steht.»[10]

Nun sind, ausgehend von den Worten Rudolf Steiners über den Zusammenhang dieses Engelwesens mit der Entwicklung der Individualität des zukünftigen Gautama Buddha, einige Momente des geistigen Wirkens des letzteren zu betrachten. Dabei ist zu beachten, daß seine Taten an erster Stelle auf die Inspirationen seines Engels zurückgehen, so daß wir, wenn wir sie beschreiben, zugleich auch den Entwicklungsweg dieses Engelwesens berühren. – So übermittelt uns die Geisteswissenschaft zunächst, daß der zukünftige Gautama Buddha in der hyperboräischen Epoche zur Zeit der Abtrennung der Sonne von der Erde, als er sich selbst auf der Stufe des Bodhisattva befand, nicht mit der übrigen Menschheit auf der Erde blieb, sondern dank seiner fortgeschrittenen Entwicklung dem Christus auf die Sonne folgen und dort bis zur Abtrennung der Venus bleiben konnte, wobei er dieses unter der direkten Führung durch seinen Schutzengel vollbrachte, welcher bereits damals eine besondere Beziehung zu dem Christus und zu der ganzen Sonnensphäre hatte. Das ist auch der Grund, warum der Gautama-Bodhisattva von der lemurischen Epoche an als Vorläufer und Vorbereiter der irdischen Tätigkeit des Christus in die Menschheitsentwicklung eintreten konnte, zunächst auf dem Planeten Venus (dem esoterischen Merkur) sowie später auf der Erde, und warum es ihm möglich war, seine eigene Mission *vor* dem Mysterium von Golgatha zu erfüllen, so daß er auf dem physischen Plan mit dem Christus-Impuls nicht in Berührung kam.[11] Das alles verdankte der Gautama-Bodhisattva seinem Schutzengel, der bereits zu der Zeit, als er noch auf der Sonne weilte, den Christus-Impuls* ungewöhnlich intensiv aufgenommen hatte und der ihn in der Folgezeit so inspirierte, daß er die Aufgabe, die er von dem Christus erhalten hatte[12], erfüllen und sechs Jahrhunderte vor den Ereignissen von Palästina zur Buddhawürde aufsteigen konnte. So wirkte der Gautama-Buddha zur Zeit der hyperboräischen und der lemurischen Epoche; in der atlantischen und nachatlantischen ist vor allem sein Auftreten unter den altgermanischen Völkern unter dem Namen Wotan oder Odin zu beachten.

«Diese Individualität des Wotan... diese Individualität, die wirklich als Wotan gelehrt hat in den Mysterien der germanischen Völker, ist dieselbe, die später zu derselben Mission wieder erschien als Buddha»[13], so stellte das Rudolf Steiner 1908 in Stuttgart dar. Und als er in Leipzig nochmals auf dieses Thema kam, fügte er folgendes wichtige Detail hinzu: «Wenn wir diese Erscheinung [die Durchdringung des menschlichen Astral- oder Ätherleibes mit einem höheren hierarchischen Wesen] kennen, dann werden wir uns die Inkarnation doch nicht so einfach vorstellen. Es kann durchaus einen Menschen geben, der die Wiederverkörpe-

---

* Die anderen Engel, welche die übrigen Menschen führten, konnten den Christus-Impuls erst bedeutend später, zur Zeit der dritten nachatlantischen Epoche, aufnehmen. S. dazu «Die geistige Führung des Menschen und der Menschheit», Kap. 3 (GA 15).

rung eines früheren Menschen ist, der sich hoch entwickelt hat, der seine drei Leiber soweit geläutert hat, daß er nun ein Gefäß ist einer höheren Wesenheit. Und *so wurde Buddha ein Gefäß für Wotan.* Dieselbe Wesenheit, die Wotan genannt wurde in den germanischen Mythen, die trat als Buddha wieder auf. Buddha und Wotan sind sogar sprachlich verwandt.»[14] So unterscheiden wir, wenn wir von dem führenden Gott der germanischen Völker sprechen, den irdischen und den übersinnlichen Aspekt, den menschlichen Träger und seinen übersinnlichen Inspirator. Auf den ersteren haben wir bereits hingewiesen als auf die Individualität des Gautama-Bodhisattva. Unter dem zweiten ist eine mächtige Wesenheit aus der Hierarchie der Archai zu sehen, welche um der Weiterentwicklung der Menschheit willen den Entschluß gefaßt hatte, auf der vorhergehenden Entwicklungsstufe stehen zu bleiben und weiterhin als *Erzengel* in der Welt zu wirken. Den Bewußtseinszustand des alten Germanen charakterisierend, weist Rudolf Steiner folgendermaßen auf ihn hin: «Zuerst schaut er [der alte Germane] auf die Erzengelwesen, welche in seiner Seele arbeiteten, indem sie ihm das gaben, was seine Seelenkräfte werden sollten, und da findet er als den hervorragendsten dieser Erzengel Wotan oder Odin… Er lernt ihn erkennen als einen derjenigen Erzengel, die dazu gekommen sind, einmal Verzicht zu leisten auf den Aufstieg zu höheren Stufen. Er lernt Odin als einen der abnormen Erzengel kennen, als einen der großen Verzichter der Vorzeit, die das Erzengeltum übernommen hatten, als sie die wichtige Mission auf sich nahmen, in die Seele des Menschen hineinzuarbeiten.»[15] Nur dank diesem Opfer konnte der Erzengel Wotan durch den von ihm inspirierten «irdischen Wotan» (d.h. die Individualität des Gautama-Bodhisattva) den Seelen der alt-germanischen Völker die Gabe der *Rede* und der *Runenschrift*[16] verleihen, denn die Impulse für die menschliche Sprache, für das Wort gehen vom *Erzengel*reich aus.[17]

Hier ist, wenn auch nur kurz, der Charakter des Zusammenwirkens einer Bodhisattva-Wesenheit mit den zwei über ihr stehenden Hierarchien der Engel und Erzengel zu betrachten. Die verschiedenen Mitteilungen Rudolf Steiners zu diesem Thema zusammenfassend, können wir sagen: der Bodhisattva ist eine noch mit der Erdenentwicklung verbundene menschliche Wesenheit, welche jedoch fähig ist, *vollbewußt* mit ihrem Engel an der Umwandlung ihres Astralleibes in das Geistselbst zu arbeiten, wobei sie Inspirationen für diese Arbeit von einer noch höheren Wesenheit aus der Hierarchie der Erzengel[18] empfängt, in unserem Falle von einem besonders mächtigen Erzengel (Wotan), der selbst nach seiner eigenen inneren Entwicklung bereits der Hierarchie der Archai angehört[19], wobei Wotan, welcher die nördliche Menschheit mit der Fähigkeit zum Sprechen und Schreiben begabte, «Träger des Wortes», der *sprechende Erzengel* genannt werden kann, im Gegensatz zum Engel des Gautama Bodhisattva, der als ein *schweigsamer* Geist zu bezeichnen ist, insofern als er, zur Engelhierarchie gehörend, keinen unmittelbaren Zugang zum Element der Sprache, des Wortes hat.

Andererseits können wir den Engel des Gautama-Bodhisattva auch den «Sohn Wotans» nennen, wurden doch nach der esoterischen Rosenkreuzertradition die Engel «Söhne» der Erzengel genannt. So bezeichnete Rudolf Steiner zum Beispiel in der «Geheimwissenschaft im Umriß» die Engel als «Söhne des Lebens».[20] Das Leben ist ja eine Eigenschaft vorzugsweise des Ätherleibes, und der vollständig zum Lebensgeist umgewandelte Ätherleib, den wir nur bei Wesenheiten von der Hierarchie der Erzengel an aufwärts finden, verfügt über sie im höchsten Maße. Deshalb können wir die letzteren auch «Träger des Lebens»[21] nennen, die Wesenheiten aber, welche zur Hierarchie der Engel gehören, «ihre Söhne». So lassen sich die Mitteilungen über den Engel des Gautama-Bodhisattva folgendermaßen zusammenfassen: Er ist der *schweigsame Sohn Wotans – der schweigsame Ase.*

All das ist auch in den Erzählungen und der Genealogie der Götter der germanischen Mythologie genau wiedergegeben. Rudolf Steiner gibt im Zusammenhang mit den zwei Geschlechtern der «Wanen» und «Asen» dazu folgende Charakteristik: «Die alten Götter aber, die gewirkt haben, bevor in das menschliche Seelenleben die Götter eingriffen, die man jetzt sah, mit denen man sich verbunden fühlte [in der nachatlantischen Epoche], diese göttlichen Wesenheiten, die in ferner, ferner Vergangenheit, in der Zeit der alten Atlantis, wirksam waren, nannte man die Wanen. Herausgetreten aus der alten atlantischen Zeit sind dann die Menschen und sahen auf das Weben der *Engel und Erzengel;* die nannte man die Asen. Das waren diejenigen Wesen, die sich als Engel und Erzengel kümmerten um das Ich der Menschen, das jetzt auf der untersten Stufe erwachte. Vorgesetzt waren sie jenen Völkern.»[22] Hier wird deutlich, daß sich in der germanischen Mythologie drei Arten von Göttern oder Geschlechtern unterscheiden lassen.

Da sind einmal die Wanen, göttliche Wesenheiten, welche in der Epoche der alten Atlantis wirkten und noch mit dem Reich der Archai verbunden waren (wie beispielsweise der Gott Njödr); zum zweiten die Asen, welche zwei «Generationen» bildeten: Erzengel und Engel. Zur älteren Generation (d. h. zu den Erzengeln) gehörten Odin, der seinen inneren Fähigkeiten nach bereits ein Archai war; Wili und We, *Brüder*

Odins; Hönir und Lödur, ebenso *Brüder* Odins, die jedoch «normal entwickelte» Erzengel waren; und drittens Götter, welche der jüngeren Generation der Asen angehörten und zum größten Teil als *Söhne* Odins (d. h. Engel) zu bezeichnen sind. Zu ihnen haben wir zu rechnen; Thor, der seinen inneren Fähigkeiten nach bereits ein Erzengel war, aber das Opfer brachte, auf der Engelstufe zu bleiben, um die germanischen Völker mit dem Ich-Prinzip zu begaben, sowie Baldur, Wali, Widar und Hödur.[23]

Nun wollen wir uns wiederum dem Geistesweg des Gautama-Bodhisattva und seines ihn begleitenden Engelwesens zuwenden. Es brachte ja, wie bekannt, der Gautama-Bodhisattva im 6. Jahrhundert vor Christi Geburt der Menschheit die große «Lehre von Mitleid und Liebe», die er in die Form des «achtgliedrigen Pfades» kleidete, wodurch er seine irdische Mission vollendete, so daß er, zur Buddhawürde aufsteigend, sich nicht mehr auf der Erde verkörpern mußte. Er nahm hingegen an der Erdenevolution von nun an in einem feineren Geistleib teil. Dieser wird im Osten «Nirmanakaya» genannt und ist nach der Geisteswissenschaft nichts anderes als die Substanz eines menschlichen Astralleibes, der in hohem Grade in das Geistselbst verwandelt wurde.[24] Sein Schutzengel, der bis dahin in seinem Astralleib gewirkt hatte, war nun, da der Gautama-Bodhisattva seine Mission auf der Erde erfüllt hatte, auf der Höhe seiner Evolution als Engel angelangt und bereit, sich in das Reich der nächsten Hierarchie zu erheben, das heißt, den Rang eines Erzengels zu bekleiden. Das geschieht jedoch nicht, handelt es sich doch hier um eine ganz besondere Situation.

Der Engel des Gautama-Bodhisattva verzichtet darauf, in den Rang eines Erzengels aufzusteigen, nachdem er seine Entwicklung als Engel vollendet hat, obwohl er einen vollkommenen *Lebensgeist* besitzt, den er sich durch die geistige Führung des Gautama-Bodhisattva erworben hat. Er bleibt *aus Hingabe* auf der Stufe eines Engels und wirkt in der geistigen Welt als solcher weiter. Auch zieht sich dieser Verzicht auf ein weiteres Aufsteigen ungewöhnlich lange hin; er währt ein Zwölftel des platonischen Jahres: die ganze vierte nachatlantische Epoche, welche unter dem Zeichen des Widders steht, und sogar noch einen Teil der fünften. Jedoch konnte dieser auf der Engelstufe zurückbleibende Erzengel gerade durch die fast 2500 Jahre dauernde *opfervolle Erwartung* am Ende dieser Zeit Höchstes erlangen: er konnte, nach den Worten Rudolf Steiners, um 1879 im Reich der Erzengel an die Stelle des Michael treten, das heißt, er wurde in gewisser Beziehung *der neue Sonnenerzengel.* So können wir sagen: zu Recht ist der Schutzengel des Gautama-Bodhisattva, nachdem er im

6. Jahrhundert vor Christi Geburt seine Aufgabe als Engel erfüllt und sich *erst im Jahre 1879* zum Rang eines Erzengels erhoben hat, ein *«junger Erzengel»* zu nennen.

Damit ist, im ganzen gesehen, deutlich, daß der Engel des Gautama-Bodhisattva bereits im 6. Jahrhundert vor Christi Geburt reif war, in den Rang eines Erzengels aufzusteigen, daß er aber dank seines Verzichtes bedeutend enger mit allem irdischen Geschehen und ganz besonders dem Schicksal des Nirmanakaya des Buddha verbunden blieb, da er in der Engelssphäre weilte, dieser unmittelbar an die Erde grenzenden Sphäre, in der auch der Buddha weiterhin in seinem übersinnlichen Leib wirkte. Darum müssen wir die Spuren des Engels des Gautama-Bodhisattva überall dort suchen, wo wir den Nirmanakaya des Buddha wirken sehen. Diesen aber finden wir, wie er bei der im Lukas-Evangelium beschriebenen Geburt des nathanischen Jesus auftritt, das heißt, der nathanischen Seele, die in der Zukunft an Stelle des Erzengels Michael zu schützen die Aufgabe des Engels des Gautama-Bodhisattva sein wird. Für diese Aufgabe muß er sich jedoch zunächst noch vorbereiten. Und um diese Vorbereitung genauer zu betrachten, wollen wir uns nun dem Lukas-Evangelium zuwenden.

Der Evangelist Lukas, der ein direkter Schüler des Apostels Paulus ist, enthüllt uns in seinem Evangelium das Geheimnis der nathanischen Seele. Er hatte sein Wissen von seinem Lehrer empfangen, welcher bei dem Ereignis von Damaskus den auferstandenen Christus von der als leuchtende Lichtaura erscheinenden nathanischen Seele umhüllt erlebte. Das läßt uns auch verstehen, daß die nathanische Seele Lukas durch Paulus zum Schreiben seines Evangeliums inspirierte. Und wir finden aus diesem Grunde gerade in diesem Evangelium die Verkündigung von der Geburt der nathanischen Seele und von ihrem Stammbaum, der bis zu Adam, ja sogar bis zu Gott hinaufreicht. Andererseits enthält es, wie bereits erwähnt, direkte Hinweise auf die Beteiligung des Nirmanakaya des Buddha an den Ereignissen in Palästina, denn er war es, wie wir aus den Mitteilungen der Geisteswissenschaft wissen, der sich den Hirten auf dem Felde in der Gestalt der «himmlischen Heerscharen»[25] zeigte. Rudolf Steiner sagte deshalb auch von diesem Evangelium, daß es die Grundwahrheiten des Buddhismus, allerdings in erneuerter und höherer Form, enthalte.[26]

Nun wollen wir versuchen, ausgehend von der Tatsache der Beteiligung des Nirmanakaya des Buddha an den im Lukas-Evangelium beschriebenen palästinensischen Ereignissen, Hinweise auch auf die Beteiligung des Engels des Gautama-Bodhisattva in diesem Evangelium aufzufinden. Beginnen wir mit der Szene, in der den Hirten auf dem Felde die Geburt des Jesus aus der nathanischen Linie des Hauses David in Bethlehem verkündet wird. Der Evangelist Lukas beschreibt diese Szene folgendermaßen: «Und es waren Hirten in derselben Gegend auf dem Felde bei den Hürden, die hüteten des Nachts ihre Herde. Und siehe, *des Herrn Engel* trat zu ihnen, und die Klarheit des Herrn leuchtete um sie; und sie fürchteten sich sehr. Und der *Engel* sprach zu ihnen: Fürchtet euch nicht; siehe ich verkündige euch große Freude, die allem Volk widerfahren wird. *Denn heute ist der Heiland geboren, welcher ist Christus, der Herr, in der Stadt Davids.* Und das habt zum Zeichen: Ihr werdet finden das Kind in Windeln gewickelt und in einer Krippe liegen. Und alsbald war da bei dem Engel die *Menge der himmlischen Heerscharen*[27], die lobten Gott und sprachen: geoffenbaret sei Gott in den Höhen und Friede auf Erden den Menschen, die eines guten Willens sind.»[28] Rudolf Steiner kommentiert dieses übersinnliche Erlebnis der Hirten folgendermaßen: «Und als das wichtigste Ereignis auf der Erde vorbereitet wurde und die Hirten auf dem Felde waren, *da erschien ihnen eine Individualität aus den geistigen Höhen* und verkündete ihnen das, was eben im Lukas-Evangelium geschildert wird: Und hinzu traten *zu dem Engel* ‹himmlische Heerscharen›. Wer war das? – Was hier den Hirten im Bilde entgegentrat, das war der verklärte Buddha, der Bodhisattva der alten Zeiten, dasjenige Wesen in seiner geistigen Gestalt, das durch Jahrtausende und Jahrtausende den Menschen die Botschaft der Liebe und des Mitleides gebracht hatte. Jetzt, nachdem es seine letzte Inkarnation auf der Erde hinter sich hatte, schwebte es in geistigen Höhen und erschien in Himmelshöhen den Hirten *neben dem Engel, der ihnen das Ereignis von Palästina vorherverkündete.*»[29] Etwas später fügt Rudolf Steiner noch hinzu: «Wir können also sagen: Der Nirmanakaya des Buddha erschien den Hirten in der Form der Engelscharen. Da erstrahlte der Buddha in seinem Nirmanakaya und offenbarte sich auf diese Weise den Hirten.»[30] So sehen wir, wie sich in der Szene, da den Hirten der Nirmanakaya des Buddha in der Gestalt der «himmlischen Heerscharen» erscheint, zuerst der *Engel* zeigt, der ihnen die Geburt der nathanischen Seele in Bethlehem verkündet, die Geburt desjenigen Menschenwesens, das in der Folgezeit den Christus in sich aufnehmen soll. Und dieser Engel ist kein anderer als der Engel des Gautama-Bodhisattva, der sich durch die Verkündigung ihrer Geburt auf seine zukünftige Aufgabe, die nathanische Seele zu schützen, vorbereitet.

Noch ein weiteres Mal sind sowohl der Nirmanakaya des Buddha als auch der Engel des Gautama-Bodhisattva an den palästinensischen Ereignissen beteiligt, und zwar finden wir Hinweise der Geisteswissenschaft darauf, daß ein ganz besonderes Verhältnis zwischen dem Nirmanakaya des Buddha und der Individulität Johannes des Täufers bestand: «Jetzt war wieder eine geistige Wesenheit da, die als der Nirmanakaya des Buddha über dem nathanischen Jesus schwebte; die wirkte jetzt herein auf die Elisabeth, als der Johannes geboren werden sollte, regte im Leibe der Elisabeth den Keim des Johannes im sechsten Monate der Schwangerschaft an und weckte da das Ich. Nur bewirkte diese Kraft, weil sie jetzt näher der Erde stand, nicht bloß eine Inspiration, sondern wirklich die Herausgestaltung des Ich des Johannes... So wirkt der Nirmanakaya des Buddha aufweckend und bis in die physische Substanz hinein erlösend auf das Ich des einstigen Elias, auf das jetzige Ich Johannes' des Täufers... Was in dem Nirmanakaya des Buddha war, das wirkte als Inspiration hinein in das Ich Johannes' des Täufers. Was sich den Hirten verkündete, was über dem nathanischen Jesus schwebte, das erstreckte seine Kraft hinein in Johannes den Täufer.»[31] *Und die Predigt Johannes' des Täufers ist zunächst die wiedererweckte Buddha-Predigt.*»[32]

Der Nirmanakaya des Buddha wirkte jedoch nicht nur bei der Erweckung des Ich von Johannes dem Täufer aus der geistigen Welt heraus, sondern der Prophet Maleachi erwähnt ihn, wie am Anfang des Markus-Evangeliums mitgeteilt wird, ein zweites Mal, da sich dieser Einfluß einige Zeit später umso stärker und anhaltender bemerkbar machte: «Siehe, meinen *Engel* sende ich vor dir her, er soll dir den Weg bereiten.»[33] Hier haben wir abermals außer dem Nirmanakaya des Buddha auch *einen Engel*, der durch Johannes den Täufer spricht.[34] Dazu äußerte Rudolf Steiner: «Der Bote, der Engel mußte dem Menschen verkünden, daß er ein Ich werden soll im vollen Sinne des Wortes. Und während nun die früheren Engel die Aufgabe hatten, die geistige Welt zu zeigen, mußte jetzt ein *besonderer Engel*[35] die *besondere Aufgabe* erhalten, etwas weiter zu gehen mit den Offenbarungen an die Menschen, mußte ihnen sagen, daß sie in ihr Ich hineindringen sollen, während die früheren Engel so offenbart hatten, wie es nicht für ein Ich bestimmt war. – So macht Jesajas[36] darauf aufmerksam: Es wird die Zeit des Ich-Geheimnisses kommen, und aus der allgemeinen Schar der Engel wird einer abgeordnet werden, der euch dann zeigen wird, daß dieses Ich-Geheimnis kommen wird. – So nur können wir verstehen, was es heißt, daß der Engel, der Bote vorangeschickt werden soll.»[37] Wem aber wird er vorangeschickt? Diese Frage können wir mit den Worten des Engels beantworten, die er an die Hirten auf dem Felde richtete: «... euch ist heute der Heiland geboren, welcher ist Christus, der Herr, in der Stadt Davids».[38]

Was nun Johannes den Täufer betrifft, so sagt Rudolf Steiner über den besonderen Charakter seiner Einweihung: «Johannes' des Täufers Blick wurde so geschult, daß er in der Nacht schauen konnte durch die materielle Erde hindurch auf das Sternbild des Wassermanns [d. h. auf das Sternbild, das mit der Engel-Hierarchie verbunden ist, S. Seite 119]. Er hatte also jene Initiation gehabt, als der Angelos von seiner Seele Besitz nahm, die man die ‹Wassermann-Initiation› nennt. So konnte der Täufer Johannes – mit allem, was er selber wußte, was er selber fühlte – dem Angelos alle Fähigkeiten zur Verfügung stellen, damit durch den Angelos ausgesprochen werden konnte alles, was die Wassermann-Initiation war, und was es gab als Hinweis darauf, daß die Herrschaft des Ich, des ‹Kyrios›, des Herrn der Seele kommen werde.»[39] Und in einem anderen Vortrag äußert sich Rudolf Steiner über diese Beziehung Johannes des Täufers zu einer bestimmten Wesenheit aus der Hierarchie der Angeloi: «Die Bibel sieht die Person des Johannes als Maja an. In Johannes lebt, von seiner Seele Besitz nehmend, ein Engelwesen, das *die Menschen zu Christus führt.*[40] Er ist eine Hülle für die Offenbarung der Engelwesenheit. Der Engel konnte in ihn hineingehen, weil der wiedergeborene Elias bereit war, den Engel aufzunehmen. Da sprach der Engel aus ihm, der wurde hingeschickt, der bedient sich nur des Johannes als Werkzeug. So genau spricht die Bibel.»[41]

Ebenso weisen die folgenden Worte aus dem Prolog des Johannes-Evangeliums auf das hin, was der Engel durch Johannes den Täufer den Menschen verkünden sollte: «Es kam ein Mensch, von Gott war er gesandt, sein Name war Johannes. Er kam, um Zeugnis abzulegen. Er sollte *von dem Lichte zeugen* und so in allen Herzen den Glauben erwekken. Er war nicht selbst das Licht, er sollte ein *Zeuge des Lichtes* sein.»[42] Und durch die geisteswissenschaftliche Forschung Rudolf Steiners ist bekannt, daß Johannes im Kreise seiner engeren Schüler sagte: «Ich kann meinem Engel durch die Wassermann-Initiation nur die Kräfte zur Verfügung stellen, daß *er verkünden kann*, daß der Herr, der ‹Kyrios›, kommt...»[43] So ist dieses «Zeugen vom Lichte», diese «Verkündigung, daß der Herr, der Kyrios, kommt», der eigentliche Sinn der Prophezeihung des Engels durch Johannes den Täufer, der Prophezeihung, die er bereits früher, nicht durch den Mund eines Menschen, sondern unmittelbar aus den geistigen Höhen, den Hirten auf dem Felde verkündet hatte, als er ihnen *zugleich mit* den «himmlischen Heerscharen», das heißt zugleich mit dem Nirmanakaya des Buddha, erschienen war.[44]

Nun wollen wir das Wirken des Engels des Gautama-Bodhisattva von einer Seite aus betrachten, die im Zusammenhang mit den weiteren Schicksalen des Nirmanakaya des Buddha in Erscheinung tritt und die von besonders großer Bedeutung ist. Rudolf Steiner beschreibt in dem Zyklus über das Lukas-Evangelium eingehend, wie zu Beginn des zwölften Jahres, als der Astralleib des nathanischen Jesus geboren wurde, die mütterliche Astralhülle sich von ihm löste und sich mit dem Nirmanakaya des Buddha verband. Es heißt da: «Was in der Engelschar herunterscheinend erschienen ist, das vereinigte sich mit dem, was bei dem zwölfjährigen Jesusknaben als astralische Hülle sich loslöste, vereinigte sich mit all den *jugendlichen Kräften*, die einen jugendlich erhalten in der Zeit *zwischen dem Zahnwechsel und der Geschlechtsreife*. Der Nirmanakaya des Buddha, der das Jesuskind von der Geburt an überstrahlte, wurde eins mit dem, was sich von diesem Kinde bei der Geschlechtsreife als seine jugendliche astralische Mutterhülle loslöste; das nahm er auf, vereinigte sich damit und dadurch *verjüngte er sich*. Und durch diese Verjüngung war es möglich, daß dasjenige, was er früher der Welt gegeben hatte, jetzt wiedererscheinen konnte in dem Jesuskinde wie in einer kindlichen Einfalt.»[45] Denn «... der Buddha war inzwischen selber fortgeschritten. Er hatte die Kräfte der astralischen Mutterhülle des Jesuskindes aufgenommen, und dadurch ist er fähig geworden, in einer neuen Art zu sprechen zu den Gemütern der Menschen. – So enthält das Lukas-Evangelium den Buddhismus in einer neuen Gestalt *wie aus einem Jungbrunnen heraus*, und daher spricht es die Religion des Mitleides und der Liebe für die einfältigsten Gemüter in einer selbstverständlichen Form aus. Wir können es lesen. Das hat der Schreiber des Lukas-Evangeliums in dasselbe hineingeheimnißt.»[46]

Hier taucht nun aber die Frage auf: Wenn die sich von dem Jesusknaben lösende astralische Mutterhülle in solcher Weise umwandelnd und *verjüngend* auf den Nirmanakaya des Buddha wirkte, so ist anzunehmen, daß die gleichzeitig mit der Geburt des eigenen Ätherleibes zwischen dem fünften und dem siebenten Lebensjahr[47] sich vollziehende Loslösung der *ätherischen* Mutterhülle ein noch bedeutenderes Ereignis sein und in der geistigen Umgebung noch größere Wirkungen haben mußte, war doch das eigentliche Mysterium der nathanischen Seele, daß sie der Träger des vom Sündenfall unberührten *Ätherleibes* der Urmenschheit war. Darauf weist Rudolf Steiner im sechsten Vortrag des Zyklus über das Lukas-Evangelium hin: «Wir wissen, daß in dem Ätherleibe des einen Jesuskindes, das physisch entsprossen ist der nathanischen Linie des davidischen Hauses, der bisher unberührt gebliebene Teil desjenigen Ätherleibes lebte, welcher der Menschheit bei dem Ereignis entzogen worden ist, das man den Sündenfall nennt; so daß also gleichsam jene ätherische Substanz, die aus Adam herausgenommen worden ist vor dem Sündenfalle, aufbewahrt und in dieses Kind hineinversenkt wurde... Dadurch aber war diese Äthersubstanz auch verbunden mit allen den Kräften, welche *vor* dem Sündenfalle auf die Erdenentwicklung gewirkt haben, die deshalb jetzt eine gewaltige Machtentfaltung in diesem Kinde hatten.»[48] Diese Worte lassen ahnen, daß der Ätherleib des nathanischen Jesus wohl noch mächtigere Verjüngungskräfte enthielt als sein Astralleib, welcher sie nur als Widerspiegelung dieses einmaligen Ätherleibes in sich trug: «Dieses Kind, das eine Seele hatte, welche die Mutterseele der Menschheit war, die jung erhalten worden war durch die Epochen hindurch, es lebte so, daß es alle frischen Kräfte hineinstrahlte in den astralischen Leib, der sich dann loslöste, hinaufstieg und sich mit dem Nirmanakaya des Buddha vereinigte.»[49] Auf die Tatsache, daß hier unter «Mutterseele der Menschheit» jene Wesenheit zu verstehen ist, welche unmittelbar mit dem vor dem Sündenfall bewahrten Ätherleib Adams verbunden war, weisen die folgenden Worte: «... es wurde eine *gewisse Summe von Kräften des Ätherleibes* zurückbehalten. Die flossen jetzt nicht auf die Nachkommen herunter. Es war also in Adam eine gewisse Summe von Kräften, die ihm nach dem Sündenfalle genommen wurden. Dieser noch unschulidge Teil des Adam wurde aufbewahrt in der großen Mutterloge der Menschheit, wurde dort gehegt und gepflegt. Das war sozusagen die *Adam-Seele,* die noch nicht berührt war von der menschlichen Schuld, die noch nicht verstrickt war in das, wodurch die Menschen zu Fall gekommen sind.»[50]

Aus den angeführten Äußerungen Rudolf Steiners wird deutlich, daß diese mächtigen Ätherkräfte der Ur-Jugend der Menschheit in hohem Grade in der *ätherischen Mutterhülle,* welche den nathanischen Jesus bis etwa zum Beginn seines siebenten Lebensjahres begleiteten, enthalten gewesen sein müssen. Denn diese Kräfte eignen der Individualität des nathanischen Jesus aus dem Grunde, weil sie sich niemals seit der lemurischen Zeit auf der Erde verkörpert hatte. Und ihre *erstmalige* Verkörperung, so wie sie das Lukas-Evangelium beschreibt, hatte dann auch den Verlust dieser ursprünglichen Jugendkräfte zur Folge oder, um es genauer zu sagen, ihr *Ausstrahlen,* ihren Übergang auf die sich loslösende ätherische Mutterhülle.[51] Damit löst sich zwischen dem fünften und siebenten Lebensjahr des nathanischen Jesus eine einmalige ätherische Mutterhülle von seinem so ganz besonderen Ätherleib ab, eine Mutterhülle, welche gleichsam die *Quintessenz der Lebenskräfte der Menschheit* in sich trägt. Daß jedoch dieser große Schatz der zukünftigen Menschheitsentwicklung nicht verloren gehe, durfte er sich nicht in den umgebenden Kosmos auflösen, sondern er mußte aufgenommen und bewahrt werden (so wie die *astralische* Mutterhülle des nathanischen Jesus). Das letztere aber konnte nur eine ganz bestimmte *Wesenheit* in der geistigen Welt vollbringen, eine Wesenheit, welche damit auf einer höheren Stufe zu vollziehen hatte, was *später* auch dem Nirmanakaya des Buddha zu tun oblag.[52] Dabei mußte sich diese Wesenheit einerseits in dem Bereich der geistigen Welt befinden, der der physischen Welt am nächsten ist (und das ist die Engel- oder Mondensphäre), und andererseits *ihrem inneren Wesen* nach Erzengelrang haben, das aber heißt einen bereits entwickelten *Lebensgeist*, einen vollkommen vergeistigten Ätherleib in sich tragen, wodurch eine besonders intime Verwandtschaft mit allem *Ätherischen* in der Welt gegeben war.[53] Ein solches Wesen aber konnte, wie die vorangehende Untersuchung gezeigt hat, nur der Engel des Gautama-Bodhisattva sein, der unmittelbar *bevor* der Nirmanakaya des Buddha den Hirten erschien, von der Geburt des göttlichen Knaben kündete. Und dieser Engel des Gautama-Bodhisattva, der zwar in der übersinnlichen Welt als Engel wirkte, jedoch Erzengelnatur (den Lebensgeist) verborgen in sich trug, er *nimmt nun in seinen Lebensgeist die ewig jugendlichen Ätherkräfte des nathanischen Jesus auf und bewahrt sie in sich*, um von nun an der Bewahrer der *Ur-Jugendkräfte* der Menschheit in der geistigen Welt zu sein!

Alles oben Gesagte kann nun auch ein Licht werfen auf ein besonders wichtiges Detail, das *nur* im Lukas-Evangelium in der «Bitte um den Kelch» im Garten von Gethsemane angeführt wird, während es in allen anderen Evangelien fehlt, was ein weiteres Zeichen dafür ist, daß Lukas durch den Apostel Paulus in das Mysterium der nathanischen Seele, ihres Stammbaums, ihrer Geburt sowie ihrer Beziehung zu dem Nirmanakaya des Buddha und dem Engel des Gautama-Bodhisattva besonders tief eingeweiht war.

Ehe wir jedoch auf diese Stelle eingehen, die eine der wichtigsten in den zweiundzwanzig Kapiteln des Lukas-Evangeliums ist, wollen wir, wenn auch nur kurz, die Bedeutung des Geschehens um den Kelch betrachten. Als Ausgangspunkt kann uns hier die Beschreibung dienen, welche Emil Bock in seinem Buch «Die drei Jahre» in dem Kapitel über den Karfreitag gibt. Er sieht in diesem Geschehen ein Zeugnis des Kampfes, den der Christus Jesus im Garten von Gethsemane mit den Todeskräften führt. Er schreibt: «Das Geheimnis des Gethsemanekampfes liegt darin, daß der Tod ihn überlisten will. Er will ihn zu früh, bevor er sein Werk vollendet und das Irdische bis auf den letzten Rest mit seinem Geist durchdrungen hat, hinwegreißen, um wenigstens einen Zipfel seines Wesens in die Gewalt zu bekommen. – Drei Jahre lang hat das Sonnenfeuer der göttlichen Ichwesenheit in seinem Leib und in seiner Seele gelodert. Die menschlichen Hüllen sind dadurch von innen heraus schon fast zu Asche zerglüht. Was zu tragen und zu vollenden ist, erfordert auch von seiten der irdischen Hülle noch so viel Kraft, daß dadurch die Gefahr des vorzeitigen Todes heraufzieht. Diesen Augenblick will die ahrimanische Macht, die auf der Lauer liegt, benützen.»[54] Der Evangelist Lukas, seinem Beruf nach Arzt, beschreibt diese Szene mit Worten, die den physischen Zustand des Christus Jesus in diesem Augenblick auch vom medizinischen Standpunkt aus genau charakterisieren. Emil Bock schreibt darüber: Es «lautet der [Original-]Text wörtlich: ‹Als er *in die Agonie* kam› ....[und] wenn Lukas hinzufügt: ‹Es tropfte blutiger Schweiß von ihm auf die Erde›, so gibt er damit das exakte Symptom der Agonie an.»[55]

Demnach taucht im Garten von Gethsemane die größte Gefahr für den Christus auf, seit er in die Hüllen des Jesus herabstieg, die Gefahr, vorzeitig durch den Tod hinweggenommen zu werden. Sein physischer und sein ätherischer Leib sind ganz und gar verbraucht. Alle Lebenskräfte sind versiegt. Was kann ihm in einer solchen Lage eine Hilfe sein? Er, der aller seiner makrokosmischen Ätherkräfte entsagte, all seiner göttlichen Größe und Macht, um aus einem Sohn Gottes ein Menschensohn[56] zu werden, er hat nun keine Kraft mehr in seinem von der Gegenwart des «Welten-Ich» verbrannten menschlichen Ätherleib.* In diesem Augenblick bedarf er der Hilfe. Nicht das Christus-Wesen jedoch bedarf der Hilfe, sondern sein menschlicher Ätherleib. Und was ihm jetzt eine Hilfe sein kann, das ist der Zustrom neuer, frischer, ewig junger Ätherkräfte. Und dieses Zuströmen kann wiederum nur ein Wesen bewirken, das sich einerseits als Engel-Wesen der Erdenwelt am meisten zu nähern vermag, andererseits jedoch eine höhere Erzengelnatur in sich trägt, die Natur des Lebensgeistes, der als vergeistigter Ätherleib allem Ätherischen in der Welt verwandt ist. Das ist aber noch nicht alles. Gibt es doch in der geistigen Welt den Tod nicht. Aus diesem Grunde sind die Ätherkräfte, welche den Lebensgeist des Erzengels, seinen Ätherleib bilden, ihrem Wesen nach ganz anderer Natur als die Kräfte des menschlichen Ätherleibes. Deshalb sagte Rudolf Steiner einmal sogar, daß «Leben» im menschlichen Sinne, das heißt als Gegensatz zum Tode, in der geistigen Welt nicht existiere.

Es konnten somit nicht einmal die Kräfte eines voll entwickelten Le-

---

* Wenn wir diesen Zustand genauer charakterisieren wollen, dann war der physische Leib «verbrannt», der Ätherleib dagegen in einem solchen Maße *erschöpft*, daß er den physischen Leib nicht mehr vor dem Zerfallen (dem Tod) bewahren konnte.

bensgeistes dem Christus Jesus in diesem Augenblick seines Ringens mit dem Tode im Garten von Gethsemane unmittelbar zu Hilfe kommen. Sein menschlicher Ätherleib brauchte etwas anderes. Und dieses «andere», das waren die vom Sündenfall unberührten Ur-Jugend-Kräfte, welche zunächst in der ätherischen Mutterhülle des nathanischen Jesus enthalten gewesen waren, sich aber dann, ehe er das siebente Lebensjahr erreicht hatte, mit ihr zusammen von ihm lösten.[57] Das waren reinste *menschliche* Ätherkräfte, welche aus der Zeit *vor* dem Sündenfall der Menschheit bewahrt worden waren, das heißt vor der Zeit, da die Macht des Todes in die Erdenwelt einzog.[58] Nur diese Kräfte konnten sich in den Ätherleib des Christus Jesus ergießen, in ihm den Todeskräften widerstehen und so die Gefahr der Trennung von seinem physischen Leibe abwenden.[59] Damit beantwortet sich auch unsere Frage nach dem Wesen, das dem Ätherleib des Christus Jesus helfen konnte: dieses Wesen, es war der Engel des Gautama-Bodhisattva, der himmlische Hüter der Jugend-Kräfte der ätherischen Mutterhülle des nathanischen Jesus. Er ist es, der in dieser dramatischen Szene erscheint, und es ist nicht verwunderlich, daß *allein* der heilige Lukas um dieses Geheimnis seiner Gegenwart weiß und auf es hinweist. Wir lesen im 22. Kapitel in Vers 40–44: «Und als er dahin kam, sprach er zu ihnen: Betet, auf daß ihr nicht in Anfechtung fallet. Und er riß sich von ihnen einen Steinwurf weit und kniete nieder, betete. Und sprach: Vater, willst du, so nimm diesen Kelch von mir; doch nicht mein, sondern dein Wille geschehe! *Es erschien ihm aber ein Engel vom Himmel und stärkte ihn.* Und es kam, daß er mit dem Tode rang[60] und betete heftiger. Es ward aber sein Schweiß wie Blutstropfen, die fielen auf die Erde.»* So haben wir mit diesen Worten den *dritten* Hinweis in den Evangelien auf die Beteiligung des Engels des Gautama-Bodhisattva an den Ereignissen von Palästina.

Ziehen wir aus allem die Summe: Gemäß den Mitteilungen Rudolf Steiners erhebt sich der Engel des Gautama-Bodhisattva um das Jahr 1879 in die Sphäre der Erzengel. Dort tritt er an die Stelle Michaels, der zu dieser Zeit endgültig zum Rang eines Archai aufgestiegen ist. Mit der Wesenheit der nathanischen Seele tief verbunden, ist er der Hüter der *Ur-Jugendkräfte* der Mutterhülle ihres Ätherleibes und damit der ätherischen Ur-Jugendkräfte *der ganzen Menschheit*. Nach dem Aufsteigen in den Rang eines Erzengels – während er jedoch weiterhin als Engel wirkt – tritt der Lebensgeist, der ihm seit dem letzten Erdenleben des Gautama Buddha voll entwickelt eignet, aus dem Verborgenen in Erscheinung, und er

---

* Übersetzung von Luther

kann nun als «Hüter» der nathanischen Seele in der geistigen Welt an die Stelle Michaels treten.

Dank seines außergewöhnlichen Entwicklungsweges ist aber dieser Engel auch in der Lage, im 20. Jahrhundert eine weitere Aufgabe auf sich zu nehmen, welche mit dem neuen Erscheinen des Christus im Ätherischen zusammenhängt, der, vom Apostel Paulus prophetisch geschaut, von unserer Zeit an in der Hülle der nathanischen Seele durch die an die Erde grenzende übersinnliche Welt geht. Und schließlich können wir dieses Wesen, diesen Engel des Gautama-Bodhisattva, gemäß der okkulten Terminologie der germanischen Mythologie den «Sohn Wotans», den «schweigsamen Asen» nennen.

Alle angeführten Fakten zusammengenommen, lassen uns dem Geheimnis dieser einmaligen hierarchischen Wesenheit, welche – neben Michael – auch eine ganz besondere Beziehung zur anthroposophisch orientierten Geisteswissenschaft hat, noch näher kommen, denn sie ist keine andere als diejenige, die in der germanischen Esoterik *Widar* genannt wird. Eine Bestätigung dieser Ansicht finden wir auch in den zwei wichtigsten Äußerungen Rudolf Steiners über das Wesen von Widar. So sagte er bei der Einweihung des «Widar-Zweiges» am 21. Dezember 1913 in Bochum: «Auf den Namen jener Gottheit, die im Norden angesehen wird als die Gottheit, die wiederbringen soll verjüngende Kräfte, geistige Kindheitskräfte der altwerdenden Menschheit, zu dem hin sich neigen gerade nordische Seelen, wenn sie sprechen wollen von dem, was, vom Christus Jesus-Wesen ausfließend, unserer Menschheit neue Botschaft einer Verjüngung bringen kann, auf diesen Namen wollen unsere Freunde hier ihre Arbeit und ihren Zweig weihen. ‹Vidar-Zweig› wollen sie ihn nennen. Möge dieser Name verheißungsvoll sein...»[61] Diese Worte stehen am Ende des Vortrags, in dem einerseits vom Jahreskreislauf, seinen Festen und ihrem Erleben in unserer Seele, andererseits von dem Geheimnis der zwei Jesusknaben, besonders jedoch von dem der nathanischen Seele gesprochen wird. So weist uns dieser Vortrag, im ganzen gesehen, nicht nur auf den Zusammenhang Widars mit dem Christus-Impuls und den Kräften der Ur-Jugend der Menschheit, sondern auch auf seinen Zusammenhang mit der nathanischen Seele hin.

In einem anderen Vortrag, der drei Jahre früher, am 17. Juni 1910, in Oslo gehalten wurde und der den Zyklus «Die Mission einzelner Volksseelen im Zusammenhange mit der germanisch-nordischen Mythologie» beschloß, äußerte sich Rudolf Steiner in höchst bedeutsamer Weise über die Beziehung Widars zu dem Erscheinen des Christus im Ätherischen sowie über das Aufkommen eines neuen Hellsehens von unserem Jahrhundert an, dem es obliegt, den schweren Kampf mit dem atavistischen luziferisch-ahrimanischen Hellsehen durchzufechten, das heute vom Astralgebiet aus durch den Fenriswolf inspiriert wird. Um aber den Charakter und das Besondere dieses neuen Hellsehens, seine Beziehung zu dem Widar-Impuls sowie dem neuen Erscheinen des Christus richtig zu verstehen, sind noch einige Tatsachen, das gemeinsame Wirken der Individualität des Gautama-Bodhisattva und des sie inspirierenden Engelwesens (des Widar) betreffend, zu betrachten.[62]

Es ist die Hauptaufgabe der gegenwärtigen fünften Kulturepoche, die *Bewußtseinsseele* zu entwickeln. Zugleich wird in gewisser Weise die dritte ägyptisch-babylonisch-assyrisch-chaldäische Epoche wiederholt[63], welche vornehmlich die Empfindungsseele entwickelte. Das mächtige alte Hellsehen, das während dieser Epoche bei den Völkern des europäischen Nordens vorhanden war, wurde in hohem Maße von dem diese Völker führenden Wotan-Erzengel durch seinen irdischen Stellvertreter und Helfer, den zukünftigen Gautama-Buddha, inspiriert. Während sich im Laufe der vierten nachatlantischen Kultur die Verstandes- und Gemütsseele entwickelte, verlor sich allmählich dieses alte Hellsehen und verwandelte sich zunächst in das inspirierte Denken der Griechen, später in das immer selbständiger werdende der einzelnen Menschen.[64] Im Übergang von der dritten zur vierten Kulturepoche ereignet sich sodann die letzte irdische Verkörperung Buddhas. Da erreichte er das Ziel, zu dem ihn sein Schutzengel in seinen zahlreichen Verkörperungen als Bodhisattva geführt hatte. Dieses Ziel war, der Menschheit die Lehre von Mitleid und Liebe in der Form des «achtgliedrigen Pfades» zu geben. Jedoch sollte diese Lehre schon damals (im 6. Jahrhundert v. Chr.) nicht aus den Kräften der Verstandes- und Gemütsseele, sondern aus den Kräften der *Bewußtseinsseele* gegeben werden. Darin bestand das große, prophetische Wirken Buddhas: «...der Buddha hatte die Aufgabe, im fünften bis sechsten Jahrhundert vor unserer Zeitrechnung die Bewußtseinsseele hineinzutauchen in die menschliche Organisation.»[65] Und etwas früher weist Rudolf Steiner darauf hin, daß unsere Zeit all das, was der Buddha erreichte, in sich trägt: «Jetzt wird der Mensch durch seine Bewußtseinsseele, wenn sie sich entwickeln wird, reif werden, nach und nach aus sich selbst das zu erkennen, was der Buddha als einen großen Anschlag gegeben hat. Es mußte der Buddha in der Zeit, wo die Menschen nur erst die Verstandes- oder Gemütsseele entwickelt hatten, schon die Bewußtseinsseele entwickelt haben.»[66]

Damit ergibt sich, im ganzen gesehen, folgendes Bild: Im sechsten Jahrhundert lebte der Buddha mit der gesamten Menschheit am Beginn der Epoche der Verstandesseele. Er schöpfte sein Hellsehen aus den Inspirationen des Wotan-Erzengels, welcher durch seine Empfindungsseele wirkte, und zur Bewußtseinsseele entwickelte er sich unter der Führung seines Schutzengels durch seine eigenen Kräfte. Dank der Tatsache, daß der Buddha dieses Ziel erreichte, war sein Schutzengel – der Widar der germanisch-nordischen Mythologie – bereits im sechsten Jahrhundert vor Christi Geburt darauf vorbereitet, unter den Menschen der fünften nachatlantischen Kulturepoche zu wirken, den Menschen, welche die Bewußtseinsseele auf «natürliche» Weise in sich entwickeln sollten. Denn aus den Kräften dieses Wesensgliedes wurde damals die Lehre von Mitleid und Liebe sowie der achtgliedrige Pfad uns Menschen gegeben.[67] In unserer Zeit aber soll sich gerade von diesem Wesensglied aus, in dem sich erstmals innerhalb der Erdenentwicklung das vollentwickelte, freie, individuelle Menschen-Ich entfalten kann, das neue Hellsehen bei den Menschen zu entwickeln beginnen. Und Widar ist diejenige Wesenheit, die der Menschheit dabei am meisten helfen kann. Denn außer der Tatsache, daß er die Besonderheiten der Entwicklung der Bewußtseinsseele, ihr Wesen und ihren Charakter aufs tiefste kennt, hat Widar als der Nachfolger Michaels in der Sphäre der Erzengel auch eine unmittelbare Beziehung zu der übersinnlichen Intelligenz Michaels und kann deshalb uns Menschen am besten zu einem solchen Hellsehen inspirieren, das, aus der Bewußtseinsseele hervorgehend, ganz durchdrungen ist von dem Licht der vergeistigten Intelligenz. Dieses neue Hellsehen muß sich nun nach dem Ende der dunklen Zeit des Kali-Yuga im Jahre 1899 und in der ersten nachchristlichen Herrschaftsepoche Michaels allmählich entfalten.

Die Tatsache, daß eine solche, ganz besondere Konstellation für das neue Hellsehen notwendig war, kann auch Licht auf den tieferen Grund für Widars Verzicht im sechsten Jahrhundert auf den Erzengelrang werfen. Dieser war ja, wie wir gesehen haben, auf seinem eigenen Entwicklungsweg so weit fortgeschritten, daß er nach «der Erleuchtung des Buddha unter dem Bodhibaum» fähig war, zum Erzengelrang aufzusteigen und in der Bewußtseinsseele der Menschen die Kräfte des Hellsehens zu erwecken. Es gab jedoch zu dieser Zeit – am Beginn der vierten Kulturepoche – außer dem Buddha und einigen anderen Eingeweihten noch keine Menschen mit einer entwickelten Bewußtseinsseele. Deshalb hätte Widar als Erzengel, ähnlich Wotan, die Kräfte des Hellsehens nur in die Empfindungsseele senken können, was in der Zeit der Verstandes- und Gemütsseele, wo der Mensch die unmittelbare Verbindung mit der geistigen Welt mehr und mehr verlieren sollte, unrechtmäßig gewesen wäre. Um so der allgemeinen Weltentwicklung nicht entgegenzuwirken, mußte Widar auf sein Aufsteigen verzichten und fast 2500 Jahre als «schweigender Ase» auf die für seine Aufgabe geeignete fünfte nachatlantische Epoche warten.

Aus dem oben Gesagten geht zugleich hervor, daß in der heutigen fünften nachatlantischen Epoche, welche die Wiederholung der dritten, ägyptisch-babylonisch-assyrisch-chaldäischen ist, das damalige Hellsehen, nachdem es eine «Epoche des Schweigens» in der vierten griechisch-lateinischen Zeit durchgemacht hat, abermals in Erscheinung treten muß. Und so besteht heute einerseits die Möglichkeit, durch die Verbindung mit dem Michael-Widar-Impuls das an der Grenze zwischen der Bewußtseinsseele und dem Geistselbst entstehende neue Hellsehen zu entwickeln, und andererseits auch die Möglichkeit – wir können überall erste Symptome davon wahrnehmen – hellseherische Kräfte gleichsam «aus der Wotan-Inspiration» in der alten Form durch die Empfindungsseele und sogar durch den Empfindungsleib zu erlangen.

Während die «Wotan-Inspiration» in der dritten nachatlantischen Epoche – und in den nördlichen Gegenden Europas bis in die ersten Jahrhunderte nach Christi Geburt – rechtmäßig und notwendig war, muß sie sich heute – in unsere Zeit hinübergetragen – ganz besonders schädlich für eine gesunde Entwicklung auswirken. Darauf weist die germanische Mythologie mit der Sage von der «Götterdämmerung» hin. Hier tritt der Fenriswolf, ein astralisch-dämonisches Wesen, an die Stelle Wotans. Er will den Menschen nicht durch die Entwicklung des individuellen, freien Ich in der den Weg zum Geistselbst suchenden Bewußtseinsseele mit dem Hellsehen begaben, sondern zum Auslöschen des Ich in den dunklen Wogen der Empfindungsseele führen. So besteht der tiefere Sinn der Sage vom Sieg des Fenriswolfs über Wotan darin, daß heute diejenige Kraft, welche in der Vergangenheit, von Wotan ausgehend, vollberechtigt auf die Empfindungsseele wirkte, heute nicht mehr von Wotan, sondern von dem dämonischen Wesen des «Fenriswolfs» aus unzeitgemäß auf die Empfindungsseele wirkt und damit gegen die Mächte der rechtmäßigen Entwicklung, welche von Michael geführt werden, zum Kampf antritt, zum Kampf gegen den Impuls des neuen Hellsehens, der die menschliche Intelligenz mit dem Licht des Geistes durchdringt. Denn es kann das neue Hellsehen nicht dadurch gewonnen werden, daß die menschliche Intelligenz umgangen wird, sondern nur durch ihre Vergeistigung, indem die ahrimanische Macht des Wolfes durch die Michael-Widar-Kräfte überwunden wird. Und auf diese Überwindung der Macht des Wolfes wird in den esoterischen Traditionen des europäischen Nordens prophetisch hingewiesen, wenn es heißt, daß Widar dem Wolf den Rachen auseinanderreißt, ihm die

Möglichkeit nimmt zu sprechen. Soll doch nicht mehr das alte Hellsehen in den Menschen sprechen, sondern das neue, soll doch der Wolf verstummen, Widar aber, der bislang «schweigende» Ase, heute zum ersten Mal seine Stimme erheben.

Dieser Sieg Widars über den Wolf muß aber zu unserer Zeit in *jeder* einzelnen Menschenseele errungen werden, wenn die Menschheit nicht den Kräften eines atavistischen Hellsehens verfallen soll, eines Hellsehens ohne das Licht der Intelligenz, in dem sich der Fenriswolf als der erste Gesandte des «ahrimanischen Gespenstes» erweist, von dem wir bereits sprachen. Dieses «ahrimanische Gespenst» tritt bislang noch als ein ätherisches Wesen auf dem Astralplan als hauptsächlicher Gegner des ätherischen Christus auf und als ein erschreckendes Symptom für das Näherkommen der Inkarnation Ahrimans am Übergang zwischen zwei Jahrtausenden.[68]

Auf alle diese Tatsachen weist Rudolf Steiner in seinem Vortrag vom 17. Juni 1910 in Oslo hin, weshalb wir die dort gegebene Charakteristik der Widar-Wesenheit hier vollständig wiedergeben wollen: «Alle diese Einzelheiten, die in der Götterdämmerung hingestellt sind, werden dem entsprechen, was in einer neuen, in die Zukunft wirklich hineinweisenden Äthervision vor der Menschheit stehen wird. Zurückbleiben wird der Fenriswolf. Darin, daß dieser Fenriswolf zurückbleibt im Kampfe gegen Odin, verbirgt sich eine tiefe, tiefe Wahrheit. Es wird in der nächsten Zukunft der Menschheit nichts so sehr gefährlich werden, als wenn der Hang, beim alten, nicht durch neue Kräfte entwickelten Hellsehen zu bleiben, die Menschen dazu verführen könnte, stehen zu bleiben bei dem, was das alte, astrale Hellsehen in Urzeiten geben konnte, nämlich solche Seelenbilder wie der Fenriswolf. Es wäre wieder eine harte Prüfung für dasjenige, was auf dem Boden der Theosophie erwachsen muß, wenn etwa auch auf dem Boden der Theosophie der Hang entstehen würde zu allerlei ungeklärtem, chaotischem Hellsehen, die Neigung, nicht das von *Vernunft und Wissenschaft durchleuchtete* Hellsehen höher zu schätzen, sondern das alte, chaotische, dem dieser Vorzug abgeht. – Mit furchtbarer Gewalt würden sich rächen solche Überbleibsel alten Hellsehens, die mit allerlei chaotischen Bildern die Anschauungen der Menschen verwirren könnten. Einem solchen Hellsehen könnte nicht mit demjenigen begegnet werden, was selber aus alter Hellseherkraft entstand, sondern nur mit dem, was während des Kali Yuga als gesunde Kraft zu einem neuen Hellsehen herangebildet worden ist. Nicht dasjenige, was an Kraft der alte Erzengel Odin gegeben hat, nicht die alten hellseherischen Kräfte können retten; da muß etwas weit anderes kommen. Dieses andere aber kennt die germanisch-nordische Mythologie. Von dem weiß sie, daß es vorhanden ist. Sie weiß, *daß die Äthergestalt lebt, in der sich inkarnieren soll dasjenige, was wir wiedersehen sollen als ätherische Christusgestalt.* Und dieser erst wird es gelingen, auszutreiben, was an ungeklärter hellseherischer Kraft die Menschheit verwirren wird, wenn Odin nicht vernichtet den Fenriswolf, der nichts anderes repräsentiert als die zurückgebliebene Hellseherkraft. Widar, der sich schweigend verhalten hat während der ganzen Zeit, der wird den Fenriswolf überwinden. Das sagt uns auch die Götterdämmerung. – *Wer Widar in seiner Bedeutung erkennt und ihn in seiner Seele fühlt, der wird finden, daß im zwanzigsten Jahrhundert den Menschen wieder die Fähigkeit gegeben werden kann, den Christus zu schauen.* Der Widar wird wieder vor ihm stehen, der uns allen gemeinschaftlich ist in Nord- und Mittel-Europa. Er wurde geheim gehalten in den Mysterien und Geheimschulen als ein Gott, *der erst in Zukunft seine Mission erhalten wird.* Selbst von seinem Bilde wird nur unbestimmt gesprochen. Das mag hervorgehen daraus, daß ein Bild in der Nähe von Köln gefunden worden ist, von dem man nicht weiß, wen es darstellt, das aber nichts anderes bedeutet als ein Bildnis von Widar*. Durch das Kali Yuga hindurch wurden die Kräfte erworben, die die neuen Menschen befähigen sollen, die neue Christusoffenbarung zu schauen. Diejenigen, welche berufen sind, aus den Zeichen der Zeit[69] heraus zu deuten das, was da kommen muß, wissen, daß *die neue Geistesforschung wieder aufrichten wird die Kraft Widars, der alles dasjenige aus den Gemütern der Menschen vertreiben wird, was als Überbleibsel chaotischer alter Hellseherkräfte verwirrend wirken könnte, und der das neu sich heranentwickelnde Hellsehen in der menschlichen Brust, in der menschlichen Seele wachrufen wird.»*[70] Aus diesen Worten ersehen wir, daß Widar eine hierarchische Wesenheit ist, welche «in Zukunft», das heißt in der Epoche, welche heute – im 20. Jahrhundert – beginnt, «seine Mission», die mit dem neuen Erscheinen des Christus unmittelbar verbunden ist, «erhält». Bildet doch Widar heute die «Äthergestalt» für den Christus, die Ätherhülle, in die sich der Christus in der an die Erde grenzenden elementarischen (astralischen) Welt «inkarnieren soll». Und in dem Maße, in dem «die neue Geistesforschung» (das heißt vor allem die anthroposophisch orientierte Geisteswissenschaft) der Menschheit von dem neuen übersinnlichen Schauen des Christus[71] spricht und sie darauf vorbereitet, «richtet sie die Kraft Widars wieder auf», welcher sodann «die Überbleibsel chaotischer alter Hellseherkräfte», die aus den atavistischen Kräften

---

* Siehe Anhang 2.

der Empfindungsseele⁷² kommen, «vertreiben wird». So wird es die Kraft Widars sein, welche «in der menschlichen Seele das neu sich heranentwickelnde Hellsehen», das aus dem lichtdurchdrungenen Geist der Intelligenz, aus der zum Geistselbst aufsteigenden Bewußtseinsseele hervorgeht, «wachrufen wird».

> «Wo die ew'gen Götterziele
> Welten-Wesens-Licht
> Dem eignen Ich
> Zu freiem Wollen
> Schenken.»

Es weisen die oben angeführten Worte Rudolf Steiners aber auch auf den tiefen Zusammenhang Widars mit der nathanischen Seele, welche den auferstandenen Christus seit dem Mysterium von Golgatha begleitet. Denn die Tatsache, daß Widar in der übersinnlichen Welt die «Äthergestalt» für den Christus bildet, welche von der Lichtaura der nathanischen Seele gleich einer «Seelenhülle» umgeben ist,[73] hängt unmittelbar damit zusammen, daß Widar in Bezug auf die nathanische Seele diejenige Mission auf sich genommen hat, welche einst der Erzengel Michael im Kosmos verwaltete. Und so wie Michael in der Vergangenheit die nathanische Seele bei ihren drei übersinnlichen Opfern für die Christus-Wesenheit «behütete», als sie dreimal in drei Welten das Urbild des Christus-Trägers war, so tritt von nun an Widar an seine Stelle, um die nathanische Seele bei ihren drei neuen übersinnlichen Christus-Opfern als «geistiger Hüter» zu begleiten, wenn sie sich in drei Welten als das Urbild des «Christus-Empfängers», *das Urbild des Menschen, der ganz von dem Christus durchdrungen ist,* offenbaren wird.[74]

Aus all dem ersehen wir, wie tief die gegenseitige Beziehung zwischen Michael und Widar ist. Widar führt in gewissem Sinne den Michael-Impuls fort, wir können aber auch sagen, Michael wirkt durch Widar, dieser ist gleichsam sein Gesandter, sein Herold. Wobei die drei vergangenen Taten Michaels in Bezug auf die nathanische Seele sich in verwandelter Form, mit den vom Mysterium von Golgatha ausgehenden Kräften in aller Fülle durchdrungen, in den drei zukünftigen Taten Widars wiederholen werden. Und so wie die drei vergangenen «absteigenden» und die drei neuen «aufsteigenden» Taten sich in gewisser Weise spiegeln, so ist die sich bereits heute vollziehende *erste* Tat Widars als eine Metamorphose der *letzten* Tat Michaels zu erkennen.

Damals besiegte Michael durch die nathanische Seele am Ende der atlantischen Zeit den Python-Drachen, der im astralischen Leib des Menschen wirkend, die drei Seelenkräfte des Denkens, Fühlens und Wollens in Unordnung zu bringen trachtete, damit der Mensch niemals das freie, individuelle Ich in der Zukunft erlangen könne, das Ich, das allein in der Lage ist, den Christus-Impuls in sich aufzunehmen.[75] Heute tritt der Fenriswolf an die Stelle des besiegten Python, der Fenriswolf, der bewirkt, daß die Menschen von den Kräften des alten atavistischen Hellsehens *besessen* werden, welches das Bewußtsein mit solch chaotischen, trügerischen Bildern und Stimmen trübt, daß das individuelle und freie Ich, soweit es entwickelt wurde, wieder verlorengeht und es nicht möglich ist, ein *bewußtes* Verhältnis zu dem Christus zu gewinnen.

Nun aber tritt Widar dem Fenriswolf entgegen, als «der sprechende Ase», welcher gemeinsam mit der nathanischen Seele in der geistigen Welt wirkt und den Menschen den *rechten* Weg eröffnet, den Weg, der zum wahren übersinnlichen Erleben des ätherischen Christus führt.

2.
Das neue Erscheinen des Christus im Ätherischen

Als das bedeutendste Ereignis, das sich in diesem 20. Jahrhundert in der geistigen Umgebung der Erde vollzieht, haben wir das neue Erscheinen des Christus im Ätherischen anzusehen. Nach den Mitteilungen Rudolf Steiners begann dieses Geschehen im Jahre 1909[76], dem Jahr, an dessen Ende die Geheimnisse des Fünften Evangeliums und vor allem – in dem Zyklus über das Lukas-Evangelium – das Geheimnis der zwei Jesusknaben erstmals enthüllt wurden.

In der Folgezeit zogen sich diese Mitteilungen vom Januar 1910 an bis zum Beginn des ersten Weltkriegs und weiter wie ein roter Faden durch die Vortragstätigkeit Rudolf Steiners, einmal stiller, dann wieder stärker werdend, bis wir im Oktober und Dezember 1920 die letzten Hinweise auf dieses Ereignis finden: zum einen in den zwei Abschlußvorträgen des Zyklus «Die neue Geistigkeit und das Christus-Erlebnis des zwanzigsten Jahrhunderts», und zum anderen am Ende des zweiten Vortrags in dem Weihnachtszyklus «Die Suche nach der neuen Isis, der göttlichen Sophia».[77]

Auf eindrücklich-ernste Weise spricht Rudolf Steiner von diesem entscheidenden Geschehen in dem Vortrag vom 6. Februar 1917 in Berlin (siehe auch das Zitat auf Seite 139): «Lernen aber muß die Menschheit, den Christus zu befragen. Wie soll das geschehen? Das kann nur dadurch geschehen, daß wir seine Sprache lernen. Derjenige, der den tieferen Sinn dessen, was unsere Geisteswissenschaft will, einsieht, der sieht in ihr nicht bloß ein theoretisches Wissen über allerlei Menschheitsprobleme, über die Glieder der Menschennatur, über Reinkarnation und Karma, sondern er sucht in ihr eine ganz besondere Sprache, eine Art und Weise, sich über geistige Dinge auszudrücken. Und daß wir lernen, durch die Geisteswissenschaft innerlich im Gedanken mit der geistigen Welt zu sprechen, das ist viel wichtiger, als daß wir uns theoretische Gedanken aneignen. Denn der Christus ist bei uns alle Tage bis ans Ende der Erdenzeiten. Seine Sprache sollen wir lernen. Und durch die Sprache – und scheint sie noch so abstrakt zu sein –, durch die wir von Saturn, Sonne, Mond und Erde und auf der Erde von verschiedenen Perioden und verschiedenen Zeiten und von verschiedenen anderen Geheimnissen der Entwicklung hören, durch diese sogenannte Lehre lehren wir uns selber eine Sprache, in die wir die Fragen gießen können, die wir stellen an die geistige Welt. Und wenn wir lernen, so recht in der Sprache dieses geistigen Lebens innerlich zu sprechen, dann, meine lieben Freunde, dann wird sich entwickeln, daß der Christus neben uns steht und uns Antwort gibt... Suchen wir daher nicht bloß als Lehre, suchen wir als eine Sprache uns die Geisteswissenschaft anzueignen, und warten wir dann, bis wir in dieser Sprache die Fragen finden, die wir an den Christus stellen dürfen. Er wird antworten, ja *er wird antworten.*»[78] So tritt in diesen Worten die grundlegende geistige Forderung der neuen Epoche, die heute schon begonnen hat, vor uns hin: den Christus in all unseren Problemen *fragen* zu lernen und *seine Antwort entgegenzunehmen,* denn «... es ist heute möglich, wenn es nur gesucht wird, dem Christus ganz nahe zu sein, den Christus in ganz anderer Art zu finden, als ihn frühere Zeiten gefunden haben.»[79]

Dieses besondere, von unserer Zeit an mögliche Gefühl der *inneren Nähe zu dem Christus* ist der unmittelbare Vorbote dessen, was sich danach als Folge seines neuen Erscheinens im Ätherischen äußern wird. Wir haben drei solcher Folgeerscheinungen:

Erstens das allmähliche Erwachen des neuen ätherischen Hellsehens. Mit dem 20. Jahrhundert beginnend und weiter im Lauf der nächsten 2500 – 3000 Jahre werden immer größere Kreise von Menschen allmählich die Fähigkeit zum imaginativen Schauen erlangen. Es wird sich ihnen die Sphäre der Elementarwesen sowie die Möglichkeit zum Schauen der Ätherleiber der Pflanzen, Tiere und Menschen erschließen.

Zweitens wird zu den genannten ätherischen Wahrnehmungen das Schauen derjenigen «Äthergestalt» hinzukommen, in der sich der Christus selbst naht.[80]

Und drittens wird eine weitere Folge der neuen Christus-Erscheinung sein, daß Menschen allmählich die Fähigkeit entwickeln werden, ihr eigenes Karma bewußt zu erkennen und zu erleben. Zunächst wird sich das als Schauen der karmischen Folgen der eigenen Taten, des noch nicht «erlösten» eigenen Karma äußern, was seinerseits die erste Folge der Tatsache ist, daß der Christus im 20. Jahrhundert die Rolle des karmischen Richters auf sich genommen hat.

Zu diesen drei rein geistigen Erlebnissen sind aber noch einige Tatsachen des geistig-historischen Menschheitswerdens hinzuzufügen, welche die besondere Konstellation ermöglichten, die dem neuen Christus-Ereignis vorausging. Auch hier sind drei Tatsachen zu erwähnen:

1. Der Beginn der neuen Herrschaft des Erzengels Michael im Jahre 1879 mit seinem Aufsteigen in den Rang eines Zeitgeistes sowie der Sturz der finsteren, zur Hierarchie der zurückgebliebenen Engel gehörenden ahrimanischen Geister vom Himmel auf die Erde, wodurch ihre geistige Umgebung von den Gegenmächten gereinigt und für das neue Christus-Ereignis vorbereitet wurde.

2. Das Ende der dunklen Zeit des Kali Yuga im Jahre 1899, so daß allmählich der geistige Boden für die Entwicklung neuer übersinnlicher Fähigkeiten in dem beginnenden hellen Zeitalter bei den Menschen bereitet werden kann. Denn von nun an werden die höheren Welten wiederum auf «natürliche» Weise für die Menschen zugänglich werden.

3. Das Auftreten der anthroposophisch orientierten Geisteswissenschaft, die zu Michaeli 1900 mit dem ersten geisteswissenschaftlichen Vortrag Rudolf Steiners über die «geheime Offenbarung Goethes» begann und die gleichsam das erste Morgenlicht der neuen christlich-michaelischen Offenbarung war, die für menschliches Bewußtsein in dem neuen hellen Zeitalter erreichbar sein soll.

Zu diesen zwei Aspekten des neuen Christus-Ereignisses – dem geistigen und dem geistig-historischen – muß nun noch ein dritter hinzugefügt werden, auf den am Schluß des vorangehenden Kapitels bereits hingewiesen wurde: es ist das die Beteiligung der drei geistigen Wesenheiten an diesem Ereignis, die als Helfer und Diener des Christus bei seinem neuen Erscheinen mitwirken. Diese Wesenheiten sind Michael, der führende Geist unserer Zeit, der Erzengel Widar und das Engelwesen – oder engelähnliche Wesen – der nathanischen Seele.

Um uns den Weg zum Verständnis dieses Ereignisses zu bahnen, ist nun der Charakter der Beteiligung dieser drei geistigen Wesenheiten an dem neuen Christus-Ereignis sowie ihre Stellung in ihm näher zu untersuchen.*

Wir beginnen mit der Betrachtung der nathanischen Seele. Sie ist, wie schon gesagt, seit der Taufe im Jordan für alle künftigen Zeiten das große Urbild des Menschen, der im vollen Sinne des Wortes zum «Christus-Empfänger» geworden ist. Später – nach dem Mysterium von Golgatha –

---

* Es ist hier gleich anfangs zu betonen, daß auch andere geistige Wesenheiten an diesem entscheidensten Ereignis des geistigen Lebens heute teilnehmen. Die Geistesforschung spricht jedoch von einer besonders intimen und unmittelbaren Beteiligung dieser *drei* Wesenheiten.

erscheint sie als «Seelenhülle» des Christus, als die ihn umgebende leuchtende Licht-Aura in der geistigen Welt.[81] Das aber bedeutet, daß sie zum Träger des *Christus-Bewußtseins* in der an die Erde grenzenden geistigen Welt, das heißt der Engelsphäre, wird, indem sie mit dem Christus auch nach seiner «Auferstehung von den Toten» in der geistigen Welt verbunden bleibt. In diesem inneren Durchdrungensein von dem Christus-Bewußtsein, gleichsam die Fülle des engelhaften Christus-Bewußtseins in den Strömen des Geisteslichtes aus sich leuchtend strömen lassend, erschien die nathanische Seele später dem Apostel Paulus bei dem Ereignis von Damaskus, und so hat sie auch in der folgenden Zeit bis heute gewirkt, bezeugte doch Rudolf Steiner mehrmals, daß das Erlebnis des Paulus vor Damaskus zugleich ein prophetischer Hinweis auf das Erscheinen des ätherischen Christus im 20. Jahrhundert ist.[81a] Um aber diese Beziehung noch konkreter zu erfassen, wollen wir hier einige weitere wichtige Tatsachen heranziehen, welche Rudolf Steiner im Vortrag vom 2. Mai 1913 in London erwähnt. Wir finden da einen Hinweis darauf, daß dem Erscheinen des ätherischen Christus im 20. Jahrhundert eine Art *übersinnlicher Wiederholung des Mysteriums von Golgatha* im 19. Jahrhundert vorausging. Dabei haben wir bei einem solchen Vergleich zwischen dem Ereignis, das dem neuen Erscheinen des Christus vorausging, und dem einst auf der Erde sich vollziehenden Mysterium von Golgatha zu beachten, daß hier nicht nur auf ein übersinnliches Geschehen von Tod und Auferstehung hingewiesen wird, sondern auch auf die Beteiligung nicht nur einer, sondern *zweier* geistiger Wesenheiten: der makrokosmischen Christus-Wesenheit und der engelartigen Wesenheit der nathanischen Seele, so wie das in ähnlicher Weise bei dem historischen Mysterium von Golgatha der Fall war. Und wie die Christus-Wesenheit einst den Tod in den Hüllen des Jesus von Nazareth, das heißt der nathanischen Seele, erlebte, so erlebte jener Teil des Christus-Bewußtseins, der mit der nathanischen Seele verbunden blieb, eine Art Verlöschen in der an die Erde grenzenden Engelsphäre, um sodann in der Sphäre der Menschen als neues *Christus-Bewußtsein* aufzuerstehen, als die neue Möglichkeit für jeden Menschen, die eigene Beziehung zu dem Christus unmittelbar zu erleben.

Nun wollen wir uns den Worten Rudolf Steiners in dem genannten Vortrag selbst zuwenden. Er sagt dort: «Obwohl Christus in die alte hebräische Rasse kam und dort zu seinem Tode geführt wurde, erlitt dennoch das Engelwesen, welches *seitdem* [seit dem Mysterium von Golgatha] *die äußere Form des Christus ist,* im Laufe des 19. Jahrhunderts ein Auslöschen des Bewußtseins als das Resultat der entgegengesetzten materialistischen Kräfte, die in die geistigen Welten heraufgekommen waren, als das Ergebnis der materialistischen Menschenseelen, die durch die Pforte des Todes gingen. Und das Eintreten von Bewußtlosigkeit in den geistigen Welten in der eben beschriebenen Weise wird die Auferstehung des Christus-Bewußtseins in den Seelen der Menschen auf Erden zwischen Geburt und Tod im 20. Jahrhundert werden. In gewissem Sinne kann man daher voraussagen, daß vom 20. Jahrhundert an das, was der Menschheit verlorengegangen ist an Bewußtsein, sicherlich wieder heraufsteigen wird für das hellseherische Schauen. Anfangs nur wenige, dann eine immer wachsende Anzahl von Wesen wird im 20. Jahrhundert fähig sein, die Erscheinung des ätherischen Christus, das heißt Christus in der Gestalt eines Engels, wahrzunehmen. Um der Menschheit willen geschah das, was man eine Zerstörung von Bewußtsein nennen kann, in den Welten, die unmittelbar über unserer irdischen Welt liegen, und in welchen der Christus sichtbar gewesen ist in der Zeit zwischen dem Mysterium von Golgatha und dem heutigen Tage. – Genauso wie die wenigen Menschen, die in jenen Tagen die Zeichen der Zeit lesen konnten, in der Lage waren, das Mysterium von Golgatha so zu betrachten, daß sie erfassen konnten, wie diese große, mächtige Wesenheit aus den geistigen Welten herniederstieg, um auf Erden zu leben und durch den Tod zu gehen, damit durch seinen Tod die Substanzen seines Wesens der Erde einverleibt werden konnten, so können wir wahrnehmen, daß in gewissen Welten, die unmittelbar hinter der unsrigen liegen, eine Art geistiger Tod, eine Aufhebung des Bewußtseins stattfand und hiermit eine Wiederholung des Mysteriums von Golgatha ein Wiederaufleben des früher verborgenen Christus-Bewußtseins in den Seelen der Menschen auf Erden stattfinden kann.»[82]

Dieser Hinweis auf die übersinnliche *Wiederholung* des Mysteriums von Golgatha, welche dem Erscheinen des Christus im Ätherischen vorausging, ist zugleich ein Hinweis auf das Verlöschen und Auferstehen des Christus-Bewußtseins in der nathanischen Seele, diesem engelartigen Wesen, das seit dem Mysterium von Golgatha den Christus als seine leuchtende Seelenhülle begleitet.[83] Mehr imaginativ läßt sich dieser Prozeß so vorstellen, daß das geistige Licht, welches der Apostel Paulus einst bei dem Ereignis von Damaskus um den Christus schaute, entsprechend der Entwicklung des Materialismus in der neueren Zeit, allmählich verlosch, um, nachdem es durch die Metamorphose von Tod und Auferstehung gegangen ist, wiederum aufzuleuchten, nun jedoch nicht nur außen als astralisches Licht, sondern auch im Innern der menschlichen Seelen, in den Ätherleibern, als *ätherisches Licht,* das im Menschen das Leben in rein geistigen Gedanken zu wecken vermag, in Gedanken der Geisteswissenschaft, welche ihn zum neuen, bewußten Erleben der Christus-Wesenheit führen können.

Hier taucht jedoch die Frage auf: Wenn die nathanische Seele dadurch, daß sie durch den Prozeß des Verlöschens ihres Christus-Bewußtseins im 19. Jahrhundert ging, das Licht dieses Bewußtseins in die menschlichen Seelen senden und so das Christus-Bewußtsein in den Menschen anfänglich wecken konnte, was geschah dann aber mit der nathanischen Seele selbst? Hier rühren wir an ein Geheimnis, das mit den *gegenwärtigen* Mysterien der nathanischen Seele zusammenhängt. Um sich seinem Verständnis zu nähern, müssen wir uns nochmals vergegenwärtigen, daß Rudolf Steiner diesen ganzen Prozeß als eine Art geistiger *Wiederholung* des Mysteriums von Golgatha charakterisiert. Das aber bedeutet: Als die nathanische Seele an der Zeitenwende mit dem Christus durch den Tod auf Golgatha ging, erlebte sie auch die folgende Auferstehung mit, da ihr ganzes Wesen mit den *Ich-Kräften des Christus* durchdrungen war. Nur dank dieser Teilnahme an der Auferstehung des Christus konnte die nathanische Seele dann auch der Träger seines Bewußtseins in der geistigen Umgebung der Erde, das heißt in der *Engelsphäre*, werden.

Dieses Christus-Bewußtsein, dessen Träger die nathanische Seele im Laufe von fast zwei Jahrtausenden war, opfert sie nun der Menschheit, so wie sie bei dem historischen Mysterium von Golgatha ihren durchchristeten physischen Leib opferte. Als Folge dieser Opfertat, die man auch die *fünfte* Opfertat der nathanischen Seele nennen kann, macht sie gleichsam eine Zeit der Bewußtlosigkeit in der geistigen Welt durch – haben doch die Kräfte ihres Christus-Bewußtseins sie verlassen und sind auf die Menschen übergegangen –, und aus diesem Zustand wird sie nach einiger Zeit durch den Christus erweckt, aber dieses Mal nicht durch die Vereinigung mit den Ich-Kräften des Christus wie nach dem historischen Mysterium von Golgatha, sondern durch die Kräfte des nächsthöheren Gliedes der Wesenheit des Christus, seines *Geistselbst*, mit dem er zur Zeitenwende in das Erdensein trat.[83a] Und es sollte die nathanische Seele nach dieser zweiten Auferstehung in den geistigen Welten dem Christus, der heute in ätherischer Gestalt unter den Menschen wandelt, ein neues Lichtkleid schaffen, dieses Mal aber aus dem Licht, das die Menschen aus dem in ihnen wirkenden Christus-Bewußtsein als Geistgedankenlicht durch den Lichtäther in das astralische Licht zu tragen vermögen. Aus einem solchen umgewandelten Astrallicht bildet die nathanische Seele heute dem ätherischen Christus das neue Lichtkleid. Und wir können die Enthüllung des Mysteriums der nathanischen Seele in dem Zyklus über das Lukas-Evangelium im September 1909 durch Rudolf Steiner als einen Hinweis auf den Beginn dieses übersinnlichen Prozesses ansehen.

Die zweite Wesenheit, die unmittelbar an dem neuen Christus-Ereignis teilnimmt, ist der Erzengel Widar. Gemäß den oben auf Seite 343 zitierten Worten Rudolf Steiners schafft er heute in der gleichen geistigen Sphäre jene «Äthergestalt», in der sich «inkarnieren soll dasjenige, was wir wiedersehen sollen als ätherische Christus-Gestalt». Diese «Äthergestalt» schafft Widar aus eben den vergeistigten Ätherkräften, die in dem ätherischen Ring um die Erde enthalten sind, sowie aus jener reinsten Äthersubstanz der Ur-Jugend der Menschheit, deren Hüter er seit der Zeit der palästinensischen Ereignisse in den geistigen Welten ist; mit anderen Worten: aus den Ätherkräften, welche ganz von dem Christus-Impuls durchdrungen sind, sowie aus denjenigen des vom Sündenfall unberührten *makrokosmischen Lebens*,[84] indem er sowohl die einen als auch die anderen zu einer *imaginativen Gestalt*, einer imaginativen Form verdichtet, in welcher der ätherische Christus unter den Menschen wirken soll.[85] Da Widar nun der neue Hüter sowohl der nathanischen Seele als auch der ätherischen Ur-Jugendkräfte der Menschheit ist, so hat er heute die Aufgabe, in den menschlichen Seelen diejenigen neuen hellseherischen Fähigkeiten zu wecken, die das Christus-Ereignis wahrzunehmen vermögen.

So nimmt der Erzengel Widar in unserer Epoche der Menschheitsentwicklung nicht nur auf die beschriebene Weise an dem neuen Christus-Ereignis in der äußeren geistigen Welt teil, sondern er ist auch unmittelbar daran beteiligt, in der Menschenseele jene Kräfte zu erwecken und zu beleben, welche es ihr ermöglichen, bewußt an diesem Geschehen teilzunehmen. Das geschieht so, daß Widar den Teil der Menschenseele bereitet und kräftigt, in dem die Geburt des neuen Christus-Bewußtseins stattfinden soll und und in dem die Ursprungskräfte der nathanischen Seele zu bewußtem Wirken erweckt werden sollen. Wo aber geschieht dieses Erwachen des von der nathanischen Seele getragenen Christus-Bewußtseins im Menschen? Auf diese Frage gibt Rudolf Steiner die folgende Antwort: «Man sollte aber auf das im Menschen kindlich Gebliebene schauen; denn auf dem Umwege über dieses kindlich Gebliebene sollen durch die Christusfähigkeit erst wieder die anderen Fähigkeiten erwärmt werden. *Das Kindliche sollen wir gescheit machen,* damit von da aus die anderen Fähigkeiten wieder gescheit werden. Jeder trägt in dieser Beziehung die kindliche Natur in sich; und diese wird, *wenn sie rege ist,* auch eine Empfänglichkeit haben für die Verbindung mit dem Christusprinzip.»[86] Und es ist Widar, der die Menschen dazu führt, den kindlichen Urgrund ihres Wesens *mit Gescheitheit zu durchdringen*, ihn zu beleben, so daß er sich mit dem Christus-Prinzip verbinden kann. Denn diese Kindheitskräfte der Seele bilden den Mutterboden, aus dem Widar heute die Blüte des neuen Hellsehens, nicht des alten chaotischen, sondern des neuen von «Vernunft und Wissenschaft durchleuchteten» Hellsehens erwachsen lassen kann. So wirken heute Widar und die nathanische Seele gemeinsam im Menschen. Widar belebt den kindlichen Seelenteil jedes Menschen, er durchdringt ihn mit Vernunft und Erkenntniskraft und erweckt dadurch die ursprünglichen Seelenkräfte, welche der nathanischen Seele verwandt sind, so daß diese gleichsam im Menschen «aufersteht» und ihn mit dem inneren Licht des engelhaften Christus-Bewußtseins begabt, welches Widar in die Kräfte des neuen imaginativen Hellsehens verwandeln kann. Dieser Prozeß läßt sich auch folgendermaßen beschreiben: Durch die nathanische Seele kann die Menschenseele das neue Christus-*Licht* empfangen, durch Widar aber *das Leben in Imaginationen*, dadurch, daß er jene Seelenteile belebt, welche als Grundlage für die neuen übersinnlichen Fähigkeiten dienen können.

Besonders deutlich läßt sich das gemeinsame Wirken Widars und der nathanischen Seele bei der weiteren Verwandlung der menschlichen Erinnerungsfähigkeit beobachten. Oben (Seite 62) sprachen wir davon, daß die Menschheit die Kraft, diese so eng mit dem menschlichen Ich-Bewußtsein zusammenhängende Fähigkeit in der richtigen Weise anzuwenden, dank dem an der Zeitenwende vollzogenen vierten Opfer der nathanischen Seele erlangte. Damals war die rechtmäßige Entwicklung der Erinnerungsfähigkeit ein Vorläufer der Entwicklung des Ich-Bewußtseins. Heute jedoch, wo das Ich-Bewußtsein schon in einem hohen Grade vorhanden ist, muß eine weitere Metamorphose stattfinden. Es muß die Erinnerungsfähigkeit *in voller Bewußtheit* mit den Christus-Kräften durchdrungen werden, was wiederum unmittelbar mit der Entwicklung des neuen Hellsehens verknüpft ist.[87] Da aber das Erinnerungsvermögen im Ätherleib gründet, so können wir sagen, daß sich der Christus-Impuls zunächst mit den Teilen desselben verbindet, in denen noch die der nathanischen Seele verwandten Kräfte walten, von denen aus sich sein Einfluß dann auch auf die übrigen Teile des Ätherleibes ausdehnt.[88] Diese der nathanischen Seele verwandten Kräfte, welche in alter Zeit um der Ziele der Weltenführung willen vom Sündenfall, vom Eindringen luziferischer und später ahrimanischer Einflüsse zurückgehalten wurden, sie sind, wie aus den Mitteilungen Rudolf Steiners hervorgeht, mit dem Teil der höheren Ätherarten verbunden, welche den Ätherleib des Menschen bilden – dem «Klang-» und dem «Lebensäther».[89] Diese zwei vom Sündenfall unberührten Ätherarten hat die nathanische Seele bei ihrer Verkörperung zur Erde gebracht, um sie als Kräfte der Ur-Erinnerung vom Paradieseszustand dem Entwicklungsstrom der Menschheit einzuverleiben, so daß wir im Ätherleib des heutigen Menschen ein umfassenderes Gedächtnis haben, welches die Erinnerungen an das Sein der Menschenseele in den höheren Welten vor dem Sündenfall in sich trägt – dieses Gedächtnis wurzelt im Klang- und Lebensäther –, und auch das gewöhnliche irdische Gedächtnis, welches mehr mit dem Licht- und teilweise dem Wärmeäther verbunden ist. Der Prozeß, der heute auf die beschriebene Weise durch das gemeinsame Wirken Widars und der nathanischen Seele in den menschlichen Seelen stattfinden soll, besteht nun darin, daß unter der Mitwirkung Widars die das Christus-Bewußtsein tragenden Kräfte der nathanischen Seele in den Klang- und Lebens-«Bereichen» des Ätherleibes geweckt werden, damit sie bis zu einem gewissen Grad auch in seinen Licht-«Teil» eindringen können – und in der Zukunft in den Wärme-«Teil» –, um so dem Christus-Impuls den Weg zu öffnen: «In dem neuen Christus-Ereignis, das jetzt nicht physisch, aber ätherisch herankommt, das zusammenhängt mit der ersten Entfachung der Erinnerungsfähigkeit, mit der ersten Entfachung des Durchchristetwerdens der Erinnerung, wird dieses Christus-Ereignis so sein, daß der Christus als *engelartiges* Wesen an den Menschen herantreten wird. Darauf müssen wir uns vorbereiten.»[90]

Zu der Frage, wie diese Belebung der Erinnerung vor sich gehen soll, welche heute zum neuen ätherischen Hellsehen führt, anders gesagt: wie die heute gemeinsam wirkenden Kräfte Widars und der nathanischen Seele, nachdem sie in den Klang- und Lebens-Bereichen des Ätherleibes belebt wurden, weiter in seinen Licht-Bereich eindringen können, finden wir in Rudolf Steiners Vortrag vom 2. Januar 1916 eine Antwort. Hier wird der Erinnerungsprozeß des irdischen Gedächtnisses, das mit dem Lichtteil des menschlichen Ätherleibes zusammenhängt, sowie die allmähliche Überwindung der in ihm wirkenden luziferischen und ahrimanischen Kräfte beschrieben.

Von diesem intimen «Mysterium des Lichtes» im Menschenwesen sprach der Christus einst prophetisch in dem engen Kreis seiner Jünger während der vierzigtägigen Gespräche nach seiner Auferstehung von den Toten. Und er beendete diese Offenbarung des «Mysteriums des Lichtes» mit einem mantrischen Text, welcher in der Form, wie ihn Rudolf Steiner in unserer Zeit wiederum in der Akasha-Chronik lesen konnte, wohl eines der wichtigsten Mantren ist, durch das der moderne Mensch die

Kräfte des neuen ätherischen Hellsehens in sich wecken kann, des Hellsehens, das zum *Schauen des Ätherbildes des Christus führt, wie es sich im eigenen Ätherleib spiegelt.* Das Mantram lautet: «Oh, Ihr Mächte in der geistigen Welt, lasset mich aus meinem physischen Leib heraus wissend in der Lichtwelt sein, im Lichte sein, um den eigenen Lichtleib zu beobachten, und lasset die Gewalt der ahrimanischen Kräfte nicht zu stark sein über mich, daß sie mir nicht unmöglich machen, zu schauen, was da in meinem Lichtleib vorgeht!»[91] (Im Sinne des oben Gesagten können wir uns in unserer Epoche unter den geistigen Mächten, zu denen wir uns vornehmlich mit dieser Bitte um Hilfe wenden, die nathanische Seele, Widar und – wie wir noch sehen werden – den führenden Geist unserer Zeit, Michael, vorstellen.)

Das aber, was sich der menschlichen Seele bei einer solchen Versenkung in das Schauen des eigenen Lichtleibes offenbart, ist das Folgende: Wie wir sahen, ging dem Wiedererscheinen des Christus im 20. Jahrhundert das Verlöschen des von Christus durchdrungenen Bewußtseins der nathanischen Seele in der an die Erde grenzenden geistigen Welt und sein neues Aufleuchten in den menschlichen Seelen voraus. Genauer gesagt äußerte sich dieser Prozeß so, daß das von der nathanischen Seele ausstrahlende astralische Licht allmählich verlöschte, sich verwandelte, zu *ätherischem Licht* «verdichtete» und durch die von Widar belebten Lebens- und Klangteile des menschlichen Ätherleibes in seinen Lichtteil[92] eindrang, in dem dann der Mensch sein Gedächtnis als mit den Christuskräften erfüllt schauen kann.

Wenn wir uns nun in Erinnerung rufen, daß das Astrallicht in gewissem Sinne das astrale Gedächtnis des Kosmos ist,[93] der Lichtteil des menschlichen Ätherleibes aber der Träger seines individuellen, irdischen Gedächtnisses, so läßt sich dieser Prozeß auch folgendermaßen charakterisieren: Es geschieht hier die Befruchtung des menschlichen Gedächtnisses durch das kosmische Gedächtnis, in dem der Christus anwesend ist, das aber ist der Anfang des Mysteriums, in dem der Christus-Impuls allmählich in die menschliche Erinnerung eintritt und den Menschen zum neuen Schauen des Christus in der geistigen Umgebung der Erde führt.[94] Vom Standpunkt des genannten Vortrags entspricht das dem Prozeß der *Verlebendigung* und zugleich *Aufhellung* des gewöhnlichen menschlichen Gedächtnisses, das nichts anderes ist als die in Düsternis getauchten lichtvollen Bewegungen des Ätherleibes.[95] «Dämonen [Ahriman dienende geistige Wesenheiten] halten fortwährend den Lichtleib des Menschen in Dunkelheit. Das ist durch die Einrichtung, die Ahriman mit dem physischen Leib und übrigens auch mit dem Ätherleib getroffen hat.»[96] Damit wird deutlich, wie das Eingehen des Christus-Impulses in den Lichtbereich des Ätherleibes im Prozeß der Belebung der Erinnerungsfähigkeit nicht nur das Erwachen des neuen Hellsehens ermöglicht, sondern noch etwas weit Wichtigeres: «Wir können daher sagen – und ich will diesen Satz besonders an die Tafel schreiben, weil das ein wichtiger Satz ist –: Ist es der Menschenseele möglich, aus Licht die Vorgänge im eigenen Lichtleib zu beobachten, so hat sich diese Seele frei gemacht von den ahrimanischen Kräften, die sonst die Vorgänge im Lichtleib verdunkeln.»[97]

So eröffnet sich seit dem Ende des Kali Yuga allmählich nicht nur für Eingeweihte oder Menschen, die als unmittelbare Schüler des Christus Jesus eine ganz besondere Ausnahme bilden, sondern auch für immer größere Menschenkreise die Möglichkeit, auf Grund des in den Seelen erwachten Christus-Bewußtseins durch die Widar-Kraft zu einem neuen ätherischen Hellsehen zu gelangen, was nur durch ein wenigstens teilweises Überwinden der ahrimanischen Mächte im Ätherleib erreichbar ist. Als Urbild dieses Geschehens aber steht der Sieg Widars über den Fenriswolf vor uns, über diejenigen ahrimanischen Mächte, welche heute im Menschen zwar ein Hellsehen erwecken wollen, jedoch so, daß es nicht zu einem Schauen «aus dem Lichtleib in das Licht» führt, sondern zu noch größerer Verdunkelung.[98] Denn das «Hellsehen» des Fenriswolfs wird nicht auf der Befreiung des Lichtäthers von den ahrimanischen Mächten beruhen,[99] sondern darauf, daß sich deren Macht auch auf den chemischen und Lebensäther ausdehnt.[100]

Nun können wir auch fragen: wie beteiligt sich Michael, der führende Geist unserer Zeit, an dem neuen Erscheinen des Christus? Rudolf Steiner weist immer wieder auf den engen Zusammenhang hin, der zwischen diesem Ereignis und dem Wirken Michaels seit 1879 besteht, ganz besonders in den Vorträgen der Jahre 1913 bis 1915. Dabei treten zwei Aspekte unseres Themas deutlich hervor.

Der erste Aspekt betrifft das Aufsteigen Michaels aus dem Erzengelrang in den Rang eines Archai, von den vierziger Jahren des 19. Jahrhunderts an,[101] wodurch er der Christus-Wesenheit seitdem auf einer noch höheren Stufe dienen kann.[102] Es begann zwar Michael schon seit dem Mysterium von Golgatha, dem Christus auf neue Weise zu dienen, als er aus einem Boten Jahves ein Christusbote wurde. Seit den vierziger Jahren des 19. Jahrhunderts jedoch verband er sich bei der Vorbereitung seiner ersten nachchristlichen Herrschaft so tief mit der Sphäre, in welcher der Christus-Impuls unmittelbar wirkt, daß Rudolf Steiner in dem Vortrag vom 20. Mai 1913 seinen eigentlichen Übergang von Jahve zu Christus auf das Jahr 1879, ja in gewissem Sinne auf den Beginn des Erscheinens des Christus im Ätherischen bezieht: «Wenn es im 20. Jahrhundert möglich ist, daß die Seelen sich heranentwickeln zum Verständnis des Mysteriums von Golgatha, so rührt es von diesem Ereignis her, daß der Christus durch eine Verschwörung der materialistischen Seelen herausgetrieben ist aus den spirituellen Welten, versetzt worden ist in die sinnliche Welt, in die Menschenwelt, so daß auch in dieser sinnlichen Welt ein neues Verständnis beginnen kann für den Christus. Daher ist auch der Christus in noch innigerer Weise vereinigt mit allem, was die Schicksale der Menschen auf Erden sind. Und wie man einstmals hinaufsehen konnte zu dem Jahve oder Jehova und wissen konnte, daß er dasjenige Wesen war, das den Michael vorausgesendet hat, um vorzubereiten, was da herüberführen sollte aus dem Jahve-Zeitalter zum Christus-Zeitalter, während es früher Jahve war, der den Michael sandte, ist es jetzt der Christus, der uns den Michael sendet. – Das ist das Neue, das Große, was wir für uns in ein Gefühl verwandeln sollen. Wie man früher sprechen konnte von Jahve-Michael, dem Leiter des Zeitalters, können wir jetzt sprechen von dem Christus-Michael. *Michael hat eine Erhebung in eine höhere Stufe, vom Volksgeist zum Zeitgeist durchgemacht dadurch, daß er vom Sendboten Jahves zum Sendboten des Christus geworden ist.* Und so reden wir von einem richtigen Verständnis des Christus-Impulses, wenn wir von einem richtigen Verständnis des Michael-Impulses in unserer Zeit sprechen.»[103]

Und noch deutlicher spricht Rudolf Steiner am 2. Mai 1913 über das Wirken Michaels zur Vorbereitung des neuen Erscheinens des Christus heute sowie über Michael als seinen Sendboten unter den Menschen: «Zweimal schon ist der Christus gekreuzigt worden: das eine Mal physisch in der physischen Welt im Anfang unseres Zeitalters und ein zweites Mal im 19. Jahrhundert spirituell in der beschriebenen Weise. Man könnte sagen, die Menschheit erlebte die Auferstehung seines Leibes [des Leibes der nathanischen Seele] in der damaligen Zeit; sie wird die Auferstehung seines Bewußtseins [des von dem Christus durchdrungenen Bewußtseins der nathanischen Seele] vom 20. Jahrhundert an erleben. – Das, was ich nur in einigen Worten habe andeuten können, wird allmählich in die Menschenseelen eindringen, und der Vermittler, der Sendbote wird Michael sein, der *jetzt* der Abgesandte des Christus ist. So wie er früher die Seelen der Menschen leitete, damit sie das Hinlenken seines Lebens vom Himmel zur Erde verstehen konnten, so bereitet er jetzt die Menschheit vor, damit sie fähig werde, das Hinlenken des Christus-Bewußtseins aus dem Zustand des Unbewußten in den Zustand des Bewußten zu erleben.»[104]

Wie diese Worte zeigen, bewirkten der Beginn der neuen Herrschaftsepoche des Michael und die Wiederholung des Mysteriums von Golgatha[105] nicht nur einen tiefgreifenden Wandel in der Beziehung zwischen dem Christus und Michael, sondern sie können auch als besonders eng miteinander verbunden angesehen werden, wenn wir das Folgende beachten.

Es ist ein wesentliches Charakteristikum der neuen Herrschaft Michaels, daß er sie nach hartem Kampf dadurch errang, daß er ahrimanische Wesen, die zur Hierarchie der Angeloi gehören und die Rudolf Steiner auch «Geister der Finsternis» nennt, um 1879 auf die Erde, in die Seelen, in das *Bewußtsein* der Menschen stürzte.[106] Dank dieses himmlischen Sieges reinigte er den übersinnlichen Horizont, die an die Erdenwelt grenzende himmlische Sphäre von allen Widersachermächten, wodurch es möglich wurde, die neue Geistesoffenbarung auf die Erde zu bringen, welche am Beginn unseres Jahrhunderts dann in der Form der anthroposophisch orientierten Geisteswissenschaft in Erscheinung trat. Während so Michael seitdem in der durch ihn gereinigten Geistessphäre wirkte, herrschte jedoch auf der Erde, unter den Menschen, noch immer große Finsternis. Erst im Jahre 1899 änderte sich im Zusammenhang mit dem Ende des Kali Yuga die Situation entscheidend, denn nun eröffnete sich für die höheren Hierarchien wie überhaupt für alle Wesen der geistigen Welten die Möglichkeit, auf neue Weise innerhalb der irdischen Geschehnisse und ganz besonders der Menschheitsentwicklung gemeinsam zu wirken. Damit ergibt sich für den Beginn unseres Jahrhunderts das folgende Bild: in der Höhe Michael in der gereinigten geistigen Welt, in der Tiefe die Menschen mit den unter sie gestürzten Geistern der Finsternis, und zwischen beiden Welten seit 1899 nun nicht mehr geschlossene, sondern weit geöffnete Tore, ein frei zugänglicher Weg für den «Verkehr» zwischen den geistigen und den irdischen Wesen.

In diese geistige Situation tritt von 1909 an der Christus in derjenigen Äthergestalt ein, welche ihm der Erzengel Widar gemeinsam mit der ihn seit den palästinensischen Ereignissen begleitenden nathanischen Seele geschaffen hat. Denn so wie das Herabsteigen des Christus in die physische Welt, um die Erdenform des Menschen, das Phantom seines physischen Leibes (oder anders gesagt: des physischen Leibes der nathanischen Seele als dem Urbild des Menschen) zu retten, die Grundlage für das «erste» Mysterium von Golgatha bildete, so bildete sein opfervoller Entschluß, *bis zum Ende* bei der Menschheit zu bleiben und in die Sphäre einzutreten, in welche dreißig Jahre früher Michael die Widersachermächte gestürzt hatte, die Grundlage für das «zweite», übersinnliche

Mysterium von Golgatha, das durch das Erscheinen des Christus in der neuen ätherischen Gestalt vollendet wurde. Imaginativ können wir uns das folgendermaßen vorstellen: Es erstrahlt infolge von Michaels Sieg eine neues Licht in der Höhe, in der die Erde umgebenden übersinnlichen Welt, während in der Tiefe die Finsternis sich immer mehr verdichtet, und in diese Finsternis beginnt seit 1909 der Christus aus dem Licht der Höhen hinabzusteigen. Seitdem wirken die zwei ganz und gar entgegengesetzten Impulse: der Christus-Impuls und die Impulse der ahrimanischen Geister der Finsternis auf dem Grunde des Erdenwerdens sowie in den Tiefen der Menschenseelen. Dazu äußerte Rudolf Steiner: «Aber Christus wird da sein; er wird in derselben Sphäre durch sein großes Opfer leben, in der auch Ahriman lebt. Der Mensch wird wählen können zwischen Christus und Ahriman.»[107] In unserer und in der nächstfolgenden Zeit wird die zuletzt genannte Tatsache so in Erscheinung treten, daß eine wachsende Zahl von Menschen vollbewußt wird wählen müssen zwischen der in ihnen erwachenden Kraft des bewußten Hellsehens, das zum «Sonnenhellsehen» des ätherischen Christus führt, und der alten Kraft des chaotischen, vom Fenriswolf erzeugten «dunklen» Hellsehens.[108]

Nun ist weiter zu fragen: Wie ist das Verhältnis des «oben» bleibenden Michael[109] zu den Ereignissen, die sich «unten» vorbereiten bzw. vollziehen, und welchen Anteil hat er an ihnen? Nach den Mitteilungen der modernen Geisteswissenschaft besteht seine Aufgabe heute darin, daß der von nun an in der ihm von Widar geschaffenen Äthergestalt unter den Menschen lebende Christus und die ihn umhüllende neue Aura des nathanischen Jesus in der *richtigen* Weise von den Erdenmenschen wahrgenommen werden können. Rudolf Steiner geht in den Jahren 1914–1915 im Zusammenhang mit dem tragischen Kriegsgeschehen dreimal auf dieses bedeutende Geheimnis unserer Zeit ein. In den drei Vorträgen vom 9. November und 3. Dezember 1914 sowie vom 14. Februar 1915[110] spricht er in erster Linie über die übersinnlichen Grundlagen des ersten Weltkriegs, die mit dem «geistigen Krieg» zwischen dem Osten und dem Westen zusammenhängen wie auch mit dem besonderen, schweren Karma Mitteleuropas zwischen diesen sich bekämpfenden Polen. Es stellt Rudolf Steiner in diesen Vorträgen jedoch in erstaunlicher Weise auch eine Verbindung dieser an Ort und Zeit gebundenen Ereignisse mit dem neuen Erscheinen des Christus[111] und dem um seine rechte Verwirklichung ringenden Michael her – mit Ereignissen also von *allgemein menschlicher Bedeutung*. So heißt es im Vortrag vom 3. Dezember: «Nun stehen wir ja, wie ich oftmals auseinandergesetzt habe, vor dem großen Ereignis der kommenden Zeit: dem Auftreten des Christus in einer ganz

besonderen Weise... Ihm aber geht voran, seit dem letzten Drittel des 19. Jahrhunderts, als Kämpfer für die entsprechende Vorbereitung der Menschen zu dem Christus-Ereignis, derjenige Geist, den wir als den Geist Michael bezeichnen, als den Vorkämpfer des Sonnengeistes.»[112]
«Und hingewiesen ist darauf auch schon in verschiedenen Betrachtungen, daß dieses Erscheinen des Christus für diejenigen Menschen, die fähig sein werden ihn zu schauen, vorbereitet wird seit dem letzten Drittel des 19. Jahrhunderts, indem der wirkende Zeitgeist seit dieser Zeit ein anderer ist als früher. Durch Jahrhunderte vorher war Gabriel der wirkende Zeitgeist, seit dem letzten Drittel des 19. Jahrhunderts ist Michael der wirkende Zeitgeist. Michael ist es, der gewissermaßen die Erscheinung des Christus als ätherische Wesenheit vorzubereiten hat. Das alles muß aber vorbereitet werden, das alles muß gewissermaßen in der Entwicklung gefördert werden, und es wird gefördert. In der Art wird es gefördert, daß Michael für die Erscheinung des Christus gewissermaßen den Kampf führt, daß er die Seelen in dem Erleben zwischen Tod und neuer Geburt vorbereitet auf dasjenige, was in der Erdenaura zu geschehen hat.»[113] «Dieses Ereignis der Erscheinung des Christus ... kann nur herbeigeführt werden, wenn sich die Herrschaft des Michael immer mehr und mehr ausbreitet. Noch ist das ein Prozeß in der geistigen Welt. Gleichsam kämpft auf dem Plane, der angrenzt an unsere Welt, Michael für das Herannahen des Christus.»[114] Worin aber besteht dieser Kampf, den Michael «für das Herannahen des Christus» führt? In den genannten Vorträgen wird die Antwort mehr im Zusammenhang mit den tragischen Ereignissen am Anfang des Jahrhunderts gegeben. Da jedoch die geistigen Prozesse, welche ihnen zugrunde liegen, einer höheren, der Michael-Christus-Sphäre angehören und deshalb auch noch heute Bedeutung haben, müssen wir sie hier genauer betrachten.

Aus verschiedenen Mitteilungen der Geisteswissenschaft geht hervor, daß die westliche Zivilisation in der neueren Zeit eine ungewöhnlich starke Wirkung auf den Ätherleib ausübt, so daß dieser einerseits an Plastizität verliert und andererseits geneigt wird, bestimmte konkrete imaginative Abdrücke aus der unmittelbaren Umgebung anzunehmen. Die Folge davon ist, daß der Ätherleib des modernen westlichen Menschen in stärkstem Maße die Tendenz hat, sich dem Auflösungsprozeß nach dem Tode zu widersetzen. Es trat deshalb schon vom Ende des 18. Jahrhunderts an, ganz besonders aber im Laufe des 19. Jahrhunderts, eine wachsende Zahl von Seelen in die geistige Welt ein, deren Ätherleiber starke Impulse der modernen materialistischen Zivilisation in der Gestalt von dichten, sich wegen ihrer Fremdheit gegenüber der geistigen Umwelt schlecht auflösenden Imaginationen in sich trugen. Diese Ätherleiber waren durch die «materialistischen Imaginationen» gleichsam dunkel, undurchsichtig, ja sogar ausgetrocknet geworden und konnten sich mit den sich im Kosmos ergießenden Strömen des Lichtäthers nicht mehr in der richtigen Weise vereinigen. Es entstand deshalb im Laufe des 19. Jahrhunderts in der geistigen Umgebung der Erde durch diese Anhäufung von Ätherleibern Verstorbener, welche von «dunklen Imaginationen» erfüllt waren, die große Gefahr, daß das Ätherbild des Christus, das sich vom 20. Jahrhundert an den Menschenseelen näherte, entstellt in ihnen widergespiegelt würde. Damit aber der Ätherleib des Christus auf die *richtige* Weise zu den Seelen der Menschen auf der Erde gelangen kann, mußte die Auflösung der Ätherleiber in den Weltenfernen auf besondere Weise beschleunigt werden. Diese Beschleunigung des Auflösungsprozesses der beschriebenen Ätherleiber, welche in der Hauptsache zu Seelen gehörten, die durch die moderne materialistische, westliche Zivilisation hindurchgegangen waren, wird mit den oben angeführten Worten als «Kampf Michaels für das Herannahen des [ätherischen] Christus» bezeichnet. An diesem Kampf nahmen, wie das in den drei Vorträgen ausgeführt wird, ganz besonders solche Seelen an der Seite Michaels teil, welche ihre letzte Inkarnation im Osten Europas hatten. Denn dank des kindhaft-geistoffenen Zustandes der Masse seiner Bevölkerung hatte das Leben in diesen Gebieten im 18., 19. und sogar noch zu Beginn des 20. Jahrhunderts keinen sehr starken Einfluß auf die Ätherleiber, so daß sie dazu neigten, sich nach dem Tode ungewöhnlich schnell in der geistigen Welt aufzulösen![115]

So war die Lage der Dinge in jenen Jahren. *Heute* hat mit der weiteren Ausbreitung des Materialismus in der Zivilisation des 20. Jahrhunderts im allgemeinen und seinem verstärkten Eindringen auch in die Seelen der osteuropäischen Bevölkerung in den letzten fünfzig Jahren im besonderen die Zahl der sich schlecht auflösenden Ätherleiber, welche dunkle «materialistische Imaginationen» in sich tragen, sehr zugenommen, und das erfordert ein bedeutend härteres Ringen Michaels um das rechte Abbild der Äthergestalt des Christus in den Menschenseelen. Und wir müssen, von dieser neuen Lage der Dinge ausgehend, heute von einem großen Kampf hinter dem Sinnesschein nicht mehr oder nicht nur zwischen dem Westen und dem Osten (im geist-geographischen Sinne) sprechen, sondern vielmehr zwischen den spirituellen und den antispirituellen Impulsen innerhalb der gesamten Menschheit, von einem Kampf, in dem Michael vor allem von zwei Kategorien von Menschenseelen Hilfe erhält: von den Märtyrern und von den Menschen, welche eine geistige Entwicklung bewußt anstreben.[116] Sie bilden das neue Gefolge Michaels in seinem Kampf für das richtige Eintreten des ätherischen Christus in das Erdensein. *Denn dieser Kampf ist noch keineswegs beendet. Mehr noch, er tritt jetzt, am Ende des Jahrhunderts, in seine stärkste und intensivste Phase ein.*

Im ganzen gesehen ist jedoch zu sagen, daß in den genannten Vorträgen vor allem auf den mehr «natürlichen» Gang der Entwicklung hingeschaut wird, so wie er sich etwa in den letzten vier Jahrhunderten gestaltete, der Zeit, da die menschlichen Ätherleiber sich nach dem Tode durch das Anwachsen des Materialismus in der zivilisierten Welt immer schwerer auflösten und infolgedessen am Ende des 19. Jahrhunderts für das Eintreten des ätherischen Christus in das Erdensein ein reales Hindernis bilden konnten. Dieser allgemeine und sozusagen «natürliche» Gang der Entwicklung allein hätte jedoch nicht so zerstörend wirken können, wenn nicht noch das Folgende hinzugekommen wäre: Neben der allgemeinen, sozusagen gesetzmäßigen Entwicklung des Materialismus in der neueren Zeit findet eine von bestimmten okkulten Kreisen ausgehende Tätigkeit statt, welche in vollem Bewußtsein gegen die Ausbreitung des Christus-Impulses unter den Menschen in der Gegenwart gerichtet ist. In dem auf Seite 357 in vollem Wortlaut angeführten Zitat finden wir bereits einen Hinweis in den Worten: «Wenn es im 20. Jahrhundert möglich ist, daß die Seelen sich heranentwickeln zum Verständnis des Mysteriums von Golgatha, so rührt es von diesem Ereignis her, *daß der Christus durch eine Verschwörung der materialistischen Seelen herausgetrieben ist aus den spirituellen Welten...*» Etwas früher in demselben Vortrag äußert sich Rudolf Steiner über diese Tatsache folgendermaßen: «Materialismus hat die Seelen ergriffen, er hat sich tief eingenistet in die Seelen. Der Materialismus ist in vieler Beziehung der Grundimpuls der letzten, der abgelaufenen Epoche geworden. Zahlreiche Seelen sind gestorben, die durch die Pforte des Todes gegangen sind mit materialistischer Gesinnung. In einem solchen Maße mit materialistischer Gesinnung durch die Pforte des Todes zu gehen, wie in der abgelaufenen Epoche Seelen hindurchgegangen sind, das konnte in früheren Zeitaltern gar nicht stattfinden. – Dann lebten diese Seelen in der Zeit zwischen Tod und neuer Geburt in der spirituellen Welt so, daß sie nichts wußten von der Welt, in der sie lebten. Da trat ihnen ein Wesen entgegen. Das erblickten sie in dieser Welt. Sie mußten es erblicken, weil dieses Wesen sich vereinigt hatte mit dem Erdendasein, wenn es auch unsichtbar waltet vorläufig im sinnlichen Erdendasein. *Und den Anstrengungen dieser durch die Pforte des Todes gegangenen Seelen ist es gelungen, den Christus, wir können nicht anders sagen als: zu vertreiben aus der spirituellen Welt.* Und der Christus mußte erleben eine Erneuerung des Mysteriums von Golgatha, wenn auch nicht in derselben Größe wie das vorhergehende. Damals ging er durch den Tod, jetzt war es ein Hinausgestoßenwerden aus seinem Sein in der spirituellen Welt.»[117] Diese Worte lassen uns ahnen, daß hier nicht nur von den gewöhnlichen Materialisten unserer Zeit die Rede ist, sondern von einer zielgerichteten, breit angelegten okkulten Tätigkeit. Wird doch hier von «einer *Verschwörung* der materialistischen Seelen», von «*Anstrengungen* dieser durch die Pforte des Todes gegangenen Seelen» gesprochen, von «Verschwörungen» und «Anstrengungen» gegen den Christus-Impuls. Damit berühren wir hier abermals eine der vielleicht wichtigsten Seiten der Tätigkeit einiger Geheimgesellschaften, über welche Rudolf Steiner in den drei Vorträgen vom 18., 19. und 25. November 1917 in Dornach eingehend sprach.[118] Es ist da von denjenigen Geheimgesellschaften die Rede, in denen bewußt gegen den Christus-Impuls im allgemeinen und in unserer Zeit im besonderen gegen sein neues Erscheinen im Ätherischen gearbeitet wird. Von diesen Geheimgesellschaften sprachen wir bereits in dem Kapitel «Die Tugend des Glaubens und die fünfte nachatlantische Kulturepoche.» Hier sind die Praktiken und Methoden der *westlichen* Gesellschaften[119] von besonderer Bedeutung, mit denen wir uns nun eingehender beschäftigen müssen.

Nach den Worten Rudolf Steiners im Vortrag vom 18. November wirken diese westlichen Geheimgesellschaften oder «Bruderschaften» im wesentlichen dahin, mit allen ihnen zur Verfügung stehenden Mitteln den Materialismus in der Welt zu pflegen und auszubreiten. Denn dank dieser Ausbreitung wird, wie wir sahen, nicht nur die Auflösung der Ätherleiber der materialistisch gesonnenen Menschen erschwert, sondern mehr noch: «Viele von denen, die ... sich gesträubt haben oder verhindert waren, geistige Begriffe hier im Leben aufzunehmen, die wandeln auch noch als Tote auf Erden umher, bleiben mit der Erdensphäre in Verbindung. Und da wird dann die Seele des Menschen, wenn sie nicht mehr abgeschlossen ist von der Umgebung durch den Leib, der nun nicht mehr verhindert, daß sie zerstörerisch wirkt, da wird die Seele des Menschen, wenn sie in der Erdensphäre lebt, zum zerstörenden Zentrum.»[120] So gibt es «heute verführte Materialisten, die glauben, daß das materielle Leben das einzige sei; aber es gibt auch Eingeweihte, die Materialisten sind und die durch Brüderschaften materialistische Lehren verbreiten lassen... Was wollen nun solche Eingeweihte, welche eigentlich ganz gut wissen, daß die Menschenseele ein rein spirituelles Wesen ist, ein spirituelles Wesen, ganz selbständig gegenüber der Leiblichkeit, und die dennoch die materialistische Gesinnung der Menschen hegen und pflegen? Diese Eingeweihten wollen, daß möglichst viele Seelen da seien, welche hier zwischen Geburt und Tod nur materialistische Begriffe aufnehmen. Dadurch werden diese Seelen präpariert, in der Erdensphäre zu bleiben. Sie werden gewissermaßen in der Erdensphäre gehalten. Und nun denken Sie sich, daß Brüderschaften eingerichtet werden, die das genau wissen, die jene Verhältnisse gut kennen. Diese Brüderschaften präparieren dadurch gewisse Menschenseelen so, *daß diese Menschenseelen nach dem Tode im Reiche des Materiellen verbleiben.* Wenn diese Brüderschaften dann – was möglicherweise in ihrer verruchten Macht liegt – die Veranstaltung treffen, daß diese Seelen nach dem Tode in den Bereich der Machtsphäre ihrer Brüderschaft kommen, dann wächst dieser Brüderschaft dadurch eine ungeheure Macht zu... Nun nehmen wir an, hier sei das Gebiet solch einer Brüderschaft: diese Brüderschaft verbreite die Lehre des Materialismus, sie sorge, daß diese Menschen jedenfalls rein materialistisch denken. Dadurch bringt es diese Brüderschaft dahin, sich Seelen zu erzeugen, die nach dem Tode in der Erdensphäre bleiben. Diese werden eine spirituelle Klientel für diese Loge; das heißt, man hat sich dadurch Tote geschaffen, die nicht aus der Erdensphäre hinausgehen, sondern bei der Erde bleiben. Macht man nun die richtigen Veranstaltungen, so behält man sie in den Logen darinnen. Also man hat auf diese Weise Logen geschaffen, welche Lebende enthalten und auch Tote, aber Tote, *welche verwandt worden sind den Erdenkräften.*»[121]

So haben wir hier einerseits die gewöhnlichen heutigen Materialisten, welche auf die beschriebene Weise nach ihrem Tode gezwungen werden, mit den genannten Logen zusammenzuarbeiten, und andererseits die führenden Eingeweihten dieser Logen mit ihrem Gefolge, Menschen, welche auf den verschiedensten Stufen der Einweihung in die geheimen Ziele dieser Logen stehen. Wonach aber trachten diese «Eingeweihten-Materialisten» und ihr Gefolge?

Diese Frage können wir mit Hilfe der Vorträge vom 18. November und 20. Januar 1917 beantworten,[122] die sich in einem gewissen Sinne ergänzen. Im ersten Vortrag wird das Hauptziel der führenden Eingeweihten dieser Geheimgesellschaften wie folgt charakterisiert: «Ja, diejenigen Brüderschaften, ... welche die Seelen der Menschen in die materialistische Sphäre bannen wollen, diese Brüderschaften haben das Bestreben, den Christus unvermerkt vorübergehen zu lassen im 20. Jahrhundert, sein Kommen als ätherische Individualität nicht bemerkbar werden zu lassen für die Menschen. Und diese Bestrebung entwickelt sich unter dem Einfluß einer ganz bestimmten Idee, eigentlich eines ganz bestimmten Willensimpulses; sie haben nämlich das Bestreben, *die Einflußsphäre, die durch den Christus im 20. Jahrhundert und weiter kommen soll, ...für eine andere Wesenheit zu erobern.* Es gibt westliche Brüderschaften, welche das Bestreben haben, dem Christus seinen Impuls streitig zu machen und eine andere Individualität, *die nicht einmal irgendwann im Fleische erschienen ist, sondern nur eine ätherische Individualität, aber streng ahrimanischer Natur ist,* an die Stelle zu setzen. – Alle jene Maßnahmen, von denen ich Ihnen jetzt eben gesprochen habe, mit den Toten und so weiter, die dienen letzten Endes solchen Zielen, die Menschen abzulenken von dem Christus, der durch das Mysterium von Golgatha gegangen ist, und einer andern Individualität die Herrschaft über die Erde zuzuschanzen. Das ist ein ganz realer Kampf und nicht irgend etwas, was etwa nur abstrakte Begriffe oder was weiß ich sein soll, sondern das ist ein ganz realer Kampf; ein Kampf, der sich eigentlich darauf bezieht, eine andere Wesenheit an die Stelle der Christus-Wesenheit im Verlauf der Menschheitsentwickelung für den Rest der fünften nachatlantischen Zeit, für die sechste und für die siebente zu setzen.»[123] Und dann soll dieses ahrimanische Wesen nach den Vorstellungen der Bruderschaften im Laufe der fünften, sechsten und siebenten Epoche die Menschheit nicht wie der Christus vollbewußt in immer höhere Sphären des Makrokosmos führen, sondern es soll im Gegenteil ein gespensterhaftes Reich herbeiführen, das sich – nach den Absichten dieses Wesens – unmittelbar unter der Oberfläche der Erde im Bereich des flüssigen und festen Elementes bilden soll.[124] Und eben das Entstehen eines solchen Gespensterreiches, das von einer untermenschlichen Menschheit bewohnt wird, ist das Ziel dieser Bruderschaften. Rudolf Steiner nannte dieses ihr zweites Ziel «das Erreichen einer ahrimanischen Unsterblichkeit». Und es werden in dem Vortrag auch die Methoden zum Erreichen dieses Zieles beschrieben; sie bestehen im wesentlichen in folgendem: Durch die in diesen Logen praktizierte zeremonielle Magie sollen die menschlichen Hüllen so behandelt werden, daß ein solches Mitglied der Geheimgesellschaften sich nach seinem Tode nicht nur wie die gewöhnlichen Materialisten lange Zeit in der Erdensphäre aufhält, sondern auch die Möglichkeit erhält, weiter an allen Angelegenheiten der Loge direkt aus der geistigen Welt heraus teilzunehmen und ihre Ziele zu fördern. Dabei suchen die Mitglieder dieser Logen die geistige Hilfe und Führung, die für ein derartiges zeremonielles Handeln notwendig sind, ganz besonders bei denjenigen ahrimanischen Engelwesen, welche zur Zeit der ägyptisch-chaldäischen Epoche zurückblieben und heute die Menschen zu allen möglichen materialistischen Anschauungen inspirieren.¹²⁵ Ihrer Natur nach stehen diese ahrimanischen Engel den von Michael um 1879 gestürzten Geistern der Finsternis besonders nahe¹²⁶ und erreichen durch ihren Einfluß, daß die Mitglieder dieser Bruderschaften den Gedanken nicht fürchten, bei ihrer Suche nach der Unsterblichkeit auf dem ahrimanischen Weg die *wahre* Unsterblichkeit nach dem Tode zu verlieren. Denn es geben diese Engel dem Menschen das Gefühl, daß ihre ahrimanische Welt dem Christus überlegen sei, da ihr Zurückbleiben eben darin besteht, daß sie es, im Gegensatz zu den «normal» entwickelten Engeln, in der ägyptisch-chaldäischen Epoche ablehnten, den Christus-Impuls in sich aufzunehmen.¹²⁷ Die Stimmung der Mitglieder solcher Logen beschreibt Rudolf Steiner auch so, daß sie gleichsam zu sich selbst sagen: «Wir wollen nicht weiter den Christus als den Führer haben, der ja der Führer ist durch diese normale Welt, wir wollen einen andern Führer haben, wir wollen gerade in Opposition treten zu dieser normalen Welt.»¹²⁸ «Und sie bekommen durch die Vorbereitungen, die sie durchmachen, ... die durch die zeremonielle Magie bewirkt werden, die Vorstellung, daß eigentlich diese Welt der ahrimanischen Mächte eine viel stärkere geistige Welt [als die des Christus] ist, daß sie da vor allen Dingen fortsetzen können dasjenige, was sie hier im physischen Leben sich angeeignet haben, daß sie unsterblich machen können die materiellen Erlebnisse des physischen Lebens.»¹²⁹

In den Beschreibungen der okkulten Praktiken der verschiedenen Bruderschaften freimaurerischer Richtung, (welche oftmals bei weitem nicht solch dunkle Ziele haben wie die genannten Gesellschaften, die die ahrimanische Unsterblichkeit anstreben), weist Rudolf Steiner häufig darauf hin¹³⁰, daß in ihnen vor allem eine umgestaltende Bearbeitung des menschlichen *Ätherleibes* angestrebt wird. Das geht so vor sich, daß der Neophyt wiederholt an bestimmten symbolisch-rituellen Handlungen teilnimmt, welche die Eigenart haben, daß sie stark auf den Ätherleib hinwirken, deren Sinn und Inhalt jedoch für den Neophyten unverständlich bleiben. Die Folge davon ist, daß diese Menschen dann die üblichen, ihrer Zeit entsprechenden Vorstellungen in ihren Köpfen haben, in ihrem Unterbewußtsein, ihrem Ätherleib dagegen eine umfassende Weltenweisheit.¹³¹ So arbeiten die «gewöhnlichen Bruderschaften.»

In den Bruderschaften der sogenannten «linken» Richtung dagegen, wo die «ahrimanische Unsterblichkeit» angestrebt wird, geschieht das mit Hilfe weiterer besonderer Maßnahmen und Rituale der zeremoniellen Magie, die nicht nur auf den ätherischen, sondern auch auf den physischen Leib wirken und so allmählich eine besonders starke Materialisierung des Ätherleibes bewirken.* In ihn werden die rein «materialistischen Imaginationen», welche mit dem Leben des physischen Leibes zusammenhängen, so stark eingeprägt, daß ein solcher Ätherleib nach dem Tode die Möglichkeit, sich rasch im Weltenäther aufzulösen, fast vollständig verliert. Er ist gleichsam so stark durch die «materialistischen Imaginationen» vergiftet, daß der ätherische Kosmos sich «weigert», ihn aufzunehmen, daß er ihn abstößt und er folglich lange Zeit in der Nähe der Erde verbleiben muß. Das aber ist gerade das Ziel nicht nur der genannten geheimen Bruderschaften, sondern vor allem der sie inspirierenden ahrimanischen Engel. Und wenn Rudolf Steiner bereits über die Ätherleiber von Menschen mit stark materialistischer Gesinnung sagte: «Solche Ätherleiber lösen sich lange nicht auf, sie bleiben lange als Spektren vorhanden» (d. h. als Gespenster, s. Seite 147)[132], so werden die auf eine solche Weise umgewandelten Ätherleiber der Mitglieder der genannten Bruderschaften in der an die Erde grenzenden geistigen Welt zu außergewöhnlich stark wirkenden *Gespenstern*, die allmählich zu einer ganz bestimmten Aufgabe vorbereitet werden.

Um nun die Prozesse genauer zu beschreiben, die hier in Wirklichkeit vor sich gehen, müssen wir uns bewußt machen, daß die materialistisch gesonnenen Seelen, die von solchen okkulten Bruderschaften nach dem Tod gezwungen werden, ihren Zielen zu dienen, ebenso wie diejenigen Mitglieder dieser Bruderschaften, welche auch noch nach ihrem Tode den Logen beiwohnen, in der Regel nicht mehr im Ätherleib, sondern im *Astralleib* leben. Und weil das so ist, kann tatsächlich die «ahrimanische Unsterblichkeit», welche die Mitglieder dieser Logen anstreben, nicht erreicht werden. Denn von dem Augenblick an, wo die Seele in der geistigen Welt bereits nicht mehr im Ätherleib, sondern im Astralleib lebt, kann sie nicht mehr für längere Zeit in unmittelbarer Erdennähe bleiben. Früher oder später – wenn auch manchmal nach Ablauf einer längeren Zeit – muß sie, gemäß den in unserem Kosmos herrschenden Gesetzen, aufsteigen und damit, wenn auch nur für eine gewisse Zeit, aus der Einflußsphäre dieser Bruderschaften ausscheiden. Im Gegensatz dazu besteht die «ahrimanische Unsterblichkeit» darin, daß einer solchen Seele, die nach dem Tod in ihrem Astralleib in der geistigen Welt lebt, von

---

* Das heißt, in diesen Logen wird angestrebt, den Ätherleib so zu verdichten, zu komprimieren, daß seine Tätigkeit nach Möglichkeit der des physischen Leibes ähnlich wird, was zur Folge haben müßte, daß die Seele sich nach dem Tode an die physische Materie gebunden fände (s. die Worte Rudolf Steiners auf Seite 362).

bestimmten ahrimanisch-elementarischen Geistern, welche sich im Machtbereich der zurückgebliebenen ahrimanischen Engel befinden, die Möglichkeit gegeben wird, sich einen neuen Ätherleib zu bilden, nun aber nicht so, wie das in rechtmäßiger Weise zu geschehen pflegt, das heißt aus den Kräften des kosmischen Äthers, sondern aus der Substanz der nicht aufgelösten Ätherleiber, welche in okkulten Logen zubereitet wurden. – Dieses Geheimnis, daß die Seele sich nach dem Tode nicht in die höheren geistigen Sphären erheben kann, wenn ihr Ätherleib erhalten bleibt[133], war im Altertum wohl bekannt und wurde von den Ägyptern bei der Mumifizierung angewendet. Deshalb suchen die genannten Bruderschaften auch die Inspiration der zurückgebliebenen Engel der ägyptischen Epoche, können doch diese eine solche okkulte Mumifizierung der Ätherleiber ganz besonders fördern. Und wenn es ihnen einmal gelingen sollte, wenn diese Bruderschaften es einst erreichen könnten, daß *der Verstorbene, indem er nach seinem Tode in seinem Astralleib im Wirkungsbereich solcher Logen verbleibt, sich in der Substanz nicht aufgelöster, verdichteter Ätherleiber, welche auf die oben beschriebene Weise bearbeitet worden sind, verkörpern kann, dann wird die «ahrimanische Unsterblichkeit» erreicht sein!*

Das wird der Anfang dessen sein, was Ahrimans Ziel für die Menschheitsentwicklung ist, über das Rudolf Steiner eingehend am 3. Dezember 1922 spricht, indem er darauf hinweist, daß die ahrimanischen Mächte bereits heute, während der Mensch schläft, Versuche in dieser Richtung unternehmen. Denn während der physische und ätherische Leib nachts im Bett zurückbleiben und der Mensch, umhüllt von seinem Astralleib, in die geistige Welt aufsteigt, versuchen die ahrimanischen Geister, ihn mit einem falschen, nicht aus kosmischem, sondern aus *irdischem* Äther* bestehendem Ätherleib zu versehen. Im einzelnen sagt Rudolf Steiner in dem genannten Vortrag: «Diese Wesenheiten sind identisch mit denjenigen Wesenheiten, die ich sonst immer der Kategorie der ahrimanischen Wesenheiten zuzähle. Sie haben die Aufgabe, den Menschen möglichst auf der Erde zu erhalten. Sie wissen ja aus der Darstellung in meiner ‹Geheimwissenschaft›, daß die Erde sich einmal auflösen wird und in den Jupiterzustand hinübergehen wird. Das wollen diese Wesenheiten verhindern. Sie wollen namentlich verhindern, daß der Mensch regelmäßig mit der Erde sich bis zu Ende entwickelt und dann in einer normalen

---

* Das heißt einem Äther, den sich Ahriman dadurch gewaltsam aus dem Ätherkosmos aneignet, daß menschlichen Ätherleibern systematisch Gesetzmäßigkeiten des physischen Leibes (der Erdenwelt) eingeprägt werden.

Weise in den Jupiter-Zustand hinüberwächst; sie wollen die Erde konservieren in ihrem Dasein, sie wollen die Erde erhalten und wollen den Menschen für die Erde erhalten. Daher bemühen sich diese Wesenheiten in der intensivsten Weise fortwährend, das Folgende zu machen.»[134] Sie versuchen, *«aus dem Erdenäther den Menschen eigentlich in jedem Schlafzustande einen Ätherleib zu geben. Es gelingt ihnen eigentlich fast nie. In seltenen Fällen, von denen ich später einmal sprechen werde, ist es ihnen gelungen;*[135] aber es gelingt ihnen fast nie. Aber sie geben den Versuch nicht auf, denn es scheint immer wieder und wiederum diesen Wesenheiten möglich, daß es ihnen gelingen könnte, wenn der Mensch schläft, wo er seinen Ätherleib im Bette zurückgelassen hat, ihn *aus dem Erdenäther mit einem [anderen] Ätherleib* zu umgeben, zu durchdringen. Das möchten diese Wesen. – Würde es solch einem ahrimanischen Wesen wirklich gelingen, dem Menschen so stufenweise, wenn er immer wieder und wieder schläft, einen ganzen Ätherleib [aus dem irdischen Äther] hineinzubringen, so würde der Mensch nach dem Tode, wenn er in seinem Ätherleib ist, sich im Ätherleibe erhalten können. Der Ätherleib löst sich sonst ja in wenigen Tagen auf. *Aber der Mensch würde sich in seinem Ätherleib erhalten können, und es würde nach und nach ein ätherisches Menschengeschlecht entstehen.* Das ist es, was von dieser Seite der geistigen Welt gewollt wird. Dann würde die Erde dadurch konserviert werden können. Tatsächlich haben wir *innerhalb des festen und des wässrigen Erdengefüges* ein solches Heer von Wesenheiten, die *die Menschheit nach und nach bis zum Erdenende zu lauter Gespenstern, zu ätherischen Gespenstern machen möchten, so daß das Ziel, das normale Ziel der Erdenentwickelung nicht erreicht werden könnte.»*[136]

Das letztere ist jedoch, wie gesagt, heute für diese ahrimanischen Wesen und ihr irdisches Gefolge, die Menschen, welche die «ahrimanische Unsterblichkeit» suchen, noch nicht erreichbar.[137] Wenn das aber doch einmal geschehen sollte (während es heute nur in einzelnen, «seltenen» Fällen «gelingt»), dann wird auf diese Weise ein ganzes «Gespensterheer» entstehen, und dieses wird dann das entsprechende «Gefolge»[138] für dasjenige Wesen «rein ahrimanischer Natur» abgeben, das mit Hilfe der genannten Bruderschaften versuchen wird, den Platz des ätherischen Christus in der an die Erde grenzenden übersinnlichen Welt «... für den Rest der fünften nachatlantischen Zeit und für die sechste und siebte» einzunehmen.[139]

So ist das Ziel bestimmter geheimer Bruderschaften in der Zukunft, welche jedoch heute schon überall vorbereitet wird, mit Hilfe der «ahrimanischen Unsterblichkeit» eine ganze untermenschliche Menschheit zu schaffen, um so die Herrschaft jener Wesenheit herbeizuführen, welche als «ahrimanisches Gespenst» dem ätherischen Christus das Recht rauben will, die Menschheit zu führen. Da aber die «Verkörperung» der Verstorbenen in der Substanz nichtaufgelöster Ätherleiber heute in großem Maßstab noch nicht möglich ist, geht zur Zeit der eigentliche Kampf um die schnellste Auflösung der in der geistigen Welt befindlichen mumifizierten Ätherleiber. Denn es besteht die Gefahr, daß sie bei einer zu großen Anhäufung um die Erde eine Art von ätherischem «Gegen-Ring» bilden könnten[140] (s. Genaueres über den Ätherring auf Seite 251 ff.), was zur Folge hätte, daß ein *falsches Abbild* des Ätherbildes entstünde, in dem der Christus heute unter den Menschen wirken soll. Geschähe dieses, so geriete die Menschheit in die Gefahr, vor der auch die Apostel standen, als der Christus auf den Wassern wandelte: in die Gefahr, den ätherischen Christus mit dem ahrimanischen Gespenst zu verwechseln. In diesem Fall würde, in dem Maße, als die hellseherischen Fähigkeiten bei den Menschen erwachen, nicht das neue, zum Erleben des ätherischen Christus führende, «von Vernunft und Wissenschaft erleuchtete» Hellsehen Widars, sondern das chaotische des Fenriswolfs triumphieren, würde sich unsere Welt mit unzähligen gespensterhaften Visionen erfüllen und die Menschheitsentwicklung dadurch allmählich in ein ahrimanisches Fahrwasser gedrängt werden.

So wird heute von zwei entgegengesetzten Seiten her geistig unter den Menschen gearbeitet: einerseits an der Verstärkung des seit dem Mysterium von Golgatha die Erde umgebenden ätherischen Ringes, dessen Kräfte das rechte Verwirklichen des neuen Erscheinens des Christus ganz besonders fördern, denn dieses kann «nur geschehen, indem in der geistigen Welt gearbeitet wird gleichsam an der reinen Herausbildung des künftig ätherisch erscheinenden Christus, der ja dem Menschen als ätherische Gestalt erscheinen soll.»[141] Auf der anderen Seite geht die Tätigkeit der genannten Geheimgesellschaften und der sie inspirierenden ahrimanischen Wesenheiten vor sich, die versuchen, aus Ätherleibern, denen materialistische Imaginationen und ungeistige Vorstellungen eingeprägt wurden, eine Art von «Gegen-Ring» zu bilden, denn es «würden scharf geprägte Ätherleiber, die in der elementarischen Welt um uns herum sind, immer störend sein in der Zeit, die herankommen muß, wo rein gesehen werden soll diese Äthergestalt, die der Christus annehmen muß.»[142] Gegen diese zweite Art von Tätigkeit, die im letzten Drittel des 19. Jahrhunderts begonnen hat, kämpft nun Michael gemeinsam mit denjenigen Menschenseelen, die dafür besonders geeignet sind, und das sind solche Seelen, die den Christus-Impuls, wenn auch nur bis zu einem gewissen

Grad, auf der Erde in ihren Ätherleib aufgenommen haben, damit dieser Teil desselben nach dem Tod die Macht des Ätherringes um die Erde verstärke, die übrigen Teile dagegen sich umso schneller in die Ätherumgebung auflösen können. So kann, von diesem Standpunkt aus betrachtet, der Mensch, der über einen besonders stark vom Christus-Impuls durchdrungenen Ätherleib verfügt, nach seinem Tod sich besonders tief mit der ihn führenden Wesenheit aus der Hierarchie der Engel verbinden.[143] Und umgekehrt, eine Seele, welche nach dem Tod mit einem Ätherleib, der von «materialistischen Imaginationen» erfüllt ist, in die geistige Welt eintritt und infolgedessen lange in Erdennähe bleiben muß, wird geneigt, sich noch mehr von ihrem Engel zu entfernen und in den Einflußbereich eines in der ägyptisch-chaldäischen Epoche zurückgebliebenen ahrimanischen Engelwesens zu geraten. Die Seelen der ersten Art werden «ganz besonders geeignet sein, die Kräfte herbeizuführen, um in Reinheit das Bild zu geben, durch das der Christus erscheinen soll.»[144] Denn «damit er nicht erscheint in falscher Gestalt, in subjektiver Menschheitsimagination, damit er erscheint im richtigen Bilde, muß Michael den Kampf kämpfen... Er kann ihn ganz besonders durch diejenigen Seelen kämpfen, die naturhaft in sich dieses Angelosbewußtsein[145] tragen. Dadurch sind sie besonders präpariert. Auch dadurch, daß ihr Ätherleib sich besonders leicht auflöst, haben sie nichts in ihrem Ätherleib, was den Christus in falscher Gestalt, in falschen Imaginationen erscheinen ließe.»[146] Ätherleiber andererseits, welche eine starke Neigung zur Verhärtung in sich tragen und dadurch auch die Bildung des «Gegen-Ringes» in Erdennähe fördern könnten, müssen so schnell als möglich mit Hilfe äußerer Kräfte in den Weltenäther aufgelöst werden. Denn das ist die Voraussetzung für das neue Erscheinen des Christus: «...es muß gearbeitet werden an der Zerstreuung dieser Ätherleiber in dem allgemeinen Weltenäther, damit nicht ein falsches Bild von der Christus-Erscheinung hervorgerufen werde.»[147] Auf diese Notwendigkeit, die toten, mumifizierten Ätherleiber auf die schnellste Weise aufzulösen, weisen auch die prophetischen Worte des Christus Jesus im Lukas-Evangelium: «Und sie antworteten und sprachen zu ihm: Herr, wo? Er aber sprach zu ihnen: Wo das Aas ist, da sammeln sich auch die Adler.»[148]

Und da es infolge der allgemeinen Ausbreitung des Materialismus immer weniger Seelen werden, weniger sogar in Osteuropa, welche eine *natürliche Veranlagung* dazu haben, sich nach dem Tode in die Scharen Michaels einzureihen und sich unter seiner Führung an der Auflösung der mumifizierten Ätherleiber zu beteiligen, so wird unser *bewußtes* Arbeiten in dieser Richtung immer notwendiger. Die moderne Geisteswissenschaft aber ist gerade dazu da, um uns für diese Arbeit vorzubereiten, die heute vor allem in zwei Richtungen durchzuführen ist.

Erstens muß in unserer Zeit die neue Christus-Erkenntnis mit aller nur möglichen Intensität aufgenommen werden, um sie nicht nur in den Astralleib, sondern bis zum Ätherleib wirken zu lassen, bis hin zu den Besonderheiten unseres Charakters und unserer innersten Beziehungen zur Welt und zu den Menschen. Haben wir doch heute zu lernen, den Christus nicht nur in unserem Innern, in unseren Seelenkräften regieren zu lassen, sondern auch in unseren sozialen und Lebensbeziehungen, welche nicht nur mit dem astralischen, sondern auch mit dem ätherischen Leib zusammenhängen.

Als zweites ist es notwendig, sich ein rechtes Verhältnis zu der neuen Offenbarung des Michael zu erwerben, zu seiner heutigen Stellung in der Welt und innerhalb der Menschheit, wie das in der großen Imagination seines Kampfes mit dem ahrimanischen Drachen zum Ausdruck kommt. Um sich wirklich für diese zweite Aufgabe vorzubereiten genügt es jedoch nicht, nur theoretisch um die große Michael-Imagination zu «wissen», sondern wir müssen mit aller nur möglichen inneren Kraft der Seele, mit voller, selbstloser Hingabe und Treue Michael und seiner Aufgabe gegenüber diese Imagination als lebendige, bis zum Ätherleib wirkende Kraft uns einprägen.

In der Zeit vor dem letzten Drittel des 19. Jahrhunderts konnte ein solches Einprägen der Michael-Imagination auch in den Ätherleib nur in schwachem Maße geschehen. Jedoch um 1879 geschah in dieser Hinsicht eine entscheidende Veränderung: «Gerade gegen das Ende des 19. Jahrhunderts war es, daß Michael sagen konnte: Nun hat sich dieses *Bild* [Michaels mit dem Drachen] im Menschen *so verdichtet*, daß der Mensch es innerlich gewahr werden kann, daß er nun in seinem Gemüte erfühlen kann den Drachenbesieger, *wenigstens im Bilde etwas erfühlen kann.*»[149] Und Rudolf Steiner fährt fort, diese Worte genauer erklärend: «Aber im letzten Drittel des 19. Jahrhunderts war es so, daß das Michael-Bild im Menschen so stark wurde, daß es nur sozusagen von dem guten Willen des Menschen abhing, um nach oben fühlend, bewußt sich zum Michael-Bilde zu erheben, damit ihm auf der einen Seite – wie im unerleuchteten Gefühlserlebnis – sich das Drachenbild darstelle; und dann auf der anderen Seite – in geistiger Schau und doch schon für das gewöhnliche Bewußtsein – eben die Leuchtegestalt des Michael vor dem Seelenauge stehen kann.»[150]

Dieses Erleben des kämpfenden Michael, das die Seele sich bewußt erringt, es muß sodann mit aller innerer Kraft, in voller Hingabe an seine

Sache in der Welt, dem Ätherleib eingeprägt werden, damit sich das real verwirkliche, was sich die erleuchtetsten Geister des 18. Jahrhunderts zum Beispiel nur symbolisch vorstellten: «Äußerlich die menschliche Gestalt, im niederen animalischen Teile der Drache, – der Drache sich windend und selbst das Herz umwindend; dann aber, hinter dem Menschen gewissermaßen – weil der Mensch das Höhere mit dem Hinterhaupte sieht – die äußere kosmische Gestalt des Michael, überragend, glanzvoll, sein kosmisches Wesen behaltend, aber spiegelnd dieses Wesen im Innern der menschlichen höheren Natur, *so daß der Mensch ein ätherisches Spiegelbild in seinem eigenen Ätherleib bietet von der kosmischen Gestalt des Michael*. Und dann wäre sichtbar geworden in diesem Menschenhaupt, aber hinunterwirkend zum Herzen, die Kraft des Michael, zermalmend den Drachen. So daß sein Blut herunterfließt vom Herzen in die Gliedmaßen des Menschen.»[151] Nur wenn dieses sich *als Realität* im Mensheninnern vollzieht, dann kann «Michael der Bekämpfer des Drachen im Menschen in der geschilderten Art werden. In diesem Bilde... ist Michael kosmisch hinter dem Menschen; *im Menschen lebt ein ätherisches Abbild des Michael*, das den eigentlichen Kampf im Menschen ausführt, wodurch der Mensch im Michaelkampfe allmählich frei werden kann: weil ja nicht Michael den Kampf ausführt, sondern die menschliche Hingabe und das *dadurch hervorgerufene Abbild des Michael* [im Ätherleib].»[152]

Alles oben Gesagte weist demnach auf zwei Hauptforderungen unserer Zeit, welche die geistige Welt durch die moderne Geisteswissenschaft vor uns hinstellt: wir müssen die neue Christus-Erkenntnis bis in den Ätherleib in uns aufnehmen, wodurch, wie wir sahen, wenigstens ein Teil desselben nach dem Tod in den ätherischen Ring eingehen und so zur Verstärkung der Kräfte des ätherischen Christus beitragen kann. Und wir müssen dem Ätherleib die moderne Imagination von dem großen Kampf Michaels mit dem Drachen kraftvoll einprägen, damit sich entsprechend der Hingabe an Michael die übrigen Teile des Ätherleibes nach dem Tod schnell auflösen und wir in Michaels himmlische Streiterschar eintreten können, um mit ihr für die Verwirklichung des Christus-Menschheits-Werkes zu wirken.

Zum Abschluß unserer Betrachtung der Beteiligung Michaels an dem neuen Christus-Geschehen ist noch zu sagen: So wie die nathanische Seele durch das Erwecken des neuen Christus-Bewußtseins zu einem innerlichen und intimeren Gefühl der Anwesenheit des Christus in der Seele führt, Widar aber durch die Entwicklung der Fähigkeit des neuen Hellsehens zum Schauen des Christus in seiner ätherischen Gestalt, so bringt

Michael die dritte Offenbarung des ätherischen Christus (s. Seite 347), indem er ihm in jener Sphäre dient, wo er heute als Herr des Karma wirkt. Denn so wie die Offenbarung des Christus im Ätherischen uns Menschen durch Widar erscheint, so geschieht die neue Offenbarung des Christus als Herr des Karma heute durch Michael.

Aus diesem Grunde fällt der Beginn der eigentlichen Karmaforschung im Leben Rudolf Steiners sowie die Mitteilung ihrer Ergebnisse im besonderen in die Zeit, da er am stärksten mit der Michael-Sphäre verbunden war[153], abgesehen davon, daß er über den Beginn des Wirkens von Christus als dem Herrn des Karma bedeutend früher sprach.[154] So äußert Rudolf Steiner in den Karma-Vorträgen über die Michael-Impulse: «Aber Michaels Impulse sind stark, sind kräftig, und sie wirken vom Geistigen aus durch den ganzen Menschen; sie wirken ins Geistige, von da aus ins Seelische und von da aus ins Leibliche des Menschen hinein. Und in den karmischen Zusammenhängen sind ja immer diese überirdischen Kräfte tätig: Wesenheiten der höheren Hierarchien wirken mit dem Menschen, an dem Menschen; dadurch wird das Karma ausgestaltet. Und so sind die Michael-Kräfte dadurch, daß sie *auf den ganzen Menschen* wirken, auch Kräfte, die zunächst besonders stark in das Karma des Menschen hineinwirken.»[155] In welcher Richtung wirken nun die Michael-Impulse auf das Karma der Gegenwartsmenschen und besonders der Menschen, welche dank ihrer Schicksalsführung Zugang zur Anthroposophie, zur neuen Verkündigung der Michaelweisheit gefunden haben? Diese Frage können wir, ausgehend von dem neuen Michael-Mysterium, wie es Rudolf Steiner in seinen Karma-Vorträgen, besonders in denen vom 3. und 8. August 1924 enthüllte[156], genau beantworten. Michael strebt heute auf das intensivste an, einen baldigen Ausgleich, das In-Ordnung-Bringen des Karma zwischen den einzelnen Menschen zu fördern, ganz besonders zwischen denen, die – und sei es auch nur in gewissem Grade – zur Michaelströmung in der Welt gehören, um so den Anfang mit der Überwindung des Chaos in den karmischen Beziehungen zu machen, das nach 869 einsetzte, als eine ganze Reihe von Engelwesen von der geistigen Michaelsphäre abfielen. Mit anderen Worten: Seitdem er um 1879 in die geistige Führung der gegenwärtigen Epoche eintrat, ist es Michaels erstes Anliegen, das Karma des einzelnen Menschen mit dem Karma der Welt, dem Karma der ganzen Menschheit wiederum in Einklang zu bringen.[157] Und das bedeutet, daß er in derselben Richtung wirkt, in der vom 20. Jahrhundert an auch der Christus als Herr des Karma unter den Menschen wirkt, indem er den Prozeß des Ausgleichs des individuellen Karma durch den einzelnen

Menschen so lenkt, daß dieser der Weiterentwicklung der ganzen Menschheit am besten dienen kann.[158]

Wie aus den Mitteilungen der Geisteswissenschaft bekannt ist – darauf haben wir bereits hingewiesen –, begegnete der Mensch in den alten vorchristlichen Zeiten unmittelbar nach seinem Tode in der an die Erde grenzenden geistigen Welt sowohl Moses, der die Gesetzestafeln hielt, als auch der Gestalt des Cherubim mit dem Flammenschwert, dem Prinzip des kosmischen Gewissens. Diese zwei Gestalten traten damals vor die Menschenseele, ihr das objektive Urteil der geistigen Welt über ihr vergangenes Erdenleben offenbarend. Von unserer Zeit an wird dagegen immer häufiger der Christus in dieser übersinnlichen Begegnung als Herr des Karma an die Stelle des Moses treten und der Menschenseele den rechten moralisch-karmischen Impuls für ihr weiteres nachtodliches Leben verleihen.

Diese Beteiligung des Christus an den karmischen Schicksalen der Seele beschränkt sich jedoch nicht nur auf das bisher Gesagte, denn sie bildet nicht nur eines der ersten Erlebnisse *nach* dem Tode, sondern sie wird auch zu einem der wichtigsten Erlebnisse in der Zeit vor der neuen Erdeninkarnation. Auf diese Begegnung mit dem Christus *vor* der Verkörperung wurde bereits hingewiesen (s. Seite 159), ebenso auf die Beteiligung des Michael als des Geistes, welcher in derjenigen Welt vor dem Christus schreitet, in der er sich heute in seiner ätherischen Gestalt offenbart und in der die Menschenseele unmittelbar vor ihrer Verkörperung, schon mit dem Ätherleib umkleidet, weilt, bereit, sich mit dem ihr vorbestimmten physischen Leib zu vereinigen. So läßt alles bisher Gesagte ein wesentliches Geheimnis unserer Zeit erkennen, das uns zeigt: jenes Bild des «Cherub mit dem Flammenschwert», das der Mensch in alten Zeiten nach dem Tode schaute als Bild des kosmischen Gewissens, welches das Karma der ganzen Menschheit darstellte – im Unterschied zum Bild des Moses als dem Richter des individuellen Karma –, jenes Bild, es wird sich allmählich in das Bild von Michael, dem führenden Geist unserer Zeit, verwandeln. Hat doch Michael, indem er sich in den Rang eines Zeitgeistes erhob, die Stufe des Geistesmenschen erreicht und dadurch einerseits die Möglichkeit erlangt, nicht nur auf das Geistig-Seelische des Menschen, sondern auch auf sein Physisches zu wirken, und andererseits eine unmittelbarere Beziehung zu den im physischen Leib des Menschen wirkenden und von ihm aus sein Karma bestimmenden Wesenheiten der ersten, höchsten Hierarchie zu finden.[159] Deshalb müssen wir heute damit rechnen, daß nicht nur vor dem Herabsteigen auf die Erde eine wachsende Zahl von Menschen dem Christus begegnen wird, vorbereitet durch eine Begegnung mit dem führenden Zeitgeist, sondern daß auch etwas Ähnliches immer häufiger unmittelbar nach dem Tode sich ereignen wird, wo der Mensch Christus und Michael erleben wird, – den Christus anstelle der alten Mosesgestalt und Michael als den neuen Repräsentanten des kosmischen Gewissens, den Repräsentanten der Karma-webenden Wesenheiten der ersten Hierarchie, wie er in dem Bilde, das dem «Cherub mit dem Flammenschwert» gleicht, vor den Menschen tritt.[160]

So beginnt heute für die Menschheit die Epoche, wo aus der Geistessphäre des Michael-Christus[161] jedem Menschen vor der Geburt auf der Erde seine karmische Aufgabe in der bevorstehenden Verkörperung geoffenbart wird, und ebenso wird ihm sogleich nach Vollendung seines Erdenweges gezeigt werden, in wieweit er in seinem vergangenen Leben seine Aufgabe erfüllt hat und in welchem Maße die Früchte seines Tuns dem Welten- und Menschheitskarma eingegliedert werden können. Auf diesem Wege wird in unserer Zeit die *karmische* Führung des Menschen und der Menschheit gemeinsam von Michael und Christus vollzogen.[162]

3.
Die Imagination des ätherischen Christus

Nachdem wir die Beteiligung der drei geistigen Wesenheiten an dem bedeutendsten übersinnlichen Ereignis unserer Zeit betrachtet haben, wollen wir zum Abschluß ein umfassendes Bild dessen, was heute in der geistigen Umgebung der Erde geschieht, als eine große Welten-Menschen-Imagination vor uns hinstellen. Das kann zugleich ein Licht werfen auf die Beziehung, die zwischen dem Thema der Wiederkunft und unserem Thema der esoterischen Grundlagen des Jahreslaufs besteht.

Über drei Vorbereitungsstufen sind die drei geistigen Wesenheiten, welche später so entscheidend an dem übersinnlichen Christus-Ereignis teilnehmen sollten, zu ihrer neuen Mission aufgestiegen: die nathanische Seele, welche zugleich göttlicher und menschlicher Natur ist, vermochte dank ihres fünften Opfers die Engelstufe in ihrer Entwicklung bis zu einem bestimmten Grad zu erreichen[163], der Engel Widar erhob sich um 1879 auf die Stufe des Sonnen-Erzengels, und Michael schließlich vollendete zu derselben Zeit sein Aufsteigen in den Rang eines Archai oder Zeitgeistes.[163a] Wir sehen: damit die Wiederkunft sich für die Menschen im 20. Jahrhundert ereignen kann, mußte in den geistigen Welten aus einer menschlichen Wesenheit ein Engel, aus einem Engel ein Erzengel und aus einem Erzengel ein Archai werden.[164]

Ein tieferes Verständnis dieses dreifachen Aufsteigens vermittelt der Vortrag Rudolf Steiners vom 27. August 1924. Hier wird von dem *Geistselbst des Christus* gesprochen, mit dem sich die nathanische Seele vereinigte, *nachdem* sie das Christus-Bewußtsein, das sie seit dem Mysterium von Golgatha trug, den Menschen zum Opfer gebracht hatte. Dank dieser Vereinigung mit dem Geistselbst des Christus kann sich die Auferstehung des Bewußtseins der nathanischen Seele vollziehen. Außerdem weist Rudolf Steiner in diesem Vortrag auch auf den *Lebensgeist des Christus* hin, den er bei seinem Abstieg zur Erde in ihrer Umgebung, ihrer geistigätherischen Atmosphäre, zurückließ. Im Jahr 869 begegneten sich diese zwei Prinzipien in der an die Erde grenzenden geistigen Welt. Darüber, wie das Prinzip des Christus-Lebensgeistes seitdem in der Umgebung der Erde wirkt, heißt es in dem genannten Vortrag: «Ein Großartiges, Wunderbares spielt sich hinter den Kulissen der Weltgeschichte ab. Von Westen herüber das heidnische Christentum, das Artus-Christentum, auch unter anderen Namen und in anderer Form auftretend; von Osten herüber der Christus in den Herzen der Menschen. Die Begegnung: Christus, der wirkliche, auf die Erde gekommene Christus, begegnet seinem Bilde[165], das ihm entgegengetragen wird, von Westen nach Osten strömend. 869 ist die Begegnung. Bis zu diesem Jahre haben wir deutlich voneinander unterschieden eine Strömung, die im Norden und über Mitteleuropa hingeht, die durchaus, ob man ihn nun Baldur oder irgendwie nannte, den Christus als Sonnenhelden in sich trug... Und die andere Strömung, die innerlich im Herzen wurzelt, die dann später zur Gralsströmung wurde.»[166] Hier erscheint der Hinweis auf den Zusammenhang zwischen dem Lebensgeist des Christus und dem Baldurnamen wichtig sowie der Hinweis darauf, daß die Germanen diesen durch *andere Götter* und in anderer Form verehrten, als es im Kreis der Artusritter geschah, wo dieser Lebensgeist in der höchsten Form durch die Vermittlung des Sonnenerzengels Michael verehrt wurde. Unter diesen anderen Göttern ist wohl vor allem der Engel Widar, der «Bruder» Baldurs, zu nennen, die Wesenheit, welche bereits damals Erzengelnatur (das heißt den Lebensgeist) verborgen in sich trug und welche unter allen germanischen Göttern mit der Michael-Sphäre, und das bedeutet, mit der Wirkenssphäre des Lebensgeistes des Christus, besonders eng verbunden war. Erst im Jahr 1879 trat Widar nach langer Zeit der Erwartung und der Vorbereitung in die Erzengelsphäre ein und wurde der neue Sonnen-Erzengel, indem er den nun freigewordenen Platz einnahm. So konnte er sich endgültig mit den Kräften des Lebensgeistes des Christus vereinigen, das heißt bis zu einem gewissen Grad sein Träger in unserem Kosmos werden (wie es Michael bis dahin gewesen war), um so diejenige Beziehung zu dem Christus zu erlangen, die es ihm ermöglichen kann, die ihm von der Weltenlenkung zugeteilte Aufgabe bei dem neuen Erscheinen des Christus zu erfüllen: Ihm die Äthergestalt in der an die Erde grenzenden geistigen Welt zu schaffen, in welcher er sich den Menschen nähern kann.

Michael schließlich gewann, als er sich von der Stufe des Sonnen-Erzengels auf diejenige des *Sonnen*-Archai erhob, als er ein Wesen wurde, das den vollentwickelten «Sonnen-Geistesmenschen» in sich trägt, eine ganz besondere Beziehung zu dem *Geistesmenschen* des Christus, welchen der Christus – nach dem Vortrag vom 27. August 1924 – bei seinem Abstieg zur Erde auf der Sonne zurückließ. Und dank dieser Beziehung zu dem Geistesmenschen des Christus konnte Michael in seiner neuen Herrschaftsepoche der wahre «Repräsentant des Christus auf der Sonne» werden und zugleich der Welt als Antlitz des neuen Herrn des Karma erscheinen, als Geist, welcher die karmischen Beziehungen zwischen den Menschen ordnet.

So können wir sagen: Um an dem neuen Christus-Ereignis mitwirken zu können, mußte jede der drei geistigen Wesenheiten eine solche Stufe in ihrer individuellen Entwicklung erreichen, auf welcher sie Träger werden konnte: die nathanische Seele für das Geistselbst des Christus, Widar für seinen Lebensgeist[167] und Michael für den auf der Sonne zurückgelassenen Geistesmenschen des Christus.

Nun können wir zusammenfassend die große Welten-Menschen-Imagination der Wiederkehr des Christus in ihren zwei Aspekten, dem makrokosmischen und dem mikrokosmischen, vor unseren inneren Blick stellen.

Dabei wollen wir uns zunächst dem menschlichen, dem mikrokosmischen Aspekt zuwenden. Er zeigt uns im Bilde, wie die drei kosmischen Diener des Christus heute im Mencheninnern wirken. So steht die nathanische Seele vor uns, wie sie im Laufe des 19. Jahrhunderts «verlöscht», um durch ihr Opfer die Brücke zwischen dem astralischen Licht des Kosmos und dem ätherischen Licht des menschlichen Äther- oder Lebensleibes zu schaffen. Wir können auch sagen: die nathanische Seele opfert sich gleichsam in den Menschen hinein, um in ihm das Licht des neuen Christus-Bewußtseins zu entzünden, und sie ersteht sodann wieder in neuer Kraft und noch größerem Glanze, vom Geistselbst des Christus erfüllt, so wie sie einst an der Zeitenwende auferstand, da sie von seinem Ich durchdrungen wurde. In den geistigen Welten weilend, vereint mit dem Geistselbst des Christus, wird sie dem ätherischen Christus das neue Lichtkleid aus denjenigen Menschengedanken schaffen – ja sie tut es schon heute –, die in die geistige Welt aufsteigen dadurch, daß das neue Christus-Bewußtsein in den Menschen lebt.[168]

Und im Mencheninnern wirkt Widar, der das Licht des Christus-Bewußtseins zur Bildhaftigkeit der Imagination zu verstärken vermag, was zur vollen Belebung des Ätherleibes führen wird; denn für den Ätherleib bedeuten die Imaginationen Leben. Von der Notwendigkeit dieser Belebung sagt Rudolf Steiner: «Jetzt muß der Ätherleib wieder belebt werden, und das hängt zusammen mit dem ätherischen Wiedererscheinen des Christus. Indem die Ätherleiber wieder belebt werden, schauen sie den Christus. Aber Sie sehen: eine Belebung, eine Vitalisierung des Ätherleibes muß stattfinden.»[169] Diese Belebung, diese Vitalisierung wird Widar bewirken, welcher, «vom *Christus-Jesus*-Wesen [das heißt dem Christus *und* der nathanischen Seele] ausfließend, unserer Menschheit die neue Botschaft einer Verjüngung bringen kann.»[170]

Diesen Prozeß der Verjüngung können wir noch besser verstehen, wenn wir uns an die Worte Rudolf Steiners über die Wiederholung des Mysteriums von Golgatha in den geistigen Welten im 19. Jahrhundert erinnern (s. Seite 350), «das ein Wiederaufleben des früher verborgenen Christus-Bewußtseins in den Seelen der Menschen auf Erden» herbeiführen sollte. Das «früher verborgene» bedeutet das seit dem Mysterium von Golgatha in den unterbewußten Tiefen jedes Menschen auf der Erde verborgen wirkende. Aber auf welche Weise wirkende? Die Antwort finden wir in dem Vortrag über die «Ätherisation des Blutes», in dem davon gesprochen wird, daß seit dem Mysterium von Golgatha in jedem Menschen parallel zu seinem eigenen vom Herzen zum Haupte strömenden ätherisierten Blut ein Strom ätherisierten Blutes des Christus aufsteigt, dessen Bewußtwerden – durch die Vereinigung der beiden Ströme – zum schauenden Erleben (hellsichtigen Wahrnehmen) des ätherischen Christus führt.[171]

Damit steht der folgende Prozeß, der sich heute im menschlichen Ätherleib abspielt, wie in einem erhabenen Bilde vor uns: *Das im Menschen wirkende ätherisierte Christus-Blut, das sich seinem Wesen nach als die reinste Substanz der Opfer-Liebe offenbart, wird allmählich von den Imaginationen*[172]*, die Widar erweckt, wie von einer Gestaltung erfaßt und vom Gedankenlicht des Christus-Bewußtseins überleuchtet, dem Gedankenlicht, das von dem im Herzen ätherisierten Blut als ätherisches Licht ausstrahlt, welches von der nathanischen Seele durch ihre fünfte Opfertat entzündet wurde.* Hintergrund aber dieses Prozesses ist das dem Ätherleib eingeprägte Bild des Michael-Geistes, der den ahrimanischen Drachen aus dem Herzbereich – wo alles dieses geschieht – nach unten in den Stoffwechsel-Gliedmaßen-Bereich zurückdrängt (s. Seite 373).

Wenn aber dieser innere, *mikrokosmische* Prozeß einmal eine solche Intensität erreicht haben wird, daß er in das wache Tagesbewußtsein dringen kann, dann wird sich der eigenen geistigen Erfahrung enthüllen, was sich in der äußeren geistigen Welt als der entsprechende große *makrokosmische* Prozeß vollzieht: *Es erscheint der ätherische Christus als der göttliche Träger der Substanz der kosmischen Liebe, in ätherischer, von Widar aus den reinsten, durchgeistigsten Ätherkräften*[173] *geformter, (imaginativer) Gestaltung, sich dem Menschen nähernd, umgeben von der durch die nathanische Seele aus dem Gedankenlicht der menschlichen Geistgedanken gewobenen leuchtenden Aura, in deren Leuchten er sich den Menschen mehr und mehr offenbaren wird. All das geschieht auf dem Grunde der umfassenden Tätigkeit des Michael-Geistes, der vor der Liebes-Sonne einherschreitet und «für die Reinheit des geistigen Horizontes»*[174] *gegen die sich schwer auflösenden menschlichen Ätherleiber «kämpft», welche die starke Neigung in sich tragen, das Ätherbild des Christus entstellt abzubilden und in die Gefolgschaft des «ahrimanischen Gespenstes» einzutreten.*

So schreitet der ätherische Christus heute durch die Welt, «ihm aber geht voran, seit dem letzten Drittel des 19. Jahrhunderts, als Kämpfer für die entsprechende Vorbereitung der Menschen zu dem Christus-Ereignis, derjenige Geist, den wir als den Geist Michael bezeichnen, als den Vorkämpfer des Sonnengeistes».[175]

Als der große Führer zu der Liebes-Sonne tritt Michael heute vor die Menschheit. Seiner inneren Wesenheit nach ein Sohn der Sophia[176], seit dem Urbeginn mit dem *Licht* der Himmelsweisheit[177] verbunden, bringt er von unserer Zeit an als Antlitz Christi, als Antlitz der kosmischen Liebe, den Menschen diese Liebe in ihrer höchsten, selbstlosesten Form. «Michael geht mit allem Ernste seines Wesens, seiner Haltung, seines Handelns in *Liebe* durch die Welt. Wer sich an ihn hält, der pfleget im Verhältnis zur Außenwelt der Liebe. Und Liebe muß im Verhältnis zur Außenwelt sich zunächst entfalten, sonst wird sie Selbstliebe. – Ist dann diese Liebe in der Michael-Gesinnung da, dann wird Liebe zum andern auch zurückstrahlen können ins eigene Selbst. Dieses wird lieben können, ohne sich selbst zu lieben. Und auf den Wegen solcher Liebe ist Christus durch die Menschenseele zu finden.»[178]

Und wenn wir heute, auf dem Boden der Geisteswissenschaft stehend, sagen: als das Wichtigste, das der Christus der Welt bringt, sind das *Licht*, das *Leben* und die *Liebe* zu nennen[179], – so bringen bei seinem neuen ätherischen Erscheinen, mit ihm schreitend, die nathanische Seele das Licht des Christus, der Erzengel Widar das Leben und die Imagination des Christus und der Geist unserer Zeit, Michael[180], die Liebe des Christus.

Wie aber ist die Beziehung dieses Geschehens zum Jahreslauf? Nehmen wir die michaelische Jahreshälfte – die Zeit von der Sommersonnenwende bis Weihnachten –, so ist für sie, wie wir sahen, die zunehmende Tätigkeit Michaels in der Erdenumgebung charakteristisch, zu der nun auch die Tätigkeit seines «jüngeren Bruders», des Erzengels Widar, hinzukommt, wobei der erstere bis hin zu den übersinnlichen Grundlagen des physischen Seins[181], der letztere dagegen mehr in der rein ätherischen Sphäre wirkt. Über die Bedeutung dieser Beteiligung der beiden Wesenheiten, ganz besonders aber Michaels, am Jahreslauf sagt Rudolf Steiner: «Während die Sommer-Ausatmung geschieht, ist die Erde ahrimanisiert. Wehe, wenn in diese ahrimanisierte Erde die Geburt Jesu hineinfiele! Bevor wiederum der Kreislauf vollendet ist und der Dezember herankommt, der den Christus-Impuls in der durchseelten Erde geboren werden läßt, muß die Erde durch geistige Kräfte gereinigt sein von dem Drachen, von den ahrimanischen Kräften.»[182] Und das vollbringt Michael jedes Jahr, er reinigt, *vor* der Christus-Wesenheit schreitend, die Umgebung der Erde von den ahrimanischen Geistern. Jedes Jahr überwindet er den Drachen, daß der Christus – von der nathanischen Seele begleitet – richtig in das Erdensein eintreten kann. Neben ihm aber geht Widar, mit dem Fenriswolf ringend, in ihm diejenige zurückgebliebene Kraft des Hellsehens besiegend, welche die Menschenseelen zu falscher Geisterfahrung verführen will – ganz besonders zur Adventszeit –, um so das *rechte Schauen* der Geburt der nathanischen Seele in der Erdensphäre am 25. Dezember und der Christus-Wesenheit am 6. Januar zu verhindern. Am Ende der Weihnachtszeit aber beginnt der Christus mit der nathanischen Seele den Weg durch die zweite Jahreshälfte, so wie das einst an der Zeitenwende geschah, als der Christus mit der nathanischen Seele von dem Augenblick der Taufe im Jordan an bis zum Mysterium von Golgatha *gemeinsam* durch das Erdensein schritt und weiter über die Himmelfahrt und das erste Pfingsten durch die geistigen Welten, bis sie gemeinschaftlich dem Apostel Paulus vor Damaskus erschienen. Michael und Widar aber bleiben auch in der zweiten Jahreshälfte auf das engste mit dem Christus und der nathanischen Seele verbunden, doch sie schreiten nun nicht vor ihnen, sondern sie *folgen* ihnen.[183] So sehen wir, wie der Jahreskreislauf, als ein einheitliches Ganzes genommen, das Geheimnis des neuen Erscheinens des Christus in sich trägt, wie er aber auch das Geheimnis der Beziehung enthält, das jene erhabenen Geister zu diesem Erscheinen haben, denen es durch die Weltenlenkung bestimmt war, an ihm unmittelbar teilzunehmen.

In urferner Vergangenheit, in der Zeit der atavistischen Hellsichtigkeit, war der Mensch noch mit allen Kräften seiner Seele mit den übersinnlichen Welten verbunden. Und diese Verbindung kam besonders in seiner lebendigen und reinen geistigen Beziehung zu den Mysterien des Jahreslaufs zum Ausdruck; der Mensch fand, indem er diese pflegte, den Weg nach außen in den Makrokosmos, den Weg zu den höheren Hierarchien, in seine geistige Ur-Heimat. Später sollte er sich, um Freiheit und individuelles Ich-Bewußtsein zu erlangen, von den übersinnlichen Welten für eine bestimmte Zeit entfernen und infolgedessen das wahre Verständnis von dem geistigen Wesen des Jahres und die innere Beziehung zu ihm fast vollständig verlieren. Heute jedoch können wir, während wir die «dunkelste» Zeit der Menschheitsentwicklung durchmachen, nunmehr mit vollentwickeltem und erstarktem individuellem Ich beginnen, abermals in die höheren Welten, den Makrokosmos, hineinzuwachsen, und als Folge davon ein neues, *bewußtes, tief christliches* Verhältnis zum Jahreskreislauf gewinnen als einem Weg, welcher zur Offenbarung der Mysterien des lebendigen Christus in der Gegenwart führt[184]:

> «Göttliches Licht,
> Christus-Sonne,
> Erwärme
> Unsere Herzen;
> Erleuchte
> Unsere Häupter.»

Schlußbetrachtung:
Das geistige Miterleben des Jahreslaufs als «Beginn eines der Menschheit der Gegenwart gemäßen kosmischen Kultus»

Wenn wir die Vielfalt der christologischen Forschungen Rudolf Steiners überblicken, so finden wir zwei Arten von Hinweisen, wie es möglich sein kann, der Christus-Wesenheit im persönlichen Erleben zu begegnen.

Eine gewissermaßen klassische Formulierung der einen Art finden wir im vorletzten Kapitel der «Geheimwissenschaft im Umriß» (1909), wo bei der Betrachtung des siebengliedrigen christlich-rosenkreuzerischen Einweihungsweges von der Begegnung mit dem Christus auf der vierten Stufe, der der *Intuition*, gesprochen wird, die erst die folgenden drei Stufen möglich macht.[1] Eine solche Begegnung mit dem Christus kann heute nur auf dem strengen Weg der Geistesschülerschaft und damit der Einweihung erreicht werden, das heißt, wenn der Geistesschüler es vermag, bewußt in die höheren Welten aufzusteigen und in ihnen die Christus-Wesenheit in ihrem makrokosmischen Aspekt als den kosmischen Logos zu erleben, welcher sich nur im «wahren Ich» des Menschen offenbart.

Die zweite Art der Begegnung, von der Rudolf Steiner das erste Mal im Januar 1910 spricht, geschieht in der *Imagination*, im Schauen der Christus-Wesenheit als ätherischen Christus. Dieses Erleben, das Rudolf Steiner mehrfach mit dem vergleicht, das Paulus vor Damaskus hatte, wird, im Gegensatz zu dem erstgenannten, von unserer Zeit an im Laufe der nächsten 2500–3000 Jahre mehr und mehr Menschen, welche den modernen Weg der Geistesschülerschaft im engeren Sinne *nicht gehen*, zugänglich werden. Auf die Möglichkeit dieses zweiten, gleichsam auf «natürliche Weise» auftretenden neuen Christus-Erlebens weist Rudolf Steiner in der kleinen Schrift «Die geistige Führung des Menschen und der Menschheit» (1911) folgendermaßen hin: «Als Paulus vor Damaskus hellsichtig geworden war, konnte er erkennen, daß in den Geist der Erde übergegangen war, was früher im Kosmos war. Davon wird sich jeder überzeugen können, der seine Seele dazu bringen kann, das Ergebnis von Damaskus nachzuleben. Im 20. Jahrhundert werden die ersten Menschen auftreten, welche das Christus-Ereignis des Paulus in geistiger Weise erleben werden. Während bis zu dieser Zeit dieses Ereignis nur diejenigen Menschen erleben konnten, welche sich durch esoterische Schulung hellsichtige Kräfte aneigneten, wird künftig durch die naturgemäße Menschheitsentwicklung den fortschreitenden Seelenkräften das Schauen Christi in der Geistes-Sphäre der Erde möglich sein.»[2]

So sind unserer Zeit zwei Quellen der Christus-Erkenntnis erschlossen worden: in der Sphäre der Intuition und in der Sphäre der Imagination, das heißt in den zwei Sphären, die einerseits der nächsten an die Erde grenzenden elementarischen Welt und andererseits der Welt der höchsten kosmischen Geistigkeit, die *über* den Hierarchien sich befindet und die im «wahren Ich» des Menschen ihren Abglanz hat, entsprechen.[3] Diese beiden Möglichkeiten, dem Christus in den geistigen Welten zu begegnen, sind Folgen des zentralen Mysteriums der Erdenentwicklung, des Mysteriums von Golgatha, und seiner Wiederholung heute in der übersinnlichen Umgebung der Erde als Voraussetzung für das neue Erscheinen des Christus.

«Und siehe, Ich bin in eurer Mitte alle Tage bis zur Vollendung der Erdenzeit»[4] –, es sind diese Worte des auferstandenen Christus seit den Ereignissen von Palästina – und sie werden es bis zum Ende der Erdenentwicklung sein –, Zeugen dessen, daß der Christus sich mit der Erde vereinigt hat, der neue «Geist der Erde» geworden ist; sie sprechen zugleich davon, daß er sich mit der ganzen Menschheit auf ihr und mit jedem einzelnen Menschen vereinigt hat. Und so entsprechen sich die zwei Prozesse – der Prozeß der Vereinigung der Christus-Wesenheit mit der Erde und der Prozeß seiner Vereinigung mit jedem einzelnen Menschen – auf eine tiefgehende Weise. Eine Beschreibung der Entsprechung dieser zwei Prozesse, die *in dem Mysterium von Golgatha eine gemeinsame Quelle haben*, finden wir in dem mehrfach zitierten Vortrag über die «Ätherisation des Blutes»: «So wie in der Gegend des menschlichen Herzens ein fortwährendes Verwandeln des Blutes in Äthersubstanz stattfindet, so findet ein ähnlicher Vorgang im Makrokosmos statt. Wir verstehen dieses, wenn wir unser Auge hinwenden auf das Mysterium von Golgatha und auf jenen Augenblick, in dem das Blut des Christus Jesus geflossen ist aus den Wunden... Was geschah mit diesem Blut in den folgenden Zeiten? Nichts anderes, als was sonst im Herzen des Menschen geschieht. Dieses Blut machte im Verlaufe der Erdenevolution einen Ätherisierungsprozeß durch. Und wie unser Blut als Äther vom Herzen nach oben strömt, so lebt im Erdenäther seit dem Mysterium von Golgatha das ätherisierte Blut des Christus

Jesus. Der Ätherleib der Erde ist durchsetzt von dem, was aus dem Blute geworden ist, das auf Golgatha geflossen ist... Dadurch, daß in dem Erden-Ätherleib das ätherische Blut des Jesus von Nazareth ist, strömt mit dem von unten nach oben, vom Herzen nach dem Gehirn strömenden ätherisierten Menschenblute dasjenige, was das ätherische Blut dieses Jesus von Nazareth ist, so daß... im Menschen... zusammentrifft die eigentliche menschliche Blutströmung und die Blutströmung des Christus Jesus.»[5]

So besteht eine vollkommene geistige Entsprechung zwischen dem Geschehen, in dem das Blut des Christus Jesus zur Erde floß als ätherisch-physisches Zeichen seiner Vereinigung mit ihr, und dem Prozeß, durch den dieses ätherische Blut im Menschenherzen wirkt, von wo es von unten nach oben zum Haupte strömt, gemeinsam mit dem ätherisierten Blut des Menschen selbst. Mehr noch, im geistigen Sinne kann das eine ätherische Mysterium gar nicht von dem anderen getrennt werden, erkennen wir doch an ihrem inneren Zusammenhang die reale Gegenwart der Christus-Wesenheit im Erdensein. Das aber bedeutet, daß wir das Wirken des Christus im Menschenwesen nicht richtig verstehen können, ohne sein Wirken im Erdenorganismus zu erkennen und umgekehrt.

Der Weg einer solchen Erkenntnis, welche vom Wirken des ätherisierten Christus-Blutes in der Äthersphäre der Erde sowie seinem *Abbild* im Jahreskreislauf zum Wahrnehmen dieses Wirkens im Innern des Menschenwesens führt, in dem Ätherstrom, der vom Herzen zum Haupte strömt, ist im «Seelenkalender» Rudolf Steiners gegeben. Denn die in ihm beschriebenen seelisch-geistigen Prozesse und die Möglichkeit, sie mitzuerleben, bestanden vor dem Mysterium von Golgatha nicht, da das Blut des Christus den Ätherorganismus der Erde und das menschliche Herz noch nicht durchdrungen hatte[5a]. Deshalb ist die meditative Arbeit mit dem «Seelenkalender», obwohl der Christus-Name in ihm nirgends erwähnt wird, ein besonders wirksames Mittel in unserer Zeit, um ein persönliches Erleben des ätherischen Christus-Mysteriums zu erlangen, worauf Rudolf Steiner selbst mehrfach hinwies.

Ähnlich wie der eine Weg der Menschenseele zu dem Christus in der siebengliedrigen Einweihung besteht, so sind die grundlegenden *sieben christlichen Feste*, die Ausdruck des inneren Wesens des Jahreskreislaufs sind, in Wirklichkeit *sieben Stufen der «Einweihung» der Erde selbst*, welche nach der Zeitenwende begann und welche sie dazu führen soll, eine neue Sonne zu werden. So verbindet sich für uns im tiefsten Sinne das eine mit dem anderen: den modernen Einweihungsweg gehend, findet der Mensch die geistige Sonne in sich. Er findet den Christus in seinem Ich und verwirklicht die erhabenen Worte der neuen Mysterien: «Nicht ich, der Christus in mir» – er selbst wird Sonne. Ähnlich nähert sich aber auch die Erde, als lebendiges Wesen immer wieder im zwölffachen Jahresrhythmus die sieben Stufen der christlichen Hauptfeste durchlaufend, ihrem Ziel: einst bis hin zu ihrem physisch sichtbaren Wesen Ausdruck ihres neuen Sonnengeistes zu werden. Dieser Gedanke läßt sich auch folgendermaßen ausdrücken: Durch das Mysterium von Golgatha nimmt die Erde den Christus als neuen Geist in ihr Ich auf und erlangt dadurch die Möglichkeit, in der *Zwölfheit* des Jahres den *siebenfachen* Einweihungsweg, der in den sieben Jahresfesten zum Ausdruck kommt, zu gehen. Und der Mensch, der dank dem Mysterium von Golgatha das Christus-Ich in sich aufnehmen kann, er kann den neuen siebengliedrigen Einweihungsweg, der erstmals von Rudolf Steiner in der «Geheimwissenschaft im Umriß» veröffentlicht wurde, gehen, um schließlich die bewußte Begegnung mit dem Christus zu erfahren, welcher sodann als innere Seelensonne erscheint, umgeben von dem zwölffachen Antlitz des die Welt umfassenden Menschen-Ich (s. Seite 117). Und weiter: wenn es Menschen von unserer Zeit an möglich ist, auf gleichsam natürliche Weise zu einem neuen Erleben des Christus im Ätherischen dadurch zu gelangen, daß sie die zwei Ströme vom Herzen zum Kopf *in sich vereinigen* – den Strom des ätherisierten Blutes des Christus mit dem eigenen ätherisierten Blut[6] –, so müssen wir auch einen entsprechenden Prozeß im Makrokosmos, im Leben der Erde selbst, finden. Auf diesen Prozeß aber haben wir oben bereits hingewiesen, als wir sagten: heute *verbinden sich* in der Äthersphäre der Erde die Christus-Kräfte, die am Jahreslauf teilnehmen, auf vollkommen neue Weise mit dem Wirken der drei geistigen Wesenheiten, welche den Menschen das Licht, das Leben und die Liebe der Offenbarungen des Christus im Ätherischen bringen und ihm den Weg bahnen, auf dem er sich heute den Menschen in neuer Form nähert. Und so finden wir im Jahresrhythmus beide Wege zu dem Christus widergespiegelt, welche den Menschen der Gegenwart zugänglich sind, wodurch der Jahreskreislauf zum wahren Urbild und Ziel unseres innersten Bestrebens wird.

Mehr noch: wenn wir uns mit allem uns zur Verfügung stehenden Gefühl und Verständnis dem Miterleben des Jahreskreislaufs in dem Sinne widmen, wie das in diesem Buch dargelegt wurde, dann werden wir sehen, daß es durch eine solche Vertiefung möglich ist, die ersten Schritte *zu einem Leben mit dem Weltenlauf* zu machen. In Rudolf Steiners

Worten: «Das Zusammenleben mit dem Weltenlauf* wird ihm [dem Menschen] zum Kultus, und es entsteht der kosmische Kultus, in dem der Mensch in jedem Augenblicke seines Lebens darinnenstehen kann. Von diesem kosmischen Kultus ist jeder Erdenkultus ein symbolisches Abbild. Dieser kosmische Kultus ist das Höhere gegenüber jedem Erdenkultus.»[7]

Und wenn der Christus durch das ursprüngliche Mysterium von Golgatha der Menschheit die Kräfte zur künftigen Vergeistigung des gesamten physischen Seins brachte, indem er in das zwölffache Raumesprinzip das siebenfache Zeitprinzip hineintrug, so legte er durch sein zweites, übersinnliches Golgatha, dem siebenfachen Prinzip der Zeit (dem Ätherleib) das Zwölfheitsprinzip des geistigen Raumes[8] bringend, die Grundlagen des neuen imaginativen Schauens in der Menschheit, die Grundlagen für ihr bewußtes Hineinwachsen in die höheren Welten.[9] In diesem Sinne wird die Vertiefung in das geistige Wesen des Jahreskreislaufs zum Beginn eines wahren Kultus, wie er den Menschen der Gegenwart entspricht. Denn das rhythmische Erleben der Gesetzmäßigkeit von Raum und Zeit, der Gesetzmäßigkeiten der Zwölf und der Sieben im Gang des Jahres, welche letzten Endes in der Beziehung und dem Zusammenwirken der Fixsterne und Planeten ihr Urbild haben, führt – auf der Grundlage wahrer Geisterkenntnis des Menschen und des Kosmos – nach und nach zur Verstärkung des menschlichen Wollens und Fühlens, so daß sie fähig werden, *den Weg der Imitatio Christi* einzuschlagen. Und dieser Weg, der nichts anderes ist als der Weg des *Opferdienstes* in dem großen Tempel des Kosmos, in dem göttlichen Tempel des Jahreskreislaufs, er wird zum Beginn eines wahren *Welten-Menschenkultus;* Führer aber zu seiner Verwirklichung werden uns diejenigen geistigen Wesenheiten sein, welche Licht, Leben und Liebe des ätherischen Christus zu dem Opferaltar der Menschheit bringen. Dann werden jene Worte Wirklichkeit werden, mit welchen Rudolf Steiner seinen letzten Vortrag im ersten Goetheanum[10] am Vorabend des Feuertodes dieses Baues beendete. Der Vortrag war der Betrachtung der geistigen Beziehungen zwischen dem Jahreslauf und dem Menschenwesen sowie der Geburt eines neuen kosmischen Rituals aus der Erkenntnis dieser Beziehungen gewidmet, eines Kultus, in dem die ganze Verheißung unserer Erde enthalten ist.

Rudolf Steiner sagt in diesem Vortrag: «So hineingestellt, kann der

---

* Im Sinne des Vortrags, dem diese Worte entnommen wurden, ist unter «Weltenlauf» an erster Stelle der Zusammenhang des Menschen mit dem Jahreskreislauf zu verstehen.

Mensch wollend und fühlend sich erleben. Hingegeben an das Allwalten des ihn umgebenden Weltendaseins, des kosmischen Daseins, kann er erleben dasjenige, was durch ihn ausgeführt wird in dem großen Tempel des Kosmos als Transsubstantiation, indem er opfernd darinnensteht in rein geistiger Art.[11] – Was sonst nur abstrakte Erkenntnis wäre, wird zu einem fühlenden und wollenden Verhältnis zur Welt. Die Welt wird zum Tempel, die Welt wird zum Gotteshaus. Der *erkennende* Mensch, sich aufraffend im *Fühlen* und *Wollen,* er wird zum *opfernden Wesen.* Das Grundverhältnis des Menschen zur Welt steigt auf vom Erkennen zum *Weltenkultus,* zum *kosmischen Kultus.* Daß all dasjenige, was unser Verhältnis zur Welt ist, zunächst sich als kosmischer Kultus erkennt im Menschen, *das ist der erste Anfang dessen, was geschehen muß, wenn Anthroposophie ihre Mission in der Welt vollziehen soll.*»[12]

Diese «kosmische Weihehandlung», dieser neue Welten-Menschen-Kultus ist allen seinen wesentlichen Elementen nach bereits im recht verstandenen und innerlich miterlebten Jahreslauf verborgen vorhanden. Es ist das Anliegen dieses Buches, ein solches Erleben des Jahreslaufs zu fördern und dadurch zur Stiftung des neuen Kultus beizutragen.

Anhang

1.
Weihnachten und Epiphanias

Die Tatsache, daß die geeignetste Zeit im Jahresrhythmus, um die Begegnung mit dem kleinen Hüter der Schwelle und nach einer bestimmten Zeit mit dem großen Hüter zu erleben, das Weihnachtsfest und das Fest der Taufe im Jordan sind, hat eine tiefe Bedeutung. Das wird besonders deutlich, wenn wir das, was Rudolf Steiner über diese Begegnungen in dem Buch «Wie erlangt man Erkenntnisse der höheren Welten?» schreibt, mit dem geistigen Wesen der genannten Feste vergleichen. Gemäß den Hinweisen Rudolf Steiners erlebt der Geistesschüler im Bild des kleinen Hüters der Schwelle die erste Begegnung mit seinem höheren oder «anderen» Ich, das ihm zunächst gleichsam in der Hülle seines «noch unausgeglichenen Karma» erscheint oder, im Sinne unserer Betrachtung, seines «höheren Gedächtnisses», das alle seine vorhergehenden Verkörperungen umfaßt und sie, mittels des Karmagesetzes, zu einem einheitlichen Ganzen verwebt. So spricht der Hüter zu dem Geistesschüler, der diese bedeutungsvolle Begegnung mit ihm erreicht hat: «Und ich bin es selbst, die Wesenheit, die *sich einen Leib gebildet* hat aus deinen edlen und deinen üblen Verrichtungen. Meine gespenstige Gestalt ist aus dem Kontobuche deines eigenen Lebens gewoben... Ich muß zu einer *in sich vollkommenen, herrlichen Wesenheit* werden, wenn ich nicht dem Verderben anheimfallen soll... Erst wenn *du all dein vergangenes Unrichtiges gut gemacht und dich so geläutert hast, daß dir weiter Übles ganz unmöglich ist, dann wird sich mein Wesen in leuchtende Schönheit verwandelt haben.* Und dann werde ich mich zum Heile deiner ferneren Wirksamkeit wieder mit dir zu einem Wesen vereinigen können» (GA 10). Aus diesen Worten geht hervor, daß der Hüter der Schwelle den Schüler hier auf ein *bestimmtes moralisches Ideal* hinweist, das erreicht werden muß, damit sich der Hüter in eine «herrliche Wesenheit», in «leuchtende Schönheit» verwandeln und sich in dieser verwandelten Form wiederum mit dem Geistesschüler vereinigen kann: «Du sollst dich ganz mit mir vereinen und in Einheit mit mir in die Unsterblichkeit hinübergehen.»* So ist das Erreichen dieses moralischen Ideales das innere Ziel, das als Folge der Begegnung mit dem kleinen Hüter der Schwelle notwendigerweise vor die sich entwickelnde Seele hintritt. Und gerade dieses Ideal wird der ganzen Menschheit zu Weihnachten in der Gestalt der sich erstmals auf der Erde verkörpernden, von den Folgen des Sündenfalles unberührten nathanischen Seele gezeigt, nun aber nicht im Innern der erkennenden Seele, sondern als Tatsache der Weltgeschichte. Schauen wir auf ihre Geburt auf der Erde, so wenden wir uns zugleich dem Ideal zu, das in den oben angeführten Worten der Hüter der Schwelle vor die Seele des Geistesschülers hinstellt. Denn wir haben es in der Gestalt der nathanischen Seele mit einer Individualität zu tun, welche unmittelbar aus der kosmischen Sphäre der Unsterblichkeit zur Erde kam und welche kein eigentliches Erdenkarma hatte, so daß der Hüter der Schwelle ihr gegenüber bereits als jene herrliche, leuchtende Wesenheit *erscheint*, die er für jeden Menschen in ferner Zukunft werden soll. Und er ist mit ihr in solcher Weise verbunden, daß das Weihnachtsfest für den Geistesschüler zu dem hohen Urbild seines eigenen innersten und intimsten seelischen Strebens, dem Ideal der nächsten Stufe der Vollkommenheit werden kann, dem Ideal, das als Frucht wahrhafter okkulter *Selbsterkenntnis* objektiv vor ihn hintritt.

Einen ganz anderen Charakter hat die Begegnung mit dem großen Hüter der Schwelle für den Geistesschüler. Es wird zwar auch hier ein bestimmtes *moralisches Ideal* zunächst vor ihn hingestellt, jedoch ein Ideal höherer Ordnung, denn es betrifft nicht nur die Beziehung der einzelnen erkennenden Seele zu ihrer eigenen Entwicklung, sondern ihr Verhältnis zum geistigen Fortschritt, zur Vervollkommnung der Menschheit als ganzer. Darüber spricht der große Hüter der Schwelle mit folgenden Worten zur erkennenden Seele: «Du hast dich losgelöst aus der Sinnenwelt. Dein Heimatrecht in der übersinnlichen Welt ist erworben. Von hier aus kannst du nunmehr wirken. Du brauchst um deinetwillen deine physische Leiblichkeit in gegenwärtiger Gestalt nicht mehr. Wolltest du dir bloß die Fähigkeit erwerben, in dieser übersinnlichen Welt zu wohnen, du brauchtest nicht mehr in die sinnliche zurückzukehren. Aber nun blicke auf mich. Sieh, wie unermeßlich erhaben ich über all dem

---

* Diese Stelle lautet ungekürzt: «Erst wenn du durch immer wieder erneuerte Leben in dieser Art mich unbewußt ganz zur Vollkommenheit umgeschaffen gehabt hättest, wärest du nicht den Todesmächten verfallen, sondern du hättest dich ganz mit mir vereint und wärest in Einheit mit mir in die Unsterblichkeit hinübergegangen» (GA 10).

stehe, was du heute bereits aus dir gemacht hast. Du bist zu der gegenwärtigen Stufe deiner Vollendung gekommen durch die Fähigkeiten, welche du in der Sinnenwelt entwickeln konntest, solange du noch auf sie angewiesen warst. Nun aber muß für dich eine Zeit beginnen, in welcher deine befreiten Kräfte weiter an dieser Sinnenwelt arbeiten. Bisher hast du nur dich selbst erlöst, nun kannst du als ein Befreier alle deine Genossen in der Sinnenwelt mitbefreien. Als einzelner hast du bis heute gestrebt, nun gliedere dich ein in das Ganze, damit du nicht nur dich mitbringst in die übersinnliche Welt, sondern alles andere, was in der sinnlichen vorhanden ist. Mit meiner Gestalt wirst du dich einst vereinigen können, aber ich kann kein Seliger sein, solange es noch Unselige gibt» (GA 10). Und Rudolf Steiner fährt fort: «Ein unbeschreiblicher Glanz geht von dem zweiten Hüter der Schwelle aus; die Vereinigung mit ihm steht als ein fernes Ziel vor der schauenden Seele. Doch ebenso steht da die Gewißheit, daß diese Vereinigung erst möglich wird, wenn der Eingeweihte alle Kräfte, die ihm aus dieser Welt zugeflossen sind, auch aufgewendet hat im Dienste der Befreiung und Erlösung dieser Welt. Entschließt er sich, den Forderungen der höheren Lichtgestalt zu folgen, dann wird er beitragen können zur Befreiung des Menschengeschlechtes. Er bringt seine Gaben dar auf dem Opferaltar der Menschheit» (GA 10). So ist eines der bedeutendsten Erlebnisse des Geistesschülers auf seinem Weg in die höheren Welten, wenn die Forderung vor ihn hintritt, seine eigenen persönlichen Ziele mit den Zielen der ganzen Erdenmenschheit zu vereinigen. Den wichtigsten Entschluß nicht nur für sein gegenwärtiges, sondern auch für alle seine zukünftigen Erdenleben, soll er auf dieser Stufe fassen. Und die allergrößte Hilfe, das höchste Urbild für diesen Entschluß mit allen sich daraus ergebenden Folgen und Taten kann das Ereignis der Jordantaufe für den Geistesschüler werden, als die Sonnen-Wesenheit des Christus allein aus reinster Liebe zur Menschheit, ohne das für ihre eigene Entwicklung zu benötigen, den Entschluß faßte, der Erdenmenschheit alle ihr von Urbeginn an eigenen geistigen Kräfte zu opfern, mehr noch, ihr ihr eigenes Wesen dadurch zu opfern, daß sie auf die Erde hinabstieg und sich bei der Taufe im Jordan mit den irdischen Hüllen des Jesus von Nazareth verband. Rudolf Steiner spricht darüber auf die folgende Weise: «Als der Mensch auf tiefster Stufe nach abwärts gekommen war, brauchte es eines mächtigen Impulses nach aufwärts. Das konnte nur dadurch geschehen, daß jene Wesenheit aus den höheren Hierarchien, die wir als die Christus-Wesenheit bezeichnen, einen Entschluß faßte in den höheren Welten, den sie zu ihrer eigenen Entwickelung nicht zu fassen gebraucht hätte. Denn die Christus-Wesenheit hätte ihre Entwickelung auch erreicht, wenn sie einen Weg eingeschlagen hätte, der weit, weit über alledem gelegen hätte, wo die Menschen waren auf ihrem Weg. Und die Christus-Wesenheit hätte sozusagen vorbeigehen können, oben vorbeigehen können an der Entwickelung der Menschheit. Dann aber wäre die Entwickelung der Menschheit so geschehen, daß, wenn der Impuls nach oben nicht gegeben wäre, der Weg nach unten hätte fortgesetzt werden müssen. Dann hätte die Christus-Wesenheit einen Aufstieg gehabt und die Menschheit nur einen Abfall» (GA 131, 14. 10. 1911). Der Christus faßte jedoch seinen Entschluß. Er vereinigte sich für alle Zeiten mit der Menschheitsentwicklung auf der Erde. Und die Taufe im Jordan war der historische Ausdruck dieses göttlichen Entschlusses. «Etwas, was für den Christus selbst nicht notwendig war, das hat der Christus vollzogen. Was war das für eine Tat? Das war eine Tat der göttlichen Liebe! Dessen müssen wir uns klar sein, daß keine menschliche Empfindung zunächst in der Lage ist, jene Intensität der Liebe zu empfinden, die notwendig war, um den Entschluß zu fassen für einen Gott, der dessen nicht bedurfte, in einem menschlichen Leib auf Erden zu wirken» (GA 131, 14. 10. 1911).

So kann die Taufe im Jordan für den auf der genannten Stufe stehenden Geistesschüler zu dem makrokosmisch-historischen Urbild für seinen eigenen individuellen Entschluß werden. Und wenn er diesen Entschluß faßt, dann begibt er sich von dem Augenblick seiner Begegnung mit dem großen Hüter der Schwelle an auf den Weg der tätigen *Imitatio* (Nachfolge) des Christus Jesus. Ist doch auf dieser Entwicklungsstufe dieser Weg der *einzige* weiße Weg, weshalb Rudolf Steiner von den Okkultisten des weißen Weges sagt, daß «... sie die selbstlose Hingabe und Opferwilligkeit allen anderen Fähigkeiten» voranstellen (GA 10).

Die geeignetste Zeit im Jahreslauf für diesen Weg der geistigen, selbstlosen Liebe und des Opfers ist der Zeitraum, der unmittelbar nach dem Fest der Taufe (Epiphanias) beginnt und sich bis Ostern erstreckt. Es entspricht diese Zeit dem dreijährigen Leben des Christus auf der Erde in den drei Hüllen des Jesus von Nazareth, und sie erscheint im Jahresrhythmus als die Zeit, wo der Mensch berufen ist, aus den Kräften der in seinem Ich wirkenden Liebe die Früchte seiner individuellen geistigen Entwicklung, die Schätze geistiger Weisheit, die er in der absteigenden Jahreshälfte vor Weihnachten gesammelt hat, zum Opferaltar der Menschheit zu tragen.

So eröffnet sich im Jahreslauf für jeden geistig strebenden Menschen immer wieder aufs neue die Möglichkeit, sich nicht nur innerlich auf die Begegnung mit dem kleinen und großen Hüter der Schwelle vorzubereiten, sondern auch sich selbst ernst zu prüfen: wird er, wenn der Augenblick es fordert, in der Lage sein, den rechten Entschluß zu fassen und in der Tat den weißen Weg zu betreten? Taucht doch im Laufe des Jahres jedesmal zu Epiphanias diese Frage vor ihm auf und erhält er doch jedesmal die Möglichkeit zu erproben, ob er wohl in der folgenden aufsteigenden Jahreshälfte die Kräfte haben wird, diesen Weg zu gehen.

2.
Über ein Widar-Bild

In den auf Seite 343 angeführten Worten Rudolf Steiners mit einer esoterischen Charakteristik der Widar-Wesenheit finden wir den folgenden Hinweis: «Selbst von seinem Bilde wird nur unbestimmt gesprochen. Das mag hervorgehen daraus, daß ein Bild in der Nähe von Köln gefunden worden ist, von dem man nicht weiß, wen es darstellt, das aber nichts anderes bedeutet als ein Bildnis von Widar.»

Unserer Ansicht nach wird hier auf den im Jahre 1901 in Niederdollendorf bei Köln gefundenen Stein, einen sogenannten fränkischen Grabstein, hingewiesen, der in demselben Jahr in das Bonner Landesmuseum gebracht wurde, wo er sich noch heute befindet. (Es wird angenommen, daß er spätestens im 7. Jhdt. n. Chr. entstanden ist.)

Wir wollen nun versuchen, auf den Sinn der verschiedenen Darstellungen*, wenn auch nur kurz, einzugehen.

Auf der Vorderseite des Steines finden wir die Darstellung eines menschlichen Wesens, das von einem drachen- oder schlangenartigen Tier mit drei Köpfen ringsum angefallen wird, wobei die weit geöffneten Rachen, die das im Zentrum stehende Menschenwesen zu verschlingen trachten, besonders auffallen. Nun deutet schon die Tatsache, daß ein solches dreiköpfiges Tier nirgends in der äußeren Natur zu finden ist, darauf hin, daß es sich hier um ein imaginatives, aus der übersinnlichen Welt kommendes Geschehen handelt und daß das Wesen im Zentrum des Bildes ein *geistiges* Wesen ist. Weiter wird aus der Lage der drei Tierköpfe im Verhältnis zur Zentralfigur deutlich, daß hier auf die Gefahren hingewiesen wird, die den drei Systemen des Menschenwesens, dem Kopf-, dem rhythmischen (Herz und Lungen) und dem Stoffwechsel-Gliedma-

---

* S. Artikel von Herbert Seufert «Über den Widar-Stein» in «Das Goetheanum», 65. Jahrgang, Nr. 20, 11. Mai 1986. Herbert Seufert hat auch den Verfasser der vorliegenden Arbeit auf diesen Stein und auf seinen Zusammenhang mit dem Bild Widars aufmerksam gemacht.

ßen-System drohen, welche die physische Grundlage seiner drei Seelenfähigkeiten, des Denkens, Fühlens und Wollens, sind.

So versucht einer der Tierköpfe den Kopf des Menschen, der rund, sonnenscheibenförmig dargestellt ist, durch seinen geöffneten Rachen zu verschlingen. Der zweite Rachen des Tieres versucht die linke Schulter und die linke Hand des Menschen zu verschlingen und damit jene Teile des physischen Leibes, die in der Zukunft unmittelbar mit dem Herzen verbunden sein werden.[1] Und der dritte Rachen schließlich, bedrohlich weit geöffnet, greift den Menschen «von unten» an, aus der Sphäre des Willens oder, physiologisch ausgedrückt, aus dem Stoffwechselbereich heraus.

Diesem dreifachen Angriff auf das Menschenwesen stellen sich die drei inneren Kräfte entgegen, die durch die drei Gegenstände, Kamm, Schwert und Wassergefäß, repräsentiert werden. Indem der Mensch den ersten – den Kamm – in seiner rechten Hand hält, wehrt er den Angriff auf sein Kopfsystem ab. Seit den ältesten Zeiten war das Haarekämmen ein ritueller Akt, der die Verbindung des Menschen mit bestimmten Kräften des Makrokosmos stärkte, wobei die Haare selbst als sinnlich-übersinnliche Wahrnehmungsorgane wirkten, als eine Art «Empfangsgerät», mit dessen Hilfe der Mensch früherer Zeiten geistige Sonnenkräfte aufnahm, Inspirationen aus den höheren Welten «empfing», (hier sei an die biblische Erzählung von Samson erinnert). Deshalb mußte auch der Priester oder Geistliche früher – und diese Tradition hat sich im Osten bis zu einem gewissen Grade bis heute erhalten – unbedingt einen Bart und lange Haare tragen.[2] So waren lange Haare einst für den Menschen eine Hilfe, um von außen, aus dem geistigen Makrokosmos oder unmittelbar aus der Sonnensphäre Weltgedanken, Inspirationen der kosmischen Intelligenz zu empfangen, der Intelligenz, die zu dieser Zeit noch nicht den Menschen gehörte, sondern von dem im Kosmos wirkenden führenden Sonnenerzengel Michael verwaltet wurde. Das Kämmen der Haare aber mit Hilfe eines Kammes als okkulte Mysterienhandlung bedeutete das «In-Ordnung-Bringen» der Beziehungen des Menschen mit der Sphäre der kosmischen Intelligenz (Erinnerungen daran haben sich noch lange erhalten, so z. B. in der Sage von der Loreley), die Aufnahme und den rechten Gebrauch, wodurch die Macht des ersten Tierrachens überwunden werden kann.

Der zweite Gegenstand ist ein kurzes Schwert. Das menschliche Wesen, das auf dem Stein abgebildet ist, drückt es mit der linken, mit dem Herzen in Verbindung stehenden Hand gegen seine Brust, mit der Hand, die der zweite Rachen des Tieres zu verschlingen sucht. Hier haben wir in dem Bild des Schwertes einen Hinweis auf die *Mut*-Kraft, die im rhythmischen System des Menschen wirksam ist und im Herzen gründet und die den zweiten Rachen des Tieres zu überwinden vermag.

Der dritte Gegenstand ist eine bei den Füßen des Menschen stehende Feldflasche mit einem eingeritzten Sonnenzeichen, die der Aufbewahrung von Wasser dient. Wasser ist hier ein Abbild für die gereinigten Ätherkräfte, welche das Gliedmaßen-Stoffwechsel-System des Menschen durchdringen müssen, damit er den ihn von «unten» bedrohenden dritten Rachen des Tieres überwinden kann.

Im ganzen haben wir auf dieser «äußeren» Seite des Steines die imaginative Darstellung der durch eine menschliche Gestalt wirkenden Widar-Wesenheit in ihrem «michaelischen» Aspekt und des ihm entgegenstehenden Tieres, das eine drachen-ähnliche, d. h. anti-michaelische Natur, und zugleich die besonders charakteristische Eigenart des Fenriswolfs hat: den aufgerissenen Rachen. Denn die ganze Kraft des Wolfes liegt – wie auch Rudolf Meyer sagt – ausschließlich in seinem geöffneten Rachen[3], dem Widar sein Schweigen entgegenstellt, das hier durch das Bild des rituellen Haarekämmens zum Ausdruck gebracht ist, durch das die Beziehung zu den kosmischen Sonnenkräften der Weisheit verstärkt wird. Ein anderes Attribut Widars ist das Schwert, welches das auf dem Stein dargestellte Wesen beim Herzen in der linken Hand hält. Dieses Schwert wird Widar dem Fenriswolf in der Götterdämmerung bis zum Herzen in den geöffneten Rachen stoßen. Und, schließlich, die Feldflasche mit Wasser bei seinen Füßen. Um ihre Bedeutung zu verstehen, ist daran zu erinnern, daß nach der germanischen Sage ein weiteres wichtiges Attribut Widars auch der «dicke Schuh» ist, der aus den von den Menschen fortgeworfenen Abfällen der Fersen und Zehen der von ihnen gefertigten Schuhe genäht wird. Dieses Bild des Schuhes weist – abgesehen von der Rolle, die er im Kampf Widars mit dem Wolf spielt[3a] – noch auf einen anderen Aspekt Widars: auf Widar, den Wanderer, der sich entschlossen hat, sein Schicksal an das Schicksal der Menschen auf der Erde zu binden, und der geistig ihre Schicksalswege mit ihnen geht.[4] In älteren Zeiten wurde neben dem «unzerreißbaren» Schuh als Symbol der Wanderschaft auch der geistige Aspekt der Wanderschaft als Suche nach den Quellen der sonnenhaften Wasser des Lebens dargestellt, wobei für den Prozeß der geistigen Reinigung oftmals das Bild der wassergefüllten Feldflasche mit dem Sonnenzeichen verwendet wurde.

Dem Gedanken Weisheit, dem Gefühl Mut, dem Willen des Menschen Reinheit und Kraft schenkend, so steht Widar auf dieser Darstellung vor uns als wahrer Diener und Nachfolger Michaels, der dem Menschen die geistigen Kräfte verleiht, die es ihm ermöglichen werden, das dreiköpfige, drachenförmige Tier (den Wolf) in der Götterdämmerung zu besiegen.

Man kann auch sagen, daß die Darstellung auf dieser Seite des Steines zugleich das Schicksal des verstorbenen fränkischen Kriegers zeigt, der sich nach dem Tode in die Kriegerschar Widars einreiht[5], um mit seinen drei Gaben die an die Erde fesselnden Kräfte des Wolfes zu besiegen und dadurch den Weg zum neuen Äon zu finden, zu dem ihn der Sieger-Gott Widar führt.

Dieser zum neuen Äon führende Aspekt Widars wird auf der zweiten Seite des Steines dargestellt. In seiner fast graphischen Strenge, der Spärlichkeit der künstlerischen Mittel und der gleichzeitig so vieles in der Seele ansprechenden Bildhaftigkeit gibt es kaum Vergleichbares unter den Kunstschöpfungen der alt-germanischen Völker.

Wenn auf der von uns bereits betrachteten «Stirnseite» des Steines Widar in seinem «michaelischen» Aspekt erscheint – mehr im Zusammenhang mit seinem Kampf bei der Götterdämmerung –, so tritt hier das Geheimnis seiner Beziehung zum Sonnenreich und seinem höchsten Führer – dem Christus – vor uns hin. Zugleich weist dieses Bild aber auch prophetisch auf den Charakter des Wirkens von Widar *nach* der Götterdämmerung in dem neuen «Sonnen-Äon» der Weltenentwicklung hin, dem Äon, der als Folge des auf der Erde vollzogenen Mysteriums von Golgatha begonnen hat.

Hier steht das Bild einer hohen Sonnenwesenheit vor uns: Um ihren Kopf eine Sonnenaureole, auf der Brust einen Kreis, das Zeichen der Sonne, deren Kräfte sie im Herzen trägt. Und aus diesem strahlen Ströme von Licht, die rechts und links den gesamten Raum mit den in der Form sich weitender Dreiecke dargestellten Sonnenkräften des Lichtäthers erleuchten.[6] Diese Lichtströme, in bezug auf die Zentralfigur auch oben und unten in Dreiecksformen gefaßt, bilden eine Art von «rhombischer» (d. h. gleichsam aus zwei miteinander verbundenen Dreiecken bestehender) Aura wie eine Ätherhülle, eine Äthergestalt.

In der rechten Hand hält Widar anstelle des Kammes – dem Zeichen für die noch aus dem Kosmos heraus verwaltete Intelligenz – eine Lanze: das imaginative Bild des gereinigten und befreiten Denkens, das nun Eigentum des Menschen geworden ist und von ihm vollbewußt nach oben, in die Äthersphären des Kosmos gelenkt wird. Hier ist daran zu erinnern, daß das starke, zielgerichtete Denken des Menschen für das imaginative Schauen auf dem Astralplan häufig in einer einem Pfeil oder einer Lanze ähnlichen Form erscheint. (Letztere wurde in alten Zeiten mitunter außerdem als Symbol magischer, geistiger Macht verwendet.[7]) Unten, unmittelbar unter der Zentralfigur, haben wir das Bild der Metamorphose, die das drachenähnliche Tier durchmachen mußte, da Widar den Sieg über es errungen hatte. Es ist nun in die Tiefen der Erde verbannt und dort durch die Kräfte des Lichtäthers gefesselt (die Lichtdreiecke umgeben es nicht nur von oben, sondern auch von unten), wodurch seine eigene geistige Kraft so durch die Macht des Lichtes verwandelt wird, daß sie sich nun in den Dienst des Guten stellen und damit zu der Grundlage werden kann, auf der sich die lichttragende Gestalt des sieghaften Widar erhebt.

Diese beiden Motive finden wir auch an den Schmalseiten des Steines: Links von der Stirnseite haben wir das Motiv des Tieres in der Gestalt eines zweiköpfigen, schlangenartigen Wesens und rechts ein ornamentales Motiv, das auf den Fluß Thund weist, welcher die Welt der Götter und die der Menschen, die diesseitige und die jenseitige Welt trennt, an dessen Ufer der entscheidende Kampf Widars mit dem Fenriswolf stattfinden wird.[8]

So zeigt uns das Grabdenkmal von Niederdollendorf zwei Hauptaspekte Widars, die den zwei wichtigsten Entwicklungsepochen der Menschheit entsprechen, an deren Übergang das größte Ereignis der gesamten Erdenevolution stattfand – das Mysterium von Golgatha.

Anmerkungen
und Ergänzungen

Allgemeine Bemerkungen: Alle Zitate von Rudolf Steiner sind der Gesamtausgabe (GA) entnommen. Evangelienworte ohne Angabe des Übersetzers sind den Übersetzungen von Emil Bock entnommen. Einfügungen in Klammern innerhalb der Zitate wurden vom Verfasser hinzugefügt, ebenso wie die meisten Hervorhebungen.

Vorwort:

1 Die Frage wurde Rudolf Steiner von Friedrich Rittelmeyer zur Zeit der Vorbereitung und Begründung der Christengemeinschaft gestellt. Siehe dazu Emil Bock, «Rudolf Steiner. Studien zu seinem Lebensgang und Lebenswerk», Vorträge vom 15.12.1949 und 27.2.1949.
2 GA 175, 13.3.1917.
3 Siehe «Rudolf Steiner und die Grundlegung der neuen Mysterien», Teil I «Das Mysterium von Rudolf Steiners Lebensweg».

Einleitung: Das lebendige Wesen des Jahres und seine Hauptfeste

1 S. GA 223, 31.3.1923.
2 GA 40.
3 GA 26.
4 GA 226, Ansprache vom 17.5.1923.
5 S. GA 236, 4.6.1924.
6 Apokalypse 4,5.
7 In den Vorträgen, in denen die kosmischen Imaginationen der vier Feste als Jahreskreuz beschrieben sind, beginnt Rudolf Steiner mit der Imagination des Michael-Festes (s. GA 229). Aus dem weiteren Inhalt dieses Buches wird deutlich, daß nur eine solche Reihenfolge bei der Betrachtung der Feste eine Grundlage für das rechte Verständnis des esoterischen Wesens des gesamten Jahreskreislaufs bilden kann.

I. Teil: Das Michael-Fest – ein Tor der modernen Einweihung

1 GA 26.
2 ebd.
3 GA 187, 22.12.1918.
4 GA 217, 15.10.1922.
5 S. GA 243, 13.8.1924.
6 Von diesem «Herabsteigen» Michaels spricht Rudolf Steiner auch auf folgende Weise: «Als die Mitte des 19. Jahrhunderts noch nicht ganz herangekommen war... schickte sich der Erzengel Michael an, nach und nach aus einem bloßen Erzengel ein Zeitgeist zu werden, eine solche Entwickelung zu erlangen, daß er eingreifen könne in das Leben der Menschen nicht nur vom Standpunkte des Überirdischen, sondern unmittelbar vom Standpunkte des Irdischen aus. Vorzubereiten hatte sich der Erzengel Michael, auf die Erde selbst herabzusteigen, gewissermaßen nachzuleben den großen Vorgang des Christus Jesus selber, nachzuleben diesen großen Vorgang: hier auf der Erde seinen Ausgangspunkt zu nehmen und weiter zu wirken vom Gesichtspunkte der Erde aus» (GA 174a, 17.2.1918).
7 GA 13.
8 GA 40.
9 GA 240, 19.7.1924.
10 GA 219, 17.12.1922.
11 GA 240, 19.7.1924.
12 S. «Rudolf Steiner und die Grundlegung der neuen Mysterien», Kap. 6.
13 GA 219, 17.12.1922.
14 ebd.
15 GA 119, 29.3.1910.
16 GA 119, 30.3.1910.
17 GA 26.
18 S. Anm. 12.
19 Diese Zeilen der Grundstein-Meditation kann man auch zu den folgenden Worten vom 2.5.1913 (London) in Beziehung setzen: «Michael kann uns neues spirituelles Licht geben, das wir als eine Umgestaltung jenes Lichtes betrachten können, das durch ihn zur Zeit des Mysteriums von Golgatha gegeben wurde, und die Menschen unserer Zeit dürfen sich in dieses Licht stellen» (GA 152).
20 GA 26.
21 ebd.
22 GA 219, 24.12.1922.
23 GA 26. – In einem Vortrag, welcher fast elf Jahre früher gehalten wurde, äußerte sich Rudolf Steiner auf die folgende Weise: «Trotzdem werden viele Menschen das erkennen, was jetzt beginnt wie eine Morgenröte aufzugehen und was sich während der kommenden Jahrhunderte in die menschlichen Seelen wie eine Sonne ergießen wird, denn Michael kann stets mit einer Sonne verglichen werden. Und wenn auch viele Menschen diese neue Michael-

Offenbarung nicht anerkennen werden, so wird sie sich trotzdem über die Menschheit ausbreiten» (GA 152, 2. 5. 1913).
24 GA 240, 19. 7. 1924.
25 GA 223, 1. 4. 1923.
26 Wollen wir den Prozeß der Vereinigung von Seele und Geist der Erde mit ihrem ätherischen und physischen Leib zur Weihnachtszeit beschreiben, so können wir sagen: Im Winter durchdringt die Seele der Erde das Pflanzenreich und der Geist der Erde das Mineralreich vollkommen. Dadurch kann sich das Bewußtsein der Minerale mit dem Bewußtsein der Pflanzen kreuzen (s. Vortrag vom 31. 12. 1915, GA 165), das heißt die Erde als Ganzes kann sich zu Weihnachten eine kurze Zeit um eine halbe Evolutionsstufe höher erheben und einen Zwischenzustand zwischen dem mineralischen und dem pflanzlichen Zustand einnehmen.
27 GA 10.
28 ebd.
29 ebd.
30 ebd.
31 ebd.
32 S. GA 217, 15. 10. 1922.
33 GA 238, 28. 9. 1924.
34 GA 223, 1. 10. 1923.
35 S. Beschreibung der kosmischen Michael-Imagination in GA 229, 15. 10. 1923.
36 GA 223, 8. 4. 1923.
37 ebd.
38 ebd.
39 GA 131, 12. 10. 1911.
40 GA 114, 18. 9. 1909.
41 Genesis 1.2,7.
42 GA 152, 2. 5. 1913.
43 ebd.
44 Davon, daß Michael an der «Erschaffung des Menschen» beteiligt war, spricht eine Reihe von Äußerungen Rudolf Steiners, so z. B.: «Aber er [Michael] wollte all dieses nur im Sinne der göttlich-geistigen Mächte auch weiterhin als deren Diener tun, der Mächte, mit denen er von seinem *und der Menschen Ursprunge her* verbunden ist... Denn Michael trägt in sich *alle die Ursprungskräfte* seiner Götter *und der des Menschen*» (GA 26). Eine unveröffentlichte Nachschrift eines frühen Vortrags von Rudolf Steiner (vom 1. 11. 1904), der jedoch nur in sehr kurzer Form erhalten ist, bestätigt diese Aussage; hier wird davon gesprochen, daß Michael in der Mitte der lemurischen Epoche «die Menschenform bildete», in der er – der Mensch – sich sodann auf der Erde verkörperte. Deshalb wird Michael auch «der Bildner der menschlichen Form» oder «der Engel der Form» genannt, entsprechend seiner Tätigkeit als Diener der «Regenten des Erdendaseins», der «Hierarchie der Geister der Form» (GA 105, 10. 8. 1908) und ganz besonders des hervorragendsten unter

ihnen, des Jahve-Elohim (GA 194, 22.2.1919). Diese ideale, vom Erzengel Michael verliehene Menschen-«Form» oder -«Gestalt» (Rudolf Steiner gebrauchet beide Worte in diesem Zusammenhang), unterlag später (noch in der lemurischen Epoche) der Versuchung durch die luziferisch-ahrimanischen Mächte, was seinerseits dazu führte, daß die erste Vorstufe des Mysteriums von Golgatha notwendig wurde (s. dazu Genaueres im Kapitel «Die drei übersinnlichen Taten der nathanischen Seele»), durch die die «menschlich-ätherische Form» in der an die Erde grenzenden geistigen Welt entstand, die «ätherische Menschen*gestalt*» gebildet wurde, die nun ihre Kräfte in die «physische Erden-Menschen*form*» einstrahlen konnte und es ihr damit ermöglichte, sich vor zerstörenden Einwirkungen «zu schützen» (GA 152, 7.3.1914).

Vergleicht man diese Beschreibung der ersten Vorstufe mit dem Inhalt der genannten esoterischen Stunde, so wird die unmittelbare Beteiligung Michaels an dem gemeinsamen Wirken des Christus und der nathanischen Seele deutlich. Denn Michael ist als der Schöpfer der menschlichen Gestalt (Form) mit allen ihren irdischen und übersinnlichen Schicksalen von Anfang an verbunden. Darüber hinaus ist er es, unter dessen Führung die Menschheit den Weg betreten soll, der zum bewußten Verwirklichen dieser Menschengestalt (-form) als dem hohen Ideal führt, das in der ersten Vorstufe des Mysteriums von Golgatha sein Urbild hat. «Das Reinste muß in der menschlichen Gestalt erreicht sein; der Mensch muß bei seinem Ziel in bezug auf die menschliche Gestalt angelangt sein. Alles, was hemmend war, muß überwunden sein», so spricht Rudolf Steiner am 1. November 1904 darüber. (Vgl. damit das Kapitel «Von der Mitwirkung Michaels an den übersinnlichen Taten der nathanischen Seele».) – Diese Beziehung Michaels und der nathanischen Seele wird in der Bhagavad-Gita, die, was den Inhalt betrifft, von einem starken michaelischen Element durchdrungen ist, auf eine besondere Weise zum Ausdruck gebracht. Hier ist das Ziel der Lehren, die Krishna dem Ardzuna gibt, in dem letzteren eine wahrhaft michaelische Stimmung zu erwecken, welche er für das Ringen mit den seine Seele bedrohenden anti-michaelischen Mächten braucht, dessen äußerer Ausdruck der Kampf auf dem Kuru-Felde ist.

45 S. GA 26.
46 S. Anm. 19, II. Teil. – In dem Vortrag vom 7. März 1914 heißt es: «So daß man sagen kann: Es gab gleichsam *drei* Engelleben in der geistigen Welt. Die Wesenheit, die dieses *Engel- und Erzengel*leben geführt hat, war im Grunde dieselbe, die später als Mensch geboren worden ist und als Jesusknabe im Lukas-Evangelium geschildert worden ist» (GA 152).
47 GA 11.
48 GA 131, 12.10.1911.
49 ebd.
50 Im Vortrag vom 30. Dezember 1913 (GA 149) weist Rudolf Steiner mehrfach darauf hin, daß ursprünglich die nathanische Seele in der Sonnensphäre weilte (s. Fußnote Seite 37).
51 S. GA 146, 28.5.1913 und 1.6.1913.

52 GA 142, 30. 12. 1912.
53 GA 194, 22. 11. 1919. S. auch GA 112, 7. 7. 1909.
54 S. darüber z. B. in GA 167, 7. 3. 1916.

II. Teil: Das Adventsmysterium als das Mysterium der nathanischen Seele

1 GA 152, 5. 3. 1914.
2 GA 152, 7. 3. 1914.
3 S. GA 102, 6. 1. 1908, und GA 13.
4 In den meisten Vorträgen, welche der Beschreibung der drei himmlischen Taten der nathanischen Seele gewidmet sind, wird im Zusammenhang mit der ersten Tat im allgemeinen von der Versuchung durch Luzifer und im Zusammenhang mit der zweiten und dritten von der Versuchung durch Luzifer und Ahriman gesprochen. (Eine Ausnahme bilden die Vorträge vom 30. 12. 1913, GA 149 und 7. 3. 1914, GA 152.) Das oben Gesagte wird zudem durch die Tatsache erhärtet, daß sich gemäß weiterer Mitteilungen der Geisteswissenschaft Luzifer in der lemurischen Epoche und Ahriman in der atlantischen dem Menschen näherten.
5 Es besteht eine Wechselbeziehung zwischen den zwölf Sinnen, zu denen schon auf dem alten Saturn der Keim gelegt wurde, und der zur Zeit der Erdenentwickelung entstehenden zwölfgliedrigen Gestaltung des Menschen. Eine genauere Betrachtung dieser Wechselbeziehung würde hier jedoch zu weit führen. (S. auch die zwei blauen Fenster des Goetheanum, das nördliche und das südliche.)
6 GA 152, 7. 3. 1914.
7 ebd.
8 S. auch GA 128.
9 Genesis 1.2,19–20.
10 GA 10.
11 S. auch GA 137, 10. 6. 1912.
12 GA 152, 1. 6. 1914.
13 ebd.
14 S. z. B. GA 149, 30. 12. 1913.
15 GA 148, 10. 2. 1914.
16 GA 152, 27. 5. 1914.
17 GA 152, 1. 6. 1914.
18 GA 149, 30. 12. 1913.
19 Betrachtet man die weiteren Äußerungen Rudolf Steiners über die irdischen Schicksale der nathanischen Seele, so lassen sich diese etwa in drei Kategorien einteilen. Zur ersten gehören die Aussagen, welche die nathanische Seele als ein Wesen charakterisieren, das zur *menschlichen* Entwickelung gehört und das in der lemurischen Epoche als Schwesterseele Adams in Erscheinung tritt;

so z. B. im 4. Vortrag des Zyklus «Das Lukas-Evangelium», im 8. Vortrag des Zyklus «Von Jesus zu Christus» und im 7. Vortrag in «Die okkulten Grundlagen der Bhagavad Gita» sowie in vielen Einzelvorträgen, welche dem Thema «Weihnachten» gewidmet sind (s. 21. und 26. 12. 1911, GA 127; und 21. und 23. 12. 1913, GA 150). Die zweite Kategorie von Aussagen gehört zu dem Thema «Vorstufen des Mysteriums von Golgatha». Hier wird vor allem von der engel- oder erzengel-*artigen* Wesenheit gesprochen, wenn auch mitunter in Verbindung mit dem «menschlichen» Charakter der nathanischen Seele (z. B. am 30. 12. 1913, GA 149, und am 5. 3. 1914, GA 152), außerdem wird auf die Engelwesenheit hingewiesen, so im Vortrag vom 30. März 1914, GA 152. Und schließlich haben wir als dritte Kategorie die eindeutige Aussage über die Teilnahme einer bestimmten Wesenheit aus der Hierarchie der Erzengel an den «Vorstufen des Mysteriums von Golgatha». So heißt es im Vortrag vom 1. Juni 1914: «Das [die dritte Gefahr am Ende der atlantischen Epoche] ist abgewendet worden durch das dritte Christus-Ereignis, da der Christus zum dritten Mal als Christus-Wesenheit in der äußeren Seele eines Erzengels war, *eines Wesens aus der Hierarchie der Erzengel*» (GA 152, 1. 6. 1914).

20 Im Vortrag vom 30. März 1914 sagt Rudolf Steiner: «In der Devachanwelt [d. h. in der Sphäre der Intuition und Inspiration] war die erste und zweite Vorstufe, in der Astralwelt [d. h. in der Sphäre der Imagination] die dritte, und in der physischen Welt das Ereignis von Golgatha» (GA 152, 30. 3. 1914).

21 GA 150, 21. 12. 1913.

22 Im Vortrag vom 5. Juni 1913 sagt Rudolf Steiner: «Den Christus-Impuls verstehen heißt: nicht bloß streben nach Vervollkommnung, sondern auch in sich aufnehmen etwas, was wirklich getroffen wird mit dem Pauluswort: ‹Nicht ich, sondern der Christus in mir›. ‹Ich›, das ist das Krishna-Wort. ‹Nicht ich, sondern der Christus in mir› ist das Wort des christlichen Impulses» (GA 146, 5. 6. 1913).

23 S. GA 240, 19. 7. 1924.

24 Schon zur Zeit der alten Sonne vermochte diejenige Wesenheit, die wir heute den Erzengel Michael nennen und die damals ihre «Menschheitsstufe» durchmachte, sich mit dem Sonnengeist des Christus ganz besonders tief zu verbinden und dadurch bis zu einem gewissen Grade der Führer der gesamten «Sonnenmenschheit» zu werden. Und diese Beziehung Michaels zu dem großen Sonnengeist, die bis zur alten Sonne zurückreicht, machte es ihm in der Erdenepoche nicht nur möglich, vornehmlich ein Sonnenerzengel zu werden, sondern auch ein ganz besonderes Verhältnis zu dem Christus und dem gesamten hierarchischen Kosmos zu gewinnen.

25 S. GA 112, 24. 6. 1909.

26 GA 194, 22. 11. 1919.

27 GA 26.

28 S. GA 223, 1. 4. 1923.

29 GA 130, 1. 10. 1911.

30 GA 26.

31 S. GA 223, 31. 3. 1923.

32 S. die Worte Rudolf Steiners auf Seite 28.
33 GA 152, 30.3.1914.
34 S. GA 152, 7.3.1914.
35 S. z. B. GA 234, 10.2.1924 und GA 13.
36 Es gibt auch einen Zusammenhang von Epiphanias und Ostern mit der vierten Tat der nathanischen Seele. Während jedoch zu Weihnachten die nathanische Seele, die bei ihrer Geburt nur von der sich der Erde nähernden geistigen Christus-Sonne überglänzt wird, im Mittelpunkt des Geschehens steht, so ist zu Epiphanias und Ostern der *Christus,* der sich mit der nathanischen Seele vereinigt, der Mittelpunkt des Geschehens. Deshalb beschränken wir uns hier bei der Beschreibung der Schicksale der nathanischen Seele auf den Hinweis auf die anderen Feste, über die im folgenden eingehender gesprochen werden wird.
37 Rudolf Steiner hat oft auf den Zusammenhang zwischen dem menschlichen Ätherleib und dem Prinzip der Zeit sowie dem menschlichen Gedächtnis hingewiesen, so nennt er ihn im Vortrag vom 16. Mai 1923 (GA 226) z. B. einen «Zeitleib».
38 GA 223, 8.4.1923.
39 GA 223, 1.10.1923.
40 Darüber, daß die Zeit von der Höhe des Sommers bis Weihnachten der Menschheitsentwicklung *vor* dem Mysterium von Golgatha entspricht, s. z. B. Vortrag vom 21.12.1913, GA 150.
41 S. GA 137, 12.6.1912.
42 GA 93a, 11.10.1905.
43 GA 232, 2.12.1923.
44 Über die Bedeutung der Ausbildung des Denkens für die Geistesschülerschaft s. auch GA 17, Kap. «Von dem ‹Hüter der Schwelle› und einigen Eigenheiten des übersinnlichen Bewußtseins».
45 Die Bedeutung des Denkens für die moderne Einweihung geht auch aus der Tatsache hervor, daß Rudolf Steiner, im Unterschied zum traditionellen Geistesweg, der nur bis zur Mondensphäre führt, zur Sonnen- und Saturnsphäre vorzudringen vermochte. Das dankt er – so spricht er es in dem Vortrag vom 20. August 1924 (GA 243) aus – der Tatsache, daß er die Denkfähigkeit, welche er durch die Vertiefung in das naturwissenschaftliche Denken gewonnen hatte, in die übersinnlichen Bereiche tragen konnte.
46 GA 13.
47 ebd. Das Wort «*reiner* (Weg)» befindet sich in der sechsten Ausgabe, ist jedoch in der zwanzigsten von Rudolf Steiner weggelassen worden.
48 ebd.
49 S. z. B. GA 215, 13.9.1922.
50 GA 10.
51 ebd.
52 ebd.
53 GA 13.
54 ebd.

55 GA 10.
56 ebd.
57 GA 13.
58 GA 10.
59 ebd.
60 GA 146, 29.5.1913.
61 GA 10.
62 ebd.
63 ebd.
64 ebd.
65 ebd.
66 ebd.
67 ebd.
68 ebd.
69 ebd.
70 ebd.
71 ebd.
72 ebd.
73 ebd.
74 ebd.
75 S. über dieses geistige Gesetz ausführlicher in S.O. Prokofieff, «Rudolf Steiner und die Grundlegung der neuen Mysterien», Kap. 7.
76 Matth. 4,3.
77 ebd., 4,4.
78 GA 10.
79 Matth. 4,6.
80 ebd., 7.
81 GA 10.
82 ebd.
83 ebd.
84 Matth. 4,8–9. Eine noch genauere Darstellung befindet sich in Luk. 4,5–6.
85 Matth. 4,10.
86 GA 10.
87 ebd.
88 ebd.
89 GA 13.
89a Nach allem in diesem Kapitel Gesagten mag beim Leser die Frage entstehen: wie verhalten sich die in ihm beschriebenen drei Versuchungen des Christus Jesus in der Wüste, die hier dem Matthäus-Evangelium entnommen wurden, zu der Darstellung dieser Szene nach dem Fünften Evangelium, welches in dem geistigen Weltgedächtnis oder der sogenannten Akasha-Chronik enthalten ist?
Aus den Hinweisen Rudolf Steiners im Vortrag vom 2. November 1909 (GA 117) folgt, daß das Markus-Evangelium ein Abbild des Willens des Christus Jesus, das Lukas-Evangelium ein Abbild seines Fühlens, das Johannes-Evan-

gelium ein Abbild seines Denkens ist. Wir können auch sagen, daß diese drei Evangelien geschrieben wurden, ausgehend von dem hellsichtigen Schauen des kosmischen Wollens, Fühlens und Denkens (der Sophia). Weiterhin vergleicht Rudolf Steiner im Vortrag vom 14. November 1909 diese drei Standpunkte mit dem, was der Geistesschüler als den in «Wie erlangt man Erkenntnisse der höheren Welten?» beschriebenen Prozeß der «Spaltung der Persönlichkeit» erlebt. So wie sich in einem bestimmten Augenblick der geistigen Entwicklung das Denken, Fühlen und Wollen des Schülers aus der ihnen natürlichen Verbindung lösen und unabhängig von einander als drei vollständig verschiedene geistige Bereiche erlebt werden können, so haben wir es – wenn auch auf einer bedeutend höheren Stufe – im Falle der drei genannten Evangelien mit etwas Ähnlichem zu tun.

Nun ist jedoch die Stufe der «Spaltung der Persönlichkeit» auf dem geistigen Entwicklungsweg nur eine Übergangsstufe, der – auf zwei vollkommen verschiedenen Niveaus – ein Zustand des Zusammenwirkens von Denken, Fühlen und Wollen vorausgeht und dem ein solcher folgt. Auf der Stufe vor der «Spaltung der Persönlichkeit» werden das Denken, Fühlen und Wollen durch die Anwesenheit des *physischen Leibes* verbunden, der ihr Zusammenwirken reguliert und sie zugleich abschwächt, verglichen mit der ursprünglichen Kraft, die ihnen eignet, wenn sie unabhängig voneinander wirken. Die zweite Möglichkeit, das rechte Zusammenwirken dieser drei Kräfte herbeizuführen, ergibt sich auf der Stufe der geistigen Entwicklung *nach* der «Spaltung der Persönlichkeit». Das ist die Stufe, wo die Führung des voneinander unabhängig gewordenen Denkens, Fühlens und Wollens «von oben» geschieht, durch das höhere Ich des Geistesschülers, das sie, wenn nötig, abermals zu einer höheren Einheit verbinden kann, indem es sie zu einem Wahrnehmungsorgan der geistigen Welten verwandelt, das in der Akasha-Chronik zu lesen vermag. Etwas Ähnliches liegt – aber wie schon gesagt auf einer bedeutend höheren Stufe – bei den Evangelien vor. So vertritt das Matthäus-Evangelium, nach den Worten Rudolf Steiners, eine Art von «harmonischer Vereinigung» der Impulse des Wollens, Fühlens und Denkens des Christus Jesus. Da diese jedoch durch die Form des physischen Leibes – den, im Gegensatz zu den anderen Evangelisten, Matthäus ganz besonders im Bewußtsein hat (GA 123, 12. 9. 1910), – zu einer Einheit verbunden werden, unterliegen sie einem Abschwächungsprozeß, sie «erblassen». Und in dieser erblaßten Form bringen sie das zum Erscheinen, was der Christus als Mensch auf der Erde war. So daß uns im Matthäus-Evangelium «... die Gestalt des Christus Jesus ganz menschlich, als der einzelne Erdenmensch entgegen tritt» (GA 117, 2. 11. 1909).

Das vollkommene Gegenteil dazu bildet das Fünfte Evangelium. In ihm geschieht zwar auch eine Vereinigung der Impulse des Wollens, Fühlens und Denkens des Christus Jesus, jedoch nicht auf «natürliche Weise» durch den physischen Leib, sondern durch das im Geiste wirkende höhere Ich. Und das ist der Inhalt der Akasha-Chronik, in die das kosmische Wollen, Fühlen und Denken des Christus Jesus von ihm selbst durch die Tätigkeit seines Welten-Ich eingeschrieben wurden. – So ergibt sich das folgende Gesamtbild:

Erstes Evangelium (des Matthäus)	– Vereinigung des Wollens, Fühlens und Denkens des Christus Jesus durch ihre Projektion in den physischen Leib des Jesus von Nazareth.
Zweites Evangelium (des Markus)	– das Wollen des Christus
Drittes Evangelium (des Lukas)	– das Fühlen des Christus
Viertes Evangelium (des Johannes)	– das Denken (Sophia) des Christus.
Fünftes Evangelium (aus der Akasha-Chronik)	– Vereinigung von Wollen, Fühlen und Denken des Christus dadurch, daß ihre Impulse durch sein Welten-Ich in die Akasha-Chronik eingeführt werden.

Das ist das allgemeine Verhältnis der fünf Evangelien zueinander, und aus ihm geht deutlich hervor, daß das erste und Fünfte eine Art Polarität bilden, die sich – neben vielem anderen – auch in der Reihenfolge der drei Versuchungen in der Wüste ausdrückt. Denn das Matthäus-Evangelium wendet sich, da es in erster Linie mit der Entstehungsgeschichte des *physischen Leibes* des Jesus von Nazareth zusammenhängt, in hohem Maße an die Vergangenheit der Weltentwickelung. Deshalb erfolgt in ihm die Beschreibung der Versuchungen entsprechend der Entwickelung des physischen Leibes über Saturn, Sonne, Mond, beziehungsweise des physischen Leibes, Ätherleibes, Astralleibes. Zudem wird im Matthäus-Evangelium der Christus so dargestellt, daß er auch die «erste» Frage des Versuchers über die Verwandlung von «Steinen in Brot» «beantwortet», da in den vergangenen drei Äonen die Menschheit noch kein eigenes Ich besaß und infolgedessen noch aus der Sphäre der Versuchung ausgenommen war (diese setzt stets das Vorhandensein eines Ich voraus). Ebenso haben wir in den drei Vorstufen des Mysteriums von Golgatha ein Abbild der drei älteren planetarischen Zustände der Erde, insofern als die Menschheit hier nicht durch einen eigenen Beitrag von der Versuchung errettet wird, sondern durch eine von außen kommende kosmische Hilfe (die drei übersinnlichen Opfer der nathanischen Seele). – Im Gegensatz dazu ist das Fünfte Evangelium mit den zukünftigen Äonen der Weltentwicklung verbunden, mit Jupiter, Venus und Vulkan (den Umwandlungen des astralischen, ätherischen und physischen Leibes durch das Welten-Ich des Christus). Wenn also das Matthäus-Evangelium den gewöhnlichen Zeitenstrom aus der Vergangenheit in die Zukunft repräsentiert, so ist das Fünfte Evangelium mit dem umgekehrten Strom aus der Zukunft in die Vergangenheit verbunden, dem Strom, der für alle Ereignisse, welche in der Akasha-Chronik enthalten sind, charakteristisch ist. (In den ersten Mitteilungen aus dem Fünften Evangelium gab Rudolf Steiner alle Ereignisse in der umgekehrten Reihenfolge (GA 148, 2. und 3. 10. 1913), wobei im Zusammenhang mit der dritten Versuchung der Vulkan-Äon erwähnt wird. (Ebd. 18. 12. 1913). Da aber in den Ereignissen der künftigen Entwicklungszustände das freie Menschen-Ich eine immer größer werdende Rolle spielen wird, so schließt der Christus, indem er die dritte Frage des Versuchers nicht vollständig beantwortet, auch den Menschen selbst als ein freies Ich-Wesen in den Kampf um das zukünftige Schicksal der Erdenevolution ein: «Sollte der Christus den Menschen auf Erden so recht helfen, so mußte er Ahriman wirksam sein lassen... Durch den Christus mußte die Wirksamkeit des Ahriman unbesiegt bleiben» (GA 148, 18. 12. 1913). Insoweit wir in den entsprechenden Kapiteln die absteigende Jahreshälfte behandelten, das heißt diejenige, die mit der Vergangenheit der Entwickelung von Erde und Menschheit zusammenhängt, lag es nahe, die Reihenfolge der Versuchungen einzuhalten, die im Matthäus-Evangelium gegeben ist. Bei der Betrachtung der Auswirkungen der dreifachen Versuchung des Christus in der Wüste dagegen für die zukünftige Entwicklung von Erde und Menschheit – was der zweiten, aufsteigenden, die drei Jahre des Christus auf der Erde abbildenden Jahreshälfte entspricht – mußte nicht das erste, sondern das Fünfte Evangelium zugrunde gelegt werden. Denn es ist bei diesen Fragen stets zu beachten, daß wir es in den vier Evangelien mit *vier verschiedenen Standpunkten* in bezug auf die Ereignisse in Palästina und insbesondere in bezug auf die «Versuchungsszene» zu tun haben, weshalb diese in den drei ersten Evangelien – im Johannes-Evangelium fehlt sie aus einem bestimmten Grunde – *verschieden* beschrieben ist. Rudolf Steiner weist in seinen Vorträgen über das Fünfte Evangelium selbst darauf hin, indem er der Beschreibung der «Versuchungsszene», so wie sie in der Akasha-Chronik enthalten ist, die folgenden Worte vorausschickt: «Die Versuchungsszene steht ja in verschiedenen Evangelien. *Aber diese erzählen von verschiedenen Seiten her.* Das habe ich ja öfters hervorgehoben» (GA 148, 6. 10. 1913).

90 GA 10.
91 ebd.
92 ebd.
93 GA 13.
94 GA 10.
95 GA 13.
96 ebd.

III. Teil: Das Weihnachtsmysterium

1 Das Wort von Angelus Silesius ist nach GA 150, 23. 12. 1913 zitiert. Zu den Worten von Angelus Silesius können wir die unten angeführten Worte von Rudolf Steiner hinzufügen, denn diese sind ihre moderne Metamorphose und weisen zugleich auf Sinn und Ziel der Geisteswissenschaft (Anthroposophie) hin: «Wiederum soll dasjenige, was wir zu wollen haben, eine Art Weltenweihnacht in geistiger Beziehung sein. Der Christus soll wiederum, wenigstens für das menschliche Verständnis, auf geistige Art geboren werden. Dieses ganze Wirken innerhalb der Geisteswissenschaft ist eigentlich eine Art Weihnachtsfest, ein *Geborenwerden des Christus in der menschlichen Weisheit*» (GA 165, 27. 12. 1915).

2 S. «Rudolf Steiner und die Grundlegung der neuen Mysterien», Kapitel 5.
3 Worte der Grundsteinlegung der Allgemeinen Anthroposophischen Gesellschaft, GA 260, 25.12.1923.
4 GA 146, 5.6.1913.
5 Im Vortrag vom 7. März 1914 äußerte sich Rudolf Steiner in diesem Zusammenhang folgendermaßen: «Der Weg, der den Menschen geboten wird, immer mehr und mehr wahr zu machen die Worte: nicht ich, der Christus in mir, der Weg wird dadurch geebnet, daß *in die Erinnerungskraft* allmählich der Christus-Impuls einziehen wird» (GA 152, 7.3.1914).
6 ebd.
7 GA 146, 5.6.1913.
8 Im vorletzten Kapitel des Buches «Die Schwelle der geistigen Welt» (GA 17) «Zusammenfassung einiges Vorangehenden», finden wir die folgende Charakteristik der «drei» Iche des Menschen in Verbindung mit der Beschreibung der verschiedenen Hüllen: «1. Den physischen Leib in der physisch sinnlichen Umwelt. Durch ihn erkennt sich der Mensch als selbständiges Eigenwesen (Ich)... 2. Den feinen, ätherischen Leib in der elementarischen Umwelt. Durch ihn erkennt sich der Mensch als Glied des Erdenlebensleibes... 3. Den astralischen Leib in einer geistigen Umwelt. Durch ihn ist der Mensch das Glied einer geistigen Welt. In ihm liegt das «andere Selbst» des Menschen, welches sich in den wiederholten Erdenleben zum Ausdruck bringt. 4. Das «wahre Ich» in einer übergeistigen Umwelt. In diesem findet der Mensch sich als geistiges Wesen selbst dann, wenn alle Erlebnisse der Sinnes- der elementarischen und der geistigen Welt, also alle Erlebnisse der Sinne, des Denkens, Fühlens und Wollens der Vergessenheit anheimfallen.» Aus dem folgenden Hinweis in dem Kapitel «Von den wiederholten Erdenleben...» geht hervor, daß unter dem ‹andern Selbst› das ‹höhere Selbst› zu verstehen ist: «Bilderhaft, wesenhaft, wie wenn es sich als Eigenwesen offenbaren wollte, taucht aus den Seelenfluten ein zweites Selbst auf, das dem Wesen, das man vorher als sein Selbst angesprochen hat, wie selbständig, *übergeordnet* erscheint. Es nimmt sich wie ein Inspirator dieses Selbstes aus. Der Mensch fließt als dieses letztere Selbst zusammen mit dem inspirierenden *übergeordneten*.» Und weiter: «Das übersinnliche Bewußtsein lernt, indem es mit diesem ‹andern Selbst› sich zusammenfindet, zu der *Gesamtheit des Lebensschicksals* so ‹Ich› zu sagen, wie der physische Mensch zu *seinem* Eigenwesen ‹Ich› sagt. Was man mit einem morgenländischen Worte ‹Karma› nennt: es wächst in der angedeuteten Art mit dem ‹andern Selbst›, mit dem ‹geistigen Ich-Wesen› zusammen.»
9 GA 124, 19.12.1910.
10 ebd.
11 GA 10.
12 ebd.
13 In der «Geheimwissenschaft im Umriß» steht an der entsprechenden Stelle das Wort «bald».
14 GA 10.
15 Wenn der Hellseher die Vergangenheit noch weiter zurückverfolgt, so ge-

schieht das auf anderen Wegen, nicht durch die unmittelbare Vertiefung in das eigene Innere, sondern durch das Lesen in der Akasha-Chronik, so wie wir nicht durch eigene Erinnerungen etwas über unser Leben bis zum dritten Lebensjahr erfahren können, sondern nur durch die Erwachsenen, welche damals um uns waren.

16 Hier ist vor allem die Tatsache von Bedeutung, daß der Adam-und-Eva-Tag (der 24. Dezember) Weihnachten vorausgeht, so daß die Gesamtheit der dreizehn heiligen Nächte auch wie der Entwicklungsweg der Menschheit vom alten Lemurien bis zum Beginn der christlichen Zeit, von der Ausgießung der Ich-Substanz in den Menschen bis zum Erscheinen des kosmischen Ich des Christus im «Fleische» angesehen werden kann. Rudolf Steiner stellt das auf folgende Weise dar: «So ist es richtig, den 6. Januar als den Geburtstag des Christus anzusetzen, richtig, diese dreizehn Nächte als jene die Menschenseelen-Seherschaft repräsentierende Zeit anzusetzen, wo man alles wahrnimmt, was der Mensch durchmachen muß durch das Leben in den Inkarnationen von Adam und Eva bis zu dem Mysterium von Golgatha» (GA 127, 26. 12. 1911).

17 Daß die nathanische Seele ein ganz besonderes Ich hat, davon wurde bereits gesprochen s. S. 41.

18 GA 149, 30. 12. 1913.

19 ebd.

20 GA 148, 10. 2. 1914.

21 GA 152, 5. 3. 1914. S. auch Anm. 19 im II. Teil.

22 GA 146, 3. 6. 1913.

23 GA 142, 30. 12. 1912.

24 GA 146, 5. 6. 1913.

25 GA 146, 3. 6. 1913.

26 GA 142, 30. 12. 1912.

27 ebd. – In einem anderen Zyklus äußert Rudolf Steiner: «Und heute müssen wir sagen: Wir stehen am Ende desjenigen Zeitalters, das eingeleitet wurde damals, als die Bhagavad-Gita-Zeit war» (GA 146, 5. 6. 1913), das heißt des Kali-Yuga. So wirkt die nathanische Seele dreimal unmittelbar in der Menschheit auf der Erde. 1. 5000 Jahre vor Christi Geburt als Krishna. 2. In den palästinensischen Ereignissen. 3. vom 20. Jahrhundert an (das heißt vom Ende des Kali-Yuga an) als Lichthülle des auferstandenen Christus. In diesem Falle ist sie zwar nicht in einem physischen Leibe verkörpert, weilt jedoch in derjenigen geistigen Sphäre, welche der Erde am nächsten ist.

28 Worte der Grundsteinlegung der Allgemeinen Anthroposophischen Gesellschaft, GA 260, 25. 12. 1923.

29 Vergleiche mit dem besagten Kapitel 1 in GA 15.

30 S. GA 152, 7. 3. 1914.

31 GA 114, 26. 9. 1909.

32 GA 175, 20. 2. 1917.

33 GA 127, 26. 12. 1911.

34 ebd.

35 ebd.

36 Hier sollte uns nicht verwirren, daß die nathanische Seele auch den Impuls der Liebe darstellt, welchen man im allgemeinen heute feiert, wenn das Weihnachtsfest auf exoterische Weise begangen wird. Denn wenn wir uns vergegenwärtigen, daß der Impuls der Liebe, den die nathanische Seele verkörpert, einen mehr menschlich-mikrokosmischen Charakter hat (weshalb er allen Menschen so vertraut ist), der Impuls der Weisheit dagegen einen makrokosmischen – er steht mit der *gesamten* Weisheit der vorangegangenen Entwicklung im Zusammenhang –, dann läßt sich dieses Problem lösen. Rudolf Steiner äußerte sich darüber folgendermaßen: «... bei dem nathanischen Jesusknaben des Lukas-Evangeliums haben wir es zu tun mit einem physischen Leib, Ätherleib und Astralleib, die so angeordnet sind, daß sie harmonisch darstellen den Menschen, wie er herüberkam als Resultat der Saturn- Sonnen- und Mondenentwicklung» (GA 131, 12. 10. 1911). Und in einem anderen Zyklus: «Deshalb hat aber diese [nathanische] Seele doch alle Weisheit, die erlebt werden konnte durch Saturn-, Sonnen- und Mondenzeit, es hat diese [nathanische] Seele alle Liebe, deren eine *Menschenseele* fähig werden kann» (GA 142, 1. 1. 1913). Zu Epiphanias dagegen feiern wir einerseits die Erdengeburt des Zarathustra, des Repräsentanten aller *irdischen* Weisheit, und andererseits die Erdengeburt des Sonnengeistes des Christus bei der Taufe im Jordan, des Christus, der der Träger der kosmischen All-Liebe ist.

37 GA 13.

38 GA 127, 21. 12. 1911.

39 GA 119, 29. 3. 1910.

40 GA 124, 6. 12. 1910.

41 ebd.

42 Zur Zeit der dreizehn heiligen Nächte sind die kosmischen Ereignisse des Tierkreises nicht unmittelbar, sondern durch ihre Abbilder in den Erdentiefen wahrzunehmen. Man kann auch sagen, daß die Erde in der Weihnachtszeit mit allen ihren Geschöpfen in die *Erinnerung* an ihre sommerlichen Erlebnisse in den Weltenfernen (im Sternen-All) vertieft ist. Da das Eindringen in die Sternenwelt für den Geistesschüler, der diese Zeit *bewußt* durchleben will, *nicht* durch ein unmittelbares Aufsteigen in den Makrokosmos geschieht, sondern in *abbildhafter Form* durch die Vereinigung mit dem Erdgedächtnis oder dem «Lesen» in demselben, so geschieht auch das Durchschreiten der Sphären des Tierkreises in der umgekehrten Reihenfolge im Verhältnis zur sichtbaren Sonnenbewegung (vom Widder durch den gesamten Tierkreis bis zu den Fischen), was der Verschiebung des Frühlingspunktes entspricht (von den Fischen durch alle Zeichen bis zum Widder). Und auf diesem Wege kann der Geistesschüler – wenn er ihn bewußt beschreitet – seit Golgatha die Christus-Wesenheit erleben, die seit dem Mysterium von Golgatha «der Repräsentant *aller* makrokosmischen Kräfte auf der Erde ist».

43 GA 102, 27. 1. 1908.

44 GA 15.

45 Worüber in dem Kapitel «Das Widar-Mysterium» eingehender gesprochen werden wird.

46 S. GA 102, 27.1.1908.
47 S. GA 130, 9.1.1912, 28.11.1911 und auch GA 201, 18.4.1920.

IV. Teil: Von Epiphanias bis Ostern.

1 GA 123, 10.9.1910.
2 GA 123, 11.9.1910.
3 S. GA 123, 10.9.1910.
4 Im Zusammenhang mit dieser ersten Stufe ist noch das Folgende zu beachten: gemäß der Darstellung Rudolf Steiners am 20. September 1912 (GA 139) konnten die Apostel diese Stufe erreichen, da sie von dem Geistwesen Johannes des Täufers überschattet wurden, welcher nach seinem Tode ihre Gruppenseele wurde und es ihnen so ermöglichte, in die höheren Welten aufzusteigen. (Deshalb folgen die Szenen der Speisung der Fünftausend und des Wandelns auf den Wassern im Markus-Evangelium (Kap. 6) unmittelbar nach der Beschreibung des Märtyrertodes von Johannes dem Täufer.) Da aber diese erste Stufe ein prophetischer Hinweis auf unsere fünfte Kulturepoche ist, in deren Verlauf sich den Menschen die Möglichkeit eröffnet, in der an die Erde grenzenden übersinnlichen Welt den ätherischen Christus auf natürliche Weise zu schauen (s. Kapitel «Die Tugend des Glaubens und die fünfte nathanische Epoche»), so können wir sagen: Auch heute muß etwas Ähnliches stattfinden, das uns *aus der geistigen Welt* heraus hilft, dieses neue Schauen des Christus zu erlangen, so wie das Geistwesen Johannes des Täufers den Aposteln half, die erste Stufe in die höheren Welten zu erklimmen. In dem Kapitel «Das exoterische und das esoterische Wirken der Ätherleiber der großen Eingeweihten im 20. Jahrhundert» wird über diese Hilfe eingehender gesprochen werden.
5 Matth. 17,1.
6 ebd., 2.
7 Mark. 9,6.
8 Ein Hinweis auf diese dritte Stufe fehlt in dem Zyklus über das Matthäus-Evangelium, aber sie ist eine natürliche Folge der Entwicklung, die in den betreffenden Szenen des Evangeliums geschildert wird.
9 GA 97, 2.12.1906.
10 Deshalb konnte Johannes auch den Prozeß des stufenweisen sich Vereinigens des Christus mit dem *physischen Leib* des Jesus von Nazareth am genauesten beschreiben. So finden wir beispielsweise nur im Johannes-Evangelium einen Hinweis darauf, wie vor dieser Vereinigung mit dem physischen Leibe die luziferischen und ahrimanischen Mächte aus ihm verjagt wurden (Joh. 12,28–31), was mit den Worten geschah: «Dies ist die Stunde der Entscheidung für die ganze Welt. Der Herrscher dieser Welt wird ausgestoßen werden» (Kap. 12, Vers 31, s. Vortrag vom 5.7.1909, GA 112).
11 GA 113, 31.8.1909.
12 Man kann auch sagen, daß für Johannes das Pfingstmysterium begann, als er auf dem Hügel von Golgatha stand, und sich am Abend des Auferstehungsta-

ges vollendete. Deshalb finden wir auch nur in diesem Evangelium in den Abschiedsgesprächen (Kap. 14, 15, 16) nicht allein das *Versprechen* des Christus, den Heiligen Geist zu senden, sondern auch den direkten Hinweis auf dieses Geschehen (Kap. 20, Vers 22). Mit all dem ist noch das Geheimnis verbunden, daß gemäß den Gesetzen der Weltenführung die zwölf Apostel, die den Christus Jesus auf der Erde umgaben, in gewissem Sinne das irdische Abbild der Ur-Zwölfheit waren, welche die makrokosmische Christus-Wesenheit in der Welt des Buddhi oder der Vorsehung umgibt. Auf diesen Zusammenhang der Apostel mit der Ur-Zwölfheit weist Rudolf Steiner mit den folgenden Worten hin: «... es trat an die Stelle der Mondenwirkung, als die Zeit erfüllt war, nachdem das erste Drittel der vierten nachatlantischen Epoche verlaufen war, die Wirkung des Mysteriums von Golgatha, die Christus-Wirkung ein, die Christus-Wirkung, die umgeben war von der zwölffachen Bodhisattva-Wirkung, was angedeutet ist, aber eben auch wirklich ist, in der Umgebung des Christus durch die zwölf Apostel» (GA 227, 28. 8. 1923). Was jedoch auf den vorhergehenden Stufen der geistigen Entwicklung der Apostel noch auf eine gleichsam mehr unbewußte Art gewirkt hatte, das sollte ihnen nun beim Aufsteigen zu dieser dritten Stufe *voll bewußt* werden. Jetzt sollten sie ihre Verbindung mit der Sphäre der Vorsehung, der kosmischen Sphäre des Heiligen Geistes in vollem Bewußtsein erleben, um dadurch unmittelbare Zeugen des Mysteriums von Golgatha zu werden. Das aber geschah nicht. Von allen zwölf Aposteln vermochte allein Johannes diese Stufe zu erreichen und damit der große Repräsentant der Menschheit auf dem Hügel von Golgatha zu werden.

Auch nahm die Individualität Johannes' des Täufers übersinnlich an diesem «Stehen unter dem Kreuz» teil – er vereinigte sich mit Johannes im Augenblick der Lazarus-Einweihung – und half diesem, sich nun zu einem Höchsten im Geiste zu erheben (s. GA 238, 28. 9. 1924, und besonders die Anmerkungen zu dem Vortrag von L. Moll und Kirchner-Bockholt in der Ausgabe von 1974).

13 GA 130, 21. 9. 1911.
14 ebd.
15 GA 130, 4. 11. 1911.
16 GA 130, 18. 11. 1911.
17 ebd.
18 GA 130, 4. 11. 1911.
19 Nach einer in Osteuropa verbreiteten Legende trug auch eine christliche Märtyrerin den Namen «Sophia», welche im 2. Jahrhundert mit ihren drei Töchtern Wera, Ljubow, Nadježda (Glaube, Liebe, Hoffnung) in Rom hingerichtet wurde.
20 In Rudolf Steiners Worten: «Und es ist ein Unterschied zu wissen, wie das Ich sein muß [das ist im Buddhismus der Fall], und die lebendige Kraft in sich einfließen zu lassen, *die dann wieder von dem Ich ausfließen kann in alle Welt, so wie von dem Christus ausfließend diese Kraft wirkte auf die Astralleiber, Ätherleiber und physischen Leiber seiner Umgebung.*» Und weiter: «Was

dagegen der Christus gebracht hat, das ist zunächst eine lebendige Kraft, ist nicht Lehre. Er selber hat sich hingegeben, er ist heruntergestiegen, um nicht bloß in die menschlichen Astralleiber einzufließen, sondern in das Ich, damit dieses die Kraft hat, *das Substantielle der Liebe* von sich strahlen zu lassen. Das Substantielle, den lebendigen Inhalt der Liebe, nicht bloß den weisheitsvollen Inhalt der Liebe hat der Christus auf die Erde gebracht» (GA 114, 25. 9. 1909. S. auch das Zitat aus der «Geheimwissenschaft im Umriß» auf Seite 112 f. sowie den Vortrag vom 2. 10. 1913, GA 148.)

21 GA 114, 25. 9. 1909.
22 ebd.
23 GA 130, 3. 12. 1911.
24 GA 130, 18. 11. 1911.
25 ebd. – Auf erstaunliche Weise entsprechen diese Worte zwei Hauptaufgaben, die heute zwei Gruppen von Seelen durch Michael gestellt werden, welche als Platoniker und Aristoteliker zusammenwirken sollen, «... wenn die spirituelle Erneuerung, die auch *das Intellektuelle in das Spirituelle hinaufführt*, mit dem Ende des 20. Jahrhunderts eintritt» (GA 240, 18. 7. 1924). Diese Worte Rudolf Steiners erhellen einen weiteren Aspekt der Verbindung des Michael-Impulses mit dem Christus-Impuls in unserer Zeit. Durch die Entwicklung der Glaubenskraft im astralischen Leib wirkt der Christus-Impuls von innen nach außen, während ihm der Michael-Impuls, der die heutige intellektuelle Kultur spiritualisieren will, um sie für das neue Erscheinen des Christus vorzubereiten, ihm von außen nach innen entgegenkommt.
26 Im Russischen haben die Worte «Glaube» (Wera) und «Gewißheit» (uwerennostj) dieselbe Wurzel.
27 GA 130, 2. 12. 1911.
28 Im Vortrag vom 13. April 1922 in Den Haag, GA 211, sagt Rudolf Steiner über die Glaubenskraft: «Wenn Ihr Euch aber aufschwingen könnt zu der Einsicht, daß die Erde einen Sinn erst damit bekommen hat, daß in der Mitte der Erdenentwickelung mit dem Mysterium von Golgatha etwas Göttliches vorgegangen ist, was nicht mit irdischen Einsichtsmitteln verstanden werden kann, dann bereitet Ihr damit eine besondere Weisheitskraft – und die Weisheitskraft ist ja dasselbe wie Glaubenskraft –, eine besondere Pneumasophia-Kraft, eine Glaubens-Weisheitskraft. Denn es ist eine starke Kraft der Seele, wenn man sagt: Ich glaube, ich weiß durch den Glauben dasjenige, was ich niemals mit Erdenmitteln glauben und wissen kann.»
29 GA 127, 14. 6. 1911.
30 GA 130, 2. 12. 1911.
31 S. Anm. 3.
32 Matth. 14,15.
33 GA 113, 31. 8. 1909.
34 *Vom Standpunkt* der Astralwelt aus kann man sagen, daß die Zwölfheit, welche im Devachan den guten Göttern zugehört, in den unteren Welten (in der Mondensphäre) sich sogleich in das Gebiet des Lichtes und der Finsternis, das Reich Luzifers (7) und Ahrimans (5) teilt.

35 GA 113, 31. 8. 1909. In der ersten Ausgabe (Zyklus Nr. 9) steht an dieser Stelle das Wort «Devachan», für das später Rudolf Steiner bei der Bearbeitung des Vortragstextes für den Druck «geistige Welt» setzte.
36 GA 113, 30. 8. 1909.
37 Das Prinzip der Siebenheit ist auch im Ätherleib wirksam, hat in diesem jedoch einen anderen (nicht luziferischen) Charakter.
38 In der Devachansphäre (der Sonnensphäre) untersteht im Gegensatz zur Astralwelt (der Mondensphäre) die Gesetzmäßigkeit der Siebenheit nicht Luzifer, sondern dem Christus. Deshalb charakterisiert Rudolf Steiner das Sonnenreich des Christus häufig als das Reich der kosmischen Zeit (s. beispielsweise im Vortrag vom 4. 6. 1924, GA 236). Und in den noch höheren Sphären des höheren Devachan oder der Welt des Buddhi umfaßt der Christus die Zwölfheit, d. h. den gesamten mit der Erde verbundenen Makrokosmos mit seiner Wesenheit.
39 GA 113, 30. 8. 1909.
40 ebd.
41 Matth. 14,16.
42 GA 113, 30. 8. 1909.
43 Mark. 6,37.
44 ebd.
45 S. GA 104, 29. 6. 1908.
46 Mark. 6,47–48.
47 Matth. 16,25–26.
48 ebd., 27.
49 ebd., 31 (anstelle von Luthers Worten «Kleingläubiger» steht bei Bock: «Wie schwach ist doch dein Herz»).
50 Markus-Evangelium: Kap. 6, Vers 52. S. auch Johannes-Evangelium, Kap. 12, Vers 40. In der russischen Übersetzung steht in beiden Fällen «wurde zu Stein», und das ist wohl eine besonders genaue Wiedergabe (bei E. Bock steht «verhärtet»), denn hier handelt es sich darum, daß Ahriman, indem er sich des Menschen bemächtigt, sein Herz, den Quell des Lebens und in der Zukunft auch der höheren Erkenntnis, gleichsam in einen *Stein*, d. h. etwas Totes, nicht zu geistiger Entwicklung Fähiges, verwandeln will.
51 GA 175, 6. 2. 1917.
52 S. GA 262, «Manuskript von Barr». Notizen, geschrieben von Rudolf Steiner für Ed. Schuré, 3. Teil.
53 S. GA 178, 18. 11. 1917.
54 Von den Absichten und Praktiken dieser «Bruderschaften» wird im letzten Kapitel eingehender gesprochen.
55 GA 175, 6. 2. 1917.
56 Matth. 14,27.
57 ebd., 28,29.
58 S. Anm. 49.
59 Im Jahre 1911 wurde an dieser Stelle noch das Wort «Theosophie» benutzt.
60 GA 127, 14. 6. 1911.

61 Joh. 4,28–29. Bei Bock steht «vertraut» anstelle von «glaubet» (Luther).
62 Mark. 6,48.
63 GA 130, 1.10.1911.
64 Mark. 6,34.
65 Matth. 14,14.
66 S. Anm. 72.
67 S. auch «Rudolf Steiner und die Grundlegung der neuen Mysterien», Kap. 3.
68 Joh. 6,28–29. S. auch Anm. 61.
69 S. GA 93a, 4.11.1905.
70 Joh. 6,27.
71 ebd., 6,32. S. auch Anm. 67.
72 Bei allen Heilungen, welche den Astralleib betreffen, spielt im Evangelium der Glaube eine besonders große Rolle. So spricht der Christus sehr oft bei einer Heilung: «Der Glaube deines Herzens hat dich geheilt.», z. B. Mark. 5,34.
73 Bei Bock steht in beiden Fällen «wer sein Vertrauen in mich setzt» statt «an mich glaubt» (Luther).
74 Ganz besonders wichtig ist bei diesem Gespräch auch der viermalige Hinweis auf die «Auferweckung am jüngsten Tag» (Vers 39, 40, 44, 54) und die darauffolgende Beschreibung der Kommunion von Brot und Wein (Vers 53–56). Diese Geheimnisse können hier nur ganz kurz berührt werden. In der Apokalypse des Johannes wird vom ersten und zweiten Tod gesprochen (Kap. 20), welche der «Auferweckung am jüngsten Tage» vorangehen. Nach den Mitteilungen Rudolf Steiners (GA 104, 30.6.1908) entspricht der erste Tod dem Abfallen des physischen Leibes, der zweite dem des Ätherleibes, wonach der Mensch in seinem Astralleib oder «Glaubensleib» als unsterbliches Wesen leben wird, welches die Stufe der Umwandlung des Astralleibes in das Geistselbst erreicht hat. Dieses wird nur durch das Aufnehmen der Christus-Kräfte in den Astralleib als bewußtes Erfüllen des «Vater-Willens» auf der Erde möglich sein. Um jedoch den ersten und zweiten Tod in der richtigen Weise durchzumachen, ist nicht nur der Astralleib umzuwandeln, *was vom Menschen selbst abhängt,* sondern auch bis zu einem gewissen Grade der Ätherleib und der physische Leib. Eine solche Verwandlung der zwei äußeren Hüllen kann heute jedoch der Mensch allein aus seinen eigenen Kräften noch nicht bewirken, sondern er bedarf dazu einer anderen Art von Hilfe durch den Christus. Wenn der Mensch für die Umwandlung des Astralleibes die *seelischen* Glaubenskräfte entwickeln muß, so ist für den ätherischen und den physischen Leib etwas Substantielles notwendig, das in diesem Gespräch «Blut» und «Fleisch» des Christus genannt wird: «Wer mein Fleisch isset und trinket mein Blut, der hat das ewige Leben und ich werde ihn am jüngsten Tage auferwecken» (Joh. 6,54). Hier wird von dem Blut des Christus gesprochen, welches dem Ätherleib ewiges Leben verleiht, und dem Fleisch des Christus, das zur «Auferstehung» der Kräfte des physischen Leibes führt. So stellt dieses Gespräch eine gewisse Parallele zum Abendmahl her, wobei jedoch hier die Kommunion im Zusammenhang mit der fünften nachatlantischen Epoche zu sehen ist, welche vor allem die Glaubenskräfte im Astralleib zu entwickeln hat.

Das Abendmahl dagegen, das vor allem von den Kräften der Liebe und Hoffnung erfüllt ist, bezieht sich mehr auf die sechste und siebente Kulturepoche.

75 GA 102, 4. 6. 1908.
76 Sie riefen durch die *Verdunkelung des Bewußtseins* von Persönlichkeiten, welche in dieser Zeit eine führende Stellung innehatten, den ersten Weltkrieg hervor und den zweiten dadurch, daß Menschen von ihnen *besessen* waren, und jetzt bereiten sie Ereignisse vor, die ihnen noch größere Möglichkeiten zur Verwirklichung ihrer Ziele in der Menschheit bieten sollen.
77 GA 130, 1. 10. 1911.
78 GA 240, 27. 8. 1924.
79 GA 240, 19. 7. 1924.
80 S. GA 123, 10. 9. 1910.
81 Luk. 9,30–31.
82 Matth. 17,2.
83 ebd., 5.
84 ebd., 16,28.
85 GA 130, 2. 12. 1911.
86 GA 127, 14. 6. 1911. Daher das immerwährende Streben des Ätherleibes zur Sonne. S. GA 224, 7. 5. 1923.
87 Matth. 16,17.
88 ebd., 23.
89 ebd., 16.
90 ebd., 21.
91 ebd., 24.
92 ebd., 25,26.
93 S. GA 148, 2. 10. 1913. – Deshalb fehlt nur im Johannes-Evangelium die Beschreibung vom Schlaf der Apostel im Garten von Gethsemane. Denn nur der Apostel Johannes vermochte sich wach zu erhalten und nicht in Bewußtseinstrübung zu verfallen.
94 Luk. 22,45.
95 Mark. 14,50.
96 Rudolf Steiner über den Zusammenhang der Intuition (s. Anfang des Kapitels) mit dem Prinzip der Hoffnung: «Für diejenigen, die nicht festhalten an dem bloßen Glauben, erhebt sich, wenn die Menschen aufsteigen von der Inspiration zur *Intuition,* eine geistige Welt, die nun das Mysterium von Golgatha gerade für den Initiierten wie den großen *Trost* [das heißt die Hoffnung] im Weltendasein hat» (Vortrag vom 15. 4. 1922; GA 211).
97 GA 130, 2. 12. 1911.
98 ebd.
99 ebd.
100 ebd.
101 GA 130, 21. 9. 1911.
102 Über eine solche Beherrschung der in der Akasha-Chronik eingeprägten Vergangenheit durch den Christus s. GA 155, 3. Vortrag.

103 Dieser Prozeß verläuft jedoch nicht auf eine einfache Weise. Denn in unserer Epoche nimmt der Christus, soweit es das Menschheits-Karma betrifft, vor allem das Karma der ägyptisch-chaldäischen Epoche auf sich und bringt es zum Ausgleich. Dadurch jedoch dringt er – gemäß dem Spiegelungsgesetz – auch zum Karma der lemurischen Epoche und – letzten Endes – zum Karma des alten Mondes vor. Und weiterhin: die sechste Epoche wird die Erlösung der zweiten bringen, indem der Christus das Karma der polarischen Epoche durchdringen und bis zum Karma der alten Sonne wirken wird. In der siebenten Epoche endlich wird die erste, altindische Epoche erlöst werden und durch sie, bis zu einem gewissen Grade, die hyperboräische bis hin zum alten Saturn. Aus den unten im Text zitierten Worten Rudolf Steiners können wir ersehen, daß die Verbindung mit dem Karma der einzelnen Menschen (soweit dieses mit dem Welten-Karma zusammenhängt) nur durch ein Vordringen bis zu den Kräften des *alten Saturn* möglich ist. So bedeutet das Wort «der Christus wird der Herr des Karma» auch, daß er jene Kräfte beherrschen wird, welche im Beginn unserer Welt, der alten Saturnepoche, urständen. (Dabei ist zu beachten, daß die *volle* karmische Erlösung unseres Kosmos weiterer drei Verkörperungen unserer Erde bedarf: des Jupiter, der Venus und des Vulkan.)

104 GA 161, 10. 1. 1915.

105 GA 127, 14. 6. 1911.

106 GA 218, 19. 11. 1922.

107 Wenn eine solche Möglichkeit, die sich bis zur siebenten Kulturepoche ergeben wird (sechs bis acht Jahrtausende nach Christi Geburt), recht unwahrscheinlich erscheint, so ist zu betonen, daß bis zu dieser Zeit die äußeren Lebensbedingungen auf der Erde sich für das Menschengeschlecht stärker verändern werden, als man es sich im allgemeinen vorstellt. Es sei auf zwei Tatsachen hingewiesen, die den Mitteilungen der Geisteswissenschaft entnommen sind, welche bis zu dem Zeitpunkt Wirklichkeit geworden sein werden.
1. Bis zum 7. Jahrtausend werden die Frauen die Fähigkeit, Kinder so zur Welt zu bringen, wie das heute geschieht, ganz verloren haben. Das Menschengeschlecht wird dann auf eine geistigere Weise fortgeführt werden (s. Vortrag vom 7. u. 28. 10. 1917, GA 177).
2. Bereits im 7. Jahrtausend wird sich der Mond der Erde stark nähern und im 8. Jahrtausend ganz mit ihr vereinigen, wodurch sich alle äußeren Lebensbedingungen für die Menschheit auf der Erde weiterhin sehr verändern werden (s. Vortrag vom 13. 5. 1921, GA 204).

108 Als Vorstufen, die zu diesem großen zweimaligen Opfer seines *physischen Leibes* bei der Vorbereitung der palästinensischen Ereignisse hinführten, können wir die folgenden Stationen im Werden der Individualität des Zarathustra ansehen:
1. Fünf Jahrtausende vor der Geburt des Christus: Zarathustra begründet die altpersische Kultur aus den Sonnenkräften seines *Ich*.
2. Drei Jahrtausende vor der Geburt des Christus: Zarathustra opfert seinen *astralischen Leib* dem Hermes, dem Begründer der altägyptischen Kultur.

3. Zwei Jahrtausende vor der Geburt des Christus: Zarathustra opfert seinen *Ätherleib* dem Moses, dem Verfasser der Schöpfungsgeschichte, Gesetzgeber der Menschheit und Verkünder des kommenden Christus.

109 GA 130, 21. 9. 1911.
110 GA 155, 30. 5. 1912.
111 ebd.
112 GA 104, 20. 6. 1908.
113 Apokalypse 3,20–21 und 4,1–2.
114 ebd., 4,5.
115 ebd., 4,6–8.
116 ebd., 5.
117 Über die Offenbarung des Christus in der siebenten Epoche aus der Welt der Vorsehung (Buddhi) heraus wurde in den Kapiteln «Der Weg des Christus-Impulses durch die Hüllen...» und «Die Tugend der Hoffnung und die siebente nachatlantische Epoche» eingehend gesprochen.
118 Apokalypse 3,21.
119 ebd., 4,1.
120 ebd. Die Worte «wie der Schall einer Posaune» weisen darauf hin, daß es sich hier zunächst um *inspirative* und nicht intuitive Erkenntnis handelt.
121 Apokalypse 4,2.
122 ebd.
123 Vgl. Kapitel «Die dreizehn heiligen Nächte und ihr Zusammenhang mit dem Makrokosmos».
124 Apokalypse 4,9–11 und 5,14.
125 1912 wurde hier das Wort «theosophische» Weltanschauung gebraucht.
126 GA 155, 30. 5. 1912.
127 S. GA 116, 2. 5. 1910.
128 Gemäß den Mitteilungen Rudolf Steiners schaute der Mensch früher unmittelbar nach dem Tode die Weltengerechtigkeit in zwei verschiedenen Gestalten: Als Cherubim mit dem Flammenschwert, den Repräsentanten des kosmischen Gewissens (dieses Bild weist zugleich auf die Herkunft der Gewissensimpulse aus der Sphäre der ersten Hierarchie, das heißt aus dem Bereich der Fixsterne); und als Moses mit den Gesetzestafeln (ein Bild der Hoffnung in vorchristlicher Form, die noch von der Notwendigkeit spricht, daß das Gesetz erfüllt werden muß). Von unserer Zeit an verwandelt sich jedoch das genannte nachtodliche Erlebnis grundlegend. An die Stelle von Moses tritt der ätherische Christus als Herr des Karma (s. Vorträge vom 21. 9. und 2. 12. 1911, GA 130) und gleichzeitig als Repräsentant der kosmischen Hoffnungskräfte, welche nun mit der vollen Freiheit des Menschen in Zusammenhang stehen. Denn von nun an wird der Christus den Prozeß des Karmaausgleichs durch den einzelnen Menschen so gestalten, daß er das Wohl der ganzen Menschheit besonders fördert: «Daß unser karmisches Konto in der Zukunft so ausgeglichen wird, das heißt in eine solche Weltordnung hineingestellt wird gegen die Zukunft, wenn wir den Weg zum Christus gefunden, daß die Art unseres karmischen Ausgleiches das größtmöglichste Menschenheil für

den Rest der Erdenentwickelung hervorrufe, das wird die Sorge sein dessen, der von unserer Zeit an der Herr des Karma wird, es wird die Sorge Christi sein.» (GA 130, 2.12.1911) Und zugleich wird das der Beginn der Verwirklichung der verborgensten Hoffnungen der Menschheit sein.

129 Das mit dem neuen Erscheinen des Christus im Ätherischen verbundene Schauen der karmischen Folgen der eigenen Taten (s. GA 131, 14.10.1911) als weitere Metamorphose der Stimme des Gewissens im Menschen ist noch kein unmittelbares Schauen des *Karma selbst*, sondern nur sein Abbild in der Welt der Imagination. Volle Karmaerkenntnis ist erst in der *Intuition* möglich. Und zu dieser höchsten Fähigkeit des intuitiven Erkennens sollen sich in der Zukunft, der siebenten Epoche, die Kräfte der Hoffnung entwickeln. Heute kann nur derjenige eine solche Entwicklung durchmachen, der zu den höchsten Stufen der Einweihung gelangt ist. Daß das Karma in Wirklichkeit erst dem intuitiven Erkennen faßbar wird, schildert Rudolf Steiner: «Wer sich zu der eigentlichen Intuition erhebt, der dringt durch die physische Welt zu dem Vatergeist empor. Wer intuitives Erkennen hat, kann auf das tatsächliche Karma wirken. Er fängt an, sein Karma bewußt einzuschränken ... So viel der Mensch wirken kann auf sein Karma, so viel muß er selbst haben an Intuition, oder er muß solche von den großen Eingeweihten haben als die großen Pflichtgebote» (beispielsweise in Gestalt der mosaischen Gebote), GA 93a, 12.10.1905.

130 GA 130, 3.12.1911.

131 GA 116, 25.10.1909.

132 S. GA 107, 22.3.1909; GA 113, 31.8.1909; GA 114, 21.9.1909; GA 116, 25.10.1909.

133 GA 97, 2.12.1906.

134 S. GA 104, 30.6.1908.

135 S. GA 103, 22.5.1908.

136 Die *endgültige* Vollendung wird erst zum Ende der *ganzen* Erdenentwicklung geschehen; in der siebenten Epoche dagegen die vorläufige als Grundlage für die Entwicklung der *Rasse der Guten* innerhalb der Menschheit.

137 Bei Emil Bock findet sich im ersten Vers «vertrauet» statt «glaubet», und im zwölften Vers wird von der Aufnahme des Christus-Ich gesprochen. Im elften Vers steht einmal «glaubet» und das andere Mal «vertrauet».

138 Den Spiegelungsgesetzen folgend ist in den Abschiedsreden bis zu einem gewissen Grade auch ein Hinweis auf die zukünftigen Erdenzustände Jupiter, Venus, Vulkan enthalten, so wie im Prolog dieses Evangeliums auf die vorhergehenden Zustände von Saturn, Sonne, Mond und Erde hingewiesen wird (s. GA 103, 19.5.1908).

139 S. GA 124, 7.3.1911.

140 Die genannten Tugenden des Glaubens, der Liebe und der Hoffnung können, obwohl sie mit jeweils einer bestimmten Kulturepoche in Zusammenhang stehen, nichtsdestoweniger gleichzeitig entwickelt werden. Deshalb finden wir nicht nur im ersten, sondern auch im zweiten und dritten Kapitel der Abschiedsreden Hinweise auf alle drei Tugenden, wenn auch eine bestimmte jedes Mal besonders hervortritt.

141 Vgl. Anm. 147.
142 Leider ist es nicht möglich, im Rahmen der vorliegenden Arbeit genauer auf die genannten Beziehungen einzugehen, da eine eingehendere Betrachtung zu weit von unserem Hauptthema hinwegführen würde. Deshalb kann auf den angesprochenen Aspekt der Abschiedsreden des Christus nur kurz hingewiesen werden.
143 In der Übersetzung von Emil Bock steht anstelle von «Tröster» (Luther) «Beistand, Spender des Geistesmutes».
144 Joh. 14,16–17 und 26; 15,26; 16,7 und 13.
145 Matth. 26,38 und 41.
146 Luk. 22,42.
147 S. «Rudolf Steiner und die Grundlegung der neuen Mysterien», Kapitel 6.
148 GA 150, 23. 3. 1913.
149 Matth. 28,20 (Luther).
150 Bei einem Überblick über die verschiedenen Äußerungen Rudolf Steiners zu den Inspirations-Quellen der Anthroposophie treten drei Hinweise auf diese drei Kategorien von Geistern aus der dritten Hierarchie ganz besonders hervor. So steht die erste Quelle mit der Engelssphäre im Zusammenhang, denn es sind ganz besonders die Engel, welche der Menschheit in unserer fünften nachatlantischen Epoche die Christus-Erkenntnis bringen (s. «Die geistige Führung des Menschen und der Menschheit», GA 15, Kap. 3). Als nächstes ist die übersinnliche Vorbereitung der Anthroposophie in der Erzengelsphäre unter der Führung des Erzengels Michael (s. GA 237, 238, 240) zu nennen und, schließlich, die Inspirationen, welche aus der Sphäre der Archai, der Geister der Persönlichkeit, in die Geisteswissenschaft strömen, von denen Rudolf Steiner in den Vorträgen vom 28., 31. Dezember 1918 und 1. Januar 1919 spricht (GA 187).
151 S. GA 237, 1. 8. 1924.
152 GA 131, 8. 10. 1911.
153 GA 26.
154 Über die erste Hierarchie der Seraphim, Cherubim, Throne und ihre Beziehung zur Bildung des menschlichen Karma s. z. B. Vortrag vom 31. März 1924 (GA 239).
155 GA 94, 13. 6. 1906.
156 GA 94, 6. 11. 1906.
157 Joh. 5,21–24.
158 Im Lukas-Evangelium erklingen vom Kreuz herab neben den Worten «Vater, in deine Hände befehle ich meinen Geist!» (23,46) noch die an das Volk gerichteten Worte «Vater, vergib ihnen, denn sie wissen nicht, was sie tun» (34), und die an den Räuber gerichteten: «Ja, ich sage dir, heute noch wirst du mit mir im Paradiese sein» (43). In diesen drei Aussprüchen lassen sich die Grundstimmungen der siebenten, sechsten und fünften Kulturepoche deutlich erkennen. (Vergleiche auch mit dem letzten Vortrag des Zyklus «Das Lukas-Evangelium, GA 114.)
159 GA 114, 26. 9. 1909. – In der Grundstein-Meditation entsprechen die Zeilen

«Wo in waltendem/ Weltenschöpfer-Sein/ Das eigne Ich / Im Gottes-Ich Erweset» den Worten des Lukas-Evangeliums «Vater, in deine Hände gebe ich meinen Geist».

160 GA 214, 30. 7. 1922. – Man kann auch sagen, daß der Aufstieg von Epiphanias bis Ostern durch die Tugenden des Glaubens, der Liebe und der Hoffnung dem Erleben der Trinität in ihrem hierarchischen Aspekt entspricht (durch die Vermittlung der dritten, zweiten und ersten Hierarchie), während sich mit dem Mysterium von Golgatha allen Menschen die Möglichkeit eröffnet, die Dreifaltigkeit *über* der Welt der Hierarchien *unmittelbar* zu erleben. (Vergleiche auch mit dem Kapitel «Die Bedeutung des Mysteriums von Golgatha für die Welt der Götter».)

V. Teil: Der Weg von Advent bis Ostern durch die sieben Mysterientugenden

1 S. GA 103, 31. 5. 1908.
2 GA 100, 20. 11. 1907.
3 Joh. 1,32.
4 ebd.
5 Vgl. die Beschreibung der drei himmlischen Taten der nathanischen Seele und ihre Abbilder in der Adventszeit in den Kapiteln 1 u. 5 des II. Teiles.
6 S. Kap. «Die Adventszeit und die vier Mysterientugenden des Altertums».
7 Leonardo da Vinci sagte: «Die große Liebe ist die Tochter der großen Erkenntnis.» Wir können hinzufügen: nicht nur die große Liebe, sondern auch der große Glaube und die große Hoffnung.
8 Im Original steht an dieser Stelle «Theosophie», der Begriff, der in jener Zeit von Rudolf Steiner zur Bezeichnung der von ihm vertretenen anthroposophisch orientierten Geisteswissenschaft gebraucht wurde.
9 GA 127, 14. 6. 1911.
10 S. auch GA 110, 12. 4. 1909 (Am Morgen).
11 GA 180, 6. 1. 1918.
12 GA 148, 18. 12. 1913.
13 GA 15, Kap. 3.
14 Auf diese zukünftige freie und bewußte Vereinigung des Menschen mit der Welt der Hierarchien weisen auf prophetische Weise die Worte des Matthäus-Evangeliums am Ende der Versuchung in der Wüste: «Da ließ der Verführer von Ihm ab, und siehe, Engel nahten Ihm und dienten Ihm.» (4,11; vgl. auch S. 90).
15 Der Hinweis auf den Zusammenhang der Tugenden Glaube, Liebe, Hoffnung mit den Wesenheiten der dritten Hierarchie widerspricht nicht der Tatsache, daß diese Tugenden den Zugang zu allen drei (das heißt neun) Hierarchien eröffnen (s. Anm. 160, IV. Teil). Denn durch den Glauben kommt der Mensch dem Engelwesen, das in seinem Astralleib wirkt, näher. Dadurch kann er sich

in der Imagination zur Erkenntnis des Ich seines Astralleibes, das in der Astralwelt unter den Wesenheiten der *dritten* Hierarchie lebt, erheben. Durch die Liebe stellt er eine Beziehung mit dem Erzengel her, der in seinem Ätherleib wirkt. Dadurch vermag er sich in der Inspiration zur Erkenntnis des Ich seines Ätherleibes zu erheben, das auf dem niederen Devachan unter den Wesen der *zweiten* Hierarchie lebt. Durch die Entwicklung der Hoffnungskräfte, schließlich, kann sich der Mensch den Archai nähern, deren Wirkung sich bis zum physischen Leib erstreckt, was ihm das Erleben des Ich seines physischen Leibes, das auf dem oberen Devachan unter den Wesen der *ersten* Hierarchie weilt, eröffnet (s. Vortrag vom 20. 11. 1907, GA 100). So kann man sagen, daß der Erwerb der genannten Tugenden zunächst zum Wahrnehmen des Wirkens der Wesen der dritten Hierarchie in den menschlichen Hüllen führt und *durch sie* zum Schauen der zweiten und ersten, da im Menschen, dem Mikrokosmos, die dritte Hierarchie durch die Engel wirkt, die zweite durch die Erzengel und die dritte durch die Archai (s. auch im Zusammenhang mit diesem Thema: GA 214, 23. 7. 1922; GA 226, 18. 5. 1923; GA 227, 29. und 31. 8. 1923; GA 231, 14. 11. 1923; GA 233, 31. 12. 1923 und auch die Aufsätze vom 18. und 25. Januar 1925 in GA 26). Auch ist noch hinzuzufügen, daß die Kräfte aller drei (neun) Hierarchien die Impulse des Vaters, des Sohnes und des Geistes im *Makrokosmos* repräsentieren, die Kräfte der Wesenheiten der dritten Hierarchie dagegen: der Archai, Archangeloi, Angeloi, welche die Träger des Prinzips des entwickelten Geistesmenschen, Lebensgeistes und Geistselbst sind, mit dem *Abbild* der makrokosmischen Dreifaltigkeit im Menschen, dem Mikrokosmos, zusammenhängen (s. Vortrag vom 20. 2. 1917, GA 175, sowie Vortrag vom 25. 3. 1907, GA 96).

16 GA 142, 1. 1. 1913.
17 ebd.
18 GA 146, 3. 6. 1913.
19 Man kann auch sagen, daß die nathanische Seele sich als Urbild des Zieles der alten Mysterien auf der Erde verkörperte, als ein Wesen, das ganz durchdrungen war von den Folgen der dreimaligen «Trägerschaft» des Christus im Makrokosmos. Zu Epiphanias aber betrat sie sodann, indem sie den Christus «in sich aufnahm», den Weg der *neuen Mysterien,* der nach drei Jahren zu Ostern seinen Höhepunkt und seine Vollendung erreichte, als sie auf dem Hügel von Golgatha den Christus bis zu ihrem physischen Leib «in sich aufnahm».

Das wirft aber auch ein Licht auf die Bedeutung der Begegnungen, die Jesus von Nazareth vor der Vollendung seines dreißigsten Lebensjahres mit den alten Mysterien in ihren drei wichtigsten Aspekten (dem jüdischen, dem heidnischen und dem der Essäer) hatte. Er konnte dank dieser Begegnungen sich unmittelbar davon überzeugen, daß das alte Einweihungsideal, das er als Ergebnis seines früheren Wirkens im Kosmos verkörperte, zur Zeit der Ereignisse von Palästina nicht mehr auf der Erde zu verwirklichen war. Denn in den jüdischen Mysterien erreichte die Stimme der Bath-Kol nicht mehr die Sonnen-Sphäre, während in den heidnischen Mysterien die Dämonen immer stärker wirkten und die Essäer nur einzelne, auserwählte Seelen erreichen konnten, indem sie gleichzeitig die übrige Menschheit einem umso traurigeren Los weihten (s. GA 148, 5. und 6. 10. 1913).

Darüber hinaus müssen wir sagen, daß diese und ähnliche Erlebnisse des Jesus von Nazareth durch die Tatsache ungewöhnlich verstärkt wurden, daß sich das Ich des Zarathustra seit seinem zwölften Lebensjahr mit ihm verbunden hatte. Durch es konnte der Jesus von Nazareth einerseits die höchsten Errungenschaften der Sonnenmysterien, welche das Ich des Zarathustra enthielt, und vor allem seine Erfahrung des Aufsteigens in die Sonnensphäre in sich aufnehmen, eines Aufsteigens von unten nach oben, und andererseits trug er selbst, wir wir sahen, das himmlische Abbild (das Gegenbild) jenes Höhersteigens in der Richtung von oben nach unten in seiner Erinnerung, der Richtung, welche die nathanische Seele bei ihrem Abstieg aus dem Sonnenbereich zu ihrer Verkörperung auf der Erde eingeschlagen hatte, wodurch sie dem Sonnengeist des Christus den Weg zum Herniedersteigen auf die Erde bereitete. Dank dieser *zweifachen* Erfahrung mußte nun die Tatsache, daß es *nicht möglich* war, in die Sonnensphäre aufzusteigen, mit ganz besonderer Intensität von dem Jesus von Nazareth erlebt werden. Denn es vermochte sogar das Ich des Zarathustra, des mächtigsten Sonneneingeweihten, damals nicht, diesen Aufstieg zu vollziehen. In dem Augenblick jedoch, da das Ich des Zarathustra ihn für eine kurze Zeit verließ, konnte das (dank der ganz besonderen Natur der nathanischen Seele) dennoch geschehen. Das war der Fall, als er einen der heidnischen Kulte kennenlernte. Er war von dem ihn bedrängenden Volke zum Altar geführt worden und fiel dort «wie tot zu Boden» (das heißt, auch das Ich des Zarathustra hatte ihn zeitweilig verlassen)»... da aber», so schildert es Rudolf Steiner, «fühlte sich die entrückte Seele des Jesus von Nazareth erhoben wie in geistige Reiche, wie in den *Bereich des Sonnendaseins*. Und jetzt hörte sie, wie aus den *Sphären des Sonnendaseins* herausklingend, Worte...» (GA 148, 4. 10. 1913). Sie vernahm «durch die verwandelte Stimme der Bath-Kol» aus der Sonnensphäre selbst dasjenige, was Rudolf Steiner der Menschheit dann als die Worte des makrokosmischen Vaterunsers gab, die enthüllen, warum die Epoche der alten Mysterien zu Ende gehen mußte, und die auf die Notwendigkeit neuer Impulse weisen.

So sollte Jesus von Nazareth zunächst erleben, daß die einstmals mächtige Stimme der Bath-Kol, welche bereits die alten Propheten inspiriert hatte, die Menschenseele nicht mehr in die Sonnensphäre geleiten konnte (das heißt der Weg von unten nach oben war nicht mehr gangbar); als er sich dann doch auf eine absolut einmalige Weise dahin zu erheben vermochte, vernahm er nur die Worte des makrokosmischen Vaterunsers, welche davon sprachen, daß der Christus zu dieser Zeit nicht mehr auf der Sonne gefunden werden konnte, da er den Weg zur Erde betreten hatte (s. «Rudolf Steiner und die Grundlegung der neuen Mysterien», Kapitel 3). Das aber bedeutete, daß ein Wirken ähnlich den früheren kosmischen Opfern der nathanischen Seele (in der Richtung von oben nach unten) auch unmöglich geworden war. Eine solche *zweifache*, das heißt volle Unmöglichkeit, auf die alte Art und Weise mit dem Christus verbunden zu sein, mußte die Seele des Jesus von Nazareth mit der tiefsten Tragik erfüllen und sie zugleich zu der höchsten Mission bereiten: den Christus *auf der Erde selbst* in sich aufzunehmen, um der Rettung der Menschheitsentwickelung willen.

20 GA 233, 21. 4. 1924.
21 S. Zeylmans van Emmichoven, «Der Grundstein», Kapitel «Der Fünfstern und die Christus-Sonne».
22 Genaueres in der Anmerkung 163 zu Kapitel XII.
23 GA 142, 1. 1. 1913.
24 ebd.
25 Deshalb wurde gemäß den Hinweisen Rudolf Steiners im 8. Vortrag des Zyklus «Exkurse in das Gebiet des Markus-Evangeliums» das Lukas-Evangelium, das insbesondere durch Paulus und Lukas von der nathanischen Seele inspiriert wurde, für die sechste Epoche geschrieben. Da die nathanische Seele vornehmlich eine ätherische Wesenheit ist, wird sie die Gestalt des Christus in der sechsten Epoche in seinem makrokosmischen Ätherleib in der Sonnensphäre zur Erscheinung bringen.
26 S. das Kapitel «Die drei übersinnlichen Taten der nathanischen Seele».
27 GA 152, 1. 6. 1914.
28 Das hier Gesagte steht nicht im Widerspruch dazu, daß in unserer fünften Kulturepoche die Menschheit vornehmlich die Bewußtseinsseele, in der sechsten das Geistselbst und in der siebenten den Lebensgeist zu entwickeln hat. Denn das bezieht sich auf die allgemeinmenschliche Entwicklung. Wer jedoch in der Gegenwart den Weg der *Geistesschülerschaft* betritt, der sucht bereits heute den Übergang von der Bewußtseinsseele zum Geistselbst und wird – wenn er diesen Weg auch in den zukünftigen Verkörperungen weitergeht – in der sechsten Epoche den Übergang vom Geistselbst zum Lebensgeist und in der siebenten vom Lebensgeist zu den ersten Keimen des Geistesmenschen anstreben. (Über den Charakter dieses zweiten Entwicklungsstromes s. z. B. den Vortrag vom 15. 6. 1915, GA 159/60).
29 Auf die Frage, ob es prinzipiell möglich ist, diesen Weg in unserer Zeit zu gehen, gibt die esoterische Betrachtung des Lebensweges von Rudolf Steiner selbst im ersten Teil des Buches «Rudolf Steiner und die Grundlegung der neuen Mysterien» eine Antwort (s. auch die Beschreibung des sechsten Rhythmus in Kapitel 5 des genannten Buches).
30 Andeutend weist Rudolf Steiner schon im Jahr 1921 mit folgenden Worten darauf hin: «Nicht bloß ein Hinschauen zu Christus – *ein Erfülltsein mit Christus* wird das Christentum sein, von dem Anthroposophie wird sprechen müssen» (GA 207, 16. 10. 1921).
31 S. GA 187, 22. 12. 1918.

VI. Teil: Das Ostermysterium

1 GA 243, 22. 8. 1924.
2 S. GA 239, 24. und 25. 5. 1924; und auch «Rudolf Steiner und die Grundlegung der neuen Mysterien», Kapitel 5.
3 S. GA 227, 29., 31. 8. 1923 und auch GA 110, 14., 15. 4. 1909.
4 S. «Rudolf Steiner und die Grundlegung der neuen Mysterien», Kapitel 5.
5 S. «Schlußbetrachtung» und GA 219, 31. 12. 1922.
6 GA 194, 22. 11. 1919.
7 GA 211, 2. 4. 1922.
8 GA 211, 13. 4. 1922.
9 In Rudolf Steiners Worten: «So muß er [der Mensch] der geistigen Sonne, Christus, die ihr Dasein mit dem Erdendasein vereint hat, gegenüber leben und von ihr in der Seele das lebendig empfangen, was in der geistigen Welt der Wärme und dem Licht entspricht. Er wird sich von der «geistigen Wärme» durchdrungen fühlen, wenn er den «Christus in sich erlebt». Er wird sich in dieser Durchdringung erfühlend sagen: «Zu dem Göttlichen, aus dem du stammest, führt dich diese Wärme wieder zurück. – Und in diesem Erfühlen wird im Menschen in inniger Seelenwärme zusammenwachsen *das Erleben in und mit dem Christus und das Erleben echten und wahren Menschentums. Christus gibt mir mein Menschenwesen*, das wird als Grundgefühl die Seele durchwehen und durchwellen. Und ist erst dieses Gefühl vorhanden, so kommt auch das andere, in dem der Mensch durch Christus sich hinausgehoben fühlt über das bloße Erdensein, indem *er sich mit der Sternen-Umgebung der Erde eins fühlt und mit allem, was in dieser Sternen-Umgebung zu erkennen ist, als Göttlich-Geistiges* [das heißt als göttlich geistige Hierarchien]. Und so mit dem geistigen Lichte... Im Lichte, das der Christus dem Menschen-Ich bringt, ist das Ur-Licht wieder da... Und er [der Mensch] wird in dem Geistes-Lichte die Kraft empfinden, die ihn wahrnehmend mit immer höherem und weiterem Bewußtsein der Welt zuführt, in der er sich als freier Mensch mit den Göttern seines Ursprungs wiederfindet» (GA 26).
10 S. GA 148, 2. 10. 1913.
11 S. GA 152, 2. 5. 1913.
12 In der Szene der Jordantaufe weist das Bild der herabkommenden Taube auf den Heiligen Geist und auf den inspirativen Charakter der ganzen Szene die *Stimme* aus den Himmeln (Luk. 3,22). Sich auf den Vortrag vom 27. 8. 1924, GA 240 stützend, können wir auch sagen, daß das Bild der Taube hier auf das *Geistselbst* des Christus weist, mit dem er von der Sonne zur Erde herabsteigt.
13 S. GA 131, 10. 10. 1911 und GA 235, 2. 3. 1924.
14 S. GA 153, 13. 4. 1914 und GA 124, 19. 12. 1910.
15 S. GA 238, 28. 9. 1924 und auch die zwei zusätzlichen Erklärungen Rudolf Steiners, wie sie in der Ausgabe von 1974 angeführt sind, zugleich mit den Worten von Dr. L. Noll und Dr. Kirchner-Bockholt.
16 S. GA 139, 20. 9. 1912.
17 S. GA 114, 21. 9. 1909.

18 In Rudolf Steiners Worten: «Gegen das dreißigste Jahr sehen wir, wie das Zarathustra-Ich seine Aufgabe an der Seele des nathanischen Jesus vollendet hat, wie es die Fähigkeiten in der höchsten Weise ausgebildet hat. Da hatte es sozusagen die Mission für diese Seele vollendet; *da hatte es alles das, was es durch die früheren Inkarnationen gewonnen hatte, in diese Seele hineingearbeitet* und konnte nunmehr sagen: Meine Aufgabe ist jetzt vollendet. Und es verließ das Zarathustra-Ich eines Tages den Leib des nathanischen Jesus» (GA 114, 21. 9. 1909).

19 GA 112, 5. 7. 1909.

20 Die Tatsache, daß der salomonische Jesusknabe nach den Mitteilungen der Geisteswissenschaft ein äußerlich sehr frühreifer Knabe war (s. Vortrag vom 17. 12. 1913, GA 148), widerspricht dem oben Gesagten nicht, denn wir müssen auch hier zwischen der äußeren und der inneren Entwickelung unterscheiden. Und die Früchte der letzteren zeigten sich unmittelbar *erst von* dem Gespräch Jesus' in dem Tempel von Jerusalem *an* (Luk. 2, 41–47).

21 Im Zusammenhang mit dem Prozeß der Verkörperung des Ich in den Hüllen, so wie er bei jedem Kind im Laufe der Entwickelung vor sich geht, ist hier noch das Folgende hinzuzufügen. Jedes Kind kommt durch die physische Geburt auf die Welt. Dann folgt um das siebente Jahr die ätherische Geburt, mit etwa vierzehn Jahren die astralische, und erst im einundzwanzigsten Jahr verkörpert sich sein Ich in den von ihm früher – bis zu einem gewissen Grade – aus den *geistigen* Welten heraus – zubereiteten Hüllen. (Zur Zeit der palästinensischen Ereignisse fanden die genannten Entwicklungsschritte jeweils zwei Jahre früher statt: d. h. im 5., 12. und 19. Jahre. S. Vortrag vom 21. 9. 1909, GA 114.) Wir sehen also, daß das Ich im ersten Jahrsiebt durch zwei «ungeborene» Hüllen (die ätherische und die astralische) von seinem physischen Leib getrennt ist. Nach dem siebenten (fünften) Jahr ist das noch weitgehend in der geistigen Welt weilende Ich nur mehr durch eine «ungeborene» (die astralische) Hülle von seinem physischen Leib getrennt, und das bedeutet, daß es sich noch immer nicht vollständig in ihnen verkörpern kann. Erst vom vierzehnten (zwölften) Jahr an, nach der Geburt des astralischen Leibes, ist der Weg frei, und das Ich beginnt sich langsam in seinen Hüllen durch den astralischen und ätherischen bis hin zum physischen Leib zu verkörpern. Die Arbeit, welche es bis dahin mehr von außen, aus der geistigen Welt, an ihnen leistete, beginnt es nun, indem es sich langsam verkörpert, *von innen* an ihnen zu vollziehen.

22 GA 114, 21. 9. 1909.

23 S. GA 112, 6. 7. 1909 und GA 130, 1. 10. 1911. – Dazu Rudolf Steiner: «Und haben wir erst die richtige Anschauung über den Tod, haben wir erst durch das Ereignis von Golgatha kennengelernt, daß das äußere Sterben nichts bedeutet, daß in dem Leibe des Jesus von Nazareth der Christus gelebt hat, mit dem wir uns vereinigen können, haben wir erst erkannt, daß dieser Christus bewirkt hat, daß, obwohl das Bild des Todes am Kreuz sich darbietet, dies nur ein äußeres Ereignis ist, und daß das Leben des Christus im Ätherleibe *vor* dem Tode dasselbe ist wie *nach* diesem Tode, daß dieser Tod also dem Leben nichts

anhaben kann, – haben wir begriffen, daß wir hier einen Tod vor uns haben, der das Leben nicht auslöscht, der selbst *Leben* ist, dann haben wir durch das, was am Kreuze hing, ein für allemal das Wahrzeichen, daß der Tod in Wahrheit der *Leben-Spender* ist» GA 112, 6. 7. 1909. (S. auch die Worte Rudolf Steiners auf Seite 251)

24 GA 112, 5. 7. 1909.
25 S. GA 130, 1. 10. 1911.
26 So wird auch in der «Pistis-Sophia», dem einzigen vollständigen Werk, das von der alten gnostischen Literatur erhalten ist und das von den Gesprächen des auferstandenen Christus mit den Jüngern berichtet, auf Elias-Johannes und auf das Geheimnis der *zwei* Jesusknaben hingewiesen.
27 Ein ähnlicher Prozeß vollzieht sich später bei der Einweihung von Christian Rosenkreutz im 13. Jahrhundert (s. Vortrag vom 27. 9. 1911, GA 130).
28 Auch aus diesem Grunde wird die Individualität des Zarathustra in der Zukunft, die jedoch bereits heute beginnt, der Lehrer und Helfer in dem Prozeß des Karmaausgleichs sein, von dem am Ende des Kapitels «Die Tugend der Hoffnung und die siebente nachatlantische Epoche» gesprochen wurde.
29 Das ist eine weitere Ähnlichkeit im Wirken des Meisters Jesus und Christian Rosenkreutz' nach dessen Einweihung im 13. Jahrhundert, weshalb Rudolf Steiner mit fast den gleichen Worten von Christian Rosenkreutz wie von dem Meister Jesus spricht: «Und immer kam Christian Rosenkreutz in den mannigfaltigsten Verkörperungen wieder. Aber durch seine Persönlichkeit wirkt er *bis in die heutige Zeit* herein auch *in den kurzen Zwischenräumen,* in denen er nicht inkarniert ist, ja, spirituell wirkt er in die Menschen durch seine höheren Leiber so herein, daß er nicht mit ihnen im Raume verbunden zu sein braucht» (GA 130, 9. 2. 1912).
30 GA 114, 21. 9. 1909.
31 ebd.
32 ebd. – Wenn man versucht, sich in das Wesen von Rudolf Steiners Lebensweg so zu vertiefen, wie das in dem ersten Teil des Buches «Rudolf Steiner und die Grundlegung der neuen Mysterien» geschehen ist, so lassen sich an dem Charakter der von ihm in den verschiedenen Vorträgen und Zyklen entwickelten christologischen Themen deutlich drei Inspirationsquellen unterscheiden, welche auf drei Individualitäten zurückgehen, von denen jede einzelne auf ganz besondere Weise an den vierzigtägigen Gesprächen des Auferstandenen teilnahm. Die erste ist Lazarus-Johannes, der dank seiner vorangegangenen Einweihung sowie der Vereinigung der Entelechie Johannes' des Täufers mit ihm als einziger *mit einem bei weitem größeren Maß an Bewußtsein* an den Unterweisungen des Auferstandenen teilzunehmen vermochte als alle anderen physischen Teilnehmer der vierzigtägigen Gespräche. In der Christologie Rudolf Steiners kann man die Inspiration dieser Individualität ganz besonders stark bei der Beschreibung der zwei hauptsächlichen christlichen Einweihungswege wahrnehmen: bei der Beschreibung des christlich-mystischen Weges, der auf einer meditativen Versenkung in das Johannes-Evangelium beruht und dem in der Zeit vor dem Beginn der Rosenkreuzerströmung die größte

Bedeutung für die innere Entwickelung zukam (der wichtigste Lehrer dieses Weges ist die zweite Individualität, über die anschließend gesprochen wird) – sowie bei der Beschreibung der christlich rosenkreuzerischen Einweihung, welcher der einzige Geistesweg ist, der dem heutigen Menschen entspricht.

Die zweite Individualität ist Zarathustra, der, wie wir sahen, als Meister Jesus der Hüter aller Weisheit des esoterischen Christentums ist, dessen Urquell die vierzigtägigen Gespräche bilden. Die Inspiration dieser Individualität finden wir in den grundlegenden christologischen und den Evangelien-Zyklen Rudolf Steiners sowie in den einzelnen Vorträgen, die unmittelbar mit dem Inhalt der Gespräche des Auferstandenen zusammenhängen (s. beispielsweise GA 211), denn in all diesen Vorträgen und Zyklen handelt es sich vor allem um die *Erkenntnis* der verschiedenen Aspekte des Christus-Mysteriums. In dem Fünften Evangelium und den Vorträgen über die Vorstufen des Mysteriums von Golgatha, schließlich, haben wir ein Beispiel von der unmittelbaren Inspiration durch die nathanische Seele, was sich deutlich in dem Charakter der diesem Thema gewidmeten Vorträge zeigt. Denn in ihnen ist nicht die Erkenntnis die Hauptsache (wie in den christologischen und den Evangelien-Zyklen), sondern die sich unmittelbar an das menschliche Herz wendenden *Darstellungen* der Ereignisse, an denen im Verlaufe aller dreiunddreißig Jahre die nathanische Seele teilnahm.

Wir können aber auch in mehreren Vorträgen und Zyklen Rudolf Steiners die Verbindung der verschiedenen Inspirationsquellen mit Staunen wahrnehmen. So haben wir beispielsweise in dem Zyklus über das Lukas-Evangelium Mitteilungen aus dem Fünften Evangelium ganz besonders dort, wo von den himmlischen und irdischen Schicksalen der nathanischen Seele gesprochen wird. Im ganzen jedoch wahrt der Zyklus einen mehr erkenntnismäßigen Charakter. Er enthält gleichsam eine Beschreibung der Geschichte der nathanischen Seele aus der Inspiration durch Zarathustra. Umgekehrt verhält es sich mit den Vorträgen über das Fünfte Evangelium. In ihnen sind alle Betrachtungen, selbst dort, wo von Zarathustra direkt gesprochen wird, gleichsam eingetaucht in die ganz besondere Herzensatmosphäre der Innigkeit, die aus der Inspiration durch die nathanische Seele erfließt (s. Vortrag vom 3. 10. 1913, in dem die persische Einweihung beschrieben wird, die ja auch die alte Einweihung Zarathustras ist, sowie Vortrag vom 5. und 6. 10. 1913, GA 148).

(Der Leser, der mit dem obengenannten Buch vertraut ist – besonders mit seinem dritten Kapitel –, mag hier auf eine weitere Inspirationsquelle hingewiesen werden, die mit den christologischen Betrachtungen Rudolf Steiners unmittelbar zusammenhängt: das ist die Inspiration durch den führenden Bodhisattva unserer Zeit, den zukünftigen Maitreya Buddha. Dank seiner Inspirationen konnte Rudolf Steiner von dem ätherischen Christus im 20. Jahrhundert künden (s. Vortrag vom 10. 9. 1910, GA 123).

33 GA 130, 5. 5. 1912.
34 GA 211, 15. 4. 1922.
35 Die folgenden Worte Rudolf Steiners aus dem Vortrag vom 2. 4. 1922 in Dornach zeigen ganz besonders deutlich, daß mit «ältesten Weisheitslehrern»

hier «Götter» gemeint sind, d. h. hierarchische Wesenheiten: «Diese Weisheit erstreckte sich zunächst auf Mitteilungen, welche die *Götter* dem Menschen machten über den Aufenthalt der menschlichen Seelen in der göttlich-geistigen Welt vor dem Heruntersteigen in den irdischen Leib. Das, was die Seelen erlebten, bevor sie durch die Empfängnis heruntergestiegen waren in einen irdischen Leib, lehrten die *Götter* die Menschen... So daß wir zurückschauen können heute auf eine göttlich-geistige Weisheit, welche die Menschen hier auf der Erde empfingen in den charakterisierten Zuständen, man darf eben durchaus nicht im uneigentlichen Sinne, sondern im ganz eigentlichen Sinne sagen: *von den Göttern selbst*» (GA 211, 2. 4. 1922). Und in einem anderen Vortrag heißt es: «Diejenigen Wesen der höheren Hierarchien, welche die göttlichen Lehrer des Urmenschen waren, die hatten ja in ihren Welten Geburt und Tod niemals erlebt» (GA 211, 13. 4. 1922). An anderen Stellen derselben Vorträge spricht jedoch Rudolf Steiner von diesen ältesten «Lehrern der Weisheit» so, daß das Bild jener Wesen auftaucht, die früher auf der Erde lebten, später aber, nach der Mondentrennung, in die Mondensphäre «übersiedelten». Rudolf Steiner nannte sie die «Mondenlehrer der Weisheit». Er beschreibt ihre Rolle in der Weltentwicklung genauer in dem Vortrag vom 28. 1. 1924 (GA 240) zum Beispiel. S. auch Vortrag vom 16. 4. 1909 (GA 110).

36 GA 211, 15. 4. 1922.
37 ebd.
38 In Rudolf Steiners Worten: «Dann wäre geschehen, daß die Menschen sich tot gefühlt hätten im Erdenleib, daß sie sich hätten sagen müssen beim Hinschauen auf den Tod des physischen Leibes: Mit der Erdengeburt beginnt mein Seelisches zu sterben, es nimmt teil an dem Tod des physischen Leibes. – Wenn kein Mysterium von Golgatha dagewesen wäre, dann wäre für die Erdenmenschheit das eingetreten, daß mit dem Tod der physischen Leiber das Seelische mitgestorben wäre, anfangs in weniger intensivem Sinne, aber dann wäre es weitergegangen über die ganze Erde» (GA 211, 15. 4. 1922).
39 GA 148, 18. 12. 1913.
40 ebd.
41 Es wird hieraus auch verständlich, warum die fünfte Stufe des christlich-rosenkreuzerischen Einweihungsweges der Stufe auf dem christlich-mystischen Weg entspricht, die «mystischer Tod» genannt wird.
42 S. GA 211, 15. 4. 1922 und auch Zitate auf Seite 209.
43 GA 224, 13. 4. 1923.
44 GA 153, 10. 4. 1914.
45 In einem Artikel schreibt Rudolf Steiner 1925: «Der Mensch ist das Götter-Ideal und Götter-Ziel» (GA 26, 18. 1. 1925).
46 S. «Rudolf Steiner und die Grundlegung der neuen Mysterien», Kapitel 5.
47 Man kann auch sagen, was die Götter früher, sich dem Licht der höchsten Göttlichkeit öffnend, erlebten, das konnten sie nun auf der Erde schauen. Das bedeutet auch den Übergang vom vierten zum siebenten Rhythmus der Weihnachtstagung als Ausdruck des durch das Mysterium von Golgatha

entstandenen Zusammenhanges zwischen den Höhen und den Tiefen der Welt, zwischen der höchsten geistigen Sphäre und der Menschheit.
48 Apostelgeschichte 1,3.
49 GA 211, 15. 4. 1922.
50 GA 112, 6. 7. 1909.
51 ebd.
52 S. Anmerkung N. 58.
53 GA 112, 6. 7. 1909.
54 ebd.
55 ebd.
56 GA 13. – In einem Vortrag vom Jahr 1923 sagt Rudolf Steiner dazu: «Und indem er durch die Auferstehung ging, erschien er, ich möchte sagen, von der Erde aus leuchtend gewissen geistigen Wesenheiten des Außerirdischen wie ein Stern, der jetzt ihnen in die geistige Welt von der Erde aus hineinscheint. Geistige Wesenheiten verzeichnen das Mysterium von Golgatha so, daß sie sagen: Es begann von der Erde aus ein Stern hereinzuleuchten in das geistige Reich» (GA 223, 1. 4. 1923).
57 GA 112, 6. 7. 1909.
58 In dem letzten Vers des makrokosmischen Vaterunser stehen die Worte: «Ihr Väter in den Himmeln». S. auch die Erklärung der Worte: «Der Vater hat den Sohn gesandt» (Joh. 3,16–17 und 1. Brief des Johannes 4,9) in dem Vortrag vom 18. 12. 1913 (GA 148).
59 GA 112, 6. 7. 1909.
60 Joh. 16,28.
61 ebd., 12,32 und 13,36.
62 S. GA 15, Kapitel 3.
63 Joh. 1,51.
64 S. «Rudolf Steiner und die Grundlegung der neuen Mysterien», Kapitel 5.

VII. Teil: Das Himmelfahrtsmysterium

1 GA 13. – S. auch die Beschreibung der fünften Stufe der christlich-rosenkreuzerischen Einweihung im Vortrag vom 29. 6. 1907 (GA 100).
2 S. Anm. 3.
3 GA 224, 7. 5. 1923.
4 Mark. 16,19.
5 GA 119, 28. 3. 1910 (Am Abend).
6 GA 119, 28. 3. 1910 (Am Morgen).
7 GA 119, 26. 3. 1910.
8 GA 119, 28. 3. 1910 (Am Abend).
9 In anderen Vorträgen nennt Rudolf Steiner die Urbilderwelt, das heißt die Welt *über* dem höheren Devachan, die Buddhisphäre oder die Welt der Vorsehung (s. z. B. Vortrag vom 25. 10. 1909, GA 116). Genaueres über den Zusammenhang zwischen der an die Erde grenzenden übersinnlichen Welt

und der Welt der Vorsehung, wie er durch das Wirken des Christus auf der Erde entstand, sowie über die Beziehung dieses neuen Zusammenhanges mit dem Erscheinen des Christus im Ätherischen s. Kapitel «Die Grundstein-Meditation» in dem Buch «Rudolf Steiner und die Grundlegung der neuen Mysterien».

10 GA 224, 7. 5. 1923.
11 GA 215, 15. 9. 1922.
12 ebd.
13 ebd.
14 GA 215, 14. 9. 1922.
15 Im Vortrag vom 28. 8. 1923 spricht Rudolf Steiner, daß das Mysterium von Golgatha vollbracht werden mußte, damit der Mensch «... durch die Lehre von dem Mysterium von Golgatha auf der Erde die starke Kraft empfängt, den Übergang [nach dem Tode] aus der Seelenwelt in das Geisterland, aus der Mondenregion in die Sonnenregion zu gewinnen» (GA 227, 28. 8. 1923).
16 Man kann dieses auch das Monden-Karma nennen im Unterschied zum hellen Sonnen-Karma, durch das das individuelle Menschenkarma sich mit dem Weltenkarma vereinigt.

VIII. Teil: Das Pfingstmysterium

1 S. GA 148, 2. 10. 1913.
2 In einem anderen Zusammenhang weist Rudolf Steiner mit den folgenden Worten auf diese Tatsache hin: «Untergegangen ist der Christus-Impuls, insofern er sich in äußeren Hüllen manifestiert hat, in der einheitlichen geistigen Welt durch die Himmelfahrt; wieder aufgetaucht ist er zehn Tage danach aus den Herzen heraus der einzelnen Individualitäten, der ersten Versteher» (GA 118, 15. 5. 1910).
3 Joh. 20,17.
4 GA 148, 2. 10. 1913.
5 ebd.
6 ebd.
7 GA 148, 3. 10. 1913.
8 GA 13.
9 In dem Vortrag vom 4. 7. 1909 spricht Rudolf Steiner ganz besonders eingehend von der Unmöglichkeit, in der alten Einweihung das individuelle Ich-Bewußtsein zu bewahren: «Betrachten wir noch einmal diese alte Einweihung, wie wir sie in den letzten Tagen geschildert haben. Was geschah denn bei einer solchen Initiation? Bei einer solchen Initiation wurde aus dem Gefüge von physischem Leib, Ätherleib, astralischem Leib und Ich herausgehoben der Ätherleib und der astralische Leib, aber das Ich blieb zurück. Daher konnte der Mensch auch während der dreieinhalb Tage in der Initiation kein Selbstbewußtsein haben. Es war das Selbstbewußtsein ausgelöscht. Der Mensch bekam ein Bewußtsein aus der höheren geistigen Welt, das ihm durch den

Priester-Initiator eingeflößt war, der ihn ganz führte; der stellte ihm sein Ich zur Verfügung» (GA 112, 4. 7. 1909).
10 GA 112, 7. 7. 1909.
11 Indem der Christus im Mysterium von Golgatha «die Form des physischen Menschenleibes» rettete, rettete er zugleich auch das Menschen-Ich, insoweit dieses Prinzip *allen* Menschen auf der Erde als Wesen, die ihre «menschliche Entwicklungsstufe» durchmachen, angehört. Wir können auch sagen, daß der Christus im Mysterium von Golgatha die Substanz des Menschen-Ich rettete, welche einst von den sechs Sonnen-Elohim durch Jahve in den Menschen ergossen wurde, der Elohim, deren gesamte Kraftfülle der Christus abermals in das Erdensein trug (s. Vortrag vom 20. 5. 1908, GA 103). Das Prinzip des individuellen *Ich-Bewußtseins* dagegen kann nur durch die Anstrengungen jedes einzelnen Menschen um ein *bewußtes* Erkennen und Sich-Verbinden mit dem Christus-Impuls, wie er seit dem Mysterium von Golgatha in der Erdensphäre wirkt, gerettet werden, und das kann nur durch ein inneres Pfingstereignis geschehen, durch das Erleben des von dem Christus gesandten neuen Heiligen Geistes im eigenen Innern.
12 GA 102, 4. 6. 1908.
13 Wir können auch sagen, daß dieser Einweihungsweg der Weg Zarathustras ist, den er in der alt-persischen Epoche ging und den er für seine Anhänger stiftete.
14 Analoge Stufen finden wir im Altertum sowohl in den ägyptischen Mysterien als auch bei den alten Hebräern (s. Joh. 1, 47–50).
15 GA 148, 3. 10. 1913.
16 ebd.
17 ebd.
18 GA 224, 7. 5. 1923.
19 Es sollte uns nicht beirren, daß Rudolf Steiner den von dem Christus ausgehenden Heiligen Geist einmal als den Geist bezeichnet, der den Menschen die *Erkenntnis* von dem Mysterium von Golgatha bringt (s. Vorträge vom 22. 3. 1909, GA 107; 31. 8. 1909, GA 113; 21. 9. 1909, GA 114; 7. 5. 1923, GA 224), und zum andern als den «Geist der Liebe des Kosmos» (s. Vortrag vom 2. 10. 1913, GA 148). Denn der in alten Zeiten von dem Christus aus der Welt der Vorsehung ausgehende und durch das Kollegium der Bodhisattvas wirkende Heilige Geist, der vornehmlich der Geist der *Erkenntnis* des Christus war, er hat sich nach dem Mysterium von Golgatha mit der von dem Christus in das Erdensein getragenen Substanz der kosmischen Liebe vereinigt, so daß der Christus-Impuls, der zu Pfingsten auf die Apostel herabkam, beide Prinzipien vereinigt in sich trägt und demzufolge der Geist der «von der Weisheit erfüllten Liebe» genannt werden kann: «Erst Weisheit, dann Liebe, dann *von der Liebe durchglühte Weisheit*» (GA 102, 24. 3. 1908). Das ist auch die Grundlage dafür, daß in der Zukunft die seit alten Zeiten auf so verschiedene Weise im Kosmos wirkenden Geister der Weisheit und der Liebe durch das freie Wirken von Menschen, die von dem Pfingst-Geist durchdrungen sind, zu harmonischer Wechselwirkung, ja wir können sagen, zur «Versöhnung» geführt werden können (s. Vortrag vom 24. 3. 1908, GA 102). S. auch das Kapitel «Die

Vereinigung der Weltimpulse der Weisheit und der Liebe im Erleben des Christus».
20 GA 26.
21 GA 224, 7.5. 1923.
22 S. die Worte Rudolf Steiners in Anm. 2.
23 Im Vortrag vom 30.7. 1922 (GA 214) wird eingehend dargestellt, wie der Christus, der eine allumfassende kosmische Wesenheit ist, beim Eintreten in das Innere des Menschen jedes individuelle Ich-Bewußtsein unweigerlich hätte auslöschen müssen, wenn er nicht den Heiligen Geist herabgesandt hätte, der es ihm ermögliche, in den einzelnen Menschen-Ichen seit dem Pfingstfest anwesend zu sein, ohne deren Bewußtsein auszulöschen.
24 GA 26.
25 GA 100, 29.6. 1907.
26 GA 260. Ansprache auf der Weihnachtstagung am 25.12. 1923.
27 Im Evangelium wird das Herabkommen des Heiligen Geistes zu Pfingsten folgendermaßen beschrieben: «Da ertönte plötzlich aus den geistigen Höhen ein Laut wie *das Brausen eines mächtigen Windes* und erfüllte das ganze Haus, darin sie versammelt waren» (Apostelgeschichte, 2, 2).
28 GA 260. Ansprache auf der Weihnachtstagung am 25.12. 1923.
29 GA 114, 20.9. 1909.
30 GA 236, 4.6. 1924.
31 Die oben angeführten Worte Rudolf Steiners lassen deutlich vier Grundelemente unterscheiden, aus denen das genannte Erleben besteht:
1. «das göttliche *Weltenfeuer* als das Wesen des Menschen»
2. «das Sich-Fühlen im *ätherischen* Weltenall»
3. «das Erleben der Geistesäußerungen im *astralischen* Welten-Erstrahlen»
4. «das innere Erleben des Geist-Erstrahlenden, zu dem der Mensch berufen ist im Weltenall» (mit diesem letzten Erlebnis hängt zusammen, was als «das Aufgehen der *Geistselbstigkeit* des Universums» beschrieben wird).
Bei vertiefter, meditativer Betrachtung dieser vier Stufen können wir ihre innere Beziehung zu den vier Teilen der Grundstein-Meditation erleben, wodurch wir uns, wenn auch nur ahnungsweise, ihren Inspirationsquellen zu nähern vermögen.
32 GA 103, 31.5. 1908.
33 S. «Rudolf Steiner und die Grundlegung der neuen Mysterien», Kap. 2 und 3.

IX. Teil: Ostern – Himmelfahrt – Pfingsten

1 S. GA 236, 4.6. 1924.
2 GA 148, 3.10. 1913.
3 S. GA 153, 13.4. 1914.
4 Im Vortrag vom 11.10. 1911 sagt Rudolf Steiner: «Seine [des Christus] Auferstehung ist ein *Geborenwerden* eines neuen Gliedes der menschlichen Natur: eines unverweslichen Leibes» (GA 131, 11.10. 1911).

5 GA 112, 6.7.1909.
6 ebd.
7 ebd.
8 In den oben zitierten Worten nennt Rudolf Steiner *die Widerspiegelung* den «*Heiligen Geist*», obwohl aus anderen Vorträgen hervorgeht, daß der Heilige Geist, das heißt die aus der Sphäre jenseits der Sterne kommende «Geistselbstigkeit des Universums» nur *in* und *durch* diese Widerspiegelung in der Erdensphäre in Erscheinung tritt oder wirkt. Und dennoch können wir diese zwei verschiedenen «Begriffe» hier einander annähern, denn die genannte Widerspiegelung ist *astralischer Natur* ebenso wie auch die «Geistselbstigkeit des Universums» (Geistselbst – umgewandelter Astralleib). Auf ähnliche Weise finden wir in mehreren Vorträgen Rudolf Steiners die Begriffe «Sophia» und «Heiliger Geist» gleichgesetzt. Auch das wird verständlich, wenn wir uns in Erinnerung rufen, daß unter «Sophia» im esoterischen Christentum der gereinigte und vergeistigte *Astral-Leib* verstanden wurde, unter dem «Heiligen Geist» aber das ihn durchdringende Prinzip des Geistselbst (vgl. die Worte Rudolf Steiners auf Seite 179 und 244 f. mit den Vorträgen vom 2.12.1906 und 3.2.1907, GA 97).
9 S. die Worte Rudolf Steiners in Anm. 4.
10 S. Genaueres im Vortrag vom 7.5.1923 (GA 224) und Teil VII «Das Himmelfahrtsmysterium».
11 S. GA 112, 5.7.1909 und GA 104, 30.6.1908.
12 S. GA 114, 26.9.1909 und auch GA 15, Kapitel 1.
13 Man kann auch sagen, daß die höheren geistigen Mächte sich nach dem Tode jedes Menschen darum bemühen, seinen Ätherleib so schnell als möglich aufzulösen, da er, wenn er sich in jenen Teilen, die noch nicht vom Christus-Impuls durchdrungen sind, nicht schnell auflöste, Gefahr liefe, von den luziferischen oder ahrimanischen Kräften usurpiert zu werden und dann dem Schicksal zu verfallen, von dem im letzten Teil dieses Buches gesprochen werden wird (s. auch Vortrag vom 20.11.1914, GA 158 und 28.12.1915, GA 165).
13a Hier ist noch hinzuzufügen, daß in Zukunft das Wissen um die Mysterien des «ätherischen Ringes» die Grundlage für eine neue *spirituelle Ökologie* bilden wird, die allein die Umweltprobleme zu lösen vermag, welche heute vor der Menschheit stehen.
14 S. «Rudolf Steiner und die Grundlegung der neuen Mysterien», Kapitel 3 und 5.
15 Anm. 11 im VIII. Teil.
16 Über dieses Verhältnis der vier Glieder des Menschenwesens zu den Ereignissen von Ostern, Himmelfahrt und Pfingsten s. die Worte Rudolf Steiners auf S. 238 f.
17 Auf ein solches Wirken des Astrallichtes im Erdensein weisen auch die folgenden Zeilen des dritten Teiles der Grundstein-Meditation hin:
«Wo die ew'gen Götterziele/ *Welten-Wesens-Licht*
Dem eignen Ich/ Zu freiem Wollen/ Schenken.»

S. dazu Kapitel: «Die Grundstein-Meditation» in dem Buch «Rudolf Steiner und die Grundlegung der neuen Mysterien.»
18 GA 112, 6.7.1909.
19 S. «Rudolf Steiner und die Grundlegung der neuen Mysterien», Kapitel 6.
20 Joh. 5,24.
21 S. Anm. 19 und auch GA 153, 14.4.1944.
22 GA 130, 27.9.1911.
23 S. ebd.
24 ebd.
25 S. «Rudolf Steiner und die Grundlegung der neuen Mysterien», Kapitel 1 u. 2.
26 Im Zusammenhang mit dieser – entscheidenden – Seite der irdischen Aufgabe Rudolf Steiners ist noch folgendes zu sagen. Einer der wichtigsten Hinweise Rudolf Steiners in bezug auf die Arbeit seiner Schüler, wenn er den physischen Plan verlassen haben werde, bestand darin, daß *seine Sache unter keinen Umständen von seinem Namen getrennt werden dürfe,* worauf jedoch die Anstrengungen der ahrimanischen Mächte *ganz besonders* abzielen (siehe dazu Äußerungen Rudolf Steiners gegenüber Marie Steiner und Ita Wegman, angeführt in dem Buch von Rudolf Grosse «Die Weihnachtstagung als Zeitenwende»). Heute können wir empfinden, wie die ahrimanischen Mächte ihre Aktivitäten in dieser Richtung verstärken, und das wird sich bis zum Ende des Jahrhunderts noch steigern. Es wird dann eine wichtige Aufgabe der Anthroposophen sein, das Wirken der Gegenmächte in solchen Fällen richtig zu erkennen. Das wird besonders drei Punkte betreffen:
1. Wenn von dem *ätherischen* (d.h. übersinnlichen) Kommen des Christus gesprochen wird, das im 20. Jahrhundert beginnt, ohne Rudolf Steiner als seinen ersten Verkünder zu nennen;
2. Wenn Fakten aus dem Fünften Evangelium angeführt werden, ohne den Namen Rudolf Steiners zu nennen, der als erster mit der Offenbarung seiner Geheimnisse in der Gegenwart begann;
3. Wenn die Lehre von Wiederverkörperung und Karma *im christlichen Sinne* verbreitet wird, ohne den Namen Rudolf Steiners zu nennen als denjenigen, der diese Lehre in ihrer christlichen Form der westlichen Menschheit erstmals brachte. (Diese drei Elemente in einer für eine breite Allgemeinheit geeigneten Form finden wir in dem Buch Rudolf Steiners: «Die geistige Führung des Menschen und der Menschheit», GA 15.)
27 Von der Möglichkeit, den Ätherleib eines höher entwickelten Menschen und besonders eines Eingeweihten so zu bewahren, spricht Rudolf Steiner mehrmals im Zusammenhang mit dem Hinweis auf das geistige Gesetz der «spirituellen Ökonomie» (s. GA 109/111 und Vortrag vom 24.8.1906, GA 95).
28 *Nach* der Weihnachtstagung gab Rudolf Steiner auf die Frage nach seinem Verhältnis zu Christian Rosenkreutz die folgende Imagination: neben einem Altar stehen Christian Rosenkreutz und Rudolf Steiner, der eine links, mit einer hellblauen Stola, der andere rechts, mit einer roten Stola. Sie stehen *neben*einander (s. Bernard C. J. Lievegoed «Mysterienströmungen in Europa und die neuen Mysterien», Stuttgart 1981, Seite 72).

Was aber das Wirken des Ätherleibes von Christian Rosenkreutz auf Rudolf Steiner betrifft, so sprechen dessen eigene Worte vom September 1911 eine deutliche Sprache: «Alles, was als Theosophie verkündet wird, wird vom Ätherleib des Christian Rosenkreutz gestärkt, und diejenigen, die Theosophie verkündigen, lassen sich überschatten von diesem Ätherleib, der auf sie wirken kann, sowohl wenn Christian Rosenkreutz inkarniert ist als auch dann, wenn er nicht inkarniert ist» (GA 130, 27. 9. 1911). Außerdem ist hier die einmalige geistige Konstellation der Jahre 1910–1911, als Rudolf Steiner den ätherischen Christus zu verkünden begann, zu beachten.

1. Rudolf Steiner wird im Jahre 1910 neunundvierzig Jahre alt, er tritt in das achte Jahrsiebt seines Lebens ein, in die Epoche des Lebensgeistes, des vergeistigten *Ätherleibes*.
2. Am 12. Januar findet in Stockholm der erste Vortrag über die Wiederkunft statt.
3. Das erste Mysterien-Drama «Die Pforte der Einweihung» wird niedergeschrieben. Es trägt den Untertitel «Ein *Rosenkreuzer*mysterium *durch* Rudolf Steiner». Hier erhält die neue Christus-Verkündigung ihre künstlerische Gestaltung.
4. Im Jahre 1911 erscheint das Buch «Die geistige Führung des Menschen und der Menschheit», durch das das Wissen von dem neuen Erscheinen des Christus einem großen Kreis von Menschen zugänglich wird. (In ihm wird auch von der Bedeutung des Jahres 1250 und den Quellen der «modernen Esoterik», die mit der Begründung der Rosenkreuzerströmung zusammenhängt, gesprochen.) Auch erfolgen in diesem Jahr zahlreiche Vorträge über den ätherischen Christus in verschiedenen europäischen Städten sowie Mitteilungen über die esoterischen Grundlagen des Rosenkreuzertums.

29 Genaueres über die Bedeutung der Weihnachtstagung und ihre Stellung im Lebensweg Rudolf Steiners s. «Rudolf Steiner und die Grundlegung der neuen Mysterien».
30 S. «Rudolf Steiner und die Grundlegung der neuen Mysterien», Kapitel 7.
31 ebd., Kapitel 5.
32 Deshalb wird das Pfingstfest in Osteuropa auch das «Fest der Trinität» genannt.
33 IV, 3 der Grundstein-Meditation.
34 Das bereitet die Verwandlung der heutigen Naturordnung der Erde in eine moralische Ordnung vor, die auf dem Jupiter auch physisch sichtbar sein wird. (Über das «natürliche» Wirken der ersten Hierarchie s. GA 121, 11. 6. 1910.)
35 S. das Kapitel «Die Bedeutung des Mysteriums von Golgatha für die Welt der Götter».
36 S. GA 121, 11. 6. 1910.
37 S. die Worte Rudolf Steiners auf Seite 251 f.
38 S. GA 26.
39 Einen solchen Einfluß würde heute der gewöhnliche Mensch, der den Einweihungsweg noch nicht beschritten hat, nicht ertragen können. Er würde ihn aller Freiheit berauben und sein Ich-Bewußtsein völlig auslöschen.

40 GA 148, 18.12.1913.
41 Dadurch daß der von dem Christus herabgesandte neue Heilige Geist im Menscheninnern wirkt, können die Wesenheiten der dritten Hierarchie die Menschheit durch ihn auf die rechte Weise durch die fünfte, sechste und siebente Kulturepoche führen. (S. «Die geistige Führung des Menschen und der Menschheit», GA 15, Kap. 3.)
42 Luk. 2,14.
43 GA 260, Ansprache auf der Weihnachtstagung am 25.12.1923.
44 GA 148, 2.10.1913.
45 Von den bedeutenden Verwandlungen, die in der astralischen Erdenaura infolge des Mysteriums von Golgatha vor sich gingen, spricht Rudolf Steiner mehrfach in seinen Vorträgen (z.B. am 25.3.1907, GA 96). Am 1.4.1907 (GA 96) wird dagegen von dem Wandel nicht nur in der astralischen, sondern auch der ätherischen Erdenaura gesprochen.
46 GA 26.
47 Deshalb spricht Rudolf Steiner in den oben zitierten Worten aus dem Vortrag vom 5.7.1909 (s. S. 204) davon, daß infolge des Mysteriums von Golgatha eine neue *Weisheit* in die menschlichen Ätherleiber strömen will, welche zugleich *Leben* ist, das heißt *leben-tragende Weisheit,* eine solche aber kann keine gewöhnliche menschliche, sondern nur eine imaginative Weisheit sein, wirken doch die Imaginationen im Ätherleib als Lebenskräfte. Von einem etwas anderen Standpunkt aus spricht Rudolf Steiner vom Zusammenhang des menschlichen Ätherleibes mit der wirkenden Weisheit im Vortrag vom 28.12.1911 (GA 134) und von seinem Zusammenhang mit den kosmischen Imaginationen, welche in ihm zu Lebenskräften werden, im Vortrag vom 13.6.1915 (GA 159/160).
48 GA 233, 21.4.1924.
49 Nachdem es ihm infolge des Mysteriums von Golgatha nicht mehr möglich ist, das Bewußtsein der Menschen in der geistigen Welt nach dem Tode zu verdunkeln (s. die Worte aus der «Geheimwissenschaft im Umriß» auf Seite 217 f.), strebt Ahriman danach, seine Ziele durch eine größtmögliche Verkürzung der zweiten Hälfte des Lebens zwischen Tod und neuer Geburt zu erreichen (s. Vortrag vom 24.4.1922, GA 211).
50 Diese Wortfügung gebraucht Rudolf Steiner auf der Weihnachtstagung am Tag der Grundsteinlegung der Allgemeinen Anthroposophischen Gesellschaft (am 25.12.1923). Genaueres s. «Rudolf Steiner und die Grundlegung der neuen Mysterien», im Kapitel: «Die Grundstein-Meditation» einschließlich der Anmerkungen.
51 GA 112, 5.7.1909.
52 Auf eine erstaunliche Weise vermag diese den Ätherleibern der Menschen infolge des Himmelfahrtgeschehens eingefügte lebendige Weisheit oder vitae sophia die Ätherleiber vor zwei extremen Tendenzen in der nachtodlichen Entwicklung zu bewahren: einmal vor der mehr luziferischen Auflösung in die Weltenfernen (d.h. vor der gänzlichen Ent-Individualisierung), zum anderen vor der ahrimanischen Fesselung an die Erdensphäre, der sog. «ahrimanischen

Unsterblichkeit» (s. dazu die letzten Teile dieses Buches). Wobei das Weisheitsprinzip vorwiegend die Individualisierungskräfte des Ätherleibes verstärkt und ihn so vor der erstgenannten Tendenz schützt und vor der zweiten das Lebensprinzip, das den Menschen davor bewahrt, nach dem Tode mit den Kräften der irdischen Materie eins zu werden. So führt die «vitae sophia», die Gesamtheit der zwei Prinzipien, die Verbindung von Leben und Weisheit der Weltenimaginationen, den Ätherleib des Menschen, der den Christus-Impuls in sich aufgenommen hat, in den genannten «ätherischen Ring».

53 GA 112, 5.7.1909.
54 S. GA 236, 30.5.1924.
55 S. Anm. 8.
56 GA 260, Ansprache auf der Weihnachtstagung am 25.12.1923.
57 ebd.
58 In der «Theosophie» (GA 9) nennt Rudolf Steiner den menschlichen Ätherleib auch «Bildekräfteleib».
59 S. Anm. 56.
60 Hier ist noch eine weitere Besonderheit des «dodekaedrischen Liebessteines», wenn auch nur kurz, zu betrachten. Es wurde in der vorliegenden Arbeit darauf hingewiesen, daß es sich bei den geistigen Ereignissen, die hinter den christlichen Festen: Ostern, Himmelfahrt, Pfingsten stehen, um die Rettung des gesamten *viergliedrigen* Menschenwesens handelt, so wie es auf der Erde in Erscheinung tritt. Man kann nach Rudolf Steiner diese Beziehung folgendermaßen darstellen:

    Ostern   – Rettung des physischen Leibes
    Himmelfahrt – Rettung des Ätherleibes
    Pfingsten   – Rettung des Astralleibes und des Ich.

Da aber, wie wir sahen, der «dodekaedrische Liebesstein» unmittelbar aus den Kräften von Ostern, Himmelfahrt und Pfingsten gebildet wurde, so haben wir in diesen Kräften die von jedem Anthroposophen erfaßt werden können, der ihn in den Boden seiner Seele versenkt, etwas, das den *ganzen* Menschen ergreift und zur Vergeistigung führt. Diese Beziehung kann folgendermaßen veranschaulicht werden:

    Physischer Leib – Welten-Liebe
    Ätherleib   – Welten-Imaginationen
    Astralleib   – Welten-Gedanken
    Ich   – «Geistselbstigkeit des Universums»

Diese Hinweise zum Verständnis des «dodekaedrischen Liebessteines» können auch als Ergänzung zu dem letzten Kapitel des Buches: «Rudolf Steiner und die Grundlegung der neuen Mysterien» dienen.

X. Teil: Johanni

1 Rudolf Steiner sagt darüber: «Die Menschenseele bemüht sich im Frühling, der ausgeatmeten Erdenseele zu folgen, die den Kosmos aufsucht, aber sie gelangt nicht dahin. Die Menschenseele ist unter der Einwirkung des Freiheitsgefühls, des Ich-Bewußtseins gegenüber den Himmelshöhen ohnmächtig geworden» (GA 226, 21. 5. 1923). Im Altertum aber war solches Aufsteigen noch für die Eingeweihten möglich: «Daher hatte man in den alten Zeiten Sommermysterien, in denen man die Geheimnisse des Weltenalls wahrnehmen konnte aus dem Zusammenerleben der Erdenseele – der die Menschenseele in den Eingeweihten hinaus folgen sollte in den Weltenraum – mit den Sternen» (GA 224, 23. 5. 1923).
2 GA 223, 31. 3. 1923.
3 Auch für die Erde selbst wurde die Möglichkeit, zu Weihnachten alles das zu erinnern, was sie zur Johannizeit im Makrokosmos erlebt hat, dank der Vereinigung der Christus-Wesenheit mit ihr durch das Mysterium von Golgatha eröffnet. Erweckt doch der Christus durch sein Dasein in der Winterzeit ihr Bewußtsein für das Leben in den kosmischen Erinnerungen.
4 GA 13. – Die angeführten Worte sind der 6. Ausgabe der «Geheimwissenschaft im Umriß» entnommen, in späteren Ausgaben fehlen sie (s. auch GA 99, 6. 6. 1907).
5 S. GA 240, 19. 7. 1924.
6 S. GA 229, 13. 10. 1923.
7 S. GA 229, 7. 10. 1923.
8 S. Luk. 1,26–38.
9 Davon, daß wir es in der Gestalt des Jesus aus dem Lukas-Evangelium (der nathanischen Seele) mit einem *menschlichen*, obwohl in einem gewissen Sinne zugleich einem engel- und sogar erzengelhaften Wesen (s. S. 41) zu tun haben, sprechen die folgenden Worte Rudolf Steiners: «Dieses Ich [die nathanische Seele] hatte dadurch ganz besondere Eigentümlichkeiten; es hatte die Eigentümlichkeit, daß es unberührt war von allem, was überhaupt ein menschliches Ich jemals auf der Erde hatte lernen können. Es war also auch unberührt von allen luziferischen und ahrimanischen Einflüssen; war überhaupt etwas, was wir uns gegenüber den anderen Ichen der Menschen vorstellen können wie eine leere Kugel, eigentlich nur wie etwas, was noch vollständig jungfräulich war gegenüber allen Erdenerlebnissen, ein Nichts, ein Negatives gegenüber allen Erdenerlebnissen. Daher *sah es so aus*, als ob jener nathanische Jesusknabe... überhaupt kein Menschen-Ich hätte, als ob er nur bestünde aus physischem Leib, Ätherleib und Astralleib, ... die so angeordnet sind, daß sie harmonisch darstellen den Menschen, wie er herüberkam als Resultat der Saturn-, Sonnen- und Mondenentwickelung» (GA 131, 12. 10. 1911).
10 S. GA 120, 22. 5. 1910.
11 S. auch GA 114, 15. 9. 1909. – Deshalb war bis zu diesem Zeitpunkt auch – gemäß den Mitteilungen der Geisteswissenschaft – das Wissen davon, daß der Christus von der Sonne zur Erde kam, endgültig verloren gegangen (s. An-

sprache vom 17.5. 1923, GA 226), denn zum Erleben des Christus als Sonnengeist ist nicht das imaginative, sondern das *inspirative* Erkennen nötig.
12 S. GA 114, 16.9. 1909.
13 Zitiert nach GA 121, 11.6. 1910.
14 S. GA 114, 15.9. 1909.
15 GA 124, 6.12. 1910.
16 Joh. 1,32.
17 ebd., 1,36.
18 GA 214, 28.7. 1922.
19 Man kann demnach auch sagen, daß der Christus *unmittelbar* von der Sonne auf die Erde herabsteigt. Deshalb konnte Moses den Christus auch nicht in der *Mondensphäre* unmittelbar, sondern nur in der Widerspiegelung durch den Monden-Elohim-Jahve, wahrnehmen: «Daher ist Jahve oder Jehova nichts anderes als die Widerspiegelung des Christus, bevor dieser selbst auf der Erde erschien... Jahve oder Jehova ist der Christus, aber nicht direkt gesehen, sondern als reflektiertes Licht» (GA 114, 21.9. 1909).
20 Luk. 3,22. Zitiert nach GA 114, 21.9. 1909.
21 S. GA 222, 11.3. 1923 und GA 224, 6.4. 1923.
22 GA 243, 22.8. 1924.
23 GA 131, 11.10. 1911.
24 GA 131, 10.10. 1911.
25 Über den Zusammenhang zwischen dem alten und dem heutigen Saturn s. GA 110, 17.4. 1909.
26 S. GA 110, 14.–15.4. 1909 und auch GA 233, 4.1. 1924.
27 Deshalb wurde der Jesus des Matthäus-Evangeliums, d.h. der wiedergeborene Zarathustra, an eben dem Tag geboren, an dem später die große Sonnengeburt des Christus stattfinden sollte. War ja der Zarathustra der große irdische Verkünder und Lehrer der *inspirativen* Weisheit der Sonnenmysterien.
28 GA 114, 15.9. 1909. – Hier liegt eine Polarität zwischen dem Lukas- und dem Johannes-Evangelium vor, zwischen der die beiden anderen Evangelien eine Art von Übergang bilden. Zu dieser Polarität s. auch das Kapitel: «Der Weg des Menschheitslehrers» in «Rudolf Steiner und die Grundlegung der neuen Mysterien».
29 Über die Bedeutung der drei genannten Geburten in den alten Mysterien s. Vortrag vom 20.4. 1924 (GA 233a).
30 In dem Vortrag vom 12.8. 1908 (GA 105) charakterisiert Rudolf Steiner das imaginative Bewußtsein als ein planetarisches, das inspirative als ein Bewußtsein des gesamten Sonnensystems und das intuitive als Welten-, als Universalbewußtsein, d.h. als ein solches, das über die Grenzen des Sonnensystems aufsteigt und in die Welten der Fixsterne dringt.
31 GA 114, 15.9. 1909.
32 GA 224, 23.5. 1923.
33 An anderer Stelle sagt Rudolf Steiner: «Die Menschheit muß eine *esoterische Reife* erlangen dazu, um wiederum nicht bloß abstrakt zu denken, sondern so

konkret denken zu können, daß sie wieder Feste-schöpfend werden kann» (GA 223, 1.4. 1923).
34 GA 224, 23.5. 1923.
35 GA 13.
36 ebd., Vorrede zur 16.–20. Auflage.
37 GA 223, 28.9. 1923.
38 GA 257, 13.2. 1923.
39 GA 223, 1.4. 1923.
40 GA 223, 8.4. 1923.
41 Die Begründung des Michael-Festes folgte vierzehn Jahre nach der ersten Veröffentlichung des Einweihungsweges in der «Geheimwissenschaft im Umriß» (1909–1923) und einundzwanzig Jahre nach dem Beginn der Mitteilungen der Resultate dieser Einweihung im Rahmen der deutschen Sektion der Theosophischen Gesellschaft (1902–1923).
42 Hier ist auch daran zu erinnern, daß die drei Magier aus dem Osten durch das *Lesen der Sternenschrift* von dem Heranrücken der Zeitenwende erfuhren.
43 In der esoterischen Tradition des mittelalterlichen Rosenkreuzertums galt der Stein der Weisen stets als der «unverwesliche Auferstehungsleib». Dazu äußerte Rudolf Steiner: «Daher haben die Alchimisten immer betont, daß der menschliche Leib in Wahrheit besteht aus derselben Substanz, aus welcher der ganz durchsichtige, kristallhelle ‹Stein der Weisen› besteht» (GA 131, 10.10. 1911). S. auch das Kapitel: «Vom Stein der Weisen zum Liebesstein» in Zeylmans van Emmichoven, «Der Grundstein».
44 GA 13.
45 S. dazu das Kapitel: Die Stufen der Einweihung in «Wie erlangt man Erkenntnisse der höheren Welten?» (GA 10).
46 Das widerspricht nicht dem Hinweis auf S. 136 f., daß der Christus zugleich auch den Übergang zurück aus der Zeit in den Raum, aus der Gesetzmäßigkeit der Sieben zur Gesetzmäßigkeit der Zwölf vollzieht. Denn der Christus, der selbst aus den Sphären *über* den Bereichen von Zeit und Raum stammt, strebt seit seiner Vereinigung mit dem Erdensein nach ihrer Vergeistigung, indem er die vergeistigte Zeit in den Raum, der Ahriman verfallen ist, trägt und den vergeistigten Raum in die dem Luzifer verfallene Zeit. Deshalb handelt es sich überall dort, wo die ahrimanischen Mächte zu besiegen sind, sei es in der äußeren Natur, sei es im Innern der Menschenseele, um den Übergang von der Zwölf zur Sieben, und umgekehrt dort, wo Luzifers Macht zu überwinden ist, da geschieht der Übergang von der Sieben zur Zwölf.
47 S. die Worte Rudolf Steiners auf S. 243 f.
48 GA 26.

XI. Teil: Der Weg des Christus und der Weg Michaels durch den Jahreskreis

1 GA 124, 19.12.1910.
2 GA 114, 19.9.1909.
3 S. GA 202, 23.12.1920.
4 GA 236, 4.6.1924.
5 Vgl. Kap. «Die Vereinigung der Weltimpulse der Weisheit und der Liebe im Erleben des Christus».
6 GA 202, 23.12.1920.
7 ebd.
8 GA 40.
9 GA 223, 31.3.1923.
10 ebd.
11 GA 26.
12 ebd.
13 ebd.
14 GA 202, 24.12.1920.
15 Hier sind die häufigen Hinweise Rudolf Steiners auf den Zusammenhang wichtig, der zwischen dem Christus-Impuls und dem Erleben der geistigen Wärme (der Liebe) sowie zwischen dem Michael-Impuls und dem Erleben des geistigen Lichtes (der Weisheit) besteht. S. dazu: «Michaels Mission im Weltenalter der Menschen-Freiheit» in GA 26 und Vortrag vom 19.11.1922 (GA 218).
16 GA 202, 24.12.1920.
17 ebd.
18 ebd.
19 GA 202, 23.12.1920.
20 GA 202, 24.12.1920.
21 ebd.
22 GA 202, 23.12.1920. – Das oben Gesagte widerspricht nicht der Tatsache, von der Rudolf Steiner im dritten Vortrag des Zyklus «Die Suche nach der neuen Isis, der göttlichen Sophia» (s. GA 202, 25.12.1920) spricht, daß die Hirten auf dem *neuen* Weg zur inspirativen, die Magier zur imaginativen Erkenntnis kommen. Denn die Jahreshälfte, während der wir den neuen Weg der Hirten gehen, ist mehr mit dem Christus, dem Logos, dem Wort verbunden und steht damit dem geistigen Hören, das heißt der *inspirativen* Erkenntnis näher, während die zweite Jahreshälfte, während der wir den neuen Weg der Könige gehen, mehr mit der Sophia, der göttlichen Weisheit, den *Weltgedanken des Geistes,* verbunden ist, welche mehr durch die *imaginative* Erkenntnis erreichbar sind.
23 Vgl. mit den Worten Rudolf Steiners auf S. 300.
24 Über den inneren Zusammenhang zwischen dem Pfingstfest und dem Michael-Fest sagt Rudolf Steiner: «Durch das Osterfest stellte sich der Christus-

Jesus gnadevoll in die Menschheitsentwicklung hinein, indem er der Menschheit in der Zeit, wo das Rätsel des Todes besonders stark an sie herangetreten ist, sich als den Unsterblichen enthüllt hat, der gewissermaßen das Vorbild des Menschen ist, des unsterblichen Menschen, der durch den Tod geht und die Auferstehung finden mußte. Das versteht man noch aus alten Zeiten... Den Tod sah man auf der Erde, die Auferstehung sollte man sehen an dem Christus-Jesus. Aber der Christus-Jesus hat auch das Pfingstgeheimnis folgen lassen. Er hat dem Menschen den Geist, den heilenden Geist geschickt; er hat damit angedeutet, daß der Mensch aus sich heraus das Christus-Erlebnis haben soll. – Das kann er nun nur haben, wenn er auf dem umgekehrten Weg gehen kann, zuerst die Auferstehung zu erleben und dann nach der erlebten Auferstehung in der richtigen Weise den physischen Tod durchzumachen; das heißt, innerlich die Seele auferstehen zu lassen. Zwischen der Geburt und dem Tode durch die volle Belebung des Verhältnisses zum Mysterium von Golgatha die Seele zu einer höheren Lebendigkeit zu erheben, damit diese Seele aus der geistigen Auferstehung in sich erfüllt: ‹Ich gehe als ein Auferstandener durch den irdischen Tod›» (GA 226, 21.5.1923).

Vgl. damit Rudolf Steiners Worte über das Michael-Fest auf S. 34 und die Betrachtung auf S. 57.

25 S. GA 243, 11.8.1924. – Was hier mit den Worten: Der Erzengel Michael ist der Sohn der Soph-Ea (Sophia) gemeint ist, behandelt der Vortrag vom 10.1.1915 (GA 161), in dem Rudolf Steiner darstellt, wie in der Philosophieentwicklung von 800 v. Chr. bis heute das Sonnengesetz herrscht, das im Zusammenwirken der Geister der Weisheit, der Kyriotetes – sie sind ganz besonders mit dem Sophien-Prinzip in unserem Kosmos verbunden – und den Wesenheiten aus der Hierarchie der Archangeloi in Erscheinung tritt. Zudem geschieht in dem gegebenen Falle dieses Zusammenwirken auf dieselbe Weise wie auf der alten Sonne, als die Geister der Weisheit die Archangeloi mit dem Prinzip des individuellen Ich begabten; in anderen Worten: Sie waren in gewissem Sinne ihre *Väter*, was das Entstehen ihres Ich-Bewußtseins betrifft (über die besondere Stellung, welche der Erzengel Michael seit der alten Sonnenzeit (s. Anm. 24 im II. Teil) sowie in der Erdenepoche innerhalb der Erzengel als Sonnenerzengel und Verwalter der himmlischen Intelligenz einnimmt (s. die Kapitel über sein herbstliches Fest und seine Tätigkeit im Zusammenhang mit dem Christus-Impuls und der nathanischen Seele).

26 S. «Rudolf Steiner und die Grundlegung der neuen Mysterien», Kap. 6. Das oben Gesagte widerspricht nicht dem Hinweis im nächsten Kapitel, daß die absteigende Jahreshälfte (Herbst und Winterbeginn) mehr mit dem Wirken der Vaterkräfte im Jahreslauf verbunden ist. Denn es ist ja gerade für unsere Zeit das Eindringen des neuen Christus-Geistes, dessen Offenbarung wir in der modernen Anthroposophie begegnen, in das praktische Handeln der Menschen auf der Erde, das zu einer allmählichen Umwandlung der Natur-Sphäre des Vaters führt, ganz besonders wesentlich und notwendig, als Grundlage aber für eine solche Tätigkeit soll das in unserer Zeit nach dem Willen der geistigen Welt gestiftete herbstliche Michael-Fest dienen, das wahr-

haft spirituell zu feiern erst dann möglich sein wird, wenn der neue Christus-Geist, der zu Pfingsten in der Menschenseele entzündet wurde, in ihr so stark geworden ist, daß er im Jahreslauf in die zweite, absteigende Hälfte bis zu den Ende-September-Tagen dringen und uns befähigen kann «... *Geistiges in unsere Handlungen einzuführen,* von dem Geistigen aus unser Leben einzurichten. Das heißt, dem Michael zu dienen: nicht bloß vom Materiellen aus unser Leben einzurichten, sondern sich bewußt zu sein, daß derjenige, der die niederen ahrimanischen Mächte zu überwinden in seiner Mission hat, Michael, sozusagen unser Genius für die Zivilisationsentwicklung werden muß» (GA 224, 23.5.1923).
S. auch die Worte Rudolf Steiners über das Michael-Fest auf S. 282 f.

27 S. GA 229, 12.10.1923.
28 GA 202, 24.12.1920.
29 Im Vortrag vom 1.12.1922 (GA 219) spricht Rudolf Steiner davon, daß das Denken mehr mit dem Tagesrhythmus zusammenhängt und das *Fühlen* mit dem Jahresrhythmus.
30 GA 175, 20.5.1917.
31 ebd.
32 GA 236, 4.6.1924.
33 ebd. In diesem Vortrag weist Rudolf Steiner auch darauf hin, daß das genannte Erleben des Vater-Reiches, welches sich unmittelbar *hinter* der physisch-sinnlichen Welt befindet, sich im Jahreslauf ganz besonders in der Herbst- und Winterzeit entwickelt und zu Weihnachten seinen Höhepunkt erreicht, was in dem Wort «Ex deo nascimur» zum Ausdruck kommt.
34 Eine Ausnahme bildet hier auch Jesus von Nazareth (die nathanische Seele) nicht, mit dem sich die kosmische Christus-Wesenheit bei der Taufe im Jordan vereinigte: «Und Johannes bezeugte: Ich habe geschaut, wie der Geist gleich einer Taube vom Himmel auf ihn herniederstieg und mit ihm verbunden blieb» (Joh. 1,32).
35 GA 214, 30.7.1922.
36 GA 118, 15.5.1910.
37 GA 153, 14.4.1914.
38 GA 214, 27.8.1922.
39 GA 132, 31.10.1911.
40 In einem anderen Vortrag sagt Rudolf Steiner: «Und alle Entwickelung bis in die Saturnzeit zurück, bis zur Vulkanzeit vorwärts wird so gesehen, daß das *Licht* für dieses Sehen (das heißt das Licht des Heiligen Geistes) ausstrahlt von der Erkenntnis des Mysteriums von Golgatha» (GA 207, 16.10.1921).
41 GA 161, 10.1.1915.
42 ebd.
43 GA 214, 30.8.1922. – In demselben Vortrag sagt Rudolf Steiner, daß in dieser Fixsternsphäre, wo «... in dem Christus eine Art Führer zum Ordnen der verwirrenden Ereignisse dieser Sphäre» entsteht, sich das Karma dem geistigen Blick des Menschen offenbart.
44 Diese drei Stufen finden sich auch im Lebensweg Rudolf Steiners. Zunächst

mit sieben Jahren das Eindringen in die Vatersphäre durch das Erwachen des Hellsehens. Sodann um 1899 seine unmittelbare Begegnung mit dem Christus in der geistigen Welt (der Sohnessphäre) und die Vereinigung mit ihm, wodurch er den Impuls des Geistes erlebte, aus dessen Offenbarungen die Anthroposophie durch ihn begründet wurde als «die Weisheit des Heiligen Geistes vom Menschen». Und dieser Impuls des neuen Christus-Geistes wirkt dann im Laufe der drei Jahrsiebte der irdischen Entwicklung der Anthroposophie (1902–1924), indem die eigentlichen Geheimnisse der Sphäre des Geistes im Laufe des ersten Jahrsiebts enthüllt werden (Ausarbeitung der Grundlagen der anthroposophischen Weltanschauung); die der Sphäre des Sohnes im Laufe des zweiten Jahrsiebts (Christologie und Mysterienkunst); und die Geheimnisse der Vatersphäre im Laufe des dritten Jahrsiebts (Eindringen der anthroposophischen Impulse in verschiedene Bereiche praktischer Tätigkeiten als Beginn der allmählichen Spiritualisierung der Gegenwartskultur). Und schließlich haben wir als Kulmination der einundzwanzigjährigen Entwickelung der Anthroposophie die Weihnachtstagung von 1923 und die umfassenden karmischen Forschungen von 1924, die sich auf die «Geheimnisse der Michaelssphäre» beziehen und die Rudolf Steiner mitteilen konnte, nachdem er selbst das dreiundsechzigste Jahr erreicht hatte, wodurch es ihm möglich wurde «...in die Weltengeheimnisse hinaufzuschauen durch die Saturn-Weisheit» (GA 240, 20.7.1924). S. Genaueres in «Rudolf Steiner und die Grundlegung der neuen Mysterien».

45 Wir sehen, daß von dem genannten Standpunkt aus das Jahr sich dreigegliedert erweist, so wie das bei den alten Indern der Fall war – und auch in noch älteren Zeiten – obwohl damals in anderer Art, da in dieser Zeit sogar die Naturgrundlage des Jahres noch geistig aufgefaßt wurde» (s. GA 223, 2.4.1923). Heute, in der neuen Weltepoche, die nach dem Mysterium von Golgatha begonnen hat, muß die Offenbarung der ursprünglichen Trinität wiederum gefunden werden, jedoch heute nicht als wirkend aus der Naturgrundlage heraus, sondern aus den Kräften der mit der Erde verbundenen Christus-Wesenheit. Ein solches Erleben der Kräfte der Trinität im Jahreslauf wird sich in dem Maße mehr und mehr verbreiten, in dem der Impuls des ätherischen Christus verwirklicht werden wird.

46 S. Anm. 1 zum Vorwort.

47 GA 130, 17.6.1912.

48 Selbstverständlich muß man diese Übungen, hat man einmal mit ihnen begonnen, im Laufe des *ganzen* Jahres und oftmals viele Jahre durchführen. Es ist hier nur von der Übereinstimmung gesprochen worden, die zwischen den geistigen Kräften des Jahreslaufes und den Grundelementen des anthroposophischen Erkenntnisweges herbeigeführt werden kann, das heißt von der geeignetsten Zeit, um die eine oder andere Stufe durchzumachen. Zudem sind die oben dargelegten Fakten ihrer Natur nach sehr vielgestaltig, weshalb es sich nur um einen bestimmten *Aspekt* des Ganzen handeln kann.

49 GA 214, 27.8.1922.

50 Es sollte der Geistesschüler hier versuchen, auf mikrokosmische Weise in sich

den geistigen Prozeß nachzuvollziehen, der dem ähnlich ist, den Rudolf Steiner im Vortrag vom 14. 4. 1914 (GA 153) als einen makrokosmischen Prozeß beschreibt.

51 GA 130, 2. 12. 1911.

52 Über das Verhältnis des oben Gesagten zu der Beschreibung vom Wirken der Kräfte des Michael und der Kräfte der Sophia im Jahreslauf (am Beginn dieses und im vorigen Kapitel) ist noch das Folgende hinzuzufügen. Es ist im Jahreslauf die Aufgabe Michaels als des Sohnes der Sophia, während seiner gegenwärtigen Herrschaftsepoche die Impulse des Geistes in das irdische Naturdasein (die Sphäre des Vaters) zu tragen. Darauf weist Rudolf Steiner mit den folgenden Worten hin: «Michael muß uns durchdringen als die starke Kraft, die das Materielle durchschauen kann, indem sie im Materiellen zu gleicher Zeit das Geistige sieht, indem im Materiellen überall der Geist gesehen wird» (GA 194, 22. 11. 1919). Deshalb impulsiert Michael im Jahreslauf drei der neun beschriebenen Stufen im besonderen, d. h. diejenigen Stufen, die zu begehen das Ende des Sommers und der *Herbst* besonders geeignet sind.

1. Das Studium der Anthroposophie. – «Michael will, daß der Mensch ein freies Wesen ist, das in seinen Begriffen und Ideen auch einsieht, was ihm als Offenbarung von den geistigen Welten aus wird» (GA 240, 19. 7. 1924). Hier sind unter «Offenbarung» die Mitteilungen der modernen Geisteswissenschaft zu verstehen, denn die «Anthroposophie möchte die Botschaft von dieser Michael-Mission sein» (GA 26).

2. Das ätherische Schauen der elementarischen Welt. – «Michaels Sendung ist, in der Menschen Äther-Leiber die Kräfte zu bringen, durch die die Gedanken-Schatten wieder Leben gewinnen; dann werden sich den belebten Gedanken Seelen und Geister der übersinnlichen Welten neigen» (GA 26). Das wird dadurch geschehen, daß allmählich «in das allgemeine intellektuelle Menschheitsbewußtsein» durch das Wirken des Michael-Impulses «die Kraft der Imagination einziehen wird» (GA 26).

3. Das Verwirklichen des Karma. – «Durch den Eintritt der Herrschaft des Michael, ... mit dem Hereindringen des Michael in die Erdenherrschaft» wird von Michael hereingebracht «die Kraft, die da bei denjenigen, die mit ihm gegangen sind, wiederum das Karma in Ordnung bringen soll. So daß wir sagen können: Was vereinigt die Mitglieder der Anthroposophischen Gesellschaft? Das vereinigt sie, daß sie ihr Karma in Ordnung bringen sollen» (GA 237, 8. 8. 1924).

Die Willenskräfte aber dafür gibt Michael. «Michael ist der Geist der Stärke» (GA 194, 22. 11. 1919).

Und so hilft Michael der Seele im Jahreslauf dreimal auf drei verschiedenen Ebenen, den Weg aus dem Bereich des Vaters in den des Sohnes, des Christus, zu finden. Es ist «der Michaels-Weg, der seine Fortsetzung in dem Christus-Weg findet» (GA 194, 23. 11. 1919).

Denn «Michael ... fängt in der jetzigen Zeit an ..., den Christus von neuem zu offenbaren» (GA 152, 2. 5. 1913). Und weiterhin sagt Rudolf Steiner: «Damit aber ist uns auf zweierlei hingedeutet, dem wir entgegengehen müssen. Zuerst erkennen in der unmittelbaren Sinneswelt, also in der Menschen-, Tier- und Pflanzenwelt, das Übersinnliche, das ist der Michaels-Weg [d. h. der Beginn des ätherischen Hellsehens]. Und seine Fortsetzung: in dieser Welt, die wir so selber als eine übersinnliche erkennen, den Christus-Impuls darinnen zu finden [heute vor allem in ätherischer Gestalt]» (GA 194, 23. 11. 1919). Und schließlich erlangen wir durch den von Christus geschenkten Sophien-Impuls («nicht der Christus fehlt uns..., die Sophia von Christus fehlt uns», GA 202, 24. 12. 1920) die Kräfte, um auf allen drei Ebenen die Geist-Stufe durchzumachen, denn wir bedürfen der Sophia des Christus, der neuen Isis, zum rechten Meditieren, zum Schauen des Karma und zur Arbeit an der Vergeistigung der Erde.

53 Es gibt auch zwischen dem hier beschriebenen *dreijährigen* Zyklus und dem *dreijährigen* Weilen der Christus-Wesenheit auf der Erde in den Hüllen des Jesus von Nazareth eine Beziehung. Jedoch eine eingehendere Betrachtung derselben würde den Rahmen der vorliegenden Arbeit sprengen.

54 Man kann auch sagen, daß der erste Zyklus (das erste Jahr) zur Vergeistigung des menschlichen Denkens, der zweite des Fühlens und der dritte des Wollens führt.

55 GA 175, 13. 3. 1917.

56 Paulus: Galater, 2,20.

57 Math. 18,20 (übers. v. Luther).

58 GA 26.

59 S. GA 153, 13. 4. 1914.

60 Der moderne Materialismus führt die Seele nach dem Tode in eine immer größere Einsamkeit in der geistigen Welt (s. «Die Geheimwissenschaft im Umriß»), was ein Überwiegen der antisozialen über die sozialen Tendenzen in der Erdenwelt zur Folge hat.

61 S. GA 186, 12. 12. 1918.

62 S. GA 194, 23. 11. 1919.

63 S. GA 112, 24. 6. 1909.

64 ebd.

65 GA 218, 18. 11. 1922. – Die im vorigen Kapitel dargestellte dreifache Gliederung des Jahreslaufes steht in enger Beziehung zu dem Thema der «sozialen Dreigliederung», es ist jedoch eine eingehende Betrachtung dieses Zusammenhanges hier nicht möglich.

66 Hier ist noch hinzuzufügen, daß es der Anthroposophie als der modernen Äußerung des Rosenkreuzerimpulses obliegt, abermals zu vereinigen, was bis in unsere Zeit getrennt wirkte: Wissenschaft, Kunst und Religion (s. GA 245, Ansprache vom 20. 9. 1913 zur Grundsteinlegung des ersten Goetheanum). Deshalb sollte jedes anthroposophisch gestaltete Jahresfest im wesentlichen aus den drei folgenden Elementen bestehen (vgl. GA 224, 23. 5. 1923 und GA 257, 30. 1. 1923):

1. der geisteswissenschaftlichen Erkenntnis seines Wesens,
2. seiner künstlerischen Gestaltung,
3. dem realen Erleben der «Gemeinschaft mit dem Geiste» durch die Gemein-

schaft der Menschen, welche zu dem gleichen höheren Ziele streben, das heißt wahrer «Religion», *Verbindung* mit der geistigen Welt, welche Rudolf Steiner auch auf die folgende Weise charakterisiert: «... daß wir uns so fühlen, als schaute herunter auf uns und hörte uns an ein Wesen, das über uns schwebt, das real-geistig da ist. Geistige Gegenwart, übersinnliche Gegenwart müssen wir empfinden, die dadurch da ist, daß wir Anthroposophie treiben. Dann fängt die einzelne anthroposophische Wirksamkeit an, ein Realisieren des Übersinnlichen selbst zu werden» (GA 257, 27. 2. 1923). Und wenn wir an den Festeszeiten des Jahres, wo wir unsere «anthroposophische Wirksamkeit» ganz besonders dadurch zu verstärken suchen, daß wir sie mit dem geistigen Wirken des Christus im Erdenumkreis in Einklang bringen, wenn wir in einer solchen geistig «gesättigten» Jahreszeit einmal die Realität der Formel der neuen sozialen Gemeinschaft: «wo zwei oder drei versammelt sind in meinem Namen, da bin ich mitten unter ihnen» werden erleben können, dann erhalten die oben angeführten Worte von dem geistig realen Wesen, das auf uns herunterschaut und uns bei unserer anthroposophischen Arbeit anhört, geistige Bedeutung und wirkliche Konkretheit. Dann erwacht in uns eine Ahnung, was es bedeutet, «im Auftrag des Christus» in der Welt zu wirken, zu wirken, um die geistigen Grundlagen der sechsten Kulturepoche zu schaffen, die im Sinne der anthroposophischen Gemeinschaftsbildung vorzubereiten die Aufgabe jeder einzelnen anthroposophischen Gruppe und der Allgemeinen Anthroposophischen Gesellschaft im ganzen ist (s. GA 159/ 160, 15. 6. 1915).

67 Was in diesem Kapitel über den neuen Kultus gesagt wurde, der aus dem spirituellen Leben mit dem Jahreslauf hervorgeht, betrifft vor allem seine Bedeutung für das soziale Leben der Menschen. Seine Bedeutung für die individuelle Entwicklung des Menschen wird in der Schlußbetrachtung dargestellt werden. Beide Aspekte bilden ihrem Wesen nach zwei Seiten eines Ganzen, entsprechend den zwei «Geboten», die der Christus den Menschen gab: «Liebe deinen Nächsten und liebe Gott» (Mark. 12,28–31). Die Verwirklichung dieser zwei Gebote wird in dem Maße, in dem der Christus-Impuls in die Menschen eindringt, durch das *soziale* (Feste) und *bewußte* (Einweihungsweg) kultische Handeln mehr und mehr zu einer Weihehandlung werden, einer Art kultischen Opferdienstes. Und dann wird der Mensch allmählich dazu gelangen, im sozialen Leben mit anderen Menschen «im Auftrag Christi» zu handeln und dem gleichzeitig in seiner individuellen geistigen Entwicklung auf dem Wege der «Imitatio Christi» folgen zu lernen, so wie das heute in der modernen christlichen Einweihung möglich ist.

68 In dem Buch «Die geistige Führung des Menschen und der Menschheit» äußert Rudolf Steiner diesen Gedanken auf die folgende Weise:
«Künftig werden Chemiker und Physiker kommen, welche Chemie und Physik nicht so lehren, wie man sie heute lehrt, sondern welche lehren werden: ‹Die Materie ist aufgebaut in dem Sinne, wie der Christus sie nach und nach angeordnet hat!› Man wird den Christus bis in die Gesetze der Chemie und Physik hinein finden.»

Das wird auch die Zeit sein, da, nach einer anderen Äußerung Rudolf Steiners, der Laboratoriumstisch zum Altar werden wird und die wissenschaftliche Tätigkeit zur Weihehandlung. Eine solche verchristlichte Wissenschaft wird in der sechsten Kulturepoche allgemein verbreitet werden.

69 Ein solches «Wirklichkeitsgetränktsein» verleiht der Christus unseren moralischen Handlungen, wenn wir nur eine bewußte Beziehung zu ihm suchen, beispielsweise auf dem Wege, der im vorigen Kapitel beschrieben wurde.
70 GA 175, 27. 2. 1917.
71 S. «Geheimwissenschaft im Umriß», GA 13.
72 Mark. 13,31 und Luk. 21,33.
73 S. GA 104, 29. und 30. 6. 1908.

XII. Teil: «Die Mysterien des ätherischen Christus in der Gegenwart»

1 S. «Rudolf Steiner und die Grundlegung der neuen Mysterien», Kapitel 7.
2 S. Kap.: «Die vierte Tat der nathanischen Seele. Die Verwandlung der Mission Michaels zur Zeit des Mysteriums von Golgatha».
3 S. GA 152, 2. 5. 1913.
4 Daß Michael der «Repräsentant des Christus» in der Sonnensphäre wurde, hängt auch damit zusammen, daß er dank seinem Aufsteigen in den Rang eines Archai ein neues Verhältnis zu dem *Geistesmenschen* des Christus gewann, welcher von dem Christus auf der Sonne zurückgelassen wurde, als Er zur Erde herabstieg (s. Vortrag vom 27. 8. 1924, GA 240).
5 GA 243, 18. 8. 1924.
6 S. Kap.: «Von Michaeli bis Weihnachten. Michael und die nathanische Seele».
7 Es handelt sich hier selbstverständlich nur um *einen bestimmten Teil* jener Aufgaben, und zwar vornehmlich um den Teil, der mit der Tatsache zusammenhängt, daß Michael bis 1879 im Kosmos aus der Hierarchie der *Erzengel* heraus wirkte. Es ist wohl kaum nötig zu erwähnen, daß er auch, nachdem er aufgestiegen war, viele seiner Aufgaben weiterhin beibehielt.
8 Im Vortrag vom 6. 2. 1917 (GA 175) nennt Rudolf Steiner das Jahr 1909 als das Jahr, in dem das neue Erscheinen des Christus begann.
9 GA 152, 18. 5. 1913.
10 GA 152, 20. 5. 1913.
11 S. GA 137, 11. und 12. 6. 1912.
12 S. auch GA 114, 25. 9. 1909.
13 GA 105, 14. 8. 1908.
14 GA 106, 12. 9. 1908.
15 GA 121, 14. 6. 1910.
16 ebd.
17 S. Anm. 21 im X. Teil. – Noch ein weiterer Aspekt der Beziehung des historischen Buddha zum Wotan-Erzengel ist hier zu erwähnen. Der römische Historiker Tacitus (1. Jahrhundert n. Chr.) schreibt in seinem Überblick über die religiösen Anschauungen der alten Germanen über Wotan unter dem

Namen Merkur, indem er seinen Namen dem entsprechenden Wochentag, dem Mittwoch, hinzufügt («Germania», IX). E. P. Blavatskij wiederum erinnert in ihrem dritten Band der «Geheimlehre» an die alte esoterische Formel: «Buddha-Merkur», was wir durch die Lehren der Geisteswissenschaft verstehen können. Diese weist darauf hin, daß der Merkur der Erzengelsphäre zuzurechnen ist (s. Morgenvortrag vom 12. 4. 1909, GA 110).

18 S. «Rudolf Steiner und die Grundlegung der neuen Mysterien», Kapitel 3.
19 Das bedeutet nicht, daß nicht noch höhere Geister bis zur Hierarchie der Geister der Bewegung durch den Bodhisattva wirken können (s. Vortrag vom 13. 4. 1912, GA 136).
20 GA 13.
21 Im Gegensatz zu den Geistern der Weisheit, die «Geber des Lebens» genannt werden können, da sie den Menschen auf der alten Sonne mit dem Ätherleib begabten und gleichzeitig die Führer der Erzengel waren, als diese die Menschenstufe durchmachten.
22 GA 121, 14. 6. 1910.
23 Eine Ausnahme bilden in gewissem Sinne Freyr und Freya, welche nach den Angaben Rudolf Steiners zur Hierarchie der Engel gehörten und trotzdem die *zweite Generation* der Wanen repräsentierten. Sie treten als «Kinder» Njödrs auf (s. Vortrag vom 17. 6. 1910, GA 121).
24 In dem Zyklus: «Das Lukas-Evangelium» heißt es: «Es kann sich ein solches Wesen [der Nirmanakaya des Buddha], das nicht mehr bis zu einem physischen Leibe heruntersteigt, aber noch einen astralischen Leib hat, hineingliedern in den astralischen Leib eines anderen Menschen. Dann wirkt es in einem solchen Erdenmenschen; dann kann dieser Mensch eine wichtige Persönlichkeit werden, denn in ihm wirken jetzt die Kräfte einer solchen Wesenheit, welche schon ihre letzte Inkarnation auf der Erde durchgemacht hat. So verbindet sich eine solche astralische Wesenheit mit der astralischen Wesenheit irgendeines Menschen auf der Erde. In der kompliziertesten Art kann eine solche Verbindung geschehen. Als der Buddha in der Form der ‹himmlischen Heerscharen› den Hirten im Bilde erschien, da war er nicht in einem physischen Leibe, aber er war in einem *astralischen Leibe*... Wir können also sagen: Der Nirmanakaya des Buddha erschien den Hirten in der Form der Engelscharen. Da erstrahlte der Buddha in seinem Nirmanakaya und offenbarte sich auf diese Weise den Hirten» (GA 114, 17. 9. 1909).
25 Luk. 2,13–14 (übers. v. Luther).
26 GA 114, 17. 9. 1909.
27 In den beiden nachfolgend angeführten Zitaten Rudolf Steiners finden wir in einem Falle die Worte «himmlische Heerscharen» nach Luther und in dem anderen «in der Form der Engelscharen».
28 Luk. 2,8–13 (übers. v. Luther),14 (übers. v. Bock).
29 GA 114, 16. 9. 1909.
30 GA 114, 17. 9. 1909.
31 In Wirklichkeit ist dieser Prozeß noch komplizierter. Denn der zweite Impuls, der aufweckend auf das Ich Johannes' des Täufers wirkte, war der Einfluß der

nathanischen Seele auf ihn während des Besuches von Maria bei Elisabeth (s. Vortrag vom 19.9.1909, GA 114).
32 GA 114, 20.9.1909. – An anderer Stelle charakterisiert Rudolf Steiner diese Beziehung zwischen dem Nirmanakaya des Buddha und Johannes dem Täufer auf folgende Weise: «Jetzt war der Buddha in seinem Nirmanakaya, überstrahlte das nathanische Jesuskind und setzte dann seine Predigt fort, indem er die Worte ertönen ließ aus dem Munde Johannes des Täufers. Was der Mund des Johannes sprach, das geschah unter der Inspiration des Buddha... Er spricht auch da, wo er nicht mehr verkörpert ist, wo er inspiriert durch den Nirmanakaya. Aus dem Munde Johannes des Täufers hören wir, was der Buddha zu sagen hatte sechs Jahrhunderte später, nachdem er in einem physischen Leibe gelebt hat... Und was in der Predigt von Benares lebendig war, das blühte in der Predigt Johannes des Täufers am Jordan» (ebd.).
33 Mark. Kap. 1,2.
34 In den Kommentaren Rudolf Steiners zu der Predigt Johannes' des Täufers, die in dem Zyklus «Das Lukas-Evangelium» (GA 114) enthalten sind, kann man die Elemente, die von dem Nirmanakaya des Buddha herrühren, deutlich von denjenigen unterscheiden, die vom Engel des Gautama-Bodhisattva stammen.
35 An anderer Stelle nennt ihn Rudolf Steiner einen *führenden Engel* (GA 124, 2.2.1911).
36 Die Worte über den Engel, welche am Anfang des Markus-Evangeliums stehen (1,2), werden im zweiten Buch Mose (23,20) und im Buch des Propheten Maleachi (3,1) erwähnt, und nur die auf sie folgenden Worte (1,3) stammen aus dem Buch des Propheten Jesajas (40,3).
37 GA 124, 6.12.1910.
38 Luk 2,11 (übers. v. Luther).
39 GA 124, 6.12.1910.
40 Ein anderes Mal beschreibt ihn Rudolf Steiner folgendermaßen: «...den Angelos, der als Engel zu verkündigen hat, *was der Mensch eigentlich werden soll durch die Aufnahme des Christus-Impulses –*, weil Engel vorher verkündigen müssen, was der Mensch erst später werden soll» (GA 124, 12.12.1910).
41 GA 127, 25.2.1911.
42. Joh. 1,6–8.
43 GA 124, 6.12.1910.
44 S. Luk 2,11 (übers. v. Luther).
45 GA 114, 17.9.1909. – An anderer Stelle charakterisiert Rudolf Steiner den neuen Zustand des Nirmanakaya des Buddha nach seiner Vereinigung mit der astralischen Mutterhülle des nathanischen Jesus folgendermaßen: «Daher haben wir es von diesem Augenblick an nunmehr mit einer bestimmten Wesenheit zu tun, die eigentlich zusammengefügt ist aus dem Nirmanakaya, dem Geistleib des Buddha [der, wie wir sahen, astralischer Natur ist], und aus jenem astralischen Mutterleibe, der sich wie eine astralische Mutterhülle von dem bis zum zwölften Jahre herangewachsenen Jesuskinde losgelöst hat» (GA 114, 18.9.1909).

46 GA 114, 17. 9. 1909.
47 Zu jener Zeit geschah die Loslösung der Äther- bzw. Astralhülle nicht im siebenten und vierzehnten Jahr wie heute, sondern einige Zeit früher, ungefähr um das fünfte und das zwölfte Jahr (s. Vortrag vom 21. 9. 1909, GA 114).
48 GA 114, 20. 9. 1909.
49 GA 114, 18. 9. 1909.
50 ebd.
51 Weil die Verkörperung der nathanischen Seele als Jesus von Nazareth ihre *erste* Erdenverkörperung seit der alten lemurischen Zeit war, so war diese Verkörperung nicht nur ein großes Opfer ihrerseits, sondern auch eine ganz besonders schwere Prüfung, und sie war deshalb auch ganz besonderer Hilfe bedürftig, welche ihr jene Wesenheit am besten gewähren konnte, die die Gesetzmäßigkeit beider Welten, der geistigen sowie der physischen, gleichermaßen kannte und die einst die Menschen gelehrt hatte, daß die irdische Welt Maya ist und überwunden werden muß. «So blicken wir mit den Hirten hin auf die Krippe, wo der Jesus von Nazareth, wie man ihn gewöhnlich nennt, geboren worden ist; wir blicken hin und sehen über dem Kindlein den Glorienschein von Anfang an und wissen, daß in diesem Bilde sich ausdrückt die Kraft des Bodhisattva, der der Buddha geworden ist, welche vordem den Menschen zugeströmt ist und welche jetzt von den geistigen Höhen aus auf die Menschheit wirkte und die größte Tat entfaltete, als sie das bethlehemitische Kindlein überstrahlte, *damit es sich in der entsprechenden Weise einreihen konnte in die Menschheitsentwicklung* (GA 114, 16. 9. 1909).
52 Man kann auch sagen, daß diese Wesenheit – in menschlichen Worten – der Welt mit dieser Tat «ein Beispiel gab», das der Nirmanakaya des Buddha später in einem anderen Bereich «wiederholen» sollte.
53 Etwas Ähnliches liegt bei der geistigen Individualität Buddhas vor. Kann er doch die Kräfte der *astralischen* Mutterhülle des nathanischen Jesus nur dadurch mit sich vereinen, daß der Leib des Nirmanakaya, mit dem er in der geistigen Welt bekleidet ist, nichts anderes ist, als der eigene, bis zu einem gewissen Grade in das Geistselbst umgewandelte *Astralleib* (s. S. 328).
54 Emil Bock, «Die drei Jahre», Kapitel 10.
55 ebd.
56 S. «Rudolf Steiner und die Grundlegung der neuen Mysterien», Kapitel 3.
57 S. Anm. 47.
58 Hier ist unter «Sündenfall» das Eindringen der luziferischen Kräfte während der lemurischen Epoche in die menschliche Entwickelung zu verstehen, was später in der atlantischen Epoche das Eindringen der Kräfte Ahrimans und mit ihnen der Todeskräfte zur Folge hatte.
59 Der Christus besiegt im Garten von Gethsemane den Tod noch nicht, er hält ihn währenddessen nur von sich fern. Der eigentliche Sieg über ihn geschieht auf Golgatha, *nicht* durch den Sieg über *das Sterben,* sondern *durch* das bewußte *Hindurchgehen durch den Tod* und die folgende *Auferstehung.*
60 In dem Buch «Die drei Jahre» führt Emil Bock anstelle von «Und es kam, daß er mit dem Tode rang» die Worte an «Als er in die Agonie kam».

61 GA 150, 21.12.1913.
62 Hier ist zu betonen, daß die Mission Widars für die Menschheit schon damals weit über die Grenzen der Führung eines Menschen, auch eines so herausragenden wie des Gautama Buddha, hinausging. Es charakterisiert die unten angeführte Beschreibung deshalb *nur eine Seite* der Tätigkeit dieses hohen Geistes.
63 S. GA 15, Kap. 3.
64 Dazu, daß das alte atavistische Denken mit der Entwickelung der Empfindungsseele besonders eng zusammenhing und deshalb in der Zeit der Verstandes- und Gemütsseele schnell verklang, siehe zum Beispiel: Rudolf Steiner: «Gnosis und Anthroposophie», 15.2.1925 (GA 26).
65 Rudolf Steiner führt in diesem Vortrag weiter aus, daß nur ein *Teil* der Aufgabe, die Bewußtseinsseele in der menschlichen Seele zu entwickeln, dem Buddha oblag. Den anderen Teil hatte ein Bodhisattva wahrzunehmen, der als Apollo-Orpheus unter den griechischen Völkern wirkte.
66 GA 116, 25.10.1909.
67 So sind auch die Worte Rudolf Steiners zu verstehen, daß wir die Inspirationen des Gautama-Buddha in den Werken solcher europäischer Denker wie Schelling, Leibnitz, W. Solovjeff und Goethe finden (s. GA 130, 19.9.1911).
68 S. GA 191, 1.11.1919 und GA 193, 27.10., 4.11.1909.
69 Aus späteren Vorträgen Rudolf Steiners geht hervor, daß das Wort «Zeichen der Zeit» ein okkulter Terminus für die Herrschaft Michaels in unserer Zeit ist (s. z. B. Vortrag vom 17.2.1918, GA 174a, sowie das Kapitel: «Die Weihnachtstagung 1923/24» in: «Rudolf Steiner und die Grundlegung der neuen Mysterien»).
70 GA 121, 17.6.1910.
71 In dem Vortrag vom 14.10.1911 sagt Rudolf Steiner: «Um dieses Ereignis [das neue Erscheinen des Christus] lichtvoll zu verstehen, muß der Mensch vorbereitet sein. Dazu aber geschieht die Ausbreitung der anthroposophischen Weltanschauung in unserer Zeit, daß der Mensch vorbereitet sein kann auf dem physischen Plan, um entweder auf dem physischen Plan oder auf höheren Planen [das heißt nach dem Tode] das Christus-Ereignis wahrnehmen zu können» (GA 131, 14.10.1911). S. auch die Worte Rudolf Steiners auf den Seiten 139 und 142.
72 Dieses Hellsehen kann, nach den Worten Rudolf Steiners, wenn es sich dem Christus nähert, im besten Falle nur «eine Illusion von dem Christus» hervorrufen (GA 191, 1.11.1919).
73 S. die Worte Rudolf Steiners auf S. 187.
74 S. V. Teil, Kapitel «Das Wirken der nathanischen Seele in den alten und den neuen Mysterien».
75 S. GA 149, 30.12.1913.
76 S. GA 175, 6.2.1917.
77 S. GA 200 u. GA 202 (s. das Zitat aus diesem Zyklus, aufgeführt in Kap. «Der Jahreskreislauf als ein Weg zum neuen Erleben der Christus-Wesenheit»).
78 GA 175, 6.2.1917.

79 ebd.
80 Es ist jedoch auch die umgekehrte Reihenfolge der Erlebnisse möglich: zunächst das Schauen der Äthergestalt des Christus und sodann das Schauen in der elementarischen Welt.
81 In den auf S. 187 angeführten Worten Rudolf Steiners, welche die Beziehung der nathanischen Seele zu dem Christus *nach* dem Mysterium von Golgatha charakterisieren, wird ihr Zusammenhang mit Krishna besonders betont, das heißt es wird hier auf ihre *engel*artige Natur hingewiesen, auf ihre Verwandtschaft mit dem Prinzip des Geistselbst (s. auch Teil I Kap. «Von Michaeli bis Weihnachten»).
81a Die Tatsache, daß die nathanische Seele seit dem Mysterium von Golgatha mit der Christus-Wesenheit in der geistigen Welt verbunden ist, geht nicht nur aus den Worten Rudolf Steiners hervor, mit denen er schildert, wie der Christus und die nathanische Seele Paulus bei Damaskus erschienen: «Christus hat den Krishna [d. h. die nathanische Seele] zu seiner eigenen Seelenhülle genommen, *durch die er dann fortwirkt...*» (GA 142), sondern auch aus seiner Beschreibung des erneuerten Erlebens von Damaskus in unserer Zeit, von dem Theodora im ersten Bild des ersten Mysterien-Dramas kündet.
Betrachten wir ihre Worte eingehend, so ergibt sich das Folgende: Zunächst sehen wir, daß ihre Rede deutlich aus zwei Teilen besteht (die Pause zwischen ihnen ist im Text durch Gedankenstriche angezeigt). Im ersten Teil spricht Theodora: «Vor meinem Geiste steht *ein Bild im Lichtesschein* und Worte tönen mir aus ihm...» Und dieses Bild spricht dann die folgenden Worte *in der ersten Person:*

«Ihr habt gelebt im Glauben,
ihr ward getröstet in der Hoffnung,
nun seid getröstet in dem Schauen,
nun seid erquickt durch mich.
Ich lebte in den Seelen,
die mich gesucht in sich...»

Aus allem, was Rudolf Steiner im allgemeinen über das neue Erscheinen des Christus und im besonderen über seine Verkündigung durch Theodora im ersten Mysterien-Drama gesagt hat, geht klar hervor, daß diese Worte von dem *ätherischen Christus selbst* stammen müssen, den Theodora in ihrer Schau wahrnimmt. Das wird auch noch dadurch bestätigt, daß der Christus ihr als Bild erscheint, von dem Rudolf Steiner im Vortrag vom 9. 11. 1914 (GA 158) sagt: «Dieses Ereignis der Erscheinung des Christus, so wie es die Theodora angedeutet hat, kann nur herbeigeführt werden, wenn sich die Herrschaft des Michael immer mehr und mehr ausbreitet... Er [Michael] braucht seine Scharen, seine Kämpfer dazu... Dadurch werden sie [die Seelen der Menschen, die nach dem Tode in seine Heerschar eintreten] ganz besonders geeignet, die Kräfte herbeizuführen, um in Reinheit *das Bild* zu geben, durch das der Christus erscheinen soll. Damit er nicht erscheint in falscher Gestalt, in subjektiver Menschheitsimagination, damit er erscheint im richtigen *Bilde*, muß Michael den Kampf kämpfen.»

Der zweite Teil von Theodoras Verkündigung ist dagegen ganz anderer Art. Hier wird davon gesprochen, wie sich aus dem das Bild des Christus umgebenden *Lichtesschein* ein Menschenwesen entringt:

«Ein Menschenwesen
entringt sich jenem Lichtesschein»,

das, sich an Theodora wendend, spricht:

«Du sollst verkünden allen,
die auf dich hören wollen,
daß du geschaut,

[hier ist das Bild des Christus aus dem ersten Teil ihrer Rede gemeint]

was Menschen noch erleben werden»,

und dann teilt es ihr die *Erkenntnis* der Ereignisse von Palästina und des Christus selbst mit, indem es auf ihn weist und *in der dritten Person* von ihm spricht:

«Es lebte Christus einst auf Erden,
und dieses Lebens Folge war...»

So erscheint der Theodora zunächst *ein Bild im Lichtesschein,* sie weiß jedoch zunächst nicht, was das für ein Bild ist (weshalb der Name des Christus im ersten Teil ihrer Rede nicht erwähnt wird). Dann «entringt» sich dem «Lichtesschein ein Menschenwesen» und vermittelt ihr die *Erkenntnis,* daß in dem Bild, das vor ihr steht, der Christus selbst sich ihr offenbart. *Wer* dieses Menschenwesen ist, davon sprechen die folgende Frage Rudolf Steiners und seine Antwort mit aller Deutlichkeit: «Was war denn sozusagen jener *Lichtschein,* in dem der Christus dem Paulus vor Damaskus erschienen ist?... Als Paulus seine Erscheinung vor Damaskus hat, da ist dasjenige, was ihm erscheint, der Christus. Der *Lichtschein,* in den sich der Christus kleidet, *ist der Krishna»* (GA 142, 1.1. 1913).

Demnach ist das *Menschenwesen,* das sich dem Lichtesschein entringt, niemand anderer als die *nathanische Seele,* welche *heute* den ätherischen Christus begleitet und in den Menschen (in diesem Falle in Theodora) «das neue Christus-Bewußtsein weckt (davon wird in dem Kapitel «Das neue Erscheinen des Christus im Ätherischen» eingehend gesprochen werden). – Und dazu, daß die nathanische Seele ihrem Ursprung nach ein *menschliches Wesen* ist, siehe Hinweis auf die Worte Rudolf Steiners in der Anmerkung Nr. 19 zum II. Teil und das Kapitel «Von Michaeli bis Weihnachten. Michael und die nathanische Seele».

82 GA 152, 2.5. 1913.
83 Aus dem, was Rudolf Steiner im Vortrag vom 2.5. 1913 (GA 152) sagte, wird deutlich, daß es sich bei der Wiederholung des Mysteriums von Golgatha im 19. Jahrhundert in den übersinnlichen Welten nicht um ein Verlöschen des Christus-Bewußtseins als solches handelt, sondern um das Verlöschen *jenes Teiles* desselben, der nach dem historischen Mysterium von Golgatha mit dem Engelwesen verbunden geblieben war: «Dieser geistige Entwicklungstod, der die Aufhebung des Bewußtseins jenes Engelwesens herbeiführte, ist eine

Wiederholung des Mysteriums von Golgatha in den Welten, die unmittelbar hinter der unsrigen liegen...»

Daß die nathanische Seele dieses Engelwesen ist, das wird durch die Tatsache bestätigt, daß im Vortrag vom 17.5. 1914, dem einzigen, in dem die zwei Themen der Wiederkehr und der vier Opfer der nathanischen Seele verknüpft werden, bei der Beschreibung der Wiederkehr der Ausdruck «engelähnliches Wesen» (s. Zitat aus diesem Vortrag auf S. 354) gebraucht wird, und das ist die Wortverbindung, die Rudolf Steiner mehrfach in vielen Vorträgen jener Jahre anwendet, um das Wesen der nathanischen Seele zu charakterisieren (s. Anm. 19 zum 2. Teil und Anm. 163a).

Außerdem ist hier zu beachten, daß sich jedes Menschenwesen in der geistigen Welt nach dem Tode sogleich nach der Loslösung des Ätherleibes mit dem Geistselbst wie mit einer äußeren Hülle «bekleidet» und später auch mit den noch höheren geistigen Gliedern (s. GA 168, 18. 2. 1916 und GA 208, 21. 10. 1921), mit anderen Worten: wahrhaftig ein engelähnliches oder sogar wirklich ein Engelwesen wird. Die letztere Bezeichnung gebraucht Rudolf Steiner zum Beispiel im Vortrag vom 19. Juli 1924 (GA 240), wo er davon spricht, daß in der übersinnlichen Michael-Schule im 15. bis 18. Jahrhundert Michael umgeben war von «jenen Menschenseelen... die damals als *Angeloi-Diener* um [ihn] geschart waren».

83a S. GA 240, 27. 8. 1924. – In einem gewissen Sinne kann man auch sagen, daß die bis dahin verborgene Engelwesennatur, welche die nathanische Seele seit dem Mysterium von Golgatha bis zu einem gewissen Grade durch die Vereinigung mit den Kräften des Christus-Ich besaß, nun durch die Vereinigung mit den Kräften seines Geistselbst in die Erscheinung trat (s. Genaueres in Anm. 163).

84 Mit diesem Prozeß wiederholt sich übersinnlich auf ähnliche Weise das, was einst als Vorbereitung des historischen Mysteriums von Golgatha auf der Erde geschah, als in der Person von Zarathustra und der nathanischen Seele zwei Ströme, welche die am meisten *vergeistigten* (reifen) und die himmlisch-*reinsten* (unschuldigen) Früchte der Menschheitsevolution trugen, in einem physischen Leib vereinigt wurden. Und so schafft Widar auch heute bei der übersinnlichen Wiederholung des Mysteriums von Golgatha während dem neuen Erscheinen des Christus ihm eine Ätherhülle aus den reifsten (in dem Ätherring bewahrten) und den unschuldigsten Ätherkräften.

85 Aus dem oben Gesagten wird die besondere Beziehung deutlich, die nicht nur zwischen Widar und dem ätherischen Ring um die Erde besteht, sondern vor allem zwischen dem Christus und diesem Ring. Es äußert sich diese Beziehung in der Zeit der ätherischen Wiederkunft so, daß der Christus mehr und mehr der große Führer der Menschen werden wird zum Aufnehmen der kosmischen Kräfte des ätherischen Ringes als derjenigen geistigen Sphäre, in welcher die Erde sich schon heute in ihrer zukünftigen *Sonnennatur* offenbart (s. S. 252 f.). In den Vorträgen, die dem neuen Erscheinen des Christus im Ätherischen gewidmet sind, gebraucht Rudolf Steiner für diese Sphäre eine Bezeichnung, die aus alt-indischer esoterischer Tradition stammt, so z. B. im Vortrag vom

6.3.1910: «Und zu dem ersten, was die Menschen erblicken werden, wenn *Schamballa* sich wieder zeigen wird, wird der Christus in seiner Äthergestalt gehören... Der Christus wird die Menschen nach *Schamballa* führen... Wenn sie versteht, diese Menschheit, daß sie jetzt nicht tiefer herabsinken darf in die Materie, daß sie Umkehr halten muß, daß ein spirituelles Leben seinen Anfang nehmen muß, dann wird sich ergeben zuerst für wenige, dann – in 2500 Jahren – für immer mehr und mehr Menschen das lichtdurchwobene und das *licht*durchglänzte, das von unendlicher *Lebens*fülle strotzende, das unsere Herzen mit *Weisheit* erfüllende Land Schamballa» (GA 118, 6.3.1910). (S. auch den Vortrag vom 9.3.1910, GA 116.) Die im Zitat hervorgehobenen Worte Licht, Leben und Weisheit entsprechen genau der Charakteristik des ätherischen Ringes auf S. 262 ff. (Vgl. auch die zwei Hinweise auf die Wiederkunft in der Übersetzung des Lukas-Evangeliums von E. Bock in Kap. 17, Vers 24 und Kap. 21, Vers 27.)

86 GA 114, 26.9.1909. Vgl. damit GA 15, Kap. 1.
87 Über die Beziehung zwischen der Erinnerungsfähigkeit und der Entwicklung des imaginativen Schauens spricht Rudolf Steiner mehrfach, so z.B. in den Vorträgen vom 2. und 3.9.1921 (GA 78).
88 Rudolf Steiner sagt in diesem Zusammenhang: «Die Christuskraft muß sich mit dem verbinden, was die besten Kräfte der kindlichen Natur im Menschen sind. Sie darf nicht an die Fähigkeiten anknüpfen, die der Mensch verdorben hat, an das, was aus der aus dem bloßen Intellekt geborenen Wesenheit herstammt; sondern sie muß an das anknüpfen, was aus den alten Zeiten der kindlichen Natur geblieben ist. Das ist das Beste, das muß regenerieren und von da ausgehend das andere befruchten» (GA 114, 26.9.1909).
89 GA 114, 21.9.1909.
90 GA 152, 7.3.1914.
91 GA 165, 2.1.1916.
92 Es beginnt dieses ätherische Licht, indem es von den geisterfüllten Gedanken des Menschen durchdrungen wird, abermals nach außen zu strahlen. Denn im Gegensatz zum Lebens- und Klangäther, die eine zentripedale Tendenz haben, das heißt vornehmlich der Aufnahme geistiger Impulse aus dem Kosmos dienen, hat der Lichtäther eine zentrifugale Tendenz und ist infolgedessen besonders dazu geeignet, geisterfüllte Gedanken nach außen, in den Makrokosmos, zu tragen (s. Guenther Wachsmuth, «Die ätherischen Bildekräfte in Kosmos, Erde und Mensch, 1924, Kap. 2), wo sie in das Astrallicht eingeprägt werden. (Das ist heute die neue, nächste Stufe der Entwickelung, auf die Rudolf Steiner in dem Vortrag vom 13.1.1924, GA 233 hinwies.) Aus diesem «umgewandelten» Astrallicht schafft die nathanische Seele dann dem ätherischen Christus das neue Lichtkleid (s. S. 352).
93 S. GA 233, 13.1.1924 und Anm. 94.
94 Hier müssen wir, wenn auch nur kurz, auf eine weitere Frage eingehen, welche in diesem Zusammenhang entstehen kann: wie verhält sich die Tatsache, daß das Astrallicht, das mit der nathanischen Seele verbunden ist, verlöscht, später aber in den Lichtäther im menschlichen Lebensleib verwandelt wird, zu der

Tatsache, welche wir oben (auf S. 253) betrachteten, daß das Erleben des ätherischen Christus möglich wird, wenn der Impuls des Heiligen Geistes in den Menschen eindringt? Dazu ist das Folgende zu sagen: Die vier Ätherarten, die den menschlichen Ätherleib bilden, sind – gemäß den Angaben der Geisteswissenschaft (s. GA 114, 21. 9. 1909 und GA 121, 11. 6. 1910) – zugleich ätherische Abbilder der entsprechenden makrokosmischen Sphären. So ist der Lebensäther ein Abbild der Fixsternsphäre (des höheren Devachan, der Welt der Intuition) und der Klangäther (oder chemische Äther) ein Abbild der Harmonie der Planetensphären (des niederen Devachan, der Welt der Inspiration). *Der Lichtäther weiterhin ist ein Abbild der elementarischen Welt (des Astralplanes, der Welt der Imagination),* und nur der Wärmeäther hat kein entsprechendes makrokosmisches Urbild, denn er wirkt bereits an der Grenze zwischen dem ätherischen und dem physischen Leib und bildet infolgedessen die Grundlage für das freie Entfalten und Erleben des individuellen Menschen-Ich (s. GA 233, 31. 12. 1923).

Die besondere Beziehung, welche zwischen dem Lichtäther und dem Astrallicht besteht, wird so verständlich, ist doch ersterer ein ätherisches Abbild des letzteren. Damit taucht aber die Frage auf: wenn der Lebensäther das Abbild der Sphäre des höheren Devachan ist, wessen Abbild ist dann das «hinter» oder «über» ihm wirkende Astrallicht? Um sein «Urbild» im Makrokosmos zu finden, müssen wir uns einem noch höheren Bereich als dem des höheren Devachan zuwenden, das heißt der Buddhi-Welt oder der Welt der Vorsehung, der sich *hinter* der Fixsternsphäre befindenden Sphäre, in welcher der *Heilige Geist unmittelbar wirkt* (s. S. 127). Ein Abbild eben dieser Sphäre, die zugleich der wahre Ort der Akasha-Chronik, des kosmischen Gedächtnisses der Welt ist (im Vortrag vom 28. 5. 1907, [GA 99] führt Rudolf Steiner aus, daß sie ihre Quellen *hinter* dem höheren Devachan hat), ist das Astrallicht in der geistigen Umgebung der Erde. In anderen Worten: in der Umgebung der Erde wirkt der Heilige Geist sowohl *durch* das Astrallicht als auch *in* ihm (vgl. damit das oben Gesagte auf S. 250). So haben wir im ganzen gesehen einen doppelten Prozeß des «Abbildens», welcher die Sphäre des Heiligen Geistes (die Buddhi-Welt) mit dem Astrallicht verbindet und dieses mit dem Lichtäther.

Weiter oben (auf S. 350 f.), sprachen wir davon, daß der Auslöschungsprozeß des Christus-Bewußtseins der nathanischen Seele zugleich mit dem Verlöschen des mit ihr verbundenen Astrallichtes vor sich ging, in dessen Strömen ihr Bewußtsein lebt. Nun können wir diesen Prozeß noch genauer betrachten: In der Buddhi-Sphäre oder der Welt der Vorsehung, wo wir den höheren Aspekt des Christus zu suchen haben, *erscheint der von Ihm ausgehende Heilige Geist selbst als Inhalt des Christus-Bewußtseins.* Dagegen in der unmittelbaren Erdenumgebung erscheint er als Inhalt des Christus-Bewußtseins *im* Astralleib oder *mittels* desselben. Und dieses in höchstem Maße vom Heiligen Geist erfüllte (oder «gesättigte») Astrallicht ist auch der Inhalt des Bewußtseins der nathanischen Seele. Deshalb wurde es nach dem Verlöschen des Christus-Bewußtseins der nathanischen Seele und seiner «Auferstehung» im Lichtäther der menschlichen Ätherleiber (das heißt durch ein neues Zusammenwirken des vom Heiligen Geist erfüllten Astrallichtes mit dem Lichtäther) nun möglich, daß der Impuls des Heiligen Geistes unmittelbar und gleichsam auf «natürliche» Weise bis zum Ätherleib der Menschen dringen konnte. Diese Tatsache wirft auch ein Licht auf das, was in dem Kapitel «Das exoterische und esoterische Wirken der Ätherleiber der großen Eingeweihten im 20. Jahrhundert» gesagt wurde. Denn der Mensch, der von einem so herausragenden Ätherleib überschattet wird, erfährt in seinem eigenen Ätherleib eine noch stärkere Einwirkung des Geist-Impulses, der durch das Astral-Licht *auf dem von der nathanischen Seele* dank ihrer Teilnahme an dem zweiten Mysterium von Golgatha *gebahnten Wege* in ihn eindringt.

95 S. GA 165, 2. 1. 1916.
96 ebd.
97 ebd.
98 Vom Standpunkt der geistigen Welt aus wäre die Ausbreitung dieses «dunklen Hellsehens» unter den Menschen gleich einer Verdunkelung der geistigen Sonne. Und darauf wird in der germanischen Mythologie prophetisch hingewiesen: «Der Ausdruck für alles, was *Verfinsterung, nicht richtiges Sehen* ist, ist irgendein tierisches Wesen, hier im Norden hauptsächlich der Fenriswolf. Das ist die astrale Figur für die Lüge und alles das, was Unwahrhaftigkeit aus innerem Triebe ist. – Aber hier, wo der Mensch in Beziehung zur äußeren Welt tritt, begegnet sich schon Luzifer mit Ahriman, so daß aller Irrtum, der sich in die Erkenntnis einschleicht – *auch in die hellseherische Erkenntnis* – alle Illusion und alle Maya, die Folge des Hanges zur Unwahrhaftigkeit ist, der da hineinspielt. In dem Fenriswolf haben wir also die Gestaltung zu sehen, welche der Mensch um sich herum hat dadurch, daß er die Dinge nicht in der wahren Gestalt sieht. Da, wo sich den alten nordischen Menschen irgend etwas von äußerem Licht, von der Wahrheit, verdunkelt, da spricht er von einem Wolfe... Wenn der alte nordische Mensch sich verständlich machen will über das, was er sieht bei einer Sonnenfinsternis... so wählte er das Bild des Wolfes, der die Sonne verfolgt und der in dem Momente, wo er sie erreicht, die Sonnenfinsternis bewirkt» (GA 121, 15. 6. 1910).
Das ist ein weiterer Grund, warum Widar bei seinem Kampf mit dem Wolf ihm den Rachen auseinanderreißt, so daß dieser die Sonne nicht verschlingen kann. Vgl. damit auch in der «Geheimwissenschaft» die Beschreibung der dämonischen Wesen, welche die unteren Sphären des Kama-Loka bewohnen und deren Tätigkeit «... in der Zerstörung des Ich besteht, wenn ihnen dieses Nahrung gibt». Dem imaginativen Blick erscheinen diese Wesen im Bilde des «grausam herumziehenden Wolfes» (GA 13).
99 An diesem inneren Kampf mit den ahrimanischen Mächten im menschlichen Ätherleib nehmen auch die michaelischen Mächte teil, weist doch nach den Worten Rudolf Steiners die große Imagination vom Kampf Michaels mit dem Drachen in unserer Zeit zuallererst auf den Menschen hin (s. GA 223, 27. 9. 1923), das heißt im Sinne des oben Gesagten auf seinen ätherischen und physischen Leib. Und so müssen wir sagen, wenn wir diese inneren Prozesse

im Menschen genauer betrachten: es nehmen sowohl Michael als Widar an ihnen teil, wobei es Widars Anliegen ist, das neue Hellsehen in den Menschenseelen zu wecken und die Gefahr von ihnen abzuwehren, der falschen atavistischen geistigen Erfahrung zu verfallen, während Michael vor allem die ahrimanischen Dämonen im menschlichen Ätherleib und durch ihn auch im physischen Leib überwinden will. (Darüber wird im weiteren gesprochen werden, s. S. 373 f.)

100 Das oben Gesagte ist eine wichtige Ergänzung zu dem Hinweis, daß der Fenriswolf heute das atavistische Hellsehen bei den Menschen wecken will, das nicht in der Bewußtseinsseele, sondern in der Empfindungsseele gegründet ist (s. S. 341). Denn die unrechtmäßige Versenkung des individuellen Ich-Bewußtseins in die Empfindungsseele hat unweigerlich die stärkste Verdunkelung des Ätherleibes zur Folge, was letzten Endes zur Erkrankung auch des physischen Leibes führen muß.

101 GA 174a, 17. 2. 1918.

102 Im Vortrag vom 19. 11. 1922 sagt Rudolf Steiner: «*In unserem Zeitalter* ist Michael bestimmt, immer mehr und mehr die dienende Wesenheit des Christus zu werden» (GA 218, 19. 11. 1922).

103 GA 152, 20. 5. 1913.

104 GA 152, 2. 5. 1913.

105 S. Kap. «Die vierte Tat der nathanischen Seele. Die Verwandlung der Mission Michaels zur Zeit des Mysteriums von Golgatha».

106 S. über dieses Thema GA 177.

107 GA 26.

108 Hier ist die Verwandtschaft zwischen den Bestrebungen des Wolfes und bestimmten Eigenschaften der von Michael um 1879 auf die Erde gestürzten Widersachermächte zu beachten. Letztere charakterisiert Rudolf Steiner häufig als Geister *der Finsternis* und als Inspiratoren jeder Art von *Lüge und Unwahrhaftigkeit* (s. GA 117 und GA 174a, 17. 2. 1918). Ähnlich aber wird von ihm auch der Fenriswolf charakterisiert.

109 Das oben Gesagte widerspricht den Worten Rudolf Steiners in der Anmerkung 6 in Teil I nicht, denn als Folge der Enwicklung, die Michael selbst seit den vierziger Jahren des 19. Jahrhunderts durchgemacht hat, können seine Impulse auch unmittelbar «unten» in der Welt wirken, obwohl er, gemäß seinem inneren Wesen, mit der Sonne verbunden bleibt. – Eine ganz andere Stellung in der Welt nimmt dagegen der Christus ein, der sich seit dem Mysterium von Golgatha vollkommen mit der Erde verbunden hat.

110 Die drei Vorträge sind entsprechend enthalten in GA 158, GA 174a, GA 174b.

111 In vielen Vorträgen spricht Rudolf Steiner davon, daß sich die Kräfte, welche der Menschheit von dem ätherischen Christus gebracht werden, nach und nach im Laufe von 2500–3000 Jahren entfalten werden.

112 GA 174a, 3. 12. 1914.

113 GA 174b, 14. 2. 1915.

114 GA 158, 9. 11. 1914.

115 Dazu sagt Rudolf Steiner im einzelnen: «Wir sehen, wie ein Teil der Arbeit des Michael dahingeht, beizutragen zur [schnellsten] Auflösung der westeuropäischen hochkultivierten Ätherleiber, die eine feste Gestalt haben, und wir sehen, wie sich Michael bedient in diesem Kampfe der osteuropäischen Seelen. Und so sehen wir Michael, gefolgt von den Scharen der osteuropäischen Seelen, kämpfend gegen die westeuropäischen Ätherleiber und die Eindrücke, welche die Seelen nach dem Tode haben» (GA 174b, 14.2.1915). Hier ist noch hinzuzufügen, daß auch die gewisse «natürliche» Luziferisierung der osteuropäischen Seelen das rasche Auflösen ihrer Ätherleiber nach dem Tode fördert und von Michael in seinem Kampf mit den ahrimanisierten Ätherleibern genutzt werden kann (s. dazu auch Vortrag vom 3.8.1924, GA 237, wo davon gesprochen wird, daß Michael in seinem Kampf mit dem ahrimanisierten Drachen von einigen elementarischen, luziferischen Wesenheiten Hilfe bekommt).

116 Im Vortrag vom 17.2.1918 (GA 174a) weist Rudolf Steiner darauf hin, daß die geistigen Kräfte, welche im Ätherleib eines Menschen wirken, der den Opfertod im Krieg erlitten hat, denen verwandt sind, die der Geistesschüler sonst durch seine meditative Praxis entwickelt. – In weiteren Vorträgen während der Kriegsjahre spricht Rudolf Steiner zudem oftmals über die Ätherleiber von Menschen, die im Krieg gefallen sind und nun in der geistigen Welt weilen. Die mächtigen spirituellen Kräfte dieser Ätherleiber, welche eine Zeitlang gleichsam von den allgemeinen Weltzusammenhängen «befreit» sind, können gleichermaßen sowohl zum Erreichen guter als auch schlechter Ziele genutzt werden. Im ersten Falle können diese Ätherleiber, dank spiritualisierter, vom Christus-Impuls durchdrungener Menschengedanken den Weg zu dem ätherischen Ring finden und dessen Kräfte verstärken. Es ist deshalb die wichtigste Aufgabe der modernen Geisteswissenschaft, mit allen Kräften Verständnis für diese Zusammenhänge zu entwickeln und die Möglichkeiten zu schaffen, daß diese Ätherleiber dem Guten dienen (s. z.B. Vortrag vom 13.6.1915, GA 159/60) und nicht von den dunklen okkulten Bruderschaften genutzt werden können, von denen weiter unten gesprochen werden wird. (Es ist hier kaum nötig daran zu erinnern, daß alles das heute, nach dem Zweiten Weltkrieg, sowie nach den intensivsten Versuchen von bestimmter Seite, sich der Ätherleiber Verstorbener *gegen* die rechte Menschheitsentwicklung zu bedienen, noch aktueller ist).

117 GA 152, 20.5.1913.

118 Alle drei Vorträge in GA 178.

119 Das Wort «westlich» weist hier nur darauf hin, daß die «irdische Leitung» dieser Gesellschaften vornehmlich von westlichen Ländern ausgeht, während ihr Einfluß sich, wenn auch in verschiedenem Grade, auf die *ganze* zivilisierte Menschheit ausdehnt.

120 GA 178, 18.11.1917 (vgl. mit GA 144, 4.2.1913).

121 ebd. – Eine Folge der beschriebenen Tatsachen ist die noch größere Verstärkung des Materialismus. «Dadurch aber», sagt Rudolf Steiner, «kann der Materialismus unserer Zeit gewissermaßen übermaterialisiert werden»

(GA 174, 20.1.1917), im nächsten Vortrag fügt er hinzu: «Hier auf der Erde herrschen die materialistischen Gedanken; in der geistigen Welt, als einem Karma daraus, herrscht gewissermaßen die materialistische Folge, *die Verirdischung der spirituellen Leiblichkeit bei den Toten*» (GA 174, 21.1. 1917). Und an anderer Stelle: «... diese Eingeweihten-Materialisten ... veranlassen die Seelen, *bei der Materie* auch nach dem Tode *zu bleiben*» (GA 178, 18.11. 1917).

122 GA 174, 20.1.1917.

123 GA 178, 18.11.1917.

124 Das heißt in derjenigen Sphäre, in der während des 15.–18. Jahrhunderts bereits die unterirdische ahrimanische Schule zu wirken begann (s. dazu Vortrag vom 20.7. 1924, GA 240) und aus der viele der sogenannten «unerklärlichen» Erscheinungen stammen, die fälschlicherweise außerirdischen Einflüssen zugeschrieben werden.

125 Rudolf Steiner schreibt in dem Buch «Die geistige Führung des Menschen und der Menschheit» (GA 15): «Aber auch die während der ägyptisch-chaldäischen Kultur zurückgebliebenen Wesenheiten greifen ein in unsere Kulturtendenzen; sie offenbaren sich in vielem, was gegenwärtig und in nächster Zukunft gedacht und geleistet wird. Sie treten in allem in die Erscheinung, was unserer Kultur das *materialistische* Gepräge gibt, und sind oft selbst in dem Streben nach dem Spirituellen bemerkbar.»

126 Diese ahrimanischen Geister der Finsternis, die auch – zurückgebliebene – Engelnatur haben, charakterisiert Rudolf Steiner einmal in einem Vortrag auf die folgende Weise: «Gewiß, der Höhepunkt des Materialismus war in den vierziger Jahren [des 19. Jahrhunderts] vorhanden. Aber er hatte dazumal seine Impulse mehr instinktiv in die Menschen hineingeschickt. Die ahrimanischen Scharen haben dazumal noch von der geistigen Welt aus in die menschlichen Instinkte hinein ihre Impulse geschickt. Persönliches Eigentum der Menschen wurden diese ahrimanischen Impulse, namentlich Erkenntniskräfte und Willenskräfte, seit dem Herbst 1879. Was vorher mehr Allgemeingut war, wurde damit verpflanzt in das Eigentum der Menschen. Und so können wir sagen, daß seit dem Jahre 1879 durch die Anwesenheit dieser ahrimanischen Mächte im Reiche der Menschen persönliche Ambitionen, persönliche Tendenz vorhanden ist, die Welt materialistisch zu deuten» (GA 177, 14.10. 1917).

127 Dazu Rudolf Steiner in «Die geistige Führung des Menschen und der Menschheit» (GA 15): «Und das Zurückbleiben derjenigen Wesenheiten, von denen gesagt worden ist, daß sie als hemmende Kräfte wirken, rührt davon her, daß diese sich nicht unterstellt haben der Führung des Christus, so daß sie unabhängig von dem Christus weiter wirken.» Im Gegensatz zu den Engeln, welche schon damals den Christus in sich aufnahmen und die «... in unserer fünften Kulturperiode es sind, die den Christus heruntertragen in unsere geistige Entwicklung ...» Und das bedeutet, daß heute der Christus in gewissem Sinne *durch die gesamte Engelhierarchie* wirkt.

128 GA 174, 22.1.1917.

129 ebd.
130 S. GA 167, 4.4.1916.
131 Deshalb sagt Rudolf Steiner im Vortrag vom 20.4.1917: «Das Richtige ist heute: Niemals das Unverstandene hinnehmen, was in vielen okkulten Gesellschaften heute gegeben wird» (GA 174).
132 GA 174b, 14.2.1915.
133 Es ist wohl kaum notwendig zu erwähnen, daß der Ätherleib, der in den ätherischen Ring eingeht und so auch in der Erdenumgebung bleibt, *in keiner Weise* das rechte Aufsteigen der Seele in die höheren Sphären des Makrokosmos nach dem Tode verhindert. Im Gegenteil, er ermöglicht es, daß der Mensch nicht nur während des Lebens, sondern auch nach dem Tode den ätherischen Christus erleben kann (s. GA 131, 14.10.1911).
134 GA 219, 3.12.1922.
135 In dem Vortrag wird auch später nicht erklärt, was unter «seltenen Fällen» zu verstehen ist, es ist jedoch aus allem oben Gesagten wohl anzunehmen, daß hier an erster Stelle an diejenigen Mitglieder zu denken ist, welche die obersten Stufen der genannten Bruderschaften erreicht haben.
136 GA 219, 3.12.1922.
137 Jedoch auch heute schon kann man unter bestimmten Bedingungen ein Erlebnis haben, das die reale *Möglichkeit* dieser Entwickelung zeigt. Das ist bei der Begegnung mit dem eigenen *Doppelgänger* der Fall (s. die Beschreibung solcher Begegnungen in den Mysteriendramen Rudolf Steiners), der nichts anderes ist als von Ahriman verdichtete und objektivierte Teile des Ätherleibes (s. GA 147, 30.8.1913, auch GA 158, 20.11.1914 und GA 165, 28.12.1915). Heute können allerdings in *der natürlichen Entwickelung der Menschheit* diese verdichteten Teile des Ätherleibes auch nach dem Tode nicht in der Gewalt Ahrimans bleiben (von einigen Ausnahmen abgesehen), obwohl gerade das von den genannten Bruderschaften mit besonderer Intensität angestrebt wird (s. GA 178, 16.11.1917 und 18, 19.11.1917).
138 Wie eine prophetische Vorwegnahme der genannten Ereignisse, wenn auch im kleinen, erscheint die von Rudolf Steiner geschilderte Tatsache, daß aus dem Ätherleib von Bacon von Verulam, als er durch die Pforte des Todes ging, eine ganze Schar von «dämonischen Idolen» hervorging, wie auch, daß die Seelenkräfte von Amos Comenius «das geistige Milieu» für ihre Anwesenheit hergaben (s. Vortrag vom 27.8.1924, GA 240).
139 GA 178, 18.11.1917. – So wie entsprechend der Entwickelung des neuen Hellsehens im Gefolge des ätherischen Christus Individualitäten, welche einst das physische Erscheinen des Christus auf der Erde vorbereiteten: Patriarchen, Propheten etc. (s. Vortrag vom 25.1.1910, GA 118) in einem Ätherkleide auftreten werden, das aus der Substanz des Ätherringes genommen ist, so wird für das entstellte, vom Fenriswolf inspirierte atavistische Hellsehen das «ahrimanische Gespenst», umgeben von den «menschlichen Gespenstern», deren Herkunft wir beschrieben haben, in Erscheinung treten.
140 Dieser «Gegen-Ring» wird dann unmittelbar unter der Oberfläche der Erde

in ihren flüssigen und festen Bestandteilen durch noch größere «Verirdischung» bereits ziemlich harter Ätherleiber entstehen. Und das wiederum wird durch eine Art von «Aufsaugen» der Substanz dieser Ätherleiber in die genannten Teile der Erde geschehen, wodurch sie endgültig von dem Ätherkosmos abgetrennt werden, aus dem sie einst hervorgegangen sind und mit dem sie, ihrer Natur folgend, immer hätten verbunden bleiben sollen.

141 GA 174a, 3.12.1914.
142 GA 174b, 14.2.1915.
143 Eine solche Vereinigung mit dem Engel ermöglicht es der Seele nach dem Tode nicht nur, die Verbindung mit dem ätherischen Christus zu erlangen, welcher heute durch die Hierarchie der Angeloi wirkt (s. Anm. 127), sondern auch auf schnelle Weise das Reich der Erzengel zu erreichen, in deren Sphäre ihr Engel die Seele nach dem Tode geleiten muß, damit sie von da aus den Weg über die Grenzen der eigentlichen Erdensphäre finden könne. Verbleibt die Seele jedoch aus den oben angeführten Gründen zu lange in der Nähe der Erde und gerät infolgedessen unter die Führung des zurückgebliebenen Engels, so wird dieser versuchen, ihr Aufsteigen in das Reich der rechtmäßigen Erzengel zu verhindern und statt dessen sie in den Bereich der auf der Erzengelstufe stehen gebliebenen Archai lenken, welche die Seele dann mit Kräften durchdringen, die in ihr das stärkste Verlangen nach der ahrimanischen Unsterblichkeit hervorrufen (GA 174, 22.1.1917).
144 GA 158, 9.11.1914.
145 In den angeführten Vorträgen weist Rudolf Steiner darauf hin, daß der Mensch, welcher seine letzte Inkarnation im Osten Europas gehabt hat, eine natürliche Veranlagung zu einem besonders intimen Einssein mit seinem ihn führenden Engel hat. Es ist jedoch hinzuzufügen – darüber spricht Rudolf Steiner auch in anderen Vorträgen – daß *jeder* Mensch, der sich der Geisteswissenschaft ernsthaft widmet, sich ein ebensolches intimes Verhältnis zu seinem Engel *bewußt* erkämpft, wie es der Osteuropäer schon durch natürliche Veranlagung hat (s. GA 182, 9.10.1918 und besonders GA 237, 3, 8.8.1924). Und ein ähnliches Verhältnis zu seinem Engel gewinnt der Mensch, der einen Opfertod erlitten hat (beispielsweise im Krieg).
146 GA 158, 9.11.1914.
147 ebd.
148 Kap. 17, Vers 37. Emil Bock übersetzt diese Stelle noch mehr ihrem inneren Sinn gemäß (mit Ausnahme eines, wie uns scheint, nicht ganz genauen, von uns in Klammern gesetzten Wortes): «Und sie sprachen zu ihm: Wohin sollen wir den Blick richten, Herr? Und er antwortete: Werdet des (eures) Lebensleibes gewahr, und ihr werdet die Adler sehen, die sich versammeln.» S. auch die analogen Worte in Math. 24, 28.
149 GA 223, 27.9.1923.
150 ebd.
151 ebd.
152 ebd.
153 S. «Rudolf Steiner und die Grundlegung der neuen Mysterien», Kapitel 3.

154 S. z. B. GA 131, 14.10.1911 und GA 130, 2.12.1911.
155 GA 237, 3.8.1924.
156 GA 237, 3. und 8.8.1924.
157 Deshalb endet eine der bedeutendsten Michael-Meditationen, die Rudolf Steiner gegeben hat, mit den Worten «...daß dieser Tag Abbild werden möge Deines Schicksal-ordnenden Willens» (zit. nach E. Zeylmans: «Wilhelm Zeylmans van Emmichoven – ein Pionier der Anthroposophie»).
158 S. Anm. 128 im IV. Teil.
159 Über den Zusammenhang der ersten Hierarchie mit der Bildung und Verwirklichung des Karma s. beispielsweise Vortrag vom 31.3.1924 (GA 239).
160 Die besondere Beziehung Michaels zu der Sphäre der Cherubim ist vor allem auf dem Verhältnis der Hierarchie der Archangeloi zu der der Cherubim begründet, das schon auf der alten Sonne bestand. S. dazu Genaueres in dem Abendvortrag vom 14.4.1909, GA 110 (vgl. damit auch die Beschreibung des großen Hüters der Schwelle im letzten Kapitel von «Wie erlangt man Erkenntnisse der höheren Welten?», GA 10).
161 Eine solche Fügung der zwei Namen findet sich in dem «Brief» Rudolf Steiners vom 2.11.1924 (GA 26).
162 Die mehrfach von Rudolf Steiner beschriebene Tatsache, daß die Fähigkeit, die karmischen Folgen der eigenen Taten in Imaginationen zu schauen, sich allmählich entwickeln wird (s. z.B. GA 120, 28.5.1910 und GA 131, 14.10.1911), ist unmittelbar mit diesem Erscheinen des Christus und Michael vor der Geburt bzw. nach dem Tode verbunden, denn diese imaginativen Erlebnisse werden eine Folge gewissermaßen unterbewußter *Erinnerungen* an diese zwei Begegnungen sein.
163 Es ist hier noch das Folgende über die nathanische Seele hinzuzufügen. In der Vergangenheit, bis zum Sündenfall, befand sich die nathanische Seele noch vollständig innerhalb der allgemeinen Menschheitsentwickelung. Später, zur Zeit der luziferischen Versuchung, wurde sie in der höheren Welt zurückgehalten und zur Hüterin der ursprünglichen, reinen, von der Versuchung nicht berührten Kräfte des Ätherleibes der Ur-Menschheit. Damit aber blieben die «Erdenerfahrungen», welche seitdem die übrige Menschheit mit dem Betreten der physischen Erde machte, völlig außerhalb des Bereiches, in dem die nathanische Seele weilte und wirkte, weshalb sie auch die *Engelstufe* im vollen Sinne des Wortes nicht erreichen konnte, obwohl sie in der geistigen Welt bereits damals dank ihrer ursprünglichen Reinheit und unmittelbaren Verbindung mit den höheren Hierarchien als *engel*artiges, ja sogar *erzengel*artiges Wesen in Erscheinung trat. Setzt doch ein Erreichen dieser Stufe den Durchgang durch die Erdenerfahrungen des Menschen voraus, oder anders gesagt: dem Engelsein muß stets die *Menschenstufe* vorausgehen, die Erfahrung des individuellen Menschen-Ich auf der Erde, und diese Stufe mußte die nathanische Seele nun auch durchmachen, jedoch nur in *einer einzigen Verkörperung*. Denn dank der Hilfe von Buddha sowie Zarathustra und ganz besonders durch die Vereinigung mit dem makrokosmischen Christus-Ich genügte für sie diese *eine* Verkörperung, um den Mangel an Erdenerfahrung

des individuellen Ich auszugleichen und den zu den Entwickelungszielen des gesamten Erdenäons führenden Weg zu betreten, auf welchem sie nun für alle folgenden Zeiten der Menschheit ein Urbild sein kann. So begann die nathanische Seele bereits nach dem Mysterium von Golgatha, nachdem sie ihren «Menschenzustand» durchgemacht hatte, in die Sphäre der Engelhierarchie aufzusteigen, und sie vollendete einen wesentlichen Teil dieses Aufsteigens zu Beginn des 20. Jahrhunderts zur Zeit des neuen Erscheinens des Christus im Ätherischen.

163a Aus verschiedenen Mitteilungen Rudolf Steiners geht hervor, daß der Christus nach dem Mysterium von Golgatha ganz besonders durch die drei Kategorien von Geistern der dritten Hierarchie wirkt, die den Impuls des Heiligen Geistes in unserem Kosmos darstellen. So spricht er zum Beispiel in seinem Buch «Die geistige Führung des Menschen und der Menschheit» (GA 15) davon, daß der Christus in unserer Zeit durch die gesamte Engelsphäre wirkt, und er weist in diesem Zusammenhang im Vortrag vom 2. 5. 1913 (GA 152) besonders auf *ein* englisches oder engel-ähnliches Wesen (s. Anm. 83) hin. Weiter spricht Rudolf Steiner im Vortrag vom 20. 2. 1917 (GA 175) vom Wirken der Christus-Wesenheit durch die Hierarchie der Erzengel, und er stellt im Vortrag vom 24. 12. 1922 (GA 219) dar, daß der Christus in der heutigen Zeit an die Stelle derjenigen geistigen Wesenheit tritt, die in alten Zeiten als Jahr-Gott verehrt wurde und die zur Hierarchie der Archai gehört.

Deshalb müssen wir im Zusammenhang mit allem, was wir über das Engelwesen der nathanischen Seele, das Erzengelwesen des Widar und das Archaiwesen des Michael sagten, auch beachten, daß der Christus heute nicht nur durch sie, sondern auch durch *andere Wesenheiten* wirkt, die zu ihrer Entwickelungsstufe gehören, obwohl *diese* drei Wesenheiten dank ihrer tiefen Beziehung zur Christus-Sphäre in allen den beschriebenen Ereignissen eine ganz besondere Stellung einnehmen.

164 Es gibt noch einen, alle drei genannten Wesenheiten vereinigenden Aspekt: es besiegt die nathanische Seele durch ihr drittes Opfer, dessen geistige Wiederholung das heutige fünfte Opfer ist, die Pythonschlange (s. S. 345), die damals als *astralisches* Wesen gegen die rechtmäßige Entwickelung kämpfte (s. GA 149, 30. 12. 1913). Ihr entspricht in der germanischen Mythologie die Midgardschlange. Widar wiederum tritt in den Kampf mit dem Fenriswolf, der als ein *ätherisches* Wesen wirkt. Und Michael kämpft mit dem Drachen, welcher seit 1879, da er aus den höheren Welten gestürzt wurde, in den übersinnlichen Untergründen der physischen Welt «wohnt» (s. GA 215, 15. 10. 1922 und GA 223, 27. 9. 1923). In der germanischen Mythologie entspricht ihm die Gestalt der Hel (s. GA 121, 15. 6. 1910).

165 In demselben Vortrag charakterisiert Rudolf Steiner den von Westen nach Osten gehenden Lebensgeist des Christus als «ätherisierte vorchristliche Christusströmung», als «Geistätherbild» und als «kosmisches Bild» (GA 240, 27. 8. 1924).

166 ebd.

167 Das neue Verhältnis von Geistselbst und Lebensgeist des Christus, das seit ihrer geistigen Begegnung im Jahr 869 besteht, läßt die Tatsache in einem ganz neuen Licht erscheinen, daß Widar, nachdem er 1879 Träger des Lebensgeistes des Christus geworden ist, auch die Mission auf sich genommen hat, Hüter der nathanischen Seele zu sein (s. Kap.: «Das Widar-Mysterium»), die zu dieser Zeit eine besonders innige Beziehung zum Geistselbst des Christus erlangte.

168 Dieses Aufsteigen der geistigen Menschengedanken in den Makrokosmos wird auf dem Weg geschehen, den die nathanische Seele durch ihr fünftes Opfer gebahnt hat und der vom ätherischen in das astralische Licht führt (s. Anm. 94).

169 GA 254, 19. 10. 1915.

170 GA 150, 21. 12. 1913.

171 GA 130, 1. 10. 1911.

172 Diese Imaginationen werden im Menschen erweckt werden, indem Widar den Fenriswolf überwindet. Sie werden auf dem Christus-Bewußtsein gründen und zu dem neuen, «von Vernunft und Wissenschaft erleuchteten» Hellsehen führen, das im Gegensatz zu den hellseherischen Kräften wirken wird, die aus der Wolfs-Inspiration hervorgehen. Letztere werden sich unter den Menschen, gleichsam in Dunkelheit gehüllt, verbreiten, ohne vom *Gedankenlicht* des neuen Christus-Bewußtseins durchdrungen zu sein. Darauf weist in der nordisch-germanischen Mythologie das Bild des Wolfes, der die Sonne verschlingt (s. Anm. 98).

173 Widar schafft auf Grund seiner Beziehung zum Lebensgeist des Christus Ihm die «ätherische Gestaltung» wie das auf S. 352 beschrieben wurde.

174 S. GA 174a, Vortrag vom 3. 12. 1914.

175 GA 174a, 3. 12. 1914.

176 S. Kap. «Die Suche nach der Isis-Sophia und die Suche nach dem Christus».

177 S. Kap. «Michaeli – das Fest der Erleuchtung».

178 GA 26.

179 S. GA 221, 2. 2. 1923. – Wir können auch sagen, daß der Christus das geistige Wesen der «dreifachen Sonne» zur Erdenwelt brachte, von der Rudolf Steiner sagte: «Zu allen Zeiten hat man schon innerhalb der instinktiven Erkenntnis gesprochen von einer dreifachen Sonne, von der Sonne als Lichtquelle, Lebensquelle, Liebesquelle. Diese Trinität ist durchaus in der Sonne enthalten» (GA 208, 29. 10. 1921), s. auch GA 211, 24. 4. 1922.

180 Wenn wir uns an dieser Stelle daran erinnern, daß bereits für die mittelalterlichen Rosenkreuzer der *Auflösungsprozeß* als ein Hinweis auf die in der Welt wirkende göttliche Liebe galt (s. Vortrag vom 28. 9. 1911, GA 130), so wird uns deutlich, auf welche Weise Michael für die rasche Auflösung der ahrimanisierten Ätherleiber in der an die Erde grenzenden geistigen Welt (s. S. 371) kämpft. Er kämpft gegen sie mit Hilfe der *Christus-Liebes-Kräfte*, deren Träger er heute ist.

181 Im Vortrag vom 21. 8. 1924 sagt Rudolf Steiner: «Nun bedeutet die diesmalige Herrschaft Michaels, die eben vor kurzem begonnen hat und drei bis vier

Jahrhunderte dauern wird, daß endgültig in den *physischen und in den Ätherleib* des Menschen die kosmischen Sonnenkräfte übergehen» (GA 240, 21. 8. 1924, s. auch Anm. 99).

182 GA 223, 31. 3. 1923.

183 Während der «michaelischen» Jahreshälfte führt Michael, *vor* dem Christus schreitend, auch einen besonders intensiven Kampf mit den ahrimanisierten Ätherleibern, welche die Bildung des ätherischen «Gegen-Ringes» in den festen und flüssigen Bestandteilen der Erde fördern. In der anderen Jahreshälfte dagegen, während welcher Michael dem Christus *folgt* (s. GA 223, 31. 3. 1923), wirkt er vor allem im Sinne der Bildung und Verstärkung des Ätherringes im Umkreis der Erde. Und der Erzengel Widar tritt ihm dabei als Helfer zur Seite.

184 Im Zusammenhang mit diesen sechs Zeilen aus dem vierten Teil der Grundstein-Meditation ist noch das Folgende zu sagen. Nach Zeylmans van Emmichoven (s. «Der Grundstein») bezieht sich die erste Zeile auf die nathanische Seele, während die letzten vier Zeilen, die mit den Worten: «Licht/ Das erwärmt/ Die armen Hirtenherzen/ Licht/ Das erleuchtet/ Die weisen Königshäupter» verbunden sind, sich auf die Gestalten von Buddha und Zoroaster beziehen und dadurch auch auf die sie inspirierenden Widar und Michael. (Widar – in der Vergangenheit der Schutzengel des Gautama-Bodhisattva und Marduk-Michael – einer der wichtigsten Inspiratoren Zoroasters, ganz besonders während seiner Verkörperung als Zaratos im alten Chaldäa.) Das bedeutet, daß die Widarkräfte in den alten Zeiten mehr durch die Hirtenströmung wirkten und Michael mehr durch die Königsströmung. Später nehmen dann – wie wir in dem Kapitel «Der neue Weg der Hirten und der neue Weg der Könige» sahen – diese zwei Strömungen durch das Mysterium von Golgatha die entgegengesetzte Richtung an. In unserer Zeit kommt nun noch hinzu, daß Michael seit dem Beginn seiner neuen Herrschaftszeit nicht mehr wie früher vorzugsweise auf die Häupter wirken will, sondern in die *Herzen* der Menschen eintreten (s. GA 26 und besonders GA 240, 21. 8. 1924). Das Wirken auf die *Häupter* dagegen überläßt er nunmehr seinem «jüngeren Bruder», dem Erzengel Widar, welcher in den Menschen heute das rechte «Kopfhellsehen» (s. GA 161, 27. 3. 1915) wecken soll, das heißt das «von Vernunft und Wissenschaft» erleuchtete Hellsehen.

So tritt in diesen sechs Zeilen, mit denen Rudolf Steiner am Abend des 1. Januar 1924 *die Weihnachtstagung beschloß,* das ganze Wesen der neuen Mysterien des ätherischen Christus und der ihm dienenden Geister vor uns hin.

Schlußbetrachtung: Das geistige Miterleben des Jahreslaufs als «Beginn eines der Menschheit der Gegenwart gemäßen kosmischen Kultus»

1 S. «Rudolf Steiner und die Grundlegung der neuen Mysterien», Kapitel 5.
2 GA 15, Kap. 3.
3 S. «Rudolf Steiner und die Grundlegung der neuen Mysterien», Kapitel 3 u. 6.
4 Matth. 28,20.
5 GA 130, 1. 10. 1911.
5a Auf den Zusammenhang des «Seelenkalenders» mit dem ätherischen Christus-Mysterium weisen auch die folgenden Worte Rudolf Steiners aus dem Vorwort zu seiner ersten Ausgabe im Jahr 1912: «In seinem eigenen Wesen findet er [der Mensch] das Abbild des *Welten-Urbildes*... So wird das Jahr zum *Urbilde* menschlicher Seelentätigkeit und damit zu einer fruchtbaren Quelle *echter Selbsterkenntnis*.» Das neue Erleben des Christus ist heute dadurch möglich, daß der übersinnliche Strom aus der *Welt der Urbilder* im Menschenwesen durch ein verstärktes Wirken des Heiligen Geistes in ihm aufgehalten wird und die Fähigkeit des ätherischen Hellsehens in ihm weckt, das auch zum Erkennen des eigenen Karma führt, das heißt zur wahren «Selbsterkenntnis». S. «Rudolf Steiner und die Grundlegung der neuen Mysterien», 6. Kapitel.
6 S. GA 130, 1. 10. 1911.
7 GA 219, 29. 12. 1922.
8 Unter «geistigem Raum» ist hier das Prinzip der Ur-Zwölfheit zu verstehen, welche sich in der Buddhi-Sphäre (der Welt der Vorsehung) offenbart und im Makrokosmos den «Leib des Heiligen Geistes» bildet (s. Kap. «Die Idee der Gottmenschheit...» und die Vorträge vom 31. 8. 1909, GA 113, und 25. 10. 1909, GA 116; auch «Rudolf Steiner und die Grundlegung der neuen Mysterien», Kapitel 6). – Hier ist auch zu beachten, daß der Mensch als erstes das Panorama seines abgelaufenen Erdenlebens schaut, in welchem der Zeit-Strom der Ereignisse bis zu einem gewissen Grad als Raum erlebt wird (s. Vortrag vom 29. 5. 1924, GA 236).
9 Das widerspricht nicht dem Hinweis in der Anm. 46 im X. Teil, daß der Übergang von der Zwölf zur Sieben mehr der Überwindung Ahrimans, der Übergang von der Sieben zur Zwölf dagegen der Luzifers entspricht. Denn gemäß dem Vortrag vom 28. 3. 1913 (GA 145) besteht *einer der Aspekte* des Mysteriums von Golgatha und seiner Wiederholung im Übersinnlichen heute, daß die Menschheit durch das ursprüngliche Mysterium von Golgatha die Möglichkeit erhielt, die ahrimanischen Kräfte im Erdensein nach und nach zu besiegen, und durch seine Wiederholung bei ihrem neuen Aufsteigen in die höheren Welten die luziferischen.
10 Das alles hängt unmittelbar mit den geistigen Impulsen zusammen, die in den plastisch-architektonischen Baugedanken des ersten Goetheanum, welches auf dem Zusammenwirken der Prinzipien der Zwölf und der Sieben errichtet wurde, zum Ausdruck kamen (s. Genaueres darüber in «Rudolf Steiner und die Grundlegung der neuen Mysterien», Kap. 4).

11 In demselben Vortrag gibt Rudolf Steiner zwei mantrische Sprüche, welche zu einer rein innerlichen *Kommunion* mit dem vergeistigten – sonnenhaften – Leib und dem ätherisierten Blut Christi führen können. Dabei hat der in ihnen aufgezeigte Weg auch zum Jahreslauf einen unmittelbaren Bezug. Führt doch das, was der Mensch in der Form der festen Materie als Bild der Fixsterne in sich aufnimmt und dann in seinem von Geisteserkenntnis erwärmten Willen abermals durch den Übergang von der Zwölf zur Sieben im Jahreslauf in Geist verwandelt, zum Erleben des vergeistigten – sonnenhaften – Leibes Christi. Dasjenige aber, was er in der Form der flüssigen Substanz als Abbild der Taten der Wandelsterne in sich aufnimmt und dann in seinem von Geisteserkenntnis erleuchteten Fühlen abermals in Geist verwandelt – durch den Übergang im Jahreslauf von der Sieben zur Zwölf – das führt ihn zum Erleben des ätherisierten Blutes Christi in sich. Im ganzen haben wir in dem Zyklus «Das Verhältnis der Sternenwelt zum Menschen und des Menschen zur Sternenwelt. Die geistige Kommunion der Menschheit» (GA 219) die Beschreibung *beider Übergänge:* aus dem Raum in die Zeit und aus der Zeit in den Raum, die in beiden Fällen von der Betrachtung des Jahreslaufes in seiner Beziehung zur inneren Tätigkeit des Menschenwesens ausgehen (s. Vortrag vom 17. 12. und 29. 12. 1922). – Wir können außerdem noch hinzufügen, daß der Mensch sich beim Übergang von der Zwölf zur Sieben mehr den Geheimnissen des nachtodlichen Seins nähert, das heißt den Weg betritt, der zum Erleben des Wesens der *Unsterblichkeit* führt, beim Übergang von der Sieben zur Zwölf dagegen nähert er sich mehr den Geheimnissen des eigenen Seins vor der Geburt und damit dem Weg, der zum Erleben des Zustandes der *Ungeborenheit* führt. In der Vereinigung beider Prinzipien haben wir dann das höchste Mysterium vor uns, das die Pforten zur *Ewigkeit* öffnet (s. Vortrag vom 18. 5. 1924, GA 236). So muß die wahre geistige Kommunion unbedingt aus zwei Teilen bestehen: aus dem Erleben der Unsterblichkeit durch die innere Kommunion des vergeistigten – sonnenhaften – Leibes Christi und aus dem Erleben der Ungeborenheit durch die innere Kommunion Seines ätherisierten Blutes.
12 GA 219, 31. 12. 1922.

Anhang 2

1 In einem seiner früheren anthroposophischen Vorträge spricht Rudolf Steiner davon, daß die linke Hand und das Herz zu den Teilen des menschlichen physischen Leibes gehören, die im Unterschied z. B. zur rechten Hand, Keime für neue spirituelle Organe einer fernen Zukunft sind (s. GA 93a, 29. 9. 1905).
2 Im Vortrag vom 23. 11. 1909 (GA 117) sagt Rudolf Steiner über die okkulte Bedeutung der Haare beim Menschen in den alten Zeiten: «In unseren Haaren haben wir einen Rest gewisser Strahlungen zu sehen, durch die vorher Sonnenkraft in den Menschen hineingetragen wurde. In dem Fortschritt von den alten im Menschen aufsteigenden hellseherischen Gaben zu dem Kombinieren und Denken über die Außenwelt war bedingt, daß er immer weniger als ein

behaartes Wesen auftrat. Die Menschen der atlantischen und der ersten nachatlantischen Zeit hat man sich vorzustellen mit reichem Haarwuchs, ein Zeichen dafür, daß sie von dem *Geisteslicht* noch stark überstrahlt worden sind.»
3 S. Rudolf Meyer «Nordische Apokalypse». – Wir können die Darstellung auf dieser Seite des Steines nicht nur räumlich, sondern auch als einen in der Zeit verlaufenden *Prozeß* auffassen. Dann haben wir nicht «drei Köpfe», sondern drei aufeinanderfolgende Angriffe *eines* dämonischen Wesens mit offenem Rachen, das nacheinander die drei Systeme des menschlichen Organismus angreift (bzw. das menschliche Denken, Fühlen und Wollen). Dieser zeitliche Prozeß kann in der bildenden Kunst nur räumlich dargestellt werden.
3a Nach der jüngeren Edda (Teil 1, 51) tritt Widar bei dem Kampf gegen den Wolf mit seinem «dicken Schuh» auf dessen Unterkiefer, faßt den Oberkiefer mit der Hand und reißt den Schlund des Untiers auseinander. Nach der älteren Edda (Völuspa 41) stößt er ihm das Schwert bis zum Herzen in den Rachen.
4 R. Meyer «Nordische Apokalypse».
5 In der Edda heißt es «Fünfhundertvierzig Tore hat Walhalla und achthundert Einherier gehen auf einmal durch jedes dieser Tore zum Kampf gegen Fenris» («Grimnismal» 20).
6 Das Dreieck ist eine Form, in der die zentrifugale Gesetzmäßigkeit des Lichtäthers in Erscheinung tritt. S. Guenther Wachsmuth: «Die ätherischen Bildekräfte in Kosmos, Erde und Mensch», Kap. 2, Dornach 1924.
7 In den Rosenkreuzerschulen wurde den Schülern das Bild der Lanze im Zusammenhang mit der esoterischen Graltradition als Imagination des «geistigen Sonnenstrahls», als «sogenannte heilige Liebeslanze», als Zeichen der geistig befruchtenden Kräfte des Sonnengeistes gegeben (GA 98, 5. 11. u. 15. 12. 1907). Im Vortrag vom 6. 6. 1907 gebraucht Rudolf Steiner in diesem Zusammenhang auch den Ausdruck «geistiger Strahl der Weisheit» (GA 99).
8 «Es rauscht Thund, des Riesenwolfs Fisch schwimmt froh in der Flut» (Edda, Grimnismal 18).

Literaturverzeichnis

Die folgende Liste der Werke Rudolf Steiners umfaßt die im vorliegenden Buch zitierten Schriften und Vorträge und ist nach der Bibliographienummer der Gesamtausgabe geordnet.

  9 Theosophie. Einführung in übersinnliche Welterkenntnis und Menschenbestimmung
 10 Wie erlangt man Erkenntnisse der höheren Welten?
 11 Aus der Akasha-Chronik
 13 Die Geheimwissenschaft im Umriß
 14 Vier Mysteriendramen
 15 Die geistige Führung des Menschen und der Menschheit. Geisteswissenschaftliche Ergebnisse über die Menschheits-Entwickelung
 17 Die Schwelle der geistigen Welt. Aphoristische Ausführungen
 26 Anthroposophische Leitsätze. Der Erkenntnisweg der Anthroposophie – Das Michael-Mysterium
 40 Wahrspruchworte
 78 Anthroposophie, ihre Erkenntniswurzeln und Lebensfrüchte
 93a Grundelemente der Esoterik
 94 Kosmogonie. Populärer Okkultismus. Das Johannes-Evangelium. Die Theosophie an Hand des Johannes-Evangeliums
 95 Vor dem Tore der Theosophie
 96 Ursprungsimpulse der Geisteswissenschaft. Christliche Esoterik im Lichte neuer Geist-Erkenntnis
 97 Das christliche Mysterium
 98 Natur- und Geistwesen – ihr Wirken in unserer sichtbaren Welt
 99 Die Theosophie des Rosenkreuzers
100 Menschheitsentwickelung und Christus-Erkenntnis. Theosophie und Rosenkreuzertum. Das Johannes-Evangelium
102 Das Hereinwirken geistiger Wesenheiten in den Menschen
103 Das Johannes-Evangelium
104 Die Apokalypse des Johannes
105 Welt, Erde und Mensch, deren Wesen und Entwickelung sowie ihre Spiegelung in dem Zusammenhang zwischen ägyptischem Mythos und gegenwärtiger Kultur
106 Ägyptische Mythen und Mysterien

107 Geisteswissenschaftliche Menschenkunde
109/ Das Prinzip der spirituellen Ökonomie im Zusammenhang mit Wiederver-
111 körperungsfragen. Ein Aspekt der geistigen Führung der Menschheit
110 Geistige Hierarchien und ihre Widerspiegelung in der physischen Welt
112 Das Johannes-Evangelium im Verhältnis zu den drei anderen Evangelien, besonders zu dem Lukas-Evangelium
113 Der Orient im Lichte des Okzidents. Die Kinder des Luzifer und die Brüder Christi
114 Das Lukas-Evangelium
116 Der Christus-Impuls und die Entwickelung des Ich-Bewußtseins
117 Die tieferen Geheimnisse des Menschheitswerdens im Lichte der Evangelien
118 Das Ereignis der Christus-Erscheinung in der ätherischen Welt
119 Makrokosmos und Mikrokosmos. Die große und die kleine Welt. Seelenfragen, Lebensfragen, Geistesfragen
120 Die Offenbarungen des Karma
121 Die Mission einzelner Volksseelen im Zusammenhang mit der germanisch-nordischen Mythologie
123 Das Matthäus-Evangelium
124 Exkurse in das Gebiet des Markus-Evangeliums
127 Die Mission der neuen Geistesoffenbarung. Das Christus-Ereignis als Mittelpunktsgeschehen der Erdenevolution
128 Eine okkulte Physiologie
130 Das esoterische Christentum und die geistige Führung der Menschheit
131 Von Jesus zu Christus
134 Die Welt der Sinne und die Welt des Geistes
136 Die geistigen Wesenheiten in den Himmelskörpern und Naturreichen
137 Der Mensch im Lichte von Okkultismus, Theosophie und Philosophie
139 Das Markus-Evangelium
142 Die Bhagavad Gita und die Paulusbriefe
144 Die Mysterien des Morgenlandes und des Christentums
145 Welche Bedeutung hat die okkulte Entwickelung des Menschen für seine Hüllen – physischer Leib, Ätherleib, Astralleib – und sein Selbst?
146 Die okkulten Grundlagen der Bhagavad Gita
147 Die Geheimnisse der Schwelle
148 Aus der Akasha-Forschung. Das Fünfte Evangelium
149 Christus und die geistige Welt. Von der Suche nach dem heiligen Gral
150 Die Welt des Geistes und ihr Hereinragen in das physische Dasein. Das Einwirken der Toten in die Welt der Lebenden
152 Vorstufen zum Mysterium von Golgatha
153 Inneres Wesen des Menschen und Leben zwischen Tod und neuer Geburt
155 Christus und die menschliche Seele – Über den Sinn des Lebens – Theosophische Moral – Anthroposophie und Christentum
158 Der Zusammenhang des Menschen mit der elementarischen Welt. Kalewala. Olaf Asteson. Das russische Volkstum. Die Welt als Ergebnis von Gleichgewichtswirkungen

159/ Das Geheimnis des Todes. Wesen und Bedeutung Mitteleuropas und die
160 europäischen Volksgeister
161 Wege der geistigen Erkenntnis und der Erneuerung künstlerischer Weltanschauung
165 Die geistige Vereinigung der Menschheit durch den Christus-Impuls
167 Gegenwärtiges und Vergangenes im Menschengeiste
174 Zeitgeschichtliche Betrachtungen. Das Karma der Unwahrhaftigkeit
174a Mitteleuropa zwischen Ost und West
174b Die geistigen Hintergründe des Ersten Weltkrieges
175 Bausteine zu einer Erkenntnis des Mysteriums von Golgatha. Kosmische und menschliche Metamorphose
177 Die spirituellen Hintergründe der äußeren Welt. Der Sturz der Geister der Finsternis
178 Individuelle Geistwesen und ihr Wirken in der Seele des Menschen
180 Mysterienwahrheiten und Weihnachtsimpulse. Alte Mythen und ihre Bedeutung
182 Der Tod als Lebenswandlung
187 Wie kann die Menschheit den Christus wiederfinden? Das dreifache Schattendasein unserer Zeit und das neue Christus-Licht
191 Soziales Verständnis aus geisteswissenschaftlicher Erkenntnis
193 Der innere Aspekt des sozialen Rätsels. Luziferische Vergangenheit und ahrimanische Zukunft
194 Die Sendung Michaels. Die Offenbarung der eigentlichen Geheimnisse des Menschenwesens
200 Die neue Geistigkeit und das Christus-Erlebnis des zwanzigsten Jahrhunderts
201 Entsprechungen zwischen Mikrokosmos und Makrokosmos. Der Mensch – eine Hieroglyphe des Weltenalls
202 Die Brücke zwischen der Weltgeistigkeit und dem Physischen des Menschen. Die Suche nach der neuen Isis, der göttlichen Sophia
204 Perspektiven der Menschheitsentwickelung. Der materialistische Erkenntnisimpuls und die Aufgabe der Anthroposophie
207 Anthroposophie als Kosmosophie. Wesenszüge des Menschen im irdischen und kosmischen Bereich
208 Anthroposophie als Kosmosophie. Die Gestaltung des Menschen als Ergebnis kosmischer Wirkungen
211 Das Sonnenmysterium und das Mysterium von Tod und Auferstehung. Exoterisches und esoterisches Christentum
214 Das Geheimnis der Trinität. Der Mensch und sein Verhältnis zur Geistwelt im Wandel der Zeiten
215 Die Philosophie, Kosmologie und Religion in der Anthroposophie
217 Geistige Wirkenskräfte im Zusammenleben von alter und junger Generation. Pädagogischer Jugendkurs
218 Geistige Zusammenhänge in der Gestaltung des menschlichen Organismus
219 Das Verhältnis der Sternenwelt zum Menschen und des Menschen zur Sternenwelt – Die geistige Kommunion der Menschheit

221 Erdenwissen und Himmelserkenntnis
222 Die Impulsierung des weltgeschichtlichen Geschehens durch geistige Mächte
223 Der Jahreskreislauf als Atmungsvorgang der Erde und die vier großen Festeszeiten
224 Die menschliche Seele in ihrem Zusammenhang mit göttlich-geistigen Individualitäten. Die Verinnerlichung der Jahresfeste
226 Menschenwesen, Menschenschicksal und Welt-Entwickelung
227 Initiations-Erkenntnis. Die geistige und physische Welt- und Menschheitsentwickelung in der Vergangenheit, Gegenwart und Zukunft, vom Gesichtspunkt der Anthroposophie
229 Das Miterleben des Jahreslaufes in vier kosmischen Imaginationen
231 Der übersinnliche Mensch, anthroposophisch erfaßt
232 Mysteriengestaltungen
233 Die Weltgeschichte in anthroposophischer Beleuchtung und als Grundlage der Erkenntnis des Menschengeistes
233a Mysterienstätten des Mittelalters – Rosenkreuzertum und modernes Einweihungsprinzip – Das Osterfest als ein Stück Mysteriengeschichte der Menschheit
234 Anthroposophie. Eine Zusammenfassung nach einundzwanzig Jahren. Zugleich eine Anleitung zu ihrer Vertretung vor der Welt
235 Esoterische Betrachtungen karmischer Zusammenhänge, Band I
236 Esoterische Betrachtungen karmischer Zusammenhänge, Band II
237 Esoterische Betrachtungen karmischer Zusammenhänge, Band III: Die karmischen Zusammenhänge der anthroposophischen Bewegung
238 Esoterische Betrachtungen karmischer Zusammenhänge, Band IV: Das geistige Leben der Gegenwart in Zusammenhang mit der anthroposophischen Bewegung
239 Esoterische Betrachtungen karmischer Zusammenhänge, Band V
240 Esoterische Betrachtungen karmischer Zusammenhänge, Band VI
243 Das Initiaten-Bewußtsein. Die wahren und die falschen Wege der geistigen Forschung
254 Die okkulte Bewegung im neunzehnten Jahrhundert und ihre Beziehung zur Weltkultur. Bedeutsames aus dem äußeren Geistesleben um die Mitte des neunzehnten Jahrhunderts
257 Anthroposophische Gemeinschaftsbildung
260 Die Weihnachtstagung zur Begründung der Allgemeinen Anthroposophischen Gesellschaft 1923/24
262 Rudolf Steiner/Marie Steiner-von Sivers: Briefwechsel und Dokumente

Anregungen zur anthroposophischen Arbeit
Bd. 11

Sergej O. Prokofieff

Rudolf Steiner und die Grundlegung der neuen Mysterien

Zweite, durchgesehene und erweiterte Auflage
493 Seiten, gebunden

«Das Buch Prokofieffs ist ein Geschenk des osteuropäischen Geistes, der heute durch die spirituelle Schule des Leidens geht, um das ätherische Schauen zu erlangen. Dieses Geschenk verlangt vom Leser eine gründliche Gedankenarbeit. Wer sie nicht scheut, findet sich in eine produktive Stimmung versetzt und zu einem Tätigwerden aufgerufen, das die spirituelle Kultur noch in unserem Jahrhundert verwirklichen will.» *Mitteilungen aus der anthroposophischen Arbeit*

«Eine Fülle konzeptioneller Bezüge aus der Christologie, aus der Hierarchien- und Trinitätslehre, aus den Mitteilungen über die Menschheitslehrer, aus all jenen Weltbereichen, denen der Mensch sich aufschauend zuwendet, gibt den Bezugsrahmen, in den Prokofieff seine Gedanken hineinstellt. Wer seine Erkenntnispfade prüfend nachwandert, sieht grosse Anforderungen an sich gestellt, in seinen Gedanken immer so weit auszugreifen, als ihm irgend möglich ist.»
Goetheanum

8 Mysterienströmungen in Europa und die neuen Mysterien
von Bernhard C. J. Lievegoed
2. Auflage, 87 Seiten, kartoniert.

9 Das Rosenkreuzertum als Mysterium der Trinität
von George Adams
aus dem Englischen von Thomas Meyer,
80 Seiten, kartoniert.

10 Das anthroposophische Studium
von Erhard Fucke
87 Seiten, kartoniert.

12 Sozial-Kunst und ihre Quellen
von Leo de la Houssaye
80 Seiten, kartoniert.

13 Zur medizinischen Menschenkunde Rudolf Steiners
von Heinz Herbert Schöffler
128 Seiten, kartoniert.

14 Zur Entwicklung der Anthroposophischen Gesellschaft
von Bodo von Plato
190 Seiten, kartoniert.

15 Anthroposophie und Dreigliederung
von Benediktus Hardorp
171 Seiten, kartoniert.

VERLAG FREIES GEISTESLEBEN

EMIL BOCK
Rudolf Steiner. Studien zu seinem Lebensgang und Lebenswerk
Herausgegeben von G. Kačer-Bock und Erich Gabert.
2. Auflage, 407 Seiten, 17 Abbildungen auf Tafeln, Leinen

Wir erlebten Rudolf Steiner
Erinnerungen seiner Schüler.
Herausgegeben von M. J. Krück von Poturzyn.
Taschenbuch-Ausgabe, 6. Auflage, 274 Seiten, kartoniert

ASSJA TURGENIEFF
Erinnerungen an Rudolf Steiner und die Arbeit am ersten Goetheanum
3. Auflage 1982, 113 Seiten

CARL KEMPER
Der Bau
Studien zur Architektur und Plastik des ersten Goetheanum.
Aus dem Nachlaß herausgegeben von Hilde Raske.
3. Auflage, 272 Seiten mit über 300 Abbildungen, Leinen

HILDE RASKE
Das Farbenwort
Rudolf Steiners Malerei und Fensterkunst im ersten Goetheanum.
324 Seiten mit 31 zum Teil sechsfarbigen und 100 schwarz-weißen Abbildungen,
Leinen mit Schutzumschlag und Schuber.

ERICH ZIMMER
Rudolf Steiner als Architekt von Wohn- und Zweckbauten
248 Seiten mit 450 Fotos und
Zeichnungen, Leinen mit Schutzumschlag

ERICH ZIMMER
Der Modellbau von Malsch und das erste Goetheanum
Zum Bauimpuls Rudolf Steiners. 60 Seiten mit zahlreichen Abbildungen und
Zeichnungen, Großformat, gebunden.

VERLAG FREIES GEISTESLEBEN